21世纪高等院校国际经济与贸易专业规划教材

贯彻习近平生态文明思想
实现碳达峰·碳中和目标

贸易与环境（第二版）

TRADE AND ENVIRONMENT

李秀香　等　编著

东北财经大学出版社
Dongbei University of Finance & Economics Press
大连

图书在版编目（CIP）数据

贸易与环境 / 李秀香等编著. —2版. —大连：东北财经大学出版社，2023.6
（21世纪高等院校国际经济与贸易专业规划教材）
ISBN 978-7-5654-4638-2

Ⅰ. 贸… Ⅱ. 李… Ⅲ. 国际贸易-关系-环境-高等学校-教材 Ⅳ. ①F74 ②X

中国版本图书馆CIP数据核字（2022）第175108号

东北财经大学出版社出版
（大连市黑石礁尖山街217号 邮政编码 116025）
网 址：http://www.dufep.cn
读者信箱：dufep@dufe.edu.cn
大连雪莲彩印有限公司印刷 东北财经大学出版社发行

幅面尺寸：185mm×260mm 字数：517千字 印张：21.75
2023年6月第2版 2023年6月第1次印刷

责任编辑：孙 平 吴 焕 责任校对：蔡 丽
封面设计：原 皓 版式设计：原 皓

定价：68.00元

教学支持 售后服务 联系电话：（0411）84710309

如有印装质量问题，请联系营销部：（0411）84710711

第二版前言

追溯历史，每一个有良知的人，无不在慨叹人类征服和改造自然的伟大与强悍之余，对过往无节制地消耗资源、破坏环境和生态而愧疚！臭氧层空洞、水土流失、水资源枯竭、水与大气污染、土地沙漠化、全球气候变暖、生物多样性锐减等环境问题在全球蔓延，并以各种自然灾害和疾病集中暴发、突然爆发等形式惩戒人类。人类在不断反思发展模式带来的环境问题过程中，可持续发展理论逐渐被广泛接受，中国也是践行该理论的典范。习近平生态文明思想为全球生态保护和发展提供了中国方案。中国生态文明建设成果，展现了中国之治的魅力。

党的二十大报告指出，大自然是人类赖以生存发展的基本条件。尊重自然、顺应自然、保护自然，是全面建设社会主义现代化国家的内在要求。必须牢固树立和践行绿水青山就是金山银山的理念，站在人与自然和谐共生的高度谋划发展。中国式现代化是人与自然和谐共生的现代化。人与自然是生命共同体，无止境地向自然索取甚至破坏自然必然会遭到大自然的报复。我们坚持可持续发展，坚持节约优先、保护优先、自然恢复为主的方针，像保护眼睛一样保护自然和生态环境，坚定不移走生产发展、生活富裕、生态良好的文明发展道路，实现中华民族永续发展。我们要推进美丽中国建设，坚持山水林田湖草沙一体化保护和系统治理，统筹产业结构调整、污染治理、生态保护、应对气候变化，协同推进降碳、减污、扩绿、增长，推进生态优先、节约集约、绿色低碳发展。为此，我们必须深入学习贯彻党的二十大精神，推进习近平新时代中国特色社会主义思想进教材、进课堂、进头脑。

人类对自然的攫取，经济全球化无疑起了推波助澜的作用，其中贸易的快速增长，既是经济发展的引擎，又是资源环境过度消耗的无形杀手。当今世界，贸易无疑正在深层次地影响和引领着政治、经济、文化和社会各领域的发展方向，尤其是对资源环境和生态的影响是渐进、隐性和久远的，而且这一影响正在从后台走向前台，当然，这种影响既有正向的，也有负向的。总的来看，贸易可以带来清洁产品和技术，对生态环境的影响是积极的、正向的，但如果贸易无序扩张，抑或消耗资源过大、排放污染过量，对生态环境的影响则是消极的、负面的。

正因如此，贸易与环境协调发展、可持续发展问题日益成为国际社会的热点和焦点。贸易规则对环境保护有一定的制约性，而环境规则也越来越多角度地促进贸易规则的改进和发展，但协调贸易与环境是一个渐进、漫长、艰巨而复杂的系统工程。国内外学者把贸易的环境影响分为三部分：规模效应、结构效应和技术效应，而贸易活动对环境的影响是三种效应之和。此外，国际贸易通过具有环境影响的商品和服务的国际交换来影响环境，被称为商品效应；贸易会影响环境政策和环境标准的制定与实施从而影响环境，又被称为规则效应。从理论上来说，环境成本内在化理论是协调环境与贸易关系的根本途径。近年来，生态产品价值实现理论也成为解决环境问题，以及环境与贸易问题的重要手段，比如，碳交易机制、生态补偿机制的建立等都是积极的实践。中国已经进行了生态产品价值实现的试点示范，积累的一些成功经验值得推广。

解决贸易与环境协调发展问题的全球共同行动主要包括：一是联合国关于贸易与环境协调发展的基本原则，体现在《里约宣言》的第12、14、16和19款原则中，主要有四点，即为环境目的而采取的贸易措施不应该成为歧视手段和伪装的限制；应合作阻止造成环境严重退化或危害人类健康的活动迁移或转让到他国；努力促进内部承担环境费用；预先和及时地向可能受到影响的国家提供通知和有关资料。二是“使用者付费原则”与“污染者付费原则”是经合组织环境政策的早期里程碑。1972年经合组织委员会提出的、具有历史意义的“污染者付费原则”（PPP原则）的政策建议及与之相补充的“使用者付费原则”（UPP原则）堪称是具有里程碑意义的环境政策。这一原则是经合组织近几十年来推广的一系列原则之一，以促进环境政策和经济政策相结合。三是欧盟、北美自由贸易区等区域经济一体化组织在解决贸易与环境协调发展问题方面扮演的角色越来越重要。这些一体化组织在经济、法律、科研等环境合作方面树立了很好的典范，欧盟环境标准高，北美合作起步早、规格高、机构健全。四是成熟的国际环保非政府组织（NGO）具有跨越国家和区域边界的影响力。NGO的环境保护行动涉及面广，且积极而高效。

一些重要的多边环境协议（MEAs）规定了贸易条款，旨在利用贸易限制措施来达到保护环境的目的。据WTO官方统计，目前250余个有效MEAs中，大约有20个包含贸易条款。MEAs的签订始于19世纪，而重大的发展则是在1972年以后。MEAs实施贸易限制的主要措施有：一是在许可证基础上进行进出口。二是对进出口实行禁止或限制。三是授权成员方可以采取单边措施。实施这些措施需要遵守非最惠国待遇、禁止性贸易和贸易许可等基本原则。

签订于1985年、生效于1988年的《保护臭氧层维也纳公约》，是国际社会第一个关于臭氧层保护的国际公约。此后，《关于消耗臭氧层物质的蒙特利尔议定书》（简称《蒙特利尔议定书》）于1989年1月生效。《蒙特利尔议定书》是一项具有里程碑意义的国际环保协定，是人类保护环境最早具有法律效力、影响面最为广泛的MEAs。《濒危野生动植物物种国际贸易公约》（CITES）于1975年7月1日正式生效。CITES规定了三类濒危物种进行国际贸易应遵守的原则。《控制危险废物越境转移及其处置巴塞尔公约》（简称《巴塞尔公约》）于1992年5月5日生效。该公约是人类历史上第一部关于控制和处置危险废物越境转移的国际公约，因此，其重要意义在于把危险废物的国际贸易置于法律的控制之下，从而结束了对倾倒和转移危险废物和其他废物无法可依的状况。

目前国际社会所讨论的气候变化问题，通常是指气候变暖问题。人类活动是导致全球气候变化的一个重要诱因。《联合国气候变化框架公约》和《京都议定书》下的谈判进程已经成为国际社会合作应对气候变化的主渠道，“共同但有区别的责任”原则已经成为国际社会加强应对气候变化合作的基本准则。《京都议定书》第一次设定了具有法律约束力的温室气体限排额度，是迄今为止国际社会承诺削减温室气体排放、遏制地球变暖的唯一国际公约，是人类历史上第一个具有法律约束力的环保国际文件，对人类可持续发展具有划时代的意义。《京都议定书》所确定的规则可称为“全球温室气体减排京都模式”。一些国家先后出台了应对气候变化的国际贸易措施，包括碳关税、国际温室气体管理标准、碳标签、低碳产品认证等。2015年12月，联合国气候大会由195个国家谈判代表签署通过了《巴黎协定》。该协定以尽快使全球温室气体排放总量达到峰值为目标，并在21世纪的下半叶实现人类活动所导致的温室气体排放与吸收在总量上要达到平衡。为此，中国承诺2030年前实现碳达峰，2060年前实现碳中和。

GATT第20条“一般例外”中（b）款和（g）款在实践中通常被作为采取环境保护措施的基本条款。“本协定的规定不得解释为禁止缔约方采用或加强以下措施，但对情况相同的各国，实施的措施不得构成武断的或不合理的差别待遇，或构成对国际贸易的变相限制：（b）款为保护人类、动植物的生命或健康所必需的措施；（g）款与国内限制生产与消费的措施相配合，为有效保护可能用竭的天然资源的有关措施。”此外，《建立世界贸易组织的马拉喀什协议》《技术性贸易壁垒协议》《农产品协议》《补贴与反补贴措施协议》《实施动植物卫生检疫措施的协议》都对贸易与环境保护的运行规则进行了具体规定。在WTO框架下，“低碳贸易措施”既有合法性，又有壁垒性和歧视性。WTO环境规则与MEAs贸易规则在非歧视原则、数量限制原则和PPM标准等方面均存在一定的矛盾和冲突。

环境贸易壁垒是指在国际贸易中一些国家以保护生态资源、生物多样性、环境和人类健康为借口，设置一系列苛刻的高于国际公认的环保法规和标准，对外国商品进口采取的准入限制或禁止措施。环境贸易壁垒形式多样，各个国家的规定不尽相同，但一般都是对产品从生产、储运到使用的全过程规定标准并进行限制，主要分为环境质量标准管理，环境税收管理，有关产品成分、性能及使用的限制措施，绿色环境标志制度（自愿约束管理）和动物福利保护制度等。发达国家和地区的环境贸易壁垒各有特点，以美国、欧盟和日本的环境贸易壁垒最为复杂和严格。中国受到其影响较大的行业为农业和纺织业。

跨境污染转移问题是贸易与环境不可忽视的一个重要研究领域。跨境污染转移主要是由经济比较发达的国家或地区通过贸易和投资将污染转移给其他落后国家或地区。目前，通过贸易方式的跨境污染转移在进口和出口两种形式上均有体现。前者主要通过向他国输出在本国禁止生产和流通的有害产品或直接输出污染废物，后者则主要通过全球产业分工和转移实现。这正是“污染避难所假说”和“环境竞次理论”所阐述的主要内容。跨境污染转移主要有两类四种形式：第一类是直接跨境污染转移，包括跨境投资型和贸易传输型。这是跨境污染转移的最主要形式，在未加说明时跨境污染转移就是指这一类。第二类是间接跨境污染转移，包括隐性污染传播型和生物入侵型。在污染转移的国际立法方面，重要成果有《巴塞尔公约》。中国由于缺乏严格的产业准入限制，再加上某些地区的政府部门盲目引资、盲目出口，忽视可能造成的环境影响，从而导致大量的污染产业转入，正在逐渐成为世界高耗能、高污染产业转移的目的地和集聚地之一。

贸易与环境问题，是目前国际贸易领域遇到的一个新课题，WTO就这方面的问题仍没有达成较为统一的协议。这也是目前在该领域爆发贸易摩擦最为频繁且摩擦最难以解决的重要原因之一。

本书围绕以上内容，分八章进行了分析和阐述。第一章贸易与环境问题的产生与发展，是引论部分。第二章环境与贸易问题的相关理论，对全书研究的理论依据进行了全面梳理。第三章国际社会解决贸易与环境问题的原则方法，对联合国、OECD等国际组织、区域经济一体化组织以及非政府组织对解决贸易与环境协调发展问题的立场和方法进行介绍和研究。第四章多边环境协议（MEAs）与国际贸易，对重要的MEAs解决贸易与环境问题的规则进行分析研究。第五章全球气候变暖与国际贸易，是因全球气候变化对人类经济社会及贸易规则的重大影响，而专门针对人类应对气候变化的MEAs进行的重点讨论。第六章WTO环境规则及其与MEAs的协调，是就WTO解决贸易与环境问题，以及其相关规则的解读，并对WTO与MEAs在解决贸易与环境问题方面的协调与矛盾进行了研究。第七章环境贸易壁垒和第八章贸易与投资中的跨境污染问题，是就贸易与环境领域两大重点问题进行的专题研究，以期对贸易与环境问题有更深层次的理解。

本书的特点是：理论研究深入，重点探讨突出，案例分析全面，资料运用鲜活，数据真实可靠。

本书由李秀香承担策划、撰稿和统稿工作，和聪贤进行了部分修订稿的统稿工作。各章的撰写情况是：第一章，黄祺雨、汪忠华（江西师范大学）；第二章，李秀香、汪忠华；第三章，李秀香、胡妍、张景；第四章，李秀香、訾帅帅、曹絜；第五章，胡妍、张景；第六章，李秀香、訾帅帅、黄焘；第七章，和聪贤（江西师范大学）、黄祺雨、曹絜；第八章，李秀香、和聪贤（江西师范大学）。

编著者

2023年1月

全国人大代表李秀香老师寄语

目录

第一章 贸易与环境问题的产生与发展

导读

追溯人类社会数千年的文明发展轨迹，每一个人都不得不为人类征服和改造自然所取得的丰功伟绩而惊叹和自豪。但是，当环视当今世界此起彼伏且来势凶猛的自然灾害和环境不断恶化时，又令人深感震惊和忧虑。例如，臭氧层空洞、水土流失、土地荒漠化、全球气候变暖、生物多样性锐减等逐渐从局部问题变为世界性问题，并深深影响到政治、经济、文化、社会各领域。其中，贸易越来越深层次影响环境，环境规则也越来越多角度制约贸易规则的运行。但协调贸易与环境问题是一个渐进的、漫长的过程。

本章着重介绍贸易与环境问题产生的背景，贸易与环境的相互关系，以及WTO体制下对贸易与环境问题的协调。要求读者理解并掌握解决贸易与环境协调发展问题的重要意义。

章首案例 复活节岛为何走向崩溃

1772年复活节当天，探险家洛加文在南太平洋发现一座小岛。岛上有数百座背朝大海的石刻人像，“如房舍般高大”。洛加文意识到，不管这些岛民到底用何种方式竖起这些雕像，他们需要重木料和坚韧树皮搓成的绳索。但是他随即发现，这座日后以“复活节”命名的岛屿只是块荒地，岛上找不到一棵树，灌木和杂草高不过3米。

复活节岛上的谜题令早期的到访者困惑不已。离它最近的陆地是2 000千米外的皮特凯恩岛，397座巨大石像竟然矗立在如此荒蛮而遥远的角落，人们只能认为这是外星生物让石像从天而降。

如今谜题已被解答，而答案令人不寒而栗。

大约在公元10世纪，来自波利尼西亚的移民搭乘着木筏，满载着甘蔗、香蕉、番薯和鸡，还有用以食用的老鼠，于此定居。在五六百年的时间里，岛上人口增长到约1万人。他们有了各自的氏族和阶级，像切蛋糕一样把这个岛划分为12块。12个氏族起初和平相处，直到有一天，酋长们决定以令人敬畏的石刻雕像来荣耀自己的世系。

基于对埃及的金字塔、英国的巨石柱群的认识，我们知道，只要有巨大的木材作为辅助，搬运巨石并没有想象中那么难。科学家通过孢粉测试证明，复活节岛上曾有过高20米、直径1米的智利酒松（是一种已经灭绝的植物）。实际上，直到人类定居岛上的早期，复活节岛是被高大树木和繁茂灌木覆盖着的温带森林。

人类的到来让森林遭受了灭顶之灾。几百年间，复活节岛上的酋长们争相比较，比谁的石像更巨大、更壮观。有人竖起五个平排巨像，随即有人竖了十个；有人雕出一座最高的人像，随后对手就在自家人像头上加个12吨的大石冠。然而，单以人力完成这么浩大的工程并不简单，既要砍伐无数巨木当搬运工具，还得拼命伐林造田养活劳动力。

岛上的石像一代大过一代，砍伐树木的速度也胜过了树木的生长速度，再加上移民时带来的老鼠以种子和幼苗为食，成片的树林开始毁灭。智利酒松大约绝迹于1440年，即从火口湖的年沉积层中，已完全找不到树木花粉的踪迹。科学家对炉灶和垃圾堆中的样本进行放射性碳年代测定显示，大约在1640年前后，木柴已经被草本植物所取代，即便是酋长家也是如此。

复活节岛上的故事是太平洋地区砍伐森林最极端的例子：成片的森林就此消失，22种原生树木从此灭绝。缺乏燃料、野生食物资源的消失、土壤流失是最直接的后果，随之而来的是饥荒和氏族之间为争夺灌木丛的战争。

没有了巨木制造的舟船，战争后的幸存者也无法远航渔猎，他们开始转向从未使用过的食物来源：人类本身。在复活节岛后期废弃物堆遗址中，人类骨骸随处可见，有些骨头被敲碎以便吸取骨髓。岛民的口头历史中至今仍充斥着人吃人的故事。

在贾雷德·戴蒙德的新作《崩溃》里，复活节岛的故事讲到最后，就像是世界末日的图景。在贾雷德·戴蒙德的笔下，玛雅、维京这些曾经盛极一时、灿烂辉煌的人类社会——在我们眼前重现，然后轰然崩塌。他们或不敌严寒或干旱的考验，活活饿死；或为了争夺土地或食物，拔刀相见，甚至以敌人的尸体果腹；华美的宫殿、神庙最终都崩塌成一堆乱石。

相比之下，复活节岛的覆亡比起任何一个史前社会更让人触目惊心。在贾雷德·戴蒙德看来，复活节岛的故事更像是一个隐喻。在全球化、国际贸易、喷气客机、互联网的推动下，地球上所有的国家像复活节岛上12个氏族一样共享着资源，又同样面临着环境的考验。今天的地球何尝不是宇宙中的孤岛？末日来临之际，谁又能独善其身？

曾有学生问贾雷德·戴蒙德："当那些岛民砍下最后一棵树的时候，他们在想些什么呢？难道人能蠢到这个地步，可以眼睁睁地看着自己的行为把自己推到灭绝的边缘吗？"

贾雷德·戴蒙德的答案是肯定的，因为砍掉最后一棵树的岛民并没有见过最初的森林，这种"景观失忆"是人类常犯的毛病。

危机并非绅士，它不会礼貌地敲敲门，说："先生，我来了"。它们通常不声不响，徐图缓进。

资料来源：蒋昕捷. 复活节岛为何走向崩溃［N］. 中国青年报，2008-07-09.

案例思考：

（1）从复活节岛的故事中你能体会到哪些道理？

（2）请举例分析人类文明的消失有哪些是与环境破坏相关的。

（3）科学技术能不能拯救地球的环境？

第一节 全球环境问题及其表现

一、全球环境问题的发生及蔓延

环境是人类赖以生存的基础，自从地球上出现了人类，人类就不断地通过自身的活动从自然界获取生存所需物资和能量，这些活动久而久之对自然界产生重大影响，以至于给人类的生存和发展带来副作用。环境问题可分为两类：一类是由自然界本身的原因所引起的原生环境问题；另一类是由人类活动引起的次生环境问题。然而这两类环境问题是紧密联系在一起的，很多由自然原因引起的环境问题往往也与人类活动相关联，例如，大多数水灾的发生是由于上游筑堤，减少了蓄水面积；人为地在行水区设置障碍，使河道防洪能力降低；乱砍滥伐，围湖造田等人为因素造成的。因此，我们探讨环境问题不应该仅仅关注自然环境的恶化，更重要的是要从人类行为的角度去分析和认识。

人类从史前文明时期的崇拜自然，到农业文明时期的改造自然，再到18世纪以来工业文明时期的征服自然，不断壮大自己的能力，逐渐消除了对自然的恐惧，并开始过渡到当代文明时期的破坏自然。于是，人类在创造文明的同时也在上演着一幕幕环境危机悲剧。

（一）全球环境问题的发生

早在14世纪初，英国就注意到了煤烟污染，17世纪伦敦煤烟污染加重。但这个时期污染只在部分有工业的地方出现，大自然的自净能力能够将大部分污染吸收和消化。18

世纪末，工业革命兴起，环境污染发生了质的变化，以至于演变成了威胁人类生存与发展的全球性危机。18世纪末到20世纪初，环境污染问题发生。首先是英国，而后是欧洲其他国家、美国和日本相继经历和实现了工业革命，最终建立以煤炭、冶金、化工等为基础的工业生产体系。这一时期，煤成为工业化初期的主要能源。新的煤矿到处开办，煤炭产量大幅度上升，到1900年时，世界先进国家英、美、德、法、日五国煤炭产量总和已达6.641亿吨。煤的大规模开采并燃用，在提供动力以推动工厂的开办和蒸汽机的运转，并方便人们的日常生活时，也必然会释放大量的烟尘、二氧化硫、二氧化碳、一氧化碳和其他有害的污染物质。同时，化学工业的迅速发展，构成了环境污染的又一重要来源。此外，矿冶工业也发展迅速，冶炼排出大量的二氧化硫，又释放许多重金属，如铅、锌、镉、铜、砷等，污染了大气、土壤和水域。英国作为最早实现工业革命的国家，其煤烟污染最为严重，水体污染亦十分普遍。美国的工业中心城市，煤烟污染也相当严重。后来居上的德意志帝国，工业中心遭受的污染也十分严重。1892年，汉堡还因水污染而致霍乱流行，使7 500余人丧生，而同一时期的日本，也爆发了令人震惊的足尾事件。足尾铜矿矿毒事件是由于大量开采，排出的毒水危害了农田、森林，并酿成田园荒芜、几十万人流离失所。尽管如此，这一时期的环境污染事件还仅限于局部，并没有形成全球性的灾难。

（二）全球环境问题的蔓延

20世纪20—40年代，环境污染问题进一步发展。随着技术进步和工业化的扩展，煤的产量和消费量猛增，煤烟和二氧化硫的污染范围和程度进一步加重，爆发了大量大气污染公害事件，最为严重的是比利时的马斯河谷和美国的多诺拉污染事件。

1930年12月4—5日，在比利时的重工业区马斯河（Meuse River）谷，由于气候反常、工厂排出的二氧化硫等有害气体凝聚在靠近地表的浓雾中，经久不散而酿成大祸，致使大批家禽死亡，几千人中毒，60人丧命。1948年10月27日晨，在美国宾夕法尼亚州西部山区工业小镇多诺拉（Donora）的上空，烟雾凝聚，犹如一条肮脏的被单。因逆温层的封锁，污染物久久无法扩散，整个城镇被烟雾所笼罩。直到第6天，一场降雨才将烟雾驱散。这次事件造成20人死亡，6 000人患病，患病者差不多占全镇居民（14 000人）的43%。

20世纪30年代，以内燃机为动力机的汽车、拖拉机和机车等在世界先进国家普遍地发展起来。1929年，美国汽车的年产量为500万辆，英、法、德等国的年产量也都接近20万~30万辆。由于内燃机的燃料已由煤气过渡到石油制成品，即为汽油和柴油，石油便在人类所用能源构成中的比重大幅度上升。石油的应用给环境带来新的污染。汽车排放的尾气由一氧化碳、碳氢化合物、氮氧化物、二氧化硫以及铅尘、烟尘等颗粒物和醛类等污染物组成。这些物质经过强烈的阳光照射会产生二次污染物，即为光化学氧化剂，形成具有很强氧化能力的浅蓝色光化学烟雾（光化学污染），对人、畜、植物和某些人造材料都有危害，并很容易形成酸雨腐蚀物体，危害人类身体健康。1943年，洛杉矶首次发生光化学烟雾事件，造成人眼痛、头疼、呼吸困难甚至死亡，家畜犯病，植物枯萎坏死，橡胶制品老化龟裂以及建筑物被腐蚀损坏等。这一事件第一次显示了汽车内燃机所排放气体造成的污染与危害的严重性。这一时期被称为“公害发展期”，公害事故增多，公害病患者和死亡人数扩大，体现出西方国家环境污染危机愈加明显和深重。

20世纪50—70年代，环境污染问题集中爆发。这一时期，西方主要国家工业化和城市化进程加快，经济持续高速增长，而同时工业生产和城市生活的大量废弃物排向土壤、河流和大气之中，最终造成环境污染的集中爆发。

1952年的洛杉矶光化学烟雾事件造成近400名老人死亡，伦敦烟雾事件导致4 000多人死亡。1953年，水俣湾附近渔村因人们长期食用受富含甲基汞的工业废水毒害的水产品造成中枢神经系统疾病，称为“水俣病”。1965年，日本新潟县阿贺野川流域也发生“水俣病”。1955—1972年，日本富山县神通川流域含镉废水污染农田导致“痛痛病”集中爆发。1968年，日本北九州的一家食用油加工厂用有毒的多氯联苯作脱臭工艺中的热载体，因管理不善，毒物渗入米糠油中，导致成千上万只鸡突然死亡，人也因食用米糠油而患病，患病者超过5 000人，共有16人死亡。

20世纪50—70年代，历史上发生的一些主要公害事件见表1-1。

表1-1 20世纪50—70年代发生的主要公害事件

公害事件名称	公害污染物	公害发生地
伦敦烟雾事件	烟尘、二氧化硫	伦敦
洛杉矶光化学污染事件	光化学烟雾	洛杉矶
日本水俣事件	甲基汞	日本九州水俣镇
日本富山事件（痛痛病）	镉	日本富山县（蔓延到7条河流）
四日事件（哮喘病）	烟尘、二氧化硫、重金属粉尘	日本四日市（蔓延到几十个城市）

环境公害事件一旦发生将造成严重后果，而且影响范围之广、持续时间之长，令人发指。对这一时期全球环境公害事件危害性的简单统计见表1-2。

表1-2 环境公害事件的危害性

年份	公害事故次数	公害病患者		公害病死亡人数	
		人数（人）	年平均人数（人/年）	人数（人）	年平均人数（人/年）
1909—1930（22年）	3	9 092	413.27	915	41.6
1931—1952（22年）	10	14 348	562.18	5 529	251.3
1953—1973（21年）	52	458 946	21 854.3	139 887	6 661.3

除此之外，这一时期海洋生态环境也面临重大威胁。波罗的海、地中海北部、美国东北部沿岸和日本的濑户内海等海域均受到严重污染。海洋污染引起浅海或半封闭海域中氮、磷等营养物聚集，促使浮游生物过量繁殖，便可发生赤潮。1955年以前，日本濑户内海共发生过5次赤潮，而1965年一年中就发生了44次赤潮，1970年一年中发生79次，而1976年一年中竟发生326次。

与此同时，放射性和有机氯化物两种新污染源的出现，不仅加重了已有的环境污染危机的程度，而且使环境污染危机向着更加复杂而多样化的方向转化。除了1945年8月6日和9日，美国在日本广岛和长崎投下两颗原子弹留下的核污染贻害之外，战后大量核电站问世，造成了不同程度的核泄漏事故，产生了多点放射性污染。例如，1979年3月28日，美国宾州哈里斯堡东南16千米处的三英里岛核电厂2号反应堆发生放射性物质外泄事故，导致电厂周围80千米范围内生态环境受到污染。

有机氯化物污染主要指因大量生产和使用滴滴涕、六六六等农药以及虽非农药但用途广泛的多氯联苯所造成的环境污染。滴滴涕和六六六在20世纪40年代被发明出来之后即投入生产，到20世纪50年代被大量施用。它们通过各种渠道在环境中广泛传播和沉积下来，对植物、动物和人类造成毒害。在20世纪60年代，多氯联苯也得到广泛应用。它多用作变压器、电容器、蓄电池的绝缘油和热载体以及油漆和墨水等的添加剂。因其用途广泛，需求量极大，损耗量也大。多氯联苯不易被细菌吸收，从而在环境中大量积存起来。它一旦在人体中累积，即可引起皮肤和肝脏障碍；进入孕妇体内则会使胎儿畸变甚至造成死胎。日本的“米糠油事件”就是因多氯联苯泄漏致使食物污染所造成的严重后果。

总之，在这一时期，环境污染已成为西方国家一个重大的社会问题，公害事故频繁发生，公害病患者和死亡人数大幅度上升，被称为“公害泛滥期”。20世纪也被称为“全球规模环境破坏的世纪”。

20世纪80年代到现在，环境污染和生态破坏逐步上升为全球环境问题。环境问题呈现出全球化、综合化、社会化和政治化的特征。经过20世纪60年代环境保护运动的兴起和环保意识的觉醒，以及不断向发展中国家转移污染产业，西方工业化国家局部环境逐步转好，但长期积累的环境问题没有得到解决，局部地区还在不断爆发一些严重环境公害事件。20世纪80年代发生的主要公害事件见表1-3。

表1-3　**20世纪80年代发生的主要公害事件**

公害事件名称	公害污染物	公害发生地
博帕尔农药泄漏	45吨异氰酸甲酯泄漏	印度中央邦博帕尔
切尔诺贝利核电站泄漏	4号反应堆机房爆炸	苏联乌克兰
莱茵河污染	化学公司仓库起火，30吨S.P.Hg剧毒物入河	瑞士巴塞市
埃克森·瓦尔迪兹油轮泄漏	漏油26.2万桶	美国阿拉斯加

在这一时期，发展中国家提升发展速度，污染产业快速发展，导致了局部环境问题逐步上升为全球性环境问题。不仅如此，发达国家也面临着环境污染治理问题。2010年4月20日，美国南部路易斯安那州沿海一个石油钻井平台起火爆炸，造成7人重伤、至少11人失踪，同时海下受损油井开始漏油，每日漏油最高达到5 000桶。这一事件造成超过160千米的海岸受到泄漏原油的污染，可能导致墨西哥沿岸10 000千米内的湿地和海滩被毁，渔业受损，脆弱的物种灭绝，墨西哥沿岸生态环境遭受“灭顶之灾”。

因此，环境问题不仅仅局限于个别国家和地区，而是涉及整个人类生存和发展的具有世界意义的问题。环境问题成为与和平、发展并称的世界第三大问题，为此，联合国就南北问题、裁军与安全、环境与发展三大世界面临的挑战成立了三个专门的高级专家委员会来进行研究。而且这一时期的环境问题也不单单表现为技术问题和经济问题，更表现为政治问题、社会问题。此后，全球环境问题主要表现为全球气候变化问题、臭氧层破坏问题和大气污染（酸雨）问题。

二、全球环境问题的主要表现

（一）全球气候变化问题

世界气象学者普遍认为，近些年来全球范围内极端气候事件的频发与全球气候变暖有着密切的关系，因此，全球气候变暖是人类所面临的最严峻的问题，它关乎人类未来的发展。所以，目前国际社会所讨论的气候变化问题，通常是指气候变暖问题。

全球气候变化会带给人类一些严重的环境灾难。科学研究证实，过去的100年间，地球平均气温上升了0.5℃以上，20世纪的后几十年比过去400年的任何一个时期都更热，可能也是过去2 000年所没有的。2007年，联合国政府间气候变化专门委员会（IPCC）在其评估报告中指出，全球变暖已经成为不争的事实，全球平均地表温度在过去的100年间已经上升了0.74摄氏度①。大量的研究成果证明，在地球气候变暖的所有因素中，人为因素占据了90%②。人类活动使得大气层中的这类温室气体的浓度增加了25%③。

英国科学家马克·林纳斯对数千份科学文件进行精心研究后撰写了《改变世界的六度》一书，首度向世人系统描述了若地球气温升高6摄氏度，全球面临的灾难。据林纳斯预测，假如气温再上升1℃，11 000年来乞力马扎罗峰一直戴着的雪白冰帽将不复存在，使得整个非洲大陆成为真正的无冰世界。欧洲的阿尔卑斯山的冰雪也将全部融化。澳大利亚大堡礁的珊瑚将会全部死亡。假如气温再上升2℃，意味着格陵兰岛的冰盖将彻底融化。

有预测认为，到2100年，地表平均气温将比1990年上升1.4℃~5.8℃，全球平均海平面将比1990年上升0.09~0.88米。如果海平面升高1米，中国沿海将有12万平方千米被淹，7 000万人口需要内迁；孟加拉国将失去12%的国土，印度尼西亚更高达40%；美国将有48个州6.5万平方千米的土地被淹；当今世界引以为傲的标志，圣彼得堡、悉尼歌剧院、华尔街、硅谷都将不复存在④。另有预测认为，海平面上升1米，会造成尼罗河三角洲较低地区减少5 800平方千米土地，直接影响埃及15%的可居住土地；对孟加拉国超过13%的居民产生影响；越南40 000平方千米的土地会消失，全国23%的居民会受到影响（见表1-4）。而位于印度洋的马尔代夫，全国平均海拔仅1.5米，一些科学家认为，如果全球变暖趋势得不到有效遏制，马尔代夫可能在21世纪内消失。

① IPCC.Climate change 2007：Mitigation of climate change［M］. New York：Cambridge University Press，2007：1-99.
② IPCC.Climate change 2007：Mitigation of climate change［M］. New York：Cambridge University Press，2007：1-99.
③ CRISP D，MILLER C E.Key OCO facts［R］. NASA，Earth Science Reference and Book，2008：199-203.
④ 刘希. 海平面：正上升的威胁［N］. 第一财经日报，2009-10-14.

表1-4 一些国家不同程度海平面上升可能导致的土地减少量及受影响人口[①]

国家＼指标	假定的海平面上升值（cm）	可能减少的土地面积	2050年可能受影响的人口
		面积（km^2）	人口（万）
埃及	45	106	15 668
孟加拉国	100	32.8	29 846
印度	100	12.7	5 763
印度尼西亚	60	3.1	34 000
越南	100	26.9	4 000

注：不同的研究假定的海平面上升值也不同。不同的预测得到的数据也不同。

据IPCC第三次评估报告的统计，目前北半球中高纬度河湖结冰期缩短约2周，北极海冰最近几十年减薄40%，范围减少10%～15%（春、夏）；冰川大范围退缩，比20世纪60年代末总面积减少10%；极区永久冻土带消融、变暖和退化。该报告警告，如果不采取措施，未来100年内全球平均气温可能上升1.4℃~5.8℃，全球海平面将比目前上升9~88厘米，每年造成的损失将达3 000多亿美元，像图瓦卢这样的岛国将在50年内全部淹没在大海中[①]。

地质历史记录表明生态系统具备一些自然适应气候变化的能力。但到2100年，许多生态系统的弹性（其自然适应能力）可能会被前所未有的综合气候变化、相关扰动（例如洪水、干旱、野火、虫害、海洋酸化）和其他全球变化驱动因子（如土地利用变化、污染、过度开采资源）所突破。如果全球增温小于2℃，预估北美和欧亚大陆的森林面积将扩展，而热带地区的森林可能将遭受严重的影响，包括生物多样性的损失[②]。假如气温上升2℃，全球的食物，尤其是热带地区的食物将大受影响。三分之一的动植物种群因为天气变化而灭绝。

地球气温一旦上升3℃，根据计算机模拟，干旱将使亚马孙热带雨林无力防火，一个小小的雷击都可能引发热带雨林大火，最终烧毁整个热带雨林。同时，南部非洲和美国西部开始出现更大面积的沙漠，使成百上千万原来从事农牧业的人被迫背井离乡。在欧洲大陆和英国，夏季干旱高温与冬天极冷相伴而来，一些低海拔的沿海地区被海水淹没。

气温上升4℃，北冰洋所有的冰盖将全部消失，北极成了一片浩瀚的海洋，依赖冰为生的动物将彻底灭绝。南极洲西部地区的冰盖将与大陆脱离，使海平面上涨，全球的沿海地区再度被海水吞没。新的沙漠将在欧洲形成，并向意大利、西班牙、希腊和土耳其扩展。在如今温度宜人的瑞士，夏季的气温将高达48℃。阿尔卑斯山最高峰将彻底没有冰雪，裸露出巨大的岩石。

一旦全球气温上升5℃~6℃，绿色阔叶林将重现加拿大北极圈，而南极的腹地也会有类似的情景。然而，由于陆地大部分被淹没，动植物无法适应新的环境，因此将有95%

---

① IPCC .Climate change 2001: The scientific basis [EB/OL]. [2020-08-20]. https://www.ipcc.ch/site/assets/uploads/2018/03/WGI_TAR_full_report.pdf.

② 王丹. 气候变化对中国粮食安全的影响与对策研究[D]. 武汉：华中农业大学，2009：74.

的种类灭绝，地球面临着一场与史前大灭绝一样的劫难。

由多国科学家组成的国际研究小组在2004年英国《自然》杂志上发表研究报告称，全球变暖将导致世界上四分之一的陆地动植物在未来50年内灭绝。也就是说，100多万个物种将在半个世纪后从地球上消失[①]。

IPCC第三次评估报告认为，北半球作物生长期近40年中每10年延长约1~4天；动植物活动区北移、上移，具有更长的乳化期、开花期、迁移期和病虫害爆发期[②]。

全球平均气温上升，就可能使得诸如过多的降雨、大范围的干旱和持续的高温等气象灾害频发。有资料表明，气候变暖首先会导致严重的两极分化的气候在非洲出现。在南部非洲，莫桑比克、南非、津巴布韦、赞比亚，近年来的降雨量接连创新高，均暴发了不同程度的洪涝灾害。马达加斯加和莫桑比克甚至还遭受了罕见的热带旋风袭击。在摩洛哥和阿尔及利亚等北非国家，却常年干旱少雨，许多珍稀植物濒临灭绝。撒哈拉沙漠正以惊人的速度向四周扩散，北非地区的土地荒漠化趋势日益加剧。

气温变化导致气压、风以及降水变化，灾害天气增多。例如，厄尔尼诺现象[③]每隔2~7年出现一次，但近二三十年更频繁持久和强烈。1976—1996年的20年间，厄尔尼诺现象出现过5次，分别在1976—1977年、1982—1983年、1986—1987年、1991—1993年和1994—1995年。1982—1983年间出现的厄尔尼诺现象是20世纪以来最严重的一次，在全世界造成了大约1 500人的死亡和80亿美元的财产损失。进入20世纪90年代以后，随着全球变暖，厄尔尼诺现象出现得越来越频繁。

与此同时，拉尼娜现象[④]也频繁出现。一般拉尼娜现象会随着厄尔尼诺现象而来，出现厄尔尼诺现象的第二年，都会出现拉尼娜现象，有时拉尼娜现象会持续两三年，同样会引起飓风、暴雨、冰冻等自然灾害。

未来的时代，以全球变暖为主要特征的气候变化是人们所面临的前所未有的危机。解决气候问题也就在拯救地球，保护我们共同居住的家园。

小资料 1-1　2010—2020 年全球重大自然灾害

2010 年 1 月 13 日，海地遭遇 200 年来最强地震，造成首都太子港面目全非，死亡人数估计高达 35 万人。

2010 年 2 月 27 日，智利遭遇 25 年一遇的 8.8 级地震。

2010 年 2 月 25 日—3 月 28 日，一个月内，全球发生大小地震共 73 次，其中 6 级以上地震 19 次。

2010 年 4 月 14 日，冰岛第五大冰川——埃亚菲亚德拉冰盖冰川下一座火山喷发。火山烟尘覆盖了挪威北部、波兰北部海岸、德国、法国、比利时、英国南部海岸以及俄罗斯西北部地区，导致欧洲空中交通瘫痪。欧洲旅游业蒙受的损失估计在 10 亿欧元。

① 曹丽君. 全球变暖将导致百万物种半个世纪后从地球上消失［EB/OL］.［2020-06-08］. http://news.sohu.com/2004/01/09/52/news218235203.shtml.

② IPCC. Climate change 2001: The scientific basis［EB/OL］.［2020-08-20］. https://www. ipcc. ch/site/assets/uploads/2018/03/WGI_TAR_full_report.pdf.

③ 厄尔尼诺现象是太平洋赤道带大范围内海洋和大气相互作用后失去平衡而产生的一种气候现象。正常情况下，热带太平洋区域的季风洋流是从美洲走向亚洲，使太平洋表面保持温暖，给印度尼西亚周围带来热带降雨。但这种模式每2~7年被打乱一次，使风向和洋流发生逆转，太平洋表层的热流就转而向东走向美洲，随之便带走了热带降雨。因发生在圣诞节前后，当地人称之为“厄尔尼诺”，西班牙语的意思为“圣婴”，即圣诞节时诞生的男孩。

④ 拉尼娜现象是指赤道太平洋东部和中部海面温度持续异常偏冷的现象（与厄尔尼诺现象正好相反）。拉尼娜意为“小女孩”（圣女婴）。

2010 年 4 月 14 日，中国青海省玉树藏族自治州玉树县发生 7.1 级地震，造成 2 698 人遇难、270 人失踪、246 842 人受灾。

自 2010 年 7 月下旬以来，巴基斯坦洪灾肆虐，导致 2 000 多人死亡，160 万座房屋损毁，约 2 000 万人受灾，超过四分之一的国土成为灾区。

2010 年 8 月 6 日，印控克什米尔列城因突遭暴雨袭击引发洪水和泥石流，许多建筑损毁。洪灾造成至少 166 人死亡，另有约 400 人失踪。

2010 年 8 月 8 日，中国甘肃省舟曲县发生特大泥石流灾害，造成至少 1 501 人遇难，264 人失踪，26 470 人受灾。

2010 年 10 月 25 日，印度尼西亚西苏门答腊省明打威群岛附近海域发生里氏 7.2 级地震并引发海啸，造成至少 509 人死亡、21 人失踪、上万居民无家可归。10 月 26 日，印度尼西亚默拉皮火山喷发，造成至少 304 人死亡、467 人重伤、33 万名附近居民离家避难。这是该火山 100 年来最严重的一次喷发。

2011 年 3 月 11 日，日本东北部海域发生里氏 9.0 级地震并引发海啸，造成重大人员伤亡和财产损失。地震造成日本福岛第一核电站 1~4 号机组发生核泄漏事故。截至当地时间 4 月 12 日 19 时，此次地震及其引发的海啸已确认造成 13 232 人死亡、14 554 人失踪。

2013 年 8 月 5 日，阿富汗山洪暴发，持续了 3 天的大暴雨致使阿富汗东部和东南部的 9 个省份，以及首都喀布尔的部分区域受灾，暴雨引发的山洪冲垮了 4 座村庄，近 80 人死亡，近 300 人失踪。

2015 年 4 月 25 日，尼泊尔中部地区突发 8.1 级强烈地震，造成境内约 9 000 人死亡，2.2 万多人受伤；地震还导致尼泊尔文物损毁严重。这是该国 80 多年来发生的最大自然灾难。

2015 年 6 月，印度与巴基斯坦多地持续高温，印度北部、东南部和东部的气温分别在 42 至 48 摄氏度之间，造成 2 200 人死亡。巴基斯坦南部信德省的持续高温造成至少 1 017 人死亡，逾千人被送进医院。

2016 年，全球包括地震、洪水、森林火灾等自然灾害造成 1 680 亿欧元损失，是过去 4 年的峰值。洪水和泥石流造成的损失占比最大，达到 34%，仅中国 2016 年 6 月和 7 月间洪水造成的损失就高达 200 亿欧元。前十年因洪水暴发造成的损失平均占比只有 21%。

2018 年，危地马拉埃斯昆特拉省富埃戈火山再次暴发，当地政府将预警级别上调至橙色，迫使近 3 000 人逃离家园。

2019 年的高温天气，催生了澳大利亚大火。持续 5 个多月的大火，蔓延 1 400 多千米的海岸线，过火面积超过 1 000 万公顷，烧毁大量农场、牧场、果园、菜地，给当地农业和畜牧业带来毁灭性的打击。

2019 年 11 月 12 日，意大利威尼斯遭遇了半个多世纪以来最严重的水灾，损失超 10 亿欧元。根据潮汐监测中心给出的数据，当地最高水位一度达到 1.87 米，整个城市一片“汪洋”，超 80% 的地区被淹。而背后的原因是全球变暖导致地中海海平面上升，可以说威尼斯遭遇的洪灾是气候变化的警告。

2020 年 2 月 12 日，澳洲大火直接烧毁的土地面积达 6 万平方千米，造成 33 人和至少 10 亿头野生动物在火灾中丧生，2 500 多间房屋和 11.7 万平方千米土地因火灾受到影响。

资料来源：

［1］苏言．2012 地球悬念［M］．江苏人民出版社，2010：1-2.

［2］佚名．2010 年全球重大自然灾害回顾［J］．中国急救复苏与灾害医学杂志，2011，6（3）：240-240.

［3］武慧锋，张奇斌．"水成就了你 也淹没了你"意大利威尼斯遭遇 50 年来最严重洪灾［EB/OL］．（2019-11-17）［2020-08-20］．https：//baijiahao. baidu. com/s? id=1650451177773133974&wfr=spider&for=pc.

［4］张利晨，王延庆，乔晓晖．经济下行、疫情和重大自然灾害与全球粮食危机［J］．黑龙江粮食，2020（3）：8-12.

［5］王珠珊．从澳洲大火，看全球山火近年为何频发［J］．环球财经，2020（6）：61-64.

（二）臭氧层破坏问题

距离地面15～50千米的大气平流层中，集中了地球上90%的臭氧气体，故称为臭氧层。臭氧层的浓度很低，但它能有效吸收对人类和生物有害的太阳紫外线UV-C和UV-B，而让对人类有益的UV-A全部通过——"人类和地球的保护伞"。但由于人类大量向空间排放消耗臭氧层物质（ODS），主要包括氟氯化碳（氟利昂，CFCs）、哈龙等，导致臭氧层不断被破坏。1985年，英国科学家Farmen等人总结他们在南极哈雷观测站（Halley Bay）的观测结果，发现从1975年以来，那里每年早春（南极10月份）总臭氧浓度的减少超过30%，如此惊人的臭氧减弱引起了全世界极大的震动。臭氧破坏的问题也从此开始受到不仅来自科学界，同时来自世界各国政府、企业和社会各界的广泛重视。此后，美国气象卫星测到空洞大小如美国国土（1 000万平方千米），高如珠峰，现在扩展到了整个南极上空。1979年以来，南纬60度的臭氧层减少5%以上，同时北极出现相当于南极1/5面积的臭氧层空洞。1998年南极臭氧层空洞面积最大，达2 600万平方千米，持续时间超过100天，并发现北半球上空臭氧层已比20年前薄3%。中国、日本、美国等国上空都出现臭氧层减少，甚至出现空洞。

消耗臭氧层物质主要分为两类：一类是氟利昂类；另一类是哈龙类。氟利昂广泛用于空调、制冷剂、电子元件和精密器件的洗涤剂、发泡剂、喷雾剂、火箭推进剂，哈龙广泛用于灭火剂。据估计，自20世纪二三十年代以来，全世界共产生这些物质1 447万吨，这类物质在空中停留时间长，即使全球从目前水平减少90%，弥补臭氧层空洞仍将需要100年之久。2011年4月5日，世界气象组织在日内瓦总部发表的一份最新报告显示，北极上空的臭氧损失了约40%，而此前同一时期的最高损失比例为30%左右。

臭氧层不断被破坏的主要危害有：对人类来说，缺乏了臭氧层的保护使免疫力下降，诱发多种疾病，如更容易患皮肤癌、白内障等；对于植物来说，试验的300种物种有2/3受到不良影响，品质下降；对于生物来说，海水20米以内的浮游生物、鱼虾、藻类将受到危害；对于地球来说，全球气候变暖，温室效应增强。

（三）大气污染问题

大气污染的主要因子为悬浮颗粒物、一氧化碳、臭氧、二氧化碳、氮氧化物、铅等。20世纪以来，由于现代工业的发展，排放的有毒气体日益增多，使大气遭到严重污染。

PM2.5又称为可入肺颗粒物，或细颗粒物，是表征环境空气质量的主要污染物指标。它指的是空气动力学当量直径小于等于2.5微米的颗粒物。PM2.5的组成十分复杂，是各种各样固体细颗粒和液滴的“大杂烩”，化学成分高达上百种，主要成分是有机物、硫酸盐、硝酸盐、铵盐、碳以及各种金属化合物等。所以，这个值越高，就代表空气污染越严重。细颗粒物粒径小，含有大量的有毒、有害物质且在大气中的停留时间长、输送距离远，因而对人体健康和大气环境质量的影响更大。可吸入颗粒物又称为PM10，指空气动力学当量直径在10微米以下的颗粒物。

根据目前对空气中PM2.5来源的认识，煤炭燃烧、机动车尾气、工业排放、建筑和道路扬尘、区域传输等来源，在不同地区、不同时段，其“贡献”各不相同。由于PM2.5在空气中滞留的时间较长，通常PM2.5污染具有区域性特征。对某一地区而言，除了本地产生的PM2.5外，其周边地区的影响也是重要的来源。

专栏1-1 曾经的中国雾霾

2013年10月以来，国内30多个城市PM2.5严重超标的消息成为关注热点。2013年11月1日下午，北京空气重污染应急指挥部发布霾预警，这已是一周以来的第四次了。2日12时，北京城六区的PM2.5浓度达到307微克/立方米，为6级严重污染，即新版空气质量标准中最严重的级别。

伴随着霾的是大雾。2日西北地区、东部局地和华北地区出现大雾天气。京津冀等多地高速公路纷纷拉响“警报”采取临时交管措施，河北16条高速、天津境内5条高速封闭，北京地区6条高速路以及六环路部分路段临时封闭。

“刚刚过去的10月，中东部雾霾呈现高发态势。”1日，在中国气象局例行新闻发布会上，中国气象局应急减灾与公共服务司司长陈振林表示，2013年中国平均雾霾日数为52年来最多。

中国气象局数据显示，2013年以来，全国平均雾霾日数为4.7天，较常年同期偏多2.3天，为1961年以来最多。其中，黑龙江、辽宁、河北、山东、山西、河南、安徽、湖南、湖北、浙江、江苏、重庆、天津均为历史同期最多。

根据中国气象局的数据分析，10月以来，降水量偏少、平均气温较常年同期偏高，也是加重空气污染的两个重要因素。

国家气候中心气候监测室首席气候专家周兵分析，近期北方的冷空气活动较常年次数上偏少、强度上偏弱，是主要的气象条件。造成雾霾的原因主要有三个：一是平均风速减小使得风力对污染物的搬运作用减弱。二是静稳天气的增加使得污染物不容易扩散。三是全国降水日数减少明显，近50年来减少了10%，导致气溶胶的湿沉降减弱。

资料来源：章轲. 13省份雾霾天创同期极值，多地开展煤炭消费总量控制［N］. 第一财经日报，2013-11-04.

空气污染严重还体现在酸雨污染。酸雨污染是跨越国界的全球性的灾害，又被称为“空中死神”[1]。一般未被污染的雨水，pH值呈弱酸性（pH = 5.65）。由于人类大量使用煤、石油等化石燃料，燃烧后产生的硫氧化物（SO_x）和氮氧化物（NO_x），在大气中经过复杂的化学反应，形成硫酸和硝酸气溶胶，或为云、雨雪、雾捕捉吸收，降到地面成为酸雨，故pH值低于5.6。"酸雨"，其实科学的称谓应该为"酸性沉降"，它可分为"湿沉降"与"干沉降"两大类，前者指的是所有气状污染物或粒状污染物，随着雨、雪、雾或雹等降水形态而落到地面者，后者则是指在不下雨的日子，从空中降下来的落尘所带的酸性物质。

干沉降，表现为气态和固态两种，气态，如SO_2、NO_2、HCl等；固态，如气溶胶、飘尘等。湿沉降主要表现为液态和固态两种，液态，如雨、雾、露等；固态，如雪、霜等。pH值小于5.65的雨水被称为酸雨；pH值小于5.65的雪叫酸雪；在高空或高山（如峨眉山）上弥漫的雾，pH值小于5.65时叫酸雾。

19世纪40年代，英国化学家R. A. Smith在英格兰开始了对酸雨现象最初的科学调查。1872年，R. A. Smith观察工业城市曼彻斯特附近的降水，发现在城市附近，动物排泄物释放的氨与煤燃烧产生的硫酸化合生成硫酸铵盐，由于城市硫酸的生成量过高而不能完全被氨中和，所以市内的降水化学性质由硫酸控制。"酸雨"这个名词由此产生。这一研究成果以《空气和降雨：化学气候学的开端》为题发表，时隔一个世纪，酸雨现象才在全球范围内逐步受到人们重视。1967年，瑞典土壤学家奥丹博士发表了可以称作酸雨研究里程碑的学术论文。论文讲稿说："酸雨将严重危及水质、土壤、森林和各种建筑物，对于人类来说，这也许是一种化学战争。"

1972年，在瑞典斯德哥尔摩召开的第一次人类环境会议上，酸雨问题才引起全球性的广泛关注，并由此引发了大规模的调查和研究。中国对于酸雨的研究和检测起步较晚，1981—1983年，全国开展了酸雨的普查。

酸雨的污染源主要包括生产过程中密集使用能源的工业、使用石油作为动力的汽车等。2008年，全球人均能源使用量达到1 835千克，相比2000年增长11.5%，全球化石燃料排放量达到峰值315.5亿吨。

造成酸雨的大气酸性污染物不仅影响局部地区，而且能随气流运动到远离其发生源数千千米以外的广大地区，成为穿越国界长距离移动的大气污染问题。酸雨最早发现于欧洲和北美地区，20世纪50年代以来，在世界空间分布逐年扩大，几乎遍布各大洲。由于美国是世界上经济最发达的国家，同时也是能源消耗最多的国家，消费了全球近1/4的能源，其中，每年燃烧的矿物燃料排放的二氧化碳和碳氧化物居世界各国之首，从而导致了美国、加拿大受到酸雨污染。欧洲由于西北欧、中欧国家大量排放二氧化硫而产生酸雨污染。在亚太地区则是由于大量使用煤炭和高硫燃料、交通的增长和森林火灾而导致严重的酸雨污染。全球酸雨污染问题呈现不断发展的态势，表现为频率越来越高，范围越来越广，成为全球一大公害。酸雨直接降落到植物叶面会使植被和农作物受害或枯死，过多的酸雨甚至会使得森林全部"死亡"。此外，酸雨使土壤酸化，引起有害金属元素溶出伤害植物根部，使江河湖泊酸化，导致鱼类和两栖动物丧失繁育能力，使水生生物减少，同时，酸雨会腐蚀各种建筑材料和古迹，并直接影响人体健康。

（四）其他环境问题

一是全球森林大面积减少。根据世界银行统计数据，1990年全球森林面积41 581 980平方千米，占全球土地面积的32.1%，至2010年为40 204 330平方千米，相比1990年减少1 377 650平方千米。据专家估测，全球森林面积还将以每年1 800万~2 000万公顷的速度减少。2018年，全球森林面积39.99亿公顷，覆盖率30.6%，森林面积不断减少，虽减速趋缓，但森林退化等原因导致的森林质量下降日趋严重。

二是土地荒漠化问题。过度放牧、耕种和滥伐森林导致水土流失和土壤沙化问题日益严重。据联合国环境规划署统计，全球1/4的土地正在受荒漠化的威胁。超过2.05亿的世界人口遭受着荒漠化的直接影响，由于耕地和牧场变得贫瘠，100多个国家的超过10亿的人口的生计问题处于危险境地。同时，全球有30%~70%的灌溉土地不同程度地受到盐碱化和水涝的危害。

三是生物多样性锐减问题。造成生物多样性锐减的主要原因是森林大面积减少、草地过度放牧、生物物种的过度开发、外来物种的大量入侵、杀虫剂的使用增加以及全球气候变暖引起的生态系统的破坏。据估计，1600—1950年，约有113种鸟类和83种哺乳动物灭绝。2000年以来的统计显示，有110多种兽类和130多种鸟类已经灭绝；全世界约有25 000种植物和1 000多种脊椎动物处于灭绝的边缘。同时，由于这些年来过度捕捞，海洋的鱼类在大量减少。根据联合国粮农组织1999年的估计，约有2/3的海洋鱼类被过度捕捞，世界上70%的鱼种或处于充分捕捞，或正在耗竭。近年来，生物物种消失加速，每天有50~100种物种灭绝。

四是海洋污染及固体废物污染问题。海洋拥有地球上最丰富的生物资源、矿物资源、化学资源和动力资源，海洋为人类提供食物的能力约为陆地上所能种植的全部农产品的1 000倍。虽然现在人类对海洋的利用不足1%，但对海洋的污染非常严重，每年约有含200亿吨污染的4.1万立方千米污水通过江河流入海洋，另有10%的污染来自船只，其中每年大约有640万吨船舶垃圾和150万吨的石油流入海洋[1]。此外，世界范围内的原油泄漏时有发生，给海洋带来严重的污染，如美国埃克森公司“瓦尔德斯”号油轮在阿拉斯加州威廉王子湾搁浅，泄漏5万吨原油，沿海1 300千米区域受到污染，当地鲑鱼和鲱鱼近于灭绝，数十家企业破产或濒临倒闭，堪称美国历史上最严重的海洋污染。而利比里亚油轮在近几十年里发生数十起原油泄漏事故，导致大量生物灭绝以及严重的水体污染。

五是淡水资源危机。全球水储量共约13.86亿立方千米，其中包括海洋水在内的全部咸水储量占总储量的97.5%，而淡水储量包括冰川与永久积雪、地下淡水、河流等水体、大气中的水分和生物体中的水分等在内，只占水总储量的2.5%，约0.35亿立方千米，其中人类难以利用的如冰川和永久积雪、永冻地层中的冰就占淡水总储量的69.5%，地下淡水量占淡水总储量的30.1%。因此，人类能够开发利用的地下水只占其极少一部分。由于淡水资源分布不均，随着人口激增和工农业生产的发展，缺水已成为世界性问题。在每年的自然降水循环过程中，大概能够为人类提供5万亿立方千米的水资源，这些循环水资源大部分用来补充了地下水或河流海洋，其中只有30%可供人类利用。同时，本来就不充裕的水源，又由于分布不均衡，导致了很多国家与地区缺水。世界上大部分淡水资源分布在美国、加拿大、俄罗斯、巴西、中国、印度尼西亚、刚果、印度等国家，这些国家淡水资源的总量占到了全球的60%左右，而中亚、中东及非洲地区，则水资源严重不足，致使许多国家为水资源爆发了严重的冲突[2]。据统计，全世界有100多个国家缺水，严重缺水的达40多个，占全球陆地面积的60%。发展中国家至少有 3/4 的农村人口和 1/5 的城市人口得不到安全卫生的饮用水；有 80% 的疾病和 1/3 的死亡率与受到污染的水有关，世界卫生组织统计的数据显示，2012 年全球大概有 500 万人死于痢疾，其中大部分是儿童，而如果有安全的水源及合格的卫生设施，这些人的死亡本是可以避免的。在淡水资源不足的背景下，水污染的严重危害性更加凸显。全世界每年向江河湖泊排放各类污水约 4 260 亿吨，造成 55 000 亿立方米的水体被污染，占全球径流总量的 14% 以上；全世界 40% 的稳定流量的河流受到污染，并呈日益恶化的趋势。而且随着现代工业的快速发展、人口增长速度加快，全球性的水资源危机还将进一步加深[2]。

小资料 1-2　世界人口增长速度

20 世纪以来，随着工业化的进展和医疗技术的提高，人口的死亡率下降，人的寿命延长，人口增长率居高不下，世界人口急剧增长，发展中国家人口增长更快。

据统计，世界人口每增加 10 亿需要的时间如下：

第一个 10 亿为近 300 万年

第二个 10 亿约为 130 年（1800—1930 年）

第三个 10 亿为 30 年（1930—1960 年）

第四个 10 亿为 14 年（1960—1974 年）

第五个 10 亿为 13 年（1974—1987 年）

第六个 10 亿为 12 年（1987—1999 年）

人口的大量增加，人类繁衍速度的提高，婴儿死亡率的下降，人的寿命的普遍延长，加重了对地球资源的消耗，大幅度增加了消费品的绝对数量。

资料来源：佚名. 人类从诞生到 10 亿人口用了三百万年，现在约十年时间就能增加 10 亿［EB/OL］.（2019-10-14）［2020-06-10］. https：//www.sohu.com/a/346940844_794891.

很多学者把全球性环境问题归为气候变暖、臭氧层破坏、生物多样性减少、酸雨蔓延、森林锐减、土地荒漠化、大气污染、水体污染、海洋污染、固体废物污染十大环境问题。

第二节
环境保护运动及可持续发展浪潮

一、环保运动及国际合作

（一）环保运动兴起

20 世纪中叶，随着环境污染的日趋加重，特别是西方国家公害事件不断发生，环境危机频频困扰人类。环境危机唤醒了人们的环境保护意识，表现为不断涌现的对经济增长方式的反思，以及一场接一场的环境保护运动。20 世纪 50 年代末，美国海洋生物学家莱切尔·卡逊（Rachel Karson）在潜心研究美国使用杀虫剂所产生的种种危害之后，于 1962

年出版了环境保护科普著作《寂静的春天》，通过对污染物富集、迁移、转化的描写，阐明了人类同大气、海洋、河流、土壤、动植物之间的密切关系，初步揭示了污染对生态系统的影响，为人类敲响了环境危机的警钟。1972年，罗马俱乐部委托麻省理工学院的梅多斯等人撰写了第一篇关于全球环境问题的著名预测报告——《增长的极限》，对人类经济增长方式进行了深刻的反思。1988年，美国政府公布了新的预测报告——《2000年的地球》，对人类面临的环境问题进行了全面梳理，并对人类面临的环境危机进行了预测。

环保意识的普遍觉醒为环境保护运动奠定了群众基础。1970年4月22日，美国一些知名人士和环境保护爱好者发起了一场大规模的环境保护运动，旨在唤起民众环境保护意识的普遍觉醒，这一天后来被定为“世界地球日”，随后每年的这个时期，世界各地都涌现出众多的环境保护运动，并出现了大量的环保组织，如“绿色和平组织”“地球之友”等。这些环保组织开展大量的活动，并逐渐走上国际舞台，出现了环境保护的国际联合会，推动了环境保护运动的发展。与此同时，环境保护运动的开展对政治也产生了深远的影响。在西方，各政党为赢得民众的选票，大举环保牌。环境保护主义者作为一股独立的政治力量越来越活跃在国际政治舞台[3]。

小资料 1-3　与环境相关的部分纪念日

世界湿地日（2 月 2 日）：1971 年 2 月 2 日，历时 8 年之久，一个旨在保护和合理利用全球湿地的公约《关于特别是作为水禽栖息地的国际重要湿地公约》（简称《湿地公约》）在伊朗拉姆萨尔签署。为了纪念这一创举，并提高公众的湿地意识，1996 年《湿地公约》常务委员会第十九次会议决定，从 1997 年起，每年的 2 月 2 日定为“世界湿地日”。

植树节（3 月 12 日）：1979 年 2 月 23 日，在第五届全国人大常委会第六次会议上，根据国务院提议，为动员全国各族人民植树造林，加快绿化祖国，再者，为了纪念孙中山先生决定每年 3 月 12 日为全国的植树节。

世界水日（3 月 22 日）：1977 年召开的“联合国水事会议”，向全世界发出严正警告：水危机不久将成为一场深刻的社会危机，继石油危机之后的下一个危机便是水危机。1993 年 1 月 18 日，第四十七届联合国大会作出决议，确定每年的 3 月 22 日为“世界水日”。

世界地球日（4 月 22 日）：最早的地球日活动是 20 世纪 70 年代于美国校园兴起的环保运动，20 世纪 90 年代这项活动从美国走向世界，成为全世界环保主义者的节日和环境保护宣传日，在这天不同国籍的人们以各自不同的方式宣传和实践环境保护的观念。2009 年 4 月 22 日，第六十三届联合国大会一致通过决议，决定将今后每年的 4 月 22 日定为“世界地球日”。

国际生物多样性日（5 月 22 日）：为了保护全球的生物多样性，1992 年在巴西当时的首都里约热内卢召开的联合国环境与发展大会上，153 个国家签署了《保护生物多样性公约》。1994 年 12 月，联合国大会通过决议，将每年的 12 月 29 日定为“国际生物多样性日”，以提高人们对保护生物多样性重要性的认识。2001 年将每年 12 月 29 日改为 5 月 22 日。

世界环境日（6 月 5 日）：“世界环境日”是由 1972 年 6 月 5 日在瑞典首都斯德哥尔摩召开的世界上第一次“联合国人类环境会议”所建议。联合国环境规划署每年 6 月 5 日选择一个成员国举行“世界环境日”纪念活动。中国从 1985 年 6 月 5 日开始举办纪念世界环境日的活动。

防治荒漠化和干旱日（6 月 17 日）：在 1992 年联合国环境与发展大会上，防治荒漠化被列为国际社会优先采取行动的领域，大会成立了《联合国关于在发生严重干旱和荒漠化的国家特别是在非洲防治荒漠化的公约》谈判委员会。1994 年 6 月 17 日，公约的正式文本完成，包括中国在内的 100 多个国家在公约上签字。1994 年 12 月 19 日，第四十九届联合国大会又通过决议，宣布从 1995 年起，每年 6 月 17 日为“世界防治荒漠化和干旱日”。

国际臭氧层保护日（9 月 16 日）：随着人类活动的加剧，地球表面的臭氧层出现了严重的空洞。1995 年 1 月 23 日，联合国大会通过决议，确定从 1995 年开始，每年的 9 月 16 日为“国际保护臭氧层日”，旨在纪念 1987 年 9 月 16 日签署的《关于消耗臭氧层物质的蒙特利尔议定书》，要求所有缔约方根据议定书及其修正案的目标，采取具体行动纪念这一特殊的日子。

世界旅游日（9 月 27 日）：从 1980 年起，有关国家每年都在这一天组织一系列庆祝活动，如发行纪念邮票、举办明信片展览、推出新的旅游路线、开辟新旅游点等。一些饭店和旅游服务设施还实行减价。旅游业与环境保护密切相关。环境与生态破坏，是对旅游资源的最大破坏。此外，旅游业本身对环境也有污染。旅游环境作为环境的一部分，其特点在于，这部分环境的开发利用价值更高，用于欣赏的价值更大，应该更加重视保护旅游环境。

资料来源：

[1] 佚名. 与环境保护相关的节日大全 [EB/OL]. (2008-12-01) [2020-08-10]. https: //www.wendangxiazai.com/b-d7b0194dfe4733687e21aab7.html.

[2] 陈宏. 发展与环境 [M]. 重庆：西南师范大学出版社，2007：189-191.

[3] 东南大学实验室与设备管理处. 世界性的与环境有关的节日汇总 [EB/OL]. [2020-08-08]. https: //sbc.seu.edu.cn/2012/0914/c5569a59207/page.htm.

（二）环境保护的国际合作之路

许多环境问题是全人类面临的共同问题，如全球气候变暖、臭氧层遭到破坏、生物多样性锐减、海洋污染等。这些问题不是某一个国家所能解决的，必须寻求国际化的合作，发达国家和发展中国家承担共同而有区别的责任。20世纪七八十年代，联合国主持了多次大会，关于环境保护方面的议定书多达上百项，90年代至今，联合国的生态环境保护工作向更高层次、更深领域拓展。全球环保史上召开了三次具有里程碑意义的会议，第一次是1972的联合国人类环境会议，又称为“斯德哥尔摩会议”。这是人类第一次将环境问题纳入世界各国政府和国际政治事务的议程。参加的成员涉及各国政府，体现了人类对环境问题的关注。这次大会把全球环境保护战略作为探讨重点，指出环境问题是“关系到全世界各国人民幸福和经济发展”的全局性问题。这次会议中联合国建立了环境保护规划署，成为全球最重要的环境保护机构。第二次会议是1992年在里约热内卢举行的联合国的环境与发展大会，全球183个国家参加，大会确认了“和平、发展与环境保护是互相依存、不可分割的"，会议通过了5个重要文件——《里约环境与发展宣言》《21世纪议程》《关于森林问题的原则声明》《联合国气候变化框架公约》《生物多样性公约》，明确了经济发展与环境的协调关系，以及全球走可持续发展道路的原则和目标。会后各国纷纷制定了各自的21世纪议程，有130多个国家建立了国家级的可持续发展委员会，大大推动了全球环境保护的开展。第三次是2002年在南非约翰内斯堡召开的可持续发展世界首脑会议，有192个政府代表团、104位国家元首和政府首脑出席，涉及政治、经济、环境与社会等广泛的问题，会议通过了两份重要文件——《执行文件》和作为政治宣言的《约翰内斯堡可持续发展宣言》，对主要环境公约的执行制定行动战略与措施，使环境保护不仅仅只是有章可循，而是真真切切地赋予了行动措施。

小资料 1-4　21 世纪议程简介

《21 世纪议程》是 1992 年 6 月 3 日至 14 日在巴西里约热内卢召开的联合国环境与发展大会通过的重要文件之一，是"世界范围内可持续发展行动计划"。这是一份关于政府、政府间组织和非政府组织所应采取行动的广泛计划，旨在实现朝着可持续发展的方向转变。

该项行动计划的前提是所有国家都要分担责任，但承认各国的责任和首要问题各不相同，特别是在发达国家和发展中国家之间。该计划承认，没有发展，就不能保护人类的生息地，从而也就不可能期待在新的国际合作的气候下对于发展和环境总是同步进行处理。《21 世纪议程》的一个关键目标，是逐步减轻和最终消除贫困，同样还要就保护主义和市场准入、商品价格、债务和资金流向问题采取行动，以取消阻碍第三世界进步的国际性障碍。为了符合地球的承载能力，特别是工业化国家，必须改变消费方式；而发展中国家必须降低过高的人口增长率。为了采取可持续的消费方式，各国要避免在本国和外国以不可持续的方式开发资源。文件提出以负责任的态度和公正的方式利用大气层和公海等全球公有财产。

《21 世纪议程》载有 2 500 余项各种各样的行动建议，包括如何减少浪费，可持续消费，扶贫，保护大气、海洋和生物多样化，以及促进可持续农业发展的详细提议。后来联合国关于人口、社会发展、妇女、城市和粮食安全的各次重要会议又予以扩充并加强。在《21 世纪议程》中，各国政府提出了详细的行动蓝图，从而改变世界目前的非持续的经济增长模式，转向从事保护和更新经济增长和发展所依赖的环境资源的活动。行动领域包括保护大气层，阻止砍伐森林、水土流失和沙漠化，防止空气污染和水污染，预防渔业资源枯竭，改进有毒废弃物的安全管理。

尽管没有法律约束力，但《21 世纪议程》仍然对世界产生了重大影响。为了全面支持其在世界范围内的落实，联合国在 1992 年成立了可持续发展委员会。作为联合国经济及社会理事会的一个重要委员会，这个有 53 个成员的委员会监督并报告《21 世纪议程》的执行情况，支持和鼓励政府、商界、工业界和其他非政府组织带来可持续发展所需要的社会和经济变化，帮助协调联合国内环境和发展的活动。

资料来源：百度百科．21 世纪议程［EB/OL］．［2020-08-10］．http://baike.baidu.com/view/1326623.htm？fromId=326684.

二、可持续发展及环境权问题

（一）可持续发展为环境保护指明方向

可持续发展（Sustainable Development）的概念最先是在1972年在斯德哥尔摩举行的联合国人类环境大会上正式讨论的。这次研讨会云集了全球的工业化和发展中国家的代表，共同界定人类在缔造一个健康和富有生机的环境上所享有的权利。自此以后，各国致力于界定“可持续发展”的含义，拟出的定义现在已有几百个之多，涵盖范围包括国际、区域、地方及特定界别的层面，是科学发展观的基本要求之一。

1980年，国际自然保护同盟的《世界自然资源保护大纲》指出：“必须研究自然的、社会的、生态的、经济的以及利用自然资源过程中的基本关系，以确保全球的可持续发展。”1981年，美国人布朗（Lester R. Brown）出版了《建设一个可持续发展的社会》，提出以控制人口增长、保护资源基础和开发再生能源来实现可持续发展。1987年，世界环境与发展委员会出版《我们共同的未来》报告，将可持续发展定义为“既能满足当代人的需要，又不对后代人满足其需要的能力构成危害的发展”。该份报告的作者是挪威前首相布伦特兰夫人，她对于可持续发展的定义被广泛接受并引用，这个定义系统地阐述了可持续发展的思想。《我们共同的未来》，对“可持续发展”一词进行了深刻的诠释：既要满足当代人发展的需求，又不能破坏子孙后代发展需求的可能性，即既要发展，又要限制。具体来讲，可持续发展就是指经济增长会受到生态系统承载能力的限制，要以维护和保护环境为条件，不能造成资源的耗竭和生态环境的破坏，必须尊重自然，维持生态平衡。

可持续发展理念的形成其实是个漫长的过程，简单梳理一下就可以发现其产生和发展的轨迹（见表1-5）。

表1-5　**可持续发展思想的产生和发展**

时间（年）	提出者	代表性著作	主要观点	特点
1803	马尔萨斯	人口原理	提出人口干预原理，是可持续发展理论的初步萌芽	以个体为主，民间自发性强，无系统的方法论，历时漫长，发展缓慢
1895	达尔文	物种的起源	物竞天择、适者生存	
1962	鲍尔丁	宇宙飞船理论	形象地描述了环境危机	
1962	莱切尔·卡逊	寂静的春天	环境保护	
1972	德内拉·梅多斯等	增长的极限	对人类前途的“严肃的忧虑”，探讨发展与环境的关系	
1972	联合国人类环境大会	只有一个地球与人类环境宣言	提出代际公平概念	
1984	郭忠兰	公元2000年全球研究	阐述了全球人口、资源、环境发展趋势及未来的影响	
1976	卡恩	今后二百年	乐观地预测了世界的发展	
1980	IUCN、UNCSD	世界自然资源保护大纲和保护地球	首次系统阐述了可持续发展思想	政府机构开始介入，国际组织和各国政府建立了系统的概念结构，发展时间短，成效大
1987	世界环境与发展委员会	我们共同的未来	系统地论述了可持续发展的含义、原则和实践问题	
1992	联合国环境与发展大会	里约宣言与21世纪议程	倡导在全球范围内推进可持续发展思想	

可持续发展是环境保护与发展的有机统一，对于环境保护的开展具有重要的意义。首先，可持续发展是人类在正确认识其与自然关系的基础上对经济社会发展观的一次历史性飞跃，1989年5月联合国环境规划署举行的第15次理事会通过的《关于可持续发展的声明》提出："可持续发展意味着维护、合理使用并且提高自然资源基础，意味着在发展计划和政策中纳入对环境的关注和考虑。"

值得强调的是，首先，可持续发展是一种全新的战略和模式，它既反对传统的高投入、高消耗、高污染的经济发展模式，同时也强调环境保护与经济发展的有机统一，正如《里约宣言》所指出的"为了实现可持续发展，环境保护工作应是发展进程的一个整体组成部分，不能脱离这一进程来考虑"。由于可持续发展正确分析了环境保护与发展的关系，因而得到人们的广泛接受，为环境保护的发展指明了正确方向。其次，可持续发展强调了环境保护与经济发展的协调，而在实践中的环境保护与经济发展是一个相互矛盾的统一体，这就产生了两种不同的政策倾向，发展中国家更强调"发展权"的重要，发达国家更强调"持续性"。尽管这两方面存在分歧，但可持续发展的主线不变，它指引着全球环境保护的发展方向。

（二）环境权得到广泛认可

20世纪70年代被认为是"环境危机时代"，环境污染和生态平衡问题成了"生态政治"问题。这种严重的环境危机促使了环境权的产生。环境权是指特定的主体对环境资源所享有的法定权利。对公民个人和企业来说，就是享有在安全和舒适的环境中生存和发展的权利，主要包括环境资源的利用权、环境状况的知情权和环境侵害的请求权。对国家来说，环境权就是国家环境资源管理权，是国家作为环境资源的所有人，为了社会的公共利益，而利用各种行政、经济、法律等手段对环境资源进行管理和保护，从而促进社会、经济和自然和谐发展[3]。

20世纪70年代初，诺贝尔奖获得者、著名的国际法学者雷诺·卡辛向海牙研究院提交了一份报告并提出要将现有的人权原则加以扩展，应包括健康和幽雅的环境权在内，即人类有免受污染和在清洁的空气和水中生存的权利。这标志着环境权开始为环境保护提供法律依据，环境保护得到国际社会的进一步认可。1972通过的《人类环境宣言》第一条原则即是"人类有权在一种能够过尊严和福利的生活环境中，享有自由、平等和充足的生活条件的基本权利，并且负有保护和改善这一代和将来的世世代代环境的庄严责任"。该原则虽未对健康环境权进行清晰的界定，但至少在环境保护和人权之间建立了基本的联系。此后，不少研究或国际性文件对环境权进行了不同角度的表述。与此同时，环境权的相关理论也在不断发展，为环境保护的开展提供了理论基础，推动了环境保护的迅速发展。

总之，环境保护浪潮的兴起和发展对全球的政治、经济、文化、社会产生了深远的影响，因而有人甚至将21世纪称为"绿色的世纪""环保的世纪"。环境保护浪潮席卷全球，对国际政治关系产生深远的影响。

第三节
中国生态文明建设及环境国际合作

一、中国特色社会主义生态文明建设主要内容和理论传承

（一）中国特色社会主义生态文明建设的主要内容

中国特色社会主义，是由中国改革开放的总设计师邓小平提出的，是科学社会主义的基本原则与中国实际相结合的产物，具有鲜明的时代特征和中国特色。其主要特点包括：公有制为主体、多种所有制经济共同发展的基本经济制度；按劳分配为主体、多种分配方式并存的收入分配制度；在共产党领导下，在人民当家作主的基础上，依法治国，发展社会主义民主政治的基本政治制度等。其发展目标是共同富裕、和平发展。2017年10月18日，习近平同志在中国共产党第十九次全国代表大会报告中强调，中国特色社会主义进入了新时代，即社会主要矛盾已经转化为人民日益增长的美好生活需要和不平衡不充分的发展之间的矛盾。

所谓生态文明，就是要有利于我们在改造自然的同时又保护自然，使人与自然之间保持和谐共生关系。中国特色社会主义生态文明建设是中国特色社会主义建设的重要组成部分，体现在中国特色社会主义建设的方方面面，也充分体现了历代党和国家领导人对经典社会主义建设理论，尤其是社会主义生态文明建设理论的传承。新中国成立后，中国共产党在社会主义建设过程中不断摸索，披荆斩棘，最终走出一条中国特色社会主义道路，尤其是在生态文明建设道路上不断探索，发展思路独具特色，以此管窥中国共产党执政70多年的治理能力和治理水平，令人顿生敬畏之心。

2005年召开的中央人口资源环境工作座谈会上，胡锦涛就使用了“生态文明”这一术语。他提出，我国当前环境工作的重点之一便是“完善促进生态建设的法律和政策体系，制定全国生态保护规划，在全社会大力进行生态文明教育”[4]。当年年底出台的《国务院关于落实科学发展观加强环境保护的决定》也明确要求：环境保护工作应该在科学发展观的统领下“依靠科技进步，发展循环经济，倡导生态文明，强化环境法治，完善监管体制，建立长效机制”[5]。党的十七大明确提出，建设生态文明并将其作为实现全面建设小康社会奋斗目标的新要求之一，“生态文明观念在全社会牢固树立”。[6]这次会议将生态建设提升到文明建设的高度，提出了一种崭新的现代文明形态。2007年12月17日，胡锦涛在新进中央委员会的委员、候补委员学习贯彻党的十七大精神研讨班上强调，贯彻落实全面协调可持续的基本要求，必须按照中国特色社会主义事业总体布局，全面推进经济建设、政治建设、文化建设、社会建设，积极推进生态文明建设[7]。这就明确将生态文明建设纳入中国特色社会主义建设体系中。

十八大报告再次论及“生态文明”，将其纳入“五位一体”总体布局，成为“顶层设计”的一部分。习近平总书记在多个场合就生态文明建设作出了许多重要阐述，提出了许多新思想、新观点，为新时代加强生态文明建设提供了理论指导和行动指南，习近平生态

文明思想进一步深化了马克思主义关于人与自然关系的认识，深化了人类对社会发展规律的认识，进一步丰富和发展了中国特色社会主义理论体系，为我国未来实现伟大奋斗目标提供了理论遵循。2015年，中共中央、国务院印发了《关于加快推进生态文明建设的意见》，该文件是自党的十八大报告重点提及生态文明建设内容后，中央全面专题部署生态文明建设的第一个文件，生态文明建设的政治高度进一步凸显。

（二）中国特色社会主义生态文明建设的理论基础

马克思、恩格斯的人与自然和谐相处的理论无疑是中国特色社会主义生态文明建设的理论基础。马克思、恩格斯虽然没有关于生态问题的专门著作，但散见于各著作中的生态思想早已为大家所熟知，也不断被人们重视和认同。其主要内容包括：

一是人与自然密切相联。马克思指出："历史可以从两方面来考察，可以把它划分为自然史和人类史。但这两方面是不可分割的；只要有人存在，自然史和人类史就彼此相互制约。"[8]"所谓人的肉体生活和精神生活同自然界相联系，也就等于说自然界同自身相联系，因为人是自然界的一部分。"[9]恩格斯指出："人本身是自然界的产物，是在他们的环境中并且和这个环境一起发展起来的。"[10]恩格斯在《自然辩证法》一文中强调，人和自然界的关系是密不可分、休戚相关的。

二是人与自然和睦相处。人是自然界的产物并且靠自然界生存，所以人类必须尊重自然，尊重客观规律，而不能随心所欲地去征服自然、破坏自然环境。正如马克思所说："人们自己创造自己的历史，但是他们并不是随心所欲地创造。"[11]"社会地控制自然力，从而节约地利用自然力，用人力兴建大规模的工程占有或驯服自然力——这种必要性在产业史上起着最有决定性的作用。"[12]恩格斯也强调："我们统治自然界，决不像征服者统治异族人那样，决不是像站在自然界之外的人似的……"[13]与其他动物相比，人类是唯一具有理性的高级动物，只有人类能够正确认识自然规律，能够掌握和合理运用自然规律。

三是人对于自然界的能动作用。马克思、恩格斯都科学地、辩证地阐明了人类发展与自然界的关系，人类既要充分发挥其主观能动性，又要合理地利用自然、改造自然。马克思认为："主体是人，客体是自然。"[14]恩格斯也说："只有人才办得到给自然界打上自己的印记，因为他们不仅迁移动植物，而且也改变了他们的居住地的面貌、气候，甚至还改变了动植物本身。"[15]"地球的表面、气候、植物界、动物界以及人类本身都不断地变化，而且这一切都是由于人的活动，可是德意志自然界在这个时期中没有人的干预而发生的变化，实在是微乎其微的。"[16]

中国共产党人在社会主义建设实践中灵活运用马克思主义的生态保护思想和理论逻辑，进行了艰苦卓绝的探索，中国特色社会主义生态文明建设思路逐渐明晰，措施更加得力。专栏1-2、专栏1-3、专栏1-4具体展示了中国特色社会主义生态文明建设的思想传承。

专栏1-2 毛泽东朴素的生态保护思想

毛泽东同志是中国共产党人推行绿色发展的奠基人和先行者。面对国家贫穷落后的境况，他高度重视环境问题，强调绿化事业发展。1955年12月21日，毛泽东同志在《征询对农业十七条的意见》中要求："在十二年内，基本上消灭荒地荒山，在一切宅旁、村旁、路旁、水旁，以及荒地上荒山上，即在一切可能的地方，均要按规格种起树来，实行绿化。”1956 年 3 月 1 日，毛泽东同志在《中共中央致五省（自治区）青年造林大会的贺电》中向全国发出“植树造林，绿化祖国”的伟大号召。1958 年 8 月，在北戴河会议期间，毛泽东同志指出：“要使我们祖国的河山全都绿起来，要达到园林化，到处都很美丽，自然面貌要改变过来。”1958 年 11 月 6 日，毛泽东同志又指出：“要发展林业，林业是个很了不起的事业。同志们，你们不要看不起林业。”1958 年 11 月 28 日至 12 月 10 日，中国共产党第八届六中全会明确提出，要“实现大地园林化”。1959 年 2 月至 3 月，广州召开全国造林、园林化现场会议。1957 年 6 月 19 日在《关于正确处理人民内部矛盾的问题》中，毛泽东同志指出，我们要改变贫穷落后的面貌就需要进行大规模地搞建设，而全面持久地厉行节约，就是解决大规模搞建设和有限自然资源之间矛盾的方法之一，并强调，要使我国富强起来，需要几十年艰苦奋斗的时间，其中包括执行厉行节约，反对浪费这样一个勤俭建国的方针。

毛泽东朴素的生态保护思想主要体现在两个方面：一是提出合理利用资源保证后续发展。1967 年 9 月毛泽东同志在《关于加强山林保护管理，制止破坏山林、树木的通知》的批示中指出：“森林是社会主义建设的重要资源，又是农业生产的一种保障。积极发展和保护森林资源，对于促进我国工、农业生产具有重要意义。”他认为，植树造林可以美化人们的生产生活环境，因此，不仅提出了“植树造林，绿化祖国”的号召，还提出了“林业要计算覆盖面积，算出各省、各专区、各县的覆盖面积比例，作出森林覆盖面积规划”。

二是从节约理念出发发展可再生替代能源。1958 年 2 月，毛泽东同志在中央政治局扩大会议上表示：我们祖先已经烧了 2 000 多年的煤，现在我们会用水来发电，应尽量少用煤，让煤再埋它个 2 000 年，留给我们的子孙吧。1959 年，毛泽东同志在湖北、安徽等地考察时鼓励人们合理开发使用沼气，指出：“沼气又能点灯，又能做饭，又能作肥料，要大力发展。”

资料来源：

[1] 毛泽东. 毛泽东文集（第六卷）[M]. 北京：人民出版社，1999：509.

[2] 中共中央文献研究室，国家林业局. 毛泽东论林业（新编本）[M]. 北京：中央文献出版社，2003：44.

[3] 毛泽东. 毛泽东文集（第七卷）[M]. 北京：人民出版社，1999：240，446.

[4] 赵家荣. 中国可再生能源发展经济激励政策研究 [M]. 北京：中国环境科学出版社，1998：4.

专栏 1-3 邓小平理论中的生态保护逻辑

1981 年 12 月 13 日，第五届全国人民代表大会第四次会议通过《关于开展全民义务植树运动的决议》，这是新中国成立以来国家最高权力机关就生态文明建设做出的第一个重大决议。1983 年 3 月，邓小平同志在参加植树活动时指出：“植树造林，绿化祖国，是建设社会主义、造福子孙后代的伟大事业，要坚持二十年，坚持一百年，坚持一千年，要一代一代永远干下去。”

总的来看，邓小平理论中的生态保护逻辑的突出特点在于：一是强调人口增长与资源环境相协调。邓小平同志在谋划改革开放和现代化建设时，始终把人口和资源环境问题与经济社会发展联系起来考虑，认为过多的人口就意味着要向自然界索取更多的资源，导致资源过度消耗和对生态环境承受能力的巨大压力。所以邓小平同志强调："要使中国实现四个现代化，至少有两个重要特点是必须看到的：一个是底子薄……第二条是人口多，耕地少……这种情况不是很容易改变的。"

二是经济建设与环境保护结合。邓小平同志认为经济建设和环境保护要相统一，不止是开发和利用自然资源，保护和改善自然环境也可以推动经济发展，这就是将两者结合起来考虑。在谈到黄土高原水土流失问题时，他指出："我们计划在那个地方先种草后种树，把黄土高原变成草原和牧区，就会给人们带来好处，人们就会富裕起来，生态环境也会发生很好的变化。"这一思想无疑是"两山"思想的萌芽，也说明中国共产党的理论都是一脉相承的。

三是以科学技术支撑生态保护。在邓小平看来，科技的进步不仅有利于推动社会经济的快速发展，还可以通过科技手段增强我们对自然规律的掌握能力，对生态污染进行合理有效的控制，他强调："解决农村能源、保护生态环境等等，都要靠科学。"

四是用法制保障生态安全。邓小平同志深刻认识到生态环境保护从本质上说就是人类社会寻求的可持续发展之路，包含了社会生活的方方面面，因此不可能脱离法制渠道。为此，邓小平同志在 1978 年 12 月提出："应该集中力量制定刑法、民法、诉讼法和其他各种必要的法律，例如工厂法、人民公社法、森林法、草原法、环境保护法、劳动法、外国人投资法等等。"正因如此，1979 年 9 月全国人大制定了《中华人民共和国环境保护法（试行）》，在中国环境保护立法建设工作中具有里程碑意义。1983 年末到 1984 年初召开的第二次全国环境保护会议也强调经济建设和环境保护必须同步发展。在邓小平同志的努力推动下，各级部门积极响应号召，生态环境保护的法律、规章逐步细化、深化，逐渐形成基本的社会主义环境保护事业的法制保障体系。

资料来源：
[1] 王达阳．邓小平情注植树造林［J］．党史博采，2011（10）．
[2] 邓小平．邓小平文选（第二卷）［M］．北京：人民出版社，1994：146-147．
[3] 中共中央文献研究室．邓小平思想年谱［M］．北京：中央文献出版社，1998：112．
[4] 邓小平．建设有中国特色的社会主义（增订本）［M］．北京：人民出版社，1987：12．

专栏 1-4　江泽民同志和胡锦涛同志的生态保护与可持续发展理念

1. 江泽民同志的可持续发展理念

一是保护环境就是保护生产力。1996 年 7 月第四次全国环境保护会议发布了《关于环境保护若干问题的决定》，江泽民同志在会议上指出，保护环境"实质就是保护生产力"。这一提法指出了生态保护的目的是发展，这就使人们的认识进入了一个新高度。

二是实施可持续发展战略。1995 年 9 月 28 日，在党的十四届五中全会上江泽民同志指出："要把控制人口、节约资源、保护环境放到重要位置，使人口增长与社会生产力的发展相适应，使经济建设与资源、环境相协调，实现良性循环。"1997 年 9 月，江泽民同志在党的十五大报告中进一步提出："我国是人口众多、资源相对不足的国家，在现代化建设中必须实施可持续发展战略。”从此，可持续发展成为中国经济社会发展的重要战略之一。

三是生态保护需要国际共同合作。随着人类20世纪末的全球化浪潮掀起，国与国之间的联系日益紧密，人们越来越认识到很多问题都不再是个别国家的问题，如传染病防控、全球气温上升等，都是需要国际合作的世界性问题。所以，生态保护需要各个国家协同配合、共同行动。1992年，中国政府在联合国环境与发展会议上就《21世纪议程》做出了履约承诺。江泽民同志指出：“全球气候变化、大气和水体污染、土地荒漠化、生物多样性的保护、因特网上虚假有害信息的防范等问题，都需要通过加强工程科技的国际合作来促进解决。”1997年8月，江泽民同志在《关于陕北地区治理水土流失建设生态农业的调查报告》中指出：“历史遗留下来的这种恶劣的生态环境，要靠我们发挥社会主义制度的优越性，发扬艰苦创业的精神，齐心协力地大抓植树造林，绿化荒漠，建设生态农业去加以根本的改观。经过一代又一代人长期地、持续地奋斗，再造一个山川秀美的西北地区，应该是可以实现的。”

四是依法解决生态思想。江泽民同志强调在生态法治建设方面要做到有法可依，执法必严，违法必究。在这期间国家相继颁布了《中华人民共和国环境保护法》《中华人民共和国森林法》《中华人民共和国大气污染防治法》《中华人民共和国水污染防治法》《中华人民共和国海洋环境保护法》等一系列法律。1997年9月，党的十五大报告指出，要严格执行土地、水、森林、矿产、海洋等资源管理和保护的法律。这一时期对于违法处置、占用土地和其他资源的，都受到依法查处。

2. 胡锦涛同志的科学发展观与和谐社会观

一是科学发展观。胡锦涛同志推进生态文明建设的一个最重要的标志性事件就是提出了科学发展观。2007年10月，党的十七大将科学发展观写入党章，对科学发展观作了具体阐释。“科学发展观”第一要义是发展，核心是以人为本，基本要求是全面协调可持续，根本方法是统筹兼顾。这为中国生态文明建设提供了指导思想。胡锦涛同志指出：“必须着力提高经济增长的质量和效益，努力实现速度和结构、质量、效益相统一，经济发展和人口、资源、环境相协调，不断保护和增强发展的可持续性。”

二是和谐社会观。所谓和谐社会，除了指人与人的和谐，人与社会的和谐，也包括人与自然的和谐。2005年2月，在省部级主要领导干部专题研讨班上的讲话中，胡锦涛同志指出：“我们所要建设的社会主义和谐社会，应该是民主法治、公平正义、诚信友爱、充满活力、安定有序、人与自然和谐相处的社会。”党的十六届五中全会提出，要大力发展循环经济，加大环境保护力度，切实保护好自然生态。

资料来源：

[1] 江泽民. 江泽民文选（第一卷）[M]. 北京：人民出版社，2006：463，535.

[2] 江泽民. 江泽民文选（第二卷）[M]. 北京：人民出版社，2006：26.

[3] 江泽民. 论科学技术 [M]. 北京：中央文献出版社，2001：227.

[4] 江泽民. 江泽民在姜春云“关于治理水土流失建设生态农业调查报告”批示中强调——植树造林　绿化荒漠　建设生态农业　再造一个山川秀美的西北地区 [J]. 农村能源，1997（6）：33.

[5] 江泽民. 江泽民文选（第三卷）[M]. 北京：人民出版社，2006：465.

[6] 杨雪梅. 江泽民同志在党的十六大的报告《全面建设小康社会，开创中国特色社会主义事业

新局面》单行本出版发行［N］. 人民日报，2002-11-19.
［8］胡锦涛. 把科学发展观贯穿于发展全过程 坚持深化改革优化结构提高效益［N］. 人民日报，2014-05-07.
［9］胡锦涛. 深刻认识构建社会主义和谐社会的重大意义 扎扎实实做好工作大力促进社会和谐团结［N］. 人民日报，2005-02-20.
［10］中华人民共和国中央人民政府. 中国共产党第十六届中央委员会第五次全体会议公报［EB/OL］.［2019-03-21］. http://www.gov.cn/jrzg/2005-10/12/content76191.htm.

（三）习近平生态文明思想解读①

2018年5月在全国生态环境保护大会上，习近平生态文明思想被正式确立。习近平生态文明思想，是习近平新时代中国特色社会主义思想的重要组成部分，其内涵丰富，逻辑思维缜密，主要以生态文明建设必须坚持六大原则、建设五大体系、建成美丽中国为核心内容，深刻回答了为什么建设生态文明、建设什么样的生态文明、如何建设生态文明等问题。六大原则，即必须坚持人与自然和谐共生；绿水青山就是金山银山；良好生态环境是最普惠的民生福祉；山水林田湖草是生命共同体；用最严格制度最严密法治保护生态环境；共谋全球生态文明建设[17]。建设五大体系包括：建立健全以生态价值观念为准则的生态文化体系；以产业生态化和生态产业化为主体的生态经济体系；以改善生态环境质量为核心的目标责任体系；以治理体系和治理能力现代化为保障的生态文明制度体系；以生态系统良性循环和环境风险有效防控为重点的生态安全体系[17]。这五大体系建设是建成美丽中国策略措施的总和，是一场包括发展方式、治理体系、思维观念等在内的深刻变革，是习近平生态文明思想的具体部署。

由此，我们必须深刻理解和把握习近平生态文明思想的核心要义，从而做到内化于心、外化于行，全力推进生态文明建设迈上新台阶。习近平生态文明思想的核心要义主要在于：

1.为什么建设生态文明

（1）绿水青山就是金山银山

习近平同志一直以来高度重视绿水青山的生态价值。"绿水青山就是金山银山"的理论，体现了习近平同志的生态价值观。该理论的产生和发展有一个不断升华和创新的过程。在习近平同志看来，绿水青山之所以是"三库"[18]、是"无价之宝"[19]、是"金山银山"[20]，而且"宁要绿水青山，不要金山银山"，至少包含以下一些重要含义：一是"绿水青山是买不来的"。早在2005年习近平同志就强调："绿水青山可带来金山银山，但金山银山却买不到绿水青山。绿水青山与金山银山既会产生矛盾，又可辩证统一。"[21]二是"绿水青山失而不能复得"。习近平同志强调，生态环境没有替代品，用之不觉，失之难存[22]。2015年全国两会期间，习近平同志在江西代表团指出，生态等到污染了、破坏了再来建设，那就迟了[23]。三是"绿水青山是绿色银行"。习近平同志在海南考察时指出，希望海南处理好发展和保护的关系，着力在"增绿""护蓝"上下功夫，为全国生态文明建设当个表率，为子孙后代留下可持续发展的"绿色银行"[24]。2015年3月，习近平同志主持中央政治局会议，通过《关于加快推进生态文明建设的意见》，正式把"坚持绿水青山就是金山银山"写进中央文件，成为指导中国加快推进生

① 李秀香，汪忠华. 习近平生态文明思想的三个理解维度［J］. 江西财经大学学报，2019（3）：11-18.

态文明建设的重要治国理政理念。

（2）山水林田湖草是生命共同体

"山水林田湖草是生命共同体"的观点，体现了习近平同志的生态系统观。在习近平同志看来，人与自然应和谐共生，并构成"生命共同体"，生命就是无价之宝；山水林田湖草是一个相互依存、联系紧密的生态系统，共同构成人类生存发展的物质基础。这一理念至少包含以下一些重要观点：一是山水林田湖草是完整的生态体系。习近平同志在党的十八届三中全会上作关于《中共中央关于全面深化改革若干重大问题的决定》的说明时阐述了他的山水林田湖是一个生命共同体的理念[25]。习近平同志在十九大报告中更加强调，要统筹山水林田湖草系统治理，并在环保大会上进一步指出，人的命脉在田，田的命脉在水，水的命脉在山，山的命脉在土，土的命脉在林和草。山水林田湖草是生命共同体，要统筹兼顾、整体施策、多措并举，全方位、全地域、全过程开展生态文明建设[17]。此时增加"草"系统，把中国最大的陆地生态系统纳入其中，使"生命共同体"的内涵更为广泛、完整。二是山水林田湖草是脆弱的生命体系。"山水林田湖草"这个生命共同体中的山、水、林、田、湖、草都是自然界生命系统的重要"细胞"，是大自然的"肌体"，既有生命力，又有脆弱性。正因如此，习近平同志多次强调山水林田湖草生命共同体的脆弱性和珍贵性，叮嘱大家要像保护眼睛一样保护生态环境，要像对待生命一样对待生态环境[22]。值得关注的是：2021年3月，习近平总书记在参加十三届全国人大四次会议内蒙古代表团审议时强调，要保护好内蒙古生态环境，筑牢祖国北方生态安全屏障。要统筹山水林田湖草沙系统治理。可见生态系统治理，必须是"山水林田湖草沙"一个都不能少。

（3）良好的生态环境是最普惠的民生福祉

"良好的生态环境是最普惠的民生福祉"的观点，体现了习近平同志的生态民本观。习近平同志强调，"从老百姓满意不满意、答应不答应出发，生态环境非常重要；从改善民生的着力点看，也是这点最重要"；"环境治理是一个系统工程，必须作为重大民生实事紧紧抓在手上"；"环境就是民生，青山就是美丽，蓝天也是幸福"。[26]这些观点深刻揭示了生态与民生的关系，充分体现了党的根本宗旨。

（4）生态文明建设是永续发展的根本大计

"生态文明建设是永续发展的根本大计"的观点，体现了习近平同志的生态永续发展观。习近平同志强调，我们应该遵循天人合一、道法自然的理念，寻求永续发展之路[27]。习近平同志的真知灼见，赢得了国际社会好评，并得到了很多国家的积极响应。习近平同志承诺，中国将深度参与全球环境治理，形成世界环境保护和可持续发展的"国家自主贡献"方案，提出将于2030年左右使CO_2排放达到峰值并争取尽早实现，2030年单位国内生产总值CO_2排放比2005年下降60%～65%[28]。习近平同志提出，我们要通过"一带一路"建设等多边合作机制，互助合作开展造林绿化，共同改善环境，为维护全球生态安全作出应有贡献[29]。中国的大国责任意识和担当精神由此得到体现。

2.建设怎样的生态文明

对于建设什么样的生态文明问题，习近平同志明确提出我们要建设的是一个美丽中国。建设美丽中国就是建设一个具有自然和谐之美、科学发展之美、生态文明之美的国强民富的中国。美丽中国建设是中国目标、中国道路与世界发展同频共振、同向同行的重要标志，是百姓获得感、企业参与度和国家高质量发展的高度统一。习近平同志强调，走向生态文明新时代，建设美丽中国，是实现中华民族伟大复兴的中国梦的重要内容[30]。

（1）美丽中国建设要实现的是自然和谐之美

自然和谐之美是美丽中国建设的生态基石。习近平同志指出，应坚持节约资源和保护环境的基本国策，建设天蓝、地绿、水清的美丽中国[31]。美丽中国建设的重要目标之一，就是建设一个芳草萋萋、溪水潺潺，树木葱郁、天空蔚蓝，百鸟争鸣、妇孺祥安的人与自然和谐相处的美丽家园，建设一个环境美与人文美高度融合的和谐幸福国家，这也是美丽中国建设的落脚点和最终目标。中国地大物博，江山如画。祖国的大好河山是我们进行生态文明建设的基础条件，我们必须珍惜、珍爱，并与大自然和谐相处。习近平2015年在云南考察工作时叮嘱，一定要把洱海保护好，让“苍山不墨千秋画，洱海无弦万古琴”的自然美景永驻人间。

（2）美丽中国建设要实现的是科学发展之美

融入生态文明理念后的科学发展之美体现的是：新型工业化、信息化、城镇化、农业现代化的全面推进，城乡差别、工农差别、区域差别进一步缩小，经济实现全面协调可持续发展。习近平同志在党的十九大报告中指出：要“形成绿色发展方式和生活方式，坚定走生产发展、生活富裕、生态良好的文明发展道路”[32]。习近平同志经常引用“天人合一”等思想智慧来阐述走科学发展之路的重要意义，大力倡导科学合理布局生产空间、生活空间、生态空间，给大自然留下足够的生存空间，给我们的子孙后代留下碧水蓝天。这些重要指示，是对美丽中国建设的科学谋划。

（3）美丽中国建设要实现的是生态文明之美

生态文明是美丽中国建设要实现的高级目标。美的最高境界是精神之美。生态文明之美，就是精神之美的重要表现形式。习近平同志在同采访十八大的中外记者见面时，对和谐幸福的社会作了具体概括：“有更好的教育、更稳定的工作、更满意的收入、更可靠的社会保障、更高水平的医疗卫生服务、更舒适的居住条件、更优美的环境”，并宣告“人民对美好生活的向往，就是我们的奋斗目标”[33]。习近平同志指出，要大力弘扬生态文明理念和环保意识，使坚持绿色发展、绿色消费和绿色生活方式，呵护人类共有的地球家园，成为每个社会成员的自觉行动。[34] 这些论断，大大丰富了中国特色社会主义生态文明建设的内涵，也丰富了中国梦的内涵。

3.怎样建设生态文明

生态文明，重在建设。习近平同志科学总结党的十八大以来中国的探索和实践，在2018年的全国生态环境保护大会上进一步提出要加快构建生态文明五大体系建设，系统回答了如何建设生态文明问题[17]。

二、“十三五”时期生态环境保护国际合作取得积极进展

党的十八大以来，中国在推动生态文明建设取得显著成效的同时，以积极务实的态度开展生态环境国际合作与交流，主动参与推动全球环境治理，引导应对气候变化国际合作，受到国际社会高度重视。目前，中国已与100多个国家开展了生态环境国际合作与交流，与60多个国家、国际及地区组织签署了约150项生态环境保护合作文件。中国已签约

或签署加入的与生态环境有关的国际公约、议定书等有50多项，涉及气候变化、生物多样性、臭氧层保护、危险化学品、海洋、土地退化等领域[35]。中国参与、中国方案和中国贡献为推动全球环境治理向前发展提供了强大动力，中国正在成为全球生态文明建设的重要参与者、贡献者、引领者。

（1）以"一带一路"倡议为引领大力推动区域绿色协调发展

举办"一带一路"国际合作高峰论坛绿色之路分论坛，同构"一带一路"绿色发展国际联盟，共筑"一带一路"生态环保大数据服务平台。截至2020年5月，已有来自中外40多个"一带一路"沿线国家的140多家机构成为联盟的合作伙伴[36]。推动落实《关于推进绿色"一带一路"建设的指导意见》和《"一带一路"生态环境保护合作规划》，不断提升"一带一路"沿线国家的绿色化发展水平[37]。实施绿色丝路使者计划，加强与沿线国家环境官员、学者、青年的交流和合作，绿色"一带一路"正在为区域环境治理和绿色协调发展提供重要平台。

（2）以区域双多边合作为重点强化合作机制和机构建设

深化与俄罗斯、哈萨克斯坦、柬埔寨、新加坡等"一带一路"沿线重点国家双边环境合作。加强中国-东盟环境合作，持续举办中国-东盟环境合作论坛，启动中国-东盟生态友好城市发展伙伴关系，推动中国-东盟环境合作提质升级。发起成立澜沧江-湄公河环境合作中心，实施"绿色澜湄计划"旗舰项目，探索形成区域合作新模式[38]。启动中国-柬埔寨环境合作中心筹备办公室[39]，设立中非环境合作中心临时秘书处，拓展南南环境合作海外平台网络。推动中国-上海合作组织（简称上合组织）环保合作，2018年，上合组织青岛峰会期间成功通过《上合组织成员国环保合作构想》，成为上合组织框架下的第一份有关生态环保合作的纲领性文件[40]。生态环境部对外合作与交流中心（FECO）先后获批成为亚洲地区首个全球环境基金（GEF）执行机构，以及绿色气候基金（GCF）执行机构，成为中国国际合作形式扩展和合作水平提升的重要体现。

（3）以环境国际公约履约为抓手积极参与国际环境治理

"十三五"期间，中国积极参与各公约框架下缔约方大会及重要议题磋商。积极推动达成《〈蒙特利尔议定书〉基加利修正案》，推动全球三氯一氟甲烷（CFC-11）排放意外增长问题妥善解决[41]，圆满完成《蒙特利尔议定书》规定的履约目标。成功获得2020年《生物多样性公约》第十五次缔约方大会（COP15）举办权，发布大会主题"生态文明：共建地球生命共同体"。推动《斯德哥尔摩公约》缔约方大会审议通过新增三批共七种/类持久性有机污染物，积极推动三公约协同增效。成功推动浙江"千村示范、万村整治"工程荣获2018年"地球卫士奖"。

三、"十四五"时期生态环境保护国际合作的原则与措施

新冠病毒感染疫情严重冲击全球卫生系统、经济系统，催化国际格局演变。疫情防控期间产生大量医疗废水废物，亟须投入大量技术和资源进行合理消纳处置。疫情迫使全球贸易、投资等经济活动停滞，带来短暂的污染减排效果，但"后疫情时代"各国如何决定重新刺激经济将对全球碳排放和环境污染产生重大影响，全球绿色复苏和绿色发展面临重大考验。全球性生态危机成为人类共同面对的问题，保护生态环境、实现可持续发展成为各国共识。习近平生态文明思想、习近平外交思想为新时代中国参与全球环境治理指明了方向。

随着中国国际地位和综合国力的持续提升，国际环境治理体系正在发生深刻变化和调整，中国也正在从国际生态环境舞台边缘走向中心，扮演越来越重要的角色[42][43][44]。“十三五”时期，中国生态环境保护国际合作取得积极进展，在全球环境事务中发挥了一定的引领作用，但生态环境保护国际合作与交流的能力和水平尚有较大不足[45]。“十四五”时期是中国推动实现国家治理体系与治理能力现代化的历史机遇期，应在大力推动国内生态文明建设的同时，加强生态环境保护国际合作与交流的战略谋划。

（一）“十四五”时期生态环境保护国际合作主要原则

一是顶层设计、底线思维。加强战略规划，瞄准全面建成社会主义现代化强国的战略安排，做好近中远期的目标配置，加大生态环境国际合作在“十四五”生态环境保护规划中的比重，分领域系统规划实施行动方案，完善国际环境合作的政策体系和制度安排；坚持底线思维和安全意识，谋划应对域外大国影响和国际环境治理格局变化的战略措施，注重识别跨界污染传输、核安全、公约履约等环境合作中的敏感领域，加强涉外生态环境安全风险防范。

二是突出重点、统筹推进。以周边国家双边及区域环境合作为重点，以推进绿色“一带一路”建设为抓手，丰富发展绿色“一带一路”合作内涵和领域，打造绿色“一带一路”成为区域环境合作的平台高地；坚决维护多边主义的立场，主动参与全球环境治理体系变革，统筹推进与国际环境机构及非政府组织的交流合作，促进树立负责任大国环保形象。

三是精准对接、务实落地。分级分类细化参与环境合作机制对策举措，通过精准合作力图发挥建设性作用；加大实际投入，注重项目落地实施，确保合作方切实受益，通过务实合作提升引导环境合作的能力，积极塑造展现中国特色的环境合作影响力。

（二）“十四五”时期生态环境保护国际合作的重点举措

（1）打造绿色“一带一路”成为区域环境合作的平台高地

一是充分发挥“一带一路”绿色发展国际联盟和生态环保大数据服务平台作用，开展一批惠及民生的生态环保务实合作项目，将绿色“一带一路”建设打造成为区域高质量发展的重要内容。二是结合周边地缘政治变化形势，强化战略布局，进一步突出重点，开展重点战略和关键项目环境评估，提高生态环境风险防范与应对能力，确保重点地区和重点项目生态环境安全。三是以绿色示范项目引领“一带一路”建设，推行企业投资项目分级分类管理，明确生态环境风险正负面清单，为金融机构提供绿色信贷指引，完善境外投资生态环境管理制度。四是丰富发展绿色“一带一路”合作内涵和领域，倡导设立绿色“一带一路”疫情防控环保议题，交流分享医疗废水废物处理处置、医疗机构及设施环境监管、环境质量监测和风险防范等经验和做法；推动实施“一带一路”可持续城市联盟、绿色丝路使者计划、应对气候变化南南合作计划，协同推进绿色消费、绿色金融、绿色供应链、绿色技术交流应用，为共建国家提供可借鉴、可复制的中国方案，共谋实现可持续发展目标。

（2）更具建设性地加强与周边国家双边及多边环境合作

一是识别并高度重视环境合作中的敏感领域，做好国内污染物减排工作，积极防范跨界污染传输风险。高度关注疫情影响、核安全、环境与贸易等领域的风险防范。针对突发跨境环境事件，建立完善多形式、多渠道、多层次、多领域的联络机制。二是不断拓展与东盟国家、上合组织、澜沧江-湄公河区域国家的合作领域，分析找准双多边环境合作需求，按合作进程深入研究分析合作机制的痛点、堵点，针对区域环境合作平台的不同内容、形式和特点，细化参与举措，通过精准合作发挥建设性作用。不断拓展双边合作领域，加大实际投入，使合作方切实受益，通过务实合作提升引导合作的能力。

（3）加快能力建设形成生态环境国际合作与交流的大格局

一是讲好“中国故事”，加强对外合作成果的宣传，研究对外传播规律和方式，注重运用国际通用话语体系，强化舆论宣传引导，增进国际社会的理解和支持，积极传播全球生态文明理念，共同打造人类绿色命运共同体。

二是加大全球环境问题领域科技支撑，加强与国际机构及非政府组织的交流合作，突破生物多样性保护、化学品风险管控、臭氧层保护等关键技术，提高各领域履约应对技术的创新和引进。

第四节
贸易自由化与环境保护

20世纪30年代，D. H. Robertson首次提出对外贸易是“经济增长的发动机”，长期以来自由贸易被认为是有益的，能够促进一国经济的增长。这些年来，国际贸易一方面确实为各国的经济增长做出了巨大的贡献。然而，在考察贸易自由化所引起的福利变动时，大多数经济学家没有考虑环境成本的问题。随着自由贸易所导致的环境质量日益下降，人们环保意识的提高，贸易带来的负面影响被逐渐重视起来。由此，国际学术界甚至整个社会，对贸易自由化与环境的关系展开了激烈的、长久的、持续的争论，对如何协调国际贸易与环境的关系进行了深入的探讨。

一、贸易自由化与环境的关系

贸易是人类进步、社会发展的阶梯，环境是人类赖以生存的基础，人类社会发展既离不开贸易也离不开环境。贸易与环境既有相融性，又存在相冲突的地方。贸易的目的是通过市场机制的作用，拓展货物和服务的生产，保证充分就业和大幅稳步提高实际收入和有效需求，以提高人们的生活水准，而环境保护的目标亦如此，正如里约峰会通过的《21世纪议程》序言中所述——改善所有人的生活水平，更好地保护和管理生态系统，争取一个更为安全、更为繁荣的未来。因而，从根本目的上说，贸易与环境具有一致性，都是提高和改善人类的生活水平，只是侧重点不同而已。贸易更多地强调发展，环境更多地强调发展的长期性和持续性。贸易有利于实现全球范围内资源优化配置，提高要素的使用效率，减少资源的浪费，同时增加就业和增加收入。而生活水平的提高，一方面可以提高人们的环保意识，增加人们对产品和服务的环境需求，另一方面收入的增加可以为环境保护提供更多的资金，这一点对缺乏高科技和资金的发展中国家显得尤为重要。而环境的改善又为贸易的发展提供持续的物质资源和自然资源，促使贸易的进一步扩大。

但贸易也会对环境产生负面影响，在缺乏有效环境保护政策的情况下，贸易活动促进了生产和消费的非持续性增长，通过不断地扩大生产和消费活动以及污染贸易品的运输，加剧了环境的恶化。另外，在当前各国环境标准不同的情况下，自由贸易会赋予环境标准较低的国家以竞争优势。其结果是在这些国家中出现“污染庇护所”和各国竞相降低环境标准的竞赛，从而对环境产生不利影响。

（一）贸易自由化对环境的影响

1.贸易自由化有益环境论

贸易自由化有益环境论认为，国际贸易便利了环境产品的贸易和技术转移。很多文献使用实证分析方法研究获得贸易开放与环境质量之间存在正相关关系的结论。例如，Ferrantino（1997）、Antewiler等（1998）、Ferrantino和Linkins（1999）、Tasi（1999）的研究显示出贸易自由化会提高环境质量。Frankel和Rose则认为，除了二氧化碳排放，没有证据表明贸易对于环境有有害影响。Antweiler提出令人信服的理论和实证证据表明贸易有利于环境，指出贸易影响环境的三个渠道：生产位置、生产规模、生产技术。其计量模型使用SO_2的变化说明这三个渠道的影响：生产位置变化对贸易的影响甚微；贸易导致生产规模增加，对环境质量有轻微的负面影响，如果生产规模增加1%，模型中各国的污染颗粒增加0.25%~0.5%；贸易产生的收入效应是主导力量，通过技术效应使污染颗粒下降1.25%~1.5%，主要原因是富国更珍惜环境价值并通过使用环境友好型技术提高生产率。其结论是国际贸易开放的进一步影响，通过规模、技术和结构效应表现出来，会降低每个国家的SO_2水平，贸易自由化有利于环境[46]。

总的来看，贸易有益论者认为贸易自由化有益于环境的改善，主要原因在于：（1）自由贸易能提高资源利用效率，从而减少废物产生。贸易自由化和全球化，是实现资源最优配置的基本途径之一。自由贸易有利于打破地域界限，实现全世界范围内的资源优化配置。（2）贸易自由化能促进经济繁荣，进而增加用于环境保护的资源。自由贸易通过促进经济增长为增加环境基础设施建设、防治污染等环保活动提供更多的资金支持。而且开放的贸易体制可以使效率更高的新技术在世界范围内更自由地流动，从而为环境保护提供更多的技术支持。（3）贸易自由化促使环保技术向发展中国家转移，有利于减轻环境压力。贸易有益论者认为贸易与环境政策之间的紧张关系在于环境政策的设计不当[47]。（4）有利于提高环境容量。任何一个国家或地区都不可能完全拥有本国或本地居民所需的全部资源。而自由贸易使得资源和产品在世界范围内得以自由流动，从而沟通了各国资源的生产和消费。资源短缺的国家通过资源的进口克服了生产和生活中存在的资源和环境瓶颈，从而满足了本国居民的各种需要。同时，稀缺资源和产品的进口替代了本国的开采和生产，从而避免了可能对环境造成的破坏。

2.贸易自由化有害环境论

贸易有害论认为，如果缺乏有效的环境政策和规制，贸易活动促进生产和消费的不可持续增长，而且污染产品的运输也加剧了环境污染。此外，各国环境标准的差异，将导致各国竞相降低环境标准，从而使全球环境标准降低。第二次世界大战以后世界贸易快速发展，环保主义者警告世人贸易对环境有害，并引发了关于污染天堂假设的大量争论。如Beghin（1995）对墨西哥的实证研究，Jenkins（1998）对拉丁美洲工业化、贸易与污染关系的研究，Feridun（2006）对贸易开放对尼日利亚的污染和资源利用的影响研究，均证实了技术、规模和自由化的总体效应不利于环境保护，并为发展中国家提出了一些建议。

Cole（2000）使用NO_2、SO_2、CO、CO_2和悬浮颗粒五种空气污染指标，研究了乌拉圭回合后的贸易自由化的结构、规模和技术效应对环境的影响：发展中国家和转型国家（地区）所有五种污染物排放量增长；而在发达国家，SO_2、CO和悬浮颗粒排放量减少，其他两种污染物排放量增加。

总之，贸易有害论者认为自由贸易是破坏环境的重要因素，表现在：第一，贸易扩大了经济活动规模，加大了对环境资源的压力。自由贸易能够促进经济增长，但经济增长不可避免地会带来物质消耗总量的增长，会给全球的环境资源带来压力[48]。自由贸易所带来的经济活动扩张致使全球资源消耗量与废弃物增加，世界淡水、森林、能源等自然资源的大量减少导致环境承载力降低，必然会使自然界维持人类社会生存和发展的能力发生不可逆转的变化，诸如大气污染、水污染，对矿产资源的大量使用，过度地消耗森林资源等。以烟草业为例，烟草业具有很高的商业价值，但烟草的加工需耗费大量的木材，"据估计，一英亩烟草需要消耗一英亩森林。仅英国烟草进口量每年几乎要消耗20万公顷森林"。正如联合国世界环境与贸易发展委员会在《我们共同的未来》中指出的，"商品出口的大量增加，已经导致了对自然资源的不可持续的滥用"。

第二，贸易规则会导致环境标准降低，促进了废弃物贸易的发展，使有害物质能够越境转移。在当前各国环境标准不同的情况下，自由贸易会赋予环境标准较低、环境法律宽松的国家以竞争优势，使之成为"污染庇护所"，从而对环境产生不利的影响。为了维持和提高本国产品的竞争力，各国会纷纷降低本国的环境标准，出现所谓的"向底线赛跑"（Race to the Bottom）的现象[49]，这也就是为什么发展中国家受到自由贸易的破坏性更大的原因。同时还助长濒危物种贸易，导致生物多样性丧失，生态平衡遭到破坏。

第三，危险品贸易会危害环境。不加限制的自由贸易将导致污染环境的产品在全球范围内转移和扩散，而且，自由贸易也为危险废物和其他废物的跨国转移创造了条件，使工业废物从发达国家或地区向发展中国家或地区的转移更加容易。

第四，贸易需要运输，这将增加能源使用，从而破坏环境。运输是贸易活动进行的基础，贸易的运输环节，对环境的破坏作用越来越明显。因为运输设施的修建必然会改变附近的生态环境，交通设施要消耗大量的能源，而且大部分交通工具的矿物资料为驱动力，排放大量的废气，释放严重的噪声以及其他污染物。据统计，每年有几十亿吨废弃物由船舶排入海洋，由于油轮泄露而流入海洋的石油近150万吨，严重损害了海洋生物资源并且产生了大量污染，船只运输的污染占当今世界硫污染量的10%。交通运输中化石能源的消耗，一方面减少了能源储量，一方面增加了SO_2和CO_2的排放，从而产生诸如温室效应、酸雨、空气和水污染等全球性环境问题。

小知识 1-1　贸易政策环境影响评价步骤

针对不同的贸易政策环境影响评价内容，分析评价步骤有所不同，一般包括以下几个方面：

第一步：筛选评价因素。

从货物贸易、服务贸易、投资、知识产权等贸易活动类型看，判断哪些贸易活动有重大环境影响，包括全球环境、区域环境、国内环境等影响因素。

第二步：界定环评大纲。

通过描述和识别贸易政策类型，确定评价目标，从全球环境、区域环境、本地环境、室内环境等方面，识别贸易政策带来的主要环境问题，分析减轻负面环境影响和扩大正面环境影响的对策，构建贸易政策环境影响评价框架。

第三步：初步影响评价。

初步预测与评价贸易政策的环境影响，分析总结减轻负面环境影响和扩大正面环境影响的对策和措施，为进一步确定贸易政策方案提供依据。

第四步，选取替代方案。

经过多方案分析，选取替代方案，以进一步扩大并强化所带来的积极影响或者尽量减小不利影响，重点分析提出减缓或扩大环境影响的具体制度与措施。

第五步：形成环境影响评价报告。

形成环境影响评价报告书（初稿），并经过专家与公众咨询，形成评价报告书的送审稿，经过评审委员会审核通过后，形成 EIA 最终报告书。

第六步：实施和后评估。

跟踪报告书提出的相关减缓环境负面影响或扩大正面影响的制度措施的实施情况，开展后评价，落实和实施后续监督管理。

资料来源：郭红燕，刘民权．贸易与环境［M］．北京：科学出版社，2010：177-178.

（二）环境对贸易自由化的影响

从理论上说，环境保护与国际贸易的根本目的是一致的，但是由于现实中缺乏一个完善的全球环境贸易协调机制，使得环境保护对国际贸易产生了不利的影响，甚至会限制国际贸易的发展。原因主要有两方面：一是多边贸易体制在建立之初没有充分考虑环境问题，造成日后的环境保护政策与贸易政策相抵触；二是发达国家与发展中国家环境标准的差异性，发达国家严格的环境标准对发展中国家的贸易政策产生了一种压力，发展中国家出口时往往会因为严格的环境标准而遭受损失。这就使得一些国家往往以环境保护为借口而设置贸易壁垒，影响国际贸易的发展。

一方面，各国根据本国的环境法规和所参加的国际环境公约制定的相应的环保政策，在一定程度上会对贸易产生限制性作用。大量的商品会因为要在生产的工艺、材料、品质和成分等方面达到环境标准而耗费更多成本，从而影响产品的国际竞争力，限制贸易的增长。比如德国要求商品销售者必须将一定比例的包装物回收和重新利用，这意味着国外的出口商在回收及运回这些包装物上需要花费更多的成本，肯尼亚的鲜花种植者就是因为德国政府不允许他们将装花用的空板条箱在其国内焚烧，而运回国内的成本又太高，最终被迫退出了德国的鲜花市场。关于这方面，发展中国家受到的影响更大，发展中国家出口的许多大宗货物都会受到发达国家的环境措施的影响，主要包括农产品、化工产品等。

另一方面，严格的环境保护也可能会给企业带来新的市场机遇，各国政府实行的绿色补贴和环境支持对国际贸易也会起到一定的促进作用。例如，从20世纪90年代开始，欧洲发达国家严禁进口含氟利昂的冰箱，这使得中国对欧洲国家的冰箱出口锐减，出口额由1.3亿美元下降到5 400万美元。在这一背景下，中国青岛的海尔集团率先研制了无氟冰箱，并于1990年取得了欧盟的“绿色认证”，增加了出口，1992年，其出口量达8万台，创汇800万美元。而各国政府实行的绿色补贴和环境支持对国际贸易也有促进作用，主要表现在：政府通过对环境保护提供财政支持影响产品的成本，从而影响产品在国际市场上的竞争力[50]。但是，这种对环境和贸易能同时起到促进作用的方式，却会在发达国家和发展中国家之间造成不平衡，因为大多数发展中国家由于经济发展水平较低，资金缺乏，往往难以利用有关规定对生产者进行补贴，所以在与接受了补贴的发达国家产品相竞争时，发展中国家的产品往往处于不利地位。

最后，环境标准的差异会通过影响投资而间接影响国际贸易。由于发达国家环境标准比较高，而发展中国家环境标准比较低，发达国家往往更愿意将一些污染严重的行业转移到发展中国家，发展中国家为了吸引外国资本流入，促进本国就业，往往也会采取一些优惠政策来吸引这些转移的行业。因此，环境标准的差异在一定程度上会改变国际贸易商品的流向，特别是污染产业和污染产品的贸易。因此，必须辩证地看环境规制对贸易的影响，具体案例见专栏1–5。

专栏 1-5　环境规制对贸易的影响

案例一：环境规制对中国钢铁行业出口的影响

根据 2015 年 1 月 1 日起施行的环境保护法，为了达到排放标准，鞍钢集团作出相应调整，加大了对工艺流程的改造，导致在短期内钢铁生产成本上升，产量也相应下降。2014—2018 年，鞍钢共投入了环保资金 84.7 亿元，完成环保改造项目 99 个，导致短期内营业收入下滑，2015 年的营业收入为 1 297.08 亿元，相比 2014 年减少了近 400 亿元。但改造后出口结构更加优化了，从出口量来看，2015 年 1—10 月，鞍山区域新增了 14% 的钢材出口量。另外，线材、厚板、镀锌的出口订单也都大幅度增大，其中线材实现了 234.1% 的增长，厚板实现了 153.8% 的增长，镀锌实现了 47.2% 的增长，特别是线材的印度订单实现了 496% 的增长，其次是南美订单实现了 117% 的增长。这充分说明了环境规制强度增强短期内对利润有抑制作用，但从长期看，对出口产品质量和利润都有明显的提升作用。

案例二：环境规制对出口和减少壁垒的积极作用

L 公司成立于 2003 年，是集研发、生产与出口于一体的体育运动器材及体育器材配套产品出口企业。2011 年后由于各国环境标准越来越高，促进企业大规模进行循环生产等方面生产工艺改造，塑造了整个企业的清洁生产系统，最终取得 ISO14001 环境管理体系认证，为产品赢得了绿色环保标志，从而为企业的出口产品消除了环境贸易壁垒，实现了与各国平等的贸易往来。2011—2018 年，L 公司没有遇到因产品环境标准不达标而失去出口市场的现象，出口贸易总体呈上升趋势，见表 1–6。

表 1–6　**L 公司 2011—2018 年出口贸易额**　单位：万美元

年份	2011	2012	2013	2014	2015	2016	2017	2018
出口额	1 460	1 780	2 360	2 740	2 580	2 400	2 830	3 120

数据来源：L 公司财务报表。

资料来源：

[1] 朱悦. 环境规制对中国钢铁行业出口贸易的影响研究 [D]. 北京：北京林业大学，2020.

[2] 熊晓朋. 环境保护政策对中国体育用品出口的影响 [D]. 上海：上海财经大学，2020.

二、贸易与环境领域的焦点问题

全球气候变暖、生物多样性锐减、臭氧层空洞、矿产及海洋资源日益枯竭等一系列环境问题的出现，引起了人们的警醒，保护环境成为当今时代发展的一大主题。同时，贸易与环境问题也受到广泛关注，但是由于各国所处经济发展阶段不同、资源禀赋及基本国情等不同，对贸易与环境问题的看法也就不同。现阶段贸易与环境领域的焦点问题主要体现在以下几个方面：

1.是否应该采取贸易限制以达到保护环境的目的

环境保护主义者认为，贸易通过不断扩大生产和消费活动以及贸易商品的运输活动，导致环境进一步恶化，为此，应该禁止或限制一些贸易活动。贸易限制措施可以作为解决全球性或跨境转移的污染问题的一种手段，并且有利于实施多边环境协议，因此在必要的情况下应该实行贸易限制以达到环境保护的目的。但需要限制的不是贸易活动本身，而是由贸易活动引起的经济活动的扩大。在很大程度上由于人口的增加导致了经济活动的扩大，导致了资源消耗量和垃圾排放量增加。实际上，从长期来看，贸易活动有助于资源的有效配置，提高了生产活动的效率，有利于环境保护。从短期来看，贸易使得生产活动扩大，但如果缺乏有效的环境保护措施，会造成更多的污染；贸易可以创造财富，提高人们的生活水平，使消费者有能力消费更多的商品和服务，但也增加了环保主义者对环境恶化的担忧。

自由贸易主义者认为，环境退化的根本原因是市场失灵和政府干预失灵，是外部性的存在。贸易可以在全球范围内进行有效的配置，提高资源的利用效率，有利于环境保护，同时提高各国的福利水平，使人们有更多的资源可以用于环境保护。环境恶化的现象很容易被人们所认知，然而贸易在长期内节省的资源却往往不容易被人们所看到。而且，他们还指出，为了保护环境而采取贸易限制措施，会增加社会成本。同时，在关税水平大幅度下降和非关税壁垒大量削减的情况下，环境措施会被贸易保护主义者利用，成为变相的非关税贸易壁垒，阻碍贸易的正常发展。这样的例子在现实中时有发生。

2.环境标准与竞争力问题

环境标准与竞争力问题也是贸易与环境领域的焦点问题之一。这个问题早在20世纪60年代末就被提出了，其含义是：各国的发展阶段不同，对环境保护认识水平也不相同，因此各国环境标准存在很大差异，发达国家的环境标准普遍比较高，而发展中国家的环境标准则相对较低，发达国家的企业和产业工人认为，环境标准低的发展中国家的同类产品具有不公正的优势，是对发达国家的一种生态倾销，同时也等于一种隐含的补贴，应采取措施限制它们产品的进口。按照GATT第6条的规定，如果补贴的进口产品损害其国内产品，这种补贴应该被取消。发达国家为了将环境成本均等化，采取了一系列的与环境有关的贸易限制措施，包括贸易禁止和生态税、碳关税、环境补贴、边境税收调整等。这些措施遭到了发展中国家的强烈反对。发展中国家认为，环境保护不仅涉及各国的经济发展水平，而且自然禀赋的不同也是构成各国比较优势的因素之一，不应该要求各国实行同样的环境标准，也不应该为使得环境成本均等化而使用环境贸易限制措施。

3.环境标准与污染企业转移问题

在经济全球化的今天，各国经济融合在一起，国际贸易和国际投资蓬勃发展，生产要素的跨国界流动日益频繁。在这样的国际经济大背景下，有人认为，由于各国环境标准存在差异，会导致污染企业、产业从环境标准高的国家转移到环境标准低的国家。环境标准高的国家的企业和工人担心由于污染产业转移到别的国家而丧失投资和就业的机会，于是向政府施压要求降低环境标准，或向其他国家政府施压要求提高环境标准。而环境标准低的国家则担心污染企业转移到本国，会造成环境的进一步恶化，因此采取各种措施防止污染产业转移到本国。

严格的环境规制会降低企业的利润，企业在利益的驱动下，有可能向环境规制较为宽松的国家投资。采取宽松环境政策的国家是否能够吸引更多外国直接投资，一国环境成本的提升是否会使污染密集型产业迁徙到那些环境管制较为宽松的国家去，都是需要加强探讨的课题。

4.贸易、经济增长与环境保护的关系

经济增长与环境状况之间是否存在必然的联系？经济增长会导致环境状况改善还是恶化？这也是贸易与环境争论的一个热点问题。贸易被称为经济增长的发动机，贸易的开展必然对环境状况产生影响。环境库兹涅茨曲线①表明，经济增长与环境恶化存在一定的联系，随着经济的发展，环境的变化先恶化到一定点后，然后是不断改善的。但是，环境库兹涅茨曲线是否存在一直是学术界争论的问题，经济增长到一定水平是否会使得环境状况得到改善，还需要进一步的理论和实证分析。

对于以上的各个问题，发达国家和发展中国家之间存在很大的分歧。发达国家认为环境的恶化已经威胁到人类的生存，应该通过各种途径、采取各种措施促进环境改善，况且贸易与环境已经成为各国关注的焦点，WTO作为世界多边贸易体制的基础，理应在新一轮谈判中讨论贸易与环境问题。发展中国家认为，环境保护固然重要，但对于发展中国家来说，经济发展也很重要，只有经济得到发展，才能有更多的资源投入环境保护，而且，当今全球环境污染问题在很大程度上是由于发达国家历史上造成的，因此，治理全球环境污染问题，发达国家应该承担主要责任，并有义务在资金和技术方面对发展中国家提供援助。因此，发展中国家普遍反对在WTO新一轮谈判中讨论贸易与环境议题，认为环境保护固然能为发展中国家提供可持续发展的环境资源，但在相当长的历史时期内，执行过于严格的环境标准与法规，无论从提高生产成本还是从限制出口潜力来说，对发展中国家都是严峻的挑战。许多发展中国家的政府官员和学者担心，一旦发达国家所主张的严格的环境标准和法规为世界贸易组织所肯定，将会被发达国家滥用，成为新的贸易保护形式，阻碍发展中国家的产品进入其市场[49]。

① 1993年，Panayotou借用1955年库兹涅茨界定的人均收入与收入不均等之间的倒U形曲线，首次将环境质量与人均收入间的关系称为环境库兹涅茨曲线（EKC）。EKC揭示出环境质量开始随着收入增加而退化，收入水平上升到一定程度后随收入增加而改善，即环境质量与收入为倒U形关系。

第五节 WTO对贸易与环境问题的协调

WTO的前身为关税与贸易总协定，简称GATT，签订于1947年，此后便发挥着一个经济组织的作用。成立之初，由于各成员经济发展水平普遍比较低，经济发展是各成员的首要任务，人们的收入水平比较低，对环境质量的要求也不高，加之当时全球环境并未出现严重的恶化现象，环境污染没有引起国际社会的关注。因此，受历史的局限，GATT并未对环境问题做出相应的规定，而只有个别条款与环境有关，而且这些条款的起草并非为解决现在的环境问题而设定。直到1972年，联合国人类环境会议在斯德哥尔摩召开，会议把环境问题提高到全球议事日程，开启了关于环境问题的国家性对话、合作和讨论，此时GATT才开始关注环境问题。由GATT发展到WTO，对贸易与环境问题的协调大致可以分为两个阶段：第一阶段从1971年到1992年的联合国环境与发展大会的召开，在此期间，环境问题受到GATT的广泛关注并取得了一定的成果。人类环保史上具有里程碑意义的两次大会在此期间召开，第一次是1972年联合国人类环境会议，这次会议的宗旨是"取得共同的看法和制定共同的原则以鼓舞和指导世界各国人民保持和改善人类环境"。会议上各国专家提交了著名报告《只有一个地球》，形成了《人类环境宣言》，掀起了人类环境保护的浪潮，随后根据会议有关决议成立了联合国环境规划署。第二次是联合国环境与发展大会，全球183个国家参加，会议形成了多项决议——《里约环境与发展宣言》《21世纪议程》《关于森林问题的原则声明》等，可持续发展的理念被确立起来，大大推动了国际社会对环境问题的关注。第二阶段是从1992年至今，环境理念在GATT/WTO中得到确立，并积极探索环境与贸易的全球协调机制[50]。

一、GATT/WTO体制中贸易与环境问题发展历程

GATT/WTO对贸易与环境问题的关注始于1971年，至今已经经历了六个阶段：1971年GATT初次研究阶段、EMIT阶段、贸易与环境问题的发展阶段、WTO成立阶段以及多哈回合阶段。

（一）初步研究阶段

1.1971年GATT初次研究阶段

1972年，联合国在瑞典的斯德哥尔摩召开了人类环境会议，为准备这次会议，在此前的1971年，关贸总协定秘书处以自身名义起草了一份研究报告，名为《工业污染控制与国际贸易》，该报告重点研究了环境保护政策对国际贸易的影响，同时也反映出当时一些贸易当局官员的担忧，即这些环保政策可能会阻碍贸易往来，并形成新的贸易保护主义（如绿色保护主义）。随后，GATT总干事Olivier Long把这份研究报告提交给GATT成员方，敦促各方积极商讨环境保护政策对国际贸易所可能造成的影响。在随后的讨论中，很多成员方建议为全面系统地研究环境保护政策对国际贸易的影响，应建立一种专门的机制。

2.EMIT——GATT环境措施和国际贸易工作组

1971年11月，GATT代表理事会通过决议同意成立一个向所有GATT成员方开放的环境措施和国际贸易工作组。然而，根据代表理事会的决议，该小组只有当GATT成员方要求的时候才能召集。这导致了在此后的20年里，该小组形同虚设，直到1991年，欧洲自由贸易联盟成员才要求召集EMIT小组。即使如此，EMIT作为WTO贸易与环境委员会的前身，是GATT体系下第一个也是唯一一个研究贸易与环境问题的机构。

1991年，EMIT工作组恢复工作，其工作的主要内容包括三方面：（1）现存多边环境协议与GATT基本原则和规定的关系；（2）与贸易有关的环境措施透明度问题；（3）包装、标签要求可能产生的贸易效果等。针对这三个问题，EMIT工作组多次召开会议进行讨论，虽然没有得出任何实质性的结论，但经过讨论，各成员方阐明了各自的立场，增强了相互间的理解，并在一些基本问题上达成了共识，例如，都认为在支持多边贸易与环境保护之间不需有也不应有任何政策上的矛盾；GATT已经为各成员方采取与贸易有关的措施提供了广阔的空间；GATT并不是关于建立环境标准、制定全球发展政策的论坛等。总的来说，EMIT工作组为各成员方提高在贸易与环境这一复杂问题上的认识提供了机会，有利于增进负责贸易事务和环境事务的政府官员之间的对话，增强了国际贸易与环境政策的协调。尽管发展中国家和发达国家之间仍然存在较大的分歧，但贸易与环境问题的敌对情况已经有所改变，并且共同致力于寻求协调贸易与环境关系的方法，为环境保护理念在WTO体制中的确立打下了良好的基础。

3.东京回合谈判中的环境问题

在1973—1979年的东京回合谈判中，与会方商讨并研究了什么程度的环境措施会阻碍贸易的进行。东京回合还签订了《技术性贸易壁垒协议》，也被称为“标准法典”。该协议强调了在准备、采纳和实施技术规范与标准中的非歧视原则并提出了技术规范和标准的透明度原则。因此，该协议也成为解决贸易与环境问题的重要国际准则[50]。

（二）发展与重视阶段

1.乌拉圭回合阶段

在1986—1994年的乌拉圭回合谈判期间，贸易与环境问题被再次提上议事日程。乌拉圭回合对《技术性贸易壁垒协议》进行了修改，并在《服务贸易总协定》《农产品协议》《实施动植物卫生检疫措施的协议》《补贴与反补贴措施协议》《与贸易有关的知识产权协议》中对一些环境问题做出了规定。

1992年，在里约热内卢召开的环境与发展大会通过了《21世纪议程》，该议程强调了国际贸易对于促进可持续发展的重要性，建立了环境保护和发展之间普遍的联系。这些都为在以后的多边贸易体系中具体规范贸易与环境问题做好了铺垫。

2.WTO成立阶段

在乌拉圭回合谈判末期签署的《建立世界贸易组织协议》的序言中，明确提出以可持续发展的方式，合理开发和利用世界资源，保护和维护环境。此举表明WTO已将可持续发展作为多边贸易体系的一个重要组成部分，也说明WTO成员将环境保护置于非常重要的地位。同时，1994年4月，WTO部长会议也签署了一份《贸易与环境问题的决议》，这份决议规定：在维护和保障一个公开的、非歧视性的、公平的多边贸易体系与保护环境、促进可持续发展的行动方面不应该或者说不需要任何的政策矛盾。根据该决议，WTO贸易与环境委员会成立。

3.多哈回合谈判阶段

2001年11月，世界贸易组织第四次部长会议在卡塔尔首都多哈举行，这次会议启动了“多哈发展议程”，简称“多哈回合”。这次会议通过的《部长宣言》规定：为加强贸易与环境的相互支持，我们同意，在不损害其结果的前提下，就下列贸易与环境问题进行谈判，主要包括以下三项：(1) 现存WTO规则和多边环境协定（MEAs）中阐述的明确的贸易义务之间的关系。谈判在范围上应限于WTO规则在讨论中的多边环境协定（MEAs）成员间的适用性。谈判不应歧视不是多边环境协定成员的WTO成员的WTO权利。(2) 在多边环境协定秘书处和相关WTO委员会之间例行的信息交换，以及给予观察员地位的标准。(3) 减少或酌情消除环境产品和服务的关税以及非关税壁垒。这些问题将在后面章节中详细介绍，故此处不赘述。

二、环境问题在GATT体制中逐步受到重视

1971年，为了配合联合国人类环境会议的召开，GATT秘书处提交了一份题为《工业污染控制与国际贸易》的报告，主要内容是环境保护政策对国际贸易的影响。因为当时的贸易官员们担心环境保护政策会成为一种新的贸易保护形式，即“绿色保护主义”。随后GATT总干事Olivier Long将研究报告提交给GATT各缔约方并要求各缔约方审查这份报告，并就环境保护政策对国际贸易的影响发表意见。在随后的讨论中，一些GATT缔约方建议，应该成立一个专门的机构以便更深入全面地研究环境保护政策对国际贸易的影响。1971年11月，GATT缔约方同意设立一个“环境措施和国际贸易工作组”（EMIT），该小组的工作向所有的缔约方开放。但是，EMIT在成立时就规定只有当GATT缔约方申请时，才开始工作。但是直到1991年都没有GATT缔约方提出过申请，因此EMIT工作组也一直没有工作过。

1991年，当时的欧洲自由贸易联盟（EFTA）成员提出要求GATT总干事尽快召集EMIT工作组开始工作，为1992年即将召开的联合国环境与发展大会做出应有的贡献。这样，沉默了20年的EMIT开始工作。由此，环境问题在多边贸易体制中得到了重视，主要表现在以下几个方面：

(1) 多边贸易谈判中涉及环保问题。1973—1979年，GATT启动了东京回合谈判，该回合谈判除涉及关税减让外，还将目标指向各种非关税壁垒，指出各成员应该减少或取消不恰当的非关税壁垒以减少或消除贸易限制和扭曲，并在更有效率的原则下采取环境保护措施。此次谈判共达成九项与非关税贸易壁垒有关的协议，其中《技术性贸易壁垒（TBT）协议》第一次将“环境”一词写入关贸总协定的有关条款。TBT协议要求各缔约方在准备、采纳和实施与环境有关的技术规章与标准时，应当保持技术规章与标准的透明度。在乌拉圭回合谈判中，与贸易有关的环境问题再次被提了出来。此次谈判除了对TBT协议进行了修改，在《服务贸易总协定》《农产品协议》《实施动植物卫生检疫措施的协议》《补贴与反补贴措施协议》《与贸易有关的知识产权协议》等中都涉及了与环境有关的内容。

(2) 发展中国家对环境问题的关注得到重视。一些发展中国家认为，发达国家禁止进口具有环境危害性、存在健康和安全隐患的产品，而这些产品被出口到发展中国家，对发

展中国家的环境带来严重的危害，而且由于它们缺乏有关这些产品的信息，因而没能对这些产品的进口制定通知性的决议。在1982年GATT部长大会上，缔约方一致同意采取必要的措施控制对人类、动物、植物的生命或健康造成伤害的产品出口，此次大会促使了“关于国内禁止性产品和其他有害物质出口工作组”的成立。

（3）GATT在实践中处理了与环境问题有关的贸易争端，最典型的是发生在1991年的墨西哥诉美国的金枪鱼–海豚案。在该案中，美国禁止进口墨西哥的金枪鱼和金枪鱼制品，原因是墨西哥在东太平洋地区没有依照美国的法律来捕捞金枪鱼，而是采取拖拉大围网捕捞，此种捕捞方式影响海豚的生存，导致海豚的数量下降。墨西哥认为美国的行为违背了GATT的基本原则，并向GATT提出了质询。GATT专家组报告称，美国采取的禁止措施违反了GATT的非歧视原则，认为墨西哥的金枪鱼应享有不少于美国“国内同类产品”的优惠待遇，两国捕捞金枪鱼的方法不同不能作为禁止进口的理由。但是，当时的GATT专家组没有从环保的角度审视这个问题，因而遭到环保主义者的强烈反对，最终专家组的报告也没有被采纳，而墨西哥也没有就该项决议继续进行诉讼，最终与美国达成GATT框架外的双边协议，将全部的捕捞金枪鱼的船改为钓鱼船[51]。可见，正确处理贸易与环境的关系已经成为直接影响到多边贸易体制健康运转的重要问题了。

三、WTO体制中环保理念得到确立

1994年，乌拉圭回合谈判结束后，1995年1月1日，世贸组织正式成立，多边贸易体制继续运行。作为一个具有国际法主体地位的国际贸易组织，WTO的职能更完善，对各成员的监管能力更强，在WTO体制中所确立的多边环境协议对全球环境保护更具权威性，从而有利于环境理念的普遍推广。《建立世贸组织宣言》的序言中指出：“各国应该以提高人们生活水平、确保充分就业、大幅提高人们实际收入和增加社会有效需求为其在经济和贸易领域努力的方向，扩大货物贸易和服务贸易的同时，实现与可持续发展目标相一致的全球资源的最有效配置，并寻求满足不同成员方需求的和不同经济发展水平的保护和改善环境的措施。”WTO较之GATT的最大的变化就是增加了对环境问题的关注，将国际贸易与环境关系的协调作为发展目标之一，从而确立了环境理念在多边贸易体制中的地位。

一是各成员方对贸易和环境关系问题达成共识。在乌拉圭回合谈判中，虽没有直接将环境问题作为议题，但其中有不少关于减少非关税贸易壁垒的规定，引发了关于环境问题的广泛讨论。1994年马拉喀什部长会议通过的《关于贸易与环境的决议》，体现了各成员在贸易与环境问题上的共识，该决议认为“在维持一个开放的、非歧视的、公平的多边贸易体制与实施环境保护及促进可持续发展之间，不应该有也不需要有任何政策上的矛盾”，主张在多边贸易体制中协调贸易与环境政策。

二是以可持续发展为目标。WTO将环境保护写入宗旨，标志着环境理念在多边贸易体制中的确立。WTO将可持续发展与环境问题列入其宗旨，至少体现了如下几层含义：首先，以可持续发展为目的，不是以停止提高人们的生活水平作为保护环境的代价，环境保护和经济增长应该同时进行；其次，各成员在实现其贸易扩大、发展生产、提高社会福利水平的同时要以可持续发展为目的来进行资源的开发利用，将之前GATT对世界资源“充分利用”的宗旨改为“最优利用”，反映世贸组织寻求人类对资源利用能力的扩大，重在资源利用水平提高，而非资源利用量增加；最后，世贸组织认为实现环境保护和资源合理利用时，应考虑到不同成员的需求以及不同经济发展水平的现实，不应该采取完全相同的环境措施和标准，保护环境还应考虑发展中成员的诉求，真正做到全球性的环境保护。

三是WTO成立了贸易与环境委员会（CTE），该机构不仅接替了EMIT的工作，而且被授予了更广泛的权利。CTE对所有的成员开放，并吸收一些国际组织如联合国环境规划署等作为观察员；定期组织会议讨论与贸易和环境有关的问题，并同其他环境机构、环境组织建立联系，共同探讨贸易、环境与发展问题；定期向WTO总理事会报告。CTE的成立为环境问题在多边贸易体制中的确立提供了组织保证，成为各成员方就其关心的问题进行讨论的论坛[50]。

四是关于环境贸易问题的谈判取得很大进展，并处在不断的发展和探索中。2001年多哈回合谈判中，经各成员方艰苦磋商，最终达成《多哈宣言》，决定在2002—2005年进行新一轮多边贸易体制下的贸易与环境问题的谈判，明确将环境问题作为此次谈判的议题之一。有关贸易与环境议题的授权具体体现在《多哈会议部长宣言》的第31、32、33和51段中，CTE会上谈判的内容分为以下几个方面：（1）WTO规则和多边环境协议中具体贸易义务条款之间的关系；（2）多边环境协议秘书处和WTO相关委员会之间的信息交流和授予观察员地位的标准问题：酌情削减或消除对环境产品与服务的关税与非关税壁垒。在多哈会议上，发展中成员对该问题的态度发生了变化，首先，由是否将该问题纳入多边谈判转为如何谈判；其次，由反对将贸易与环境问题联系在一起转变为如何协调经济利益与环境利益，主张处理贸易与环境问题应该给予发展中成员更多的市场准入的机会，要加强对发展中成员的资金和技术援助，以及充分体现发展中成员承担“共同但有区别的责任”，并将贸易与环境问题和减轻贫困相结合。发展中成员同意将环境问题纳入多边谈判，但是在贸易与环境的具体问题上，发展中成员仍然与发达成员存在很大分歧。事实上，WTO充分尊重发展中成员的诉求，并提供技术和资金帮助发展中成员处理一些相关的环境问题。例如，2006年12月，五大国际机构和一些社会捐赠者成立了23个项目和21项基金来帮助发展中成员尤其是那些最不发达成员实施动植物卫生检疫措施，以达到相关国际标准。但是这些仍是远远不够的，随着发展中成员和发达成员在经济与环境实力方面的差距日益增大，并对全球的政治格局以及可持续发展产生重大影响，协调贸易与环境的关系显得迫切而艰巨，有关贸易与环境的谈判会成为未来WTO的主要工作任务之一。

可见，WTO对环境保护理念的引入是随着环境问题和环境保护的不断国际化而产生的，很大程度上体现在多边贸易体制对不断高涨的全球性环境保护浪潮的一种政治性回应。虽然环境保护已经成为WTO所追求的发展目标之一，在多边贸易体制中的地位已经确定，但有关贸易与环境的争论和谈判还在不断地发展中。正如2011年3月23由巴拉圭秘书处提供的《贸易政策审议》报告中称：“巴拉圭在很大程度上增加了动植物卫生检疫的措施的通告，尽管在大多数情况下这些通告所涉及的措施已经被采纳并且也没有起草相应的法规，但是2010年年底，权威部门已经在建立一个专门收集关于动植物检疫卫生措施的机构，促使这些有关动植物检疫措施的通告和一些相关的评论及标注得以进行。”这说明虽然环境问题在WTO体制下越来越受到关注，但相应的法规仍然没有健全，贸易与环境问题的关系，还需要WTO对其进行广泛探讨和切合实际的政策调整。

章末案例 ◎ 金枪鱼-海豚案

在东热带太平洋地区，由于海豚常常活动于金枪鱼群的上方，渔民就根据海豚来确定金枪鱼的方位并用拖网捕捉金枪鱼，这种捕鱼技术会导致对海豚的伤害。1990年，美国根据《海生哺乳动物保护法》，禁止从墨西哥进口金枪鱼及其制品，因为该国渔民普遍采用一种袋状围网，在捕捞金枪鱼的同时导致大量海豚死亡，而这种做法不符合美国法律。1991年年初，墨西哥指控美国的有关措施违反了GATT有关规则。

根据GATT第3条，成员方被要求给予外国产品不低于国内“同类”产品的待遇，即国民待遇原则。可是，GATT第20条又规定了国民待遇例外情形：涉及可耗尽自然资源保护的措施（第20条第g款）以及保护动物生命或健康所必需的措施（第20条第b款）。并且第20条的导言部分（或前言）确立了一项额外的非歧视性要件，任何措施要在第20条下寻求正当性就必须首先满足该非歧视性要件。正因如此，1991年3月，专家组裁定美国败诉，因为美国的措施违反了GATT关于取消数量限制和国民待遇的规定，并且不属于GATT第20条b、g两项的例外情形。

此案揭开了旷日持久的有关环境和贸易争论的序幕，被视为一个具有里程碑意义的著名案例。

资料来源：

[1] 鄂晓梅. 单边PPM环境贸易措施与WTO规则：冲突与协调 [M]. 北京：法律出版社，2007：107-122.

[2] 张磊. 论WTO对环境贸易措施的放松趋势——以五个典型案例为视角 [J]. 世界贸易组织动态与研究，2009 (1)：7-13.

思考题：

（1）你认为美国的措施是否合理、合法？你对此类环境贸易措施是怎么看的？

（2）GATT专家组的裁定说明GATT对环境问题的态度存在哪些问题？

（3）你是怎么认识解决环境问题在国际贸易中的重要意义？

◎ 本章小结 ◎

1.贸易与环境问题产生的背景。随着国际贸易和经济发展，全球环境不断恶化，主要包括三大问题：全球性大气污染；自然资源遭到破坏，生态环境进一步恶化；淡水资源危机。于是环境保护日益受到国际社会高度关注，20世纪80年代，联合国将环境问题与和平和发展问题并称为世界面临的三大问题。

2.环境保护浪潮开始在全球兴起，主要表现在三个方面：（1）环境权得到广泛认可；（2）可持续发展理念深入传播；（3）人们环境意识普遍觉醒和大规模的全球环境保护运动不断爆发。

3.贸易对环境的影响。贸易自由化对世界经济的发展、社会福利水平的提高起着巨大的推动作用，但与此同时，贸易的增长会使得经济活动范围扩大，并对环境的影响和破坏越来越严重。贸易对环境的影响分为正负两面，即从长期来看自由贸易的开展会使得资源进行全球配置，从而提高了资源的利用效率，有利于节约资源，但从短期来看，由于贸易的增长导致全球经济活动的扩大，生产、消费的非持续性增长，加之缺乏有效的政策和相应的法规，从而引发了一系列的环境问题。

4.贸易与环境的制约性。从贸易自由化的角度分析，一方面，各国根据本国的环境法规和所参加的国际环境公约制定的相应的环保政策，在一定程度上会对贸易产生限制性作用；另一方面，严格的环境保护也可能会给企业带来新的市场机遇及各国政府实行的绿色补贴和环境支持，对国际贸易也会起到一定的促进作用。另外，环境标准的差异，会通过影响投资而间接影响国际贸易。

5.WTO对贸易与环境问题协调的历程。1973—1979年的东京回合谈判，促成了GATT体制下多项关于贸易与环境的协议，开创了贸易与环境关系协调的良好开端。GATT体制下建立的环境措施和国际贸易工作组（EMIT）开始工作，并为协调贸易与环境的关系做出了巨大的贡献，1992年里约会议上达成的多项协议促使了环境理念在GATT/WTO中的确立；1995年WTO正式成立，接管了GATT对贸易与环境关系的协调工作，环境问题开始融入多边贸易体制中，有关环境问题的谈判也随着经济形势的改变在不断地发展，协调贸易与环境关系使WTO体制下的谈判面临更多新的挑战。

6.新时代中国特色社会主义生态文明思想进一步深化了马克思主义关于人与自然关系的认识，深化了人类对社会发展规律的认识，进一步丰富和发展了中国特色社会主义理论体系，对中国未来奋斗目标产生了深远的影响。

专业词汇

环境问题　贸易自由化　环境权　环境标准　环境措施和国际贸易工作组（EMIT）贸易与环境委员会（CTE）生态文明　习近平生态文明思想

思考题

一、多项选择题

1.全球环境变化的主要表现包括（　　）。

A.全球气候变化　B.臭氧层破坏　C.大气污染问题　D.植物种类减少

2.贸易有害论者认为自由贸易是破坏环境的重要因素，表现在（　　）。

A.贸易扩大了经济活动的规模

B.贸易规则会导致环境标准降低

C.危险贸易品会危害环境

D.贸易的运输会增加能源使用，破坏环境

3.下列属于现阶段环境与贸易领域的焦点问题的有（　　）。

A.是否应该采取贸易限制以达到保护环境的目的

B.环境标准与竞争力的问题

C.环境标准与污染企业转移问题

D.贸易经济增长与环境保护的关系

二、判断题

1.全球环保史上召开的一次具有里程碑意义的会议是1972的联合国人类环境会议，又称为“斯德哥尔摩会议”。（　　）

2.1980年国际自然保护同盟的《世界自然资源保护大纲》提出“既能满足当代人的需

要，又不对后代人满足其需要的能力构成危害的发展”。（　）

3.乌拉圭回合对《技术性贸易壁垒协议》进行了修改，并在《服务贸易总协定》《农产品协议》《卫生及植物卫生检疫措施协议》《补贴与反补贴措施协议》《与贸易有关的知识产权协议》中对一些环境问题做出了规定。（　）

三、简答题

1.贸易与环境问题产生的背景是怎样的？

2.贸易会从哪些方面对环境造成影响？

3.简述WTO对贸易与环境问题的协调历程。

4.在贸易与环境的谈判中，发展中国家与发达国家存在哪些共识与分歧？

5.你支持贸易自由化有益环境论还是贸易自由化有害环境论？

6.阐述习近平生态文明思想的主要内容。

四、论述题

1.中国幅员辽阔，每个地方都有自己的特点，同学们对于自己家乡的环境状况有哪些了解呢？可以从大气、水体、垃圾、噪声等方面举例说明。

2.如何以马克思环境伦理思想引领高校环保教育？

3.如何理解习近平生态文明思想在治国理政能力建设中的意义？

4.你对“十四五”时期中国参与环境国际合作有哪些好的建议？

本章参考文献

[1] 曹磊. 全球十大环境问题 [J]. 环境科学，1995（7）.

[2] 王春晓. 全球水危机及水资源的生态利用 [J]. 生态经济，2014，30（3）：4-7.

[3] 蔡守秋. 环境权初探 [J]. 中国社会科学，1982（3）.

[4] 中共中央文献研究室. 十六大以来重要文献选编（中）[M]. 北京：中央文献出版社，2006：823.

[5] 中共中央文献研究室. 十六大以来重要文献选编（下）[M]. 北京：中央文献出版，2008：86.

[6] 胡锦涛. 高举中国特色社会主义伟大旗帜：为夺取全面建设小康社会新胜利而奋斗 [N]. 人民日报，2007-10-25（001）.

[7] 胡锦涛. 坚定不移高举中国特色社会主义伟大旗帜：扎扎实实把党的十七大精神学习好贯彻好 [N]. 光明日报，2007-12-18（001）.

[8] 马克思，恩格斯. 马克思恩格斯全集（第3卷）[M]. 中共中央马克思恩格斯列宁斯大林著作编译局，译. 北京：人民出版社，1960：20.

[9] 马克思，恩格斯. 马克思恩格斯选集（第1卷）[M]. 中共中央马克思恩格斯列宁斯大林著作编译局，译. 北京：人民出版社，1995：20.

[10] 马克思，恩格斯. 马克思恩格斯全集（第21卷）[M]. 中共中央马克思恩格斯列宁斯大林著作编译局，译. 北京：人民出版社，1971：38-39.

[11] 马克思，恩格斯. 马克思恩格斯选集（第1卷）[M]. 中共中央马克思恩格斯列宁斯大林著作编译局，译. 北京：人民出版社，1995：585.

[12] 马克思，恩格斯. 马克思恩格斯选集（第2卷）[M]. 中共中央马克思恩格斯列宁斯大林著作编译局，译. 北京：人民出版社，2012：240.

［13］马克思，恩格斯．马克思恩格斯选集（第4卷）［M］．中共中央马克思恩格斯列宁斯大林著作编译局，译．北京：人民出版社，1995：384-385.

［14］马克思，恩格斯．马克思恩格斯全集（第46卷上）［M］．中共中央马克思恩格斯列宁斯大林著作编译局，译．北京：人民出版社，1979：22.

［15］马克思，恩格斯．马克思恩格斯选集（第4卷）［M］．中共中央马克思恩格斯列宁斯大林著作编译局，译．北京：人民出版社，1995：274.

［16］马克思，恩格斯．马克思恩格斯全集（第21卷）［M］．中共中央马克思恩格斯列宁斯大林著作编译局，译．北京：人民出版社，1971：574.

［17］习近平．在全国生态环境保护大会上的讲话［N］．人民日报，2018-05-20.

［18］习近平．摆脱贫困［M］．福州：福建人民出版社，1992：83.

［19］习近平．"绿水青山真的是无价之宝!"［N］．福建日报，2018-05-23（002）.

［20］习近平．绿水青山也是金山银山［N］．浙江日报，2005-08-24（01）.

［21］习近平．之江新语［M］．杭州：浙江人民出版社，2007：153.

［22］习近平．在参加十二届全国人大三次会议江西代表团审议时的讲话［N］．人民日报，2015-03-07（001）.

［23］习近平．在参加十二届全国人大四次会议青海代表团审议时的讲话［N］．人民日报，2016-03-11（001）.

［24］习近平．加快国际旅游岛建设 谱写美丽中国海南篇［EB/OL］．［2019-03-21］．http://cpc.people.com.cn/n/2013/0411/c64094-21093668.html.

［25］习近平．关于《中共中央关于全面深化改革若干重大问题的决定》的说明［N］．人民日报，2013-11-16（001）.

［26］习近平．习近平关于社会主义生态文明建设论述摘编［M］．北京：中共文献出版社，2017：83.

［27］杜尚泽，任彦，王远．习近平出席"共商共筑人类命运共同体"高级别会议并发表主旨演讲［N］．人民日报，2017-01-20.

［28］习近平．携手构建合作共赢、公平合理的气候变化治理机制——在气候变化巴黎大会开幕式上的讲话［M］．北京：人民出版社，2015：6-7.

［29］习近平．在参加首都义务植树活动时的讲话［N］．人民日报，2016-04-06.

［30］习近平．致生态文明贵阳国际论坛2013年年会的贺信［N］．人民日报，2013-07-21.

［31］习近平．在亚太经合组织工商领导人峰会上的主旨演讲［N］．人民日报，2015-11-19.

［32］习近平．决胜全面建成小康社会 夺取新时代中国特色社会主义伟大胜利［N］．人民日报，2017-10-19.

［33］习近平．习近平在十八届中共中央政治局常委同中外记者见面时强调：人民对美好生活的向往就是我们的奋斗目标［N］．人民日报，2012-11-16.

［34］习近平．在博鳌亚洲论坛2010年年会开幕式上的演讲［N］．人民日报，2010-04-11.

［35］郑军．全面提升参与全球环境治理能力和水平［N］．中国环境报，2020-06-

17（003）.

［36］郑军．“十四五”生态环境保护国际合作思路与实施路径探讨［J］．中国环境管理，2020（4）.

［37］周国梅，蓝艳．共建绿色“一带一路”打造人类绿色命运共同体实践平台［J］．环境保护，2019（17）.

［38］高敬．澜沧江-湄公河环境合作中心成立［EB/OL］．［2020-11-28］．http://www.xinhuanet.com/fortune/2017-11/28/c_1122025873.htm.

［39］丁士能，石峰．深化中柬生态环保合作［N］．中国环境报，2018-08-20（03）.

［40］李菲，王语懿．新起点与新征程［N］．中国环境报，2019-06-21（04）.

［41］生态环境部．生态环境部2019年5月例行新闻发布会实录［EB/OL］．［2019-05-29］．http://www.mee.gov.cn/xxgk2018/xxgk/xxgk15/201905/t20190529_704879.html.

［42］刘雯．构建全球环境利益共同体的使命与路径［J］．人民论坛·学术前沿，2020（6）：100-103.

［43］张自楚．生态环境问题对国际政治的影响及中国的应对［J］．经济研究导刊，2020（6）：135-136；150.

［44］金瑞庭．“十四五”时期国际环境将发生深刻复杂变化［J］．中国发展观察，2019（8）：27-29.

［45］李乐，周波，郑军．“十四五”生态环境保护国际合作的趋势分析与对策建议［J］．环境保护，2020，48（11）：55-57.

［46］陆菁．贸易与环境经济分析的实证研究述评［J］．浙江社会科学，2006（2）.

［47］李国柱，马树才．对外贸易环境效应的研究动态与述评［J］．生态经济，2007（4）.

［48］赵景峰，张瑜．国际贸易与环境关系研究新进展［J］．经济学动态，2006（6）.

［49］国家环境保护总局编委会．WTO新一轮谈判环境与贸易问题研究［M］．北京：中国环境科学出版社，2005：3.

［50］伸进忠．WTO协调环境贸易关系的理论与实践［M］．北京：中国法制出版社，2003：12-13.

［51］张磊．论WTO对环境贸易措施的放松趋势——以五个典型案例为视角［J］．世界贸易组织动态与研究，2009（1）.

第二章 环境与贸易问题的相关理论

导读

环境与贸易本来从属于两个不同理论研究层面，环境是社会生态层面的概念，贸易则是经济层面的概念。然而，现实中随着全球贸易规模的膨胀，贸易越来越影响到环境安全以及资源的可持续利用；环境的制约性又越来越成为自由贸易的发展瓶颈，成为贸易成本不断上升的重要影响因素，因此，自由贸易与环境保护的矛盾日趋尖锐。尤其是近些年来，随着全球气候变化、环境污染、资源短缺等问题的不断凸显，环境政策对贸易的冲击和贸易对环境保护的影响双重问题不断交织，有关环境与贸易问题的争论愈演愈烈，而争论的内容和范围也由于新问题的出现而不断延伸和扩展。与此相对应的是，环境与贸易问题的相关理论也逐渐发展、不断创新。

本章的学习要求着重了解环境保护与自由贸易在理论上的争论，理解环境与贸易关系的理论探讨，掌握贸易对环境、环境对贸易的影响效应，以及环境库兹涅茨曲线、污染者付费、环境产权、波特假说、环境成本内在化等相关理论在国际贸易中的运用。在此基础上，思考如何利用相关理论解决贸易与环境协调发展的重大现实问题，并能提出一些有价值、可操作性的建议。

章首案例　贸易中有关环境造成的纠纷

案例 1：20 世纪 80 年代初，美国海关在我国公司出口到美国得克萨斯州的仿古瓷器中，发现有两笔货物用稻草包裹，当即责令将包装用稻草就地烧毁，重新包装，并要求我方出口公司赔付客户烧草费和重新包装费。

案例 2：1997 年，欧盟决定不再进口中国的贝类产品，原因是中国海洋环境不断恶化。但是，中国每年向欧盟出口贝类 2 750 万美元，占全球贝类出口的 1/5，这项禁令给中国带来巨大损失。

案例 3：1997 年，法国以石棉具有致癌性为由，禁止所有石棉和石棉产品的使用、生产和进口。加拿大对此向 WTO 提出申诉，主要指责法国违反了《技术性贸易壁垒协议》（以下简称 TBT 协议）以及 GATT 有关国民待遇的规定。欧盟代表法国政府进行诉讼。专家组裁定：①法国禁令中禁止石棉产品使用的部分不是技术法规，不受 TBT 协议调整；②法国禁止使用的石棉产品和允许在其国内使用的替代产品是相同产品，因此法国禁止加拿大石棉产品的销售违反了 GATT 国民待遇原则，但法国仍可基于 GATT 第 20 条第 b 款证明该措施的正当性。上诉机构推翻了专家组的裁决，认为：①法国禁令作为一个整体，是一项技术法规，受 TBT 协议的调整，但没有针对加拿大对法国违反 TBT 协议的请求进行裁定；②法国禁止使用的石棉产品和允许在国内使用的替代产品对健康的危害是不同的，所以不是相同产品，因此法国法令没有违反国民待遇原则。上诉机构最终支持了法国，裁定加拿大败诉。

资料来源：

［1］司丽. 树立绿色营销理念，取得国外相关认证，搜集包装最新信息，跨国绿色包装壁垒［EB/OL］.［2020-08-20］. http://finance.sina.com.cn/roll/20071106/05331772588.shtml.

［2］金方增. 绿色保护主义对外贸的影响及其对策［J］. 中国市场，2005（19）：70-71.

［3］许枫. 论 WTO《技术性贸易壁垒协议》对贸易与环境的法律协调——以石棉案为例［J］. 中国海洋大学学报（社会科学版），2008（1）：90-92.

案例思考：

（1）为什么环境问题日渐成为国际贸易纠纷的诱因？你怎么理解这类贸易摩擦产生的影响？

（2）通过案例 3，你是否了解了 GATT/WTO 规则中的环境条款，怎么协调贸易规则与环境规则？

（3）解决贸易与环境的矛盾可以从哪些具体的理论入手？

第一节 贸易与环境问题的理论依据

一、贸易、环境基础理论与学说

(一) 贸易、环境的基础理论

1.自由贸易与保护贸易的基本观点

自由贸易理论自诞生以来，就一直是国际贸易的核心理论。在实践中，自由贸易也成为许多国家，特别是发达国家在全球竭力推崇的政策目标。

亚当·斯密的绝对优势理论认为，不同国家生产同样的商品成本不同。假设世界上只存在两个国家，一国应放弃成本绝对高的产品的生产，而对机会成本绝对低的产品进行专业化生产，并彼此进行交换，这样两国的劳动生产率都会提高，都能从中获得贸易利益。而分工和专业化的发展需要自由贸易的国际市场，该自由贸易原则也可以推广到多个国家。因此，自由贸易是增加国民财富的最佳途径，各国应该鼓励自由贸易。

大卫·李嘉图以相对优势理论补充和发展了这一学说。他认为在假设前提不变的条件下，各国应该根据“两优相较择其重，两劣相较取其轻”的比较优势法则，选择优势较大或劣势较小的产品，即具有比较优势的产品进行专业化生产并出口，进口具有比较劣势的产品，交易双方均可提高劳动生产率并获得贸易利益。

瑞典经济学家赫克歇尔和俄林创立了要素禀赋论（即H-O理论），进一步充实了自由贸易理论。该理论认为，贸易的首要条件是有些商品在某一地区比在其他地区能够更便宜地生产出来，是因为一个地区的出口商品含有大量相对比其他地区便宜的生产要素，因此各国应该生产本国要素丰富的要素密集型产品并出口，进口其他地区要素丰富的要素密集型产品（即更便宜地生产出的产品），双方都能提高生产效率，并获得贸易利益。该理论主张通过自由贸易减少国家间生产要素分布不均的缺陷。

第二次世界大战后美国经济学家里昂惕夫运用投入产出方法，对美国经济统计资料进行验证的结果却与H-O理论预测相悖。这一发现被称为“里昂惕夫之谜”。里昂惕夫之谜是国际贸易理论发展史上的一个重要转折点，它推动了战后国际贸易理论的迅速发展。关于对里昂惕夫之谜的解释，实际上是从不同侧面对要素禀赋理论假定前提的修正，并为以后一系列国际贸易新理论的产生奠定了基础。比如，技术差距理论、产业内贸易理论、规模经济贸易理论、产品生命周期理论等都跳出了H-O理论的假设前提和逻辑框架，从不同侧面阐述了自由贸易产生的合理性。

此后，自由贸易理论不断发展完善，成为国际贸易理论的主流学派。第二次世界大战后迅速发展的经济全球化、区域经济一体化、贸易投资自由化，以及GATT和WTO所建立的多边贸易体制都深受自由贸易理论的影响。

商品的交换形成专业化分工，各国按其比较优势生产产品，可增加全球的产出，各国的财富也会相应增长。可以说，自由贸易理论曾经促进了全球贸易的发展，带来了经济的繁荣。面对日益严重的环境问题，自由贸易理论却无法解释。原因在于该理论仅考虑了静态利益，而忽视了动态利益，只考虑了狭义的经济利益，而忽视了广义的社会效益，特别是生态环境效益。以出口危险废物为例：对出口国而言，危险废物的国内环境处置成本很高，输出则较为有利，基本上不用花费国内处置成本；对进口国而言，危险废物进口便宜，既可以得到可循环使用的资源，还可以获得出口国的补贴。根据自由贸易理论，发达国家与发展中国家之间的这种交易对双方都有利。但是如果考虑了发展中国家的环境成本，这种交易带来的经济收益就不能够弥补环境的损失了。由此可见，外在性会改变自由贸易的福利效应，如果比较利益在宽松的环保要求下获得，贸易将给生态环境带来很大的负面效应，一味追求比较经济利益很可能会付出惨重的生态环境代价。另外，一国发展有比较优势产品的贸易也可能给他国造成环境方面的极大损害。

保护贸易理论源于重商主义，之后得到了不断发展，从李斯特的幼稚工业保护理论，到以新重商主义为基础的超保护主义及管理贸易为特点的新贸易保护主义，再到战略性贸易政策理论。重商主义（流行于15—17世纪的欧洲）主张的是在国内积累货币财富，把贵重金属留在国内。李斯特的幼稚工业保护理论（主要实践地区是19世纪的美国和德国）把经济发展分为五个阶段，认为各国应根据所处经济发展阶段采取不同的贸易保护政策，处在农工业时期的国家应该对本国发展尚很幼稚的、受到外国强有力竞争的、有发展前途的工业进行有效保护。李斯特主张通过高关税对幼稚工业进行保护，但最终目的仍是实现自由贸易，即当国家发展到农工商时期，或者幼稚工业已经发展成熟后则应该进行自由贸易。超贸易保护主义政策（主要存在于两次世界大战期间，即世界经济大危机时期的英国）的基本特点是既保护本国幼稚工业，又保护国内高度发展的工业和夕阳工业。该理论认为，自由放任的贸易理论和政策不适合现代社会，必须由政府直接干预经济，实行贸易保护主义，扩大出口，限制进口，增加国内的有效需求，促进就业，从而解决国内经济危机。战略性贸易理论（主要影响的是20世纪80年代的一些发达国家）主张政府通过找到并支持战略性产业，即三高（高附加值、高工资、高技术）产业，使得本国国内垄断企业在国际市场上的竞争中处于优势地位，并获得国内的经济利益。

在经济全球化及贸易自由化高度发展的今天，人类面临的环境问题日益严重，环保作为自由贸易的重要例外，已经成为国际共识，即如果为了保障动植物和人类的生命安全，采取必要的措施限制贸易是允许的。为此，很多国家（主要是发达国家）将环境问题与贸易保护紧密挂钩，把环境问题作为新的贸易壁垒，从而削弱发展中国家资源与廉价劳动力方面的比较优势。于是环境贸易壁垒逐渐代替了关税和其他非关税壁垒，成为保护主义经常利用的工具。

2.环境经济学与生态经济学

生态经济学和环境经济学都是在20世纪60年代以来工业文明造成了一系列的生态环境问题的背景下形成的，都有各自的研究对象、理论基础、研究方法、学科性质和理论体系等。环境经济学是运用西方经济学理论研究市场经济的条件下，如何实现环境与经济协调发展的理论、方法和政策。环境经济学最初的目的是研究在市场机制条件下，如何对厂商或消费者进行管理，控制污染，实现经济与环境的协调发展。其理论基础是西方经济学，特别是福利经济学，如效用理论、外部性理论等，使用的方法主要是边际分析法、均衡分析法，以及影子价格、机会成本等。环境经济学中对人的假定是“经济人”角色，即经济活动中的人是追求自身利益或效用最大化的人。[1]

生态经济学结合了经济学和生态学，围绕着人类经济活动与自然生态之间相互作用的关系，研究生态经济结构、功能、规律、平衡、生产力及生态经济效益。它否定了主流经济学的增长范式，即认为以国内生产总值（GDP）为标准的经济增长范式是狭隘的。

生态经济学的重要特点之一是理论基础来自生态学和热力学。基于此，生态经济学认为：地球上的生态系统是具有自我循环功能的封闭系统，经济系统只是整个生态系统的一个子系统，人类生产和消费活动其实就是与自然界进行物质交流与转换的过程，并且遵循质量守恒定律。与其他理论相比较，生态经济学首次将环境和经济作为一个整体来进行研究，而且在考虑经济子系统时，生态经济学要求无论是在代内还是代际，都不仅要注重效率，还应注重分配的公平性；不仅要考虑人类的利益，还需关注其他生物，即整个生态圈的利益。

生态经济学更支持物理或者生态指标（单位服务的物质强度、生态足迹、生态系统健康），以及基于多标准估价的多维度分析，如多标准分析等。另外，当系统的利益优先于个人选择自由时，生态经济学会抛弃消费者主权。[2]

总的来看，环境经济学和生态经济学的观念最终为可持续发展经济学奠定了重要理论基础，也为贸易与环境关系研究提供了重要的理论依据。

(二）源于交叉学科的环境保护理论

1.环境产权理论

产权是制度经济学的研究范畴。在制度经济学中，产权被定义为关于财产权利界定、配置与运用的法律制度。产权一般有多种权能，最基本的有五种：所有权、占用权、使用权（经营权）、收益权、支配权（处置权）。[3]《新帕尔格雷夫经济学大词典》对产权的定义为：产权是一种通过社会强制而实现的对某种经济物品的多种用途进行选择的权利。西方制度经济学关于产权有诸多论述。例如，德姆塞茨认为，产权是包括一个人或其他人受益和受损的权利，产权是界定人们如何受益及如何受损，因而谁必须向谁提供补偿，从而修正人们所采取的行动。阿尔钦指出，产权是一个社会所强制实施的选择一种经济品的适用的权利。菲吕博腾认为，产权不是指人与物之间的关系，而是指由物的存在及关于它们使用所引起的人们之间相互认可的行为关系。[4]

1960年，科斯在《法与经济学杂志》上发表的《社会成本问题》一文中运用交易成本理论分析了法律制度对资源配置的影响，提出了著名的科斯定理：若交易成本为零，无论法律对权利如何界定，只要交易自由，资源都可以通过市场机制得到有效配置；换言之，当交易无成本时，法律权利的任何分配都能产生有效率的结果。此为科斯第一定理。但在现实世界中，交易成本总是大于零，由此又推出了科斯第二定理：在交易成本为正的情况下，不同的法律权利界定会带来不同效率的资源配置。[5]因此，对于解决外部性难题，科斯定理认为，只要产权明确而交易成本为零或极低，经济的外部性或非效率就能通过当事人谈判得以纠正，从而达到社会效益最大化，无论初始阶段产权归谁，市场均衡结果都会有效率，即资源配置达到帕累托最优。[6]而在交易成本不为零时，产权的界定成为资源配置是否有效的关键。

根据科斯的产权理论，以河流为例：假设有段河流，上游有一家化工厂（A），它将生产过程中产生的废水排放到河流中，造成河流的污染；河流的下游有一个养鱼场（B），由于河流受到污染，其收益受到影响。如果河流的产权属于化工厂所有，化工厂就拥有自由使用河流的权利，可以排放废水。而下游受到影响的养鱼场的所有者如果不想让河流受到太严重的污染从而影响其收益，可以与A进行谈判。谈判的结果可能是B向A支付一定的费用，或者用于A安装污染控制设备，或者用于弥补A减少排污而带来的损失。对于A来说，由减少排污而带来的成本增加或收益减少不能低于B所支付的费用；对于B来说，其所支付的费用不能低于由A减少排污而带来的收益增加。如果河流的产权属于B所有，则B有使河流保持清洁的权利，即有权要求A停止对河流的污染。A如果想继续向河流排放废水，就需要与B进行谈判。谈判的结果可能是A向B支付一定的费用，可以向河流排放一定量的污水。如果河流的产权属于第三方C所有，则A如果想继续向河流排放污水，需要与C协商，支付一定的费用。而B不想让河流受到污染，也需与C协商，支付一定的费用，费用的高低取决于A、B、C三方的谈判力量以及各自成本与效益的权衡。以上三种产权安排的结果有一点是相同的，那就是A将安装污染控制设备或减少向河流排污，使河流处于一个可接受的状态，从而解决了河流的污染问题。

在以上制度经济学理论的基础上，环境经济学家创造了环境产权理论。该理论认为，环境产权的客体是环境容量资源，主体是人，即自然人和法人。我们无时无处不在使用环境容量资源，它有时是有形的，如水和土壤；有时是无形的，如空气；还有如阳光、气候、生态、山川、声音等。环境容量资源是依附自然物（实体物）的无形客观存在物（无形物），即自然资源（自然物）是环境容量资源的实物载体，两者本是一物。环境产权就是环境容量资源商品的财产权，它包括环境容量资源商品的所有权、使用权、占有权、收益权和处置权。环境资源产权包括自然资源产权和环境产权。环境产权的使用权就是环境容量资源商品的使用权，即排污权、排放权以及固体废弃物的弃置权等。[7]

从理论角度来看，环境资源产权界定可以采取几种方式：第一种情况是环境资源的产权属于污染者；第二种情况是产权属于受害者；第三种情况是产权属于第三者。以上三种产权界定方式都可以解决环境的污染问题。

但是，要对环境产权进行明确的法律界定有很大的困难。

第一，污染冲突的当事双方通常并非一一对应的，经常是存在众多的污染者和众多的受损者。我们很难辨明具体是哪一家工厂、哪一辆汽车应该对特定的污染损害负责，而遭受污染损害的每个人所受到的损害并不足以使其独自诉诸法律或与之进行协商。

第二，多数污染所造成的损害是难以度量的。假设一种污染是导致癌症和其他严重疾病的主要因素之一，但由于漫长的潜伏期加上其他可能致病的因素的存在，法庭或仲裁机构难以令人信服地划定责任。环境法选用了一种较为简单的方式来解决问题，即承认任何居民对由各种环境污染导致的损害有充分的权利要求取得足额补偿。[8]

第三，产权难以界定，特别是公共产权和无产权产品不可能明晰产权。在实际操作中，有些环境资源的产权比较容易确定，如一段河流、一块草地或一座矿山等；有些环境资源的产权很难确定，甚至是属于全人类所有，如大气、海洋资源等。

第四，交易成本过高。如果环境污染受害者数目众多，且受害程度不同，即使明确了产权关系，也可能使得污染者与受害者之间的交易成本过高而无法实施产权管理。

第五，市场是不完全竞争的市场，很可能导致通过产权管理的途径达不到帕累托最优状态。

此外，有些国际环境问题也无法通过界定产权来解决，如酸雨问题、全球气候变暖问题等，只能通过其他方式解决。例如，热带雨林的产权是明晰的，它属于所在国家所有。但热带雨林减少导致的环境问题具有全球性，世界上大多数热带雨林位于发展中国家，但热带雨林的受益者是全世界各个国家。热带雨林的产权虽然明晰，但热带雨林退化问题并没有得到很好的解决。拥有热带雨林的发展中国家为了发展或其他需要，大量砍伐森林，影响了全球气候变化，遭到发达国家的谴责。但问题在于很多国家都采取"搭便车"的策略，即在森林遭到砍伐时，各国想继续享用热带雨林的好处却不愿对拥有产权的国家进行经济补偿。因此，科斯定理只能说为解决污染问题提供了一个思路，实际上难以在现实中有效解决环境问题。

2.环境税理论

环境税是按照污染物的排放量或经济活动的危害来确定纳税义务的一种税种，可溯源到庇古税。根据污染所造成的危害程度对排污者征税，用税收来弥补排污者生产的私人成本和社会成本之间的差距，使两者相等，这种税被称为"庇古税"。英国经济学家庇古于1920年最先在其代表作《福利经济学》中提出利用税收解决外部性问题的思想。其核心观点认为，导致市场配置资源失效的原因是经济当事人的私人成本与社会成本不一致，从而私人的最优导致社会的非最优；纠正外部性的方案是政府采取措施使私人成本和私人利益与相应的社会成本和社会利益相等，则资源配置就可以达到帕累托最优状态，能够导致污染减少到帕累托最优水平。这种纠正外在性的方法也被称为"庇古税"方案。[9] 这个方案的原理是对污染者征税，污染者就会权衡保持污染水平所支付的税收和减少污染少交税所获的收益，控制成本小于税率，则污染减少，直到二者相等时，达到污染最优水平。这有动态和静态两方面的优势：首先，在静态条件下，因为只要有污染就会被征税，企业出于少交税的目的也要控污；其次，在动态方面，若税率不变，企业通过技术进步可以减少对未来税收的支付。庇古税这种提供进一步减少污染的动态效率与静态效率一起被认为是与其他方式相比具有较好效果的主要特点。

如图2-1所示，MNPB为边际私人净收益，MEC为边际外部成本，Q_n代表最大私人经济收益时的经济活动水平。如果政府对排污厂商征收污染税t，厂商的私人净收益就会减少，MNPB曲线将向左平移到$MNPB_t$的位置，根据利润最大化的原理，把污染水平和生产规模控制在最优污染排放量Q^*上。

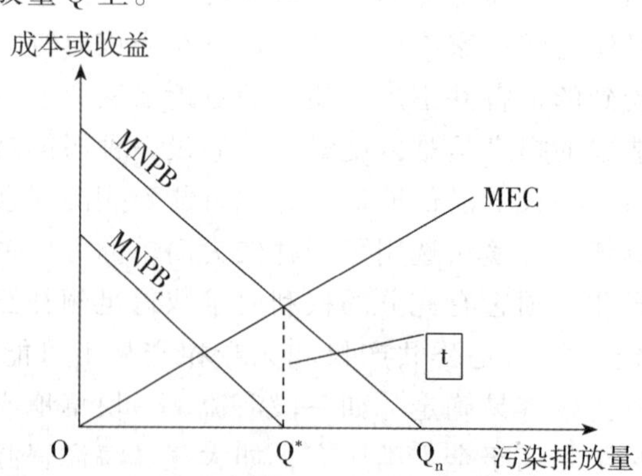

图2-1　征收庇古税的经济效应

庇古认为，自由竞争的市场机制本身不能克服外部性带来的低效率，必须由政府来进行适当的干预。通过向那些私人成本大于社会成本（正外部性）的厂商提供补贴、向那些私人成本小于社会成本（负外部性）的厂商征收税收，私人成本等于社会成本，就能实现资源的最优配置和经济活动的高效率。例如，对造成污染的造纸厂和钢铁厂就要征税，对带来正的外部性的产业如教育给予补贴。鲍默尔等人继承了庇古的观点，并进行了深入研究，由此逐渐产生出了最早的环境经济法律手段——“庇古手段”，即通过国家制定相应的法律规范进行征税、收取污染费、财政补贴等环境保护政策措施。就目前情况看，实施庇古税征收制度的国家多为发达国家，而发展中国家并不很流行这种税收制度，在它们看来，经济发展的任务远远重于环境保护，而发达国家与发展中国家之间的跨境污染转移现象也就很容易在经济发展和环境保护这两个目标间的落差中发生。

必须指出的是，传统的庇古税分析是建立在局部均衡分析基础上的，存在过于抽象和简化的假设。首先，庇古税主要针对产成品、半成品和污染排放等具有外部性的分析，其着眼点是商品市场，忽视了不同市场之间还存在“相互作用效应”。其次，庇古的分析假设经济运行中不存在其他有损于效率的因素，其近似于完全竞争状况下的约束条件显得过于苛刻，这样的假设条件也就使得庇古税的设计中不需要考虑其他扭曲经济运行效率的因素。最后，正如庇古也同样意识到的那样，庇古税没有考虑到公平分配的问题。[9]

庇古税对外部的不经济有矫正性的功效。它通过税收的方式对生产和消费中的外部成本进行矫正，使产量和价格在效率的标准上达到均衡，矫正的边际私人成本使企业认识到在社会层面上的成本，所以又名“矫正性税收”。而作为矫正性税收的另一优势在于，它很好地避免了税收的扭曲效应。比如个人所得税的税率过高时，人们会以闲暇替代，有奖懒罚勤的副作用；相反，庇古税是将外部不经济调整为经济，是修正性的，在初衷上就避免了扭曲效应。

在庇古之后，鉴于当时人们意识的缺乏，再加上环境等外部性问题尚未在实践中凸显出来，外部性问题在沉寂了一段时间后于20世纪60—70年代才逐步进入人们的视野，而环境税的研究也恰恰随着外部性问题的研究深入而渐成热点，时至今日，仍然是环境经济学和公共经济学研究的一个焦点。环境税（Environmental Taxation），也有人称之为生态税（Ecological Taxation）、绿色税（Green Taxation），至今没有一个被广泛接受的统一定义。它是把环境污染和生态破坏的社会成本，内化到生产成本和市场价格中去，再通过市场机制来分配环境资源的一种经济手段。

而实践中征收环境税、提供补贴、发放污染许可证、收取押金等都是间接控制的较好方法。征收环境税与提供补贴相比，是阻止而不是鼓励资源流入污染严重的企业；无须确定污染的基准点，只需确定单位排放量的税金就够了；可附带得到一笔财政收入。征收环境税与发售许可证相比，许可证的发售有膨胀的可能，存在炒买炒卖的投机性。征收环境税与收取押金相比，收取押金的操作相当麻烦，且只能限于很小的范围内。由此可见，征收环境税的确是一种理想的环境保护手段。

近年来，许多国家都尝试将环境税作为环境管制及筹集政府收入的工具。因此，环境税不仅通过环境质量的改善提供了“绿色红利”，而且通过收入的返还来削减具有扭曲效应的税收税负，减少了税制效率损失，甚至提高了就业水平，常被称为“蓝色红利”。这就是环境税“双重红利”经济效应。[10]

从国外环境税的具体应用来看，大体经历了三个阶段：20世纪70年代到80年代初，环境税主要体现为补偿成本的收费，种类主要包括用户费、特定用途收费等，尚不属典型的环境税，只能说是环境税的雏形；20世纪80年代至90年代中期，环境税种类日益增多，如排污税、产品税、能源税、二氧化碳税和二氧化硫税等纷纷出现；20世纪90年代中期至今，环境税迅速发展，各国纷纷推行利于环保的财政、税收政策，许多国家还进行了综合的环境税制改革。目前，部分发达国家征收的环境税主要有二氧化硫税、水污染税、噪声税、固体废物税和垃圾税等。2011年12月，中国财政部同意适时开征环境税。

小资料 2-1 西方国家的“绿色税收”

西方国家的“绿色税收”主要有三类：（1）对企业排放污染物征收的税，包括对排放废水、废气、废渣等的课税，如英国、荷兰、挪威等征收二氧化碳税，美国、德国、日本等征收二氧化硫税，德国征收水污染税。（2）对高耗能、高耗材行为征收的税，如德国、荷兰征收的润滑油税，美国、法国征收的旧轮胎税，挪威征收的饮料容器税等。（3）对城市环境和居住环境造成污染的行为税，如美国、日本征收的噪声税、工业拥挤税和车辆拥挤税。

目前世界上“绿色税收”制度的建立处于前列的主要国家有美国、荷兰和瑞典。美国的“绿色税收”制度包括对破坏臭氧层的化学品征收的消费税、对汽油的征税、开采税、对固体废物处理的征税等。美国大部分与环境相关的税收计划是由州和地方政府来实施的，因此每个州的标准都不一样。但美国无论在联邦层次上还是在州层次上，都对环境税收越来越重视，从现有的环境税收的实施效果来看，它们的作用是显著的。荷兰特别为环境保护目的而设计的税收主要包括燃料税、噪声税、垃圾税、水污染税、土壤保护税、地下水税、超额粪便税、汽车特别税、石油产品的消费税等。荷兰的“绿色税收”制度以征收生态税收的政府级次和用于生态目的的税收类型为特征。生态税收的征收一般由低一级的政府去完成。用于生态目的的税收主要是特定税。瑞典的“绿色税收”包括对燃料征收的一般能源税，对能源征收的增值税、二氧化碳税、二氧化硫税、电力税，以及对化肥、电池等的征税等，已经成为税收体系的重要部分。其环境税的核心是对能源的征税，而对能源的征税是从多方面来进行的，目的主要在于通过征税使能源的消费水平下降，并促进技术革新。

资料来源：王谦．可持续发展绿色税收制度的建立与完善［J］．江西财经大学学报，2003（5）：12-14.

二、环境保护理论在国际贸易学说中的应用

（一）生态环境要素禀赋理论

大卫·李嘉图于1817年提出的在自由贸易条件下，当各国集中在其有比较优势的领域进行生产和贸易时，每个国家的情况都会变得比没有贸易时要好的自由贸易学说，强调了比较优势的重要性。李嘉图比较优势理论的实质就是资源要素禀赋理论，即各个国家由于资源禀赋和要素需求的差异性而形成资源比较优势，各个国家分工生产使用本国最丰富的生产要素的产品，经过国际贸易，各国获得最大福利，实现资源在两个国家或地区甚至全世界的优化配置。

该理论忽视了生产中的外部性问题，强调按照微观比较优势进行贸易活动，从而引发了一系列问题，如资源型产品的过度出口、发展中国家以低环境标准为代价换取的比较成本优势引发的环境污染加剧、有毒或有害废弃物贸易增加等现象，主要体现在：一是初级产品国际市场价格的下跌，加剧了欠发达国家低档的资源环境产品、劳动密集型产品与技

术密集型产品交换的贸易条件的恶化，降低出口国的实际收入和福利水平，造成贫困化程度增强。二是发展中国家的资源流向发达国家，发达国家进口资源、出口工业制成品，这种贸易结构既没有体现资源的真正价值，又将发达国家的“生态足迹”留在发展中国家，造成环境退化，使其可持续发展更加困难。三是由于过度开发资源，引发出口国产生诸如森林退化、生物多样性减少、海洋资源锐减等环境问题，进而影响全球环境质量，导致贸易的不可持续性。

为规避传统贸易理论的不利影响，经济学家开始不断从生态环境要素禀赋角度探讨国际贸易理论的新发展。

所谓生态环境要素禀赋，是指一国或地区的生态环境质量、环境消纳并转化废物的能力同生态环境的自净能力以及生态系统作为一个整体所呈现出来的各种环境要素的总体状况等。它主要包括以下几个方面的内容：一是生态潜力，即自然资源的丰裕程度和可替代、可更新程度，尤其是资源环境的质量变化和再生量变化。二是生态环境在不产生外部成本的情况下将污染物消纳转化的自净能力。三是生态服务功能，即生态系统作为一个整体的使用价值。这种使用价值表现为它呈现出来的各种生态环境要素的总体状态对人类社会生存与发展的有用性，如美丽的风景向人们提供美感、娱乐休息，以及满足人类精神和道德需求等。此外，有的学者认为生态环境技术禀赋也构成生态环境要素禀赋的一项内容——这主要是指对环境污染和生态破坏的技术处理能力和修补能力，以及生态环境无害技术和治理技术的开发、利用能力。将生态环境要素纳入一国的生产要素禀赋体系之中，使之成为与其他生产要素并重的新的生产要素，从而成为现代经济和贸易发展的一个内在要素，就可以使一个国家或地区（尤其是发展中国家或地区）在决定贸易结构甚至产业结构时必须把生态环境目标作为根本目标，实现外贸的可持续发展。[11]

但是有相当多贸易实践者，包括一些国家和地区，把当地良好的生态环境视为比较优势而过度利用。所谓过度利用，就是对生态环境的攫取不承担相应的成本，以被称为“生态倾销”①的此类价格优势参与国际贸易，这是极其不可取的。

此外，环境规制差异下形成的环境比较成本优势，也在不断恶化发展中国家的生态环境，主要表现在：第一，环境政策和标准在不同国家之间存在广泛的差异。由于发达国家的环境标准严格，因此废弃物处理成本高。相对来说，发展中国家的宽松的环境标准使处理成本相对低，为了逃避本国废物处理的高成本，发达国家向发展中国家和欠发达国家出口废弃物。第二，一些发达国家将本国污染环境严重的产品、设备和技术通过贸易或投资的方式转移到发展中国家，对后者的环境产生破坏作用。近年来环境倾销税、生态倾销税等惩罚性关税和措施的出现，表明发达国家和发展中国家由环境成本的差异引发贸易摩擦和纠纷的现象增多。为了消除发展中国家由于环境标准宽松带来的比较优势，发达国家制定一些强制性的标准和措施，限制发展中国家的产品进口，或者通过征收环境税、反补贴税等方式，提高进口产品成本。贸易政策中的环境措施有多元化的趋势，而且缺乏国家之间的合作，在发展中国家和发达国家之间形成了“反贸易保护论”和“保护资源环境、人类动植物生命健康论”的争论。[12]

---

① 某国制定的环境标准低于其他国家的环境标准，通过此办法竞争，该国政府实际上减少了国内厂商的生产成本，从而导致了不公平竞争。从这种界定方式来看，只要某国使用较低的环境标准生产并在国外销售产品就成了生态倾销；但是各国环境标准是不完全相同的，如何确定“较低的环境标准”，以什么标准为参照成为实践中的难题，因而这种界定生态倾销的方式有其不合理性。

比较优势理论以“两害相权取其轻，两利相权取其重”为出发点，认为国家之间可以发挥各自的比较优势，进行自由贸易，达到双赢的目的。按照该原则，只要两国生产的产品相同，在比较成本上具有价格优势的产品就具有竞争力。从表面看，在环境标准较低的国家生产似乎实现了资源合理配置和在最合适的地点生产，体现了国际分工的有效性和专业化。但是这种成本的优势是在环境外部性的条件下产生的，注重的是各方的静态利益、短期利益，而忽视了动态利益、长远利益，将环境外部成本交由社会承担，间接鼓励企业可以牺牲资源环境来获得自身的比较成本优势。按照这种思路，危险废弃物和通过投资渠道进行的污染密集产业输出和输入对于发达国家和发展中国家来说是双赢的格局，因为一方是国内环境处置成本高，存在比较劣势；另一方可以低价进口废物得到再生和利用，又可以增加就业。建立在宽松环境标准或者是环境成本外在化基础上的比较优势，虽然短期获得了经济利益，长期结果却是付出惨重的甚至是不可逆转的生态环境代价，并且由于传递作用，一国的环境损害可以影响邻国直至全球的生态环境。在Baumol和Oates的模型中，两国生产同一种贸易产品，两国的生产过程同样产生污染。在局部均衡条件下，如果一国没有实施环境保护而另一国实施，该国增加污染密集产业的比较优势，将以环境破坏为代价专业化生产污染产品。[13] 因此，只要对环境的损害没有被内部化到产品成本中，非最优的资源配置就存在。在开放经济下，这意味着贸易模式也是非最优的。

（二）排污权交易及碳排放交易理论

外部不经济是指某些企业或个人因其他企业和个人的经济活动而受到不利影响，又不能从造成这些影响的企业和个人那里得到补偿的经济现象，如江河上游造纸厂排放污水，造成下游农作物歉收、农业减产的情况。造成这种现象的根源在于环境资源的不可分割性，使环境产权界定成本非常高或根本就难以界定，环境资源因此具有全部或部分公共性。这又使得人们可以互不排斥地共同使用自然生态环境资源，而不考虑其公正性和整个社会的意愿。

另外，“公地悲剧”理论也对类似问题进行了深入探讨。公地作为一项资源或财产有许多拥有者，他们中的每一个都有使用权，没有权力阻止其他人使用，从而造成资源过度使用和枯竭。过度砍伐的森林、过度捕捞的渔业资源及污染严重的河流和空气，都是“公地悲剧”的典型例子。之所以叫悲剧，是因为每个当事人都知道资源将由于过度使用而枯竭，但每个人对阻止事态的继续恶化都感到无能为力，而且都抱着“及时捞一把”的心态加剧事态的恶化。公共物品因产权难以界定而被竞争性地过度使用或侵占是必然的结果。

小资料 2-2　“公地悲剧”理论的由来

1968年，美国学者哈丁（Hardin）在《科学》杂志上发表了一篇题为《公地的悲剧》的文章。

哈丁在该文中设置了这样一个场景：一群牧民一同在一块公共草场上放牧。一个牧民想多养一只羊增加个人收益，虽然他明知草场上羊的数量已经太多了，再增加羊的数目，将使草场的质量下降。牧民将如何取舍？如果每人都从自己私利出发，肯定会选择多养羊获取收益，因为草场退化的代价由大家负担。每一位牧民都如此思考时，“公地悲剧”就上演了——草场持续退化，直至无法养羊，最终导致所有牧民破产。

由此可见：草场是公有的，畜群是私有的。自然法则是草场对牲畜的承载力是有限的，每增加一头牲畜都会给草场带来某种损害，但是这一损害由全体牧民分担。而市场法则是每个牧民都力求使个人利益最大化。作为"经济人"的牧民，他们只考虑如何扩大畜群以增加收入，完全不考虑整个草场的破坏和退化，最终导致了草场报废，从而酿成"公地悲剧"。哈丁"公地悲剧"理论说明了产权不明使得企业和个人使用资源的直接成本小于社会所需付出的成本，从而会导致资源被过度使用。

资料来源：

[1] 360 百科．公地悲剧 [EB/OL]．[2020-08-22]．https://baike.so.com/doc/5512116-5747878.html.

[2] 彭本利，李爱年．论排污权交易的理论基础 [J]．商业时代，2013 (8)：104-106.

外部不经济及"公地悲剧"的叠加效应，致使本来就产权不够明晰的环境公共物品的保护与环境污染治理雪上加霜，但人们在科斯定理的推论下找到了一个行之有效的解决方案——排污权交易理论。

排污权交易（Pollution Rights Trading）或称"排放权交易"，是指在一定区域内，在污染物排放总量不超过允许排放量的前提下，内部各污染源之间通过货币交换的方式相互调剂排污量，从而达到减少排污量、保护环境的目的。它的主要思想就是建立合法的污染物排放权利，即排污权（这种权利通常以排污许可证的形式表现），并允许这种权利像商品那样被买入和卖出，以此来进行污染物的排放控制。

根据科斯定理推论，在交易成本高昂时，采用一种替代性的经济组织形式可能以更低的成本实现同样的结果，从而使效益增加，企业就是这样一种更有效率的经济组织形式。但是科斯并没有简单地在市场、企业与政府之间进行取舍，而是重视政府在特定交易发生的制度环境中的作用。排污权交易制度就是通过明确排污权的产权属性，通过市场机制实现环境容量资源的优化配置，调动了排污企业治理污染的积极性；同时，通过政府的制度安排减少了交易的成本，从而实现外部不经济的最优解决。

环境是一种资源，不仅体现在其作为生产的资源要素方面，它还具有对污染物质的净化能力，形成环境容量资源。在人口较少、生产力水平较低的情况下，环境的容量资源显得十分丰富，无论在资源的价值上还是在数量上，都既能满足人们的生活需要，又能满足人们的生产需要，因此它被认为是取之不尽、用之不竭的。但是，随着生产力水平的提高，经济迅猛发展和人口迅速增长，污染物排放已远远超出环境的可容纳能力，导致环境容量资源的稀缺程度急剧上升。这种环境功能资源的稀缺性和环境容量资源的稀缺性正是总量控制的理论基础，也是排污权交易的前提。排污权交易的总量控制确认了环境容量资源的国家产权属性，需有偿使用而不再是公共物品；排污许可确认的污染物排放量则界定了排污者的排污权产权属性，既实现了对排污行为的有效监管和控制，又通过不同排污者之间的排污权交易实现了容量资源的优化配置。[5]

排污权交易起源于美国。美国经济学家戴尔斯于1968年最先提出了排污权交易的理论，并首先被美国国家环保局（EPA）用于大气污染源及河流污染源管理。面对二氧化硫污染日益严重的现实，美国国家环保局为解决通过新建企业发展经济与环保之间的矛盾，在实现《清洁空气法》所规定的空气质量目标时提出了排污权交易的设想，引入了"排放减少信用"这一概念，并围绕排放减少信用从1977年开始先后制定了一系列政策和法规，允许不同工厂之间转让和交换排污削减量，这也为企业针对如何进行费用最小的污染削减提供了新的选择。而后德国、英国、澳大利亚等国家相继实行了排污权交易的实践。排污权交易是当前受到各国关注的环境经济政策之一。2011年10月17日《国务院关于加强环境保护重点工作的意见》（国发〔2011〕35号）明确指出“推行排污许可证制度，开展排污权有偿使用和交易试点，建立国家排污权交易中心，发展排污权交易市场”。2011年12月20日《国家环境保护“十二五”规划》也提出要健全排污权有偿取得和使用制度，发展排污权交易市场。[5]

此外，运用科斯定理解决污染问题还可以采取自愿协商方法，即把环境的所有权赋予企业，当别人污染它的环境时，它可以与其达成某种协议，并有权对其起诉，使环境污染市场交易得以形成。[14]

第二节 贸易与环境关系的理论

在经济全球化和环境全球化的背景下，自由贸易与环境保护的关系到底如何，人们对此展开了诸多争论。激进环保主义学派认为自由贸易的增长必然会造成环境的衰退。自由贸易的拥护者们则提出自由贸易在增加国民收入的同时，会带来诸多积极效应，其中最重要的就是环境政策的不断完善，因为国民收入提高后对于环境质量的要求也随之提高。

对于贸易与环境关系的这两种认识争执不下，从一定程度上说明了人们对于贸易与环境间的关系认识依然不足，这方面的理论还需进一步完善。比较激进的环保主义学派与完全自由贸易学派，目前世界主流经济学的观点更倾向于认为自由贸易与环境之间是一种复杂的关系，更客观实在。激进的环保主义学派与完全自由贸易学派的观点虽然都有其合理的一面，但比较片面。毋庸置疑，贸易与环境的相互影响、相互渗透正随着贸易全球化、自由化的发展而日渐突出和显著。

一、宏观层面的理论研究

（一）贸易对环境影响的效应模型

1.贸易与环境的双向影响

（1）贸易的作用力

贸易对于环境的影响和作用，国内外的社会学者、环境学者、经济学者、法学者等从不同角度提出了众多观点，特别是环保主义者和贸易自由主义者更是产生了激烈的争论。激进的环保主义者认为自由贸易推动了经济增长、专业化以及全球经济的一体化，但可能导致环境恶化。

与环保主义者完全相反，自由贸易主义者认为，贸易不是产生环境问题的根源，自由贸易不但不与环境相冲突，还可以促进环境保护：第一，从福利经济学的角度来看，自由贸易有助于实现环境资源在全球范围内的最优配置，从而保证生产活动能够按照最有效的方式进行。例如，那些对农业高保护的国家每公顷的化肥和杀虫剂的使用量是低保护国家的10倍。第二，自由贸易还可以提高收入，使人们有更多的资源和技术来改善环境，有助于增加有利于环保的清洁产品、服务和技术的发展；同时，自由贸易能使国家有更多的机会获得更加环保的产品和更有效率的生产方式，尤其是对那些经济落后的国家效益更大。第三，贸易自由化还有利于消除那些不利于环境保护的、扭曲贸易的政策措施，如补贴和税收等。第四，国际贸易通过具有环境影响的商品和服务的国际交换来影响环境。WTO多哈回合把这些商品和服务称为“环境货物与服务”。如果交换的商品有助于环境保护，或者是另一种危害环境的商品的替代物，那么贸易对环境会产生积极的正面影响。[15]

总的来看，贸易的自由化有着正负两方面的环境效应。一方面，贸易的自由化通过纠正贸易政策干预失败，对环境产生积极影响，从而产生静态正效应。各个国家在其资源的环境禀赋差异的基础上，尽可能降低环境成本，通过国际贸易的进行而重新配置资源，在一定程度上使环境受益。另一方面，贸易可能产生环境负效应，且这种负效应源于市场失灵和政府干预的失败。大多数贸易的自由化还不完善，一些扭曲性的贸易政策干预仍将继续。通过自由贸易而增加的一些产品和服务，其价格并不包含环境成本，这种情况下的国际贸易会使环境进一步恶化。[16]

（2）环境的反作用力

环境是国际贸易能够正常进行的基础和必要条件，这主要体现在以下几个方面：

一是环境是国际贸易正常进行的基础。人类属于地球，依附于周围的生态环境。自然环境为国际贸易提供丰富的资源和能源，人类对资源进行加工获得各种消费资料和生产资料。同时，国际贸易的迅速发展也促进了自然资源的充分利用和有效配置，从而获得最大的经济效益和社会效益。

二是不同地区的环境差异导致各国比较利益和国际分工的差异。各国的自然资源禀赋是不同的，这影响到各国贸易的内容、规模和结构。如中东出口石油，美国出口小麦，南非出口黄金，非洲需要进口大米等，这都说明各国不同的资源禀赋和环境差异造成它们的贸易商品结构存在很大的不同。同时，各国贸易发展的深度和广度不同，又影响到各国对环境资源的开发和环境保护水平的差异。

三是环境政策的制定影响国际贸易的内容和方式。各国为保护本国的自然资源、保证经济的持续和稳定发展，都会制定许多环境保护政策，而这些环境保护政策又改变和调整着国际贸易的内容和方式，即在贸易理论和实践中，各国都需要考虑环境的承受力和对环境的保护。例如，保护臭氧层的环境政策使含氟利昂制冷设备的贸易量锐减；为保护大气层不受污染，各国都提倡无铅汽油的使用。也可以说，保护环境带来了环保产品的贸易需求。

四是各国环境状况的不同影响国际贸易的发展。由于世界各国对环境问题认识水平的差异，各国对待环境保护的看法和采取行动的过程也存在不同。一些发达国家早在20世纪70年代就开始关心环境污染问题，因此其环保工业相当发达，在开发自然资源的同时，也重视对环境的保护。但在一些发展中国家，由于经济发展水平比较低和对环境问题认识不足，没有在发展的同时兼顾对环境的保护，所以环境污染问题很严重，这都影响着贸易的发展。当一国自然资源丰富、环境状况良好时，该国就有条件大规模地开发自然资源，而当一国自然资源缺乏或环境面临很大压力时，该国必须避免对自然资源的过度开发和贸易。不同的贸易发展阶段，对环境的影响也不同。在贸易发展初级阶段，贸易规模不大，对环境破坏的程度较轻；在贸易迅速发展的今天，如果各国对环境保护不够重视，环境被破坏的可能性就很大。

正是因为环境对贸易有着深远影响，环境政策和多边贸易体制冲突不断。再加上目前各国制定的环境标准高低不一，尤其是发展中国家和发达国家之间的环境标准差别非常大，使得与环境问题相关的贸易争端层出不穷。

贸易自由化大大推动了国际贸易的发展，同时引发了许多环境问题。虽然造成环境问题的原因是多方面的，如政策失灵或市场失灵，使环境成本内在化，但是贸易作为人类的主要经济活动对环境造成的影响是多方面的。

2. 三效应说

Grossman 和 Krueger（1991）将国际贸易对环境的影响分解为规模效应（Scale Effect）、结构效应（Composition Effect）和技术效应（Technique Effect）三个方面，认为国际贸易对环境的影响要看三个效应的总和。[17]

（1）规模效应

规模效应是指贸易所带来经济活动规模的扩大对环境的直接损害以及所带来的对环境的间接影响，即国际贸易通过使经济规模发生改变从而影响环境。

国际贸易的规模效应对环境同样具有正、负两方面的作用。西方主流思想倾向于认为经济增长有益于环境改善，即规模正负效应之和为正，且国际贸易于环境有益。这在《里约宣言》中有所反映，宣言第12条原则称：“各国应该开展合作，促进建立一个支持性的和开放性的国际经济体系。这个体系应能够在所有国家实现经济增长和可持续发展，更好地解决环境退化问题。”贸易对环境的正面效应归根于其对经济活动整体和规模以及市场增长的扩展作用，表现在：①贸易使收入增加，人们有更多的兴趣和资金用于环境保护。②贸易使得资源进行全球配置，提高了资源的利用效率，使得单位产品生产的环境影响最小化。在这种方式下，贸易能让具有不同资源的国家克服其因市场能力有限而对经济增长产生的约束。③国际贸易能够带来收入水平的提高。当收入达到一定水平后，消费者会对环境质量提出更高的要求，越来越倾向于制定较严格的环境标准和消费更多环境友好的产品。同时，政府有更多的财力用于环境的保护和治理。从这个意义上讲，规模效应带来的收入水平提高对环境的影响是有利的。

贸易自由化使经济活动规模扩大，经济规模的扩大必然会增加对生产要素的投入量。如果生产技术水平没有改进，资源的使用效率维持在原有水平，在没有有效的环境政策和法规的监督下，自然资源的使用量和污染排放量增加。同时，国际贸易带来的大规模跨国运输还会恶化整体环境质量。这样，由于长期不能将环境成本内在化、不能正确估价生态系统以及不能界定和分配产权等原因，国际贸易带来的市场扩张和经济增长会造成稀有自然资源的进一步退化和更快衰竭，国际贸易对环境产生负的规模效应，即在市场失灵和政府干预失灵的情况下，贸易所推动的增长对环境会产生负的规模效应，导致经济不能持续发展。典型的市场失灵包括环境成本外部化、生态系统估值不当、产权界定模糊等，比如：①环境成本外部化是指产品或服务的生产和消费的环境成本由他人承担而又未通过市场得到补偿，即私人成本和社会成本存在差异。如在菲律宾，如果考虑林木再植、森林耗竭及间接影响的社会成本，那么开采长龄木的社会收益为负值，估计为每公顷130～1 175美元。②生态系统估值不当。环境资产的总体经济价值可分为：直接使用价值、间接使用价值、存在价值和选择价值，但人们估值时往往只计前两者而忽视后两者，因而导致了生态系统价值被低估。③产权界定模糊。当环境资产产权界定模糊以致很难制定和实施监控其使用的制度时，许多公共资源被过度开发，例如，“公地的悲剧”就是由此造成的。

尤其是当政府政策的干预没能纠正甚至反而造成市场失灵加剧时，这种干预的无效性就会产生干预失灵。典型的干预失灵是出口补贴和贸易壁垒。如自由贸易论者和环境保护主义者都认为政府的某些干预如补贴带来的价格扭曲是能源、农业、渔业和纺织业等行业自然资源过度开发和利用的一个重要原因。最具说服力的研究个案是巴西20世纪80年代以前对森林转成牧场进行补贴，鼓励国内木材加工业，从而提高了森林采伐量，导致大量原始森林被毁，生态遭到严重破坏。可见政府干预失灵的后果是扭曲了充满竞争性的交易领域，产生了环境的负效应。

需要注意的是，即使国际贸易自由化的全球净环境规模效应是正效应，也并不意味着每一地区的环境规模效应都是正面的。发展中国家在环境成本内在化、估价自然生态系统及界定和分配产权上明显落后于发达国家。此外，发展中国家的收入水平偏低，负面的规模效应十分明显，更重要的是这些国家的人口增长速度过快，相当多国家的国民收入增长慢于人口增长，人均收入反而下降，结果正的规模效应多半发挥不了太大的作用。相反，在发达国家，有限的规模负效应为正效应所抵消。正是由于这种不对称性，通过贸易自由化，发达国家环境得到更大程度的改善，而发展中国家处于环境恶化之中，即环境收益更多地在发达国家，环境成本更多地在发展中国家。因此，贸易和贸易自由化过程必须考虑到发展中国家的切实利益。

（2）结构效应

国际贸易的结构效应是指国际贸易会影响商品和服务的价格，进而使一国的产业结构更加适应其比较优势，各部门之间的比例发生变化。根据李嘉图的比较优势理论，参与贸易的国家会趋向于在自己具有比较优势的部门进行生产。因此，在没有市场失灵和政策失灵的条件下，自由贸易有利于提高全球资源的使用效率。正如经济合作与发展组织的分析：“贸易自由化给环境带来的主要益处是取消畸形贸易政策后产生的正结构效益。贸易自由化可以减少或消除许多目前加剧了环境问题的政策干预，这些干预对生产和消费的分布和加强产生扭曲作用。更自由的贸易通过取消补贴、关税和非关税壁垒，还可以重新分布全球生产，让一些国家增加而另一些国家减少不同产品的产量。它允许国家更加侧重于各自享有有竞争优势的行业（包括环境禀赋所带来的优势）。”

但是，在市场失灵和政策失灵的条件下，生产方式可能并不反映甚至掩盖一国的自然禀赋，在某些国家，生产活动超出了环境的承载能力，而在另一些国家，资源得不到充分的利用。这种情况下的国际贸易会导致更严重的环境退化。此外，贸易通过影响经济结构，会导致全球范围内污染产业的重新布局，从而对环境产生影响。当一国国内环境标准比较高时，该国可能在污染性产业产品的生产上具有比较劣势，在相对清洁产业产品的生产上具有比较优势，此时国际贸易会使得该国出口相对清洁行业的产品，进口污染性产业的产品，因此国际贸易给该国环境带来的结构效应为正；反之，则为负。依此分析，贸易在对污染进行重新布局时，将污染问题从清洁产业具有比较优势的国家转移到污染产业具有比较优势的国家。

因此，贸易结构效应对环境的影响是不确定的。一般说来，结构效应对发达国家的环境影响为正；由于对环境资源的定价和环境管理存在问题，发展中国家更多地表现为负面的结构效应。

专栏 2-1 贸易对发展中国家的负结构效应

目前，部分自然资源产品的贸易对发展中国家环境的负面影响不容忽视。例如，工业化国家大量进口热带森林产品，这种进口会对出口国起到鼓励其砍伐森林资源，而不是开发其他出口资源的目的。这样造成了进口国以其他国家的不可持续发展为代价，来保证自己的可持续发展。发展中国家为求当前的经济增长，不得已以牺牲本国的长远利益为代价，导致环境不断恶化。比如，世界木薯贸易、硬木贸易、牛肉贸易等，在一些发展中国家造成了森林、草原、牧场等环境退化问题。

巴西就是一个典型的例子。以前巴西南部的农民主要从事园艺和水果生产，产品供应国内市场。20 世纪 70 年代政府大力推行自由贸易政策，外资大量涌入，结果改变了农民的生产方式，他们大量施用农药化肥和用农业机械来种植专供出口的大豆。出口贸易改变了生产条件，增加了农业收入，但随着产量的增加，价格下跌及农药和化肥过量施用，使土壤肥力下降，结果数以千计的农民破产，被迫进入亚马孙森林腹地靠毁林谋生。国际贸易的开展不仅没有促进当地经济的发展，反而导致农民背井离乡，水源被污染，热带雨林和土壤肥力遭到破坏。

资料来源：戴桂林，王雪．如何实现环境保护与贸易自由化的协调发展［J］．商业研究，2005（17）：34-36.

（3）技术效应

贸易对环境影响的技术效应是指随着人均收入水平的提高，生产单位产品所造成的环境污染程度降低。贸易自由化扩大了市场，加强了专业化分工，为形成规模经济提供了条件。规模经济可以降低单位产出的要素投入，提高要素使用效率，从而降低单位产品的污染量。随着专业化分工的深化和国际商品流动的增加，商品流动产生的技术溢出效应非常显著。从这个意义上说，贸易自由化产生的技术转移和溢出效应对环境的影响是积极的。

也有经济学家认为，如果对环境质量需求的增长超过同比例的收入增长，则技术效应抵消规模效应在理论上是可能的。然而，技术效应不可能在南方国家同时抵消规模效应和负的结构效应，因为更为宽松的环境标准使得南方国家在污染产业上具有比较优势。结论是贸易自由化将缓和北方国家的环境污染问题，而恶化南方国家的环境。[18]

总之，贸易活动对环境的影响是上述三种效应之和，贸易通过对一国的收入增长、产业结构变动和技术进步产生重要影响，从而间接影响一国的环境水平。

3.五效应说

在国际贸易理论的不断发展过程中，人们对国际贸易的环境效应进行了广泛探讨，普遍认可的是国际贸易主要通过商品效应、规模效应、结构效应、技术效应和规则效应来影响环境。

商品效应是指国际贸易通过具有环境影响的商品和服务的国际交换来影响环境，如果用于交换的商品有助于环境保护，或者是另一种对环境有害商品的替代物，那么贸易对环境是有利的；反之，则是有害的。贸易为那些解决特定问题的环境设备、技术和服务在全球扩散提供了机会，这个市场的环境设备和服务包括水处理装置、废物管理、大气质量监控、土地整治和降低噪声等。其中，环境服务业平均每年以8%的速度增长，远远超过整个国民生产总值年仅2%～3%的增长率。就服务市场来看，固体废弃物管理和水处理服务占环境服务的主要部分。但在不同国家情况不一样。例如，美国最重要的项目是固体废物管理，在日本则是空气污染控制。全球环境服务市场主要集中在美国、西欧和日本。1996年这三个国家和地区的市场总额占全球市场总额的87%。因此，贸易扩展了那些对环境有益的技术生产的产品市场构成，也孕育了对环境有益的投入品的贸易，因此提高了生产国和消费国的环境保护水平。

当然，贸易也会通过一些对生态系统有直接危害的商品在国家间的运输和交换而产生负的商品效应，如含农药或污染物的农产品以及用不可降解或不可回收材料包装的商品。又如，象牙产品及一些尊贵鸟类产品会通过非法的国际市场进行交易，直接导致了这些生物物种的灭绝。即使是危险废物之类的贸易，由于背后高额利润的驱使和发展中国家的环境标准较低且执行不力，也往往是屡禁不止。国际贸易会使得全球生态失衡加剧，污染在国家间转移，进一步导致全球环境恶化。

规则效应是指贸易会影响环境政策和环境标准的制定和实施，从而影响环境。近年来，随着国际贸易竞争不断加剧以及环境浪潮的兴起，国际上与贸易有关的环境措施也在不断地发展，环境标准日趋严格，影响范围不断扩大，并进一步迫使发展中国家适应或趋同它们的规则，从而影响了环境。1995年，美国食品和药品监督管理局（FDA）颁布的《加工和进口水产品安全卫生程序》规定，对出口到美国的水产品、肉类和乳制品，其生产加工企业都必须实施HACCP（危害分析和关键点控制）管理，并经美国官方机构注册。据不完全统计，仅2002—2003年，欧盟新颁布或新修订的涉及有关环境要求的法规和标准多达十余项，主要涉及机电产品、纺织品及服装产品、食品、农产品、水产品、化工产品、包装容器及材料等。

专栏 2-2 贸易影响环境的规则效应

贸易对环境的最终影响应该是综合的，表现在环境政策变化影响贸易规则变化，即贸易影响环境政策和环境标准的制定和实施，从而影响环境，反作用于贸易规则，这就是贸易影响环境的规则效应。

进入21世纪以来，随着国际贸易竞争不断加剧以及环保要求的日益提高，国际上与贸易有关的环境措施有了较快发展，环境标准日趋严格，尤其以欧盟、美国、日本为代表。发达国家的与贸易有关的环境规则对世界起着引领作用，并进一步迫使发展中国家逐渐适应或趋同它们的规则，从而影响世界环境。欧盟、美国、日本等发达国家出台的与环境有关的贸易规则呈现以下特点：

（1）频繁出台和修订与环境相关的法律和法规，扩大管制范围。从欧盟、美国、日本颁布的与环境相关的法规和标准情况看，许多法规和标准是20世纪90年代末期以及2000年以后新颁布或新修订的，这些新的法规和标准普遍比原法规和标准严格，涉及的法规更广。

（2）贸易规则中不断增加环境检测项目，提高标准水平。近年来，发达国家纷纷增加检测项目和改变检测标准。2001年，欧盟对中国茶叶的农药残留检测项目，从原来的6项增加到62项，检测方法由原来对茶汤进行检测改为对茶叶进行检测。

（3）预防性原则越来越多地被用于环境法规中。预防性原则是指可以采取一切有效措施防止重大环境和安全问题出现，即使没有足够的科学证据，这些措施的实施也是合理的。欧盟从 2000 年起连续公布了 3 份报告：《综合产品政策绿皮书》《新化学品战略》《食品安全白皮书》。这些报告都提出要对其现行法规进行调整，完善管理制度体系，要将预防性原则作为一项正式政策纳入其法规中加以实施，并将法规的控制范围扩大至产品的整个生命周期。

（4）生产工艺过程与方法（Product and Process Methods，PPMs）规则使得环境控制措施扩展到产品生命周期的整个过程。PPMs 规定产品特征或其相关加工与生产的方法。欧盟的上述 3 份报告以及新出台的许多与环境有关的法律和法规都从 PPMs 的角度对产品生命周期提出限制要求。

贸易的规则效应既涉及贸易规则，也涉及环境规则。正是由于对“底线赛跑”和“污染避难所”的担心，在欧盟和北美自由贸易区，主张贸易和环境政策和谐化的呼声目前变得越来越高。NAFTA 的环境协定开创了区域贸易协定中涉及环境问题的先河，此后越来越多的贸易协定涉及了环境问题。

资料来源：俞海山. 国际贸易环境影响效应分析［J］. 经济理论与经济管理，2006（8）：71-75.

（二）南北贸易模型

1.Copeland 和 Taylor 模型

（1）假设污染是局部的

Copeland 和 Taylor（1994）提出了以局部污染为前提的南北贸易模型。[19] 首先，假设两种类型国家——发达国家和发展中国家，分别用北方和南方代表，自由贸易在南北之间进行。其次，论证了南北贸易的规模效应与技术效应的关系。从规模效应角度看，由于贸易扩张的经济活动对环境是不利的，但是贸易导致的收入增加提高了支付控制污染成本和清洁产品的意愿，政府将提高污染税，而企业为了适应消费者需求，会采取消除污染的措施和技术，因而从技术效应角度看，单位产品造成的平均污染水平最终会下降。因此，理论上看，贸易的技术效应会超过规模效应，可以抵消对环境带来的损害。但对于南方国家而言，由于存在宽松的环境标准，污染产业在南方具有比较优势，因此技术效应对环境的正效应不会抵消规模效应给环境带来的破坏。最后，得出另一个结论：如果南方与北方国家之间贸易平衡增长，则不会增加世界环境的总污染程度。但如果贸易增长不平衡，北方国家较南方国家增长快，双方关于排污的标准的差距就会加大，造成北方国家污染产业规模缩小而南方国家加大，结果是由于单位产品的平均污染水平提高，世界总体环境污染程度也增强了。如果南方国家贸易带来的收入增长超过北方国家，情况正好相反，世界环境总体水平将趋于好转。因此，贸易自由化可以促进南北收入差距缩小，有助于解决全球环境污染问题。由于开放经济比封闭经济增长快，发展中国家关税壁垒程度总体比发达国家高，因此进一步降低关税壁垒，促进贸易自由化有利于全球环境的改善。[20]

（2）假设污染是全球性的

Copeland 和 Taylor（1995）在另一篇文章中假设污染不再是局部的，而是全球性的，研究国民收入和国际贸易对全球污染物排放的影响。国家对污染治理的措施是发放排放许可证，并允许许可证交易。[21] 南方和北方国家贸易的结构效应是北方国家清洁工业增加，而南方国家污染产业规模扩大。由于污染水平较低的产业对许可证的需求不旺盛，因此北方国家许可证市场价格下降，而南方国家价格上升。北方国家的反应是减少许可证的发放，以减少对全球环境的影响；南方国家为了适应产业结构的变化，将增加排放许可证的数量。除非南北双方增加和收回的数量能100%完全抵消，否则贸易自由化将会导致全球环境质量的恶化。[20]

总的来看，Copeland和Taylor研究结果表明：第一，如果不同国家的收入水平相差很大，贸易自由化会加剧全球污染物排放；第二，如果国际贸易使得要素价格趋同，劳动-资本比重较高的国家的福利水平会受到损失，而劳动-资本比重较低的国家的福利水平将会上升；第三，发放国际污染物排放交易许可证将会降低全球污染排放水平，即使在政府不限制许可证供给的情况下；第四，国际收入转移可能不会对全球污染物排放或者全球福利水平产生显著的影响；第五，即使部分国家想通过放宽环境规制强度的途径改变贸易流向，从而促进该国的经济增长，但是在全球范围内，污染物排放水平并不会发生变化。

（3）多国贸易模型

除了上述基于两国南北贸易框架下的理论研究以外，Copeland和Taylor（2005）将两国南北贸易理论模型拓展为多国贸易模型。[22] 他们的研究结果表明，在开放经济的条件下，相对富有的北方国家污染物排放水平的下降，可以促进相对贫穷的南方国家污染物排放水平的下降；如果不同国家之间可以使用国际污染物排放交易许可证，那么所有国家的社会福利都会下降，全球排放总量将上升。基于多国贸易模型研究所得出的结论与基于两国南北贸易模型研究（Copeland & Taylor，1995）所得出的结论相反，这个研究结果对当时正在修订中的《京都议定书》具有一定的借鉴意义。

2.Chichilnisky模型

Chichilnisky（1994）讨论了当产权界定不明时，自由贸易对资源和环境的影响。经济增长是产权制度、分工与专业化、交易、技术进步以及劳动力素质等多种因素综合作用的结果。[23] 在无法签订完全契约时，产权的归属不同就会产生不同的效率，产权是实行经济激励的基础。相对于北方国家，南方国家对于自然资源产权的界定是不明晰的。基本假设是一国（南方国家）没有良好产权制度，而另一国（北方国家）有良好的产权制度。假设贸易在技术、自然资源禀赋和偏好相同的国家间进行，产权不明确的一方，任何人都可以随意使用自然环境资源，资源密集型产品出口增加，因此南方国家在资源密集型产品方面具有出口比较优势，但此比较优势不是真正的比较优势，是表面的。尤其是当这种产品的国际市场需求加大时，就会导致资源的过度开发和利用，造成环境恶化的局面。而北方国家无外部性问题，从贸易中获利。Chichilnisky的分析得出如下两个结果：

一是不同国家的所有权差异足以形成南北之间的贸易。没有明确环境产权的国家已经过度将环境资源作为生产要素使用了，与明确环境资源产权国家的贸易将加重这种过度使用，使当前的不合理配置情况更糟糕。虽然贸易使产品和生产要素价格趋于一致，但并没有改善资源配置，导致世界经济中，环境资源价格被低估，南部过度生产，北部过度消费。因此，造成全球环境恶化的根源不是国际贸易，而是不完善的产权制度和对资源的过度开发，南北间的贸易行为加剧了对环境的扭曲作用。这个结论是很重要的，因为发展中国家的环境资源是未明确的公共产权，比如热带雨林用于木材出口或为了给生产让路而被砍伐，商品作物（Cash Crops）如咖啡、糖和棕榈油的出口等。[20]

二是传统的为解决这一公共资源问题的政策可能是不起作用的，可能使情况更糟。劳动力是南方国家提取环境资源唯一使用的要素，对使用环境资源征税不可能阻止过度使用问题，征税使低收入劳动者更努力工作，从而使用更多资源，以维持税前的消费水平，结果是征税导致更多而不是更少地使用资源。因此，为了纠正南方国家对自然资源和环境资源的过度使用，她认为实施产权制度要优于征收环境税。

Ritchie也认为由于产权问题，贸易可能会使发展中国家环境恶化。这个结论的前提是各国的比较优势取决于不同的资源管理制度和环境标准，而这又与各国人均收入差异有关。一般地，发达国家具有比较完善的资源管理体制、产权制度以及严格的环境标准；如果按照这种贸易方式，贸易自由化将导致发达国家的环境条件改善，而发展中国家的环境恶化。因此，贸易自由化的进程需要有多边环境措施来保护全球环境。Brander和Taylor（1997）允许环境作为可再生资源，扩展了南北模型。假设采用线性技术，生产两种产品，一种密集使用劳动作为生产投入，另一种使用劳动和环境作为生产投入。南方过度使用环境投入，再生资源具有再生能力，是存量的函数。常用的增长函数是倒U形，这意味着在贸易模型中，当存量高时（相当于资源产品价格低时），附加的投入会增加可再生资源的产出。[24] 在一定临界值后，南方稳态资源产品产出会下降。这样，当南方资源耗尽从而价格高时，Chichilnisky的结论发生了变化。上述南北贸易模型由于前提假设不尽相同，因此结论也存在差异。贸易产生的收入效应和技术效应对环境产生的正面影响和规模效应产生的负面影响很难区分和测度，模型分析的结果是一种马太效应，即随着贸易的增加，富国的环境变得更清洁，穷国的环境变得更肮脏，但是很难明确贸易自由化与全球环境恶化和污染增加之间的关系。[20]

3.其他贸易模型

Shapiro（2016）构建了一个理论模型，研究国际贸易对CO_2排放的影响。该研究最大的创新之处在于：着重探讨运输过程中产生的污染物排放，有别于大部分基于制造业污染物排放的研究文献。[25] 该研究的主要内容包括两个部分：第一个部分是在封闭式经济环境（即不存在国际贸易）条件下，研究各国以及全球社会福利水平的变化趋势；第二个部分研究加强碳排放规制强度对运输过程中产生的污染物排放的影响，同时分析对各国以及全球社会福利水平的影响。该论文的研究结果表明：第一，虽然国际贸易增加了5%的CO_2排放，但是国际贸易所带来的收益超过国际贸易所造成的环境成本损失；第二，如果对运输中所产生的CO_2排放征税，那么这个政策将会提高全球福利水平以及实施该政策的地区的GDP，但是会损害相对比较贫困国家的社会福利水平。

二、微观层面的理论研究

早期有关国际贸易和环境的理论研究基本上都是基于宏观层面的视角，现在越来越多的专家和学者开始关注微观层面（企业层面或者企业-产品层面）。这些微观企业层面的理论研究基本上都是基于Melitz（2003）模型，在模型构建中加入环境因素，多分析国际贸易和污染物排放之间的关系。[26]

Melitz（2003）理论模型考虑不可观测的企业异质性等因素，研究贸易自由化对企业决策的影响。研究结果表明：国际贸易在决定企业异质性等方面起着非常重要的作用。当贸易自由化程度很高时，行业结构就会产生再分配效应，进而提高行业内部的生产效率，从而促使企业重新决定是否出口以及是否采用更新的生产技术。

微观层面的理论研究的研究框架和宏观层面的理论研究相似，但是侧重于探讨企业的出口决策对企业排放强度以及产品结构的影响，主要分为两个研究方向：第一个研究方向是从企业层面的角度研究企业的出口决策是否会降低企业的排放强度，即探讨出口的技术效应；第二个研究方向是从企业层面的角度研究企业的出口决策是否会影响企业产品生产的结构，即探讨出口的结构效应。

（一）出口的技术效应

研究企业出口的技术效应的文献主要分析企业的出口决策对企业排放强度的影响。在 Melitz（2003）模型的基础上，Forslid 等（2011）构建了一个异质性企业贸易模型，研究在贸易自由化的背景下，企业的出口决策对污染物排放的影响。[27] 在异质性模型中，企业可以自主决定是否投资减排技术，即生产率、企业的出口决策以及减排技术投资都是由企业内生决定的。最后在理论模型的基础上，使用瑞典微观企业层面的数据进行实证检验。研究结果表明：第一，企业生产规模越大，就越有能力和激励承担减排技术投资的固定成本，从而降低企业排放强度；第二，企业生产率、出口决策都和企业减排技术的投资总额呈正向相关关系，而企业排放强度和企业生产率、出口决策呈负向相关关系。

和 Forslid 等（2011）的研究相类似，Rikard 等（2018）构建了一个理论模型，分析环境税降低对出口企业排放强度的影响。[28] 作者在理论模型中提出了一个重要的假设，就是企业通过投资实现减排目标，即企业内生决定是否需要减排。企业减排的投资总额由企业生产总额决定，只有生产规模较大的企业才有足够的能力承担减排投资所需要支付的巨大的固定成本。最后，使用瑞典企业层面的数据检验理论模型的结论，结果表明：第一，企业的减排投资总额由企业生产规模决定，企业生产率越高，企业生产产出越高，排放强度越低；第二，企业的出口决策增加企业的生产规模，降低企业的排放强度；第三，国际贸易对污染排放的影响是中性的，如果两个贸易国家的禀赋条件是相同的，那么贸易自由化不会影响两个国家的排放总量。

（二）出口的结构效应

关于研究企业出口的结构效应的文献主要分为两类：第一类主要探讨行业内企业层面结构的调整，第二类主要探讨企业内产品结构的调整。Kreickemeier 和 Richter（2014）在 Melitz（2003）模型的基础上加入了环境因素，研究贸易自由化对行业内部企业结构的影响，进而探讨对企业污染物排放的影响。研究结果表明：在加入对异质性企业因素的考虑之后，生产率较高的企业生产规模较大，从而促使行业内企业的结构发生转变，即产生了再分配效应，进而改变了企业的排放总量。[29] 研究企业内产品结构的调整主要分为两类：第一类是企业调整不同产品的生产比例，进而改变了企业的平均排放强度，但是技术水平没有发生变化；第二类是出口企业将部分产品的生产外包到海外（即离岸外包），进而降低了排放总量，但是排放强度没有发生变化。

1. 贸易自由化对企业内部产品结构的影响

Barrows 和 Ollivier（2014）将企业的出口决策对 CO_2 排放强度的作用机制分为价格效应、产品结构效应和技术效应，基于印度微观企业-产品层面的制造业数据，分别使用理论模型和实证模型研究企业出口决策对 CO_2 排放强度的影响，并且使用外贸伙伴的进口需求冲击分别检验上述三个效应。研究结果表明：第一，产品价格普遍低估了排放强度（此处提到的排放强度是以价值来衡量的，即排放强度=排放量/增加值)；第二，企业可以通过调整不同产品间产出数量的比例来改变排放强度（此处提到的排放强度是以数量来衡量的，即排放强度=排放量/产出数量)，但是调整不同产品间产出数量的比例无法改变排放强度，即技术效应不会发生变化。[30]

2.引入离岸外包的概念

Cole等（2014）发现提供离岸外包的企业数目正在急剧上升，因此，引发了企业是否将污染排放较高的生产外包到海外的讨论，构建了一个理论模型，模型中包括了国际环境外包因素，利用日本微观企业-产品层面的数据，控制了企业生产规模、生产率、运输成本以及环境规制强度等因素，研究企业的出口决策是否对企业生产结构具有显著的影响。该论文的研究结果表明：日本企业确实存在环境离岸外包的现象。[31]

（三）在模型中加入环境规制等约束性条件

除去上述研究国际贸易对企业污染物排放影响的文献，近期部分学者从另外一个角度探讨国际贸易对污染物排放的影响。大部分学者喜欢在模型中加入环境规制等约束性条件，进一步研究企业的出口决策对企业污染物排放的影响。Shapiro和Walker（2015）具体探讨了导致美国制造业企业污染物排放下降的四个因素，分别为国际贸易、环境规制强度、企业生产率以及消费者偏好。[32]其在Melitz（2003）模型的基础上加入了污染物排放参数，利用数值模拟方法，研究这四个因素对企业污染物排放的影响。他们的研究结果表明：在四个因素当中，环境规制强度是导致制造业企业排放总量下降的主要因素，至少可以解释制造业排放总量下降的75%。[26]

Barrows和Ollivier（2018）构建了一个多产品多要素的理论模型，模型中假设不同产品的排放强度存在差异，分别探讨异质性企业、可变产出份额以及垄断性竞争等因素对企业污染物排放的影响。[33]在理论模型的基础上，使用印度企业-产品层面的CO_2排放强度数据进一步检验理论模型的结论，分析企业竞争对企业CO_2排放强度的影响，结果表明：第一，企业竞争会影响不同异质性企业以及不同异质性产品之间的产出结构；第二，企业竞争促使生产向更加清洁的企业或者产品方向转移；第三，因为企业排放强度受到产品结构和技术效应的双向影响，因此无法确定企业竞争对企业排放强度的影响；第四，使用印度微观企业-产品层面CO_2排放强度的数据，发现印度的核心产品比非核心产品更加清洁。

第三节 贸易与环境问题的深入探讨

一、环境库兹涅茨曲线与国际贸易

（一）环境库兹涅茨曲线理论概述

1.环境库兹涅茨曲线理论的产生

1955年，诺贝尔经济学奖得主西蒙·库兹涅茨（Simon Kruznets）提出了著名的人均收入水平与分配公平程度之间呈倒U形关系的假说，即库兹涅茨曲线假说。库兹涅茨曲线的逻辑含义在于，它说明在事情变好之前可能不得不经历一个更糟糕的过程。环境库兹涅茨曲线就是受到库兹涅茨收入分配曲线的启示而提出的。该曲线的含义是：当一个国家经济发展水平较低的时候，环境污染的程度较轻，但是随着人均收入的增加，环境污染由低趋高，环境恶化程度随经济的增长而加剧；当经济发展达到一定水平后，也就是说，到达某个临界点或称“拐点”以后，随着人均收入的进一步增加，环境污染又由高趋低，其环境污染的程度逐渐减缓，环境质量逐渐得到改善，这种现象被称为环境库兹涅茨曲线。

1991年，美国经济学家Grossman和Krueger针对北美自由贸易区谈判中美国人担心自由贸易恶化墨西哥环境并影响美国本土环境的问题，首次实证研究了环境质量与人均收入之间的关系，指出了污染与人均收入间的关系为“污染在低收入水平上随人均GDP增加而上升，在高收入水平上随GDP增长而下降”。他们利用包含时间趋势、人口密度和地理位置等解释变量的简化方程分析，发现人均收入和环境退化（主要是指SO_2）之间基本上存在一个倒U形关系：在一国经济发展初期，污染水平会随着经济增长和收入提高而增加，当人均收入增长到一定水平后（达到4 000~5 000美元时）出现转折点，环境问题逐渐得到改善。

1992年，世界银行的《世界发展报告》以“发展与环境”为主题，扩大了环境质量与收入关系研究的影响。1993年，潘那约托（Panayotou）借用1955年库兹涅茨界定的人均收入与收入不均等之间的倒U形曲线，首次将这种环境质量与人均收入间的关系称为环境库兹涅茨曲线（Environmental Kuznets Curve，EKC）。Grossman和Krueger（1993）提出贸易壁垒下降会对环境污染产生显著的影响，主要通过规模扩张、结构改变以及技术改变这三个途径实现。[34] 基于42个国家-城市的横截面数据，使用3种空气污染物的污染浓度数据，研究空气质量和经济增长之间的关系，研究结果表明：其中有两种污染物的污染浓度和人均GDP的关系呈现倒U形关系，即当国民收入水平较低时，污染浓度随着人均GDP的增加而增加，但是当国民收入水平达到一个临界点时，污染浓度随着人均GDP的上升而下降。这一曲线形式在后来的文献中经常被用来研究和讨论，被称为环境库兹涅茨曲线。环境库兹涅茨曲线揭示出环境质量开始随着收入增加而退化，收入水平上升到一定程度后随收入增加而改善，即环境质量与收入为倒U形关系，如图2-2所示。

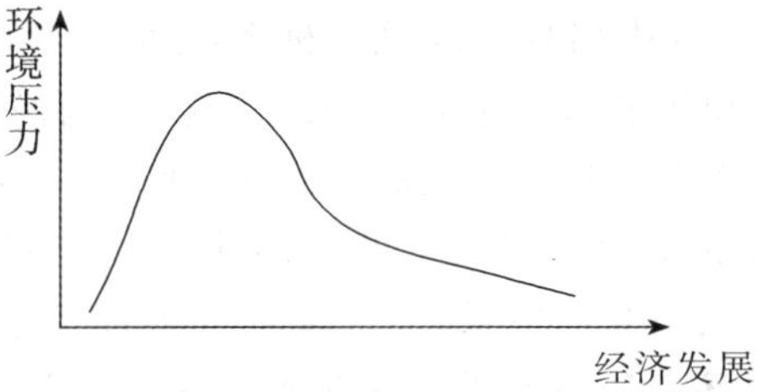

图2-2　环境库兹涅茨曲线

2.环境库兹涅茨曲线四种状态[35]

随着大量对环境压力指标和经济增长指标（收入）之间关系的实证研究的进行，逐渐出现了环境库兹涅茨曲线的变化，主要有四种形态，即倒U形、同步、U形和N形（如图2-3所示）。

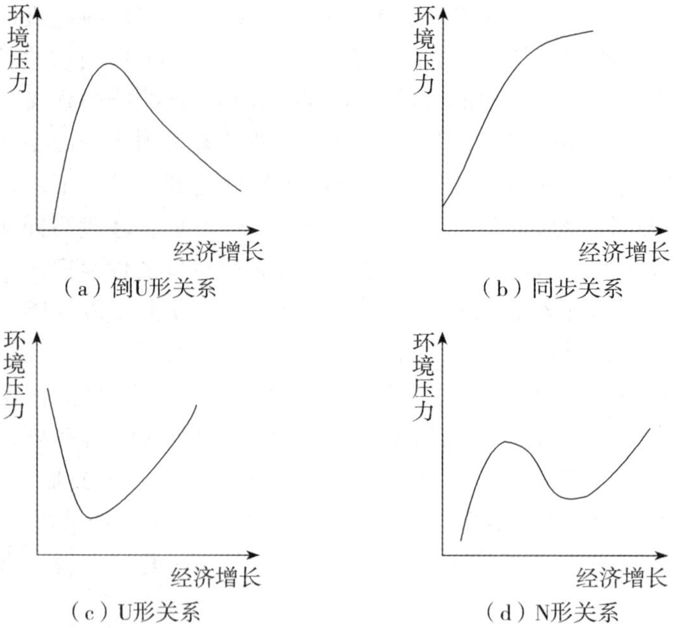

图2-3 环境压力和经济增长关系的4种形态

（1）倒U形关系。这是环境库兹涅茨曲线的基本形态，其存在的原因主要有：经济快速起飞时期，污染不可避免。经济发展中等发达阶段，技术进步和产业结构调整优化，环境逐步改善，使环境压力在高收入时减小。①经济发展高度发达阶段，清洁环保技术运用形成规模效应，环境污染将出现拐点。当清洁环保技术出现规模经济时，规模效应导致使用环保技术的成本下降，环境改善的成本降低。收入达到一定水平后污染会降低，原因就在于经济增长使得越来越多的工业可能负担安置环保设备的成本。

（2）同步关系。在一些EKC实证研究中，并没有出现转折点，环境压力是随经济发展同步增加的。研究者认为，经济发展只能带来环境压力，不能解决环境问题。当然也出现这种情况：有学者在实证研究中发现转折点超出收入数据范围或者没有出现转折点。研究者认为EKC假说只适用于单个国家的环境压力指标，不适用于全球环境指标。在分析单个国家的环境指标时很容易找到EKC存在的证据。而在分析全球环境指标时，一般会出现这种同步关系。

（3）U形关系。在实证研究中出现了环境指标随收入的增加先下降到一定水平而后逐渐升高的情况，即环境压力和经济增长呈U形关系。这是一种特殊的关系，特殊的理论解释主要有：以造林和森林采伐作为环境压力指标研究EKC时，发现两种指标都与收入呈U形关系；在发展中国家，以家庭生产和消费模式（原料的消耗）作为环境压力指标研究EKC时，发现这种指标和收入呈U形关系；以SO_2浓度为环境退化指标研究EKC时，发现SO_2浓度与收入呈U形关系；环境质量与总要素生产力呈U形关系。

（4）N形关系。环境压力和经济增长呈N形关系，是“重组假说”所描述的情况。重组假说认为环境压力和经济增长分离状态不会长期持续下去，经济发展达到一定水平后会重新组合。环境压力和经济增长之间的关系，从长期来看呈现一种N形关系，而不是倒U

① PASCHE M. Technical progress, structural change, and the environmental Kuznets curve [J]. Ecological Economies, 2002, 42 (2): 381-389.

形关系。

但是，关于环境库兹涅茨曲线也有批评的声音。H-O理论认为发展中国家专门生产其丰裕要素（劳动与自然资源）密集的产品，发达国家专门生产人力资本与物质资本密集的产品，即发展中国家集中生产污染密集型产品和初级产品，而发达国家专门生产清洁产品和服务密集型产品。但一些资料表明，发达国家污染密集型生产下降的同时，其污染密集型产品的消费并未同幅下降，说明发达国家生产结构的变化与消费结构的变化并非同步，发达国家环境改善和中低等收入国家环境恶化部分反映了这种国际分工。在特定条件下，污染密集型工业从环境标准高的发达国家向环境标准低的发展中国家转移，后者成为“污染避难所”，促成了前者在收入上升过程中改善环境质量。当今的发展中国家在收入提高的过程中，无法如发达国家那样从其他国家进口资源密集型和污染密集型产品，在强化其环境规制时，也无法将污染产业转移出去，将面临严峻的污染挑战，难以在收入水平提高后改善环境。因此，世界范围的污染并非下降了，只是转移了。如果在此基础上运用EKC解释现实，针对污染结构的变化，避免仅考察单一污染物，应建立污染物指标体系，以综合考察所有污染物的变动轨迹；针对发达国家与发展中国家的差异，以发展中国家为重点研究对象，考察发展中国家环境-收入关系的核心影响因子，而EKC并没有做到这一点。

也有研究者认为EKC研究过于表面化，对经济实质和制度问题研究不够。经济发展涉及人口、经济规模、经济结构、技术水平、贸易、政治体制、政策变化等众多因素。同时，环境质量除了受经济活动直接影响外，还受到公民环境意识、环境教育、消费观念、文化传统等因素的间接影响。这些都表明经济增长与环境之间的关系是非常复杂的，简单地用收入水平去解释环境质量的变化是太过草率的。即使环境质量与经济增长存在某种关系（比如倒U形关系），它向我们表明的只是一种既成的事后结果，并没有揭示这种关系背后的作用机制，经济与环境之间的关系依然处于“黑箱”①状态。显然，剖开“黑箱”去探寻EKC曲线背后的作用机制才是更重要、更有实践意义的工作，至于EKC到底呈现什么形状不是问题的关键。当前太多的力量集中于研究EKC具体呈现出什么形状，而较少放在研究EKC的生成机理上。[36]

3.环境库兹涅茨曲线的改进

环境库兹涅茨曲线的提出引起了诸多学者从实证层面加以验证。很多实证研究都表明了环境质量与人均收入之间确实存在倒U形关系，尤其是空气污染和水质污染在人均收入达到5 000 ~ 8 000美元时开始减弱，但同时存在一些反面的证据。

需要指出的是，环境库兹涅茨曲线的模式不是一成不变的。相关的研究表明：在相同的经济水平下，不同时点的环境恶化的峰值不同。这就启示我们，后发展的国家可以吸取和借鉴发达国家的经验教训和环保技术来治理和控制环境恶化，尽量避免那种“先污染后治理”的传统发展方式，使得突兀的倒U形曲线改变为扁平的倒U形曲线（如图2-4中U_1移动到U_2），同时可以借助各种政策措施，促使环境质量在较低的收入水平提前发生转变（如图2-4中I_1移动到I_2）。如果能够积极地协调好经济与环境的关系，那么环境倒U形曲线有可能在两个方向上同时发生变化：一是在纵轴方向上，环境恶化水平较传统模式有所

① MFA通常把经济系统当作“黑箱”，分析其物质吞吐量。物质流核算与分析（Material Flow Accounting and Analysis）是物质流分析的主要方法。

下降；二是在横轴方向上，环境质量转变的收入水平有所提前。

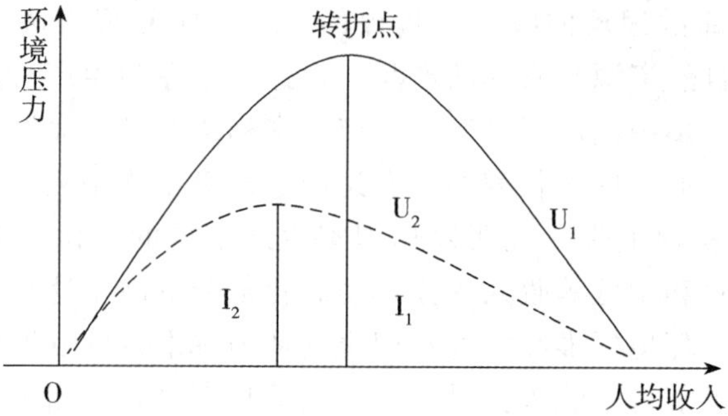

图 2-4 环境库兹涅茨曲线的改进

（二）环境库兹涅茨曲线的经济贸易影响因素

环境库兹涅茨曲线发展路径受到国际贸易的直接影响。贸易自由化改变着世界生产的模式，也间接改变着污染的方式。一些研究者认为国际贸易在EKC关系中起关键作用[37]，大体有两种观点。

一种观点认为，某些国家出现EKC的原因是通过进口污染工业产品减少了本国污染，向外转移了自己的环境压力。[38] Lopez[39]、Copeland和Taylor[40]等认为，污染会通过国际贸易和国际直接投资从高收入国家转移到低收入国家，使发达国家环境质量好转，使之进入倒U形曲线的下降段，同时造成发展中国家环境质量进一步恶化，而处于倒U形曲线的上升段。国际贸易直接影响一国的产业结构。影响产业结构变动的因素有很多，其中就有贸易自由化推动的专业化生产。从单个国家的角度来看，如果扩张的出口部门比萎缩的进口部门的平均污染水平要低，这个国家获得的收益就要多一些，污染要少一些。根据H-O贸易理论，国际贸易将直接影响国际分工，污染会出现跨境转移。自由贸易下相对不发达国家倾向于专业化生产劳动密集型产品和自然资源密集型产品，因为劳动力和自然资源是它们占优势的生产因素。这些生产大部分是污染严重的产业。而发达国家倾向于生产人力资本和生产资本占优势的产品，发展轻污染或无污染产业。也就说，国际贸易将引起污染工业在世界范围内的布局调整，使污染工业在最具有成本优势的国家进行生产。如发达国家由于收入提高和产业结构调整，对环境的要求越来越高，环境规则越来越严格，从事高污染工业的成本太高；发展中国家的收入较低，由于经济增长的压力，环境要求不是很严格，高污染工业在这些国家的排污治污成本低，于是这些工业逐渐从发达国家转移到发展中国家。所以，很多发达国家的高污染工业在萎缩，正在经历环境改善的转折点。

也就是说，发达国家通过贸易把环境压力和经济发展分离，将污染工业转移到相对发展水平低的国家，使本国出现环境质量改善的情况。尽管贸易双方都不希望增加环境污染，但贸易本身的确会增加相对不发达国家的环境压力。当然这对于发达国家来说环境压力是减少了，但是对于整个世界来说环境压力并没有减少，因为这些国家通过贸易把环境压力从一个地方转嫁给了另一个地方。[35]

另一种观点是贸易使“绿色”技术得到充分利用，使污染减少，环境质量总体改善。[41]各国都充分发挥技术优势，出口相对清洁技术产品，进口相对污染生产产品，使整个地球污染逐渐减少，环境质量总体提高。这就是贸易可以促进世界范围内的专业化分工的另一作用，即增加单个企业的生产规模，不仅导致生产规模经济，而且引起污染减轻的规模经济。如果没有贸易，单个国家的生产活动难于达到这种规模经济。可见，专业化和国际贸易也因此成为防治污染的方法之一。

（三）环境库兹涅茨曲线产生的原因

Sun Bo（2011）将产生环境库兹涅茨曲线的原因具体分成了四个。第一个原因是消费者收入水平越高，消费者对环境质量的要求以及环保产品的需求就越高。因此，政府会制定更加严格的环境政策，提高环境质量。Markandya等（2006）基于12个西欧国家超过150年的数据，检验人均GDP和硫排放之间是否存在倒U形关系，同时探讨空气污染规制是否会对环境库兹涅茨曲线的形状产生影响。结果表明：第一，存在环境库兹涅茨曲线；第二，环境规制会改变环境库兹涅茨曲线的形状以及峰值，但是峰值可能会向左移动，也有可能会向右移动。[42]

第二个原因是经济体的规模、结构和技术效应可能会产生环境库兹涅茨曲线。在人均收入水平较低时，规模效应是导致污染物排放变化的主要因素，污染物排放随着人均收入水平的增加而增加；当人均收入水平较高时，技术效应超过规模效应成为导致污染物排放变化的主要因素，污染物排放随着人均收入水平的增加而减少。Yin等（2015）在检验环境库兹涅茨曲线理论的基础上，使用面板数据，研究环境规制强度和技术进步对中国二氧化碳库兹涅茨曲线的作用，结果表明：第一，验证了中国二氧化碳排放存在环境库兹涅茨曲线现象；第二，环境规制强度会对二氧化碳库兹涅茨曲线产生显著的调节作用，环境规制强度越严格，二氧化碳排放出现拐点的时间就越早；第三，技术进步对二氧化碳排放具有长期的滞后作用，当二氧化碳排放处于增长阶段时，技术进步减缓二氧化碳的增长速度；当二氧化碳排放处于下降阶段时，技术进步加快二氧化碳的下降速度。[43]

第三个原因是国际贸易的影响。贸易自由化会扩张生产规模，促进技术进步，其中规模扩张会增加污染物排放，而技术进步会减少污染物排放。因此，人均收入水平和污染物排放呈倒U形的变化趋势。Cole（2004）研究污染天堂假说和国际贸易是否对环境库兹涅茨曲线的形状产生相应的影响，重点探讨国际贸易是否会促使污染密集型行业从发达地区转移到欠发达地区。[37] 为了检验环境库兹涅茨曲线假说是否成立，作者在模型中加入3个控制变量，分别是出口到非OECD国家的污染密集型产品占总出口的比重、从非OECD国家进口的污染密集型产品占总进口的比重以及贸易强度。该论文的研究结果表明：第一，国际贸易促使环境污染物排放下降；第二，存在污染天堂效应，但是和其他解释变量相比，污染天堂效应的作用效果较小。

第四个原因是FDI的作用。发展中国家可以通过降低环境政策标准吸引FDI，加剧了污染物排放，同时可以有效地提高发展中国家的技术水平，减少了污染排放。

（四）中国EKC特点及与贸易政策的关系

1.对中国EKC的判断

国内关于EKC的研究始于1999年，截至2012年，国内文献共有739篇。其中，2002—2012年10年间的研究文献为731篇，占总文献数的98.9%，说明中国关于EKC的研究主要是从2002年开始的。主要原因是2002年之后，中国在环境保护方面加大了力度，从而在环境与生态经济学方面开始得到更多的关注。在实证研究中，对中国EKC的描述是从“三废”和其他环境指标角度进行的，以倒U形曲线占大部分，同时还发现了倒N形、倒U形+正U形和凹形等；从其他指标分析其与经济发展关系的，出现了倒U形、倒U形+正U形等曲线。[44]但总的来看，环境质量与经济发展之间的倒U形关系已经得到广泛接受，而EKC假说也逐渐演变为分析经济活动对环境影响的一般范式。贾惠婷利用中国1997—2009年的省际面板数据，实证分析了CO_2排放总量与经济发展水平之间的关系，发现：（1）碳排放总量与人均GDP之间呈现明显的倒U形关系，EKC假说是成立的。（2）随着第三产业比重的增加，人均GDP对碳排放的总体影响会减弱，表现为环境库兹涅茨曲线向左下方移动。（3）能源效率的调节作用表现出显著的“反弹效应”特征，表现为随着能源效率的提高，环境库兹涅茨曲线向右上方移动。[45]

日本广岛大学教授松冈曾根据环境库茨涅茨曲线的假说对中国1985—1995年的环境污染指标SO_2未来排放量和治理力度进行预测，通过分析发现，该时期中国的人均废气排放量和人均SO_2排放量与人均收入呈倒U形曲线关系，环境库茨涅茨曲线是成立的。[46]

当今社会温室气体排放不断增加，引起气候变化，对人类生存以及社会、经济和环境的可持续发展构成了严重威胁，已成为不争的事实。研究二氧化碳排放与人类经济发展之间关系也成为学术界研究的热点话题之一。Martin Wagner（2008）研究得出人均二氧化碳排放与人均收入呈单调递增的关系，并且不存在拐点。Galeotti（2006）等研究发现人均二氧化碳排放与人均收入呈倒U形关系。国内学者对二氧化碳排放与经济增长的研究比较有限。陆虹（2000）建立了人均二氧化碳和人均GDP之间的状态空间模型，发现二者不是简单呈现为倒U形关系。韩玉军、陆旸（2007）对不同国家分组后的研究表明，不同组别国家的二氧化碳库兹涅茨曲线差异很大，分别呈现出倒U形、线性等关系。蔡昉等（2008）通过拟合EKC、估计排放水平从升到降的拐点，考察了中国经济内在的节能减排要求。他们认为：如果温室气体的减排被动等待库兹涅茨拐点的到来，将无法应对日益增加的环境压力。其中存在的争论是：如果简单地与人均收入相对应，中国的二氧化碳库兹涅茨曲线在人均收入37 170元处存在拐点；根据林伯强和蒋竺均（2009）的结果计算出的两种能源消费结构、3种经济增长水平下2008—2040年中国二氧化碳的排放，说明人均收入37 170元，这个拐点不存在。[47]从不同地区的情况来看，中国及其东部地区和中部地区的人均GDP与人均碳排放呈倒U形关系，西部地区呈正U形关系，而且在长期内是稳定的。也可由此判定中国及其东部、中部和西部地区都处于“经济增长的同时，人均碳排放增加”的阶段。如果中国及其东部和中部地区人均碳排放的拐点达到，则进入了“经济增长的同时，人均碳排放逐渐减少”的“双赢”阶段，西部地区仍然处于“经济增长的同时，人均碳排放依然增加”的阶段。[48]

也有研究者认为，以中国现在的发展状况来看，中国经济增长与环境质量之间并不存在所谓的环境库兹涅茨曲线关系（这里具体指CKC，即Carbon Kuznets Curves），而是存在显著的线性关系，并且是正向的线性关系，说明中国经济增长与环境质量之间存在显著的矛盾，经济增长将会对中国环境造成不利影响。[49]

2.中国EKC受贸易政策的影响

中国的EKC仍然处在倒U形曲线的左半部分，且拐点尚未出现，更没有到达倒U形曲线的右半部分，但是中国EKC的特点是在左半部分波浪式上升，而不是平滑上升，而这一变化特点主要是受到中国外贸政策和环境政策的强烈影响。改革开放以来，中国对外贸易一直处于高速增长的趋势。从改革开放到21世纪之前，中国从封闭式的强度保护贸易政策逐步过渡到了开放式的适度保护贸易政策。从20世纪90年代初到90年代中期这段时间，中国外贸政策由保守逐渐走向开放。虽然这一时期工业污染水平表现出不断降低的趋势，但是实际上在改革开放之初的很长一段时期，中国很多贸易政策还不完善，尤其是在资金和经验不足、管理不力的情况下，往往追求出口增量，势必很难注意到保护生态环境的重要性。因此，因盲目开发出口产品而引起生态环境的破坏，以及因进口了有害废弃物而造成重大环境损失等现象时有发生。但是因这一时期追求出口增量活动，还在环境的自净能力和承载能力范围内，更主要的是很多活动对环境的破坏作用有一定的滞后期。因此，这一时期的工业污染物排放还有下降趋势，但这一滞后作用也正是导致20世纪90年代中期中国工业污染猛增的重要原因之一。此外，这一时期中国引进的外商直接投资不多，1990—1991年外商直接投资额还不到100亿美元，而随后几年外商直接投资额以倍数增长的速度投向中国，其中很多是发达国家转移出来的污染产业。不过这些产业对环境的污染也有一定的滞后作用，这也为20世纪90年代中期的工业污染突然攀升埋下了“伏笔”。因此，20世纪90年代中期工业污染的直线上升，主要是由于过于追求出口数量而忽视环境保护以及外商直接投资企业在1992年以后的大量引入有关。中国EKC波浪式上升的又一上升波就是2001年以后污染高峰期，这一时期显然与中国入世后贸易政策更加开放有关。随着国际市场不断加大对中国产品的开放度，中国出口量猛增，大量的具有高污染背景的外商直接投资产业进入中国，这些产业大多具有明显的出口导向特性，而且这一时期，中国的工业生产仍然集中于整个产业链的下游，经济增长仍然以“自然资源和原材料的高消耗、废弃物的大量排放”来推动，因此，出口量的增加是与资源大量消耗和环境污染相伴随的。[50] 党的十八大以来，中国贸易政策不断完善，生态环境保护发生历史性、转折性、全局性变化，创造了举世瞩目的生态奇迹和绿色发展奇迹。

也有观点认为，现阶段中国除了FDI外，其他因素似乎都不利于中国环境的治理，尤其是贸易状况对中国的环境具有恶化作用，且比较显著。因此，除对FDI的引入进行有效的质量把关外，经济增长、贸易和能源质量也应受到高度的重视，经济增长方式由粗放型向集约型转变的速度还需加快，出口不能总集中于低技术含量、高污染的产品，高技术含量、低污染产品的出口比重应适度增加。能源利用技术的提高和新能源的开发应加快行进的步伐。城市化短期内是无法避免的，但其对环境质量的影响作用有限。[49]

二、环境成本内在化理论与贸易

从理论上来说，环境成本内在化理论是协调环境与贸易关系的根本途径。

（一）环境成本内在化理论概述

1.外部性问题

内在化理论是相对外部性理论提出来的。所谓外部性（Externality），是指由于市场活动而给无辜的第三方造成的成本，就是指社会成员（包括组织和个人）从事经济活动时，其成本与后果不完全由该行为人承担，即行为举动与行为后果的不一致性。外部性概念最早源于马歇尔1890年出版的《经济学原理》中提出的“外部经济”概念，随后庇古和科斯将其不断完善并发扬光大。外部性又称溢出效应、外部影响或外差效应，分为正外部性和负外部性。生态环境的恶化和环境与贸易发展之间的矛盾冲突，都可以归结于生产经营活动所产生的负外部性。当生产者或消费者可以自由使用环境资源（环境资源一般属于公共资源，是非竞争、非排他的）而不支付费用，或者所支付的价格没有足够反映出环境成本时，资源被过度开发和滥用，并带来严重的环境问题，导致“公地的悲剧”。市场在这种情况下是失灵的，而贸易加剧了环境方面的市场失灵，贸易和环境冲突的根源也在于此。

2.环境成本问题

环境成本是指开采、生产、运输、使用、回收和处理商品中造成的环境污染和生态破坏所需补偿的费用。环境成本内在化就是将这些费用计入产品的成本之中，从而使其价格不仅反映生产成本和交易费用，还能反映出产品的环境污染的补偿。

环境成本包括两部分：一是正常使用环境资源支付的成本，可称为“环境使用成本”(即环境生产要素的价格)，它的大小直接受到环境要素禀赋的影响。环境要素禀赋指环境对污染物的吸收能力，这种吸收能力体现为环境自身可将污染物稀释、吸收而不产生外部成本。在环境要素丰裕的地区，环境使用成本通常比较低。二是污染环境所必须支付的外部成本，称为“环境破坏成本”，受一国环境政策和环境标准的影响。在环境标准较宽松的国家，生产采取粗放的方式，只需要投入较少的环境治理费用，环境破坏成本较低；相反，采用严格的环境标准会使生产者增强环保意识，增加治理投入，环境破坏成本较高。因此，环境成本主要是受环境要素禀赋的程度和环境标准的约束。

3.环境成本内在化理论

正是基于以上分析，环境成本内在化理论提出：假如能够使产品的价格包含环境成本，实现环境成本内在化，那么在正确价格信号的引导下，市场就可以有效配置环境资源，从根源上解决环境退化问题。

环境成本如果能内部化，环境成本就可以作为生产者成本的一部分计入产品的总成本，环境就可以成为同资本、劳动、资源、技术等要素并列、同等重要的生产要素。这样，产品价格能够更准确地反映包括环境成本的生产经营活动的全部代价，生产者按反映产品全部社会成本的成本确定最优产量，消费者按这一新的价格进行支付，由市场失灵造成的生产对环境的外部性影响就能消除，贸易活动就不会带来对环境的负外部性了，贸易与环境之间的冲突也就化解了。所以，很多经济学家认同，环境成本内在化是解决环境问题以及协调贸易与环境发展的最根本途径，可以在很大程度上减少国际贸易发展所带来的负面环境影响。

4.环境成本内在化实现的途径

主流经济学认为，外部性和产权不明晰是产生环境污染的根源问题，减少环境成本的实质是可以通过经济手段、市场手段来使环境成本内部化。不同的治理手段具有不同的治理成本，一般而言，经济市场手段具有更高的经济效率和较低的成本，但是行政管理手段也不可忽略。有些环境学家认为，环境税或生态税可以消除环境成本，实现环境资源的比较优势。有些经济学家应用这一原理，提出污染者付费原则，其依据是不论是生产者还是消费者，只要其生产或消费造成环境损失，就要负担部分成本。这样对污染工业的转移和污染滞留产品的生产有较好的约束作用。[51] 相比较而言，环境税或生态税，这些手段从理论上说是可行的，但是由于环境的整体性和公共性，具体实施中仍然存在一些难以破解的难题，比如环境产权及庇古税征收范围难以界定，都使得环境成本很难实现内部化。因此，污染者付费原则在当今世界起到了很好的实践效果。

1972年5月26日，OECD通过了《国际环境政策贸易方面的指导原则》。该指导原则由四个基本原则构成：污染者付费原则、协调原则、国民待遇和非歧视原则、不允许实行补偿性进口税与出口补贴原则。这些原则已成为OECD内部和各个国家解决环境与贸易问题的重要政策基础。尤其是污染者付费原则（Polluters Pay Principle，PPP）要求污染者对其所造成的环境后果负责，支付污染治理成本。PPP可以追溯到20世纪20年代的福利经济学观点，即物品和服务的理想价格应该反映全部真实成本（社会成本），当中也包括了环境成本。让污染者付费是使得这些环境成本内在化的最终实现途径。这一原则是制定环境政策的基本经济原则，目前已经被大多数国家作为制定国内环境政策的理论基础。在实践中，各国的财政、经济补偿等政策都体现了PPP。但在很多情况下，PPP通常是通过基于环境标准或许可证等的直接管制手段来实施的。

（二）环境成本内在化对国际贸易的影响

环境成本内在化对国际贸易的影响主要包括：影响国际贸易的传统理论，如比较优势理论、要素禀赋理论等，改变贸易产品的结构，改变贸易的产品流向，改变产品的竞争力及各国的贸易政策。

1.对国际贸易传统理论的影响

比较优势理论和要素禀赋理论的核心是一国产品比较优势的确立。在环境成本内在化使得不同国家的相同产品比较优势发生改变后，这两种传统的国际贸易理论便受到了挑战。

比较优势理论长期以来将生产成本作为贸易参与国比较优势形成的基础，认为一国应该出口具有比较优势的产品，即生产成本较低的产品，同时进口具有比较劣势的产品，即一国应该按比较优势参与国际分工，这样国家之间可以通过自由贸易达到双赢的结果。但是比较优势理论（古典自由贸易理论）探讨的比较成本只包括产品的生产成本和交易成本，没有反映环境成本。而包括环境成本的广义比较成本才真正反映了产品的真实成本。

环境成本内在化将环境成本计入生产成本，一国原有以劳动、资本等要素为基础的比较优势就发生了变化，包括根据原有比较优势进行贸易的产品可能不再具有比较优势。如果一个国家资源丰富，但该资源在生产或开发的过程中污染性较强，其环境成本就较高，将环境成本内在化以后，其原有的比较优势可能被削弱或者消失。因此，当各国都将环境成本内在化后，环境成本相对低的国家会形成一定的环境比较优势，而环境成本相对高的国家会处于环境比较劣势。

但是，由于环境的公共产品特性，其产权是不明确的，作为一种生产要素，其价格不像劳动力、资本那样可以清楚地计量出来。为了使环境要素价格的计量具有可操作性，人们常用一国的环境标准的高低来考察产品的环境成本。在各国有权制定自己环境标准的前提下，一国的环境标准就像要素禀赋一样影响一国的比较优势。在实施较高环境标准的国家生产的产品，因法律要求的环境成本内在化程度较高，其生产成本显然就会高于在实施较低环境标准的国家生产的产品。因此，在国际市场，环境标准严格国家的产品可能会失去价格优势，进而丧失部分比较优势。

从总体上看，发达国家普遍比较重视环境质量，其环境政策和标准比较严格，因而处于环境比较劣势；发展中国家面临的是解决贫困和发展经济，所以，它们宁愿把有限的资源投入到发展经济中去，因此，环境政策和标准相对宽松，具有环境比较优势。发展中国家的环境比较优势决定了其向发达国家出口的产品是污染密集型的产品，即在生产过程中污染程度较高，对环境资源产生较大负效应的产品，进口的产品则往往是在消费过程中会产生严重污染的产品。[52]

要素禀赋理论（新古典贸易理论）进一步确定一种比较优势的形成来自一国某种要素的丰裕程度。其认为，在生产要素在国家间不能自由流动的前提下，各国要素禀赋的相对差异，以及在生产各种产品时利用这些要素的强度差异是国际贸易的基础。而环境成本内在化理论扩大了要素禀赋的内涵，它将环境资源要素纳入一国要素禀赋体系，这就使得原有的由要素禀赋不同导致生产成本不同从而形成的各国贸易优势发生了结构性的改变。各国环境状况的差距以及在生产中对环境的污染损害程度不同，造成环境成本的不同，从而影响产品的竞争力。因此，各国比较优势的形成已不只是降低产品的生产成本，提高生产效率，还应包括改善环境状况，减少环境污染。应用洁净技术，进行清洁生产也是途径之一，这在绿色食品的生产中表现得尤为突出。绿色食品不仅要求生产、消费过程中对环境无污染或少污染，而且食品的来源地也必须是不受污染的地区。可以说，环境因素的加入使得要素禀赋理论有了新的内涵。[53]

从理论发展方面看，把环境要素纳入主流国际贸易理论的研究框架，是对主流国际贸易理论的改进，也是一种富于创见的尝试。

2.对产品竞争力的影响

企业产品的竞争力来源于两个方面：一是产品生产的成本；二是产品的差异化（质量、性能、品种、品牌、服务等）。环境成本内在化的实施将直接或间接地影响产品的生产成本及其差异化情况，进而影响产品竞争力，特别是对进出口企业的产品影响较大。这是因为参与国际贸易的企业不仅受到国内环境成本内在化措施的影响，而且受到贸易国以及国际组织环境标准的影响。政府在制定环境政策或环境标准时，必然考虑到有利于国内主要产业的生产技术和方法，而国外厂商只能被动地接受。所以，一国采取的成本内在化措施，对外国厂商而言其实施的难度更大些。所以，参与国际贸易的企业往往比那些只面对国内市场的企业承担了更多的环境成本，比较优势和国际竞争力受到削弱。环境成本内在化对产品差异化的影响主要决定于产品的性质。如果产品本身是环境友好的产品，则受到环境成本内在化的影响小，甚至可能因此而提高其自身的竞争力。

3.对国际贸易产品结构的影响

环境成本内在化使污染严重的产品成本提高，价格竞争力下降。同时，随着一系列严格的环境标志制度的实施，某些不利于生态环境、不利于人类健康的产品的生产将受到限制，需求将萎缩，甚至被淘汰；发达国家对资源密集型产品的消费通过进口逐渐被满足。其次，初级产品在国际贸易商品结构中所占比重将进一步下降。对资源使用价格长期低估，使生态环境受到很大破坏，而环境成本内在化使资源的使用价格得到纠正，从而使资源的使用效率进一步提高。此外，对生态和环境无害、少害或可回收循环使用的绿色产品在国际贸易商品结构中所占比重日益增大。环境成本内部化后，企业将不得不加大环保投资力度，改进原有的生产技术，引进和开发治污技术，从而增加了对环保技术和产品的需求，环保产业成为新的经济增长点。

4.对国际贸易地理流向的影响

环境成本内在化不仅优化了国际贸易商品结构，也改变了国际贸易的地理流向。随着发达国家对环保的重视，在加强将环境成本纳入生产成本的同时，也越来越多地将高污染的产品转移投资到发展中国家。由于发展中国家对于一系列环境指标还没有建立较好的监控体系，在接受发达国家跨国公司的投资方面还处于被动的局面。对于廉价的资源密集型产品来说，发达国家则通过进口发展中国家的资源密集型产品，把污染物以“合理”买卖的形式留在发展中国家，结果是改善本国环境质量，代价则是导致国外环境恶化。一些学者通过实证分析论证了美国污染控制计划已经引起了美国贸易模式的变化——进口更多污染消除成本高的产品，从而减少对国内自然资源的消费。

5.对各国贸易政策的影响

各国经济与技术水平的差异、生产方式与消费结构的不同等因素的存在，使各国对环境标准的高低、环境成本内在化及其程度与方式都有着不一致的认识与处置方式。各国环境污染情况不同，衡量污染的标准不同，治理污染的成本也不同，因而各国环境保护的措施也不可能相同，尤其当环境成本内在化影响到产品的市场竞争力时，对各国贸易政策提出了新要求。环境成本内在化对各国贸易政策的影响主要表现在以下方面：一是当环境标准较低国家的产品进入环境标准较高的国家时，由于产品中所包含的环境成本较低，往往被进口国视为“生态倾销”。进口国往往采取征收“反倾销税”的手段来矫正，使其承担更高的环境成本。二是一些国家为了弥补出口商要承受比国内更高的环境成本（因环境标准不同带来的）而给予出口厂商“绿色补贴”，而这种补贴的出现是实施环境成本内在化可能带来的一个后果，也被看作一种负向税收。[54] 三是自由贸易主张贸易自由政策，必然会导致在生产中为了达到规模经济而消耗更多的生产资料和产生一些有害废弃物，因而需要与环境保护政策进行协调。四是更加自由的贸易政策也会因废除“绿色补贴”、增加环境技术和产品的贸易而对环境有利。五是贸易保护措施是限制环境敏感产品贸易中的强硬手段，通常被认为更加有利于实现环境目标。当然，国内市场的过度保护有时也会导致环境退化。因此，不同环境标准的国家，环境成本内在化的程度也不同，这势必带来贸易公平性的问题。在目前国际贸易自由化和环境保护国际化的背景下，各国在制定贸易政策时进一步将环境保护当作重要内容，甚至在贸易政策中涵盖环境保护措施，不断增强贸易政策与环境保护措施的兼容度，以求减少因此产生的贸易摩擦问题。当然，目前借环境保护之名行贸易保护之实的“环境壁垒”也广泛存在。此外，在环境成本内在化的实施过程中，信息沟通的不畅和人为阻碍往往会使许多与贸易有关的环境措施缺乏透明性。当一国的环境补贴、生态税收、再循环利用、废物处理等方面的要求不易为其他国家及时了解时，也容易形成贸易障碍。[14]

当然，不同国家的环境政策也会影响全球的国际贸易走向。不同国家的政策取向和经济目标不同，促使它们在制定环境政策时做出不同的选择，以影响其贸易政策选择，从而影响全球贸易发展走向。所以，必须对国际贸易理论进行修正，把环境成本作为贸易的重要影响因素加以考虑。

三、“污染天堂”假说

在有关国际贸易对环境污染影响的研究中，相关学者衍生出了一个非常著名的假说，就是污染天堂假说（Pollution Haven Hypothesis，PHH）。该假说是指随着贸易壁垒不断下降，污染密集型企业将会从环境规制较强的发达国家转移到环境规制较弱的发展中国家

(Copeland & Taylor, 2004)。[40] 这表明污染天堂假说把由收入水平导致的环境政策差异作为形成不同国家贸易流动的比较优势。发达国家会从发展中国家进口污染密集型产品，而发展中国家会加大对污染密集型产品的生产以及出口，以促进经济增长。大部分学者在研究国际贸易对环境污染影响的同时，通常会检验是否存在污染天堂假说。这个理论也被称为“向底线赛跑”假说，即污染企业总是由环境规制高的地区向环境规制低的地区转移。

有关污染天堂假说的研究方向和国际贸易对环境污染影响的研究方向相似，分为全球、国家等宏观层面和企业、产品等微观层面。

在21世纪初期，有关污染天堂假说的研究主要集中在宏观层面。Edertington等(2004) 研究贸易自由化对美国行业结构转变的影响，进而研究对美国环境污染的影响。[55] 贸易自由化代表生产更加专业化和碎片化，从而导致污染密集型行业主要集中在某些国家，降低了其他国家的污染物排放。基于1972—1994年美国行业层面的进口数据，检验结构效应是否是导致美国污染排放下降的主要原因。研究结果表明：美国结构效应变化并不会显著地降低污染物排放总量，即并没有发现污染天堂现象。

Taylor (2004) 使用一个比较完善的理论机制解释污染天堂假说背后所隐藏的理论。他认为外生的国家特征决定一个国家的环境规制强度，同时决定了生产成本，改变了贸易流向和FDI流向，最终对污染物排放、价格以及收入水平产生一定的影响；污染物排放、价格以及收入水平又会对国家特征产生一定的反馈作用。[56]

和Taylor (2004) 的理论机制相类似，He (2006) 研究了FDI、污染物排放和决定污染物排放的3种因素（规模效应、结构效应和技术效应）的相互关系。[57] 他构建了一组联立方程，使用中国29个省级工业二氧化硫排放的面板数据，分别从多种渠道研究FDI对工业二氧化硫排放的影响。研究结果表明：第一，FDI对工业二氧化硫排放的总效应很小，FDI的资本存量增加1%，工业二氧化硫的排放总量增加0.098%，这是因为FDI产生的规模效应和结构效应增加了工业二氧化硫的排放总量，但是环境规制强度较大有利于工业二氧化硫排放总量的减少；第二，尽管实证研究的结果显示FDI对中国工业二氧化硫排放总量的影响较小，但是即使严格的环境规制措施在一定程度上限制了中国工业二氧化硫排放总量的增长，污染天堂假说在中国仍然是成立的。

关于微观企业层面污染天堂的假说，其认为企业的生产、投资和出口决策对企业污染物排放存在影响。Eskeland和Harrison (2003) 从跨国公司的角度检验是否存在污染天堂假说，构建了一个简单的理论模型进行影响因素分析；同时，在理论模型的基础上，构建了一个实证模型，基于四个发展中国家（墨西哥、摩洛哥、科特迪瓦和委内瑞拉）的外商投资数据，检验环境规制强度对投资和产出决策的影响。研究结果表明：第一，在理论模型中，环境规制强度对投资和产出决策的影响是不确定的；第二，在实证模型中，外国投资者将生产投资到空气污染排放水平较高的行业部门中，但是这个结论较弱；第三，国外工厂使用的能源更加清洁，而且能源效率更高，污染物排放较少；第四，虽然美国的跨境投资更倾向于污染减排成本更高的行业，即支持污染天堂假说，但是研究结论并不稳健。

上述研究表明大部分研究不支持污染天堂假说。Smarzynska和Wei (2004) 认为主要存在四个困难导致污染天堂假说不成立：第一个困难是FDI东道国的环境政策可能存在官僚腐败问题，而官僚腐败问题可能会阻碍FDI的流入，并会削弱环境规制强度；第二个困难是国家或产业层面的数据无法呈现出企业层面数据的特征；第三个困难是难以量化东道主国家的环境规制强度；第四个困难是难以量化跨国企业的污染排放强度。[58]因此，为了克服上述四种困难，Smarzynska和Wei使用24个转型经济体的企业层面数据进行回归，研究结果表明：存在PHH现象的证据，但是证据很弱，并且不能通过稳健性检验。

有关企业和企业-产品微观层面污染天堂假说的研究出现了一个新的研究领域，即环境外包（Environmental Outsourcing）。环境外包（或者说离岸外包）其实就是微观层面的污染天堂假说，即研究企业是否会根据环境政策等相关因素决定将企业生产中污染排放强度较高的生产外包到其他国家。从理论上来说，当环境规制强度增强时，企业会面临两种选择：第一种选择是将污染排放较高的生产外包到其他国家，即将污染排放转移到其他国家；第二种选择是企业投资污染减排技术，降低排放强度，进而减少排放总量。企业比较环境外包成本和投资减排技术成本，如果企业提供环境外包服务产生的成本低于企业投资减排技术产生的成本，那么企业选择提供环境外包服务；如果企业提供环境外包服务的成本高于企业投资减排技术产生的成本，那么企业选择投资减排技术，降低生产排放强度。

目前几乎没有关于微观层面污染天堂假说的实证研究，这主要是因为受到数据的约束，没有办法进行更加细致的研究。Cole等（2014）是少数在研究中引入离岸外包概念的文献，构建了一个理论模型，利用日本微观企业-产品层面的数据，发现日本企业确实存在环境离岸外包的现象。[59]

四、波特假说

新古典经济学认为，环境保护政策会提高私人生产成本，降低企业竞争力，从而抵消环境保护给社会带来的积极效应，对经济增长产生负面效果。[60]环境规制是否会影响企业技术创新一直是环境政策研究领域的一大话题。美国学者迈克尔·波特（Michael Porter，1995）指出，适宜的环境规制强度能够激励企业技术创新，此乃学术界通称的“波特假说”（Porter Hypothesis）。[61]对此假说，学术界一直存在争论，迄今尚未得出一致的结论。大体上说，存在如下三种观点：（1）波特假说不成立。也就是说，加强环境规制将会使企业规制遵循成本上升，挤占企业的生产性支出，抑制技术创新，进而影响企业绩效（Brunnermeier和Cohen，2003）。[62]（2）波特假说成立。适宜的环境规制所激发的创新补偿效益可以部分或全部抵消环境规制的遵循成本。波特假说在环境领域（Lanjouw和Mody，1996）[63]和非环境领域都是适用的（Hamamoto，2006；Lanoie et al.，2011）[64][65]。（3）影响是不确定的（Boy和McClelland，1999）。[66]波特假说可能成立，也可能不成立。即使成立，也必须具备一定的条件（Lanoie et al.，2011）。[65]目前，国内的研究大多支持波特假说。除了支持“强波特假说”的诸多文献之外，李强、聂锐（2009）[67]，孙学敏（2016）[68]，李廉水（2016）[69]等均证实“弱波特假说”适用于中国。

波特假说认为环保政策对经济产生影响的主要途径是促进企业进行技术创新或采用创新性技术，虽然可能在短期内增加成本，但在长期内可以提升企业生产效率，增强企业竞争力，促进经济增长。波特假说也肯定了政府在协调经济增长与环保政策关系中的作用。首先，企业很难拥有对环保创新技术的充分信息，而政府在获得相关信息方面拥有天然的优势，所以政府应该积极提供企业在进行环保相关技术创新和技术引进时需要的信息。其次，在解决环境问题时，政府应该设计适当的机制，利用市场力量，引导企业在最大化自身利益的同时，执行环保政策（如建立排污权交易市场）。

第四节
生态产品价值实现理论

建立生态产品价值实现机制是推进生态文明建设的应有之义。党中央高度重视生态产品价值实现机制问题。2005年8月15日，时任浙江省委书记的习近平首次提出“绿水青山就是金山银山”的科学论断，探索生态产品价值实现机制就此萌发。习近平总书记在2018年深入推动长江经济带发展座谈会、2020年全面推动长江经济带发展座谈会、2021年2月19日中央全面深化改革委员会第十八次会议、2021年4月30日中共中央政治局就新形势下加强我国生态文明建设进行第二十九次集体学习等多个场合强调，要建立健全生态产品价值实现机制，让保护修复生态环境获得合理回报，让破坏生态环境付出相应代价。2021年，中共中央办公厅、国务院办公厅印发《关于建立健全生态产品价值实现机制的意见》《关于深化生态保护补偿制度改革的意见》等重要文件，从国家层面对生态产品价值实现机制进行了系统性、制度化阐述：应从生态产品调查监测机制、价值评价机制、经营开发机制、保护补偿机制、价值实现保障机制、价值实现推进机制六个方面着手，建立生态环境保护者受益、使用者付费、破坏者赔偿的利益导向机制，加快走出一条生态优先、绿色发展的新路子，在全社会形成绿色生产生活方式。这两份纲领性文件无疑对未来生态文明建设、将“两山”理论落到实处提供了重要指引。与此同时，国家层面和省级层面也进行了多地区的试点示范，其中江西省抚州市已经形成的较为典型的成功经验，值得推广。

一、生态产品价值的含义及经济学特性

（一）生态产品价值的含义

所谓生态产品，狭义是指在不损害生态系统稳定性和完整性的前提下，生态系统为人类生产生活所提供的物质和服务，主要包括物质产品供给、生态调节服务、生态文化服务等。也有人把提供生态系统服务的载体理解为生态产品，譬如提供生态调节服务的森林、绿地。广义的生态产品可以理解为某区域生态系统所提供的产品和服务的总称。生态产品价值可以定义为区域生态系统为人类生产生活所提供的最终产品与服务价值的总和。[70]生态系统生产总值是指生态系统为人类提供的产品和服务的经济价值总量，即一定区域生态系统为人类和经济社会可持续发展提供的最终产品与服务价值的总和，包括物质产品价值、调节服务价值和文化服务价值。

（二）生态产品的经济学特性

生态产品部分属于公共产品，部分属于公共资源。一般来说，生态产品具有以下几个特性：

1.外部性

公共产品和公共资源都具有非排他性，但公共产品是非竞争性的，公共资源则具有竞争性。从竞争性的角度看，生态调节服务和生命支持服务往往属于公共产品；物质产品供给服务、生态文化服务往往是公共资源。无论是公共产品还是公共资源，都具有外部性。从本质上讲，生态产品价值就是一种外部经济，是生态系统向人类社会提供的正向外部经济。

生态产品的外部性会带来以下几个问题：一是公共产品的非排他性和非竞争性会带来搭便车问题，导致公共产品供给不足。二是公共资源的非排他性和竞争性会带来公共资源的过度利用，导致资源损耗、环境污染、生态退化等负外部性（外部不经济）。因此，生态产品的外部经济是动态变化的，如果处置不当，就有可能造成负面影响。

2.不可分割性

生态产品或生态系统服务具有不可分割性，不能无限细分，而且往往有一定的规模门槛。因此，对于生态产品价值实现而言，整体规划和统筹协调就变得十分重要。这就是为什么许多生态基础设施建设不能依靠个体或企业自发进行，而是需要地方政府的统筹规划的根本原因。

3.生态产品定价取决于质量

评价生态产品价值，取决于生态产品的质量而非数量，而且由于生态产品千差万别，生态产品的市场结构是差异化市场，市场竞争是差异化竞争，而不是同质产品的数量竞争。因此，生态产品质量管理和维护，对于生态产品价值实现具有至关重要的意义。

二、生态产品价值实现机制的国际经验

“绿水青山转化为金山银山”的路径机制，本质上是生态产品价值如何实现的问题。自20世纪末以来，一些国家在这方面进行了大量探索，在森林、湿地、生物多样性和自然保护地等领域创立了有偿使用、购买服务、生态补偿等生态产品价值实现机制，以及湿地银行、生态银行等模式。相关做法对建立健全我国生态产品价值实现路径机制，即实现“绿水青山转化为金山银山”具有诸多启示。

（一）建立健全价值实现的制度体系

一是法治体系。哥斯达黎加多次修订《森林法》，明确了森林的四项核心生态功能，即碳汇、水文、生物多样性和景观等，并对生态补偿制度的对象、资金来源、合同、保护激励措施等均做了完整规定。[71] 美国的《清洁水法》规定并逐步细化了开发者损害湿地的补偿义务，成为湿地交易制度建立的前提条件。

二是生态产品价值评估及采购。芬兰为购买芬兰南部国有和私有林主提供的森林和栖息地生态系统服务，由农林部邀请专家根据18项生态指标，分级评估森林的生物多样性价值，以此确定差别化的购买价格。[72] 欧盟于2014年通过了《公共采购指令》、《水、能源、交通和邮政服务领域的公用设施采购指令》和《特许经营合同采购指令》等采购立法，明确将生态系统服务纳入政府采购计划。

三是生态产品认证体系。国外普遍采用生态标签认证制度，鼓励企业按照可持续的方式生产出生态友好型产品或绿色产品。这些含有生态标签的产品，不仅有利于节约能源与降低资源消耗，减少污染排放，提升生态系统服务功能，而且可以向消费者提供绿色生态

价值而产生溢价。1978年联合国首次提出了“蓝色天使”生态标签，随后多国相继推出本国和地区性的生态标签。美国“能源之星”是目前世界范围内非常具有影响力的生态标签。欧盟于1992年建立了生态标签体系，目前已有7万多个产品和服务得到认证。国际性公益组织——森林管理委员会，目前已对85个国家的30亿亩森林及其产品进行了认证。目前具有生态认证的产品涉及林产品、农产品及生态旅游等领域。[73]

上述实践表明，一些国家为生态产品价值的实现建立了法律法规、技术核算、监测评估、组织实施、财政支持、国际合作、监督管理等一系列制度体系，并在实践中不断完善。我国应在林草资源资产产权、生态资产核算与评估、林草资源有偿使用、绿色信用、绿色产业和产品体系等方面加强理论研究和制度体系建设，制定基于空间分区的差异化生态产品价值政策。同时，应着重加强生态监测体系建设，切实解决基础数据缺乏、生态效益缺少量化等问题。

（二）在重点领域开展分类试点

美国在湿地领域的生态产品价值实现机制方面进行了深入探索，创立了湿地缓解银行。该模式在美国蓬勃发展，至今已逾3 000家。湿地缓解银行是指在一块或者几块地域空间上，恢复受损湿地，新建湿地，加强现有湿地的某些功能，或保存湿地及其他水生资源，并将这些湿地以“信用”的方式通过合理的市场价格出售给湿地开发（占用、破坏等）者，从而达到补偿湿地损害的目的。[74]该机制的政府审批和监管部门主要包括美国陆军工程兵团和环境保护署；购买方是对湿地造成损害的开发者，包括个人、企业或各级政府部门（含军事部门）；销售方一般是湿地缓解银行的建设者和生态修复公司，包括建立和管理湿地缓解银行的私营企业、地方政府机构、个人土地所有者，以及将湿地缓解银行业务作为投资组合的投资基金或投资公司等。

澳大利亚则在生物多样性保护领域引入了生态银行机制，该机制的核心是生态积分和生态积分市场。土地私有者在其拥有的土地上设立生态银行保留区域，与政府管理部门签订生态银行协议，同意通过加强管理和保护来增加该区域的生态价值，便可获得生态积分。土地所有者可出售积分，获取管理生态银行保留区域的资金。而开发者可购买积分，用来弥补开发项目造成的生态影响，其他组织出于生态保护的需要，也可购买生态积分。

法国在国家公园内推行特许经营制度。国家公园联盟根据不同行业的特点，制定了差别化的特许经营市场准入清单，对申请人资质和经营管理行为均有明确要求，并以国家公园产品的品牌价值增值体系为依托，引导社区企业和个人自愿参与，实现区域生态产品价值。

上述经验表明，森林、湿地、国家公园等自然保护地是实现生态产品价值的排头兵和重点领域，我国应在上述自然生态系统中加快推进生态产品价值实现试点，不断完善生态旅游、碳汇交易、森林康养、自然保护地社区共管和特许经营等生态产品价值实现模式。同时，加大创新力度，开展湿地保护和生物多样性保护银行试点，特别是在修建公路、高铁占用湿地或野生动物栖息地时，推行配额交易；组建绿色政策性银行，设立国家绿色发展基金，加快推动商业银行开展绿色金融业务。

（三）突出政府在价值实现中的主导地位

欧盟根据不同类型、不同区位和不同等级标准的生态服务，实施差别化的补助标准。各成员国普遍形成中央财政（60%～70%）和地方财政（30%～40%）按比例分担的财政支出结构。对于国有林投入和管护部分采用财政补贴，对于私有林管护和限制经营部分采用生态税、环境税、生态基金、受益者付费以及社会捐赠等方式，由政府通过纵向转移支付向私人土地所有者提供补偿。

自1999年以来，瑞典政府通过土地赎买、补贴和自愿捐赠相结合的方式，购买瑞典中部和南部地区具有重大自然保护价值的林地所有权，以建立自然保护区。非生产性林地面积已由2014年的115.74万公顷增至2017年的116.89万公顷。

上述实践证明，政府是生态产品的主要购买者，其购买的生态系统服务种类和内容日益丰富，在生态产品价值实现过程中作用十分重要。结合我国实际，对具有公共资源属性或公共产品属性的生态产品，可由政府主导，通过生态补偿、政府购买、政府监管和税收调节等行政手段，间接实现生态产品价值。建议在有条件的地区和部门，设立生态产品价值实现主管部门，统筹管理相关工作。加快出台《生态补偿条例》，逐渐强化地方政府的专项补偿意识，扩大横向补偿的试点范围。尝试征收生态税、绿色环保税、碳税等，将税款专项用于生态保护。

（四）探索完善市场化价值实现方式

哥斯达黎加充分运用市场手段，实现生态产品价值，主要方式有3种：一是大力开展碳市场交易。政府与碳汇林经营者签订出售合同，获得碳汇产权后，在国际市场寻找买家。例如，1997年，哥斯达黎加以200万美元的价格向挪威售卖2亿吨碳当量。二是创新绿色金融产品。哥斯达黎加向外国投资厂商发行碳债券及贸易抵消证明，有效保证期为20年，国外投资者可凭此抵免其在本国减少的二氧化碳排放量。三是推行生态产业化。哥斯达黎加大力推行“生态旅游+环境教育”，通过开展丛林探险、热带音乐等活动，吸引全球游客，实现生态产品价值。

由此可见，市场交易也是重要的生态产品价值实现路径。针对可进行市场交易的经营性生态产品，我国可充分利用国际、国内两个市场，通过生态物质产品（各类林产品等）、生态文化服务产品（生态旅游、生态康养等）、自然资源资产权属（碳排放权、用水权）等的直接交易，实现生态产品的价值。

小资料 2-3　典型案例

■美国湿地银行

对因从事开发活动而导致湿地丧失的生态价值和功能，提供一种替代选择。其出售的湿地将永久性地予以保护，以实现湿地资源的动态平衡。

■澳大利亚生态银行

通过市场机制，激励保护生物多样性和濒危物种，提高私有土地上的生态保护效能。避免生态价值重要地区遭到破坏，或遭到破坏时，须在其他区域通过付费补偿来保持生物多样性。

■欧盟购买生态系统服务

其囊括生态保护相关服务、排污和垃圾处理服务、建筑物清扫服务等。基本形成于法有据、方式灵活、标准明确、程序规范的政府购买生态系统服务制度。

资料来源：周子勋．构建生态产品价值实现机制时不我待［N］．中国经济时报，2021-05-06（1）．

三、中国促进生态产品价值实现的四个路径

党的十九届五中全会提出了推动绿色发展、促进人与自然和谐共生的目标，明确了加快推动绿色低碳发展、持续改善环境质量、提升生态系统质量和稳定性、全面提高资源利用效率四项任务。按照部署，“十四五”时期应集中力量打好污染防治攻坚战，这无疑需要发挥我们的制度优势，也必须重视和加快建立生态产品价值实现机制，完善市场化、多元化生态补偿。

所谓价值实现，就是企业生产的产品能够卖出去，通过市场交换收回成本，而且能获得一定的利润，使生产能够持续下去。[75]生态产品多数属于公共产品，不能用于市场交换，也就是说，只有把市场机制的作用同政府的作用有机结合起来，使投资生态产品也能获得合理回报，才能形成把环保产业打造为支柱产业的有效机制。这是实现“十四五”时期绿色发展目标的关键途径，具体可从以下四个方面实现：

一是对于不能通过市场交换实现其价值的生态产品，应由政府制定统一的排放标准和环境标准，严密监测、严格监管。清洁的空气、干净的河湖水、怡人的环境等，属于公益性产品，企业为提供这类生态产品所付出的投入，应纳入各市场主体的商品和服务成本之中，使大家拥有同等竞争条件。

二是对已经形成的存量污染物的治理，应运用政府与企业合作的模式加以解决。由于多年来我们在生态环境投入上欠账较多，造成大量污染物堆积、填埋或留存于大气、水体、土地之中，不仅占用大量土地，而且给地下水带来污染威胁。尽快对存量污染物加以治理和资源化，应通过具有相应资质的造价公司，对每一项治理工程所需费用进行科学评估，政府制定相应的补偿政策，再通过招投标，吸引国内外企业参与投资和治理。

三是围绕实现碳中和目标，通过实施功能性产业政策，鼓励供给侧结构性改革。国家主席习近平在第七十五届联合国大会一般性辩论上发表重要讲话指出，中国将提高国家自主贡献力度，采取更加有力的政策和措施，二氧化碳排放力争于2030年前达到峰值，努力争取2060年前实现碳中和。这是应对气候变化、保护人类共同的美好家园的重大行动。减少碳排放，涉及生产、分配、流通、消费各个环节。必须努力推进清洁生产，发展环保产业，推进重点行业和重要领域绿色化改造，推动能源清洁、低碳、安全、高效利用。应该说，凡是有利于降低碳排放和节能、减少污染的经济活动，包括生态修复工程，无论哪个产业或产品，无论采用何种方式，无论是国有企业、民营企业还是外资企业，都应根据其减排量一视同仁地给予相应的财政补贴和奖励，都应优先批准其投资项目，优先提供建设用地和资金支持，使其享受各种优惠政策。

四是围绕鼓励资源节约型消费方式，开展绿色生活创建活动，在需求端形成对经济社会发展全面绿色转型的强大拉动力。生态产品的价值能否实现，归根到底要看是否能满足人民的需求。要从小学开始，开设环境教育课程，让人们养成保护生态环境的习惯和绿色生活方式，包括杜绝食物浪费、发展绿色建筑、推行垃圾分类和减量化、鼓励使用可再生能源、推行绿色出行方式等，努力构建生态文明体系。此外，还要强化绿色发展的法律和政策保障，发展绿色金融，支持绿色技术创新，使绿色发展理念深入人心。

章末案例　中欧“焦炭大战”

中国与欧盟之间经常性爆发颇富戏剧性的“焦炭大战”。焦炭是钢铁生产的中间投入品，同时炼焦生产过程会对当地造成严重的环境污染。在长期“奖出限入”的政策影响下，中国的焦炭出口以量取胜，过低的环境成本带来的出口优势却侵害了外国焦炭行业的利益。

在这种背景下，欧盟焦炭生产企业于1999年向欧盟委员会提起反倾销诉讼，欧盟决定于2000年12月开始对中国的焦炭征收为期5年的反倾销税。后来，迫于国内环境压力，中国取消了焦炭出口退税，并于2004年实施了焦炭出口许可证制度，将焦炭出口配额从1 200万吨降至900万吨。这显然会损害外国的社会福利。

因此，欧盟指责中国这一举措违反了WTO“非歧视原则”，不但中止了对中国焦炭原有的反倾销措施，更声称拟向WTO提出申诉。这显然也触动了欧盟下游钢铁厂商的利益。根据《中国经济周刊》2004年6月15日题为《三年的博弈：中欧焦炭之争症结难解》的报道，当中国对焦炭实施出口配额政策后，欧盟的钢铁企业纷纷指责中国限制焦炭出口，导致国际焦炭价格上扬；在钢铁企业的巨大压力下，欧盟继而要求中国放宽焦炭出口限制，中欧焦炭贸易因此摩擦不断。迫于压力，中国最终与欧盟达成妥协协议，上调了出口配额，出口配额政策难以达到预期政策目标。

欧盟对中国焦炭贸易的政策反复，固然是出于欧盟自身经济利益的考虑，但其中也存在值得我们反思之处。作为WTO的成员，中国声称对“两高一资”产品的出口限制措施是遵守了WTO的“环境例外”条款，但由于中国在限制焦炭出口的同时，并没有采取有效措施同步减少国内的焦炭需求和供应，这一方面给欧盟乃至其他国家留下了借口；另一方面不利于中国的环境保护工作，尤其是对于（包含焦炭在内的）生产排污带来较严重环境损害且下游产品市场容量大的中间产品而言，其实用合理征收环境税的办法替代现有的出口配额制效果会更好，既可以通过市场手段矫正资源品价格，使其充分反映环境的稀缺性，发展中国的绿色贸易，又可以使国外在同样进口中国高价资源环境产品的同时，失去起诉中国贸易政策的借口，从而使中国获取比相对现有出口配额政策更高的社会福利水平。

资料来源：邢斐，何欢浪．贸易自由化、纵向关联市场与战略性环境政策——环境税对发展绿色贸易的意义［J］．经济研究，2011，46（5）：111-125.

思考题：

（1）中欧“焦炭大战”说明了什么问题？有什么值得我们反思的吗？

（2）欧盟对中国焦炭贸易政策为什么如此反复？其中中国在博弈中是否取得了主动权？

（3）中国是否可以征收环境税的办法替代现有的出口配额制？这两项环境与贸易政策有何不同？

本章小结

近几十年来，全球贸易量取得了跨越式增长，而自由贸易与环境的关系问题也日趋尖锐。与此相对应的是，贸易与环境问题的相关理论也逐渐发展、不断创新。

生态经济学理论首次将环境和经济作为一个整体进行研究，而且在考虑经济子系统时，要求无论是在代内还是代际，都要注重效率，还应注重分配的公平性；要求不仅要考虑人类的利益，还需关注其他生物，即整个生态圈的利益。

对于贸易与环境的相互作用和影响，国内外学者从不同的角度出发，提出了众多的观点，特别是环保主义者和贸易自由主义者更是产生了激烈的争论。激进的环保主义者认为自由贸易推动了经济增长、专业化以及全球经济的一体化，但可能导致环境恶化；对发展中国家而言，自由贸易的破坏性更为突出。自由贸易主义者则认为，贸易不是产生环境问题的根源，自由贸易不但不与环境相冲突，还可以促进环境保护。目前世界主流经济学观点更倾向于认为自由贸易与环境之间是一种复杂的关系，激进环保主义学派与完全自由贸易学派的两种观点虽然都有其合理的一面，但比较片面。事实上，贸易与环境是相互影响、相互渗透的。

Grossman和Krueger把贸易的环境影响分为三部分：规模效应、结构效应和技术效应，而贸易活动对环境的影响是三种效应之和。此外，国际贸易通过具有环境影响的商品和服务的国际交换来影响环境，被称为商品效应；贸易会影响环境政策和环境标准的制定和实施从而影响环境，被称为规则效应。

根据环境库兹涅茨曲线，人均收入和环境退化之间存在一个倒U形关系，即在一国经济发展初期，污染水平会随着经济增长和收入提高而提高；当人均收入增长到一定水平后出现转折点，环境问题逐渐得到改善。

从理论上来说，环境成本内在化理论是协调环境与贸易关系的根本途径。假如能够消除环境成本外在化的问题，使产品的价格包含环境成本，实现环境成本内在化，那么在正确价格信号的引导下，市场就可以有效地配置环境资源，从根源上解决环境退化问题。这样，贸易活动不会带来对环境的负外部性，贸易与环境之间的冲突也就化解了。环境成本内在化的核心是污染者付费原则（Polluters Pay Principle，PPP）。污染者付费原则要求污染者对其所造成的环境后果负责，支付污染治理成本。这一原则是制定环境政策的基本经济原则，目前已经被大多数国家作为制定国内环境政策的理论基础。环境成本内部化的主要方法有征收庇古税和产权管理。这些手段从理论上说是可行的，但是由于环境的整体性和公共性，具体实施中存在一些问题。

专业词汇

贸易的环境效应模型　贸易与环境的南北模型　环境库兹涅茨曲线　经济外部性　环境成本内在化　污染者付费　庇古税　科斯定理　产权管理　波特假说　生态产品价值

思考题

一、多项选择题

1.以下属于保护贸易主义的有（　　）。

A.绝对优势理论　　B.相对优势理论　　C.要素禀赋理论　　D.重商主义

2.以下属于环境经济学理论基础的有（　　）。

A.西方经济学　　B.福利经济学　　C.效用理论　　D.外部性理论

3.Grossman和Krueger将国际贸易对环境的影响分解为（　　）三种效应。

A.规模效应　B.结构效应　C.技术效应　D.商品效应

4.以下属于环境库兹涅茨曲线类型的有（　）。

A.倒U形　B.同步　C.U形　D.N形

5.环境经济学使用的方法有（　）。

A.边际分析法　B.均衡分析法　C.影子价格法　D.机会成本法

二、判断题

1.“两优相较择其重，两劣相较取其轻”的观点来自绝对优势理论。（　）

2.环境经济学和生态经济学为可持续发展经济学奠定了重要理论基础。（　）

3.庇古税对外部不经济有矫正功效。（　）

4.Chichilnisky讨论了当产权界定不明时自由贸易对资源和环境的影响。（　）

5.环境成本内在化理论是协调环境与贸易关系的根本途径。（　）

三、简答题

1.环境保护主义者与贸易自由化学者在理论上有什么争论？

2.环境与贸易之间的关系有什么复杂性？

3.贸易的环境效应模型有何合理性？

4.如何运用贸易与环境的南北模型以及环境EKC分析中国贸易与环境的关系？

5.环境成本内在化理论是否可以协调环境与贸易的关系？

四、论述题

1.运用相关理论分析中国碳中和：如何引领全球气候治理和绿色转型。

2.贸易对环境有害吗？

3.何为“污染天堂”？

本章参考文献

[1] 王东杰，姜学民，杨传林．论生态经济学与环境经济学的区别与联系［J］．生态经济，1999（4）：27-29.

[2] 朱雅丽，陈艳．可持续发展：资源环境经济学与生态经济学的视角差异［J］．生态经济（学术版），2010（1）：41-44.

[3] 潘义勇．产权经济学［M］．广州：暨南大学出版社，2008：19.

[4] 贾娜．产权理论研究综述［J］．法制与社会，2010（21）：18；30.

[5] 彭本利，李爱年．论排污权交易的理论基础［J］．商业时代，2013（8）：104-106.

[6] 陈俊杰．基于科斯定理的产权思辨［J］．经济论坛，2012（3）：173-176.

[7] 乔立群．环境产权论［J］．环境，2011（S2）：33-37.

[8] 吕晓斌，郭凤典．环境产权的经济分析［J］．特区经济，2008（7）：241-242.

[9] 赵锦辉．庇古税：理论与应用［J］．湖南科技学院学报，2008（10）：111-112；126.

[10] 司言武．环境税经济效应研究：一个理论综述［J］．社会科学战线，2009（6）：113-118.

[11] 方时姣．生态环境要素禀赋论与国际贸易理论的创新［J］．内蒙古财经学院学报，2004（1）：97-99.

［12］王玉婧. 融入环境要素的比较优势理论探讨［J］. 贵州财经学院学报，2010（3）：31-35.

［13］BAUMOL W J，OATES W E. The theory of environmental policy［M］. Massachusetts：Cambridge University Press，1999：127-128.

［14］丛海彬，邹德玲. 国际贸易中的环境成本内在化分析［J］. 经济论坛，2006（21）：52-53.

［15］俞海山. 国际贸易环境影响效应分析［J］. 经济理论与经济管理，2006（8）：71-75.

［16］徐凯. 国际贸易环境效应的研究综述［J］. 中国商贸，2010（17）：180-181.

［17］GROSSMAN G M，KRUEGER A B. Environmental impacts of a North American Free Trade Agreement［R］. CEPR Discussion Papers，1992，8（2）：223-250.

［18］米增渝. 西方贸易与环境理论的演化及新发展［J］. 中国农业大学学报（社会科学版），2006（3）：58-62.

［19］COPELAND B R，TAYLOR M S. North - South trade and the environment［J］. Quarterly Journal of Economics，1994，109（3）：754-787.

［20］王玉婧. 环境成本内在化、环境规制与贸易和环境的协调［D］. 长沙：湖南大学，2008：6.

［21］COPELAND B R，TAYLOR M S. Trade and transboundary pollution［J］. American Economic Review，1995，85（4）：716-737.

［22］COPELAND B R，TAYLOR M S. Free trade and global warming：A trade theory view of the Kyoto Protocol［J］. Journal of Environmental Economics and Management，2005，49（2）：205-234.

［23］CHICHILNISKY G. North-South trade and the global environment［J］. American Economic Review，1994，84（4）：851-874.

［24］BRANDER，JAMES，TAYLOR S. International trade between consumer and conservationist countries［J］. Resource and Energy Economics，1997，19（4）：267-97.

［25］SHAPIRO J S. Trade costs，CO_2，and the environment［J］. American Economic Journal：Economic Policy，2016，8（4）：220-254.

［26］MELITZ M J. The impact of trade on intra - industry reallocations and aggregate industry productivity［J］. Econometrica，2003，71（6）：1695-1725.

［27］FORSLID R，OKUBO T，ULLTVEIT-MOE K H. International trade，CO_2 emissions and heterogeneous firms［R］. CEPR Discussion Paper，No.8583，2011.

［28］RIKARD F，OKUBO T，ULLTVERT-MOE K H. Why are firms the export cleaner? International trade，abatement，and environmental emissions［J］. Journal of Environmental Economics and Management，2018（91）：166-183.

［29］KREICKEMEIER U，RICHTER P M. Trade and the environment：The role of firm heterogeneity［J］. Review of International Economics，2014，22（2）：209-225.

［30］BARROWS G，OLLIVIER H. Does trade make firms cleaner? Theory and evidence from Indian manufacturing［R］. Job Market Paper，2014.

[31] COLE M A, ELLIOTT R J R, OKUBO T. International environmental outsourcing [J]. Review of World Economics, 2014, 150 (4): 639-664.

[32] SHAPIRO J S, WALKER R. Why is pollution from U.S. manufacturing declining? The roles of trade, regulation, productivity, and preferences [R]. The National Bureau of Economic Research, Working Paper, No.20879, 2015.

[33] BARROWS G, OLLIVIER H. Cleaner firms or cleaner products? How product mix shapes emission intensity from manufacturing [J]. Journal of Environmental Economics and Management, 2018 (88): 134-158.

[34] GROSSMAN G M , KRUEGER A B. Environmental impacts of a North American Free Trade Agreement [R]. CEPR Discussion Papers, 1992, 8 (2): 223-250.

[35] 李玉文，徐中民，王勇，等. 环境库兹涅茨曲线研究进展 [J]. 中国人口・资源与环境，2005 (5): 11-18.

[36] 钟茂初，张学刚. 环境库兹涅茨曲线理论及研究的批评综论 [J]. 中国人口・资源与环境，2010，20 (2): 62-67.

[37] COLE M A. Trade, the pollution haven hypothesis and the environmental Kuznets curve: Examining the linkages [J]. Ecological Economics, 2004, 48 (1): 71-81.

[38] MURADIAN R, MARTINEZ-ALIER J. Trade and the environment: From a southern perspective [J]. Ecological Economics, 2001, 36 (2): 281-297.

[39] LOPEZ R. The environment as a factor of production: The effects of economic growth and trade liberalization [J]. Journal of Environmental Economics, 1994 (27): 163-184.

[40] COPELAND B R, TAYLOR M S. Trade, growth and the environment [J]. Journal of Economic Literature, 2004, (42): 7-71.

[41] DINDA S. Environmental Kuznets Curve Hypothesis: A survey [J]. Ecological Economics, 2004, 49 (4): 431-455.

[42] MARKANDYA A, GOLUB A, PEDROSO-GALINATO S. Empirical analysis of national income and SO_2 emissions in selected European countries [J]. Environmental and Resource Economics, 2006, 35 (3): 221-257.

[43] YIN J, ZHENG M, CHEN J. The effects of environmental regulation and technical progress on CO_2 Kuznets curve: An evidence from China [J]. Energy Policy, 2015 (77): 97-108.

[44] 虞依娜，陈丽丽. 中国环境库兹涅茨曲线研究进展 [J]. 生态环境学报，2012 (12): 2018-2023.

[45] 贾惠婷. 能源效率、产业结构与环境库兹涅茨曲线——基于中国省际数据的实证分析 [J]. 企业经济，2013 (4): 28-32.

[46] 余瑞祥，杨刚强. 我国工业化进程中 SO_2 污染的环境库兹涅茨曲线特征分析 [J]. 煤炭经济研究，2006 (7): 4-8.

[47] 林伯强，蒋竺均. 中国二氧化碳的环境库兹涅茨曲线预测及影响因素分析 [J]. 管理世界，2009 (4): 27-36.

[48] 许广月，宋德勇. 中国碳排放环境库兹涅茨曲线的实证研究——基于省域面板

数据［J］. 中国工业经济，2010（5）：37-47.

［49］胡宗义，刘亦文，唐李伟. 低碳经济背景下碳排放的库兹涅茨曲线研究［J］. 统计研究，2013，30（2）：73-79.

［50］李秀香，潘晓倩. 影响我国环境库兹涅茨曲线的外贸与环境政策分析［J］. 当代财经，2007（11）：78-84.

［51］吴汉嵩. 国际贸易环境问题的经济学分析［J］. 湖北教育学院学报，2006（9）：53-56.

［52］朱波涛. 环境成本内在化对国际贸易理论与政策的影响［J］. 北方经贸，2006（3）：8-9.

［53］高珊珊，和贵红. 环境成本内化对国际贸易理论的影响［J］. 商业文化（学术版），2007（10）：195.

［54］兰天. 贸易与跨国界环境污染［M］. 北京：经济管理出版社，2004：165.

［55］EDERINGTON J，LEVINSON A，MINIER J. Trade liberalization and pollution havens［J］. Advances in Economic Analysis & Policy，2004，4（2）：1-22.

［56］TAYLOR M S. Unbundling the pollution haven hypothesis［J］. Advances in Economic Analysis & Policy，2004，4（2）：1-26.

［57］HE J. Pollution haven hypothesis and environmental impacts of foreign direct investment：The case of industrial emission of sulfur dioxide（SO_2）in Chinese provinces［J］. Ecological Economics，2006，60（1）：228-245.

［58］SMARZYNSKA B K，WEI S J. Pollution havens and foreign direct investment：Dirty secret or popular myth?［J］. Contributions to Economic Analysis and Policy，2004，3（2）：1-32.

［59］COLE M A，ELLIOTT R J R，OKUBO T. International environmental outsourcing［J］. Review of World Economics，2014，150（4）：639-664.

［60］刘和旺，向昌勇，郑世林. "波特假说"何以成立：来自中国的证据［J］. 经济社会体制比较，2018（1）：54-62.

［61］PORTER M E，LINDE C. Towards a new conception of the environment - competitiveness relationship［J］. Journal of Economic Perspectives，1995，4（4）：97-118.

［62］BRUNNERMEIER S B，COHEN M A. Determinants of environmental innovation of environment［J］. Economics and Management，2003，45（2）：278-293.

［63］LANJOUW J O，MODY A. Innovation and the international diffusion of environmentally responsive technology［J］. Research Policy，1996，25（4）：549-71.

［64］HAMAMOTO M. Environmental regulation and the productivity of Japanese manufacturing industries［J］. Resource and Energy Economics，2006，28（4）：299-312.

［65］LANOIE，et al. Environmental policy innovation and performance：New insights on the Porter Hypothesis［J］. Journal of Economics & Management Strategy，2011，20（3）：803-842.

［66］BOYD G A，MCCLELLAND J D. The impact of environmental constraints on productivity improvement in integrated paper plants［J］. Journal of Environmental Economics &

Management，1999，38（2）：121-42.

［67］李强，聂锐．环境规制与区域技术创新——基于中国省际面板数据的实证分析［J］．中南财经政法大学学报，2009（4）：18-23.

［68］孙学敏，王杰．环境规制、引致性研发与企业全要素生产率——对“波特假说”的再检验［J］．西安交通大学学报（社会科学版），2016，36（2）：10-16.

［69］李廉水，徐瑞．环境规制对中国制造业技术创新的影响研究［J］．河海大学学报（哲学社会科学版），2016，18（3）：32-37.

［70］石敏俊．生态产品价值实现的理论内涵和经济学机制［N］．光明日报，2020-08-25（2）.

［71］邵琛霞．从保护到经营：美国湿地保护交易制度及其启示［J］．中国土地科学，2014，28（1）：68-74.

［72］李想，王丽．欧美生态产品价值实现机制及启示［N］．中国绿色时报，2021-03-03（3）.

［73］李忠，党丽娟．生态产品价值实现的国际经验与启示［J］．资源导刊，2019（9）：52-53.

［74］刘金森，孙飞翔，李丽平．美国湿地补偿银行机制及对我国湿地保护的启示与建议［J］．环境保护，2018，46（8）：75-79.

［75］郑新立．促进生态产品价值实现的四个路径［N］．经济日报，2020-12-22（11）.

第三章 国际社会解决贸易与环境问题的原则方法

导读

在环境问题尚未随着经济贸易走向全球一体化时，各国在进行国际贸易往来过程中对环境保护态度各异，行动不均衡。环保意识较强的国家，总是试图利用贸易措施来影响其他国家的环境政策，或者以保护环境为名，高筑贸易壁垒，以保护本国的利益。而随着贸易全球化发展不断深入，单个国家的水、大气、固体废弃物、噪声等环境问题也开始逐步发展成全球性的环境问题，如臭氧层破坏、全球变暖、生物多样性破坏等。所以，越来越多的国家开始更加倾向于以国际合作的方式来协调和解决国际贸易与环境问题。如各国政府达成的有关臭氧消耗、气候变化、生物多样性、固体废弃物跨国界转移等多项多边协定，都是与贸易密切相关的内容。天人合一环保观、改进了的宗教环保观、西方非人类中心主义环保观或是从道德修养上，或是从精神境界上，或是从自然界的权利、利益和价值上寻求环境破坏的原因和解决方法，虽有一定道理，但都不是最根本的。只有用历史唯物主义才能找到答案。价值观的改变虽然能够起到一定作用，各种环保组织、绿党的工作及各国的环保工作和国际合作确实起到很大成效。

本章主要学习目的是要熟悉和掌握国际社会解决贸易与环境问题的规则、通常采用的手段和方式，以此让大家逐步了解并把握贸易与环境问题的国际合作环境、规则和机制，以及解决方案的发展趋势、存在的问题与不足。

章首案例　麦氏金枪鱼案

麦氏金枪鱼（SBT）是一个处于濒危境地的物种。1993 年 5 月 10 日，日本、澳大利亚、新西兰三国签署了《保护麦氏金枪鱼条约》（CCSBT），成立了麦氏金枪鱼保护委员会，三国在此框架下协商确定每一年度渔期的麦氏金枪鱼总可捕量（TAC）和三国配额。1998 年，日本开始单方面实施了“试验捕鱼规划”（EFP）捕捞麦氏金枪鱼，由此产生了日、澳、新三国之间的争端。

新西兰和澳大利亚于 1999 年 7 月 30 日就与日本麦氏金枪鱼争端请求法庭规定临时措施。威廉姆斯律师在代表澳大利亚的陈述意见中指出，日本单方面试验捕捞麦氏金枪鱼的行为，违反了《联合国海洋法公约》（UNCLOS）第 64 条“高度洄游鱼种合作养护”和第 116 至 119 条“公海生物资源的养护和管理、合作采取养护措施”的规定。如果法庭认可了日本的做法，将置未来的公海资源包括麦氏金枪鱼的保护于危险的境地。

1999 年 8 月 9 日，日本对此作出回应，要求法庭驳回澳、新两国提出的请求，并提出了一项临时措施的反请求。在日方的陈述意见中，首先认为该争端与《联合国海洋法公约》无关，而只关系到 1993 年三个当事国签署的《保护麦氏金枪鱼条约》，否认国际海洋法庭的管辖权。其次，日方还认为日本对于麦氏金枪鱼的保护做出了贡献，日本的“试验捕鱼规划”对于消除科学不确定性是有效的工具，并且现今不存在一个其他的可替代的方法，麦氏金枪鱼保护委员会内也有独立的科学家来解决成员国之间的技术争端。可见，日本对于其实施的“试验捕鱼规划”进行了辩护，认为这是一个科学而不是法律问题。

1999 年 8 月 27 日，法庭经过审理，规定了如下临时措施：各方保证不采取可能使提交仲裁庭的争端激化、扩大的行动；各方保证不采取任何可能损害执行仲裁庭就实质问题作出裁决的行动；各方保证每年的实际捕鱼量不能超过其先前同意的捕捞配额；在计算 1999 年与 2000 年的捕捞量时，在不损害仲裁庭裁决的情况下，1999 年的捕捞量应作为“试验捕鱼规划”的一部分；除经其他各方的同意，不得从事针对麦氏金枪鱼的“试验捕鱼规划”；为了就养护和管理麦氏金枪鱼的措施达成协议，各方应立即恢复谈判；为保护资源，促进资源的最优化利用的目的，各方应努力与其他捕捞麦氏金枪鱼的国家与渔业实体达成协议。

从公约的角度来看，与本案有关的条款也强调了成员之间的合作义务。例如，UNCLOS 第 64 条第 1 款规定，沿海国和其他国家（其国民在沿海国区域内从事捕捞）应进行合作。第 117 条规定，所有国家均有义务为各该国国民采取，或与其他国家合作采取养护公海生物资源的必要措施。第 118 条规定，各国应在适当的情形下互相合作以养护和管理公海区域内的生物资源，以设立分区域或区域渔业组织。

案件的裁定一再强调合作义务在国际环境法领域的重要性。合作原则在司法实践中的明确，无疑更增强了其在实践中的地位。

资料来源：张海玲. 试从麦氏金枪鱼案论国际海洋法中的临时措施［J］. 天府新论，2008（B6）：150-151.

案例思考：

（1）通过案例你是否了解了解决环境保护包括生物多样性保护问题的主要途径有哪些？主要原则又是怎样的？

（2）你是否支持日本单方面实施的“试验捕鱼规划”，并捕捞麦氏金枪鱼进行试验？

（3）解决该类贸易与环境问题的难点有哪些？

从20世纪70年代以来，一些国际组织、区域经贸集团、国际论坛，如联合国、OECD、NAFTA、IISD（加拿大国际可持续发展研究院）等，对贸易与环境问题进行了深入的研究，并从各自不同的角度提出了解决问题的原则和方法，其中有些做法已被广为接受，并普遍实施，如OECD的污染者付费原则。

第一节 国际组织解决贸易与环境问题的基本原则

一、联合国解决贸易与环境问题的原则

（一）联合国环境保护行动

20世纪中叶以前，人们并未提出环境保护的概念。20世纪50年代以后，日、美等国家出现了反污染运动，但仍比较狭义地把环境保护理解为局部问题，并只强调对“三废”的治理。

20世纪60年代，美国的莱切尔·卡逊在《寂静的春天》一书中指出，农药污染会导致生态危机。《寂静的春天》1962年在美国问世时，成为一本很有争议的书。它那惊世骇俗的关于农药危害人类环境的预言，不仅受到与之利害攸关的生产与经济部门的猛烈抨击，而且强烈震撼了社会广大民众。《寂静的春天》犹如旷野中的一声呐喊，正是这声深沉的呐喊，唤醒了人类沉睡的良知，改变了历史发展的进程。因此，该书问世标志着人类开始反思经济发展与环境保护的关系问题，标志着人类环保运动的兴起。

20世纪70年代初，由芭芭拉·沃德、勒内·杜博斯著的《只有一个地球》，提出环境问题是全球性问题、社会经济问题。

至此，国际社会加强了对人与自然共同生存与和谐发展问题的探索。尤其联合国及其相关机构召开了一系列环境会议，发布了一系列关于环境问题的宣言和文件。例如，1949年8月，联合国在纽约召开了“联合国资源保护和利用大会”；1955年，联合国在罗马召开了第一届“国际海洋生物资源保护技术大会”；1958年，联合国在日内瓦召开了联合国海洋会议，签署了《公海公约》和《公海生物资源捕捞和养护公约》；1968年9月，联合国教科文组织在巴黎召开了“政府间合理利用与保护生物圈科学基础专家会议”等。

联合国召开的环境问题的大会有三次具有划时代意义和里程碑性质。第一次是1972年在斯德哥尔摩召开的人类环境会议。这次会议标志着人类对环境问题的觉醒，以及世界各国由此走上了保护和改善生态环境的艰难而漫长的合作历程。会议通过了划时代的历史性文献《人类环境宣言》，申明：人类有权享有良好的环境，也有责任为子孙后代保护和

改善环境；各国有责任确保不损害其他国家的环境；环境政策应当增进发展中国家的发展潜力。这次大会使环境保护成为全球的共同行动。

第二次是1992年在里约热内卢召开的人类环境与发展大会。这次会议增强了人类对环境问题认识的广度和深度，而且把环境问题与经济、社会发展结合起来，找到了在发展中解决环境问题的正确道路，即被普遍接受的“可持续发展战略”，实现了人类认识和处理环境与发展问题的历史性飞跃，提出了人类保护环境的一些共识和基本原则。会议通过了有关环境与发展方面国家和国际行动的指导性文件《里约环境与发展宣言》（简称《里约宣言》），还通过了为各国领导人提供下一世纪在环境问题上战略行动的文件——《21世纪议程》（Agenda 21）。

第三次是2002年9月在约翰内斯堡召开的可持续发展世界首脑会议。这次会议再次深化了人类对可持续发展的认识，确认经济发展、社会进步与环境保护三者之间相互联系、相互促进，共同构成可持续发展的三大支柱。这次大会也是第一届可持续发展世界首脑会议（World Summit on Sustainable Development，WSSD），会议全面审查和评价了《21世纪议程》的执行情况，重振了全球可持续发展的伙伴关系。

上述三次会议以其标志着人类为保护共同家园、实现人与自然和谐发展做出的共同努力而载入人类文明发展的史册。

此后，联合国以及其他国际组织不断签署国际公约和协定，对人类的环境保护行动进行约束。20世纪70年代到90年代，在联合国主持下签署了《伦敦倾倒公约》《国际防止船舶污染公约》《保护臭氧层维也纳公约》《控制危险废物越境转移及处置巴塞尔公约》等国际公约，仅环境规划署登记的就有100多项环境公约和附加议定书。目前涉及环境问题的国际公约、多边协定已超过200项。大多数国际环境公约或多边协定已经明确规定以贸易限制措施作为实现环境保护目标的手段，直接以贸易保护实现环境保护目标的有20多项。

值得强调的是，在全球化不断深入发展的今天，环境问题的解决、环境观念的传播与转变、环境伦理的深入不再只是某一个人、某一个团体、某一个国家的事情，它是全人类的工作。正如前联合国环境规划署执行主任Klaus Toepfer先生指出的：“我们需要完善并促进一种可以持续生存的道德观念，并传达一个面向世界的重要信息：人类必须在地球承载能力范围内生活。如果我们不能持久地和节俭地使用地球上的资源，我们将毁灭人类的未来。我们必须尊重自然的限度，并采用在该限度内行得通的生活方式和发展道路。”[2]

专栏 3-1　20 世纪三大环境宣言

一、1972 年《人类环境宣言》（世界首次召开的“联合国人类环境会议”宣言）

联合国人类环境会议于 1972 年 6 月 5—16 日在斯德哥尔摩召开，有 113 个国家的 1 300 多名代表参加。中国出席了此会。这是世界各国政府代表第一次坐在一起讨论环境问题，讨论人类对于环境的权利与义务的大会。

会议的目的：促使人们和各国政府注意人类的活动正在破坏自然环境，并对人类的生存和发展造成严重的威胁。

会议的希望：鼓励和指导各国政府和国际机构采取保护和改善环境的行动，并要求各国政府、联合国机构和国际组织在采取具体措施解决各种环境问题方面进行合作。

会议通过了划时代的历史性文献《人类环境宣言》，郑重申明：人类有权享有良好的环境，也有责任为子孙后代保护和改善环境；各国有责任确保不损害其他国家的环境；环境政策应当增进发展中国家的发展潜力。

会议警告说："在现代，人类改造其环境的能力，如果明智地加以使用的话，可以给各国人民带来开发的利益和提高生活质量的机会。如果使用不当或轻率地使用，这种能力就会给人类和人类环境造成无法估量的损害。"

会议还通过了将每年的 6 月 5 日作为"世界环境日"的建议。

会议把生物圈的保护列入国际法之中，成为国际谈判的基础，而且第三世界国家成为保护世界环境的重要力量，使环境保护成为全球的一致行动，并得到各国政府的承认和支持。

在会议的建议下，成立了联合国环境规划署，总部设在肯尼亚首都内罗毕。

二、1982 年《内罗毕宣言》

为了纪念联合国人类环境会议 10 周年，促使世界环境的好转，国际社会于 1982 年 5 月 10—18 日在内罗毕召开了人类环境特别会议，并通过了《内罗毕宣言》。在充分肯定了《人类环境宣言》的基础上，针对世界环境出现的新问题，提出了一些各国应共同遵守的新的原则。

《内罗毕宣言》指出了进行环境管理和评价的必要性，以及环境、发展、人口与资源之间紧密而复杂的相互关系。宣言指出：只有采取一种综合的并在区域内做到统一的办法，才能使环境无害化和社会经济持续发展。

宣言告诫，人类因为贫困和浪费都会过度开发其环境，必须用计划手段予以调节。

宣言反对核战争的威慑和军备竞赛，反对种族歧视和殖民主义。这对人类环境会有极大的好处。

三、1992 年《里约环境与发展宣言》(世界首次"环境与发展大会"宣言)

1992 年 6 月 3—4 日，"联合国环境与发展大会"在巴西里约热内卢举行。183 个国家的代表团和联合国及其下属机构 70 个国际组织的代表出席了会议，102 位国家元首或政府首脑亲自与会。

与 1972 年旨在唤醒人们的环境意识的斯德哥尔摩人类环境会议相比，这次会议不但增强了对环境问题认识的广度和深度，而且把环境问题与经济、社会发展结合起来，树立了环境与发展相互协调的观点，找到了在发展中解决环境问题的正确道路，即被普遍接受的"可持续发展战略"。

会议通过了《里约环境与发展宣言》。这是一个有关环境与发展方面国家和国际行动的指导性文件。它确定了可持续发展的观点，第一次在承认发展中国家拥有发展权利的同时，制定了环境与发展相结合的方针。

这次会议还通过了为各国领导人提供下一世纪在环境问题上战略行动的文件《21 世纪议程》和《关于森林问题的原则声明》，声明认为出于经济、生态、社会和文化的原因，持续管理森林是重要的。

会议签署了旨在防止全球气温变暖的《气候变化框架公约》和推动保护生物多样性的《生物多样性公约》。李鹏总理代表中国政府签署了这两份公约。《气候变化框架公约》呼吁各国将造成温室效应的二氧化碳等气体的排放量限制在最低水平。

会议上，非政府环保组织通过了《消费和生活方式公约》，认为商品生产的日益增多，引起自然资源的迅速枯竭，造成生态体系的破坏、物种的灭绝、水质污染、大气污染、垃圾堆积。因此，新的经济模式应当是大力发展满足居民基本需求的生产，禁止为少数人服务的奢侈品的生产，降低世界消费水平，减少浪费。

资料来源：中国生态系统研究网. 20世纪三大环境宣言［EB/OL］.［2020-08-28］. http//www.cern.ac.cn/7xsdt/detail.asp?channelid1=150110&id=2705.

（二）联合国的主要原则概述

联合国的环境保护原则主要体现在1972年斯德哥尔摩人类环境会议所达成的共识和1992年里约热内卢环境与发展大会所确定的行动纲领中。

1972年联合国人类环境会议把人们对环境问题的认识提高了一大步，指出人类面临着各种环境污染和生态破坏，揭示了两者的内在联系，并提出了解决的途径。会议所发表的《人类环境宣言》庄严宣布："保护和改善人类环境是关系到全世界各国人民的幸福和经济发展的重要问题，也是全世界各国人民的迫切愿望和各国政府的责任。"从此，环境保护开始得到世界人民和各国政府的重视。《人类环境宣言》达成6项共识和26项基本原则。6项共识包括：人类是环境的产物，也是环境的塑造者；保护和改善环境是各国政府应尽的责任；人类改造自然的能力增强了，但破坏也增多了；发展中国家的环境问题是由发展不足造成的；保护和改善环境是人类共同目标；实现环境目标需要国际环境合作。26项原则包括5个方面：（1）对环境权利和保护环境义务的规定；（2）保护和合理利用地球资源的要求；（3）处理好环境保护与经济发展的关系；（4）对各国应采取的环境保护措施的建议；（5）调整环境保护国际关系的原则。

此次会议还发表了《人类环境行动计划》，共109项行动建议，包括环境评价、环境管理和支持措施等诸多方面。

1992年6月3—4日，"联合国环境与发展大会"在巴西里约热内卢举行，会议通过了《里约宣言》，成为有关环境与发展方面国家和国际行动的指南，宣布了环境与发展的27条原则，包括"发展权""新全球伙伴关系"等问题。会议还在《人类环境行动计划》的基础上，发表了人类保护环境的共同行动纲领《21世纪议程》。《21世纪议程》内容包罗万象，共4部分、40章、1 418条，主要涉及经济社会、资源养护和管理、加强非政府组织和其他社会团体的作用，以及环境保护应实施的措施等方面。

总的来看，联合国环境保护以及贸易与环境协调发展的基本原则，可以概述如下：

首先，联合国环境保护的基本原则主要包括：可持续发展原则、尊重国家主权原则、不损害他国环境和各国管辖范围以外环境原则、共同但有区别的责任原则、损害预防原则、国际合作原则、共享共管全球共同资源原则及和平解决国际环境争端原则等八大原则。

其次，联合国关于贸易与环境协调发展的基本原则主要体现在《里约宣言》的第12、14、16和19款原则中：为环境目的而采取的贸易措施不应该成为歧视手段和伪装的限制；应合作阻止造成环境严重退化或危害人类健康的活动迁移或转让到他国；努力促进内部承担环境费用；向可能受到影响的国家预先和及时提供通知和有关资料。

二、其他国际组织解决贸易与环境问题的原则

（一）OECD的原则

经济合作与发展组织（OECD，简称经合组织）成立于1961年，其主要目标是为可持续的经济增长和就业、生活水平的提高以及自由贸易提供政策服务。早在20世纪70年代初，经合组织就已经认识到环境问题是其成员国公共政策关心的焦点之一。这一共识使得经合组织在1971年成立了环境委员会（即如今的环境政策委员会）和经合组织环境局。经合组织国家环境部长们于2001年通过了《经合组织二十一世纪头十年环境战略》。环境战略阐述了衡量环境可持续性的4个标准，并且制定了5个主要的战略目标。

4个标准主要包括：（1）有效地利用可再生资源，而且从长远看其利用水平应与其再生能力相符；（2）有效地利用不可再生资源，而且其利用水平应控制在能被可再生资源或其他形式的资本替代的水平上；（3）向环境排放有害物质或污染环境的物质不应超过其自净能力，其浓度应低于为保障人类健康和环境所规定的限度；（4）应避免人类活动对生态系统造成不可逆的负面影响，应保护能够维持或恢复生态系统完整性的自然过程。

5个战略目标主要包括：（1）通过对自然资源进行有效管理来维持生态系统的完整性；（2）将经济增长和环境压力分开；（3）改进决策信息——通过一套指标体系来衡量进步；（4）社会与环境相互作用——提高生活质量；（5）全球环境相互依存——加强管理与合作。

经合组织有关环境政策的早期里程碑首推1972年经合组织委员会提出的具有历史意义的“污染者付费原则”（PPP原则）的政策建议及与之相补充的“使用者付费原则”。这一原则是经合组织近几十年来推广的一系列原则之一，以促进环境政策和经济政策相结合。污染者付费原则主要是指污染者应承担其自身的环境保护费用，从而达到政府提出的可以接受的环境质量要求。换言之，若商品和服务的生产和/或消费产生污染，那么环境保护费用应包括在这些商品和服务的生产和/或消费成本中。这些措施不应成为严重扭曲国际贸易和投资的补贴。这也主要是为了避免很多政府为增强工业的国际竞争力而为工业提供控制污染补贴的行为。

其他原则包括协调原则、国民待遇和非歧视原则以及不允许实行补偿性进口税和出口补贴原则。协调原则并不是指标准和政策的统一，而是增强相容性，包括行政程序的一致、数据的多边使用等。国民待遇和非歧视原则是指涉及污染型产品的贸易措施要符合国际贸易的这一基本原则。不允许实行补偿性进口税和出口补贴原则，与第一条原则相关，是指污染控制在生产环节，而不是消费环节。

这些原则一直在全球环境保护以及贸易与环境协调发展等方面起到了积极而有效的引导和约束作用。但是OECD的贸易与环境指导原则也存在一些疏漏。比如，多边环境协议中贸易政策的规定是国家一级的，而贸易多边协议中的贸易政策是全球协调的，甚至是国际规则，那么两者该如何协调并没有明确规定。再如，OECD的相关规定只是提到环境政策对贸易的影响，而未提到贸易政策对环境的影响。此外，这些原则在何种程度上可以适用于发展中国家，也没有明确的提法。

(二) 加拿大国际可持续发展研究院（IISD）的原则

1994年，加拿大国际可持续发展研究院的《贸易与可持续发展原则》提出了贸易与环境协调发展的七大原则。[4]

1.效率和成本内部化原则

效率是指以最少的资源达到既定产量的产出或以既定的资源取得最大的产出。贸易自由化的目的是提高效率。环境成本内部化对取得效率至关重要。随着环境成本逐渐内部化，包括贸易在内的所有经济活动将对增进资源的有效利用做出贡献。“污染者付费原则”和消除导致价格扭曲的贸易壁垒，有助于实现成本的内部化。但该原则似乎未认识到特殊情况实行环境补贴的合理性。

2.公平性原则

公平性指物质和自然资本既在当代又在以后的世世代代公平分配，在转向持续发展阶段的过渡时期主要是发达国家应承担额外的义务，因其过去使用资源的方式制约了当代人尤其是发展中国家的当代人的合理选择，贸易自由化可通过消除对发展中国家有害的贸易壁垒，从而达到更加公平的目的。

3.环境完整性原则

贸易与发展应重视和有助于维持环境的完整性，这涉及人类活动对生态系统影响的认识。需要重视各种对生态系统再生能力的制约因素，采取行动避免对动植物种产生不可改变的损害，应保护有价值的地区。

4.属地管理优先原则

根据问题的性质，环境行动将在不同的管辖范围内采取。考虑到有效性，最低管辖层次的单位应有优先权。国际政策只有在比单个国家或一国管辖范围内采取的行动更有效的条件下采取。环境政策反映环境条件和发展优先领域的差别，这导致国家内或不同类别国家之间的不同环境标准。在缺乏受影响的国家自愿接受的协议或环境影响仅局限于国内管辖范围的前提下，其他国家不应使用经济制裁或别的强制性的措施，来试图消除标准的差异。在产生跨越国界的环境影响的条件下，应寻求多边的解决办法。

5.国际合作原则

可持续发展要求加强各种层次的国际合作，包括环境发展与贸易政策。当争议产生时，处理的程序应考虑对环境、发展和经济都有利。最理想的国际合作方式是通过国际发展和环境保护，努力改进全球贸易体系的功能，来避免冲突。需要建立保护发展水平较低国家利益的公开、有效、公正的争端解决程序，而不应由一些发达国家使用强制性的政治和经济力量来解决。

6.科学和预防原则

应积极开发有利于协调贸易环境和发展利益的科学技术，特别是生态科学和复杂系统科学，为许多必要的决定提供基础。因为决策错误将导致严重的后果，应采取预防和适应的方法，寻求在事故发生前发现问题并立即采取措施的途径。

7.开放性原则

保证所有受影响的人都能及时、容易及充分获得信息。公众可以参与决策过程。

第二节
区域经济一体化组织贸易与环境协调发展政策

一、欧盟的贸易与环境协调发展政策

（一）欧盟的环境政策法规

欧洲联盟（欧盟）是由27个会员国[①]组成的政治经济共同体。

1950年5月9日，法国外长罗伯特·舒曼提出欧洲煤钢共同体计划（即舒曼计划），旨在约束德国。1951年4月18日，法、意、联邦德国、荷、比、卢六国签订了为期50年的《关于建立欧洲煤钢共同体的条约》（又称《巴黎条约》）。1957年3月25日，6国外长在罗马签订了建立欧洲经济共同体与欧洲原子能共同体的两个条约，即《罗马条约》，于1958年1月1日生效。1965年4月8日，6国签订了《布鲁塞尔条约》，决定将欧洲煤钢共同体、欧洲原子能共同体和欧洲经济共同体统一起来，统称欧洲共同体，条约于1967年7月1日生效，欧洲共同体正式成立，总部设在比利时布鲁塞尔。1991年12月，欧洲共同体马斯特里赫特首脑会议通过了《欧洲联盟条约》，通称《马斯特里赫特条约》（简称《马约》）。1993年11月1日，《马约》生效，欧盟正式诞生。

从欧共体[②]到欧盟的主要欧洲国家的一体化过程，正是世界处于一个特定的时代，这个时代具有全球性环境问题突出、可持续发展观逐步形成的特点。因此，从欧共体到欧盟，在促进贸易和环境协调发展方面通常都较世界其他国家和区域组织要积极得多，主要体现在其建立的环境政策及法律体系上。目前，环境法已经成为欧盟法律体系的重要组成部分。从欧共体/欧盟环境政策诞生到环境法律的完善，经过了几十年的发展，经历了从各成员国自行规制到共同体法律行动，从以污染控制为主到生态环境保护，从事后治理到事先预防，从国家到区域的整体性行动的过程。欧共体/欧盟环境政策实施至今，虽也有一些争论，但毋庸置疑，自1971年以来，遍布几乎所有环境政策领域的欧共体/欧盟所制定的一系列指令和条例，对全球经济与环境协调发展起到了积极和带动作用。

1972年巴黎首脑会议提出欧共体应当建立共同的环境保护政策框架，此后，分别于1973年、1977年、1983年、1986年、1993年、2000年和2012年制定了7个环境行动规划。[5] 在“欧共体第一个环境行动规划”中，欧共体首次将环境保护纳入共同体其他政策领域，并确立了其未来的政策原则和优先领域，其中的11条原则在后来的行动中一直有效：（1）预防优于挽救；（2）环境影响必须在决策过程中尽早考虑；（3）资源与自然环境的开发要避免造成任何类型的对生态平衡的明显破坏；（4）提高科学水平，以便在此领域内采取有效行动；（5）实施“污染者付费原则”，防止和恢复环境损害的费用必须由污染者承担；（6）在一个成员国进行的活动不能造成另一成员国的环境退化；（7）成员国的环

① 伦敦时间2020年1月31日晚11时，英国正式“脱欧”，至此欧盟成员减少为27个国家。
② 以1993年11月1日欧共体易名欧盟为时间标准，之前（1967年7月1日后）称“欧共体”，之后称“欧盟”。

境政策必须考虑到发展中国家的利益；（8）欧共体及其成员必须推动国际和世界范围的环境保护；（9）环境保护人人有责，必须加强教育；（10）环境保护措施必须在其合适的水平上执行，要考虑污染类型、所需采取的行动和应保护的地理范围；（11）国家环境计划应与其共同的思想基础进行协调，国家政策要与共同体政策一致。

1983年的“欧共体第三个环境行动规划”明确将环境保护问题纳入共同体的其他政策之中。1987年的“欧共体第四个环境行动规划”则对此作了进一步的解释。这表明，欧共体已经在政策层面上明确将环境保护与共同体的其他政策联系在一起，包括将环境保护与贸易政策也联系起来，为共同体的环境贸易措施提供了政策上的基础。1993年，理事会颁布了“欧共体第五个环境行动规划”，特别强调将环境保护的要求优先纳入5个政策领域：工业制造、能源、交通、农业、旅游的共同体政策领域。同时，其对气候变化、城市环境、废物管理等7个方面进行了总结。

2000年的“欧盟第六个环境行动规划”将主题确定为“环境2010：我们的未来，我们的选择”。该行动规划的时间是10年，从2001年1月至2010年12月。在此期间，欧盟提出了5项战略性的行动：加强现行法规的实施，将环境纳入其他政策，加强同市场的密切联系，帮助公民改变不利于环境的行为，在土地使用和管理上充分考虑环境。该规划优先关注以下4个领域：气候变化、生物多样性、环境与健康、资源和废物的可持续管理。考虑到欧盟的扩大，在该行动规划中，规划明确提出将环境纳入欧盟的对外关系，建议就可持续发展问题扩大成员国之间的对话，同非政府组织和成员国企业建立密切联系。同时，在2000年2月，为了高水平地保护环境和人类及动植物的生命健康，欧盟委员会提出了“预防原则”。委员会认为，尽管欧共体条约只有一处提及预防原则，但对该原则应扩大适用，应包括消费政策和人类及动植物的健康。根据委员会的说明，经科学、真实的评估后认为，某产品或工艺存在潜在的危险。尽管评估对这种危险并不确定，欧盟可以使用预防原则，但预防原则不能任意适用。预防原则的适用必须建立在以下3个基本原则上：一是完全的可能性评估，二是对采取行动的后果进行评估，三是确保高度的透明度。在预防原则的适用过程中要充分保持“适度性”，至少要保持环境效益等于或少于其他损失；同时，在适用过程中要坚持“非歧视性”。

2019年12月，新一届欧盟委员会发布《欧洲绿色协议》，以2050年实现碳中和为核心战略目标，构建经济增长与资源消耗脱钩、富有竞争力的现代经济体系。作为支撑欧盟绿色新政的一个重要支柱，2020年3月11日，欧盟发布了新版循环经济行动计划，核心内容是将循环经济理念贯穿产品设计、生产、消费、维修、回收处理、二次资源利用的全生命周期，将循环经济覆盖面由领军国家拓展到欧盟内主要经济体，加快改变线性经济发展方式，减少资源消耗和“碳足迹”，增加可循环材料使用率，引领全球循环经济发展。①

总的来看，欧盟环境法的发展可以分为5个阶段。[5] 第一阶段，1958—1971年，是欧盟环境法的萌芽阶段；第二阶段，1972—1986年，以《欧共体第一（二、三）个环境行动规划》为特色，是欧盟环境法的奠基阶段；第三阶段，1987—1991年，《单一欧洲法》的诞生为欧盟的环境保护政策确立了基本法依据；第四阶段，1992—1999年，“环境”这

① 廖虹云，康艳兵，赵盟．欧盟新版循环经济行动计划政策要点及对我国的启示［J］．中国发展观察，2020（11）：55-58.

一术语第一次被明确地纳入《欧洲联盟条约》(TEU)中，环境保护在欧盟最高的立法层面得到重要体现；第五阶段，从2000年至今，环境保护的核心思想——可持续发展思想在欧盟基本条约中确立重要地位。

专栏 3-2 欧盟环境法的发展阶段

欧盟环境法的发展可以分为 5 个阶段。

第一阶段（1958—1971 年），从 1958 年 1 月 1 日《建立欧洲经济共同体条约》(EEC Treaty，即《罗马条约》）生效起，至 1972 年巴黎首脑会议（峰会）止，是欧盟环境法的萌芽阶段。例如，1967 年的《有关危险制品的分类、包装和标签的 67/548 指令》、1970 年的《有关机动车允许噪声声级和排气系统的 70/157 指令》、欧共体理事会颁布的第 2 142/70 条例，以及为稳定共同体与非共同体成员国的渔业市场和贸易制定了共同价格制度等法律及措施，虽然实践中并未采取行动，但环境保护意识和环境法规雏形已见端倪。

第二阶段（1972—1986 年），从 1972 年巴黎峰会起，至 1987 年 7 月 1 日《单一欧洲法》生效之日止。1972 年的巴黎峰会才发出真正信号，首次提出在欧共体内部形成共同环境保护政策框架，这是欧共体环境保护史上的里程碑，标志着第二阶段的开始。在这个阶段，理事会通过了以下 3 个环境行动规划:《欧共体第一（二、三）个环境行动规划》。在这 3 个环境行动规划的指导下，以及《建立欧洲经济共同体条约》第 100 条、后来是第 235 条中的“隐含权”制定的条约基础之上，欧盟环境法扩展至大多数环境保护领域，这反映了欧盟环境问题的严峻形势以及对环境保护关注度的迅速提升。

第三阶段（1987—1991 年），从 1987 年 7 月 1 日即《单一欧洲法》生效之日起，至 1992 年《欧洲联盟条约》缔结之日止。《单一欧洲法》为欧盟的环境保护正式确立了基本法依据。该法第 130R、S 和 T 条（称为“环境条款”），为环境立法提供了专门的、明确的渊源。至此，环境保护成为欧盟与成员国共享的权能领域之一。1987 年 10 月 19 日，理事会通过了《欧共体第四个环境行动规划》(1987—1992)。该规划就形式而言，委员会有选择地列出了对待污染的各种方法；就内容而言，规划包含了某些新的观念，以补充法律和方法的不足，赶上时代的步伐，并提高其效率，如建立更严格的环境标准。

第四阶段（1992—1999 年），从 1992 年 2 月 7 日《欧洲联盟条约》缔结至 1999 年《阿姆斯特丹条约》缔结止，又称《马斯特里赫特条约》后期。1992 年 2 月 7 日，12 国政府在马斯特里赫特签署了《欧洲联盟条约》(TEU)，并同时生效，通过该条约缔约国在它们之间建立了欧洲联盟（EU)。“环境”这一术语第一次被明确地纳入该条约的关键条文，即第 2 条和第 3 条中。《欧洲联盟条约》第二条指出，欧盟的基本目的之一是促进经济活动的协调、均衡发展，以及可持续的、没有通货膨胀的、尊重环境的增长。以 1987 年的《统一欧洲法》130R 条第二段为基础，欧盟制定了《欧洲共同体有关环境和可持续发展的政策和行动的规划》，即《欧共体第五个环境行动规划》，又称“走向可持续性的行动规划”。该规划明确规定：欧共体与环境有关的行动应遵循以下原则，即采取预防措施原则，把环境危害作为优先事项控制在源头原则，以及污染者付费原则。环境保护要求是欧共体政策体系中的一个组成部分。

第五阶段（从 2000 年至今），进入 21 世纪的欧盟环境法快速发展。《阿姆斯特丹条约》将环境保护的核心思想——可持续发展思想明确规定在欧盟基本条约中，但是，条约并没有界定什么是可持续发展。2001 年《里斯本宣言》才明确：可持续发展，即满足当代人需要的同时不损害后代人满足需求的能力，应当成为条约项下的基本目标。这要求经济、社会与环境政策应当相互协调，共同发挥作用。之后，2000 年《尼斯条约》、2004 年《欧盟宪法条约》和 2007 年《里斯本条约》并没有对《欧洲联盟条约》中的环境保护条款做大的修订，只是零星加入了一些具体事项，如《里斯本条约》将 174 条修订为“采取措施应对区域或全球性环境问题，尤其是气候变化问题”，这表明欧盟对区域性与全球性环境问题的重视，这也是欧盟环境法近些年发展的特征之一。

自 1973 年起，欧盟已经颁行了 6 个环境行动规划。这些环境行动规划对欧盟环境法的发展起了不容抹煞的作用。2002 年，理事会和欧洲议会以决定的形式颁布了《欧共体第六个环境行动规划》(2002—2010)，即《环境 2010：我们的未来，我们的选择》。该规划设定了欧盟在 2002—2010 年的环境目标与优先领域，以及为实现可持续战略所需的行动。它是现阶段欧盟环境法律与政策的纲领性文件，并将环境与增长、竞争、就业等与欧盟发展目标连续起来，具有重要的指导作用。

但是总的来看，进入 21 世纪后欧盟的环境法规建设进入大发展时期。比如，1990 年，欧盟有各类环境法律文件不超过 30 件，且多是关于环境保护和欧盟环境保护机构设置的一般规定，而 2007 年，欧盟环境法律文件的数量已达到 700 余件，涵盖了包括水污染防治、大气污染防治、土壤污染防治、气候变化控制、废物管理、产品环境品质管理、生物资源保护利用与生物多样性保护、动物福利、环境责任、公众知情参与和诉讼等几乎所有环境保护与治理领域。

资料来源：

[1] 蔡守秋，王欢欢．欧盟环境法的发展历程与趋势［J］．福州大学学报（哲学社会科学版），2009（4）：88-94；112.

[2] 王欢欢．欧盟环境法的最新发展、不足与启示［EB/OL］．（2011-10-10）［2021-05-31］．https://china.findlaw.cn/jingjifa/huanjinbaohu/hjbhlw/108890_10.html.

（二）欧盟在贸易与环境领域的原则

尽管欧盟制定了多个环境行动规划和环境法律、法规，但不得不强调的是，创立共同市场、实现成员国之间的货物自由流通始终是欧洲经济一体化的主要目标。因此，欧盟在此过程中也采取了各种方式，保证在保护环境的前提下商品在区域内的自由流动。欧盟协调贸易与环境主要从两方面入手：一是避免环境保护措施成为贸易自由化流动的障碍；二是避免生产加工方法的差异导致成员国产生竞争力扭曲。一个是市场准入问题，一个是竞争力问题。[6] 当然欧洲的环境保护措施实质上产生了限制贸易的作用，如 2000 年的茶叶规定、2004 年的农药重新登记法令，以及 2005 年欧盟制定的“两指令”，即《关于报废电子电器设备指令》（WEEE）和《关于在电子电气设备中禁止使用某些有害物质指令》（ROHS）等。这也正是欧盟的环境政策饱受争议的重要原因之一。

这里就欧盟贸易与环境领域所秉持的原则[7] 简单概述如下：

一是贸易自由化不应阻碍成员国制定正当的环境规则。本来为了保证货物在区域内的自由流动，《欧洲联盟条约》第 30 至 34 条规定：禁止对成员国之间的进口贸易采取数量限制以及所有具有同等效果的措施。[①]例如，关于进口许可证、动植物卫生检疫、商品标志等的规定，包括含这类措施的法律、条例、行政法规以及一切由公共机关颁布的同类文件，甚至包括没有法律约束力的建议。欧盟法禁止成员国彼此采取数量限制和具有同等效果的措施，目的是保障欧盟区域内的商品自由流通。但随着公众要求加强环境保护的呼声日渐高涨，欧盟环境政策的重要性逐渐突出，欧洲法院的司法实践也逐渐向强调环境利益方向倾斜。为此，对自由贸易原则也规定了一些例外。例如，《欧洲联盟条约》第36条规定："第30至34条不应妨碍为保障人和动物的健康和生命或为保护植物而禁止或限制进出口或过境。"

诚然，环境保护已成为欧盟的基本目标之一载入《欧洲联盟条约》中，并且保护环境与自由贸易政策具有同等重要的地位。实施过程中所应遵守的原则为：一方面，成员国的环境措施不应阻碍欧盟市场内部的商品自由流通，影响公平竞争和贸易；另一方面，共同市场的运作应同时与高水平的环境保护目标相适应。

小案例 3-1　丹麦酒瓶案

在好几个重要案件的判决中，欧洲法院都明确表示，贸易自由化不应阻碍成员国制定正当的环境标准。在协调贸易与环境关系时，一般欧洲法院是在市场准入与环境保护发生具体冲突时介入。作为解决冲突的仲裁者，欧洲法院所持的立场是，环境保护是欧盟的基本目标之一，可以成为限制商品自由流通的正当理由。但是，各国所采取的限制措施必须是环境保护所必需的，不得在成员国之间造成任何歧视，而且必须符合比例原则，即采取的措施与追求的目标相比，必须是适当的。

欧洲法院处理市场准入与环境保护关系的最著名的判决是在1988年9月20日对"丹麦酒瓶案"所作出的。1986年12月1日，欧共体委员会向欧洲法院起诉丹麦，指控丹麦制定的啤酒和清凉饮料包装回收制度实际上将使其他成员国的啤酒和清凉饮料被排斥在丹麦市场之外，丹麦因此违反了《欧共体条约》第30条。丹麦所主张的理由是，在这个问题上，不存在能够有效保护的其他方法。欧洲法院的判决认为，丹麦的包装回收制度确实是出于保护环境的需要而必须采取的措施，但这个制度中所作的某些数量规定对于制度所追求的目标而言确实是没有必要的，不符合比例原则。

"丹麦酒瓶案"判决的重要意义在于，欧洲法院第一次明确承认，环境保护是可以限制商品自由流通的迫切需要。这样，欧洲法院实际上为欧盟成员国制定各自的环境保护规范亮出了绿灯，即使这样做可能是以影响商品自由流通为代价的。

资料来源：

[1] 张若思．欧共体法律体系内贸易与环境关系的协调 [J]．欧洲，2000，18（1）：73-80.
[2] 兰天．贸易与跨国界环境污染 [M]．北京：经济管理出版社，2004：231-232.

二是解决贸易与环境问题，标准至上。欧盟在贸易与环境领域标准至上的重要特点就是成员国产品标准趋于一致原则，为此，欧盟进行了艰苦协商。在欧盟协调产品标准的过程中，采取了多种协调方案，主要有统一标准、最高标准、国际标准和基本要求协调。这些协调方案为世界范围内的环境保护标准的协调提供了很好的样本。

---

① 所谓数量限制具有同等效果的措施，是指"可能直接或间接、实际或潜在地阻碍共同体内贸易的任何规定"。见欧共体委员会关于消除具有相同效果的第75/50号指令，《欧共体公报》1970年1月19日。

小资料 3-1 欧盟产品环境标准协调方案

统一标准，是指所有国家或地区都采用一致的标准。每个国家都执行完全相同的环境要求，不允许高于也不允许低于该标准。这种完全协调防止了使用环境标准可能产生的混淆，同时这种形式的协调可以促进管理上的规模经济，不同国家的政府可以共享资料、决策战略和实施技术。通过遵守共同的标准，可以在污染控制技术、培训计划、法律体系或其他环境管理体制方面取得规模效应，避免各个国家各行其是造成的资源浪费。

最高标准是在环境保护要求中规定一个最高标准，成员国不得制定超过最高标准的标准。最高标准可以促进贸易扩大，因为产品要求差异的减少有利于公司进入新的市场。然而，高标准不能杜绝由于一些国家采用次优的标准而引起的环境恶化。

国际标准是指当进口商品满足公认的国际标准时才允许进入市场。使用国际标准的优点是，规则十分清楚，管理者不需要搜集资料分析损害或建立标准，他们只需要借用现成的标准要求。但是由于在多边基础上达成协议的困难性，国际标准通常代表着最低标准，可能并不能完全适合某个借用国家的情况，在一些情况下太富弹性，在另一些情况下又太受限。

基本要求协调是指在基本的或核心的环境要求上必须一致，但达到这些基本要求的具体技术规则由各单个国家或标准化组织来制定，这种方法可以使国家间在关键环境目标上达成一致，并导致最优程度的协调。在欧盟，以欧洲标准化委员会规定的某些产品标准作为欧盟认可的“基本要求”，成员国的产品只要符合这个“基本要求”，就可以在欧盟范围内自由流通，成员国一般不应再予以限制。这种协调的中心特征就是协调限制在欧盟必要的“基本要求”水平上，以保证产品的自由流动。

资料来源：兰天. 贸易与跨国界环境污染［M］. 北京：经济管理出版社，2004：233-234.

20世纪90年代前，欧盟主要致力于减少与环境保护有关的产品标准对贸易的影响。近些年来，人们越来越多地关注成员国之间与环境有关的工艺标准的差异对欧盟内部贸易的影响。由于各成员国对污染控制要求有严格与宽松之分，这种差异会扭曲自由贸易竞争，从而破坏统一市场的运作。为此，欧盟重点对成员国之间的工艺标准进行协调。与对待产品标准一样，欧盟通过立法来协调成员国之间不同的工艺标准。一些指令规定最低工艺标准。例如，对一些行业的垃圾处理、废物排放、水的质量规定最低标准。在某些情况下，欧盟一直被迫选择更富有弹性的PPM（指对产品的加工和生产过程所制定的特定的环境标准，是在产品投入市场前对该项产品生产加工过程中环境保护状况的技术规范要求）协调策略，即将成员国划分为几类，对不同类型的成员国规定不同的生产工艺标准。例如，规范大型直燃机工厂的空气污染，欧盟采用了多重协调策略。德国强烈要求对大型的燃烧厂排放的SO_2和NO_2实施严格限制，以便与其国内的要求相一致。然而，许多其他成员国如希腊、爱尔兰、葡萄牙和西班牙认为，严格的排放限制将给国内的工业造成负面影响，并将阻止其经济的发展。因此，欧盟在88/609指令中进行了折中，在要求所有直燃机工厂减少二氧化硫和氮氧化物的排放的同时，对不同成员国规定了不同的达标期限。对于经济相对落后的希腊、爱尔兰、葡萄牙，甚至允许它们在一定时期内增加排放量。

三是运用环境补贴弥补贸易扭曲的原则。为了支持或帮助企业保护环境，欧盟成员国都在不同程度上给予企业补贴。例如，资助企业购买净化设备或生态产品、对重视环境保护的企业给予减免税费的鼓励等。环境补贴已经成为成员国普遍使用的重要的环境保护手段，但它可能与《欧洲联盟条约》第92条第1款有所冲突。该条款规定："凡歪曲或威胁歪曲竞争、有利于某些企业或某些生产的国家补贴或以某种形式的国家资源提供的帮助，影响成员国之间的贸易，是与共同市场不相容的。"为此，欧盟努力在环境补贴问题上平衡贸易与环境的关系。援引《欧洲联盟条约》第92条第3款中关于国家补贴的例外规定，对成员国实行的环境补贴进行"个案审查"。根据《欧洲联盟条约》第93条第3款的规定，成员国应在适当的时间内将实施环境补贴的计划通知欧盟委员会，欧盟委员会则对每一项补贴是否符合《欧洲联盟条约》的有关规定作出裁定。欧盟委员会对成员国发放环境补贴的行为规定了4项基本原则：（1）国家环境补贴例外只能是适应新的、难于负担的环境义务；（2）这样的补贴只能发给那些在新的更严格的环境标准生效至少两年前，已经安装了环境保护设备的企业；（3）发放的补贴最多不应超过增加投资的50%；（4）成员国必须向委员会提供关于所发补贴和必要的环境规划投资的详细资料。

四是鼓励签订自愿环境协议原则。近年来，自愿环境协议已经成为欧盟许多成员国的环境保护政策中越来越重要的内容。它是指私人企业之间或私人企业与公共机构之间签订的协议，旨在主动减少危害环境的行为，在环境保护方面进行合作。例如，企业之间为促进废弃产品的回收利用而签订的协议，政府的环境部与某个行业的企业就垃圾处理、废弃物排放等问题签订的协议。一般来说，签订环境协议比通过一项法律更容易、更迅速，能给有关企业更多的自由，因而具有较大的灵活性。此外，环境协议使企业主动承担环境保护责任，鼓励企业更好地将环境保护结合到企业管理中。但是，这样的环境协议可能在某种程度上与《欧洲联盟条约》第85条第1款相抵触。该条款规定：禁止所有那些可能影响成员国之间贸易，旨在阻碍、限制或歪曲共同市场内的竞争或具有这样效果的企业间协议、企业联合决定和协调行动，这些协议、决定和行动是与共同市场不相符合的。欧盟委员会的立场非常明确，认为可以适用《欧洲联盟条约》第85条第3款规定的例外条件来对二者予以协调。根据该条款，欧盟竞争规则并不排除那些可以改善生产或销售、促进技术和经济进步、有利于使用者的企业间协议。

因此，为了统一市场的整体利益，欧盟必须协调贸易与环境的关系。为此，欧盟允许成员国根据本国的情况采取必要的环境措施，甚至允许成员国制定比欧盟更严厉的环境标准，但要求这些措施不得在成员国之间造成歧视。同时，欧盟积极通过立法，确立适用于统一市场的环境标准，减少成员国国内环境法规之间的差异对统一市场的影响。虽然欧盟已经通过立法和司法手段进行了许多协调工作，但是贸易与环境在欧盟内发生冲突的可能性依然存在。因此，协调贸易与环境的关系将是欧盟的一项长期任务。

二、北美自由贸易区贸易与环境协调发展政策

北美自由贸易区是美国、加拿大和墨西哥3个北美国家根据《北美自由贸易协定》（The North American Free Trade Agreement，NAFTA）于1994年建立的世界上最大的自由贸易区。同时，3国还签署了《北美环境合作协定》（The North American Agreement on Environmental Cooperation，NAAEC；或 The Environmental Side Agreement，ESA），作为NAFTA的一个附属协定，构成第一个包含了环境合作条款的自由贸易协定。因此，北美自由贸易区被认为是世界上第一个将贸易与环境联系起来的区域经济一体化组织，《北美

自由贸易协定》也被称为第一个“绿色区域贸易协定”。

NAFTA在序言中明确表明了对环境问题的关注，宗旨中有三点是与环境有关的：一是谋求与环境保护相一致的自由贸易；二是促进可持续发展；三是加强环境法规及其实施。NAAEC致力于通过环境和经济政策的合作提高环境保护水平，设定了包括促进“三国内的环境保护与环境改善”，“增强合作以更好地维持、保护和提高环境水平”（第1条），以及“避免以环保为借口的贸易保护和新的贸易壁垒”在内的一系列目标。因此，NAFTA十分重视加强环境法规的保护程度及实施，并避免以环境保护为幌子的贸易扭曲及新贸易壁垒的出现。

专栏 3-3 《北美环境合作协定》的主要内容及环境合作机制

一、NAAEC 的主要内容

NAAEC 由 51 个条文和 5 个附件组成。其宗旨是保护环境，促进可持续发展，增强成员国之间的环境合作。其主要内容如下：

1. 缔约方的权利和义务

缔约方有权建立本国的环境保护标准并致力于完善有关的规定，并采取政府执法行动，以有效地执行法律。NAAEC 重视非政府组织和个人在环境保护方面的作用，要求缔约方确保利害关系人可以通过行政、司法和准司法的途径来有效地实施缔约方的环保法规。

2. 私人投诉

NAAEC 第 14 条赋予缔约方国民一项特殊的权利，他们如果认为本国或其他缔约方政府未能有效地执行其国内环境法规，则可向秘书处提交书面投诉（Submission）。在秘书处审查了该项投诉后，如果认为必要，则可以要求被投诉的缔约方做出说明或者对有关争议的事实做出报告。

3. 组织机构

NAAEC 成立了环境合作委员会（The Commission for Environmental Cooperation，CEC），CEC 由理事会、秘书处和联合顾问委员会组成。理事会是委员会的主管机构，主要职责是为缔约方讨论环境问题提供论坛及促进缔约方之间的环境合作，秘书处的主要职责是为理事会提供技术和行政上的支持。联合顾问委员会由 15 位代表组成，为理事会提供咨询意见。

二、北美环境合作机制

NAAEC 强调加强缔约方之间的合作解决共同的环境问题。由于历史的问题，北美大陆的环境问题主要集中在美-墨边界一侧。在 NAFTA 框架内，《边界 21 计划》形成了美国和墨西哥环境合作的核心。《边界 21 计划》设定了保护边界环境的 5 年计划，美国联邦机构，如环境保护署、卫生及人类服务部等均在执行这些计划中发挥了积极作用。在此计划下有 9 个工作组，解决双方共同关心的问题，在许多情况下，涉及提供基础设施，也包括能力建设，如设立机构、培训项目、监督机制以及两国的环境管理项目，提供技术援助和信息资料。此外，边界地区的环境清洁项目也加强了当地组织和公众在环境问题上的参与。

NAAEC 也制定了相应的监督机制，以确保缔约方履行各自义务，其监督机制分为以下两类：一是私人投诉方面。NAAEC 赋予非政府组织或个人监督缔约方政府执行环保法规的权利。NAAEC 第 14 条、15 条规定，个人有权以书面的形式向秘书处提出投诉，指控某个缔约方未能有效地实施其环保法规。在秘书处对投诉进行审查并认为符合一定条件后，秘书处可以将投诉转给有关缔约方要求答复。在理事会考虑投诉和缔约方的答复后，经 2/3 以上多数同意可以要求秘书处提出关于该项争议的事实记录（Factual Record），它可构成对缔约方不能有效实施环境法而提出争议时的依据。例如，2002 年 2 月 6 日，一些美国和加拿大环保团体向秘书处投诉，指控加拿大的 49 个森林管理单位（Forest Management Units）在中、北部森林中伐木作业，仅 2001 年一年就破坏了 85 000 个候鸟的巢穴。上述行为违反了加拿大《候鸟法》（Migratory Birds Regulation）第 6 节（a）款的规定，而加拿大野生动物处（Canadian Wildlife Service）未采取有效措施制止上述行为。在秘书处受理了投诉后，加拿大于 2002 年 4 月 25 日做出了答复，秘书处于同年 11 月 12 日建议理事会同意就该事项做出事实记录。理事会于 2003 年 4 月 22 日做出 03-05 号决议，推迟做出是否同意的决定，以留出时间给控诉者提交额外的信息。2003 年 10 月 17 日，加拿大政府对控诉者提交的额外信息做出了答复，秘书处仍建议做出事实记录，理事会于 2004 年 3 月 12 日一致同意做出 04-03 号决议，指示秘书处就该事项提出事实记录，并允许相关各方对事实记录提出意见。

二是争端解决方面。NAAEC 规定，任何缔约方认为另一方未能有效地执行其环境法律时，可以书面请求与之协商。如果在提交请求后 60 天的协商期内不能解决，则可请求理事会召开特别会议，由其运用斡旋、调解等方法帮助解决。如果理事会介入后 60 天内仍不能解决，缔约方向理事会提出请求，并经 2/3 多数票同意，设立仲裁组。如果仲裁组的报告认定确实存在长期不能有效地实施本国环境法的事实，则争端双方可达成与报告相符的解决方案。若被诉方不履行其义务，理事会有权对其罚款，用以改善投诉方的环境。如果被诉方拒不支付罚款，对方可以中止给予的 NAFTA 利益，中止的利益应与罚金数额相当。

资料来源：

[1] 邓宁．论北美自由贸易区对贸易与环境的法律协调 [J]．中国石油大学学报（社会科学版），2011，27（4）：57-58.

[2] 陈建国．WTO 的新议题与多边贸易谈判 [M]．天津：天津大学出版社，2003：241-242.

尽管3个国家在语言、文化、政府体制、民主化程度、公共利益及行政管理、环保水平等各方面存在很多差异，但是北美自由贸易区的环境合作在控制污染源、鼓励公众参与、调查和公布污染情况以及调和贸易与环境的关系等很多领域进行了成功合作，为其他区域合作组织树立了良好的典范。

NAFTA 的环境合作的有效性主要体现为以下几点：

第一，NAFTA 的环境合作目标明确、主导机构完善。北美自由贸易区创建了环境合作委员会，来促进环境合作事宜。这是有关贸易与环境问题的独到创新。CEC 的职责包括：加强北美环境合作；支持地区性保护工程；接受来自非政府组织及个人就 CEC 目标方面的询问与建议；通过种种途径致力于预防和解决与环境有关的贸易纠纷，包括避免纠纷的发生、考察 NAFTA 对环境的影响、协助 NAFTA 自由贸易委员会处理与环境相关的事务；加强3国间的经济、贸易和社会联系等。其使命在于：防止贸易伙伴间的环境纠纷产生，加强环境法规的有效实施，以及通过紧密联系政府官员、专家顾问、学术界人士及关心环境的公众来推进地区性环境的改善，并加强3国间的经济、贸易和社会联系。CEC的工作通过3个机构的努力来完成：理事会、秘书处和联合公众咨询委员会（Joint Public Advisory Committee，JPAC）。其中，理事会是最高决策机构，按NAAEC第9条规定由3个成员国的部长级代表组成，其职权包括帮助避免NAFTA中的环境分歧，为信息收集、污染预防和加强环境法规提供技术建议，解决源于协定解释和适用性的争论。秘书处则实施年度工作计划以及向理事会提供管理、技术等方面的支持。由来自3个国家的15位环境和工商界代表组成的JPAC负责向理事会就环境事务提供咨询，确保3国公民在CEC措施实施方面发挥积极作用。除了这三大机构，还有一些其他机构，包括3国各自建立的国家咨询委员会和政府咨询委员会、各种特别委员会及工作小组来配合CEC的环境工作。

北美环境合作还有其经济后盾，1996年创立了北美环境合作基金（The North American Fund for Environmental Cooperation，NAFEC）。该基金1996年预算为150万美元，1998年为100万美元，在三年里为95项工程融资。它支持有关环境保护的地方性工程项目，有些工程涉及跨国环境合作，如美墨间跨国水资源圆桌会议、墨加之间的地区鸟类保护工作。

第二，明确贸易与投资必须与环境保护协调发展。NAFTA禁止利用环境措施来限制贸易发展，但同时允许实施贸易限制政策来保护稀有自然资源，保护人类、动物或植物。NAFTA第11章第1114条“环境措施”第1款规定：3个成员国保证各自的法规高度保护好环境，禁止任何成员国降低环境标准或放松环境法规的有效实施以维持或吸引外国投资，任何一国都不能降低或放松其环境保护程度以吸引外国投资者。NAFTA第1106条第2款规定成员国要求外国投资者遵守其环境保护标准及其派生出的技术规定。NAAEC第1114条第2款规定：NAFTA成员国应避免通过放松“国内健康、安全或环境措施”增强竞争力，如果一方认为另一方以违法的方式吸引投资，可以双方协商解决问题，以避免这类事情的再演。NAAEC第3条规定“每个国家将保证其国内的法规保障高水平的环境保护”，并且竭力继续加强法规建设；第5条要求“每个国家通过适当的政府行为有效地加强环境法规的实施”，这种政府行为可使用许可证和经营执照来形成合同性或自愿性的保护环境约束等。

第三，有明确的贸易与环境争端解决机制。有效的执法是防止贸易伙伴之间发生环境争端的重要一步，这成为NAAEC的核心。NAFTA第20章提出了一个解决有关环境争端的机制。按NAFTA第2005条的规定，发生在自由贸易区内的争端既可按NAFTA程序也可按GATT规定来解决，这取决于申诉方的意愿。争端解决程序包括在NAAEC内，其第22条规定了如何处理一方抱怨另一方“持续性地未能有效实施环境法规”。在这方面，NAAEC利用贸易制裁这一手段，但更多的惩罚是罚款，不付罚款将导致临时性中止享有NAFTA的好处。此外，3国每年都要根据协定提交一份各自履行其执法义务的报告。根据NAAEC第五部分的规定，若连续未能有效执法，将进行政府间的磋商，并有一种争端解决机制，类同于NAFTA第20章所规定的争端解决程序；所不同的是，该争端解决机制需要3国中的两个国家同意才行。

第四，成员之间没有建立任何实质性的跨国环境标准，但建立了一个制度框架。NAFTA第9章保护各国决定本国环境保护水平的权利，肯定每个国家都有权选择各自认为合适的环境保护水平及其相应的环境法规。协定规定促进3国环境标准向保护程度高的国家靠齐，各国仍可采用各自认为合适的保护标准，即其标准比国际标准更为严格（NAFTA第904条第2款、第713条第3款）。对于健康保护，第712条第1款规定成员国可以“实施必要的健康保护措施包括比国际标准更严格的措施来保护本国的公民、动物或植物”。NAAEC第3条规定“每个国家将保证其国内的法规保障高水平的环境保护”，并且竭力继续加强法规建设，但是它同时认可“每个国家有建立自己的国内环境保护水平的权利”。NAFTA第5条要求“每个国家通过适当的政府行为有效地加强环境法规的实施”。这即明确认可各国环境标准的多样化，因此每个国家都无权对其他成员国环境标准横加干涉。

第五，明确规定了与其他国际条约在处理环境问题上的优先原则。NAFTA的一个重要方面是环境领域的国际协定被3国认为优先于国民原则（National Rule）；如果NAFTA与国际协定不一致，则后者的效力胜于前者。3国一致认可下列国际条约：1987年《蒙特利尔议定书》、1989年《巴塞尔公约》关于危险物质运输的规定、1973年《濒危野生物种国际贸易条约》。另外，美加双边环境协定及美墨间1983年的《保护和提高边境地区环境的双边合作协定》也得到认可。3国共同认可的国际协定及其范围将来还会扩大。[11]

此外，NAAEC最大的创新之处在于允许私人对国家的环境执法行为向国际组织进行投诉，这实际上赋予了个人一定程度的国际法主体的资格。从国际法的发展历史上看，最初只有国家才是国际法的主体，随着国际社会的不断发展，现代国际法的主体扩展到包括主权国家、政府间国际组织和争取独立的民族，至于个人是否为国际法的主体，仍然存在一定的争论。因此，就这一点而言，NAAEC的规定不能不说是一种创新之处。[9]

NAFTA的环境合作是在自由贸易框架内协调贸易与环境关系的一种创新，但也存在一些待完善之处：一是从自由贸易的角度来看，NAFTA和NAAEC的争端解决机制的最后手段是制裁，而且制裁的目的是对未有效实施有关法规的政府施加压力，但结果是未涉及环境污染问题的出口商也饱受贸易制裁之苦。令人担心与环境联结的贸易制裁会引起贸易扭曲，并与自由贸易精神背道而驰。二是一些为很多国家和国际公约所接受的原则如“污染者付费原则”并不为NAAEC所吸纳，向过错方罚款的做法并不意味着履行这一原则，因为罚款是由政府支付而非制造污染的行业或当事人支付。三是在国际社会最引人关注的产品生产过程中的污染问题在北美被置之不顾，在这一问题上CEC只会根据“产品生命周期对环境的影响”来提出建议，对问题的处理有些含糊。[11]

总的来看，NAFTA把贸易与环境的传统冲突通过合作架起了一座桥梁，对处理好贸易与环境关系的尝试是一个重要贡献。NAFTA在贸易与环境领域的创新值得称道和学习。例如，争端解决程序、机构建设及其职权设置都有重要参考价值。另外，墨西哥在与美加两国的环境合作中也积累了丰富经验，值得发展中国家借鉴。例如，不能设立一些不太现实的高环境标准，因为无力保障这些高标准的实施；引入经济手段，因为“数量支配与控制手段相结合”（Quantitative Command and Control Instruments）的环境保护要求直接监控，耗资巨大又有损发展中国家实施环境政策的信心。

2018年11月30日，美国、墨西哥、加拿大领导人在阿根廷首都布宜诺斯艾利斯签署《美国-墨西哥-加拿大协定》（USMCA），替代《北美自由贸易协定》。该协定于2020年7月1日生效。该协定规定：美国一个新的跨部门委员会将监督墨西哥的环境保护，由墨西哥的联系人提供协助。

小资料 3-2 NAAEC 的进程和绩效

北美自由贸易区的环境合作在很多领域里尝试和开展了一系列活动，包括控制污染源，鼓励公众参与，调查和公布污染情况，实施环境法规，调和贸易与环境的关系，协调特定的标准以及预防争议的发生。仅 1995—1998 年，CEC 就在 6 个领域里完成了 65 项工程。

1. 环境合作的基础工作

CEC 在过去 5 年里发行了 27 种出版物，建立了 1 个北美环境网站。这一网站包括环境法规、数据库和一般性新闻，绘制了北美生态地图，建立了北美生物多样性的信息网络和北美鸟类网络，列出北美鸟类保护的重要清单，也出版了关于北美污染产生和传播的年度报告，建立了一个网站来检测 3 个国家的空气质量。除了年度工作计划，根据 NAAEC 第 13 条，CEC 还能在很多方面开展独立调查并提出报告。CEC 公布了 3 个环境问题的独立调查报告，如 1995 年报告了墨西哥森林水库的大规模鸟类死亡事件。

贸易与环境问题是环境合作的核心，CEC 在这一领域的最初工作集中于建立一个评价北美自由贸易环境效应的框架。CEC 也已形成了 NAFTA 对环境潜在影响的评价机制，规划出有关生态产品与劳务、濒危物种的贸易、生态旅游方面的项目。其 3 年计划《北美 2000—2002 年行动计划议程》的 4 个核心工作领域之一是环境、经济与贸易，强调通过具体项目加深对贸易与环境关系的理解与评价，促进贸易与环境的“双赢”发展。加强工作效能一直是工作重点之一。1996 年创立了北美环境合作基金（NAFEC），该基金支持有关环境保护的地方性工程项目，有些工程涉及跨国环境合作，如美墨间跨国水资源圆桌会议、墨加之间的地区鸟类保护工作。

2. 公众参与环境合作

JPAC 本身是一个促进公众参与环境合作的机构，每年在 3 个国家举行由来自非政府组织、工商界、学术界及政府部门的各方代表参加的公开咨询会议，在头 4 年里举行了 30 多次咨询会议，向理事会提供咨询会议的总结报告。公众参与促进了环境与贸易关系的改善。在北美自由贸易区，有种做法在地区性或国际组织中是独一无二的：成员国的公民或民间团体可以向 CEC 秘书处提出申诉，控告某一国未能有效地执行其环境法规。到 1999 年 5 月，共有 20 项申诉发生，其中 4 项因不符合协定的基本要求而被拒，3 项在短期调查后结案，1 项撤回，10 项在处理之中，2 项最终形成了方案。按 NAAEC 的规定，这种申诉最终形成一个有针对性的方案向公众公布，但它没有强制性，不能强迫被提起申诉的国家改过自新，但能起警示作用和防止类似事件重演。

3. 墨西哥的进展

作为一个发展中国家，墨西哥和美国、加拿大相比，在环境意识、环境法规及环境保护水平各方面都相对较弱，因而北美自由贸易区环境合作的重点之一是力图通过合作提高墨西哥的环境保护水平，以及处理好贸易与环境的关系。这主要是通过数据资料共享、培训和经验交流来增强墨西哥的污染预防、环境监控和法律实施各方面的能力，并以各种形式体现在 CEC 项目之中。早在 3 国间的协定批准之前，墨西哥就开始对其环境管理框架进行调整，在谈判阶段环境问题就引起了公众的广泛关注，在环境标准及其法规建设方面，随后发生了广泛变化。1996 年以来墨西哥政府开始新环境政策导向，主要是引入了“可持续性利用”自然资源的概念和更依赖经济手段调节贸易与环境关系，改变以前的直接控制方式。同时，墨西哥环境当局关闭了一些具有污染性的工厂，通过签发许可证和营业执照来加强对环境保护的监督与审计，对违反者处以罚款。

资料来源：佘群芝. 论北美自由贸易区的环境合作［J］. 中南财经大学学报，2001（3）：24-29.

三、中国-东盟自由贸易区的环境贸易措施

为了解决由经济发展而造成的生态环境问题，20世纪70年代以后，东盟各国便开始了保护环境和生物多样性的官方合作，并取得明显效果。20世纪80年代以来，东盟每1～2年都召开一次环境部长会议和官方会议，讨论东盟环境问题与对策，形成有关环境保护的计划和协定。东盟作为一个地区性组织，在贸易过程中对保护地区环境起到了积极的作用。

1993年，东盟高级官员第四次环境会议在曼谷召开，会上通过了《东盟行动纲领》。1995年，东盟开展了东盟环境年活动。1997年12月，东盟通过了《东盟区域烟雾行动纲领》。1998年，各国达成了《东盟环境合作战略计划》（1999—2004）。1999年8月26日在新加坡召开了东盟环境部长会议，回顾了《东盟区域烟雾行动纲领》的执行情况。首次东盟环境论坛于1999年9月20日在越南的河内召开。东盟宣布2000年为又一个东盟环境年，并宣布了《1999—2004东盟环境战略行动纲领》，还颁布了东盟地区的环境教育规划——《东盟环境教育行动纲领》（2000—2005）。2001年，在亚行帮助下，东盟六国制定了大湄公河次区域规划10年战略框架。[13]

自1992年起，中国政府先后积极参加了由亚洲开发银行倡导的大湄公河次区域合作、东盟-湄公河流域开发合作等机制，还与湄公河委员会建立了正式对话关系，特别是近年来，中国与亚行在次区域开展了大湄公河次区域环境培训和机构强化、环境监测和信息系统建设、湄公河流域扶贫和环境改善等多个环境合作项目，中国与东盟一些国家还在国际环境条约、东亚酸雨监测网等方面存在合作关系。

1992年，在亚洲开发银行倡议下，大湄公河次区域六国举行首次部长级会议，共同发起了大湄公河次区域经济合作（GMS）机制，以加强各国间的经济联系，促进次区域的经济社会发展，实现共同繁荣。

中国-东盟自由贸易区（CAFTA）是中国与东盟十国组建的自由贸易区。2002年11月4日，《中国-东盟全面经济合作框架协议》签署，自贸区建设正式启动。2014年8月，中国-东盟经贸部长会议正式宣布启动中国-东盟自贸区升级谈判，于2015年11月如期结束谈判，双方签署了《中华人民共和国与东南亚国家联盟关于修订〈中国-东盟全面经济合作框架协议〉及项下部分协议的议定书》。议定书从货物贸易、服务贸易、投资、经济技术合作等各个领域对原有协定作了进一步的补充、完善和提升，也成为中国在现有自贸区基础上完成的第一个升级协定。2016年7月1日，中国-东盟自贸区升级版正式生效，中国-东盟自贸区的总体水平迈上新的台阶，达到新的高度。①中国-东盟自贸区建立10多年

① 中国青年网. 打造更高水平的中国东盟战略伙伴关系，构建更为紧密的命运共同体［EB/OL］.［2019-02-13］. http://www.gov.cn/xinwen/2018-05/10/content_5289690.htm.

来推动了区域内的贸易、投资自由化、便利化，中国与东盟进入了经贸合作的黄金时期，双边贸易额从2010年的2 928亿美元增长至2019年的6 415亿美元。截至2019年年底，双向投资额达到了2 230亿美元，总体结构趋于平稳。[①]

CAFTA成立以后各国高度重视环境保护问题。2005年，中国与东盟签订了《中国-东盟全面经济合作框架协议货物贸易协议》《中国与东盟争端解决机制协议》等多个国际条约，建立了区域性国际环境法律合作的初步运行机制。2005年，各国环境部长在中国上海举行会谈，一致同意大湄公河次区域核心环境规划，部长们还支持实施大湄公河次区域生物多样性保护走廊计划等。中国-东盟环境合作论坛于2019年9月17—18日在南宁举办，本次论坛由生态环境部和自治区政府指导，生态环境部对外合作与交流中心、自治区生态环境厅主办，内容包括生态城市建设与海洋生态系统可持续管理实践与经验分享、区域绿色增长与可持续发展的未来等两个全体会议议题，以及生态城市推动环境保护与经济增长的区域协同效应、海洋生态系统可持续管理与海洋塑料垃圾治理、气候变化适应与绿色产业技术创新等3个分论坛议题。[②]由于中国-东盟经贸关系具有自身的特点，因此，CAFTA的争端解决机制主要强调通过仲裁来解决争议，并没有设立常设机构和上诉程序来负责争端解决，其法律程序上的正式性略显薄弱。

当然，中国-东盟自由贸易区的环境贸易合作也存在一些不足之处。在法律、纲领方面，中国-东盟各国环境合作法律制度过于原则化和宽泛化，区域内缺乏规划和协调，尚没有进入将环境与贸易挂钩的立法和实施阶段。在合作方面，“东盟10+3”环境合作机制基本上还处于发展的初级阶段，其制度化发展水平较低。中国与欧盟等环境合作较多，东盟内部环境合作频繁，而中国与东盟之间环境合作相对较少。此外，中国与东盟之间，涉及更多的是经贸合作、科技合作、农业合作等，而生态与环境方面的合作涉及较少。在纠纷解决机制方面，还缺少环境合作法律争端解决机制。由于各国所持立场不同，遇到具体问题时，很难找到相应的条款进行解决或制裁。再加上成员国之间长期坚持“不干预”原则，东盟环境合作问题主要强调在合作干预上的同样独立和在冲突解决上的一致通过，使得区域内部的环境冲突难以解决。此外，环境保护与合作水平参差不齐、环境合作组织机构法律权威性不足、环境合作法律机制适用范围有待进一步拓宽，这些因素都制约了环境与贸易的合作发展。

第三节
NGO解决贸易与环境问题的行动

NGO是非政府组织（Non-Governmental Organization）的英文缩写，联合国的定义是“凡不是根据政府间协议建立的国际组织都可被看作非政府组织”，但一般定义为：在特定法律系统下，不被视为政府部门的协会、社团、基金会、慈善信托、非营利公司或其他法

① 佚名．中国-东盟自贸区建立十周年，双边贸易额翻倍［EB/OL］．［2021-05-02］．https://www.bjnews.com.cn/detail/160119404515049.html.

② 广西壮族自治区人民政府．中国-东盟环境合作论坛（2019）将在南宁举办［EB/OL］．（2018-09-11）［2019-08-22］．http://www.gxzf.gov.cn/gxyw/20190822-762856.shtml.

人，不以营利为目的的非政府组织。其基金至少有一部分来源于私人捐款。由此可见，NGO是指“处于政府与私营企业之间的那块制度空间”，又被称为“第三域”。而非营利性质的组织又被称为“非营利组织”（Non-Profit Organization，NPO）。实际上，这两个概念之间没有严格的界限，只是从不同的角度对民间社会组织的称谓而已。NPO的概念要比NGO的概念包括的范围更广泛，如果要强调某一类民间组织与政治性组织的区别，就用NGO；如果要强调某一类民间组织与营利性的企业的区别，就用NPO，但这也要视不同国家的情况与人们的习惯而定，比如，美国人更喜欢用NPO，中国人更喜欢用NGO。①

环保NGO是指从事环境事业的非政府组织，是以促进国家环境事业发展为己任的社会团体组织。成熟的国际环保NGO一般具有较为完善的治理结构、较高的专业水准、较强的资源（包括媒体）动员能力，并形成了支撑这些能力的组织文化，形成了包括“研究型、倡导型、合作型、混合型、网络型”等不同类型的组织，也形成了专业分工和各自的“细分市场”，它们中的许多组织还具有跨越国家和区域边界的影响力，这些因素保证了它们对决策的参与能力。另外，很多环保NGO是提起环境公益诉讼的主体，为解决环境问题找到了一条积极而有效的道路。环境公益诉讼即有关环境保护方面的公益性诉讼，是指在由于自然人、法人或其他组织的违法行为或不作为而使环境公共利益遭受侵害时，法律允许其他的法人、自然人或社会团体为维护公共利益而向人民法院提起的诉讼。2015年正式实施的新《环境保护法》对环境公益民事诉讼的主体资格作出了明确规定，“依法在设区的市级以上人民政府民政部门登记”和“专门从事环境保护公益活动连续五年以上且无违法记录”的社会组织可以提起公益诉讼。

小资料 3-3 2020 年度人民法院环境资源典型案例

人民法院总结了 2013 年至 2020 年十大环境资源典型案例，包括：被告人张小建等 11 人盗掘古墓葬案，被告单位德清明禾保温材料有限公司、被告人祁尔明污染环境案，丰都县东洋国电站诉彭水苗族土家族自治县水利局行政处罚案，湖南省益阳市人民检察院诉夏顺安等 15 人非法采矿民事公益诉讼案，广东省广州市人民检察院诉广州市花都区卫洁垃圾综合处理厂、李永强固体废物污染环境民事公益诉讼案，广西壮族自治区来宾市人民检察院诉佛山市泽田石油科技有限公司等 72 名被告环境污染民事公益诉讼案，江西省上饶市人民检察院诉张永明、毛伟明、张鹭生态破坏民事公益诉讼案，以及江苏省南京市人民检察院诉王玉林生态破坏民事公益诉讼案。

典型案例二系全国首例因违法使用受控消耗臭氧层物质被判刑的污染环境刑事案件。三氯一氟甲烷（俗称氟利昂）为受控消耗臭氧层物质，属于对大气污染的有害物质。我国是《保护臭氧层维也纳公约》《关于消耗臭氧层物质的蒙特利尔议定书》的缔约方之一，一贯高度重视国际环境公约履约工作，于 2010 年 9 月 27 日即发布《中国受控消耗臭氧层物质清单》，其中三氯一氟甲烷作为第一类全氯氟烃，被全面禁止使用。该案的正确审理和判决，明确表明人民法院严厉打击 ODS 违法行为的“零容忍”态度，对聚氨酯泡沫等相关行业和社会公众具有良好的惩戒、警示和教育作用。

典型案例七系故意损毁名胜古迹引发的生态破坏民事公益诉讼案。三清山风景名胜

① 百度百科．非政府组织［EB/OL］．［2022-02-15］．https://baike.baidu.com/item/非政府组织/1416088?fromtitle=ngo&fromid=69774&fr=aladdin.

区是我国国家重点风景名胜区，并被列入世界自然遗产、世界地质公园名录。巨蟒峰地质遗迹点是其珍贵的标志性景观和最核心的部分，既是不可再生的珍稀自然资源性资产，也是可持续利用的自然资产，具有重大科学价值、美学价值和经济价值。该案当事人采用破坏性攀爬方式攀爬巨蟒峰，在巨蟒峰花岗岩柱体上钻孔打入26个岩钉，对其造成严重损毁。人民法院在依法惩处其故意损毁名胜古迹罪、警示世人不得破坏国家保护的名胜古迹的同时，提起该案生态破坏民事公益诉讼，结合本案实际情况和专家意见，判令其承担生态环境修复责任，对促进名胜古迹的保护和修复，引导社会公众树立正确的生态文明观，珍惜和善待人类赖以生存和发展的自然资源和生态环境具有重要的示范作用。

这些案例都彰显了中国保护环境的决心。

资料来源：中华人民共和国最高人民法院．2020年度人民法院环境资源典型案例［EB/OL］．［2021-06-27］．http://www.court.gov.cn/zixun-xiangqing-307371.html.

一、绿色和平组织的环保主张和行动

绿色和平组织简称绿色和平（Greenpeace），是一个国际性的非政府组织，以环保工作为主，总部设在荷兰的阿姆斯特丹。其宗旨是促进实现一个更为绿色、和平和可持续发展的未来。其使命是："保护地球、环境及其各种生物的安全及持续性发展，并以行动作出积极的改变。"不论在科研还是科技发明方面，绿色和平都提倡有利于环境保护的解决办法。对于有违以上原则的行为，绿色和平都会尽力阻止。

其目标主要体现在以下一些方面：

一是减少海洋污染。海上倾废不但严重毒害海洋动物及植物，并污染全球日益减少的海产。该组织致力于减少和治理海洋倾倒以及保护海洋生物。

二是减少基因工程危害。发展基因改造技术的跨国企业，极力希望让大众相信这些食物都是经过严密测试的，不仅安全，而且营养丰富。但基因改造生物对环境和人类健康到底有何影响，目前人类尚未确知。因此，绿色和平相信，把任何基因改造生物放在自然环境中培育种植，将引致无法还原的改变，后患无穷，因此极力反对基因改造技术的发展。

三是关注废弃物管理。现代社会的经济往往由消费带动，在这个消费主义高涨的年代，过度消费必然给社会带来庞大的废弃物。废物焚化是产生空气中二恶英和重金属的主要来源。二恶英已被证实为致癌物质，严重地影响人体的免疫系统、生殖系统并干扰荷尔蒙分泌。它更可经空气传播进入食物链当中。因此，绿色和平促请政府立即取消兴建焚化炉的计划，全力推行废物循环回收系统，落实可持续发展的承诺。

四是保护原始森林。地球上森林能吸收二氧化碳，产生氧气，固定泥土，调和气候，平衡水的循环系统，并且提供动物及植物一个相当理想的栖息处。然而，过去40多年来，地球上近半的原始森林被破坏。绿色和平在这方面的行动是积极和有成效的。

五是不要战争。绿色和平反对战争，支持以非暴力途径化解冲突，并主张消除任何国家拥有的所有大杀伤力武器。从1971年绿色和平组织建立以来，就一直尽力阻止各式的核子武器研发以及使用，而至今也继续在朝着零核的方向迈进。

小资料 3-4 绿色和平持续成就

持续成就一：成功游说中国最大的家居建材零售商百安居承诺在中国不销售任何可能来自非法采伐的木制品，并保证到 2010 年其在华所销售的全部木制品来自经过认证的可持续的森林资源。

持续成就二：经过 3 次对珠峰及黄河源地区的实地考察，绿色和平公布了青藏高原冰川消融的考察结果，并呼吁全世界采取行动控制温室气体排放。

持续成就三：成功推动中国香港特别行政区立法会大比数通过议案，严格监管食物中的残余农药。香港特区政府承诺制定农药残余标准，订立《食物安全法》，并以规管蔬果为优先处理项目。

持续成就四：通过媒体揭露大量对环境有害的“洋垃圾”从英国出口到中国。中国国家环保总局（现中华人民共和国生态环境部）表示将严格控制对环境有害的“洋垃圾”的进口。

持续成就五：对中国市场上的婴儿食品进行检测，发现亨氏米粉含有未经安全试验的非法转基因大米成分。经过努力，使中国是否种植转基因大米成为公众关注的问题，中国政府至今仍然不批准商业化种植转基因大米。

持续成就六：揭露中国及欧洲部分木材企业进口来自天堂雨林的非法木材。中国外交部表示，中国将与其他国家共同打击非法木材的贸易，英国、比利时及法国等国公司承诺不再购买来自天堂雨林的非法木材产品。

持续成就七：对中国广州和香港出售的蔬菜水果进行检测，发现含非法农药及农药残留超标等问题，促使两地的超市承诺采取更严格的监控系统，并成功推动香港特别行政区政府加强监管进口蔬果。

持续成就八：经过 3 年的努力，促使戴尔（Dell）、宏碁（Acer）与联想（Lenovo）三大电脑产品公司承诺逐步停止在产品中使用有毒化学品原料。此 3 家公司占有超过全球 30% 的电脑市场份额。

持续成就九：全国人民代表大会通过《可再生能源利用法》，鼓励可再生能源在中国的应用。绿色和平作为唯一的非政府组织被邀请参与了该法的咨询过程。

持续成就十：被《南方周末》和《南风窗》杂志分别评选为“年度非政府组织”和“年度组织奖”。

持续成就十一：绿色和平与科学家在青藏高原进行考察，发表《黄河源之危》报告，指出气候暖化导致黄河源区生态恶化，包括水土流失、植被覆盖降低和湖泊干涸。

持续成就十二：发布《风力 12 在中国》，是中国第一份对风电发展的蓝图式报告。

持续成就十三：绿色和平的旗舰“彩虹勇士号”到达中国，展开推广风力发电的活动。活动成功邀请了 10 位名人加入“风之使者”，包括香港特别行政区环境运输及工务局局长廖秀冬。

持续成就十四：对金光集团（APP）在海南省非法毁林的行为进行调查并发表报告。在舆论压力下，金光集团致函中国政府承诺将遵守中国法律，停止非法毁林行为。

持续成就十五：揭露中国香港新界存在多个露天电子垃圾处理场进行电子垃圾的中

转贸易。事件曝光后引起公众与媒体的广泛关注，并促使特区政府修改相关法律。

资料来源：百度百科．绿色和平组织［EB/OL］．［2021-10-10］．http://baike.baidu.com/view/191689.htm.

二、ISO的环境标准

国际标准化组织（International Organization for Standardization，ISO）是世界上最大的非政府性标准化专门机构，是国际标准化领域中一个十分重要的组织。ISO的任务是促进全球范围内的标准化及其有关活动，以利于国家间产品与服务的交流，以及在知识、科学、技术和经济活动中发展国家间的相互合作。

随着环境问题的全球化，各国对经济贸易往来中的环境标准越来越重视，也急需一套国际公认的环境标准来促进贸易自由化和环境保护。国际标准化组织作为世界上最大的非政府性标准化专门机构，应势制定了针对环境保护的ISO14000系列标准，即环境管理标准体系。

（一）ISO14000介绍

在全球性的环境污染和生态破坏，如臭氧层破坏、全球气候变暖、生物多样性的消失等重大环境问题越来越成为威胁人类生存和发展的大背景下，ISO依据国际经济贸易发展的需要颁布了ISO14000系列标准，即环境管理标准体系，是全面管理体系的组成部分，包括制定、实施、实现、评审和维护环境方针所需要的组织结构、策划活动、职责、操作惯例、程序、过程和资源。ISO14000统一了全球环境管理体系（EMS）、环境管理体系审核（EA）、环境标志（EL）、生命周期评估（LCA）、环境行为评价（EPE）等国际环境管理领域的标准，向各国政府及各类组织提供一致的环境管理体系、产品的国际标准和严格规范的审核认证办法。[1] 其目的是指导各类组织（企业、公司）采取正确的环境行为，不仅适用于制造业和加工业，而且适用于建筑、运输、废弃物管理、维修及咨询等服务业，但不包括制定污染物试验方法标准、污染物及污水极限值标准与产品标准等。该标准共预留100个标准号，分为7个系列，其编号为ISO14000—14100。

ISO14000系列标准主要包括环境方针、策划、实施与运行、检查与纠正措施、管理评审等5个方面的内容和要求。实施环境管理体系必须首先得到最高管理者的承诺，形成指导原则和实施的宗旨，即环境方针；相应需要一套程序来支持环境方针、目标和指标的实现，并制订环境管理方案，确保重要的环境因素处于受控状态；为保证体系的使用和有效，应设立监督、检测机制，配置一定的人、财、物；最后通过审核与评审促进体系的进一步完善和改进提高，完成一次管理体系的循环上升和持续改进。[1]

（二）ISO14000与国际贸易

自ISO14000系列标准出台以来，许多发达国家和新兴工业化国家在进行国际贸易时逐渐对贸易方提出ISO14000要求。ISO14000开始成为各国企业进入国际市场的通行证。由于ISO14000系列标准覆盖了以往许多国家自己制定的一些环境法规，具有了国际统一性，所以，ISO14000系列标准的发布施行不仅能够在一定程度上消除以往的一些绿色贸易壁垒，并且随着申请ISO14000认证数量的增加，这一环境管理体系的权威性得到了进一步巩固，从而在世界范围内节省了环境标准带来的成本。在国际贸易中，由于人们的消费观念也逐渐发生了变化，带有绿色标志的产品日益获得消费者的青睐，84%的荷兰人、

89%的美国人、90%的德国人和94%的意大利人在购物时会考虑消费品是否具有绿色标志，40%的欧洲人喜欢购买绿色商品。绿色产品成为21世纪国际市场的消费主导。消费者对于环境保护政策的欢迎，也加强了ISO14000对国际贸易的影响。[15]

三、WWF的环保主张

世界自然基金会（World Wide Fund for Nature，WWF）是在全球享有盛誉的、最大的独立性非政府环境保护组织之一。自1961年成立以来，WWF一直致力于环保事业，在全世界拥有近520万名支持者和一个在100多个国家活跃的网络。WWF的宗旨是：保护世界生物多样性，确保可再生自然资源的可持续利用，推动降低污染和减少浪费性消费的行动。

WWF因其黑白两色的大熊猫标识而广为人知，是一个以解决问题为目标的环保组织，是以环保项目筹集者、值得信赖的资金掌管者、高效的经营者而闻名的环保领域的非政府组织。WWF通过建立在科学基础上的方法、对话及合作来达到其环保目标，特别是加强与各国和各级政府、各国际性机构及其他非政府组织及项目执行地的当地民众通力合作。WWF在全球范围内设计、规划、管理、运作项目时，可以保证卓越的技术支持，其对野生动植物保护、再生资源利用、环境教育和应对气候变化等方面的行动和项目安排均取得卓有成效的成就，自1980年至今，已在中国资助数百个重大项目。

第四节
解决贸易与环境问题的立场分歧与共识

一、发达国家解决贸易与环境问题的立场

（一）欧盟的立场

一直以来，欧盟都是环境与贸易问题最积极的倡导者，强烈要求将环境议题纳入新一轮WTO谈判，希望WTO在某些环境议题上建立与其他国际环保组织之间的相互协调，避免“贸易优先”的倾向，并要求实行“预先警告原则”，即除非能证明某一产品或生产加工过程不会对环境或人体在目前或将来造成任何已有的或潜在的损害或风险，否则，例如禁止出口、强制标签等环境保护措施将一直保留其存在的合法性。

（二）美国的立场

与欧盟相比，美国对解决贸易与环境协调发展问题缺乏积极性。美国认为在尊重一些国际环境标准的同时，更应强调本国国内的环境法律和规则的作用，试图将其国内法凌驾于WTO之上，这表现出其强烈的单边主义倾向。例如，布什在2001年3月宣布单边退出《京都议定书》；积极推进取消或削减环境货物与服务的贸易壁垒，以便其以贸易自由化为借口，进一步迫使发展中国家开放与环境资源相关产品的市场，为其国内企业进入发展中国家的相应市场创造条件。与此同时，美国却反对欧盟所实行的封闭式的生态标签体系，主张确立一套全新的、完整透明的生态标签体系，吸引公众广泛参与，共同设计该套生态

标签体系的具体内容，并向公众公开该套生态标签体系所适用的产品。

此外，为达到环保和贸易自由化的双赢目的，美国还建议去除：可能引发滥捕的渔业补贴，可能造成土地滥用、密植、地力退化等后果的农业补贴，对某些环境有益的产品或服务在贸易过程中的正当限制。美国还计划向世贸组织贸易与环境委员会（CTE）提交报告，要求由该委员会担任贸易与环境谈判协调人的角色，及时总结、归纳并公开相关谈判的内容，沟通外界的意见，从而增加整个谈判进程的透明度。

（三）日本的立场

1969年12月，第二十四届联合国大会决定在瑞典斯德哥尔摩召开联合国人类环境会议。此后，日本参与了会议的筹备工作，但在会议筹备期间，日本显得并不积极，主要是担心对其经济发展有不利影响。联合国会议后，加上1973年的世界能源危机，日本对贸易与环境问题的态度有了重大转变。20世纪90年代，日本开始实施“亚洲阳光”计划，主要是向亚洲国家转让能源和环保技术，培养当地专业技术人员。此外，日本在双边合作中也越来越注重加强与邻国在环境及相关领域的研究、协作与援助，以便于日本能以各种形式在解决贸易与环境协调问题中发挥主导作用。随着世界贸易与环境问题的日益突出，日本政府发起了部长级环境与贸易发展论坛——亚太环境会议，在国际社会推行和构建贸易与环境外交，并逐渐将之提升到促进国际区域贸易与环境协调发展的战略高度。从亚太环境会议看，日本贸易与环境国际协调的构建主义目标属于整体主义目标，主要从调查各国如何理解其在特定问题领域的利益入手，确定相关国家的认同和利益分布能否产生国际区域贸易与环境合作，并强调友好国家间谈判一项贸易与环境协调发展协定要比敌对或不了解的国家间容易，同时不再把利益理解为单边的对其他国家的利用，认为只要存在认知共同体，国家一开始就会倾向于贸易与环境协调合作。

此外，澳大利亚认为环境问题不能靠贸易来解决，就环境问题进行的贸易制裁会损害国家主权。澳大利亚在这一问题上的鲜明态度主要是基于其国内资源经济型经济结构所面临的生态挑战，尤其是对其矿业和农业国际竞争力的影响。

二、发展中国家及中国的立场

（一）发展中国家的立场

一些发展中国家早在20世纪80年代初就开始关注贸易与环境问题。1982年，GATT中的不少发展中国家对发达国家将其国内严禁的产品输出到发展中国家造成的环境破坏表示不满。在发展中国家的推动下，联合国环境规划署为纪念“联合国人类环境会议10周年”的理事会特别会议强调：必须防止转让不恰当技术、出口有毒和有害物质给环境带来的严重危害。此后，随着环境问题不断升温，尤其是围绕1992年举行的环境与发展大会，发展中国家多次召开会议，协调各方在环境与发展问题上的立场。当然，上述立场是非常宏观的，随着讨论的不断深入，发展中国家在贸易与环境问题上的立场也逐渐具体化。其基本立场集中反映在《里约环境与发展宣言》和《21世纪议程》中，归纳如下：（1）贸易自由化是促进可持续发展的重要途径，贸易与环境相辅相成。（2）促进建立一个开放的、非歧视的、公平的、安全的、可预测的、符合可持续发展目标并能使全球生产按照比较优势得到最佳分配的多边贸易制度，使所有国家特别是发展中国家能够改善其经济结构，并通过可持续的经济发展，提高人民生活水平；改善发展中国家出口产品进入市场的机会。(3) 制止和扭转保护主义，促进世界贸易自由化，使所有国家尤其是发展中国家得以从中获益。为环境目的而采取的贸易政策措施不应成为国际贸易中一种任意或无理歧视的手段或伪装的限制。环境的利害关系不应成为限制贸易的借口。(4) 各国应制定有效的环境立法。环境标准、管理目标和优先次序应该反映它们适用的环境与发展范畴。一些国家所实施的标准对别的国家特别是发展中国家可能是不适当的，也许会使它们承担不必要的经济和社会代价。(5) 应避免在进口国家管辖以外单方面采取对付环境挑战的行动。解决跨越国界或全球性问题的环境措施应尽可能以国际协调一致为基础。(6) 各国应有效合作阻止或预防任何造成严重退化或证实有害于人类健康的活动和物质迁移或转让他国。

在贸易与环境委员会的十大工作议题中，发展中成员最关心第三、六、七项。它们在这些问题上的具体立场是：(1) 一些环境措施，如生态标志、国际环境管理体系、包装要求等对发展中成员的市场准入有重要的影响，这种影响既可能是积极的，也可能是消极的，依不同国家（地区）和不同行业而定。发展中成员中小企业受到的负面影响比较明显。最不发达成员受到的负面影响普遍大于一般发展中成员。为此，发展中成员应该两手抓：一方面在内部采取积极措施，努力开发对环境友好的产品，扩大出口；另一方面，反对不合理的环境措施，确保现有市场准入机会，如要求发达成员增加环境标志的透明度、降低执行环境标志的费用等。呼吁对最不发达成员的产品出口给予特殊优惠和帮助。(2) 反对将PPM纳入技术规定的定义中，因为这容易造成发达成员对发展中成员的贸易限制和歧视。(3) 主张减少农业补贴。主张对传统权利和知识进行保护，以及保护土著人和地方社区在利用方面的传统权利和知识。(4) 应采取措施防止发达成员通过直接投资向发展中成员转移污染密集产业。

在2001年11月召开的WTO多哈部长级会议前夕，77国集团和中国联合发表了一份声明，就贸易与环境问题强调了两点：一是“我们反对将环境标准作为保护主义的一种新形式，我们相信与这些标准有关的议题应由适当的国际组织来处理，而不是WTO”。二是“对一些提法，如加强与国际劳工组织和联合国环境规划署这样的政府间组织的全球协调应持审慎态度。因为这可能是为贸易保护的目的而将贸易与社会和环境议题联系起来”。总的来看，发展中国家在解决贸易与环境协调发展问题方面，一向强调“共同但有区别的原则”来承担责任，并且不能以环境保护为借口实施贸易保护主义。

（二）中国的立场

中国政府于1991年发起了“发展中国家环境与发展部长级会议”。该会议发表的《北京宣言》集中反映了发展中国家在环境与发展问题上的基本立场。《北京宣言》关于环境与发展问题的立场几乎被《里约环境与发展宣言》所采纳。

专栏 3-4 《北京宣言》中有关环境与贸易的内容

环境问题不是孤立的，需要把环境保护同经济增长与发展的要求结合起来，在发展进程中加以解决。必须充分承认发展中国家的发展权利。

应该充分考虑发展中国家的特殊情况和需要。发展中国家的问题根源在于它们的贫困。贫困加剧了环境的退化，进而又破坏了发展进程。可持续的发展和稳定的经济增长是改变这种贫困与环境退化恶性循环并加强发展中国家保护环境能力的出路。

必须建立一个有助于所有国家，尤其是发展中国家可持久发展的公平的国际经济新秩序。各国应该能决定自己的环境与发展政策，不受任何贸易壁垒和歧视的影响。

环境保护领域的国际合作应以主权国家平等的原则为基础。不应以保护环境为由干涉发展中国家的内政，不应借此提出任何形式的援助或发展资金的附加条件，也不应设置影响发展中国家出口和发展的贸易壁垒。

保护环境是人类共同的利益，发达国家对全球环境的退化负有主要责任，它们必须率先采取行动保护全球环境，并帮助发展中国家解决其面临的问题，应以优惠或非商业性条件向发展中国家转让环境无害技术。

资料来源：张海滨. 贸易与国际关系［M］. 上海：上海人民出版社，2008：195-197.

2020年9月，习近平总书记在第七十五届联合国大会一般性辩论上的讲话中提出，“中国将提高国家自主贡献力度，采取更加有力的政策和措施，二氧化碳排放力争于2030年前达到峰值，努力争取2060年前实现碳中和”。2021年4月30日，中共中央政治局第二十九次集体学习时，习近平总书记指出，实现碳达峰碳中和是我国向世界作出的庄严承诺，也是一场广泛而深刻的经济社会变革，绝不是轻轻松松就能实现的。各级党委和政府要拿出抓铁有痕、踏石留印的劲头，明确时间表、路线图、施工图，推动经济社会发展建立在资源高效利用和绿色低碳发展的基础之上。“十四五”时期，我国生态文明建设进入以降碳为重点战略方向、推动减污降碳协同增效、促进经济社会发展全面绿色转型、实现生态环境质量改善由量变到质变的关键时期，全社会的生产方式、生活方式都会产生重要变化。关注重要现实问题，积极为碳达峰碳中和贡献学术智慧，是青年学者义不容辞的责任担当。

随着经济全球化的日益深入，发达国家和发展中国家在经济贸易方面相互依赖程度不断加大，而贸易与环境问题由于其特殊性使得世界各国更紧密地联系在一起。世界上没有一个国家能单独承担起解决贸易与环境间矛盾的重任，这就要求各个国家摒弃狭隘民族主义和政治短视的弊病，积极合作。但就目前来看，在全球范围内就贸易与环境问题达成广泛的合作并不是一件易事。世界贸易组织和其他国际机构应当投入更大的努力，组织国际性的贸易与环境谈判，协调各国利益，促使全球合作解决贸易与环境问题的局面早日达成。

三、国际社会解决贸易与环境问题的共识

（一）解决环境问题在方法方面的共识

国际上解决环境问题的方式方法有很多，但被普遍接受并广为采纳的有：

一是命令控制型。命令控制型环境规制是旨在直接影响排污者环境绩效的制度措施，其具体手段是通过建立和实施法律或行政命令来规定企业必须遵守的排污目标、标准和技术。这种规制类型的主要特征是污染者几乎没有选择权，主要是机械地遵守规章制度；否则，将面临通过法律或行政渠道所实行的处罚。因此，尽管此类环境规制工具能够使环境在短时间内得到较大的改善，但它缺乏灵活性，可能会损害企业的效率，同时也不利于企业的技术创新。这种规制包括设定基于技术的标准和设定基于现有控制方法的污染水平。

二是市场引导型。市场引导型的环境规制是指政府利用市场机制设计的旨在借助市场信号引导企业排污的行为、激励排污者降低排污水平或使社会整体污染状况趋于受控和优

化的制度。属于该类型的工具包括税收、补贴、可交易的排污许可证、押金返还等。它采用灵活或合作的方法，更多地依赖市场机制而不是技术识别来解决环境问题。一些基于市场型的环境规制在欧美等部分发达国家和地区已经得到很好的实施，如碳税、可交易的排污许可证等，但是这在中国仍处于起步阶段。一般认为，市场引导型在成本效率和创新激励两个方面都较命令控制型有比较优势。市场引导型的环境规制能够使减排负担向那些减排成本相对较低的企业转移，因而更具有效率。在创新激励方面，市场引导型环境规制能够激励企业更加积极地对技术创新进行投资。①但市场引导型环境规制运行难度大，因此，世界各国主要还是以命令控制型的环境规制政策工具为主，以市场引导型的规制手段为辅。

三是自愿协议型。自愿协议通常指环境管理部门与企业经过协商，就环境改善的程度和范围达成的协议。自愿协议建立在企业自愿参与实施的基础上，一般不具有强制性约束力，强调更多的是企业、行业的主动性和主导作用，政府或者不参与，或者参与其中，但只是一个配角或合作伙伴。企业通常偏好这种规制工具，因为它能为企业提供更强的主动性与灵活性。[16]

(二) 解决贸易与环境问题在方法方面的共识

贸易自由引发一系列的环境问题，如环境污染加剧及发展中国家的资源掠夺性开采、危害废物的越境转移和危害环境的技术输出、濒危物种贸易与生物多样性的丧失等，已逐渐危及人类的安全。因此，国际社会应该努力寻求贸易自由和环境保护协调发展的方式方法。

追究自由贸易带来的环境问题的根源主要来自两个方面：一是“市场失灵”。这也被广泛认为是贸易与环境冲突的主要原因，因为环境资源一般不可分割，具有公共物品的性质，是不可独占资源，没有完整的产权，难以定价。而传统国际贸易基本上将环境成本排除在国际市场之外。正因如此，更多的建议集中在解决贸易与环境协调发展问题需要国际组织和政府来强力干预。二是进出口国对待环境保护问题态度不一致。环境保护必须贯穿于产品的设计、生产、营销、物流、消费、报废等各个过程，需要贸易双方的共同努力。但贸易双方环境保护意识发展并不是同步的。仅进口方环境保护意识的单方面加强，某种程度上并不一定有利于出口方，因为其有可能对出口国实施污染转移，从而使出口国成为污染产业的避风港。为此，提高出口国的环境保护意识十分重要。

更有如下一些新建议十分可取：(1) 技术创新引导下的市场化解决。如果出口商方面积极研发和引进清洁生产技术、节约资源技术和污染处理技术，实施绿色战略开发绿色产品，在产品生命周期中致力于实现保护环境的承诺，贸易引发的环境问题可以通过市场化运作得以解决。(2) 与其他非环境问题捆绑式解决。由于现实中的国家在与其他国家进行经贸往来时，往往既有环境方面的问题，也有其他非环境的问题。当这些问题相互交织和冲突时，如果将环境问题与资金和技术援助等其他问题相互捆绑，那么可使那些减排意愿不强的国家做出让步从而参加全球的减排计划，并使公共物品提供中经常出现的“搭便车”行为得到有效抑制。(3) 环境联接合约解决。所谓环境联接合约，是指围绕环境目标而进行的合同联接（Contract Linkage），即执行一个合约以是否执行环境合约为条件。在

① HAHN R W, STAVINS R N. Incentive-based environmental regulation: A new era from an old idea [J]. Ecology Law Quarterly, 1991, 18 (1): 1-43.

国际贸易中，环境联接合约有两种形式，可任选其一：一是贸易双方签订单独的环境合约和贸易合约，但贸易合约的生效及履行以执行环境合约为条件；二是将环境合约的条款并入贸易合约中，成为贸易合约的随附义务。环境联接合约完善了合约配置当事人权利和义务的结构和机制，使双方就合同项下的贸易利益和环境利益关系协调更加严密、细腻，使订立合同、履行合同及合同履行完毕以后各方面的利益得到了严密的保护和平衡。贸易双方采取以客观因素为基础的、更慎重的和适应性更强的政策和措施，把潜在的环境危害及可能发生的风险预防计入产品成本。[17]

综上所述，基于环境保护的强大压力和全球共同目标，各国政府和国际组织正积极采取贸易限制措施以实现经济社会协调可持续地发展。所有以环境保护为目的而采取的贸易措施均被称为“环境贸易措施”（Environmental Trade Measures，ETMs）。ETMs主要包括：（1）多边环境协议（Multilateral Environmental Agreements，MEAs）中的相关贸易措施；（2）多边贸易体制（如WTO）规则中涉及环境问题的规定；（3）有关国家或地区为保护环境采取的单边贸易措施。ETMs正逐渐成为国际社会实现环境目标的主要手段和措施之一。第（1）和（2）项内容，将在第四章和第五章中进行具体阐述，第（3）项内容将分散在各章中进行介绍，尤其是在案例分析中进行具体分析。

章末案例　◎　欧盟严格的茶叶农残标准影响中国茶叶出口

自20世纪90年代以来，欧盟不断推出新的指令，对农药最高残留限量不断调整，所限定的农药范围越来越大，项数越来越多。1993年颁布的93/58/EEC标准在原有的农药品种基础上新增了46种农药，包含杀虫剂乙酰甲胺磷、乙甲基托布津（以多菌灵计）等。2000年6月30日发布的欧盟指令2000/42/EC新增了10个茶叶农药MRL量标准，总标准数目达到118项，含量基本为0.1 mg/kg。2001年颁布的指令增加到134项，2002年颁布的指令又增加到193项。截止到2007年，农药残留最高限量标准累计达到227项。

日本的农药最高残留限量标准最严格，其次是欧盟。截止到2017年，日本的农药最高残留限量标准有50 000余项，涉及800多种农药，欧盟的农药最高残留限量标准有15 000余项，涉及460多种农药，而中国的农药最高残留限量标准只有4 000余项，涉及400多种农药。相对来说，欧盟的农药最高残留标准比中国严格，这给中国茶叶出口到欧盟带来一定的影响。

仅以欧盟于2000年4月28日和6月30日分别发布的2000/24/EC和2000/42/EC指令为例，看看对中国茶叶出口的影响。该两项指令规定增加茶叶农残限量10项，降低茶叶农残限量6项，茶叶农残限量共达到118项（也有108项之说）。

此外，随着时间的推移，欧盟对茶叶农残限量提出了越来越高的要求，大多数是以检测方法中所用仪器的检测低限作为最大残留限量（MRL）。自2001年7月起，欧盟对茶叶中的农残标准为：氰戊菊酯的残留量仅允许0.02毫克以下。欧盟指令茶叶中农药MRL与WHO/FAO食品法典委员会（CAC）的规定相比较，10种农药中7种农药的MRL是CAC的1/2~1/200。

在检测茶叶农残的取样方法上，欧盟坚持对干茶叶末取样，而不对茶汤取样。按照风险评估相关原则，食品中化学物质的最高残留限量应根据茶叶所含农药残留向茶汤的释出量而确定。通常，干茶叶所含农药残留量远远高于其向茶汤的释出量，两者相差100倍甚至上千倍。欧盟对干茶叶末取样检测必导致出现大量超标现象，欧盟这一做法已使中国的茶叶对欧出口陷入困境。2002年中国对欧盟茶叶出口额减少29%，直接损失1 046万美元。

资料来源：

[1] 易慧. 中国茶叶出口的影响因素研究 [D]. 武汉：华中科技大学，2010：22-23.

[2] 王磊. 农药最大残留限量与食品安全 [J]. 食品安全导刊，2018（30）：23.

思考题：

（1）中国与欧盟茶叶贸易的历史和现状怎样？

（2）中国是茶文化文明古国，为什么出口并不理想？

（3）我们该怎样认识欧盟的茶叶农药残留标准对中国茶叶出口的影响？

（4）你听说过环境贸易壁垒吗？这个案例是否让你对环境贸易壁垒有了直观的认识？

本章小结

1.联合国环境保护原则主要包括可持续发展原则、尊重国家主权原则、不损害他国环境和各国管辖范围以外环境原则、共同但有区别的责任原则、损害预防原则、国际合作原则、共享共管全球共同资源原则及和平解决国际环境争端原则等八大原则。联合国关于贸易与环境协调发展的基本原则主要体现在《里约宣言》的第12、14、16和19款原则中：为环境目的而采取的贸易措施不应该成为歧视手段和伪装的限制；应合作阻止造成环境严重退化或危害人类健康的活动迁移或转让到他国；努力促进内部承担环境费用；向可能受到影响的国家预先和及时提供通知和有关资料。

2.经合组织有关环境政策的早期里程碑首推1972年经合组织委员会提出的具有历史意义的“污染者付费原则”（PPP原则）的政策建议及与之相补充的“使用者付费原则”。这一原则是经合组织50多年来推广的一系列原则之一，以促进环境政策和经济政策相结合。

3.1994年，加拿大国际可持续发展研究院（IISD）的《贸易与可持续发展原则》提出了贸易与环境协调发展的七大原则：效率和成本内部化原则、公平性原则、环境完整性原则、属地管理优先原则、国际合作原则、科学和预防原则、开放性原则。其在全球影响较大。

4.欧盟、北美自由贸易区和中国-东盟自由贸易区等区域经济一体化组织在解决贸易与环境协调发展问题方面扮演着越来越重要的角色，为经济、法律、科研等多方面的环境合作做出了很好的典范。欧盟环境标准高，北美合作起步早、规格高、机构健全。

5.成熟的国际环保NGO一般具有较为完善的治理结构、较高的专业水准、较强的资源（包括媒体）动员能力，并形成了支撑这些能力的组织文化，形成了包括研究型、倡导型、合作型、混合型、网络型等不同类型的组织，也形成了专业分工和各自的“细分市场”，它们中的许多组织还具有跨越国家和区域边界的影响力，这些因素保证了它们对决策的参与能力。例如，绿色和平组织的环境保护行动涉及面广，积极而高效。ISO颁布的ISO14000系列标准，主要包括环境方针、策划、实施与运行、检查与纠正措施、管理评审等5个方面的内容和要求。ISO14000标准对在自由贸易前提下保护环境起到统一全球标准和规范管理的积极作用。

6.国际上解决环境问题的方法能被普遍接受的主要有3种：一是命令控制型。命令控制型环境规制是旨在直接影响排污者环境绩效的制度措施，其具体手段是通过建立和实施法律或行政命令来规定企业必须遵守的排污目标、标准和技术。二是市场引导型。市场引导型的环境规制是指政府利用市场机制设计的旨在借助市场信号引导企业排污的行为、激励排污者降低排污水平或使社会整体污染状况趋于受控和优化的制度。属于该类型的工具包括税收、补贴、可交易的排污许可证、押金返还等。三是自愿协议型。自愿协议通常指环境管理部门与企业经过协商，就环境改善的程度和范围达成的协议。

7.解决环境与贸易问题的主要方法有：（1）技术创新引导下的市场化解决。（2）与其他非环境问题捆绑式解决。如果将环境问题与资金和技术援助等其他问题相互捆绑，那么可使那些减排意愿不强的国家做出让步从而参加全球的减排计划，并使公共物品提供中经常出现的“搭便车”行为得到有效抑制。（3）环境联接合约解决。所谓环境联接合约，是指围绕环境目标而进行的合同联接，即执行一个合约以是否执行环境合约为条件。

8.所有以环境保护为目的而采取的贸易措施均被称为“环境贸易措施”（ETMs）。ETMs主要包括：（1）多边环境协议（MEAs）中的相关贸易措施；（2）多边贸易体制（如WTO）规则中涉及环境问题的规定；（3）有关国家或地区为保护环境采取的单边贸易措施。ETMs正逐渐成为国际社会实现环境目标的主要手段和措施之一。

专业词汇

人类环境会议　《里约宣言》　《21世纪议程》　NAAEC　CEC　NGO　WWF　ISO14000　环境规制　环境联接合约　环境公益诉讼

思考题

一、多项选择题

1.莱切尔·卡逊和芭芭拉·沃德、勒内·杜博斯所著关于探讨环境问题的书是（　　）。

A.《寂静的春天》　　B.《只有一个地球》

C.《里约环境与发展宣言》　　D.《21世纪议程》

2.以下属于加拿大国际可持续发展研究院（IISD）的《贸易与可持续发展原则》提出的贸易与环境协调发展的七大原则的有（　　）。

A.国际合作原则　　B.科学和预防原则

C.开放性原则　　D.效率和成本内部化原则

3.以下属于国际上被普遍接受并广为采纳用来解决环境问题的3种方法有（　　）。

A.命令控制型　　B.市场引导型

C.自愿协议型　　D.自主决定型

4.以下属于联合国环境保护主要原则的有（　　）。

A.可持续发展原则　　B.尊重国家主权原则

C.损害预防原则　　D.国际合作原则

5.解决环境与贸易问题的主要方法有（　　）。

A.技术创新引导下的市场化解决　　B.与其他非环境问题捆绑式解决

C.环境联接合约解决　　D.以上都不是

二、判断题

1.命令控制型环境规制是旨在直接影响排污者环境绩效的制度措施。 （ ）

2.多边环境协议（MEAs）中的相关贸易措施是ETMs的内容。 （ ）

3.与其他非环境问题捆绑式解决是指围绕环境目标而进行的合同联接。 （ ）

4.一直以来，美国都是环境与贸易问题最积极的倡导者，强烈要求将环境议题纳入新一轮WTO谈判。 （ ）

5.环境方针是属于ISO14000系列标准的内容。 （ ）

三、简答题

1.联合国的环境保护原则有哪些？其他一些国际组织还有哪些环境保护原则影响较大？

2.北美自由贸易区和欧盟解决贸易与环境问题的政策有什么特点？

3.NGO在解决环境问题方面是否有其自身优越性？需要在哪些方面克服其缺点，才能在解决贸易与环境问题方面走得更远？

4.绿色和平组织与ISO在解决环境问题上各有什么特点？怎么评价这些非政府组织在国际事务尤其是在环境保护方面的贡献？

5.发达国家与发展中国家对解决贸易与环境问题有不同的立场和观点，对此你有何评价？

6.解决环境与贸易问题有哪些有效方法？还可以走哪些创新之路？

四、论述题

参考资料：在2020年12月18日闭幕的中央经济工作会议上，“做好碳达峰碳中和工作”被列为2021年的重点任务之一，中国二氧化碳排放力争在2030年前达到峰值，力争在2060年前实现碳中和的目标也被再次强调。那么，什么是“碳达峰”和“碳中和”呢？碳达峰是指某个地区或行业年度二氧化碳排放量达到历史最高值，然后经历平台期进入持续下降的过程，是二氧化碳排放量由增转降的历史拐点，标志着碳排放与经济发展实现脱钩，达峰目标包括达峰年份和峰值。碳中和是指某个地区在一定时间内（一般指一年）人为活动直接和间接排放的二氧化碳，与其通过植树造林等吸收的二氧化碳相互抵消，实现二氧化碳“净零排放”。碳达峰与碳中和紧密相联，前者是后者的基础和前提，达峰时间的早晚和峰值的高低直接影响碳中和实现的时长和实现的难度；后者是对前者的紧约束，要求达峰行动方案必须在实现碳中和的引领下制订。

请根据资料内容，分析中国实现“双碳”目标的意义并阐述你对中国碳减排方案的建议。

本章参考文献

［1］张海玲. 试从麦氏金枪鱼案论国际海洋法中的临时措施［J］. 天府新论，2008（S1）：150-151.

［2］张德昭. 论伦理评价对科学技术的张力［J］. 自然辩证法研究，2002（1）：13-15.

［3］张海滨. 贸易与国际关系［M］. 上海：上海人民出版社，2008：195-197.

［4］张娟. 世界贸易组织中贸易与环境问题研究［D］. 北京：对外经济贸易大学，2002：14-15.

［5］刘学之，王潇晖，智颖黎．欧盟环境行动规划发展及对我国的启示［J］．环境保护，2017，45（20）：65-69．

［6］蔡守秋，王欢欢．欧盟环境法的发展历程与趋势［J］．福州大学学报（哲学社会科学版），2009（4）：88-94；112．

［7］兰天．贸易与跨国界环境污染［M］．北京：经济管理出版社，2004．

［8］张若思．欧共体法律体系内贸易与环境关系的协调［J］．欧洲，2000（1）：73-80．

［9］邓宁．论北美自由贸易区对贸易与环境的法律协调［J］．中国石油大学学报（社会科学版），2011，27（4）：57-58．

［10］陈建国．WTO的新议题与多边贸易谈判［M］．天津：天津大学出版社，2003：241-242．

［11］余群芝．论北美自由贸易区的环境合作［J］．中南财经政法大学学报，2000（5）：24-28．

［12］余群芝．北美自由贸易区环境合作的特点［J］．当代亚太，2001（6）：28-32．

［13］梁春燕．中国-东盟自由贸易区环境与贸易协调机制的完善［J］．今日南国，2010（3）：115-116．

［14］北京大成新华认证咨询有限公司．ISO14000环境管理体系简介［J］．印刷质量与标准化，2005（7）：3-6．

［15］龙瑞红．浅议国际贸易的绿色通行证：ISO14000［J］．中国商界，2010（8）：161-162．

［16］郭红燕，刘民权．贸易与环境［M］．北京：科学出版社，2010：52-54．

［17］蒋琴儿，管福泉．环境联接合约——贸易与环境问题解决的有效途径［J］．国际经贸探索，2008（2）：53-57．

［18］易慧．中国茶叶出口的影响因素研究［D］．武汉：华中科技大学，2010：22-23．

［19］王磊．农药最大残留限量与食品安全［J］．食品安全导刊，2018（30）：23．

［20］程路连．WTO与多边环境协议［M］．北京：中国环境科学出版社，2004：61．

［21］弗里德约夫·南森研究所．绿色全球年鉴［M］．中国国家环境保护总局国际合作司，译．北京：中国环境科学出版社，2001．

［22］全国人大环境保护委员会办公室．国际环境与资源保护条约汇编［M］．北京：中国环境科学出版社，1993：77．

［23］王军．贸易和环境研究的现状与进展［J］．世界经济，2004（7）：67-80．

［24］袁媛．可持续发展的哲学思考——联合国历次环境会议和环境问题宣言研究［D］．重庆：重庆大学，2008．

［25］张云辉．我国对外贸易与环境协调发展研究［D］．郑州：郑州大学，2006．

［26］钟英娥．浅析WTO及欧盟的环境与贸易政策对中国的启示［J］．老区建设，2009（8）：16-18．

第四章 多边环境协议（MEAs）与国际贸易

导读

20 世纪 70 年代后全球逐步高涨的环境保护行动，激发了国内外保护全球环境的信心和决心，促成了一系列环保行动。从国内视野看，中国政府高度重视环境问题，坚定不移地推进应对气候变化的国际合作。党的十八大把生态文明建设纳入“五位一体”总体布局和推行绿色发展理念以来，“绿水青山就是金山银山”和“走生态优先、绿色发展之路”不断深入人心，“蓝天保卫战”和“污染防治攻坚战”圆满收官，同时，“十四五”规划把碳达峰碳中和纳入生态文明建设整体布局。二十大报告指出：“深入推进环境污染防治。坚持精准治污、科学治污、依法治污，持续深入打好蓝天、碧水、净土保卫战。”这些成就和举措彰显了中国在应对全球气候变化和实现联合国 2030 年可持续发展目标的大国担当。从全球视野看，联合国的主要举措成为全球行动的主流。《里约宣言》在其第 12 条原则中指出，基于多边一致的国际协议比单边行动更有利于解决跨境乃至全球环境问题。正因如此，截至 2017 年，国际环境协议数据库项目（International Environmental Agreements Database Project）统计出了 1 300 多项多边环境协议（Multilateral Environmental Agreements，MEAs）。① 一些重要的 MEAs（有 20 多项）规定了贸易条款，旨在利用贸易限制措施来达到保护环境的目的，主要集中在保护臭氧层、保护生物多样性、控制危险废物越境转移和应对气候变化等方面。[1] 这些 MEAs 对国际贸易产生了一定的影响，同时引发了 MEAs 中的贸易限制措施与 GATT/WTO 原则是否相符合的争论。

① UNIVERSITY OF OREGON. International Environmental Agreements（IEA）Database Project［EB/OL］.［2021-05-13］. https://iea.uoregon.edu/.

本章将重点介绍几个与贸易有关的MEAs，主要探讨其对国际贸易及中国对外贸易的积极和消极影响。通过这一章的学习，可以进一步理解国际上解决贸易与环境问题的基本规则和自愿协议的效果，而且有助于对第六章有关WTO解决贸易与环境问题的基本法律和法规的理解，以及准确把握MEAs和WTO解决贸易与环境问题的矛盾与冲突的一些关键节点。

章首案例　象牙贸易之殇

一、合法的象牙贸易

为了有效保护濒危野生动植物资源，减少国际贸易产生的不利影响，在国际自然资源保护同盟的倡导下，国际社会于1973年签署了《濒危野生动植物种国际贸易公约》(CITES)。列入CITES附录一的物种，是指“所有受到或可能受到贸易影响而有灭绝危险的物种”，禁止进行国际贸易；列入附录二的物种，是指“目前虽未濒临灭绝，但如对其贸易不严加管理，就可能变成有灭绝危险的物种”，进行限制性国际贸易。

大象可分为非洲象和亚洲象，两种都被列为濒危动物。19世纪末20世纪初，地球上大约生存了10万只亚洲象和500万只非洲象。20世纪七八十年代，由于盗猎和非法捕杀，非洲象的数量从130万头锐减至不足60万头，亚洲象则仅剩3万至5万头。为遏制这一趋势继续蔓延，1989年，CITES对国际象牙贸易下达禁令。1997年，南部非洲一些国家以大象种群安全、保护区经费匮乏为由，要求获得出售其库存象牙的资格。1997年修订后的CITES将亚洲象和部分非洲象列入附录一，将博茨瓦纳、纳米比亚、南非、津巴布韦种群的非洲象列入附录二，允许博茨瓦纳、纳米比亚、津巴布韦一次性出售其由政府注册拥有的合法象牙计50吨。2002年11月，CITES第十二次缔约国会议又做出决定，允许博茨瓦纳、纳米比亚、南非在2004年5月以后一次性销售其合法库存象牙共60吨。[1] 大会同时制定了一系列严格措施，要求所有拥有象牙雕刻业和国内贸易的国家严格管理其象牙经营利用活动，以监控和限制象牙的进出口，保证贸易的合法化和对非洲象的保护。自1989年起，合法的象牙国际贸易总共只有两笔，共拍卖库存象牙152吨，总交易额为2 000多万美元。公约规定，拍卖所获资金，只能用于卖方国内的大象保护。1999年，日本获取资格允许象牙贸易，购得了第一次实验性销售的50吨库存象牙。2008年，日本和中国在第二次限额贸易中，共同获得102吨非洲库存象牙，其中中国象牙进口数量为90吨。2012年12月公布的交易数据显示，国际象牙贸易额度再创历史新高。2010—2015年，英国合法出口36 135件象牙及其制品，列世界第一。意大利和瑞士分别为8 627件和6 978件，分列第三和第四。同期，非洲第一为津巴布韦，汇报出口了6 538件，仅排第五。2014年和2015年，欧洲成员国累积出口生象牙1 258根，欧洲成员国取代非洲成为国际象牙商业贸易的最大源头。①

二、非法的象牙贸易

在有限的合法贸易背后充斥着大量肮脏可怕的象牙非法交易。从全球范围来看，每年野生动物制品走私额达到近100亿美元，仅次于全球毒品和非法军火交易额。自1989年

---

① DAILY NATION. Kenya signs petition urging EU to ban ivory trade［EB/OL］.（2018-03-16）［2021-06-28］. https://www.nation.co.ke/news/Kenya-signs-petition-urging-EU-to-ban-ivory-trade/1056-4344812-kh39k9/index.html.

象牙禁令颁布以来，85 个国家的执法人员已经在黑市上查缴了近 400 吨象牙。20 世纪，野生大象的数量下降了 50%。根据 CITES 大象交易信息系统（ETIS）的监控数据，全球非法象牙贸易案件在 1997 年至 2013 年之间剧增——从 1997 年来自 40 个国家的约 4 000 项记录，增加到 2013 年的 77 个国家和地区的 1 万多个案子。CITES 会议的一份报告称，2009 年以来全球象牙走私现象日益猖獗，大象原牙主要来自非洲大陆，每年有上万头非洲象遭到猎杀，象牙经印度洋沿岸主要港口流向亚洲国家。据国际爱护动物基金会（IFAW）统计，2011 年 4—9 月，在全球各地查缴的整根象牙数量达 4 759 根，这就意味着 2 000 多头大象遭猎杀。2011 年，全球各国共破获 17 起重大象牙走私案件，缴获象牙量更是达到了创纪录的 26.4 吨。[2]

根据欧洲委员会报告《欧洲打击非法野生动植物贸易的分析与证据》(2016 年)，欧洲是非法象牙贸易的重要中转地，查获象牙重量自有记录以来第二大的案件。2011—2014 年，欧洲查获了 4 500 件象牙制品，以及 780 千克按照重量报告的象牙制品。尤其是 2014 年 4 月后，欧洲国家几乎垄断了津巴布韦（附录Ⅱ狩猎纪念物象牙最大出口国）和坦桑尼亚（附录Ⅰ狩猎纪念物象牙最大出口国）的象牙进口。事实上，各国缴获的象牙仅仅是象牙贸易量的零头。

作为世界上最大的未受管制象牙市场，泰国市场正是这种盗猎现象和非法交易的最大推动者。素有“东南亚大象之邦”美誉的泰国自古以来都以大象为国宝，并视大象为吉祥的象征，3 月 13 日更是泰国的“保护大象日”。然而，这样一个举国崇尚和喜欢大象的国家竟是东南亚地区甚至全世界最大的象牙及象牙制品走私国之一。虽然在全球范围内，象牙出口和走私是被严格禁止的，在泰国境内销售本地圈养亚洲象牙及其制品却是合法的。

中国象牙雕刻有着 1 800 多年的历史，明清两代是象牙雕刻发展史的高峰阶段，以象牙为材料的牙雕流行全国，甚至宫廷内专设工场，制作供皇帝玩赏的象牙雕刻艺术品。中国是 CITES 的 175 个签署国之一。1981 年 4 月，公约对中国正式生效。2008 年，中国将从非洲购买象牙合法化后，大象偷猎和象牙走私越发猖獗。国际爱护动物基金会公布的《2011 年中国象牙市场监测报告》显示，国内一半以上获得合法象牙加工销售资格的企业牵涉非法贸易。[3]

图 4-1 为 1989—2011 年缴获象牙最多的 10 个亚洲国家和地区。中国内地 20 多年间缴获象牙 90 600 磅（约 45.3 吨），几乎是第二位泰国（47 100 磅）的 2 倍。中国香港和中国台湾位列第三、四位。以每根象牙 11 磅的基数计算，中国内地 20 多年间缴获的这些象牙相当于至少捕杀了 38.5 万头大象。[4]

据统计，中国海关缉私部门在 2001—2014 年共查获象牙及其制品走私案件 3 244 起。从各年度的走私案件发生的统计结果来看，2001—2014 年中国查获的象牙及其制品走私案件数量在不断变化，其中 2001—2009 年查获象牙及其制品走私案件数量较为平稳，年查获案件数量较少，且均在 90 起以下；2010—2014 年查获案件数迅速增加且波动较大，然后逐渐回落，并于 2011 年达到峰值（查获象牙及其制品案件多于 800 起）。[5]

事实上，中国的法律和法规对走私象牙的处罚极为严厉，一根象牙或 6 千克象牙制品的案值为 25 万元，最高可被处以死刑并没收个人财产。自 1991 年 1 月 11 日起，中国全面禁止非洲象牙及其制品的进出口，目前国内企业用于生产的库存象牙原料均为以前的库存。近些年来，中国开展了多次专项清理执法行动。2004 年 5 月，中国要求国内市场流通的象牙制品须使用统一的专用标识，同时建立了对象牙原料及其制品的数据库信息系统，确保对其能够跟踪管理，以防止非法来源的象牙材料及其制品混入合法流通渠道。

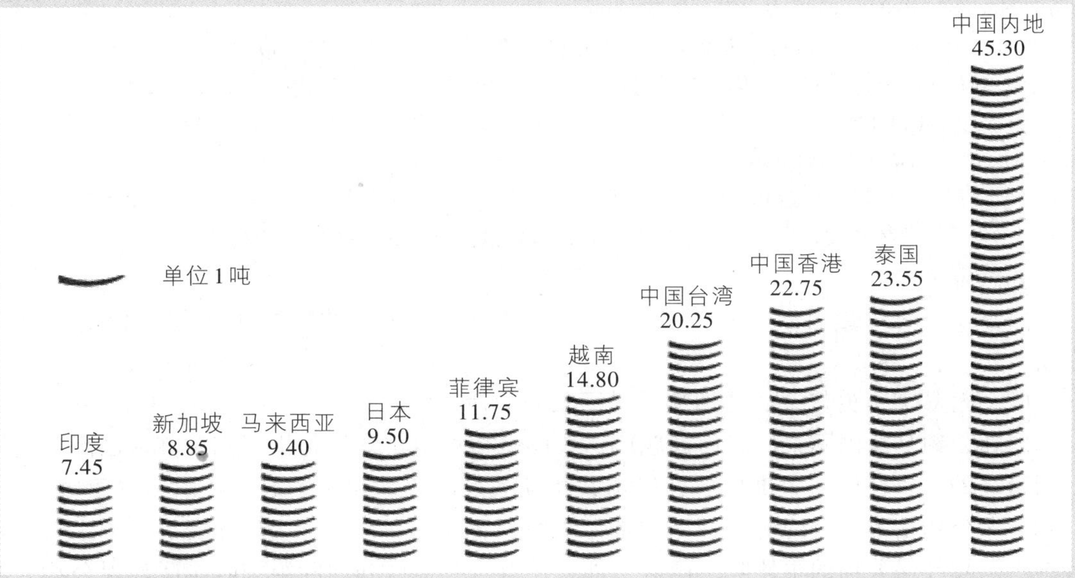

注：数据来源于网易新闻。

图 4-1　1989—2011 年缴获象牙最多的 10 个亚洲国家和地区（单位：吨）

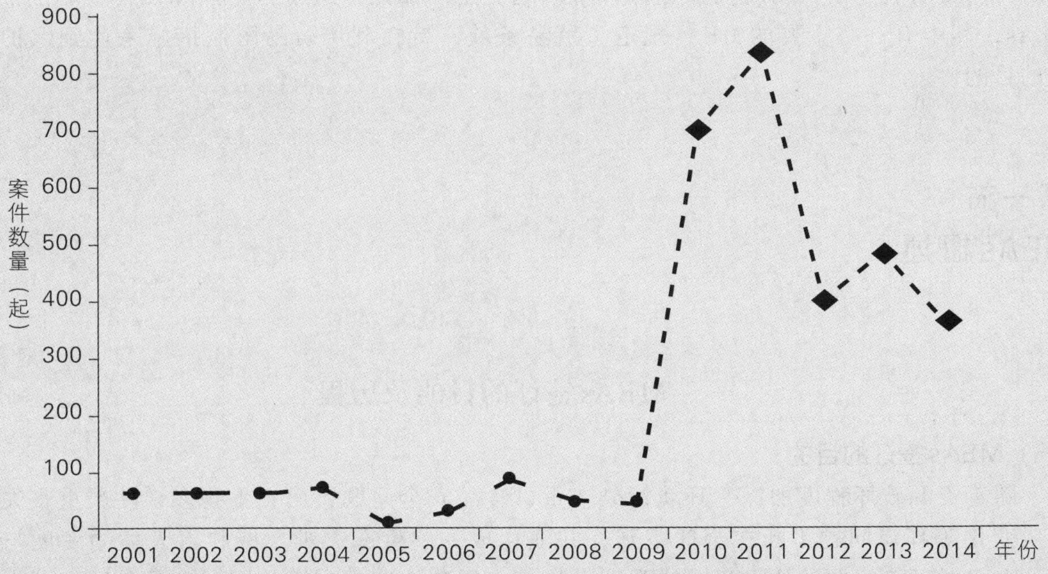

图 4-2　2001—2014 年中国海关缉私部门查获象牙及其制品走私案件数

2015 年习近平主席访美期间，中美承诺在各自国家严禁象牙商业贸易。2016 年 12 月 31 日，国务院办公厅发布了《关于有序停止商业性加工销售象牙及制品活动的通知》，同时宣布在 2017 年 12 月 31 日前分两批次全面停止商业性加工销售象牙及制品。①国家林业和草原局发布 2020 年第 7 号文件，强调继续严格禁止进口象牙及其制品。

资料来源：

[1] 新浪网. WildAid：濒危动物亚洲象和非洲象 [EB/OL].（2006-10-01）[2018-2-21]. http://tech.sina.com.cn/d/2006-10-01/14171168876.shtml.

[2] VIRGINIA. 象牙贸易　人类不可承受之重 [J]. 绿色中国，2013（1）.

[3] 冯洁. 象牙的终点：中国黑市助推国际象牙非法贸易 [N]. 南方周末，2011-12-09 .

[4] 李蕴贤，张璇. 中国成为全球最大非法象牙交易国 [EB/OL].（2012-09-20）[2018-2-6]. http://data.163.com/12/0920/16/8BS0AAF200014MTN.html.

[5] 文理卓. 中国象牙走私案件分析及影响因素研究 [D]. 哈尔滨：东北林业大学，2016.

[6] 张涛. 象牙禁卖，为盗猎釜底抽薪 [N]. 人民法院报，2018-01-03（2）.

案例思考：

（1）CITES 对野生动植物买卖是怎么规定的？这个条约对野生动植物保护有什么作用？

（2）因 CITES 的修改，非洲象承受了怎样的命运？

国际公约是对国际某一专门问题所达成的多边协定，具体是指国家及其他国际法主体之间缔结的、以国际法为准则的并确定其相互关系的权利和义务的一种国际书面协定。[2] 国际环保公约是国际公约的一种，它是为了保护、改善和合理利用环境资源而制定的国际公约。国际环保公约的主体除了国家之外，还有一些地区和国际组织。国际环保公约一般被称为多边环境协议。《里约宣言》在其第 12 条原则中指出，基于多边一致的国际协议比单边行动更有利于解决跨境乃至全球环境问题。正因如此，迄今为止国际社会签署了很多 MEAs，其中有一些重要的 MEAs 规定了贸易条款，旨在利用贸易限制措施来达到保护环境的目的。

第一节 MEAs概述

一、MEAs签订的目的及历程

（一）MEAs签订的目的

随着资源破坏程度加深、环境污染严重、食品安全问题突出、生物多样性严重丧失和气候变化等环境问题不断在全球蔓延，并演化成一些生态灾难，威胁着人类的发展与进步，人们对环境问题的认识逐步增强，可持续发展理念获得广泛认同，于是各国出于解决环境问题的目的，达成了多项 MEAs。MEAs 的宗旨是维护资源、环境安全和解决环境问题。但因为自由贸易对环境保护的影响日益凸显，而环境政策对贸易的冲击更是近些年来整个世界贸易体系所面临的重大挑战之一，从本质来看，自由贸易与环境保护是相互依

① DAILY NATION. Kenya signs petition urging EU to ban ivory trade [EB/OL].（2018-03-16）[2021-06-28]. https://www.nation.co.ke / news/Kenya-signs-petition-urging-EU-to-ban-ivory-trade /1056- 4344812-kh39k9 /index.html.

存、相互促进的。一旦人类生存的基本生态环境被破坏得严重，经济、贸易发展的前提就被削弱了；反之，环境保护又离不开经济和贸易的促进作用。因此，贸易对环境的影响日益被人们所重视，贸易与环境的关系也受到越来越多的广泛关注，人们充分认识到，良好的贸易政策和环境政策的基本目标应该是一致的。

正因如此，许多MEAs为了保护特定的环境因子、自然资源或濒危物种，对某些贸易进行了限制或禁止，尤其是要求成员方限制或禁止与非成员方间的相关行为贸易。[3] MEAs中的贸易限制措施一般主要包括限制和控制危害环境的贸易行为、危险废弃物跨境污染转移和与非缔约方之间相关贸易等。

（二）MEAs的发展历程

MEAs的签订始于19世纪，而重大的发展是在1972年以后。MEAs的发展历程大致分3个阶段：

第一阶段：1972年前，是MEAs与贸易有关的环保法规的产生阶段。这时期国际上旨在保护生态的环保思路是在进出口商品的有关规定中体现出来的。最早的MEAs雏形可以追溯到1878年《针对Phyllexela Vastarix（一种葡萄酒的寄生虫）的措施协定》。寄生虫和细菌、病毒属于食品中的危害，属于食源性污染，如果人们消费了含有上述物质的食品，将引起损伤或致病。因此，该协定禁止与某些葡萄酒厂进行贸易，并对包装材料和证书做出了规定。

但普遍认为，最早的多边公约之一是1900年的《保护非洲野生动物、鸟类和鱼类公约》。该公约要求对那些珍稀和面临灭绝的生物采取出口许可证制度。1906年，在瑞士的召集下，国际劳工组织成员之间签订了一份国际协议，禁止生产和出口使用白磷的火柴。由于白磷的生产过程对工人身体有害，这一协议促使厂家转向生产更安全的火柴。1911年，英国、日本、俄国、美国签订了《维护和保护海豹和海獭皮毛协议》。1916年，英国和美国签订了保护候鸟的协议，规定禁止捕鸟的季节和在这时期出口这些鸟类，协议也禁止违反鸟类国际运输相关法律。1921年，意大利、塞尔维亚、克罗地亚、斯洛文尼亚等签订了一个公约，禁止使用一些对鱼类产卵和保护有害的方法捕捞的鱼类的贸易。1933年，29国签订的《保护自然环境中动植物伦敦公约》禁止在没有获得许可证的情况下进出口那些来自非洲的特别动物纪念物（如象牙）等。第二次世界大战后，为保护生态环境，国际社会签订了更多的协议，如1946年的《国际捕鲸管制公约》、1950年的《国际鸟类保护公约》、1951年的《国际植物保护公约》、1956年的《东南亚及太平洋植物保护协议（修订本）》、1959年的《东北大西洋渔业公约》、1959年的《植物检疫及其疾病防护合作协定》、1966年的《养护大西洋金枪鱼国际公约》、1967年的《非洲植物卫生公约》、1969年的《养护东南大西洋生物资源公约》等。这一时期的环境法规主要针对当时的生态破坏，特别是动植物保护及对人类生命的影响，防止范围较窄，主要采取限制性的规定或采用限制的方法，较少涉及国家对生态的管理。

第二阶段：1972—1991年，MEAs爆发式诞生，并逐步具备全球控制力量。1972年第一次人类环境会议召开后，MEAs大量产生，到1991年年底，已有98份国际性和区域性的环境与资源保护协议，很多法规涉及贸易问题，如《濒危野生动植物物种国际贸易公约》（1973年）、《国际热带木材协定》（1983年）、《保护臭氧层维也纳公约》（1985年）、

《关于消耗臭氧层物质的蒙特利尔议定书》(简称《蒙特利尔议定书》，1987年)、《控制危险废物越境转移及其处置的巴塞尔公约》(简称《巴塞尔公约》，1989年)、《〈关于消耗臭氧层物质的蒙特利尔议定书〉的伦敦修正案》(1990年)。

在这一时期签订的MEAs表现出以下一些特点：一是除继续重视动植物保护等生态平衡问题外，更强调环境污染的防治问题。在98份条约中，有58份是为了防治环境污染而签订的。[4] 二是更加突出臭氧层保护、危险废物越境转移、海洋污染防治、跨境大气污染治理、森林保护、濒危生物管理等全球性生态环境问题。三是更加强调国际合作的重要性，更多国家和地区加入到国际环境保护行动的行列。四是除了继续使用强制性手段外，开始探讨运用市场经济的手段，通过消费者的参与来达到环境保护的目的。

第三阶段：从1992年到现在，保护环境的手段更加综合，贸易与环境的关系受到高度重视。1992年6月的“地球峰会”即人类环境与发展大会，是人类环境保护发展史上的第二个里程碑。在这次大会上，除了签订了《里约环境和发展宣言》和《21世纪议程》两份人类保护环境的纲领性文件之外，还签订和通过了《关于森林问题的原则声明》《联合国气候变化框架公约》《生物多样性公约》等MEAs。

此外，1992年之后，国际环保法规出现了一些新的发展方向，即环保法规向综合方向发展，贸易与环境的关系开始得到考虑和重视，以及进一步强调强制性的手段和市场经济手段要相结合运用。

二、MEAs的分类及贸易限制原则

(一) MEAs的分类

MEAs大致可以分为三类[5]：(1) 控制跨边界污染转移或保护全球生态环境利益方面的MEAs，如1987年的《蒙特利尔议定书》、1992年的《联合国气候变化框架公约》《生物多样性公约》和2000年的《生物安全议定书》等；(2) 保护濒危物种、候鸟、动物、鱼类和其他海洋动物方面的MEAs，如1950年的《国际鸟类保护巴黎公约》、1951年的《国际植物保护公约》、1966年的《养护大西洋金枪鱼国际公约》、1973年的《濒危野生动植物种国际贸易公约》、1978年的《国际植物新品种保护公约》和1994年的《国际热带木材协定》等；(3) 控制危险物品、物质生产和贸易方面的MEAs，如1989年的《控制危险废物越境转移及处置巴塞尔公约》、1991年的《禁止向非洲进口并且在非洲控制危险废物越境转移的巴马科公约》、2000年的《关于就某些持久性有机污染物采取国际行动的斯德哥尔摩公约》等。

这些MEAs包括了一些贸易条款或者禁止缔约方之间的某些物种或产品的贸易，或者允许缔约方之间在特定条件下限制贸易。这些协定涉及多方面的环保问题，如全球气候变化、臭氧消耗、物种危害，以及危险废物、化学品和生物多样性等。如《濒危野生动植物种国际贸易公约》《蒙特利尔议定书》《巴塞尔公约》等都制定了相关的贸易限制措施条款，且包含的范围较为广泛。本章将详细介绍一些与贸易相关且重要的MEAs。在“气候变化与国际贸易”一章中讲述了《京都议定书》及其相关内容，此章将不再赘述。

(二) MEAs实施贸易限制措施的原则

MEAs明确要求成员方实施的贸易措施构成成员方的贸易义务，成员方必须履行。这些贸易义务的数量和内容都很繁多，有进出口限制、许可证管理、配额、标识要求、提交证明、履行事先的通知同意程序、安全评估、对于与非缔约方之间贸易的限制以及对生产和加工方法进行限制等。[6] 这些贸易管理措施可以分成三大类：一是在许可证基础上进行进出口。如1973年CITES规定：如果确认是濒临灭绝的物种，应全面禁止；对于有可能面临灭亡危险的物种，应当在当局批准出口许可证的基础上准予出口，同时进口国只能在出口国政府颁发出口许可证的前提下才允许进口。[7]《巴塞尔公约》也有类似的规定。二是对进出口实行禁止或限制。例如，1987年《蒙特利尔议定书》要求限制或禁止成员方之间消耗臭氧层物质，如缔约方不得出口氟氯化碳物质，不得进口非缔约方生产的含有氟氯化碳物质的产品和非缔约方生产中使用含有氟氯化碳物质的产品，如泡沫塑料、电子零件等；CITES要求采取更加严格的贸易限制措施。三是授权成员方可以采取单边措施。如《蒙特利尔议定书》第Ⅳ条第5款规定“每一缔约方应设法阻止向非议定书缔约方的任何国家出口生产和使用受控制物质的技术”，《京都议定书》第2条第1款要求附件一中的成员方“逐渐减少或逐步消除所有的温室气体排放部门违背《公约》目标的市场缺陷、财政激励、税收和关税免除及补贴，并采用市场手段”。

MEAs主张以贸易限制措施来保护环境应遵循以下原则：

（1）非最惠国待遇原则。国际公约的最惠国待遇原则要求对来自不同成员方的进口产品给予同等的待遇，而出于迫使非缔约方参加MEAs、防止缔约方规避条约义务和非缔约方“搭便车”等目的，一些MEAs规定了对缔约方和非缔约方在适用有关贸易措施方面的差别待遇。例如，《蒙特利尔议定书》第4条规定，缔约方应当在规定期限内禁止从非缔约方进口或向非缔约方出口受控制的物质。但是，对于缔约方之间的贸易往来，《蒙特利尔议定书》规定了较宽松的条件。另外，《巴塞尔公约》第4.5条也禁止缔约方与非缔约方进行废弃物的进出口贸易。

（2）禁止性贸易原则。一些MEAs包含了要求缔约方限制或禁止与其他国家进行贸易往来的条款。例如，《巴塞尔公约》第4.1条（a）、（b）款规定，缔约方有权禁止危险物质的进口，并有义务禁止向已拒绝进口危险物质的缔约方出口该物质。该协定第4.1条（c）款还规定，对于那些进口国未特别禁止的废弃物，出口国只有在获得进口国的书面同意后才可出口。[8]

（3）贸易许可原则。许多MEAs肯定禁止或限制性贸易措施作为有效的环境保护环保措施来加以认可。无论是CITES还是《蒙特利尔议定书》，都有采用许可证或数量限制的办法来限制相关产品或控制物质的进出口的规定，或干脆禁止某些产品或控制物质的进出口。例如，CITES第2、3、4、5、8条规定，对于被确认为濒临灭绝的物种，其贸易应当全面禁止；对于有可能濒临灭绝的物种，均须在获得进出口许可证的前提下方能进出口；公约还允许对不遵守公约规定的缔约方予以惩罚性的贸易限制。2016年10月15日，197个缔约方签订了《〈蒙特利尔协定书〉基加利修正案》，就导致全球变暖的强效温室气体氢氟碳化物（HFCs）的削减达成一致，并把18种具有高温室效应潜值（GWP）的HFCs纳入管控目录。

小资料 4-1 MEAs 中的 PPM 措施

PPM（Processing and Product Method）标准，就是对产品的加工和生产过程所制定的特定的环境标准。OECD 将 PPM 标准又分为“与产品有关的 PPM 标准”和“与产品无关的 PPM 标准”。前者是指可以改变最终产品性能，致使产品在使用和消费中对环境造成污染，伤害消费者的健康，导致产品消费的外部性；后者是指加工或制造出的产品本身不会对环境造成损害，但是在生产或加工过程中存在对环境造成损害或污染的情形，导致产品生产的外部性，但其不影响产品的性能和特征。

WTO 允许进口方使用“与产品有关的 PPM 标准”实施贸易限制，只要这种限制不违背 WTO 的其他原则。WTO 规则之外的“与产品无关的 PPM 标准”，主要体现在众多的 MEAs 及一些发达国家国内的环境法规中，此类 MEAs 主要有《保护臭氧层维也纳公约》《蒙特利尔议定书》《联合国气候变化框架公约》《国际捕鲸管制公约》《巴塞尔公约》等。[1] 按照采用这些标准的目的和贸易效果，OECO 将其分为两类：第一类是涉及排放和污染程度的加工方法标准，这些标准主要包括在产品加工过程中废水、废气、废渣和噪声等的排放标准；第二类是为获取食物或其他经济用途而捕杀动物、砍伐植物等的生产方法标准。

加工方法标准主要包括在生产加工过程中采用什么物质，向大气和水中实施何种程度的灰尘、噪声、有害气体等污染排放的技术规范标准。[2] 例如，《蒙特利尔议定书》的第 4 条第 4 款规定，缔约方可以禁止或限制从非缔约方进口在生产过程中使用附件 A、B 中所列受控物质但不含有此种物质的产品，即使对该物质的使用并不影响最终产品的性能。生产方法标准主要是有关捕杀动物、砍伐或管理植物获取相关制成品的方法标准，它主要包括：木材等森林资源在一国内的管理、砍伐办法，捕鱼所用的方式，待宰或用以产奶的牲畜的饲养方法，捕杀动物获取食物的方法等。这些 PPM 标准的一个最大特点是，它们往往没有建立在科学的基础上，不存在什么科学依据，它们所体现的往往是进口方所持有的与环境理念相关的社会价值观。由于这种价值观念的差别，进口方就运用此类 PPM 标准进行贸易限制。例如，欧盟禁止进口用“腿夹”捕杀动物后而获取的皮毛，认为此种捕杀动物的方法是极不人道的。再如，发生在 1996 年的欧盟与美国的“牛肉之争”，欧盟禁止从美国进口使用荷尔蒙催生的牛肉，美国则认为这毫无科学依据。1990 年发生的美国与墨西哥金枪鱼之争，其实质上也是这类 PPM 标准问题。美国认为墨西哥在东太平洋地区捕捞金枪鱼的拖网方法导致海豚受损害的数量上升，没有符合美国在这方面的环境法律规定，因此对这种金枪鱼及其制品的进口加以限制。在这场争端中，美国依据的是 GATT 中含义不确定的“一般例外”条款和《海洋哺乳动物保护法》。专家小组最终裁决墨西哥胜诉，认为保护海豚和限制金枪鱼进口没有必然的联系。

本部分将在第七章进一步展开介绍。

资料来源：秦鹏．环境保护下的贸易限制——国际贸易中 PPMs 标准的法律问题探析［J］．国际贸易，2005（6）：43；52-55.

第二节 保护臭氧层MEAs与国际贸易

一、臭氧层及其破坏物质

（一）臭氧层及其作用

地球上90%的臭氧气体分布在距地面20～50千米的大气中，我们称之为臭氧层。大气臭氧层主要有两个作用：

一是保护作用。地球上的一切生物都离不开太阳光的温暖。太阳光是由可见光、紫外线、红外线三部分组成的。进入大气层的太阳光（包括紫外线）有55%可穿过大气层照射到大地与海洋，其中40%为可见光，它是绿色植物光合作用的动力；5%是波长为100～400纳米的紫外线，而紫外线又分为长波、中波、短波紫外线。长波紫外线能够杀菌。但是波长为200～315纳米的中短波紫外线对人体和生物有害。臭氧层能够吸收太阳光中的波长为306.3纳米以下的紫外线，主要是一部分UV-B（波长为290～300纳米）和全部的UV-C（波长<290纳米），保护地球上的人类和动植物免遭短波紫外线的伤害。只有长波紫外线UV-A和少量的中波紫外线UV-B能够辐射到地面。臭氧层犹如一把巨大的保护伞，保护地球上的生物生存繁衍，因此臭氧层被人们誉为“人类与地球的保护伞”。

二是加热作用。臭氧吸收太阳光中的紫外线并将其转换为热能加热大气。由于这种作用，大气温度结构在高度50千米左右有一个峰，地球上空15～50千米存在升温层。正是由于存在臭氧，才有平流层的存在。而地球以外的星球因不存在臭氧和氧气，所以也就不存在平流层。大气的温度结构对于大气的循环具有重要的影响，这一现象的起因也来自臭氧的高度分布。[①]

（二）臭氧层空洞及消耗臭氧层物质

英国科学家首次发现：1984年9—10月，南极上空的臭氧层中臭氧的浓度较20世纪70年代中期降低40%，已不能充分阻挡过量的紫外线，造成这个保护生命的特殊圈层出现空洞，威胁着南极海洋中浮游植物的生存。后来美国气象卫星测到该空洞大如美国国土（1 000万平方千米），高如珠峰，现已扩展到整个南极上空约1 400平方千米的面积。这一发现引起世界震动。据世界气象组织的报告，1994年发现北极地区上空平流层中的臭氧含量也有所减少，在某些月份比20世纪60年代减少了25%～30%。而南极上空臭氧层的空洞还在扩大，1998年9月创下了面积最大达到2 500万平方千米的历史记录。2008年形成的南极臭氧空洞的面积到9月第二个星期就已达2 700万平方千米，而2007年的臭氧空洞面积只有2 500万平方千米。2000年，南极上空的臭氧空洞面积达创纪录的2 800万平方千米，相当于4个澳大利亚的国土面积。不仅是南极，自1979年以来，南纬60度的臭氧层减少5%以上。北极也经常出现臭氧空洞，2010年冬天至2011年春天，北极地区

① 百度百科. 臭氧层［EB/OL］.［2022-08-01］. http://baike.baidu.com/view/72036.htm.

15~23千米的高空臭氧严重减少，最大幅度减少发生在18~20千米的位置，减少幅度超过80%。2011年3月至4月上旬，研究人员连续27天观测到低于250多布森单位的最大区域大约200万平方千米，大概5倍于德国或美国加利福尼亚州面积。全球的臭氧层都不同程度地受到了破坏，一些人口稠密的国家，如中国、日本、美国等国家上空的臭氧层都减少很多。①据统计，2014年臭氧空洞最大时有2 410万平方千米，几乎与2013年的峰值相当。它还远未达到曾经创下的单日最高纪录，卫星在2000年观测到的面积达到了2 990万平方千米。这一状况在1998—2006年最糟糕，现在臭氧空洞似乎正在逐渐恢复。2017年，NASA的研究数据表明，自1988年以来，地球南极上空的臭氧层空洞正在迅速缩小，并减小至30年来的最低值（<2 500万平方千米），大约是2.6个中国陆地面积。②

许多科学研究证明，工业上大量生产和使用的氟氯烷烃（CFCs）、氟溴烷烃等物质，当它们被释放并上升到平流层时，受到强烈的太阳紫外线UV-C的照射，分解出Cl.自由基和Br.自由基，这些自由基很快地与臭氧进行连锁反应，每一个Cl.自由基可以摧毁10万个臭氧分子。人们把这些破坏大气臭氧层的物质称为"消耗臭氧层物质"（Ozone Depleting Substances）。它们使用性质比较稳定，不易燃烧，易于储存，价廉，因此在工业生产和家庭生活中应用极广。CFCs被广泛应用于空调机、制冷剂、电子元件和精密器件的清洗剂以及发泡材料的发泡剂、喷射材料喷雾剂及火箭推进剂等，而哈龙类物质被用作消防灭火剂。这些物质虽然在大气中浓度还不高，但由于现代工业的迅速发展，其生产和使用量剧增。据统计，1973年，全球氟利昂-11（CFC-11）、氟利昂-12（CFC-12）的产量达480万吨，其大部分进入低层大气，再进入臭氧层。同时，由于该类物质残存时间长，因此估计臭氧层要到2050年至2060年才会完全修复。臭氧层破坏的后果是严重的。科学家认为，臭氧层减少，可使对人类和动植物有害的紫外线辐射力增强，从而使地球上人类的皮肤癌、白内障患者增加。[9]强烈的紫外线辐射也会损害人体的抵抗力，抑制人类免疫系统的功能，使许多疾病更易发生。强烈的紫外线辐射使许多农作物和微生物受到了伤害。对300种农作物和其他植物的暖房试验证明，其中2/3的实验对象对紫外线很敏感，最易受到破坏的是豆类、甜瓜、芥菜、白菜等，土豆、西红柿、甜菜和大豆等产品质量下降，针叶树苗有一半以上也会受到紫外线的不良影响。[10]紫外线B对海水20米以内的浮游生物、鱼苗、虾和藻类等也会造成危害，这些生物是海洋食物链的重要组成部分，由于其减少，可引起海洋生物的变化。紫外线B也将引起用于建筑物、绘画、包装的聚合物质老化，使其变硬变脆，使用寿命缩短。臭氧层的破坏还促使全球气候变暖，增强温室效应。③

二、《蒙特利尔议定书》的主要内容及影响

（一）从《保护臭氧层维也纳公约》到《蒙特利尔议定书》

联合国环境规划署为了保护臭氧层，采取了一系列国际行动。1976年4月，UNEP理事会第一次讨论了臭氧层破坏问题；1977年3月，召开臭氧层专家会议，通过了第一个《关于臭氧层行动的世界计划》；1980年，UNEP理事会决定建立一个特设工作组来筹备制

① 百度百科．臭氧层空洞［EB/OL］．［2022-08-01］．http://baike.baidu.com/view/131595.htm.
② 百度百科．臭氧空洞［EB/OL］．［2022-08-01］．https://baike.so.com/doc/2203516-2331547.html.
③ 百度百科．臭氧层空洞［EB/OL］．［2022-08-01］．http://baike.baidu.com/view/131595.htm.

定保护臭氧层的全球性公约；经过几年努力，终于在1985年3月在奥地利首都维也纳召开的“保护臭氧层外交大会”上，通过了《保护臭氧层维也纳公约》，于1988年生效。《保护臭氧层维也纳公约》规定缔约方采取适当措施，避免遭受改变臭氧层的人类活动造成的或可能造成的不利影响。《保护臭氧层维也纳公约》第2条第1款规定了保护臭氧层的缔约方一般义务为“各缔约方应依照本公约以及它们所加入的并且已经生效的议定书的各项规定采取适当措施，以保护人类健康和环境，使免受足以改变或可能改变臭氧层的人类活动所造成的或可能造成的不利影响”。

1985年《保护臭氧层维也纳公约》是国际社会第一个关于臭氧层保护的国际公约，它获得了世界上绝大多数国家的支持。但是该公约仅是一个框架性的规定，虽然规定了国家应遵守的一般义务，但没有明确的国家责任制度，对国家如不承担义务所应承担的责任，没有强制性的规定。所以，该公约的目的仅仅是促进国际社会对臭氧层问题的统一认识，它没有涉及一些消耗臭氧层的实质方面，没有涉及防止臭氧层损耗的具体措施。

1987年9月，由联合国环境规划署发起，国际社会在蒙特利尔召开有关臭氧层保护大会，会议通过了《关于消耗臭氧层物质的蒙特利尔议定书》，于1989年1月生效。议定书的宗旨是：“作为公约的缔约方，铭记着它们根据公约有义务采取适当措施保护人类健康和环境，使免受足以改变或可能改变臭氧层的人类活动所造成的或可能造成的不利影响，认识到全世界某些物质的排放会大大消耗和以其他方式改变臭氧层，对人类健康和环境可能带来的不利影响，意识到为保护臭氧层不致消耗采取的措施应依据有关的科学知识，并顾及技术和经济的考虑。”“决心采取公平地控制消耗臭氧层物质全球排放总量的预防措施，以保护臭氧层，而最终目的则是根据科学知识的发展，顾及技术和经济的考虑，来彻底消除这种排放。”议定书是一项具有里程碑意义的国际环保协定，是人类保护环境最早具有法律效力、影响面最为广泛的MEAs。

2016年10月15日，《〈关于消耗臭氧层物质的蒙特利尔议定书〉基加利修正案》（简称《基加利修正案》）在卢旺达基加利通过，已于2019年1月1日正式生效。《基加利修正案》将氢氟碳化物纳入《关于消耗臭氧层物质的蒙特利尔议定书》管控范围，包括HFC-134、HFC-134a、HFC-143、HFC-245fa、HFC-365mfc、HFC-227ea等18种氢氟碳化物。2021年6月17日，中国常驻联合国代表团向联合国秘书长交存了中国政府接受《〈关于消耗臭氧层物质的蒙特利尔议定书〉基加利修正案》的接受书。该修正案于2021年9月15日对中国生效（暂不适用于中国香港特别行政区），中国成为该修正案的第122个缔约方。

（二）《蒙特利尔议定书》的主要内容及评价

1.议定书的主要内容

《蒙特利尔议定书》中对CFC-11、CFC-12、CFC-113、CFC-114、CFC-115等5项氟氯碳化物及3项哈龙的生产做了严格的管制规定，并规定各国有共同努力保护臭氧层的义务[12]，凡是对臭氧层有不良影响的活动，各国均应采取适当防治措施，影响的层面涉及电子光学清洗剂、冷气机、发泡剂、喷雾剂、灭火器等。此外，议定书中亦决定成立多边信托基金，援助发展中国家进行技术转移。《蒙特利尔议定书》经常会有各种修正案，在内容上会有完善，主要是对一些损害臭氧层的化学物质的禁用种类有所增加，同时对这些物质的消费量会有一定的限制。议定书的内容主要有以下几点①：

（1）规定了受控物质的种类。受控物质以附件A的形式表示，有两类共8种。第一类为5种CFCs；第二类为3种哈龙。

（2）规定了控制限额的基准。受控的内容包括受控物质的生产量和消费量，其中消费量是按生产量加进口量并减去出口量计算的。议定书规定了生产量和消费量的起始控制限额的基准：发达国家生产量与消费量的起始控制限额都以1986年的实际发生数为基准；发展中国家（1986年人均消费量小于0.3千克的国家，即所谓的第5条第1款）都以1995—1997年实际发生的3年平均数或每年人均0.3千克，取其低者为基准。

（3）规定了控制时间。发达国家的开始控制时间，对于第一类受控制物质（CFCs），其消费量自1989年7月1日起，生产量自1990年7月1日起，每年不得超过上述限额基准；1993年7月1日起，每年不得超过限额基准的80%；自1998年7月1日起，每年不得超过限额基准的50%。对于第二类受控物质（哈龙），其消费量和生产量自1992年1月1日起，每年不得超过限额基准。发展中国家的控制时间表比发达国家相应延迟10年。但缔约方之间为了工业合理化的目的及发展中国家为议定书第5条规定的原因，可允许超出1986年数量的10%。在《基加利修正案》设定的削减时间表中，大部分发达国家从2019年开始削减氢氟碳化物，到2036年在基线水平上削减85%；包括中国在内的绝大部分发展中国家将在2024年对氢氟碳化物生产和消费进行冻结，2029年在基线水平上削减10%，到2045年削减80%。

（4）规定可转售配额。任何缔约方，若其第一类物质1986年产量低于2.5吨，为工业合理化的目的，可将其生产中超过规定限额的部分转移给任一缔约方，或从任一缔约方接收此种生产[13]，但这些缔约方生产总数量不得超过规定的生产限额。此种生产如何转移应在转移发生前通知秘书处。

（5）确定了评估机制。议定书规定从1990年起，其后至少每4年，各缔约方应根据可以取得的科学、环境、技术和经济资料，对规定的控制措施进行一次评估。

（6）规定了贸易控制措施。虽然对ODS贸易的控制并不是议定书关注的主要内容，但是议定书确实规定了贸易相关措施作为控制ODS生产与使用条款的补充。议定书第4条与ODS的国际贸易有密切关系，规定：在本议定书生效后的1年内，每一缔约方应禁止从非缔约方进口受控物质。在本议定书生效后的3年内，各缔约方应按照公约所规定的程序，在附件清单中详细列出含有受控物质的产品，没有依照该程序提出反对的缔约方应在该附件生效1年内禁止从非本议定书缔约方进口此种产品。在议定书生效后5年内，缔约方应确定禁止或限制从非缔约方进口使用受控物质的生产的，但不含有受控物质的产品一事是否可行；如果可行，缔约方应依照上述程序将产品列入清单中，没有提出反对的缔约方应在附件生效1年内，禁止或限制从非缔约方进口此种产品。[14] 每一缔约方应设法阻止向非缔约方出口生产和使用受控物质的技术，也不应该为了向非缔约方出口可便于促进生产受控物质的产品、设备、工厂或技术而向它们提供新的津贴、援助、信贷、担保或保险方案。但如果成员方大会认定该非成员方完全遵守议定书的控制措施，并提交规定的数量数据，则可从缔约方进口一些受控物质。这些贸易措施的主要目的是鼓励对议定书的广泛

---

① 百度百科. 蒙特利尔议定书［EB/OL］.［2022-08-02］. https://baike.baidu.com/item/.

参与，同时努力避免成员方取得的成果遭到非成员方的活动破坏。

（7）对发展中国家的特殊待遇。议定书顾及发展中国家的特殊情况，规定其可以依次延迟10年履行该议定书有关控制量和时间表的规定，但条件是每年受控物质消费量人均为0.3千克，或使用其1995—1997年每年消费的数量计算出来的平均数，视何者较低为定，作为它遵守控制措施的基准。[13] 各缔约方承担义务，协助发展中缔约方取得环境上安全的替代物和技术，并协助它们迅速利用此种替代办法。通过双边或多边方式向发展中缔约方提供津贴、援助、信贷、担保或保险方案，以利于使用替代技术及代用产品。

（8）通过国际合作促进下列各方面的研究、发展及资料的交流：改善受控物质的密封、回收、再循环或销售，或以其他方式减少它们的排放的最佳技术；受控物质、含有此种物质的产品以及以此种物质制造的产品的可替代物；有关控制战略费用和利益。

（9）各缔约方应通过各种途径，加强国际合作，就受控物质和其消耗臭氧层物质的排放对环境的影响促进公众的警觉，建立缔约方定期会议制度，分析有关规定的执行情况，对出现的问题进行研究，并提出解决的建议。

2.对议定书的总体评价

1987年《蒙特利尔议定书》的目的是最终消除ODS的生产与消费，以达到保护臭氧层的目标。从上述议定书内容来看，许多规定都是切实可行的。同时议定书在某些方面兼顾了发展中国家的需求，特别是在建立国际基金和技术转让问题上所达成的协议，为在环境领域中的发展中国家和发达国家的合作提供了良好的榜样。此外，议定书的一系列诸如资金援助措施、促进受控物质可替代品的研究开发以及信息交换的措施等，客观地说，是议定书能够成功实现其目标的重要原因之一。

但是议定书也存在明显不足。首先是受控物质仅为8种，范围太小；其次控制措施不够严格，缺乏制裁措施；对发展中国家的援助义务缺乏具体的规定。议定书在有些问题上对发展中国家有歧视性的规定，这主要体现在议定书的第4条第2款和第2条第9款。前者规定发展中国家从1993年1月1日起，不得向非缔约方出口任何受控物质，而对发达国家没有这个限制。后者规定如果受控物质的生产量和消费量作进一步的调整和减少，各缔约方应尽可能以协商一致方式达成协议，如果未达成，则最后由至少占受控物质消费总量中的50%的缔约方出席，并参加投票缔约方的2/3多数通过此种决定，这样，发展中国家就有可能失去发言权。[14]

（三）对《蒙特利尔议定书》的修正和补充

针对议定书存在一定的不足以及保护臭氧层方面出现的新问题，国际社会在联合国环境规划署的主持下，召开了多次会议，对议定书进行修正和补充，这些修正和补充对于有效地保护臭氧层发挥了重要的作用。

1989年4月，联合国环境规划署在芬兰的赫尔辛基主持召开了公约缔约方第一次会议和议定书缔约方第一次会议，通过了《保护臭氧层赫尔辛基宣言》。宣言同意在适当考虑发展中国家特殊情况下尽可能快地但不迟于2000年取消议定书控制的CFCs类物质的生产和消费，并为此目的压紧议定书中的已同意的时间表；同意为促进发展中国家获得有关科学情报、研究结果和培训寻求发展适当的资金机制，促进以最低价格向发展中国家转让技术和替代设备。

在联合国环境规划署的主持下，议定书第四次工作会议和缔约方第二次会议于1990

年6月在伦敦召开，会上对议定书作了许多修改，并在此基础上通过了议定书伦敦修正案，该修正案于1992年8月生效。修正案把受控物质从2类8种扩大到5类20种，建立了基金机制，确保技术转让在最有利的条件下进行；加强对非缔约方的有关物质及相关产品的控制。修正案规定在本修正案生效后的1年或3年内，将先后禁止每一个缔约方向非缔约方进口或出口修正案所受控的物质。[14]

议定书修正案第四次会议于1992年在丹麦哥本哈根召开，会议最主要的任务是根据新的情况和问题修正、调整受控物质停止生产和消费的时间。除氟氯烃外，其他受控物质停止使用的年限提前到了1996年，由于发展中国家的坚持，发展中国家10年的宽限期不变。[13] 哥本哈根会议的贡献在于使发达国家提前停止氟氯烃工业化学品的生产，并认识到技术和基金援助对发展中国家削减受控物质生产和使用的重要性，建立了正式多边基金会。

1995年的维也纳会议对受控物质停止生产和消费的时间表进行了调整，并对一些东欧国家不遵守议定书的行为进行了处理。1996年1月，议定书第八次缔约方大会在哥斯达黎加召开，会议对多边基金会的有关内容进行了补充，并继续对不遵守议定书的行为采取制裁措施。

到2002年2月，有183个国家批准加入了《蒙特利尔议定书》，163个国家批准加入了《〈蒙特利尔议定书〉伦敦修正案》，140个国家批准加入了《〈蒙特利尔议定书〉哥本哈根修正案》，78个国家批准加入了《〈蒙特利尔议定书〉蒙特利尔修正案》，27个国家加入了《〈蒙特利尔议定书〉北京修正案》。①目前，议定书已经由最初的46个签署国发展到近200个签署国。②

2016年10月15日，《蒙特利尔议定书》197个缔约方在卢旺达首都达成《〈蒙特利尔议定书〉基加利修正案》；2017年11月17日，瑞典、特立尼达和多巴哥共和国批准《〈蒙特利尔议定书〉基加利修正案》，至此，批准《〈蒙特利尔议定书〉基加利修正案》的国家已经达到21个，该修正案已满足生效条件，于2019年1月1日正式生效。据联合国环境规划署预测，《基加利修正案》的实施，可在21世纪末防止全球升温0.5摄氏度。③

(四)《蒙特利尔议定书》对国际贸易的影响

毋庸置疑，保护臭氧层的公约和议定书及其修正案对保护臭氧层起到了重要的作用，其中，贸易限制措施也发挥了重要作用。正因如此，许多相关性产品的国际贸易因此而发生了重大改变，对各方利益也进行了一定的调整。其主要表现在：

（1）影响的产品广泛。尽管保护臭氧层的公约和议定书及其修正案规定的受控物质仅涉及5类20种，但由于这些物质都是基本化学品，用途极广，使用这些物质的相关产品很多。此外，1990年《伦敦修正案》还规定了34种过渡性物质也将被淘汰；2016年10月通过的《基加利修正案》将氢氟碳化物纳入管控范围。因此，这些物质的控制对相关产品的国际贸易影响是很大的，一些制冷剂、清洁剂、空调和冰箱等产品的进出口贸易都受到国际公约和国内法规的限制。

---

① 搜狗百科. 蒙特利尔议定书［EB/OL］.［2022-08-05］. https://baike.sogou.com/v43457348.htm? fromTitle=蒙特利尔议定书.

② BRITANNICA. Environmental economics［EB/OL］.［2021-05-13］. https://www.britannica.com/topic/environmental-economics/Permit-markets#ref1187917.

③ 阮煜琳. 中国正式接受《〈蒙特利尔议定书〉基加利修正案》［EB/OL］.［2021-06-27］. https://www.chinanews.com/gn/2021/06-21/9504192.shtml.

（2）对贸易规定的法律程序严格。议定书第4条明确规定在议定书生效后的1年内，各缔约方应禁止从任何非缔约方进口受控物质；从1993年1月1日起，发展中缔约方不得向非缔约方出口任何受控物质。同时，各缔约方应阻止向非缔约方出口生产和使用控制物质的技术，阻止向非缔约方出口便利于受控物质生产的产品、设备、工厂或技术而向它们提供新的津贴、援助、信贷、担保或保险方案。在议定书生效的3年内，各缔约方应依照《保护臭氧层维也纳公约》第10条的程序，将含有受控物质的产品列入附件清单，没有依照上述程序提出反对意见的缔约方应在附件生效后的1年内，禁止从非缔约方进口这类产品。这项规定限制或禁止了相关产品的国际贸易，尤其从1996年1月1日起，发达国家已停止CFCs的生产和使用，这实际上也禁止了发展中缔约方向发达缔约方出口这些产品。[8]

（3）为替代品提供了商机。议定书及其修正案在限制ODS贸易的同时也为研制开发替代品提供了商机。海尔集团开发无氟冰箱进入欧美市场获得成功，就是一个典型的例子。

（4）照顾了发展中国家的利益。从宽限期看，给了发展中国家10年的宽限期，对受控物质的淘汰基本上可延迟到2010年。[15] 从资金支持看，建立的基金机制可为发展中国家淘汰受控物质和开发、利用替代物质提供资金支持。从技术支持看，议定书还要求发达国家承担义务，通过各种方式为发展中国家使用替代物质和技术提供津贴、援助和信贷、担保或保险等方面的便利。同时要求，发达国家配合资金机制建立的方案，在公平和优惠的条件下迅速向发展中国家转让现有的最佳的无害环境的技术，并协助迅速利用这些技术和产品。

（五）《蒙特利尔议定书》对中国对外贸易的影响

1995年年底发达国家停止生产和使用ODS之后，中国成为世界上最大的ODS使用和生产国。到1996年年底，中国的ODS产量达到85 500公吨，使用量约为91 000公吨。①中国政府对保护臭氧层的态度是积极的。中国早在1986年5月就开始参加联合国环境规划署在罗马召开的臭氧层工作组会议，此后多次参加有关保护臭氧层的国际会议。中国于1989年加入《保护臭氧层维也纳公约》，1991年成为修正后的议定书的缔约方。中国对这一问题的立场是：支持有关国际公约保护臭氧层的行动计划，认为发达国家在全世界受控物质的使用中占据大多数，因此根据“谁污染，谁赔偿”的原则，发达国家在控制和削减受控物质上负有主要责任。保护臭氧层，控制和削减有害物质的关键在于开发替代产品及其技术，替代产品不仅对环境无害，而且价格要合理，使广大发展中国家能够接受；否则，任何控制和削减计划都不可能实现。我们反对发达国家利用直接投资来转移受控物质的生产和使用。为配合加入《保护臭氧层维也纳公约》和《蒙特利尔议定书》，中国在1992年制定了《中国消耗臭氧层物质逐步淘汰国家方案》。到2008年年底，中国的ODS产量降到9 820 ODP②吨，使用量降到8 440 ODP吨，中国的积极行动受到国际社会的广泛好评和肯定。

总的来看，保护臭氧层的公约和议定书的签订以及国内配套措施的实施对中国经济贸易影响较大：从出口来看，中国的许多出口产品都涉及受控物质，如泡沫制品、清洁剂、家用制冷设备、工商业制冷产品、化工产品，这些产品在短时期内不可能由无害环境的替

① 中华人民共和国财政部．第六部分　蒙特利尔议定书中国项目［EB/OL］．［2010-09-07］［2019-02-23］．http://www.mof.gov.cn/zhuantihuigu/cw30/ywgkC/201009/t20100907_337806.html.

② ODP（Ozone Depletion Potential）意为臭氧消耗潜值（臭氧衰减指数），用于考察物质的气体散逸到大气中对臭氧破坏的潜在影响程度。将制冷剂R11的臭氧破坏影响作为基准，取R11的ODP值为1，其他物质的ODP值是相对于R11的比较值。R22的ODP值为0.05，对臭氧层同样有破坏作用。

代物来生产，根据公约及决定书，特别是哥本哈根本会议的决议，发达国家在1996年已停止使用CFCs，这就使中国相关产业的出口行为逐步止步。从进口来看，中国每年对CFCs的需要量很大，每年要从国外进口。随着《中国消耗臭氧层物质逐步淘汰国家方案》的实施，在某种程度上也限制中国对受控物质及相关产品的进口。从投资来看，由于中国是发展中国家，享受议定书对发展中国家的优惠待遇，这主要体现为淘汰受控物质的10年宽限期。这就使一些发达国家的投资者有机可乘。据统计，1992年，一些外商将大量受控物质及相关产品的生产以直接投资的形式转移到中国，投资领域大都是泡沫塑料制品、清洗剂、制冷剂等。投资来源地主要是中国香港、美国、日本、中国台湾等国家和地区。近些年，随着国家淘汰方案的实施，这类投资已有所限制，但是已投资企业的受控物质及产品的销路就产生很大问题。

正因如此，为配合保护臭氧层、实施有关的国际公约而制定的国内配套措施，虽然会对相关产品的进出口产生影响，但也带来许多机遇。如青岛海尔集团海尔冰箱、海信集团容声冰箱等，采用新一代对臭氧无破坏作用的制冷剂，并迅速打开国际市场，出口量递增。

专栏 4-1　《中国消耗臭氧层物质逐步淘汰国家方案》及修订稿简介

为了履行公约及议定书的有关义务，中国建立了国家级的中国保护臭氧层领导小组。遵照议定书对发展中国家提供多边基金的要求，该小组组织有关部门成立了 9 个专家小组，于 1992 年编制了《中国消耗臭氧层物质逐步淘汰国家方案》（简称《国家方案》）。中国政府于 1993 年 1 月批准了《国家方案》，并于同年 3 月提交多边基金执委会。根据该方案的总体框架，各行业于 1995 年分别制定了行业淘汰 ODS 战略。方案核算了 1991 年中国受控物质的生产量和消费量，预测了 1996 年、2000 年、2005 年和 2010 年的消费量，提出了逐步淘汰受控物质的政策和技术方针，确定了 2010 年全面淘汰方案和行动计划以及为实现此方案所需的技术援助和项目。

以后根据中国当时 ODS 的生产消费状况和发展趋势，重点考虑多边基金执委会关于增加费用的最新指南与行业整体淘汰机制的运行、替代技术路线的选择等因素，国家环保总局组织完成了《国家方案》的修订工作，1999 年 11 月获得国务院批准，并于 2000 年 3 月提交多边基金第 30 次执委会。

《国家方案》（修订稿）是重新调查核实了 ODS 的生产消费和发展趋势后，制定了适合中国国情的替代品和替代技术发展计划，进一步明确了总体淘汰战略和行业淘汰机制，提出了可操作的政策措施，并制定了监督管理制度。

《国家方案》（修订稿）由正文和附件构成：正文包含导言、当前形势、淘汰战略、淘汰增加费用和政策与监督管理等 5 个部分；附件是增加费用计算的模式和参数，它是对正文第四部分的补充。该方案的核心部分是淘汰战略、政策与监督管理两个部分。

在《国家方案》（修订稿）中，对于与制冷空调行业密切相关的 CFCs 的逐步淘汰时间表做出以下规定："自 1999 年 7 月 1 日起，将附件 A 第 1 组 CFCs 的年生产和消费量分别冻结在 1995—1997 年 3 年的平均水平上（冻结水平）；自 2005 年 1 月 1 日起削减冻结水平的 50%；自 2007 年 1 月 1 日起，在冻结水平上，将 CFCs 的生产和消费削减 85%；自 2010 年 1 月 1 日起完全停止 CFCs 的生产和消费。"

在《国家方案》（修订稿）中，按照伦敦修正案对发展中国家的要求和把 HCFCs 定为“过渡性物质”的精神，确定了以 HCFCs 替代 CFCs 的替代技术路线。对中国制冷空调行业淘汰 CFCs 的技术路线做出以下具体规定：

（1）对于食品的冷冻与冷藏设备，制冷量为 1～12 千瓦的小型半封闭制冷压缩机和制冷量为 1～15 千瓦的小型开启式制冷压缩机，选择 HCFC-22 替代 CFC-12；制冷量为 12～72 千瓦的开启式制冷压缩机，选择 HCFC-22 或 R-717 替代 CFC-12。

（2）对于离心式制冷机，则选择 HCFC-123 或 HFC-134a 替代 CFC-11。

（3）对于单元式空调机中制冷量为 22～140 千瓦的中型半封闭制冷压缩机，选择 HCFC-22 替代 CFC-12。

（4）对于运输用冷藏设备，选择 HCFC-22 或 HFC-134a 替代 CFC-12。

（5）对于在用的工商制冷设备，中国将采取预防泄漏、加强回收和鼓励以混合工质制冷剂（或过渡物质）更换 CFCs 制冷剂的技术路线。

截至 2022 年，中国切实履行了议定书规定的各项国际义务，兑现了履约承诺，先后实现了全氯氟烃、哈龙、四氯化碳、甲基氯仿和甲基溴五大类 ODS 受控用途的全面淘汰。目前，中国正在淘汰最后一类 ODS 含氢氯氟烃。中国累计淘汰 ODS 约 50.4 万吨，并在保护臭氧层同时为减缓气候变化带来了巨大惠益。中国在淘汰 ODS 过程中累计避免约 230 亿吨二氧化碳当量温室气体排放，相当于 2021 年中国碳排放总量两倍多，减排成果显著。

资料来源：

[1] 汪训昌.《中国逐步淘汰消耗臭氧层物质国家方案》(修订稿) 的背景、使命、成果及其未来 [J]. 中国建设信息（供热制冷专刊），2005（10）：22-24.

[2] 阮煜琳. 中国累计淘汰 ODS 约 50.4 万吨　避免约 230 亿吨 CO_2 当量温室气体排放 [EB/OL]. (2022-12-05) [2023-03-15]. https://baijiahao.baidu.com/s? id=1751383591941176847&wfr=spider&for=pc.

小案例 4-1　中国家用制冷行业为淘汰 ODS 而做出的贡献

中国与国际社会合作在促进贸易与环境协调方面做了许多努力，取得一些成功的经验，最具有代表性的一个案例就是中国履行《蒙特利尔议定书》所取得的成功。在履约中，中国利用多边基金对家用制冷行业的生产工艺进行了改造和更新换代，成功地实现了消耗臭氧层物质淘汰目标，并扩大冰箱等家用制冷产品的出口，在促进贸易与环境“双赢”上取得了显著绩效。

传统的冰箱、冰柜使用 CFC-12 作为制冷剂，CFC-11 作为保温层发泡剂。20 世纪 90 年代初，为履行《蒙特利尔议定书》，一些发达国家纷纷出台相关政策限制或禁止含 CFC 的冰箱进口，这使中国许多冰箱出口企业受到重创。1989—1993 年，中国冰箱因使用 CFC 及其他方面原因，出口呈明显下降趋势。

自 1994 年起，中国家电制冷行业进行了一场深刻的“绿色革命”，有 40 家企业的 53 个项目得到了《蒙特利尔议定书》多边基金的批准，共投资 8 650 万美元对传统冰箱、冰柜 CFC 进行替代。到 2005 年为止，中国新生产冰箱、冰柜已基本全部完成替代工作，共淘汰 CFC 1.28 万吨。

由于中国冰箱行业在 CFC 的替代上取得重大进展，并在节能方面有较大成效，从 1994 年开始，中国冰箱又恢复并保持了强劲的出口势头。

资料来源：沈晓悦. 环境措施与市场准入 [M]. 北京：中国环境科学出版社，2005.

第三节
保护濒危野生动植物MEAs与国际贸易

“生物多样性”是生物（动物、植物、微生物）与环境形成的生态复合体以及与此相关的各种生态过程的总和，包括生态系统、物种和基因3个层次。生物多样性是地球上生命经过几十亿年发展进化的结果，是人类赖以生存的条件，是经济社会可持续发展的基础，是生态安全和粮食安全的保障。

伴随人类社会的发展，生物多样性保护应是一项长期而艰巨的工作。为了保护地球上的生物多样性，防止某些物种的灭绝，国际社会签署了许多保护生物多样性的多边环境协议，其中《濒危野生动植物种国际贸易公约》（CITES）具有特殊的地位。

一、CITES的一般规定及贸易规则

（一）CITES的一般规定

20世纪中期，野生生物贸易成为国际贸易中一个重要领域，等人们开始意识到生物多样性对人类生存与发展的重要意义的时候，大量的生物已经因过度贸易而面临灭绝或濒临灭绝。为有效地保护濒危野生动植物资源，特别是减少因国际贸易而产生的消极影响，在国际自然资源保护联盟的倡导下，国际社会签署了CITES。CITES在1973年3月3日签订于美国华盛顿，因此又被称为《华盛顿公约》。1975年7月1日，该公约正式生效。截至2022年年末，公约缔约方已达到184个。[①]

CITES的宗旨是：美丽的、种类繁多的野生动植物是地球自然系统中不可替代的一部分，为了人类的世世代代，必须加以保护，各国人民和国家政府应该是本国野生植物的最好保护者；为了保护某些野生动物和植物物种不至于由于国际贸易而遭到过度开发利用，进行国际合作是必要的，而且必须采取一定的限制措施。

CITES第1条对野生生物的物种和标本进行了定义：（1）“物种”包括任何种、亚种或地理上分离的种群。这个定义允许国家考虑贸易对同一物种的不同种群所具有的影响，并以此来规定同一物种的不同种群的贸易限制。（2）标本可以是活的或死的动物或植物，并且包括物种任何可辨认的部分或衍生物。该定义的重要性是关于“衍生物”的规定，把那些牙、角、皮等构成野生生物贸易形式的产品也归入公约涉及的国际贸易中。但是，CITES没有规定“可辨认”的确切含义，这就可能发生某些物种的某些部分或衍生物的贸易在有些国家得到控制，而在其他国家不受控制的情况。

小资料 4-2　《濒危野生动植物种国际贸易公约》第 18 次缔约方会议

2019 年 8 月 17 日至 28 日，《濒危野生动植物种国际贸易公约》（以下简称《公约》）第 18 次缔约方会议在瑞士日内瓦召开。全球 169 个缔约方的政府代表团、200

① 外交部. 濒危野生动植物种国际贸易公约［EB/OL］.（2023-03-01）［2023-03-15］. http://svideo.mfa.gov.cn/wjb_673085/zfxxgk_674865/gknrlb/tywj/tyqk/201410/t20141016_7949700.shtml.

多个国际组织和新闻媒体共 1 700 多名代表参加了会议。会议审议了 107 项政策性议题和 57 项附录修订提案，通过了 300 余项决议决定，并宣布《公约》第 19 届缔约方大会将于哥斯达黎加召开。

中国派出由中华人民共和国濒危物种进出口管理办公室、外交部、农业农村部、海关总署、国家市场监督管理总局、国家林业和草原局、国家中医药管理局、中国科学院（中华人民共和国濒危物种科学委员会）及香港、澳门特别行政区有关部门共同组成的政府代表团参会。

大会期间，中国代表团积极参加议题谈判，广泛开展磋商交流，深度参与国际规则制定，特别是在大象、老虎、赛加羚羊、鲨鱼、海参、热带木材等与中国密切相关的焦点物种，以及贸易规则、执法、生计等综合性议题方面，密集沟通协调，提出合理对策，努力推动议题结论客观公正。中国提出的将白冠长尾雉、镇海棘螈和高山棘螈、疣螈属、瘰螈属以及睑虎属列入附录 II 的 5 项提案全部顺利通过。组织召开了以“共同的责任、共同的担当：全链条打击野生动植物非法贸易”为主题的中国边会，倡导包括源头国、中转国、目的国在内的全链条打非理念，全面展示中国打击野生动植物非法贸易的成就。参加了《公约》第 71、72 次常务委员会会议、野生动植物执法网络第三次全球会议、生计边会、大象边会、减少需求边会等会议和活动。开展了与欧、美、亚、非等近 20 个缔约方、公约秘书处、有关国际组织的双多边磋商，为《公约》谈判奠定了良好基础。

《公约》于 1973 年 3 月 3 日缔结，1975 年 7 月 7 日正式生效，目前有 183 个缔约方。《公约》通过制定监管物种的附录、实行进出口许可证管理制度、推动国家履约立法和执法、对违约方实施制裁等措施规范野生动植物国际贸易活动，以达到保护野生动植物资源和实现可持续发展的目的。缔约方大会是《公约》的最高决策机构，每两至三年召开一次，主要任务是：讨论各缔约方提交的附录修订提案，调整贸易管制范围；讨论《公约》执行中遇到的问题，制定修订决议决定；选举缔约方大会下设的常务委员会、动物委员会、植物委员会的成员。

根据国家林业和草原局公布的《2020 年中国国土绿化情况公报》，2020 年全国共完成造林 677 万公顷、森林抚育 837 万公顷、种草改良草原 283 万公顷、防沙治沙 209.6 万公顷。[2] 过去的濒危物种，如大熊猫和金丝猴的数量都得到了恢复或增加。中国政府也加大了对跨国野生动植物走私案件的查处力度，有效打击了跨国野生动植物走私。

中国政府确定在 2017 年 12 月 31 日前全面停止商业性加工销售象牙及制品活动，旨在进一步打击象牙等野生动植物非法贸易。从 2018 年 1 月 1 日起，任何象牙制品的交易都是违法的。[3]

资料来源：

［1］国家林业和草原局.《濒危野生动植物种国际贸易公约》第 18 届缔约国大会在日内瓦召开［EB/OL］.（2019-08-29）［2021-6-28］. http://www.forestry.gov.cn/chinagreen/3/20190829/121846978842685.html.

［2］国家林业和草原局. 2020 年中国国土绿化情况公报［EB/OL］.（2021-03-11）［2021-06-27］. http://www.gov.cn/zhengce/zhengceku/2020-12/02/content_5566369.htm.

［3］马文英. 2018 年起中国全面禁止象牙贸易［EB/OL］.（2018-01-02）［2021-6-27］. https://language.chinadaily.com.cn/a/201801/02/WS5b2cbf72a3103349141de478.html.

（二）CITES的贸易规则

根据物种的稀有程度和受贸易的威胁程度，CITES规定了3类濒危物种进行国际贸易应遵守的原则。第一类物种包括所有受到或可能受到贸易影响而有灭绝危险的物种。这些物种标本的贸易必须加以特别严格的管理，以防止进一步危害其生存，基本原则是禁止贸易，只有在符合CITES规定的条件下，才能允许进行贸易。CITES共规定了约600种这样的物种，列入附录Ⅰ中。第二类物种包括所有目前虽未濒危灭绝，但如对其国际贸易不严加管理，就可能变成有灭绝危险的物种；还包括为了使上述物种的贸易得到有效控制而必须加以管理的其他物种，对这类物种的贸易应严格限制。公约共规定了约3万种这类物种，从非洲象直到仙人掌等，都被列入附录Ⅱ中。第三类物种包括任何一个成员认为属其管辖范围内，应进行管理以防止或限制开发利用，而需要其他成员合作控制贸易的物种，列入附录Ⅲ中。[13]

自2010年6月23日起生效的CITES附录具体如下：附录Ⅰ共有892个物种，附录Ⅱ共有33 033个物种，附录Ⅲ共有161个物种。①2019年8月，在日内瓦举行的第18次缔约方会议对《濒危野生动植物种国际贸易公约》附录Ⅰ、附录Ⅱ和附录Ⅲ做出若干修订，并调整了一些物种标准命名。列入附录Ⅰ、附录Ⅱ和附录Ⅲ的濒危物种是根据其生物学现状和贸易现状决定的，称之为Berne标准。近年来，CITES致力于修订CITES附录标准，如在第8次缔约方会议上，1992年6月公约常务委员会要求世界保护联盟协助制定一个简单、实用、科学和客观的标准，以便能把应该列入附录中的物种确切地列入适合的类别中去，但是修订工作面临着技术困难和政治矛盾。

CITES明确规定，除遵守本公约各项规定外，各成员都不许就上述3类物种进行国际贸易。CITES对3类物种的国际贸易进行了具体规定：

CITES对附录Ⅰ中的物种贸易规定：附录Ⅰ中的物种贸易必须遵守严格标准，只有在特殊情况下才可进行。

CITES第3条规定附录Ⅰ所列物种的任何标本的出口，必须事先获得并交验出口许可证。发给出口许可证的条件是：出口国的科学机构认为，此项出口不至于危害该生物的存在；出口国的管理机构确认，该标本的获得并不违反本国有关保护野生动物法；出口国的管理机构确认，任一出口的活标本会得到妥善装运，尽量减少死亡、虐待以及对健康的损害；出口国的管理机构确认，该标本的进口许可证已获得。所以，获得政府的出口许可证是附录Ⅰ物种贸易的首要条件。

CITES第3条规定附录Ⅰ所列物种的任何标本的进口，都应事先获得并交验进口许可证和出口许可证，或再出口证明。发给进口许可证的条件是：进口国的科学机构认为此项进口的意图不至于损害有关物种的生存；进口国的科学机构认为该活标本的接受者在笼舍安置和照管方面是妥当的；进口国的管理机构确认，该标本的进口，不以商业为目的。该规定很重要，说明CITES禁止对附录Ⅰ物种的商业贸易，并且限制了缔约方中用于教育和科研目的的商业贸易。

CITES一般禁止附录Ⅰ标本的再出口，只有符合一定条件时，才能获得出口证明书。这些条件是：再出口的管理机构确认该标本是依据CITES的规定进口到本国；再出口的管

① 360百科. 濒危野生动植物种国际贸易公约附录［EB/OL］.［2022-06-15］. https://baike.so.com/doc/7003473-24861497.html.

理机构确认任一出口的活标本会得到妥善装运，尽量减少死亡、虐待以及对健康的损害；再出口的国家管理机构确认，该标本的进口许可证已获得。

CITES还规定如果出口到某个国家的活标本是从不受任何国家管辖的海洋中获得的，那么只有在进口国的科研部门承诺物种的生存不会受到伤害，以及管理机构承诺进口附录Ⅰ物种的其他条件已符合的前提下，许可证才可以颁发。这是为了确保海洋濒危动物不被用于其他商业目的。成立海洋生物展览馆等目的被视为合法。

CITES对附录Ⅱ中的物种贸易规定（第4条）：附录Ⅱ中物种的进出口贸易条件基本和附录Ⅰ要求相同，但附录Ⅱ中物种的出口不需获得进口许可证。当科学机构确认，此类物种的出口应受到限制，以便保持该物种在其分布区内的生态系统中与它应有作用相一致地位，或科学机构认为此类物种出口会大大增加该物种成为第一类物种的危险时，该科学机构就应建议管理机构采取适当措施，限制发放出口许可证，进口也需交验出口许可证或证明书。

对附录Ⅱ物种的再出口，只有在符合以下条件时，才能进行：再出口的管理机构确认该标本是依据CITES的规定进口到本国；再出口的管理机构确认所出口的活标本会得到妥善装运，尽量减少死亡、虐待以及对健康的损害。

CITES还禁止没有相关证明从不受任何国家管辖的海洋中进口附录Ⅱ的物种，只有在进口国的科研部门保证不会损害物种的生存，而管理部门又保证任何活标本都受到妥善照看，才能获得进口许可证。

CITES对附录Ⅲ中的物种贸易规定：对附录Ⅲ中物种贸易的限制只能来源于列入该物种国家的标本。公约第5条规定从限制的国家出口列入附录Ⅲ的物种，必须事先获得批准，并递交出口许可证，而进口国必须递交来源证明和出口许可证。除此之外，从任何其他国家进口，只要有来源证明即可，即出口国的管理部门证明标本正在被出口。任何国家再出口标本都是被允许的，不受任何限制。

附录Ⅳ对出口许可证的格式和应包含的内容作了规定。每个出口许可证或证明都应包括CITES的名称、签发出口许可证或证明的管理机构的名称和任一种证明印鉴，以及管理机构编制的控制号码。成员方应尽可能使用CITES规定的许可证样式。

CITES并不禁止非成员方之间的自由贸易，但对成员方和非成员方之间的贸易作了一些限制。CITES第5条规定：向一个非公约成员出口或再出口，或从该国进口时，该国的权力机构所签署的类似文件，在实质上符合本公约对许可证和证明书的要求，就可替代任一成员出具的文件而予以接受。CITES通过这一规定扩大了许可证使用的范围，其目的是将非公约成员方的物种贸易纳入公约的控制领域。

总的来看，CITES对附录Ⅰ、附录Ⅱ和附录Ⅲ中的物种贸易进行进出口许可证管理，这一管理形式无疑是有效和积极的。CITES要求各国对野生动植物进出口活动实行许可证/允许证明书制度，建立有效的双向控制机制，因此成为打击非法贸易、限制过度利用的有效手段。

CITES机构还与相关国际组织合作，充分发挥海关和国际刑警组织在野生动植物进出口管理环节上的监管和打击走私犯罪的作用。世界海关组织成立了《濒危野生动植物种国际贸易公约》项目工作组，建立了庞大的野生动植物贸易中心数据库，为各国海关加强野生动植物进出口监管提供信息支持。国际刑警组织成立了打击侵害濒危野生动植物犯罪工作组，通过提供全球执法协作，加强对野生动植物走私犯罪分子的打击力度。目前这3个组织已建立了广泛的联系协作机制，每年召开《濒危野生动植物种国际贸易公约》联席会议，邀请有关国家代表参加。另外，这3个组织还运用经济手段促进该公约的执行，对不遵守该公约条款或大会决议的国家，采取限定、暂停或号召其他国家终止与其贸易，或由缔约方大会、常委会强制执行的措施。该公约在保护野生动植物资源方面取得的成就及享有的权威和影响举世公认，已成为当今世界上最具影响力、最有成效的环境保护公约之一。①

CITES在国际环境合作领域比较成功地禁止了附录Ⅰ中物种标本的贸易，并尽量减少了附录Ⅱ中物种标本的贸易。因此，CITES成为野生生物国际保护中一个重要的里程碑。

专栏 4-2 《濒危野生动植物种国际贸易公约》回顾

假如没有《濒危野生动植物种国际贸易公约》的生效，地球上一些美丽而珍贵的野生动植物，如最大的哺乳动物蓝鲸、优雅迷人的燕尾蝴蝶、珍稀的野生兰花、巨大的桃花心木等，也许会从这个星球上永远消失，我们的子孙后代再也无缘欣赏它们的美，地球上的生命链条也因失去它们而出现裂缝。[1]

虽然生物的灭绝是自然规律，在地球超过 35 亿年的生物进化历史中，曾经存在的全部物种中 99％以上已经灭绝。但是，历史上自然的灭绝过程同我们正在经历的生物灭绝进程之间有着重大差别。现今的灭绝速度远快于过去：有科学家估计，物种自然灭绝的速度大约为每 100 年有 90 个物种灭绝，而现在的灭绝速度超过自然灭绝速度的 1 000 倍。据可靠的数据说明，地球上每天约有 100 种生物灭绝，而且这种速度有增无减。

CITES 始终不辱使命，在协调人类需要和野生动植物保护方面发挥了十分重要的作用。

昨天：成就与启示

CITES 是目前世界上最大的物种保护协议，规定了超过 3 万种动植物种的不同保护等级，包括国际贸易中所有涉及动植物种的活体、产品和衍生物。它的功绩主要体现在两方面：一是成功地把一些已经濒临灭绝的物种从悬崖边拉了回来。例如尼罗鳄，当 CITES 把此物种列入必须进行可持续性管理的名单之后，它们的生存已经得到了保证；CITES 生效后，禁止了犀牛角国际贸易，使犀牛得以继续在自然界繁衍生息；1989 年，CITES 禁止象牙国际贸易，以遏制 20 世纪 70 至 80 年代非洲象群数量急剧减少的趋势；CITES 还采取一系列措施来加强对鲟鳇鱼鱼子酱、某些种群的鲨鱼、海马、鳄鱼、麝、大叶桃花心木及许多药用植物等物种贸易的管理和监控，一些物种的数量有所增加。由于此类努力，被紧急列入濒危名录的新物种越来越少。二是防止更多的物种受到威胁。在公约附录中，还有许多可以贸易的野生物种并非濒危物种，但公约的存在确保了可持续性的贸易，从而也为将来保护了这些物种资源，凡是列入 CITES 名单的物种，都没有因贸易而灭绝。

① CITES. 濒危野生动植物种国际贸易公约［J］. 绿色中国，2005（15）：69.

值得注意的是，由于 CITES 在管理“传统”野生物种事务方面的突出能力，许多国家都同意进一步扩展其范围。原先一些具有较高商业价值的鱼类和木材种类是排除在 CITES 之外的，但现在已被列入了该公约的附录。这一趋势反映出，许多国家政府越来越相信，CITES 能够帮助稳定高商业价值物种的状态，并确保供应的可持续性。也就是说，CITES 已进入了可持续发展领域，这是个重要的发展趋势。

此外，CITES 还在逐渐寻求野生动植物保护和消除贫困之间的相互支持，很多地区因此受益匪浅。它还为发展中国家的保护区及执行部门提供帮助，以确保它们能跟上国际行动的步伐。

在发展历程中，CITES 逐渐成熟，其规则和程序已经发展成一个连贯一致、建设良好的体系，推动了无害的野生动植物贸易和保护。同时，越来越多的非政府组织积极地和 CITES 开展合作，参加 CITES 会议的人也越来越多。

未来：挑战与信心

当然，CITES 也面临着前所未有的挑战。如今全球化迅猛发展，人们收入水平迅速提高，对野生动植物及其产品的需求随之增长，结果国际贸易对野生物种施加了越来越大的压力。非法野生动植物贸易市场日渐猖獗，并越来越深地卷入有组织犯罪网络。另外，在不远的将来，气候变化、污染加重和栖息地消失等威胁物种生存的因素可能会使 CITES 力不从心。如今，除了害虫和驯化的物种，世界上几乎没有哪个物种的数量是快速增长的。未来，除非可持续发展原则在国家政策中处于更加重要的地位，CITES 的影响力将因野生动植物难以挽回的灭绝而逐渐削弱。为了应对挑战，发挥更大作用，CITES 需要更有效地争取资源和人们的关注。温斯泰克斯表示，希望各国能在资金、人员等方面更加积极地支持 CITES。单在国家层面上对野生动植物贸易进行规范，缺乏国家间强有力的合作，效果不会理想，必须有一套具备坚实科学基础及有力执行措施的全球性政策。为达此目的，CITES 的缔约方首脑以及执行机构必须获得更多的政策支持、更合理的报酬、更有针对性的训练和更适合的装备。

资料来源：宋燕波. 生命链条拒绝裂缝——《濒危野生动植物种国际贸易公约》30 年回顾 [J]. 绿色中国，2005（15）：67-69.

专栏 4-3 中国加入《濒危野生动植物种国际贸易公约》成效瞩目

《濒危野生动植物种国际贸易公约》于 1973 年 3 月 3 日在美国华盛顿签署，其宗旨是保护野生动植物种因国际贸易而遭到过度开发利用。中国是该公约的第 63 个缔约方，该公约于 1981 年 4 月 8 日正式对中国生效。之后，中国坚定履行公约义务，积极推进履约行动，履约成效瞩目。

目前，中国建立了以《野生动物保护法》《野生植物保护条例》《濒危野生动植物进出口管理条例》为主体的履约立法体系，在 CITES 秘书处组织的履约国内立法评估中被评为最高等级，进一步完善了中国的履约管理和执法体制机制，建立了较为高效的监管体系，在实施国际贸易监管及参加全球联合打击行动中得到国际社会的充分肯定。同时，采取对进口 CITES 附录 II、III 所列野生动植物及其制品实施进出口证明书制度，对食用陆生野生动物和以食用为目的猎捕、交易和运输陆生野生动物予以严格禁止，对商业性进口和国内加工销售象牙及制品持续实施严格禁止措施等，比 CITES 更为严厉。建立部际联席执法协调机制，强化执法监管，开展专项打击行动，组织行业协会、民间团体、相关企业成立互联网联盟，共同打击非法野生动植物贸易。

中国还积极利用“世界野生动植物日”“爱鸟周”等重要节点广泛开展宣传教育，不断增强公众履行公约和保护野生动植物意识；深度参与国际规则制定，多次当选CITES常委会亚洲区域代表、植物委员会委员或候补委员，代表亚洲国家发声。目前，中国与18个国家和11个国际组织建立了合作关系，支持有关国家加强履约能力建设，多次获得CITES秘书长表彰证书、克拉克·巴文奖及联合国环境署亚洲环境执法奖等。

数据显示，通过40多年不懈努力，中国90%的植被类型和陆地生态系统、65%的高等植物群落、85%的重点保护野生动物种群已得到有效保护。大熊猫、朱鹮、苏铁、珙桐等珍稀濒危物种种群实现恢复性增长。藏羚羊野外种群数量从20世纪90年代的6万~7万只增长到现在的30万~40万只，这既是原产国开展就地保护和从源头上斩断非法贸易的最佳实践，也是原产国、中转国、消费国携手合作成功保护CITES物种的全球典范。

下一步，中国将继续加强野生动植物及其栖息地的源头保护，禁止野生动植物非法交易，革除滥食野生动物陋习，不断完善法律法规和规章制度，发挥部门间CITES执法工作协调小组作用，做好野生动植物资源监测，强化野生动植物管理，加强履约执法和谈判队伍能力建设，加大法律普及和宣传教育力度，推进对外合作与交流，严惩非法猎捕（采集）、交易、利用、运输和进出口野生动植物行为。

资料来源：张亚敏．加入《濒危野生动植物种国际贸易公约》40周年 我国积极推进履约行动成效瞩目［J］．国土绿化，2021（4）：47-48.

二、CITES对中国对外贸易的影响

（一）中国生物多样性保护成就

与CITES联系紧密的是《生物多样性公约》（Convention on Biological Diversity）。该公约是一项保护地球生物资源的国际性公约，于1992年6月1日由联合国环境规划署发起的政府间谈判委员会第七次会议在内罗毕通过，1992年6月5日，由签约方在巴西里约热内卢举行的联合国环境与发展会议上签署。公约于1993年12月29日正式生效，常设秘书处设在加拿大的蒙特利尔。联合国《生物多样性公约》缔约方大会是全球履行该公约的最高决策机构，一切有关履行《生物多样性公约》的重大决定都要经过缔约方大会的通过。

小资料4-3 《生物多样性公约》与贸易有关的措施

《生物多样性公约》是涉及生物资源保护与可持续利用的第一个有约束力的全球性国际协议。《生物多样性公约》2004年的缔约方中有140个是WTO的成员，而WTO成员中有2个不是该公约的缔约方，它们是文莱达鲁萨兰国和美国。

《生物多样性公约》共有42条及2个附件，其中公约本体的第6条至第21条可被视为“实质性条款”，即关于生物资源的保护与利用及利益分享的具体规则。[1]

1992年签署的《生物多样性公约》，尽管没有直接的贸易义务的条款，但一些条款

对贸易有明显的影响，特别是关于遗传资源的获取、知识产权和生物安全的规定与国际贸易直接相关。

如果按照严格定义，该公约中没有针对缔约方的具体贸易义务。但从广义定义来看，有一些条款可能涉及与贸易相关的措施。该公约中有几项例外，规定了目标，并建立了一般性原则。然而，该公约包括了这样一些条款，即由各缔约方逐渐地理解所要求的措施，这些措施有可能对贸易带来影响。此外，这些条款中的某些与一些国际贸易协议有着相互联系。

关于技术的获得和转让。公约认为，包括生物技术在内的技术获取与转让是促使公约目标实现所必需的。为此，缔约方承诺，依照公约的规定而允许其他缔约方获取，或者向其他缔约方转让有利于保护及可持续利用生物资源或者利用遗传资源，且不会对环境造成严重损害的技术。公约第 16 条第 5 款表明，缔约方承认，专利与其他知识产权权利有可能对本公约的实施产生影响，因而应依照相关国家国内法与国家法规则相互合作，以保证此种权利获得支持，且不致对本公约目标构成障碍。这一条与技术转让密切相关，技术转让是各国贸易的一个重要组成部分。该条还不涉及具体贸易义务，但其广泛的酌处权有可能对贸易产生重大影响。

关于生物技术的处理及其惠益的分配。生物资源原产国，尤其是其中的发展中国家的直接参与，是保证生物多样性保护与可持续利用领域的技术顺利开发成功，并最终有效运用的重要因素。《生物多样性公约》第 19 条规定，各缔约方应依以下原则安排生物技术的研究及利益分配：第一，应采取适当的立法、行政或政策措施，保证为相关研究提供遗传资源的缔约方，尤其是发展中国家有效地参与生物技术的研究活动，并在有可能的情况下，在这些国家开展此类研究活动。第二，应采取一切可行的措施，促进为研究活动提供遗传资源的缔约方，尤其是发展中国家基于公平原则获取研究成果，并从研究活动中获益。当然，这种研究成果的获取与利益的获得应当以双方商定的条件为前提。第三，凡涉及作为此种生物技术研究成果，且有可能对生物多样性的保护与可持续利益产生负面影响的活性转基因生物体的安全转移、处置及利用的，应考虑制定适当程序的必要性与模式，包括实现知情同意（Advance Informed Agreement，AIA）程序。第四，应直接或者要求处于其管辖之下，提供可能有负面影响的生物体的自然人或法人向接受此种生物体的缔约方提交该生物体的利用与安全管理有关的各种信息，并告知引进该生物体的缔约方有关该生物体潜在负面影响的一切信息。

该条约虽未涉及具体的贸易义务，但以上一些规定都有可能成为影响到贸易的措施。

资料来源：潘峰. 论植物品种权的法律保护［D］. 济南：山东大学，2006.

中国是世界生物多样性最丰富的国家之一。由于长期以来人们对保护生物多样性认识的落后，中国境内森林乱砍滥伐、偷猎偷运珍稀濒危动植物、环境污染、外来物种入侵等现象十分严重，致使很多地方生态环境遭到破坏，许多物种濒临消失，生物多样性面临诸多威胁。为此，多年来中国政府在生物多样性保护方面做了大量而务实的工作。作为《生物多样性公约》较早的缔约方之一，中国也一直积极参与有关公约的国际事务，就国际履约中的重大问题发表意见。中国还是世界上率先完成公约行动计划的少数国家之一。

自1988年以来，中国相继通过了《野生动物保护法》《森林和野生动植物类型保护区管理办法》《国家重点保护动物名录》《关于严格保护珍贵稀有动物的通令》《关于加强野生动植物保护严厉打击违法犯罪活动的紧急通知》《国家重点保护野生动植物驯养繁殖许可证管理办法》《森林法》《草原法》等。1987年，国务院环境保护委员会公布的《中国自然保护纲要》，是中国第一部自然保护方面的纲领性文件，它规定了中国生物多样性保护的总体战略和基本原则，并提出了一般性的对策。中国政府于1994年发表了《中国21世纪议程——中国21世纪人口、环境与发展白皮书》，同年又颁布了《中国生物多样性保护行动计划》。

《中国生物多样性保护行动计划》的颁布，使大量保护生态环境的活动有章可循。依据《野生动物保护法》，破坏野生动物资源的犯罪行为将一律受到处罚，其处罚最高可判处死刑。目前，《中国生物多样性保护行动计划》确定的七大目标已基本实现，26项优先行动大部分已完成，行动计划的实施有力地促进了中国生物多样性保护工作的开展。

自然保护区是保护生物多样性、地质构造以及水源等的自然区域。在自然保护区内，人类的各种活动受到不同程度的限制，以使这一区域内的保护对象保持无人为干预的自然发展状况。根据保护对象的不同，自然保护区可分为森林、珍稀野生动植物、海洋、荒漠、湿地等多种类型。《中华人民共和国自然保护区条例》第二条定义的“自然保护区”为“对有代表性的自然生态系统、珍稀濒危野生动植物物种的天然集中分布区、有特殊意义的自然遗迹等保护对象所在的陆地、陆地水体或者海域，依法划出一定面积予以特殊保护和管理的区域”。据国家统计局统计，2018年全国共有各种类型、不同级别的自然保护区2 750个，总面积为147.17万平方千米。其中，自然保护区陆域面积为142.70万平方千米，占陆域国土面积的14.86%。2 750个自然保护区中，国家级自然保护区有463个，总面积约97.45万平方千米。2021年，全国各级各类自然保护地总面积约占全国陆域国土面积的18%；国家级自然保护区有474个。[①]

近年来，我国通过开展濒危野生动物保护及其栖息地建设，旗舰物种保护取得积极进展。“十四五”期间将实施48种极度濒危野生动物抢救性保护。

到2022年3月，我国对大熊猫、亚洲象、海南长臂猿、西黑冠长臂猿、豹、中华穿山甲、滇金丝猴、黔金丝猴、虎、朱鹮、绿孔雀、四爪陆龟等12种旗舰物种实施了抢救性保护。大熊猫从20世纪七八十年代的1 114只增至1 864只，全球圈养种群总数达673只；亚洲象种群数量由1985年的180头增至300头左右；海南长臂猿由1980年的种群数量不足10只恢复到5群35只；朱鹮从1981年发现时的7只增至5 000余只；东北虎豹国家公园内野生东北虎、东北豹数量分别超50只、60只；黑冠长臂猿增至约700只；野生绿孔雀增至约550只；滇金丝猴种群数量增至3 800余只。

我国通过野生动物栖息地保护和拯救繁育、野生植物就地迁地保护和回归自然等工程，保护了90%的植被类型和陆地生态系统、65%的高等植物群落和85%的重点保护野生动物种群。我国不断完善野生动植物保护法律体系和管理制度，设立了三江源、大熊猫、东北虎豹、海南热带雨林、武夷山等第一批国家公园，保护面积为23万平方千米，

---

① 数据来自国家统计局。

涵盖近30%陆域国家重点保护野生动植物种类。坚持打击野生动植物非法交易，革除滥食野生动物陋习，遏制滥捕、滥猎、滥采野生动植物现象。积极防控野猪等野生动物致害并做好损失补偿，维护人民群众合法权益。启动了北京、广州等国家植物园体系建设。

“十四五”期间，我国将实施大熊猫、亚洲象等48种极度濒危野生动物和百山祖冷杉、巧家五针松等50种极小种群野生植物及其栖息地抢救性保护；划定并严格保护重要栖息地，连通生态廊道，确保重要栖息地面积增长10%；建设珍稀濒危野生动物种源繁育基地和遗传资源基因库，开展大熊猫、普氏野马等15种珍稀濒危野生动物野化放归；对分布极度狭窄、种群数量稀少或生境破坏严重的水杉、东京龙脑香等100种植物，开展迁地保护和最小人工种群保留等。加快推进《有重要生态、科学、社会价值的陆生野生动物名录》调整和陆生野生动物重要栖息地评估认定工作。

（二）中国相关贸易受CITES的约束

野生动植物及其制品的出口在中国出口贸易中占有一定的地位，CITES对中国一些产品的对外贸易提出了严峻的挑战。

中国于1980年12月25日加入了CITES，并于1981年4月8日对中国正式生效。因此，中国不仅在保护和管理该公约附录Ⅰ和附录Ⅱ中所包括的野生动植物种方面负有重要的责任，而且中国《国家重点保护野生动物名录》中所规定保护的野生动物，除了公约附录Ⅰ、附录Ⅱ中已经列入的以外，其他均隶属于附录Ⅲ。为此中国还规定，CITES附录Ⅰ、附录Ⅱ中所列的原产地在中国的物种，按《国家重点保护野生动物名录》所规定的保护级别执行；非原产于中国的，根据其在附录中隶属的情况，分别按照国家Ⅰ级或Ⅱ级重点保护野生动物进行管理。如非洲鸵鸟并非原产于中国，但被列入附录Ⅰ中，所以应按国家Ⅰ级重点保护野生动物进行管理。

按照CITES的有关规定，中国政府指定了管理机构——“中华人民共和国濒危物种进出口管理办公室”（以下简称濒管办）。国家授权濒管办代表政府发放野生动植物及其产品的出口、进口、再出口证明书，并和其他缔约方管理机构及CITES秘书处进行联系。为了给野生动植物保护和履行CITES工作提供良好的条件和基础，中国出台了一系列法律法规，如《中华人民共和国野生动物保护法》《中华人民共和国野生植物保护条例》。国家濒管办与海关总署制定并发布了《进出口野生动植物种商品目录》，凡列入该目录管理范围的野生动植物或其部分、产品的进出口在进出口报关前必须取得国家濒管办或其授权的办事处核发的允许进出口证书。

2006年9月1日，《中华人民共和国濒危野生动植物进出口管理条例》实施。条例第一条就明确指出，制定的目的是：“加强对濒危野生动植物及其产品的进出口管理，保护和合理利用野生动植物资源，履行《濒危野生动植物种国际贸易公约》，制定本条例。”在加入CITES的几十年中，中国根据相关法律，坚决控制濒危野生动物的非法贸易活动，先后禁止和取缔了大量濒危野生动植物的贸易。例如，中国在1986年禁止了麝香出口，1989年停止象牙及其制品的国际贸易，1991年加入《全面禁止象牙贸易公约》，结果使全国100多家企业关闭，象牙雕刻艺术受到影响。1993年，国务院颁布《关于禁止犀牛角和虎骨贸易的通知》，禁止犀牛角和虎骨进出境、出售、收购、运输和携带，并查封有关的产品。这一通知对相关产业的打击是毁灭性的。2017年12月31日，中国政府确定全面停止商业性加工、销售象牙及其制品活动，旨在进一步打击象牙等野生动植物非法贸易。从2018年1月1日起，中国政府宣布任何象牙制品的交易都是违法的。2018年10月，国务院颁布《关于严格管制犀牛和虎及其制品经营利用活动的通知》，要求打击犀牛和虎及其制品非法贸易，严格管制犀牛和虎及其制品经营和利用等活动。中国还与印度等国缔结了保护老虎等野生动物的双边协定。中国还多次公开销毁大量的犀牛角、虎骨、藏羚羊皮。2005年，中国野生动物进出口贸易总额为89亿元，比上年下降了26%，其中一个主要原因是中国为履行CITES义务，支持和倡导拒食野生动物，加强了对食用野生动物进口的控制。

当然，中国在履行CITES义务中也存在很多问题。一是非法贸易问题。野生动植物走私是国际范围内的一个普遍现象。由于中国边境线较长，与多个国家接壤，海关打击走私的任务十分艰巨。尤其是20世纪90年代，随着中国由单纯的出口国逐步向出口国和进口国的角色转变，非法贸易问题有了新的发展。由于国内的野生动植物需求增加，而国内的野生动植物资源有限，于是周边国家的野生动植物通过边境贸易的形式大量进入中国。中国因未能对野生动植物的边境贸易进行有效的监管和调控，造成野生动植物走私活动泛滥。二是有关野生动植物的法律法规立法不完善、执法力度不够。随着中国融入全球化的程度加深，对濒危野生动植物国际贸易的控制难度加大。从全球范围来看，实施CITES最大的障碍就是执法的有效性，这在中国也不例外。2019年7月18日，世界自然保护联盟公布了更新版的《濒危物种红色名录》，对全球濒危物种保护状况进行了全面评估，超过7 000个物种被列入名录，使得该名录收录的濒危物种首次超过10万个，达到105 732个。[①]中国的有些法律规定与CITES要求不符合。比如，根据《野生药材资源保护管理条例》，石斛属国家三级保护野生药材物种，可以限量出口，而根据CITES，石斛属附录Ⅰ，其贸易几乎是全部禁止的。再如，黑熊在CITES中被列在附录Ⅰ中，但在《国家重点保护野生动物名录》中被列为Ⅱ级重点保护野生动物。

综上所述，为保护中国的动植物资源，保护生物多样性，维持生态平衡，同时促进对外开放的进一步发展，应进一步采取措施协调生物多样性保护和对外开放的政策。首先，中国需要抓紧时间将国际法转化为国内法，使加强保护野生动植物法律基本制度和原则与国际公约、规约基本相一致。其次，要加强管理，包括提高管理人员的素质，加强国际合作和交流，处理好生物多样性和对外开放的关系，使两者相互促进。值得一提的是，1997年3月通过的《刑法》修改案增加了破坏环境资源保护罪。《刑法》第三百四十一条规定：非法猎捕、杀害国家重点保护的珍贵、濒危野生动物的，或者非法收购、运输、出售国家重点保护的珍贵、濒危野生动物及其制品的，处5年以下有期徒刑或者拘役，并处罚金；情节特别严重的，处以10年以上有期徒刑并处罚金或者没收财产。

---

① 周超. 世界自然保护联盟更新《濒危物种红色名录》[EB/OL].（2019-07-26）[2021-06-01]. https://www.sohu.com/a/329421193_100122948.

第四节
控制危险废物越境转移多边环境协议与国际贸易

危险废物是指国际上普遍认为的具有爆炸性、易燃性、腐蚀性、化学反应性、急性毒性、慢性毒性、生态毒性和传染性等特性中一种或几种特性的生产性垃圾和生活性垃圾，前者包括废料、废渣、废水和废气等，后者包括废食、废纸、废瓶罐、废塑料和废旧日用品等，这些垃圾给环境和人类健康带来的危害是巨大的。危险废物越境转移的形式是多种多样的，贸易、投资以及走私是主要的方式，而且大多数是从发达国家向发展中国家转移。这已经成为贸易与环境领域的一个焦点问题。

从发达国家严格控制填埋处置开始（即“NIMBY”，别埋在自家后院），废弃物处置的成本就变得高昂起来。同样是1吨有毒化学废料，在美国处理，成本需要400美元，在非洲处理只要40美元。①此时，大多数发展中国家尚未意识到此类废弃物的危害，也缺乏相关立法加以限制；即使有，在面对发达国家“危险废物殖民”时，往往也心有余而力不足。这是因为很多发展中国家都因经济发展而对发达国家负债累累，最终导致发展中国家不得不将接受废弃物进口作为偿还债务的方式。以几内亚为例，其就曾以4倍于其国内生产总值的金额，接受了一大批危险废物进入其境内。[16]

由于人类所依赖的环境是一个整体，所以危险废物越境转移的最终结果是损害了全球的环境质量。危险废物越境转移给全球环境带来的严重后果已经引起国际社会越来越多的关注。为了在全球范围内控制危险废物的国际贸易，有关的国际组织和非政府组织从20世纪80年代起就提出控制国际贸易中危险废物的越境转移，并呼吁制定国际公约，来协调各国的行动。

正是在这一背景下，为了在国际范围内利用法规手段来控制危险废物的越境转移，1989年3月22日，117个国家和34个国际组织在瑞士巴塞尔召开大会，会上通过了《控制危险废物越境转移及其处置巴塞尔公约》（Basel Convention on the Control of Trans boundary Movements of Hazardous Wastes and Their Disposal），简称《巴塞尔公约》（Basel Convention）。该公约于1992年5月5日生效。1995年9月22日在日内瓦通过了《巴塞尔公约》的修正案。修正案禁止发达国家以最终处置为目的向发展中国家出口危险废物，并规定发达国家在1997年年底以前停止向发展中国家出口用于回收利用的危险废物。

截至2022年8月，《巴塞尔公约》有190个缔约方。中国于1990年3月22日在该公约上签字。

一、《巴塞尔公约》对危险废物越境转移和处置的规定

《巴塞尔公约》是人类历史上第一部关于控制和处置危险废物越境转移的国际公约，

① 佚名. 中国全面禁进“洋垃圾”，心酸还是高兴？［EB/OL］.（2018-01-09）［2021-06-28］. http://www.kunlunce.com/ssjj/guojipinglun/2018-01-09/122206.html?from=groupmessage&isappinstalled=0.

因此公约的重要意义在于把危险废物的国际贸易置于法律的控制之下，从而结束了对倾倒和转移危险废物和其他废物无法可依的状况。该公约规定的控制措施以及缔约方必须遵守的义务使得各国必须寻找一种更有效地利用资源、保护环境的经济发展道路。该公约的相关规定主要集中在：

（一）关于危险废物分类

《巴塞尔公约》在附录Ⅰ中规定了应加以控制的45种类型的有害物质，主要是医学临床及医药生产废物、生物及有机化学废物、矿物及油品废物、易燃易爆废物等；明确了使废弃物具有危险性的8种联合国等级的14种特性，如急性、慢性、毒性、生态毒性、传染性、腐蚀性、易爆易燃性等。[14] 该公约还在附录Ⅱ中规定了须特别考虑的危险废物类别，即从住家收集的废物及焚烧住家废物产生的残余物。此外，公约还特别规定缔约方有权根据其自身的实际情况，确定公约所规定的废物类别之外的其他废物也称公约所管辖的危险废物。

（二）关于缔约方应遵守的原则和应承担的义务

《巴塞尔公约》要求各缔约方应遵循以下原则：

（1）必须继续发展和实施无害于环境的低废技术、再循环方法、良好的管理制度，以便尽量减少危险废物的生产量，求得在根本上解决危险废物的转移问题。

（2）对不可避免产生的危险废物，应尽可能在起源地用对环境无害的方法处置。

（3）危险废物的越境转移只有在特别的情况下，而且此种运输和最后处置是对环境无害，并受到严格监督时才被允许，并应尽量把这种转移降低到最低限度。任何国家都享有禁止来自外国危险废物和其他废物进入其领土或在其领土内处置的主权权利。

（4）应促进向发展中国家转让处理危险废物和其他废物的技术，以便对本国产生的危险废物及其他废物进行无害处理。

缔约方应承担的一般义务：

（1）应采取适当措施，使其国内产生的危险废物和其他废物减至最低限度。

（2）保证提供充分的处置设施用于从事危险废物和其他废物的环境无害管理，不论处置场所位于何处，这些设施应设在本国领土内。

（3）保证在其领土内参与危险废物和其他废物管理的人员视需要采取步骤，防止在这类管理工作中产生危险废物和其他废物的污染，并在产生这类污染时，尽量减少其对人类健康和环境的影响。

（4）禁止向在法律上完全禁止危险废物进口的某一缔约方或一组缔约方，特别是发展中国家出口此类废物。

（5）各缔约方行使其权利禁止危险废物进口处置时，应将其决定通知其他缔约方。

各缔约方的危险废物及其他废物的非法运输应被认为是犯罪行为。各缔约方应该采取适当的法律、行政和其他措施，以期实施公约的各项规定，包括采取措施以防止和惩办违反本公约的行为。禁止在本国管辖范围内的所有人在未经授权或许可的情况下，从事危险废物的运输和处置工作。

各缔约方危险废物和其他废物的越境转移仅在下列情况下才予以许可：

（1）出口国没有技术能力和必要的设施、设备能力或适当的处置场所以无害环境而且有效的方式处置有关废物。

（2）进口国需要有关废物作为再循环或回收工业的原材料。

（3）有关的越境转移符合由缔约方决定的其他标准，但这些标准不得背离本公约的目标。

（4）规定涉及越境转移的危险废物和其他废物须按照有关包装、标签和运输方面普遍接受和承认的国际规则和标准进行包装、标签和运输，并应适当考虑国际上的有关惯例，并且从越境转移起点到处置地点都须附一份转移文件。

（5）缔约方应不许可将危险废物和其他废物从其领土出口到非缔约方，也不许可从一非缔约方进口到其领土。

（三）其他相关规定

关于事先通知制度的规定：建立了一套在缔约方之间转移危险废物的事先通知制度。出口方必须通过出口国主管当局将准备越境转移的有关废物的详细资料预先通知进口国和过境国的主管部门，在未得到书面同意之前，或没有得到进口国的证实存在一份出口者和处置者的协议，详细说明对有关废物的环境无害管理办法之前，不得开始越境转移；进口国或过境国应以书面形式答复通知者，表示无条件或有条件同意或不同意转移或过境，或要求提供进一步的材料，进口国最后答复的副本应递交有关缔约方的主管当局。

1982年《联合国海洋法公约》也有类似的规定。公约第23条规定：外国核动力船和载运核物质或其他本质上危险和有毒物质的船舶，在行使无害通过的权利时，应持有国际协定为这种船舶所规定的证书并遵守国际协定所规定的特别预防措施。[17] 因此，事先通知义务成为国际环境法中的重要制度。

关于非法运输的规定：没有事先通知或没有得到进口国、过境国书面同意，或通过伪造、谎报或欺诈而取得有关国家同意，或转移物与文件所列材料不符合或违反《巴塞尔公约》及国际法的一般原则，造成危险废物或其他废物的蓄意处置，均应视为非法运输；危险废物或其他废物的非法运输是犯罪行为，应采取法律、行政、经济或其他措施，以实施公约的规定，防止和惩办违反公约的行为。缔约方不得允许向非缔约方出口或进口危险废物，除非有双边、多边或区域协定。

关于再进口责任的规定：在有关国家表示同意的危险废物或其他废物的越境转移未能按照契约的条件完成的情况下，如果在进口国通知出口国和秘书处之后的90天内，或者在有关国家同意的另一期限内不得做出环境上无害的处置替代安排，出口国应确保出口者将废物运回出口国，对此种行为，出口国和任何过境国都不应表示反对。

关于国际合作的规定：各缔约方应加强国际合作，交流危险废物越境转移的资料，尤其是促进向发展中国家转让技术、设备，提供资金和人员培训，以便改善和实施危险废物与其他废物的环境无害管理。各缔约方应考虑建立一个多边基金，以便对一些紧急情况给予临时支援，尽量减少由危险废物和其他废物的越境转移或其处置过程中发生意外事故所造成的损害。建立缔约方定期会议制度，不断审查和评价公约执行状况，使公约不断趋于完善。

综上所述，面对日益恶化的废弃物污染现状，《巴塞尔公约》在施行中遇到一系列瓶颈，特别在面对发达国家以“最终处置、回收利用”名义向发展中国家转移危险废物时，《巴塞尔公约》及其“禁止修正案”并没能取得预期的效果。一方面，环境污染涉及诸多方面，并非仅靠道德调整、国际义务约束便可一蹴而就。尤其是在回收利用日渐产业化的今天，发达国家在利益驱动之下，会用双边、多边条约的方式规避《巴塞尔公约》中的义务，依靠转嫁风险及发展中国家低廉的劳动力成本，实现回收处置的成本外部化，以追求利益的最大化。另一方面，回收产业的确为发展中国家带来了一定的资金投入，提供了就业机会，带来了经济发展，只是这种发展是建立在牺牲环境利益、人类的健康利益基础之上的，不符合可持续发展的要求，不是经济良性发展之道。

当然，《巴塞尔公约》没有从根本上禁止危险废物的国际贸易也是一个非常重要的原因。《巴塞尔公约》规定在一定限制条件下，国家可从事这类危险废物的贸易。从公约的措辞来看，这些限制条件的规定是不明确的，其中最大的问题是公约认为在进口国需要有关废物作为再循环或回收工业的原材料的条件下，危险废物的国际贸易是允许的。但公约没有规定如何对这类贸易进行控制，尤其是对进口国的环境造成损害时，该由谁来承担责任。按照污染者付费原则，应由进口国的有关企业来负责，但这样处理的结果就是把危险废物出口者的责任转嫁到进口国来承担，这实际上和1992年《里约宣言》原则2不符，该原则规定各国要确保在本国境内的活动不损害他国的环境。这表明原则上危险废物的原产国应对危险废物的处置承担主要责任，如果转移到其他国家，应确保危险废物得到最无害环境的处置，但公约仅强调了出口国的事先通知义务，而忽略了如果危险废物作为再循环或生产原料的过程中对当地国环境产生损害情况下出口国的责任问题，这就有可能造成一些以再循环为理由，实际上是非法倾倒和转移危险废物的贸易或走私活动的产生。此外，《巴塞尔公约》并没有制止一国管辖区域内的危险废物或其他废物转移行为，也就不能彻底或从根本上控制危险废物或其他废物的越境转移。

专栏 4-4　POPs 及其有关贸易的规定

20 世纪 60—70 年代，某些化学品和农药的用量迅速增加，其中许多化学品对现代社会而言是很重要的，但同时可能对人体健康和环境带来严重危害。

1992 年在里约发表的《21 世纪议程》的第 19 章明确了全球在化学品环境安全方面的目标和任务。在联合国环境规划署、粮农组织、世界卫生组织的推动下，国际社会建立了《关于在国际贸易中对某些危险化学品和农药采用事先知情同意程序的鹿特丹公约》（简称《鹿特丹公约》或 PIC 公约）和《关于持久性有机污染物（POPs）的斯德哥尔摩公约》（简称《斯德哥尔摩公约》或 POPs 公约）。

POPs 公约是由联合国环境规划署邀请化学品安全国际规划署等相关国际组织一起于 1998 年开始着手制订的一项行动方案，旨在于 2000 年前就为在全球全面销毁、禁止和限制列入暂定清单的 12 种产品而制定一项公约，并在公约生效后逐步扩大限控名单。在这 12 种产品中有 9 种是农药，它们是滴滴涕、灭蚁灵、氯丹、毒杀酚、六氯苯、七氯、艾氏剂、狄氏剂、异狄氏剂等。另外 3 种是多氯联苯、多氯代二苯并二恶英和多氯代二苯并呋喃。[1]

POPs 公约于 2001 年 5 月 21 日开放签署，到 2004 年 5 月共有 151 个国家签署了该公约，86 个国家已经批准了。由于批准公约的国家已超过法定的 50 个，该公约于 2004 年 5 月 17 日正式生效。[2] 中国签署了该公约，并于 2004 年 8 月批准了该议定书。

POPs 公约规定了用于指导缔约方采取履约行动的若干原则，主要包括：公平原则（共同但有区别的责任原则）、预防原则、可持续发展原则和事先知情同意程序原则。为防止在履约过程中发生向发展中国家出口含有 POPs 的产品或废物的情况，该公约规定，进出口双方应按现行的国际事先知情同意程序行事。

关于与贸易有关的措施，POPs 公约的导言写道："确认本公约与贸易和环境领域内的其他国际协定彼此相辅相成。"这也是该公约提出的一项基本准则。其具体规定如下：

（1）减少或消除源自有意生产和使用的排放。该公约要求对附件 A 中的 POPs 禁止或消除，并要对附件 B 中的 POPs 进行限制。各缔约方应禁止或消除附件 A（消除）中 POPs 的生产、使用、进口、出口，并限制列在附件 B（限制）中的 POPs 的生产和使用。该公约要求对 POPs 的进出口限制，对附件 A 和附件 B 中的 POPs 仅限于无害于环境的方式进行处置，或允许进口的缔约方在具体豁免的情况下使用。该公约还对新建工厂及相关产品提出了严格的管理措施，如评估和管制以及其他用途的管理措施。相关内容在该公约的第 3 条（采取措施，减少或消除源自有意生产和使用的排放）中。该条规定是明确的，并且是强制性的限制。

（2）豁免登记制。对列在附件 A 或附件 B 中的 POPs 的生产或使用，需要为各缔约方建立一个具体的豁免登记簿。该公约规定了具体豁免的登记和登记的有关要求。豁免登记簿的要求与 POPs 的贸易密切相关，一些成员认为应属于贸易措施的范畴。

（3）POPs 列入附件的程序。该规定说明了把 POPs 列入附件的程序，也说明了缔约方把 POPs 列入附件的权利。被列入名单的 POPs 将受到贸易限制，一些成员认为属于贸易措施范围，并认为不涉及具体贸易义务。

资料来源：

[1] 郭可汾．基于食品安全法的水产品质量安全监管［D］．青岛：中国海洋大学，2010.

[2] 盖楠．若尔盖湿地有机氯农药和多氯联苯的生态地球化学研究［D］．北京：中国地质科学院，2012.

二、《巴塞尔公约》与中国的对外贸易

中国政府对危险废物的越境转移一贯持反对态度。1991 年 9 月，全国人大常委会审议批准了《巴塞尔公约》，并与其他国家一起，在 1994 年通过了日内瓦决议，规定立即禁止出口以最终处置为目的的危险废物；从 1998 年起，以再循环利用为目的的危险废物的出口也被禁止。同时，中国制定了一些有关控制有害废物转移的法律、法规、条例，如 1985 年的《中华人民共和国海洋倾废管理条例》、1986 年的《关于禁止进口旧服装的通知》、1987 年的《对外经济贸易部、国家物资局关于从严审批利用外资举办旧轮胎翻新项目的通知》、1989 年的《关于防治含多氯联苯电力装置污染环境的规定》、1988 年的《防止拆船污染环境管理条例》、1991 年的《关于严格控制境外有害废物转移到中国的通知》、1992 年的《关于加强外商投资建设项目环境管理保护管理的通知》、1994 年的《化学品首次进口及有毒化学品进出口环境管理的规定》；2017 年，国务院颁布《禁止洋垃圾入境推进固体废物进口管理制度改革实施方案》，要求严格固体废物进口管理，在 2017 年年底前全面禁止进口环境危害大和群众反映强烈的固体废物，在 2019 年年底前逐步停止进口国

内资源可以替代的固体废物①；2018年，生态环境部办公厅发布《关于坚决遏制固体废物非法转移和倾倒进一步加强危险废物全过程监管的通知》等；2020年11月5日，中国生态环境部审议通过了《国家危险废物名录（2021版）》，对有关危险废弃物名录进行了修改和更新②，严格控制13种商品的进口，严格限制17种有毒化学品的使用，禁止使用18种有毒化学品。

但即便如此，国外危险废物向中国转移的事故依然时有发生。这主要是因为中国一部分企业和个人环保意识不强，只顾眼前利益，而未能全面深入理解可持续发展的深刻含义。由于废物价格低廉，有时废物贸易的出口国为进口国倒贴运费或重金购买处置权，因此，中国的某些厂商愿意低价进口这些废物。此外，环保法律不完善、执法不严也是导致境外危险废物输入的重要原因。

章末案例 ◎ 广东贵屿的电子垃圾进口之伤

据相关媒体报道，联合国的一份统计报告显示，中国作为世界第二大电子设备生产国，每年生产的电视、冰箱、洗衣机、电脑、手机等电子产品及其零部件，在世界各地完成使命后，大约70%的电子产品最终会以垃圾的形式回流中国。中国已经成了世界最大的“电子垃圾场”。全世界目前年产电子垃圾大约5 000万吨，中国以230万吨的数额位居全球次席。[1]全球的电子垃圾中有七成以上最终通过各种渠道流向了中国。在南方一些市镇，其中比较有代表性就是广东的贵屿，甚至形成了电子垃圾产业链。这些被其他国家以各种形式“礼送出境”的电子垃圾，正在逐渐侵蚀中国的空气、土壤和水源。

历史上，贵屿镇内涝严重，农业经常失收，大部分农民为养家糊口，以上门收购鸭毛、猪骨以及废旧铜、锡、铁等为生。后来，该镇逐步形成以收购废旧电子电器、废旧塑料和废旧五金为主的废旧回收拆解加工利用产业，在20世纪90年代中后期达到高峰，成为全国起步较早、规模较大的废旧回收拆解加工集散地，而且蔓延到周边市县。

贵屿镇总面积为52平方千米，人口为15.2万，下辖27个村或居委会。目前，其从事废旧回收拆解加工的村有21个，从业人员达6万人。根据贵屿镇提供给记者的《综合整治情况》，“已核实拆解单位5 169家，其中列入整改3 026家，列入取缔2 141家；已完成整改3 006家，已取缔2 143家，总体改进度为99.61%。其中，通过环评2 524家，办理工商登记1 332家，办理税务登记1 155家”。如果以列入整改的3 026家为基数，保守估计以每家保留生产能力15吨算，贵屿暂时仍将保留电子垃圾拆解家庭作坊，处理能力为每年近5万吨。

贵屿拆解的“洋”电子废物，是通过口岸到达广州、南海、深圳等地之后，再转运到贵屿的。这些数量庞大的电子废物要完成千里迢迢的运输到达贵屿，需要进行复杂的货源组织才行。而当地早已形成的强大的社会网络对此已非常熟练，它们不仅完成了货源组织工作，而且依据相对商业化的模式分配到各地的作坊之中。[2]在贵屿，我们可以看到许多运输车和集装箱运送从国外进口的电子垃圾。

贵屿做电子废物拆解的，基本上都是家庭作坊式的，用一种原始而野蛮的办法来对电

① 国务院办公厅. 国务院办公厅关于印发禁止洋垃圾入境推进固体废物进口管理制度改革实施方案的通知［EB/OL］.（2017-07-18）［2021-06-28］. http://www.gov.cn/zhengce/content/2017-07/27/content_5213738.htm.

② 中华人民共和国生态环境部. 国家危险废物名录（2021版）［EB/OL］.（2020-11-27）［2021-06-28］. http://www.mee.gov.cn/xxgk2018/xxgk/xxgk02/202011/t20201127_810202.html.

子废物进行回收和处理。工人在处理电路板时也知道这是有危害的，所以用排风扇把毒气往外排。电路板的处理很麻烦。电路板有两种，其中一种上面有很多芯片和元器件，在国内外都是很难处理的。在国内处理是靠煤炉把它加热，然后用酸把它溶解，溶解后迅速地用镊子一个个把那些元器件拔下来。我们发现当地的工人竟然依靠味道来辨别这个芯片是由镍还是其他稀有金属做成的，闻的时候毒气对人体的伤害非常大。目前，我国还没有一种安全处理这类电路板的方法。

经过这么多年，贵屿的环境遭到了严重破坏，空气里弥漫着一股强烈的焦臭味，水是浑浊不堪的，这一切已经危害到人的身体健康。头疼病、呼吸系统疾病和肾结石在贵屿很普遍。当地卫生院对其中一个村全村学生的身体检查结果显示，80%以上的中小学生患有呼吸道疾病，另有5个学生则被证实患了血癌。医院妇产科的一位医生反映，来这里分娩的产妇，有相当一部分是从事那些有害废品分解加工的女工，她们在生产时羊水呈墨绿色，曾有一妇女生下皮肤漆黑一团的婴儿，几个小时后就夭折了。

其实，按照中国法律规定，电子废弃物是不允许进口入境的。按照当时的国家环保总局和海关总署的规定，从2000年4月1日起，禁止进口废电视机及显像管、废计算机、废显示器及显示管等11类废电器。但在现实中，一些不法的进出口商，利用种种手段，为了经济利益而瞒天过海，例如，将电子垃圾以“废塑料”“废五金”等名义谎报进口，甚至不惜铤而走险走私垃圾。而即便是“废塑料”“废五金”，按照国家规定，也应进行无害化处理。

资料来源：

[1] 赵昂. 谁在为洋电子垃圾“敞开大门”[N]. 工人日报，2013-07-31（5）.

[2] 徐立京. 电子垃圾究竟“倒”在哪里——对广东贵屿镇电子废物拆解业的调查[N]. 经济日报，2004-02-03.

思考题：

（1）贵屿电子垃圾污染问题产生的原因有哪些？

（2）中国对电子垃圾的处理是否符合《巴塞尔公约》的要求？

（3）结合中国政府对进口“洋垃圾”的管制和广东贵屿的实际发展情况，你认为应该如何对贵屿电子垃圾进行有效管理？

本章小结

1. 国际环保公约是国际公约的一种，它是为了保护、改善和合理利用环境资源而制定的国际公约。国际环保公约的主体除了国家之外，还有一些地区和国际组织。国际环保公约一般被称为多边环境协议（MEAs）。其中有一些重要的MEAs规定了贸易条款，旨在利用贸易限制措施来达到保护环境的目的。

2.MEAs的签订始于19世纪，而重大的发展是在1972年以后，大致分为3个阶段。第一阶段：1972年前，MEAs与贸易有关的环保法规的产生阶段。这一时期的有关国际上旨在保护生态的环保思路是在进出口商品的有关规定中体现出来的。第二阶段：1972—1991年，MEAs爆发式诞生，并逐步具备全球控制力量。这一时期签订的MEAs主要集中在动植物保护、臭氧层保护和控制危险废物越境转移等方面。第三阶段：从1992年到现在，保护环境的手段更加综合，贸易与环境的关系受到高度重视，对全球气候变化问题达到空前关注的程度。

3.MEAs实施贸易限制的主要措施有：一是在许可证基础上进行进出口。二是对进出口实行禁止或限制。三是授权成员方可以采取单边措施。实施这些措施需要遵守的基本原则是：非最惠国待遇原则、禁止性贸易原则和贸易许可原则。

4.签订于1985年、生效于1988年的《保护臭氧层维也纳公约》，是国际社会第一个关于臭氧层保护的国际公约。《关于消耗臭氧层物质蒙特利尔议定书》于1987年9月通过，于1989年1月生效。议定书是一项具有里程碑意义的国际环保协定，是人类保护环境最早具有法律效力、影响面最为广泛的MEAs。议定书签订的目的是最终消除消耗臭氧层物质的生产与消费，其修正案把受控物质从2类8种扩大到5类20种，并对该类物质及其制品贸易进行了严格规定和淘汰计划。根据规定，从1996年1月1日起，发达国家停止CFCs的生产和使用，这实际上也禁止了发展中缔约方向发达缔约方出口这些产品。中国制定了严格的ODS淘汰计划，受到国际社会广泛好评。

5.《濒危野生动植物物种国际贸易公约》（CITES）在1973年3月3日签订于美国华盛顿，因此又称《华盛顿公约》；1975年7月1日，该公约正式生效。CITES规定了3类濒危物种进行国际贸易应遵守的原则。第一类物种包括所有受到或可能受到贸易影响而有灭绝危险的物种。这些物种标本的贸易基本原则是禁止贸易，必须进行进出口许可证管理。第二类物种包括所有目前虽未濒危灭绝，但如对其国际贸易不严加管理，就可能变成有灭绝危险的物种，出口不需获得进口许可证，但进口必须获得许可证。第三类物种包括任何一个成员方认为属其管辖范围内，应进行管理以防止或限制开发利用，而需要其他成员方合作控制贸易的物种。贸易必须事先获得批准，并递交出口许可证，而进口方必须递交来源证明和出口许可证。

6.1989年3月22日，117个国家和34个国际组织在瑞士巴塞尔召开大会，会上通过了《控制危险废物越境转移及其处置巴塞尔公约》（简称《巴塞尔公约》），于1992年5月5日生效。《巴塞尔公约》是人类历史上第一部关于控制和处置危险废物越境转移的国际公约，因此公约的重要意义在于把危险废物的国际贸易置于法律的控制之下，从而结束了对倾倒和转移危险废物和其他废物无法可依的状况。公约在附录Ⅰ中规定了应加以控制的45种类型的有害物质，并规定，危险废物的越境转移只有在特别的情况下，而且此种运输和最后处置是对环境无害并受到严格监督时才被允许，并应尽量把这种转移减少到最低限度。

7.中国一直积极推动MEAs的签署和实施，严格遵守MEAs的规定，尤其是一些和贸易相关的条款。MEAs对中国产业结构调整以及产业升级也产生了积极而重大的影响。

专业词汇

MEAs　《蒙特利尔议定书》　ODS　CFCs　CITES　《巴塞尔公约》

思考题

一、多项选择题

1.在保护臭氧层的公约和议定书及其修正案中，许多相关产品的国际贸易发生了重大改变，对各方利益也进行了一定的调整，主要表现在（　　）。

A.影响的产品广泛　　B.对贸易规定的法律程序严格

C.为替代品提供了商机　　D.照顾了发展中国家的利益

2.MEAs实施贸易限制的主要措施有（　　）。

A.在许可证基础上进行进出口　　B.对进出口实行禁止或限制

C.授权成员方可以采取单边措施　　D.实施出口配额制

3.CITES在制定国际贸易应遵守的原则时规定了三类濒危物种，分别是（　　）。

A.所有受到或可能受到贸易影响而有灭绝危险的物种

B.所有不进行管制、可能濒危灭绝的物种

C.任何一个成员方认为属其管辖范围内，应进行管理以防止或限制开发利用，而需要其他成员方合作控制贸易的物种

D.通过人工繁殖、数量趋于稳定的濒危物种

4.CITES的宗旨是（　　）。

A.保护美丽的、种类繁多的野生动植物

B.为防止由于国际贸易而遭到过度开发利用，进行国际合作

C.维持国际贸易的正常进行

D.增加人类社会财富

5.《蒙特利尔议定书》对国际贸易的影响主要表现在（　　）。

A.影响的产品广泛　　B.对贸易规定的法律程序严格

C.为替代品提供了商机　　D.照顾了发展中国家的利益

二、判断题

1.MEAs的签订始于19世纪，发展于1972年以后。（　　）

2.截至2022年年末，《濒危野生动植物种国际贸易公约》缔约方已达到200多个。（　　）

3.CITES对中国对外贸易的影响很小。（　　）

4.中国在履行CITES中获得的成就很多，存在的问题很小。（　　）

5.《巴塞尔公约》要求各缔约方遵循的原则不包括应促进向发展中国家转让处理危险废物和其他废物的技术。（　　）

三、简答题

1.MEAs在国际法范畴的法律效力怎样？你觉得需要克服什么问题才能获得更好的法律执行力？

2.简述MEAs的3个发展阶段。

3.列举中国政府在环境保护方面的5项举措。

4.人类签订CITES的意义何在？请依据事实，分析CITES取得的成就和不足。

5.如何评价《巴塞尔公约》？你能不能提出解决危险废物越境转移及其处置的更好方案？你的方案应怎样实施？

本章参考文献

［1］崔丽丽. 论发展中国家视角下多边环境协议对贸易与环境的协调［J］. 理论界，2012（11）：41-46.

［2］朱永安．环境视角下的国际贸易：对绿色壁垒的一项系统研究［D］．上海：复旦大学，2003.

［3］陈立虎．论WTO规则与MEAs贸易条款的协调［J］．法制现代化研究，2002（0）：399-413.

［4］秦迪．中国企业实施绿色营销的策略研究［D］．青岛：中国石油大学，2007.

［5］吕勇．国际贸易中的绿色壁垒及其应对［C］//中国法学会世界贸易组织法研究会．《WTO法与中国论坛》文集——中国法学会世界贸易组织法研究会年会论文集（五）．2007：9.

［6］边永民．含贸易措施的多边环境协议与WTO之间的关系［J］．当代法学，2010，24（1）：152-160.

［7］牛忠志，华洪波．国际条约中PPMs标准带来的挑战与应对策略［J］．温州大学学报（自然科学版），2010，31（4）：27-32.

［8］黄洪涛．国际贸易与环境保护协调发展的法律问题研究［D］．大连：大连海事大学，2005.

［9］董虹．论贸易政策与环境政策之间的关系［D］．北京：对外经济贸易大学，2002.

［10］田钢，刘菁华，曾绍发．环境地球物理教程［M］．北京：地质出版社，2005.

［11］刘惠荣．论国际贸易与环境保护的法律协调［D］．青岛：中国海洋大学，2004.

［12］靳碧波．CHF_3与I_2气相催化合成CF_3I的研究［D］．杭州：浙江工业大学，2014.

［13］赵玉焕．贸易与环境协调问题研究［D］．北京：对外经济贸易大学，2001.

［14］高立法，陈曦，陈凤英．企业会计核算与税务处理图解［M］．北京：中国时代经济出版社，2004.

［15］李磊．《述报》研究：对近代国人第一批自办报刊的个案研究［M］．兰州：兰州大学出版社，2002.

［16］葛芳新．控制危险废物越境转移及其处置的巴塞尔公约浅析［D］．上海：华东政法大学，2010.

［17］修志君．论无害通过权的适用范围［J］．东方论坛．青岛大学学报，2002（1）：116-119.

［18］褚威茜．环境成本内部化对国际贸易的影响分析［J］．纳税，2021，15（6）：183-184.

［19］欧阳强，邓颖，李祝平．环境规制对我国出口贸易的影响——基于省级面板分位数模型［J］．长沙理工大学学报（社会科学版），2021，36（1）：70-80.

［20］师华，白莹莹．《巴塞尔公约》视角下中国固体废物进口禁令的合法性分析［J］．环境保护，2020，48（24）：62-66.

［21］GABRIELLE M. Trade and environment governance at the World Trade Organization Committee on Trade and Environment［J］．Journal of International Economic Law，2020，23（4）：1055-1058.

［22］SANKAR U. Trade and environment［J］．TERI Information Digest on Energy and Environment，2007，6（4）：542-543.

［23］王华玲. 生态环境保护下的国际贸易的高质量发展研究［J］. 科技和产业，2020，20（6）：165-170.

［24］田鹏. 中国出口贸易与环境问题的互动关系研究［D］. 北京：首都经济贸易大学，2019.

［25］李雨薇，魏彦杰. 国际贸易与环境保护的关系研究［J］. 青岛大学学报（自然科学版），2018，31（3）：129-132.

［26］袁良琛. 浅谈《濒危野生动植物种国际贸易公约》履约工作［J］. 国家林业局管理干部学院学报，2017，16（2）：52-56.

［27］杨恺钧，唐玲玲，陆云磊. 经济增长、国际贸易与环境污染的关系研究［J］. 统计与决策，2017（7）：134-138.

［28］王佩雯. 中国国际贸易与环境问题探究［J］. 中国市场，2016（24）：225-226.

［29］唐海涛. 贸易与环境问题的嬗变及我国对策：多边视角［J］. 重庆工商大学学报（社会科学版），2016，33（3）：116-121.

第五章 全球气候变暖与国际贸易

导读

气候变化对生态系统和人类社会的可持续发展构成严重威胁，减缓气候变化刻不容缓。在政府间气候变化委员会的推动下，1992 年在巴西里约热内卢的联合国环境与发展会议上通过了《联合国气候变化框架公约》。30 多年来，从里约热内卢到京都，从巴厘岛到哥本哈根，国际社会为保护全球环境、应对气候变化共同努力，不断加深认知、凝聚共识、应对挑战。《联合国气候变化框架公约》《京都议定书》下的谈判进程已经成为国际社会合作应对气候变化的主渠道，“共同但有区别的责任”原则已经成为国际社会加强应对气候变化合作的基本准则。

一些国家先后出台了应对气候变化的贸易限制措施，包括碳关税、国际温室气体管理标准、碳标签、低碳产品认证等。发达国家向发展中国家产品征收碳关税，违背了“共同但有区别的责任”。但是，国际贸易措施朝着低碳化方向调整已经成为一种必然的趋势，值得我们认真思考和积极应对。为此，本章内容本应在第四章多边环境协议（MEAs）与国际贸易中介绍，但因《京都议定书》及其相关内容十分重要，而且对国际贸易影响重大，因此单独成章。

通过本章的学习，应该能够充分认识全球气候变暖的趋势和危害，了解为了应对全球气候变暖，国际组织以及各国都采取了哪些和贸易相关的手段和措施，掌握这些贸易措施的特点和使用规则。

章首案例　气候变暖与全球粮价上涨

2011 年 5 月，新加坡《联合早报》报道，美国的研究显示，全球气候变暖导致玉米和小麦产量在过去 30 年间分别减少 3.8% 和 5.5%，而这可能也是近年来全球粮食价格上涨的重要因素。来自斯坦福大学和哥伦比亚大学等机构的科研人员，利用模型分析了 1980—2008 年的全球气候数据与四大农产品——玉米、小麦、水稻和大豆产量之间的关系。科研人员发现，与地球气温如果没有上升的产量增长预测相比，气候变化促使全球的小麦和玉米产量减少了 3% 以上。研究人员估算，由于产量减少，粮食价格在过去 30 年间上涨大约 6%，每年涨价总额为大约 600 亿美元。科研人员警告，随着地球加速暖化，这股冲击日后还会加剧。目前受打击最大的是俄罗斯，当地小麦产量滑落将近 15%。

世界银行 2012 年 8 月 30 日发布报告说，受美国和东欧地区严重干旱及高温影响，7 月份世界粮食价格比前一个月大幅上涨 10%，这威胁到贫困人口的生活。世行当天在其粮价监测报告中说，6 月至 7 月，全球玉米和小麦价格各上涨 25%，大豆价格上涨 17%，大米价格下降 4%。世行跟踪国际粮食价格的粮食价格指数明显高于上年同期，也高出 2011 年 2 月的峰值。

时任世行行长金墉说，粮食价格的急剧上升威胁到了数百万人的生活，非洲和中东地区的人口尤其容易受到影响。为此，世行为各会员农业提供的支持超过 90 亿美元，为过去 20 年来的最高水平。此外，世行还与联合国机构和非政府性组织合作，通过多种方式提高粮食市场透明度和帮助各国政府对全球粮价上涨作出响应。

资料来源：

[1] 中国新闻网. 全球气候变暖影响产量可能是今年粮价上涨主因 [EB/OL]. [2021-05-02]. http://www.chinanews.com/gj/2011/05-09/3027783.shtml.

[2] 樊宇，蒋旭峰. 世行报告称粮价大幅上涨威胁贫困人口 [EB/OL]. [2021-05-02]. http://news.xinhuanet.com/2012-08/31/c_112908402.htm.

案例思考：

（1）气候变暖除了导致全球粮价上涨，还造成了哪些全球性破坏状况？

（2）你对全球气候变暖的影响因素怎么看？

（3）你对人类控制气候变化有信心吗？为什么？

第一节
全球气候变化及其危害

一、全球气候变化问题及影响因素

(一) 全球气候变化问题的产生

对于气候变化，《联合国气候变化框架公约》的定义为：除在类似时期内所观测的气候的自然变异之外，由于直接或间接的人类活动改变了地球大气的组成而造成的气候变化。

全球气候变化是指在全球范围内，气候平均状态统计学意义上的巨大改变或者持续较长时间（典型的为10年或更长）的气候变动，包括气候变暖、气候变冷、酸雨、臭氧层破坏、灾害天气等。世界气象学者普遍认为，近些年来全球范围内极端气候事件的频发与全球气候变暖有着密切的关系，因此，全球气候变暖是人类所面临的最严峻的问题，它关乎人类未来的发展。所以，目前国际社会所讨论的气候变化问题，通常是指气候变暖问题。

大气中的二氧化碳（CO_2）、甲烷（CH_4）、氧化亚氮（N_2O）等气体能使太阳短波辐射到达地面，地表向外放出的长波热辐射线却被大气吸收，这就使地表与低层大气温度增高，因其作用类似于栽培农作物的温室，故名“温室效应”。产生温室效应的气体即温室气体，主要包括水蒸气、二氧化碳、氧化亚氮、甲烷和臭氧等。[1]

小资料 5-1　温室效应的发现与研究

1827 年，法国科学家约瑟夫·傅里叶（Jean Baptiste Fourier）最早指出，地球大气能通过捕捉部分从地球表面反射的长波热辐射，使地球表面变暖，这种效应是由许多“温室气体”，尤其是二氧化碳和水汽促成的。这是最早对“温室气体”的研究。同时期的英国科学家约翰·廷斗（John Tyndall）针对温室理论的解释最为合理、正确。1859 年，廷斗在他的实验室测试空气中氧与氮的透光性，忽然想到顺便测试手边的碳，发现碳完全不透光；后来他又测试其他气体，发现 CO_2 也不透光。这些不透光的气体后来皆被称为“温室气体”。

1896 年，诺贝尔化学奖获得者瑞典科学家史凡特·阿列纽斯（Svante Arrhenius）认为，持续燃烧煤炭可能会增加空气中二氧化碳的含量，使地球变暖。他还预言：如果大气中的二氧化碳含量增加 1 倍，地球表面的温度就将增高 4~6℃。

此后，主要是美国科学家进行了大量卓有成效的研究，认为存在“全球暖化可能性”。

1938 年，英国气象学家乔治·卡伦德（George Callendar）在分析了 19 世纪末世界各地零星的 CO_2 观测资料后，指出全球 CO_2 浓度已比 19 世纪初上升了 6%，首次获得了二氧化碳增加的迹象，并发现随着 CO_2 浓度上升，全球存在变暖倾向，因而在世界上引起了很大反响。

此后，美国斯克利普斯海洋研究所（SIO）的查尔斯·大卫·基林（Charles David Keeling）等科学家进行了大量研究，发现过去长期以来大气中 CO_2 含量一直比较稳定，大约是 280ppm，只是从 18 世纪中叶，即工业革命前后开始稳定上升，即人类用了 240 年时间，使大气中 CO_2 浓度从 280ppm 上升到 355ppm。

资料来源：

[1] CADENA A I. The Kyoto Protocol-A guide and assessment [Z]. Materials Science Forum，2001.
[2] 拉夫尔. 我们的家园——地球 [M]. 夏堃堡，等译. 北京：中国环境科学出版社，1993：75.
[3] 萧如珀. 全球暖化的发现 [J]. 环保信息，2003（87）.
[4] TURCO R P. Earth under siege [M]. Oxford：Oxford University Press，1997：368.

20世纪90年代末，3名美国气候科学家迈克尔·曼、雷蒙德·布拉德利和马尔科姆·休斯对近千年来北半球温度序列进行了“重构”。研究表明，在大约1 900年之前，地球气温一直保持大致平稳，然后突然猛增，就像一根曲棍球杆朝上的击球面。这就是著名的气候变化之“曲棍球杆”图（或称曲线）。这说明20世纪温室效应加剧，全球变暖加快。该项研究成果被联合国政府间气候变化专门委员会（IPCC）第三次研究报告引用。2008年迈克尔·曼等人又给出了近2 000年的全球温度序列，这次的序列不再是“曲棍球杆”了，而像一根“湿面条”。

多年来，美国国会希望国家科学院对这3位科学家的研究方法提供佐证。于是美国国家科学院召集12名气候科学家组成了一个科学小组，通过对树木年轮、珊瑚、海洋和湖泊沉积物、冰核和冰川等进行研究后，于2006年6月向国会提交一项研究成果，称地质史上，地球每隔10万年才有一个气温变化周期，温度变动幅度为3℃至5℃。但过去的100年间，地球平均气温上浮了0.5℃以上，20世纪的后几十年比过去400年的任何一个时期都更热，可能也是过去2 000年没有的。2007年，IPCC在其评估报告中指出，全球变暖已经成为不争的事实，全球平均地表温度在过去的100年间已经上升了0.74℃。[6]

中国科学家钱维宏教授对21世纪将全球气温上升值控制在2℃以内①的提法质疑，认为21世纪的全球平均温度最多上升0.6℃，不可能达到2℃的阈值。②

（二）全球气候变化的主要影响因素

引起气候变化的因素主要分为自然因素和人为因素。前者指的是日地关系以及气候系统内部的相互作用与反馈过程，比如太阳活动、火山活动以及海洋、大气、陆面、冰雪等气候系统各子圈层之间的相互作用等。据科学研究结果，近百年和近千年全球平均气温与太阳活动的相关系数分别为0.88和0.73，与火山活动的相关系数分别为-0.4和-0.49。[3]后者包括人类燃烧化石燃料、硫化物气溶胶浓度的变化、陆面覆盖和土地利用的变化以及毁林等引起的大气中温室气体浓度的增加。

目前的大量研究成果证明，导致近百年来全球气候持续变暖的主要因素是人为因素，即自工业革命后，世界各国工业化、城市化快速发展，使大气中 CO_2 等“温室效应”气体

① 基于IPCC在2001年的第三次和2007年的第四次报告给出的结论。
② 人民网. 冬季酷寒席卷全球气候变暖明显证据不足 [EB/OL]. [2010-01-22] [2021-05-02]. http://news.sohu.com/20100122/n269765401.shtml.

持续增加，而森林植被遭到大量砍伐和破坏，全球森林植被覆盖率持续下降等因素均导致全球“温室效应”持续增强。

2007年，IPCC第四次研究报告公布，在地球气候变暖的所有因素中，人为因素占据90%。也有研究认为，人类活动使得大气层中的温室气体的浓度增加了25%。但有一点是肯定的，人类活动是导致全球气候变化的一个重要诱因。

首先，能源结构因素是最重要的影响因素。1988年，美国气象科学家詹姆斯·汉森（James Hansen）在美国国会听证会上向议员们警示燃烧化石燃料等人类活动可能导致全球变暖风险，首次提出气候变暖的危险性，被尊为“全球变暖研究之父”。

根据有关研究估计，目前有超过3/4的净CO_2排放量来自燃烧化石燃料，即石油、天然气及煤炭，剩余的1/4净CO_2排放量是人们改变自然的副产品。植物中含有大量的“碳”，燃烧或腐烂后把碳释放到大气中去。长生命期的温室气体（LLGHGs）如CO_2、CH_4和N_2O的化学性质稳定，可在大气中留存十年到数百年甚至更长时间，所以它们的排放可对气候产生长期影响。表5-1是1980—2009年世界CO_2排放量表，可见其增长速度之快，不到20年CO_2排放量几乎增长了1倍。

表5-1 **1980—2009年世界CO_2排放量** 单位：百万公吨

年份	CO_2排放量	年份	CO_2排放量	年份	CO_2排放量
1980	6 522.399	1990	8 350.752	2000	8 655.185
1981	6 677.595	1991	8 064.517	2001	8 721.777
1982	6 776.187	1992	7 975.212	2002	9 193.485
1983	6 968.085	1993	8 077.090	2003	9 989.678
1984	7 390.127	1994	8 148.614	2004	11 085.040
1985	7 702.065	1995	8 240.272	2005	11 492.239
1986	7 828.285	1996	8 358.682	2006	11 904.172
1987	8 077.477	1997	8 596.174	2007	12 502.905
1988	8 331.777	1998	8 436.704	2008	13 049.011
1989	8 320.030	1999	8 462.308	2009	13 393.577

资料来源：美国能源部网站（http://www.eia.gov/cfapps/ipdbproject/iedindex3.cfm?tid=1&pid=1&aid=8&cid=regions&syid=1980&eyid=2009&unit=MMTCD）。

表5-2是IPCC对不同浓度下的CO_2对气温增加影响的预测。

表 5-2　　CO_2平均当量及可能引起的温度增加

平衡二氧化碳当量（ppm）	温度增加（°C）		
	最佳估值	很可能以上	可能性区间
350	1.0	0.5	0.6~1.4
450	2.1	1.0	1.4~3.1
550	2.9	1.5	1.9~4.4
650	3.6	1.8	2.4~5.5
750	4.3	2.1	2.8~6.4
1 000	5.5	2.8	3.7~8.3
1 200	6.3	3.1	4.2~9.4

资料来源：IPCC Fourth Assessment Report：Climate Change 2007（AR4）.

要想改变目前人类能源结构是相当困难的。1999年，石油是世界上最重要的基本能源（40%），天然气第二（23%），煤占22%，其余的能源来自水力发电、核能、地热、太阳能、风能等。①根据全球天然气消费的统计，2008年，全球能源消费结构为：天然气占24.1%；石油占34.8%；煤占24.2%。根据国际能源组织对2030年全球能源结构的展望，预测到2030年，全球能源的结构为：石油占27%，天然气占26%，煤炭占32%，核电占6%，水电、生物质能和其他能源占9%，能源结构变化不大。②

其次，科技进步也是其中重要的影响力量。科技进步及其引导的工业化在改善人类生产、生活环境的同时，也促使人们加大对自然资源的索取。自工业革命以来，空气中的CO_2浓度增长了近100ppm，而这主要是由化石燃料燃烧引起的。因此，科技进步从某种角度上来讲加快了全球变暖的脚步。但科技进步对气候变暖的影响并不是单纯的促进作用，我们也应当看到科技进步以及先进技术的广泛应用对温室气体的排放会起到减缓作用。根据世界银行统计，每单位能源消耗带来的GDP增长，在科技先进的发达国家远远高于科技落后的发展中国家（见表5-3）。

表 5-3　　部分国家2005—2007年每单位能源消耗带来的GDP　　单位：美元

国　家	2005年	2006年	2007年
美国	5.01	5.58	5.68
英国	8.84	9.23	9.87
中国	3.15	3.21	3.43
赞比亚	1.87	1.94	2.00

资料来源：世界银行网站（http://data.worldbank.org/indicator/EG.GDP.PUSE.KO.PP.KD）。

① International Energy Annual 1999（http:// www.eia.doe.gov/ emeu/ iea/ overview.Html）.
② 贾承造．提高我国天然气消费比重任重道远［EB/OL］．［2009-07-22］．http://info.china.alibaba.com/news/detail/v0-d1006140858.html.

更重要的是，风能、太阳能、地热能、潮汐能以及生物能等新能源和可再生能源的普及和应用也会极大减少由于能源需求而产生的温室气体排放量。再次，贸易及全球化对全球气候变化的发展趋势也是一股重要的影响力量。而气候变暖很多情况下是由贸易和全球化的外部性带来的。这里所说的外部性，主要体现在，由于贸易和全球化，许多本可以在距消费地很近的地方生产的产品却实行远距离生产，并通过船舶和飞机运送到世界各地，这一过程将产生大量CO_2。例如，从新西兰运送1千克奇异果到英国，会排放1千克CO_2，假如在英国境内产销，CO_2排放量仅为50克，相差20倍之多。[4] 但同时贸易和全球化使得减排技术和设施能在全球自由流通，对抑制温室气体的排放所产生的全球变暖也有积极影响。

小资料 5-2　全球气候变化的原因之争

虽然“全球变暖主要由人为因素引起”这一观点得到了 IPCC 的肯定，并被越来越多的人所认同，但关于引起气候变化的“真凶”的争论从来没有停止过。

一、自然因素决定论

2008 年 4 月，非政府间国际气候变化专门委员会（NIPCC）（与 IPCC 持反对意见的一批科学家从 1993 年起成立了一个针锋相对的组织，并在 2007 年正式命名为 NIPCC）发布了一篇题为《自然而不是人类活动控制着气候》的报告，对 IPCC 的结论表示质疑，认为 IPCC 的报告忽视了太阳等自然因素的影响，太阳风变率是 10 年尺度气候变化的主要原因，而人类排放 CO_2 的影响是温和的，高浓度的 CO_2 对动植物生长有利，并不可能引起极端气候事件。2009 年 6 月，NIPCC 又发布了题为《气候变化的再思考》的报告，对评估报告 IPCC-AR4，2007 逐条作了尖锐批评。

多位学者参与了这场争论，激烈的争论导致美国国会于 2003 年介入。国会责令由美国国家科学院（NAS）成立一个专门委员会，重新审视和重建过去 2 000 年地球表面温度。该委员会的研究结论与 IPCC 有异曲同工之效。但是，美国国家航空航天局 Miller 研究小组认为，来源于自然排放的 CO_2 为 3 000 亿吨/年，占 97%，人类活动排放的 CO_2 约 80 亿吨/年，仅占 3%。

北京大学遥感与地理信息系统研究所教授承继成、李琦等发表了一份《关于全球气候变化问题的争论——对 IPCC 报告科学性的质疑》的报告，用翔实的科学数据对 IPCC 报告的科学性质疑，指出：近百年来气候的变化和气温的上升属于正常范围，海洋运动、太阳活动等自然现象也与气温密切相关。

二、“气候变暖”阴谋论

一部分研究者认为气候变暖说是一种阴谋，尤其是西方金融寡头势力对付发展中国家的一个阴谋，以此来抑制发展中国家的经济发展速度。尤其是“气候门”事件的曝光，更是引起轩然大波。“气候门”事件源于英国东英吉利大学气候研究中心电脑服务器被黑客入侵了，多达 16 兆的科学家的电子邮件和其他文件在网上被公开，暴露了现存用于证明气候变暖的数据被人为修改，以及有关气候变化的重要原始数据，特别是不利于气候正在变暖的数据，可能已经被销毁。

《联合国气候变化框架公约》秘书处执行秘书德博埃尔表示，尽管有个别科学家在研究气候变化问题中存在不严谨的行为，但全球 2 500 名科学家的研究工作是严谨和经得起检验的，因此，阴谋论是没有根据的。

资料来源：

［1］SINGER S F. Nature, not human activity, rules the climate: Summary for policymakers of the report of the non-governmental international panel on climate change［M］. Chicago: The Heartland Institute, 2008.

［2］王乐. 气候变化需要理性分析［N］. 文汇报，2010-05-10.

［3］佚名. 北大学者质疑 IPCC：气候不是变暖而是进入暖期［EB/OL］.［2021-05-03］. http://discover.news.163.com/10/0411/11/6402BDBF000125LI_2.html.

二、全球气候变化对人类生存的威胁

1896年，诺贝尔化学奖获得者瑞典科学家斯万特·阿累尼乌斯（Svante Arrhenius）指出，持续燃烧煤炭可能会增加空气中CO_2的含量，使地球变暖。他还预言：如果大气中的CO_2含量增加1倍，地球表面的温度就将增高4～6℃。根据政府间气候变化专门委员会（IPCC）的第三次评估报告，100多年来，大气中温室气体浓度明显增加，我们所处的地球正经历着一次以全球变暖为主要特征的显著变化，自1860年以来全球平均气温上升了0.6±0.2摄氏度。[2]“2摄氏度改变世界”是日本学者山本良一对人类的郑重警告。[5]

近年来，世界许多国家都出现了百年一遇的极端气候现象，给各国造成了巨大的损失。在气候变化带来的灾害面前，无论是发展中国家还是发达国家都难以幸免于难。气候变暖已经严重威胁到人类的生存和发展。英国科学家马克·林纳斯对数千份科学文件进行精心研究后撰写了《改变世界的6℃》一书，首度向世人系统描述了若地球气温升高6℃全球面临的灾难。①

首先，气候变暖引起海平面上升。据林纳斯预测，假如气温再上升1摄氏度，11 000年来，乞力马扎罗峰一直戴着的雪白冰帽将不复存在，使得整个非洲大陆成为真正的无冰世界；欧洲的阿尔卑斯山的冰雪也将全部融化；澳大利亚大堡礁的珊瑚则将全部死亡。假如气温上升2℃，意味着格陵兰岛的冰盖将彻底融化。预计到2100年，地表平均气温将比1990年上升1.4～5.8℃，全球平均海平面将比1990年上升0.09～0.88米。如果海平面升高1米，孟加拉国将失去12%的国土，印度尼西亚更高达40%，美国将有48个州的6.5万平方千米土地被淹；当今世界引以为傲的标志，圣彼得堡、悉尼歌剧院、华尔街、硅谷都将不复存在。[6]

据《2019年中国海平面公报》监测，1980—2019年，中国沿海海平面上升速率为3.4毫米/年，高于同时段全球平均水平。10年中，中国沿海平均海平面处于近40年来高位。2019年，中国沿海海平面较常年高72毫米，为1980年以来第三高。2019年，天津沿海海平面较常年高90毫米，比2018年高8毫米。预计未来30年，天津沿海海平面将上升60～190毫米。②而中国内陆海岸线长达18 000千米，全国的大城市有70%以上集中在沿海地区，因此，受海平面上升影响的城市众多。以天津为例，近30年，天津沿海的海平面呈明显上升趋势。自2001年以来，天津沿海的海平面总体处于历史高位，2001—2010年的平均海平面比1991—2000年的平均海平面高约31毫米，比1981—1990年的平均海平面高约62毫米。受海平面上升等因素的影响，天津沿岸地区部分街道的地面高程已经位于海

① 这一小节以下未加注的相关内容，均来自中国各大网站对该书介绍的内容。

② 国家海洋局. 2019年中国海平面公报［EB/OL］.［2021-05-04］. http://www.nmdis.org.cn/hygb/zghpmgb/2019nzghpmgb/.

平面以下。[①]表5-4显示了不同原因引起的海平面上升值。

表5-4　**不同原因引起的海平面上升值**　单位：毫米/年

海平面上升的根源	1961—2003	1993—2003
热膨胀	0.42±0.12	1.6±0.5
冰川和冰帽	0.5±0.18	0.77±0.22
格林兰冰盖	0.05±0.12	0.21±0.07
南极冰盖	0.14±0.41	0.21±0.35
对海平面上升的个别气候贡献之和	1.1±0.5	2.8±0.7
海平面上升观测总值	1.8±0.5	3.1±0.7
差	0.7±0.7	0.3±1.0

资料来源：IPCC Fourth Assessment Report：Climate Change 2007（AR4）.

据IPCC第三次评估报告的统计，目前北半球中高纬度河湖结冰期缩短约2周，北极海冰最近几十年减薄40%，范围减少10%～15%（春、夏）；冰川大范围退缩，比20世纪60年代末总面积减少10%；极区永久冻土带消融、变暖和退化。该报告警告，如果不采取措施，未来100年内全球平均气温可能上升1.4～5.8摄氏度，全球海平面将比目前上升9～88厘米，每年造成的损失将达3 000多亿美元，像图瓦卢这样的岛国将在50年内全部淹没在大海中。

据IPCC第五次评估报告的统计，1880—2012年，全球气温上升0.85℃；1850—1900年和2003—2012年的平均值之间的总增长为0.78℃；1901—2012年，几乎整个地球都经历了地表变暖。在过去的20年里，格陵兰岛和南极冰原的质量一直在下降，几乎全世界的冰川都在继续萎缩，北半球春季积雪的覆盖程度继续下降。南极海冰范围的趋势存在强烈的区域差异，总范围极有可能扩大。1979—2012年期间，北极海冰的年平均面积有所下降，下降率很可能在每10年3.5%～4.1%的范围内。自1979年以来，北冰洋海冰面积在每个季节和连续10年中都有所下降，夏季10年平均面积下降最快。对于夏季海冰最小值，其下降幅度很可能在每10年9.4%～13.6%的范围内（每10年0.73万～107万平方千米的范围内）。1979—2012年期间，南极海冰的年平均面积很可能在每10年1.2%～1.8%的范围内（每10年0.13万～20万平方千米的范围内）增加。1901—2010年期间，全球平均海平面上升了0.19米（0.17～0.21）。自19世纪中叶以来，海平面上升的速度已经超过了前2 000年的平均速度，而海平面上升的原因主要是冰川质量下降和由变暖引起的海洋热膨胀[7]。IPCC第六次评估报告在2022年完成，在此期间，IPCC还编写了《全球1.5℃增温》《气候变化中的海洋和冰冻圈》《气候变化与陆地》三份特别报告。其中IPCC于2019年9月25日在摩纳哥发布的《气候变化中的海洋和冰冻圈》特别报告指出，北极海冰正在以每10年缩小约13%的速度缩减，若地球升温达到2℃，北极海冰有可能在某些夏天完全消失。[②]

其次，气候变暖影响地球生态系统及生物多样性。地质历史记录表明，生态系统具备

① 国家海洋局．2010年中国海平面公报［EB/OL］．［2021-05-04］．http://www.nmdis.org.cn/hygb/zghpmgb/2010nzghpmgb/.

② 佚名．气候变化对海洋和冰冻圈有何影响？IPCC特别报告重点评估［EB/OL］．［2021-05-07］．http://www.cma.gov.cn/kppd/kppdqxsj/kppdqhbh/201910/t20191011_537198.html.

一些自然适应气候变化的能力。但到2100年，许多生态系统的弹性（其自然适应能力）可能会被前所未有的综合气候变化、相关扰动（如洪水、干旱、野火、虫害、海洋酸化）和其他全球变化驱动因子（如土地利用变化、污染、过度开采资源）所突破。

如果全球增温幅度小于2摄氏度，预估北美和欧亚大陆的森林面积将扩展，而热带地区的森林可能遭受严重的影响，包括生物多样性的损失。[3] 假如气温上升2摄氏度，全球的食物尤其是热带地区的食物将大受影响，1/3的动植物种群因为天气变化而灭绝。地球气温一旦上升3摄氏度，根据计算机模拟，干旱将使亚马孙热带雨林无力防火，一个小小的雷击都可能引发热带雨林大火，最终烧毁整个热带雨林。同时，南部非洲和美国西部开始出现更大面积的沙漠，使成百上千万原来从事农牧业的人被迫背井离乡。在欧洲大陆和英国，夏季干旱高温与冬天极冷相伴而来，一些低海拔的沿海地区将被海水淹没。气温上升4摄氏度，北冰洋所有的冰盖将消失，北极成为一片浩瀚的海洋，依赖冰的动物将彻底灭绝。南极洲西部地区的冰盖将与大陆脱离，使海平面上涨，全球的沿海地区将再度被海水吞没。新的沙漠将在欧洲形成，并向意大利、西班牙、希腊和土耳其扩展。在如今温度宜人的瑞士，夏季的气温将高达48摄氏度。阿尔卑斯山最高峰将彻底没有冰雪，裸露出巨大的岩石。一旦全球气温上升5~6摄氏度，绿色阔叶林将重现加拿大北极圈，而南极的腹地也会有类似的情景。然而，由于陆地大部分被淹没，动植物无法适应新的环境，因此将有95%的种类灭绝，地球面临着一场与史前大灭绝一样的劫难。

由多国科学家组成的国际研究小组在英国《自然》杂志上发表研究报告称，全球气候变暖将导致世界上1/4的陆地动植物在未来50年内灭绝。也就是说，100多万个物种将在半个世纪后从地球上消失。IPCC第三次评估报告认为，北半球作物生长期近40年中每10年延长约1~4天；动植物活动区北移、上移，具有更长的乳化期、开花期、迁移期和病虫害爆发期。[2]

再次，气候变暖加剧气象灾难。全球平均气温上升，可能使得诸如过多的降雨、大范围的干旱和持续的高温等气象灾害频发。有资料表明，气候变暖首先会导致严重的两极分化的气候在非洲出现。在南部非洲，莫桑比克、南非、津巴布韦、赞比亚近年来的降雨量接连创新高，均暴发了不同程度的洪涝灾害。马达加斯加和莫桑比克甚至遭受了罕见的热带旋风袭击。摩洛哥和阿尔及利亚等北非国家却常年干旱少雨，许多珍稀植被濒临灭绝。撒哈拉沙漠正以惊人的速度向四周扩散，北非地区的土地荒漠化趋势日益加剧。2020年，极端天气频繁出现。比如，海洋持续变暖，格陵兰冰盖和南极冰盖加速融化，全球平均海平面继续上升；洪水和干旱事件频发，非洲和亚洲大部分地区发生暴雨和大范围洪水。暴雨和洪水影响了萨赫勒和大非洲之角的大部分地区，引发沙漠蝗虫爆发，阿根廷北部、巴拉圭和巴西西部边境地区饱受干旱的困扰；多地气温突破历史最高纪录，在美国，夏末和秋季发生了有记录以来最大的火灾；北大西洋飓风季命名风暴生成数量为历史最多，据统计该地区共生成30个命名风暴，是有记录以来生成命名风暴数量最多的一年。①

最后，气候变暖加大经济损失。1987年，孟加拉国经历了有史以来最大的一次水灾，全国64个县中的47个县受到了洪水和暴雨的袭击。联合国就此展开了两项粮食供给计

① 中国气象局. 2020年全球气候状况报告发布 气候变化指标和影响恶化［EB/OL］.［2021-04-25］. http://www.cma.gov.cn/2011xwzx/2011xqxxw/2011xqxyw/202104/t20210422_575674.html.

划，仅一项计划的实施每年就耗资2 000万美元。2005年，卡特里娜飓风登陆美国，造成数以万计的房屋被淹没，数十万户家庭断电和100多万人流离失所。①2010年，因热浪席卷，美国南加州高温引发大火；俄罗斯山火不断，莫斯科刷新130年来气象历史纪录；格鲁吉亚森林大火持续3天；日本酷热，仅半个月就有200余人中暑死亡；印度西北部地区气温百年不遇，最高气温近50摄氏度，近300人被热死。②2019年全球各地发生了许多重大天气事件，如极端台风肆虐、印度夏季降水偏多引发严重洪涝灾害、澳大利亚森林火灾频发等，给公众生命财产安全和经济社会可支持发展带来了严重影响。受频繁暴雨洪涝灾害影响，美国2019年因灾损失200亿美元。[8]

总的来看，在过去的近200年里，我们已经向大气中排放了过多的CO_2，致使我们赖以生存的地球环境不断发生变化，全球气温不断攀升。气候变化从海平面上升、生物多样性、气候灾害和人类健康等多方面影响着人们的生产和生活，时刻威胁着全球70亿人的生存。国际研究机构——国际粮食政策研究所（IFPRI）2009年9月30日公布的一份预测结果显示，如果全球变暖趋势得不到控制，2050年将发生全球规模的粮食减产以及物价高涨。IPCC在2018年秋季发布了《IPCC全球升温1.5℃特别报告》（简称SR15），报告强调应该将全球变暖限制在1.5℃而不是2℃或更高，这样可以避免一些气候变化影响。例如，将全球变暖限制在1.5℃时，到2100年全球海平面上升将比限制在2℃时低10厘米；将全球变暖限制在1.5℃时夏季北冰洋无海冰的可能性为一个世纪一次，而限制在2℃时至少每10年一次；将全球变暖限制在1.5℃时，随着全球变暖，珊瑚礁将减少70%～90%，而限制在2℃时实际上所有的珊瑚礁（>99%）会消失。③

第二节
应对气候变化的全球共同行动

20世纪90年代，全球变暖问题由学术争论变为现实问题，人们清楚地认识到，全球气候变化是当今世界面临的最为重要和富有挑战性的国际问题。减少全球的温室气体排放，成为复杂而又棘手的政治经济问题。根据国际经验，签订相关国际公约是全球联合行动的最好途径。联合国环境规划署和世界气象组织（WMO）于1988年成立了政府间气候变化专门委员会。IPCC评估报告是国际社会认识气候变化问题、推进气候变化治理制度建设的科学基础，在适应和减缓气候变化以及促进环境可持续发展中发挥越来越重要的作用。IPCC在1990年发布了第一次评估报告，2014年发布了第五次评估报告，第六次评估报告已于2015年启动，计划于2022年完成。④经过数百名顶尖科学家和专家的评议，该

① 佚名．全球极端气候回顾［EB/OL］．（2010-08-03）［2021-04-27］．http://news. xinhuanet. com/world/2010-08/03/c_12401296.htm.

② 朱晓颖．南京专家称气候极端事件可能会越来越多［EB/OL］．［2021-04-27］．http://www.chinanews. com/gn/2010/08-04/2446367. shtml.

③ IPCC. Summary for policymakers of IPCC special report on global warming of 1.5°C approved by governments［EB/OL］．［2019-03-10］．https://www.ipcc.ch/2018/10/08/summary-for-policymakers-of-ipcc-special-report-on-global-warming-of-1-5c-approved-by-governments/.

④ 中国气象局．IPCC第六次评估报告中国作者会在京召开［EB/OL］．［2021-04-25］．http://www.cma.gov.cn/2011xwzx/2011xqxxw/2011xqxyw/201904/t20190401_519285.html.

报告确定了气候变化的科学依据，它对政策制定者和广大公众都产生了深远的影响，也影响了后续的气候变化公约的谈判。[1]

一、《联合国气候变化框架公约》及其谈判

(一)《联合国气候变化框架公约》的主要内容

在IPCC的推动下，1992年6月在巴西里约热内卢召开的联合国环境与发展会议上通过了《联合国气候变化框架公约》(UNFCCC，简称《框架公约》)，并于1994年3月21日正式生效。《框架公约》是世界上第一个全面控制二氧化碳等温室气体排放，以应对全球气候变暖给人类经济和社会带来不利影响的国际公约，也是国际社会在对付全球气候变化问题上进行国际合作的一个基本框架。

截至2022年10月25日，该公约的缔约方增加至198个。《框架公约》的最终目标是："将大气中温室气体的浓度稳定在防止气候系统受到危险的人为干扰的水平上。这一水平应当在足以使生态系统能够自然地适应气候变化、确保粮食生产免受威胁，并使经济发展能够可持续地进行的时间范围内实现。"《框架公约》第3条还确立了用于指导缔约方采取履约行动的五项基本原则：共同但有区别的责任原则，指出发达国家应率先采取行动对付气候变化及其不利影响；充分考虑发展中国家的具体需要和特殊情况原则；预防原则，各缔约方应采取预防措施，预测、防止或尽量减少引起气候变化的原因，并缓解其不利影响的原则；促进可持续发展原则；开放经济体系原则。

《框架公约》号召各个国家自愿地减排温室气体，特别是《框架公约》附件所列的工业化国家缔约方应当带头按照《框架公约》的目标，改变温室气体排放的趋势；制定国家政策和采取相应的措施，通过限制温室气体排放，减缓气候变化，定期就其采取的政策措施提供详细信息。《框架公约》本身的不足之处是其最终目标并未明确将大气中的温室气体稳定在什么浓度水平上。一旦这一浓度水平得以确定，将对全球经济活动产生重大影响。防止全球变暖引起的气候变化问题，表面上是减少温室气体排放量的环境问题，但实质上牵涉各缔约方能源消费总量和效率问题，具有重大的政治和经济意义。所以，自《框架公约》生效以来，各缔约方，尤其是对现在温室气体增加负主要责任的工业化国家，几乎均未采取有效措施来限制二氧化碳的排放。

(二)《框架公约》下的历次缔约方大会

缔约方1995年3月28日在柏林启动了首次大会。会议通过了《柏林授权书》等文件，同意立即开始谈判，最迟于1997年签订一项议定书。缔约方每年都召开会议。

此后，缔约方共举行了27次大会，使人类应对气候变化的行动有了具体载体。

1995年在柏林举行的《框架公约》第1次缔约方大会(COP1)上，若干发达国家承诺将在2000年将CO_2排放量控制在1990年的水平。①这一承诺不足以实现UNFCCC中缓解全球变暖趋势的预期目标，于是开始了旷日持久的关于加强发达国家义务及承诺的谈判。

第2至第6次缔约方大会分别在日内瓦、京都、布宜诺斯艾利斯、波恩和海牙举行。

1997年12月11日，第3次缔约方大会在日本京都召开。149个国家和地区的代表通

① 《框架公约》正文附件Ⅰ所列的发达缔约方和其他缔约方具体承诺第2条。

过了《京都议定书》(Kyoto Protocol，全称《联合国气候变化框架公约的京都议定书》)。《京都议定书》是UNFCCC的补充条款，规定发达国家从2005年开始承担减少碳排放量的义务，而发展中国家从2012年开始承担减排义务。这是人类历史上首次以法规的形式限制温室气体排放。《京都议定书》规定从2008到2012年，主要发达国家的温室气体排放量要在1990年的基础上平均减少5.2%，其中欧盟将6种温室气体的排放削减8%，美国削减7%，日本削减6%。但是2000年11月在海牙召开的第6次缔约方大会期间，世界上最大的温室气体排放国美国坚持大幅度将它的减排指标打折扣，使会议陷入僵局，大会主办者不得不宣布休会，将会议延期到2001年7月在波恩继续举行。

2001年10月，第7次缔约方大会在摩洛哥马拉喀什举行。

2002年10月，第8次缔约方大会在印度新德里举行。会议通过的《德里宣言》，强调应对气候变化必须在可持续发展的框架内进行。

2003年12月，第9次缔约方大会在意大利米兰举行。缔约方的温室气体排放量总和占世界总量的60%。

2004年12月，第10次缔约方大会在阿根廷布宜诺斯艾利斯举行。

2005年11月，第11次缔约方大会在加拿大蒙特利尔举行。

2006年11月，第12次缔约方大会在肯尼亚内罗毕举行。

2007年12月，第13次缔约方大会在印度尼西亚巴厘岛举行，会议着重讨论"后京都"问题，即《京都议定书》第一承诺期在2012年到期后如何进一步降低温室气体的排放量。15日，联合国气候变化大会通过了"巴厘岛路线图"，启动了加强《框架公约》《京都议定书》全面实施的谈判进程，致力于在2009年底前完成《京都议定书》第一承诺期2012年到期后全球应对气候变化新安排的谈判，并签署有关协议。

2008年12月，第14次缔约方大会在波兰波兹南举行。2008年7月8日，八国集团领导人在八国集团首脑会议上就温室气体长期减排目标达成一致。八国集团领导人在一份声明中说，八国寻求与《框架公约》其他缔约方共同实现到2050年将全球温室气体排放量减少至少一半的长期目标，并在《框架公约》相关谈判中与缔约方讨论并通过这一目标。

2009年12月7—18日，《框架公约》第15次缔约方大会、《京都议定书》第5次缔约方大会、《框架公约》附属执行机构第31届会议、《框架公约》附属科学技术咨询机构第31届会议、《框架公约》下长期合作特设工作组第8届会议，以及附件一缔约方在《京都议定书》之下的进一步承诺问题特设工作组第10届会议在丹麦哥本哈根召开。这一会议也被称为哥本哈根联合国气候变化大会，有119位国家首脑、192个国家的环境部长和194个缔约方的观察员国代表参加了本次会议，包括非政府、企业、议会、媒体等方面的代表注册参会人数超过3.4万人。会议商讨《京都议定书》一期承诺到期后的后续方案，即2012至2020年的全球减排协议。经过各方异常艰苦的磋商，会议发表了《哥本哈根协议》(Copenhagen Accord)与《框架公约》和《京都议定书》缔约方大会的两项决定，但《哥本哈根协议》不具有法律约束力。《哥本哈根协议》就发达国家实行强制减排和发展中国家采取自主减缓行动做出了安排，并就全球长期目标、资金和技术支持、透明度等焦点问题达成共识。这份协议一共5页，除了2页尚为空白的附件外，正文只有3页共12条，极为简短。《哥本哈根协议》的意义在于：坚持了发达国家与发展中国家应对气候变化上的

“共同但有区别的责任”原则；在全球长期目标、发达国家提供资金和技术支持，以及发展中国家采取自主减缓行动方面达成了共识；在资金方面，发达国家首次承诺到2020年每年联合动员1 000亿美元的资金，这部分资金将来自公共部门和私人部门，以及在2008—2012年联合提供300亿美元的“额外”资金援助。这些承诺和共识为下一步气候谈判奠定了基础。

此后便进入了“后京都”时代。“后京都”时代的气候谈判进展缓慢。

《框架公约》第16次缔约方大会暨《京都议定书》第6次缔约方大会于2010年11月29日至12月11日在墨西哥坎昆召开。此次会议决议包括：推迟到2011年达成一项用以取代《京都议定书》的协议；承认目前各方做出的承诺不足以缓解气候变化；要求富裕国家到2020年每年投入1 000亿美元；将各国在哥本哈根会议上达成的减排协议纳入联合国决议当中。

《框架公约》第17次缔约方大会暨《京都议定书》第7次缔约方大会于2011年11月28日至12月11日在南非德班召开。经过马拉松式谈判，会议通过了4项决议，包括批准《京都议定书》工作组和《框架公约》下“长期合作行动特设工作组”、实施《京都议定书》第二承诺期、启动绿色气候基金、建立德班增强行动平台特设工作组等。

2012年11月26日至12月8日在卡塔尔首都多哈召开了《框架公约》第18次缔约方大会暨《京都议定书》第8次缔约方大会。会议通过了决议，确定2013—2020年为《京都议定书》第二承诺期。决议中写入了欧盟比1990年减排20%等部分发达国家和地区的温室气体减排目标。会议还通过了2020年开始的新《框架公约》的起草计划以及有关对发展中国家的资金援助的决议，各方就防止全球变暖达成了一揽子共识；规定发达国家减排义务的《京都议定书》的第一承诺期为2008—2012年。挪威等国将参加第二承诺期。《京都议定书》作为具有法律约束力的减排框架得到了维持（维持时间为8年）。有关援助资金的决议再次确认到2020年的官民援助总额为1 000亿美元，发展中国家敦促发达国家还要不断增加援助额。

2013年11月11日至22日在波兰华沙召开2013年华沙联合国气候变化大会（United Nations Climate Change Conference COP19/CMP9 Warsaw 2013），“COP19/CMP9”即《框架公约》第19次缔约方大会暨《京都议定书》第9次缔约方大会。这次会议围绕两大脉络进行谈判：第一，2020年以前的减排目标的提高、资金和技术转让等已有机制的落实；第二，2020年之后新的全球协议的制定。

2014年12月1日至12日在利马召开《框架公约》第20次缔约方大会（COP20）。

2015年11月30日至12月11日在巴黎举行了《框架公约》第21次缔约方大会暨《京都议定书》第11次缔约方大会，目的是促使196个缔约方（195个国家+欧盟）形成统一意见，达成普遍适用的《巴黎协定》，并于2020年开始付诸实施。

2016年11月7日至11月18日，《框架公约》第22次缔约方大会暨《京都议定书》第12次缔约方大会（COP22/CMP12）在摩洛哥马拉喀什举办，有来自《框架公约》196个缔约方超过2.5万名代表参与。此次会议是《巴黎协定》通过后召开的第一次联合国气候变化大会，意义重大。会议为推动执行《巴黎协定》做出进一步的程序和机制安排，特别是对技术援助、气候移民、气候变化的适应等话题展开讨论，推动发达国家兑现承诺并且更多地关注到脆弱国家与人群也是本次大会的重要议题。

2017年11月6日至17日，《框架公约》第23次缔约方大会（COP23）在德国波恩召开，本次会议由斐济主持，是首次由小岛屿国家担任主席国的缔约方大会。会议围绕《巴黎协定》落实的具体细则问题展开磋商，完善落实《巴黎协定》，推动全球逐步弥合减排差距，确保2℃乃至1.5℃温控目标得以实现。核心议题包括2018年促进性对话、国家自主贡献、全球盘点、适应和资金等。

2018年12月2日至16日在波兰卡托维兹举行《框架公约》第24次缔约方大会（COP24），197个缔约方参加本次大会。此次会议被认为是自2015年达成《巴黎协定》以来的最重要的一次联合国气候大会，是决定《巴黎协定》目标能否实现的关键契机。本次大会通过的实施细则，主要包括透明框架的实施、2025年后的气候资金新目标的有关进程、如何实施2023年全球盘点机制，以及如何评估技术发展和转移的进展等问题。本次大会围绕《巴黎协定》规则，提升全球气候行动力度，就气候、资金等问题展开磋商，为各国在2020年前的更新奠定基础。

2019年12月2日至3日，《框架公约》第25次会议在西班牙马德里召开。大会通过了"智利马德里行动时刻"（Chile Madrid Time for Action）决议，但在《巴黎协定》实施细则遗留问题"市场机制议题（巴黎协定第六条）"及资金等关键问题上仍缺乏共识。

2021年10月31日—11月13日，《框架公约》第26次缔约方大会在英国格拉斯哥召开。参会缔约方就《格拉斯哥气候公约》达成一致。该公约将加速未来10年应对气候变化的行动，并最终完善了《巴黎约定》规则手册。

2022年11月6—20日，《框架公约》第27次缔约方大会在埃及沙姆沙伊赫召开。与会各方通过了多项决议，并决定设立专门的基金，帮助受气候变化影响的发展中国家和脆弱国家。

回顾历次《框架公约》缔约方大会，有5次可被称为"里程碑"：

第1个里程碑是1995年德国柏林第1次缔约方大会，正式启动了公约履约谈判进程。

第2个里程碑是1997年日本京都第3次缔约方大会，《京都议定书》诞生，各国减排义务以法律形式被固定。

第3个里程碑是2001年马拉喀什第7次缔约方大会，制定了《京都议定书》具体实施细则，使其从一个宽泛、抽象的议定书成为一个可操作、可执行的议定书。

第4个里程碑是2007年12月在印度尼西亚巴厘岛召开的《框架公约》第13次缔约方大会和《京都议定书》第3次缔约方大会。会议着重讨论"后京都"问题，即《京都议定书》第一承诺期在2012年到期后如何进一步降低温室气体的排放量。来自《框架公约》的192个缔约方以及《京都议定书》176个缔约方的11 000多人参加了此次大会，这是联合国历史上规模最大的气候变化会议。会议共通过了28项决议，内容涉及"适应气候变化基金"、减少发展中国家因森林砍伐造成的温室气体排放量、技术转让、能力建设、《京都议定书》下的灵活机制、国家通讯、财务和行政问题以及执行公约的长期行动等。此次大会最为重要的是签订了《巴厘岛行动计划》（BAP），即"巴厘岛路线图"。"巴厘岛路线图"援引科学研究建议，在2020年前将温室气体排放量相对于1990年排放量减少25%至40%，但没有量化减排目标；为了更有效地应对全球变暖，发达国家有义务向发展中国家提供技术开发和转让、资金等方面的支持。2009年年末在哥本哈根召开的第15次会议，通过了一份新的《哥本哈根议定书》，以代替2012年即将到期的《京都议定书》。

"巴厘岛路线图"强调国际合作。这一文件中将美国纳入，并且在除减缓气候变化问题外，还强调了另外3个在以前国际谈判中曾不同程度受到忽视的问题：适应气候变化问题、技术开发和转让问题以及资金问题。[9]

第5个里程碑是2015年在巴黎举行的第21届联合国气候变化大会，达成普遍适用的《巴黎协定》，于2020年开始付诸实施。其成为继承《京都议定书》使命、应对气候变化和适应其影响的国际性条约，为2020年后全球应对气候变化行动做出安排。《巴黎协定》的主要目标是将21世纪全球平均气温上升幅度控制在2℃以内，并将全球气温上升控制在前工业化时期水平之上1.5℃以内。[10] 2021年以来，共有197个国家通过，190个国家批准，只剩下7个国家尚未正式批准：伊朗、土耳其、伊拉克、厄立特里亚、利比亚、南苏丹和也门。绝大多数国家的签署彰显了各国共同应对气候变化的动力与决心。而美国政府上演了2020年11月退出《巴黎协定》、2021年2月重返《巴黎协定》的闹剧。

纵观历次气候谈判可见，气候谈判中除了气候问题纷繁复杂之外，其实谈判背后最重要的是政治和经济的角力。每次谈判，人们因气候聚首、争论，但实际上都被各国的政治经济利益集团所左右，谈判背后涉及的是各国粮食安全甚至国家安全、发展权、新能源开发等深层的矛盾。正如前联合国秘书长潘基文所形容的："气候谈判正以冰川移动速度缓慢推进。冰川融化的速度快于人类自我保护的进展。"①

二、京都时代及后京都时代

（一）《京都议定书》的主要内容及评价

《京都议定书》自1997年12月在日本京都通过，并于1998年3月16日至1999年3月15日间开放签字，共有84个缔约方签署，条约于2005年2月16日开始强制生效。到2009年2月，一共有183个缔约方通过了该条约（超过全球排放量的61%），但美国没有签署该条约。

美国人口虽然仅占全球人口的3%~4%，其排放的二氧化碳却占全球排放量的25%以上，为全球温室气体排放量最大的国家。美国曾于1998年签署了《京都议定书》。但2001年3月，布什政府以"减少温室气体排放将会影响美国经济发展""发展中国家也应该承担减排和限排温室气体的义务"为借口，宣布拒绝批准《京都议定书》。

《京都议定书》第25条第1款规定：议定书应在不少于55个《框架公约》缔约方、包括其合计的二氧化碳排放量至少占附件一所列缔约方1990年二氧化碳排放总量的55%的附件一所列缔约方已经交存其批准、接受、核准或加入的文书之日后第90天起生效。这两个条件中，"55个国家"在2002年5月23日冰岛通过后首先达到，2004年12月18日俄罗斯通过该条约后达到了"55%"的条件，条约在90天后于2005年2月16日开始强制生效。

《京都议定书》的主要内容包括：

（1）明确了要求减排的6种温室气体：二氧化碳、甲烷、氧化亚氮、氢氟碳化物、全氟化碳和六氟化硫。②

（2）规定了工业国（附件一所列缔约方）的削减指标。《京都议定书》规定了总的目

① 佚名．气候谈判博弈［N］．南国早报，2010-01-11.
② 《京都议定书》附件A。

标是工业化国家在2008—2012年使它们的全部温室气体排放量比1990年至少减少5%，各工业化国家都分配到了一定数量的减少排放温室气体的配额。[①]表5-5是部分附件一所列缔约方温室气体减排量化指标。

表5-5 部分附件一所列缔约方国家量化的限制或减少排放的承诺

缔约方	量化的限制或减少排放的承诺（基准年或基准期百分比）*
澳大利亚	108（8%）
加拿大	94（-6%）
匈牙利	94（-6%）
日本	94（-6%）
挪威	101（1%）
法国	92（-8%）
意大利	92（-8%）
俄罗斯联邦	100（0%）
德国	92（-8%）
美利坚合众国	93（-7%）
欧盟各国	92（-8%）
英国	92（-8%）
克罗地亚	95（-5%）
冰岛	110（10%）
新西兰	100（0%）
波兰	94（-6%）
乌克兰	100（0%）

*基准年为1990年，正数是增排，负数是减排。

资料来源：UNFCCC（http://unfccc.int/resource/docs/convkp/kpchinese.pdf）.

（3）规定了“碳吸收汇”[②]。《京都议定书》规定了对由造林、再造林和砍伐森林带来的土地利用变化和林业活动所引起的温室气体排放的变化，可以用于完成议定书的承诺指标。[③]另外，《京都议定书》本着公平性原则，对发达国家和发展中国家给予有差别的减排目标，发展中国家在2012年前的第一承诺期中不承担任何减排义务。

（4）提出了三大灵活机制——联合履行（joint implementation，JI）、清洁发展（clean development mechanism，CDM）和排放权交易（emission trading，ET），为发达国家履行承

① 《京都议定书》第3条。

② 简称碳汇。一般是指从空气中清除二氧化碳的过程、活动、机制。未作说明时，就是指植物吸收大气中的二氧化碳并将其固定在植被或土壤中，从而减少该气体在大气中的浓度。

③ 《京都议定书》第2条和第3条。

诺提供了合理、现实的渠道。[①]三大灵活机制主要是指各缔约方的温室气体减排目标的实现不仅局限在本国内采取减排对策，也可在其他国家实施减排事业活动，可把相应的减排量作为缔约方的贡献，从本国承担的减排目标中扣除，还可从其他国家购买温室气体排放权的制度。

《京都议定书》三机制是基于市场的减排经济政策和刺激手段，目的是在全球范围内寻求最低的减排成本和途径。

联合履行机制是基于发达国家之间项目合作的灵活性机制。《京都议定书》第6条规定：为履行第3条承诺的目的，附件一所列任一缔约方可以向任何其他此类缔约方转让或从它们获得由任何经济部门旨在减少温室气体的各种源的人为排放或增强各种汇的人为清除的项目所产生的减少排放单位。相对其他机制而言，由于仅涉及发达国家之间的排放量转移，该机制的谈判进展比清洁发展机制和排放权交易容易得多。目前，有33个发达国家加入联合履行项目，项目主要在发达国家中的工业化国家与经济转轨国家（如乌克兰、罗马尼亚、立陶宛等国）之间开展，基本模式为来自工业化国家的公司或其他组织提供资金和先进技术，与转型国家的合作伙伴开展项目，以达到提高能源效率、减少温室气体排放的目的。

清洁发展机制是以南北合作为核心的灵活机制。《京都议定书》第12条规定：清洁发展机制的目的是协助未列入附件一的缔约方（非《框架公约》附件一缔约方）实现可持续发展和有益于《框架公约》的最终目标，并协助附件一所列缔约方实现遵守第3条规定的其量化的限制和减少排放的承诺。清洁发展机制的主要内容是发达国家通过提供资金和技术的方式，与发展中国家开展项目级的合作，发达缔约方可以将通过项目实现的温室气体减排量用于完成在《京都议定书》第3条下的承诺。清洁发展机制被普遍认为是一种双赢机制：从理论上看，发展中国家通过这种项目级的合作，可以获得更好的技术，获得实现减排所需的资金甚至更多的投资，从而促进国家的经济发展和环境保护，实现可持续发展的目标；发达国家则通过这种合作，以远低于其国内所需的减排成本实现《京都议定书》的减排指标，节约大量的资金，并且可以通过这种方式将其技术、产品甚至观念输入发展中国家。

排放权交易机制是以市场机制为主的灵活机制。《京都议定书》第17条规定：为履行其依第3条规定的承诺义务的目的，附件B所列缔约方可以参与排放贸易。任何此种贸易应是对为实现该条规定的量化的限制和减少排放的承诺之目的而采取的本国行动的补救措施。

同时，《京都议定书》第17条要求《框架公约》缔约方大会就排放贸易，特别是其核查、报告和责任确定相关的原则、方式、规则和指南。排放权交易遵循成本-效益原则，允许边际减排成本较高的国家通过购买减排成本较低国家的排放权来完成规定的指标，本质上是一种环境经济的手段。根据《京都议定书》，这种排放权交易目前仅限于附件一所列缔约方间进行。

总的来看，这3种灵活的机制涵盖了两种碳排放贸易类型，各有特点。其中，排放权交易机制属于基于配额的碳排放贸易，主要适用于承担减排义务的附件一所列缔约方

① 《京都议定书》第12条和第17条。

（《框架公约》附件一所列缔约方），均负有减排义务的双方开展合作，未能完成减排任务的国家在市场上购买超额完成减排任务的国家的剩余指标，实现减排目标的再分配，使减排成本较低的国家承担更多的义务。清洁发展机制和联合履行机制则属于基于项目的碳排放贸易，两者的原理是相同的，都是附件一所列缔约方在其他国家投资温室气体减排项目以充抵其国内超出额度的排放量。但区别在于两者的项目东道国不同，前者的东道国是非附件一所列缔约方（发展中缔约方），只有一方承担减排义务；后者的东道国是附件一所列缔约方（发达缔约方），双方均负有减排义务。这样一来，发达缔约方通过境外减排缓解其国内减排压力，以最优化的资源配置和最低的资金技术成本实现减排目标。[11]

小知识 5-1 隐含碳问题

对于碳排放的计算，目前争论最多的就是国际贸易中的内涵碳排放问题。内涵能源也称隐含能源，是指产品（产业）上游加工、制造、运输等全过程所消耗的总能源。由内涵能源带来的碳排放，被称为内涵碳排放，也称隐含碳排放。贸易产品在生产环节和运输环节都会产生大量的隐含碳排放，加剧全球变暖的脚步。OECD 的研究人员 Wyckoff 和 Roop 早在 1994 年就对国际贸易中的隐含碳排放进行了计算，结果表明，20 世纪 80 年代中期 6 个 OECD 国家（加拿大、法国、德国、日本、英国和美国）进口品中含有大约 3 亿多吨碳，占这些国家总排放量的 13%。这些国家普遍存在隐含碳进口的情况，如法国、英国分别为 40% 和 27% 左右，最少的如日本和美国，为 8% 左右。

OECD 的另一些研究人员 Ahmad 和 Wyckoff 在 2003 年利用 IEA 的排放强度数据和 OECD 的贸易数据以及 24 个国家（排放量占世界 80% 以上）的投入产出表，对各国在 20 世纪 90 年代中期的隐含碳排放进行了估算。他们的研究发现，目前许多国家的内涵能源进出口占国内生产过程中排放量的比率一般都在 10% 甚至 20% 以上。而在一些已经采取碳税或排放限制的国家，如丹麦、芬兰、法国、荷兰、新西兰、挪威和瑞典等国，进口隐含碳排放超过各自国内生产碳排放量的 30%。其中，中国是 OECD 成员的隐含能源最大净出口国家。

目前争论的焦点主要在于国际贸易中的隐含碳排放应当算在出口国的排放量上还是进口国的排放量上，争论较多，发达国家认为内涵排放应当由生产国承担，发展中国家则认为，发达国家是受益国，理应承担内涵排放。

资料来源：

[1] WYCKOFF A W, ROOP J M. The embodiment of carbon in imports of manufactured products: Implications for international agreements on greenhouse gas emissions [J]. Energy Policy, 1994, 22 (3): 187-194.

[2] AHMAD N, WYCKOFF A. Carbon dioxide emissions embodies in international trade of goods [Z]. OECD STI Working Papers, 2003 (15).

《京都议定书》的核心内容可以概括为：（1）总量控制。附件B中所列的38个发达国家和经济转型国家二氧化碳等温室气体平均减少5.2%，以1990年为基准。（2）区别减排。削减量分别为：欧盟平均8%，美国 7%，日本和加拿大6%，东欧各国5%～8%；包括中国、印度在内的发展中国家暂不列入受限之列。（3）限排气体。其包括二氧化碳、甲烷、氧化亚氮、氢氟碳化物、全氟化碳、六氟化硫等 6 种温室气体。（4）灵活变通。可跨国合作减量；两个发达国家之间可以进行排放额度买卖的“排放权交易”，即难以完成削减任务的国家，可以从超额完成任务的国家买进超出的额度；可采用绿色开发机制，促使发达国家和发展中国家共同减排温室气体。（5）目标期限。对2008—2012年进行总体计算。（6）根据“净排放量”计算温室气体的排放量，即从本国实际排放量中扣除森林所吸收的CO_2的数量。（7）可以采用“集团方式”减排。例如，欧盟内部国家可被视为一个整体，采取有的国家削减、有的国家增加的方式，在总体上完成减排任务。（8）生效条件。规定附件B中所列缔约方的削减量需占全球温室气体排放量的55%、至少55个国家批准后才具国际法效力。

2001年3月，时任美国总统布什宣布美国将不批准《京都议定书》，但国际社会决心继续促进推动议定书生效进程。在此背景下，COP6续会（《框架公约》第6次缔约方大会续会）于2001年7月在波恩召开，经艰苦谈判通过了《波恩政治协议》（Bonn Political Agreement）。该协议的通过是气候变化谈判的重大突破，打击了美国的单边主义。但作为妥协的产物，《波恩政治协议》对日、加、澳、俄等国做出了较大让步，削弱了《京都议定书》的环境效果。《波恩政治协议》的主要内容包含：（1）建立3个基金（即在《框架公约》下建立“气候变化专项基金”“最不发达国家基金”，在《京都议定书》下建立“适应性基金”）；（2）对《京都议定书》三灵活机制的原则、性质、范围、参与资格与遵约机制，以及管理机构等核心问题做出了规定；（3）在碳汇问题上，允许发达国家在第一承诺期（2008—2012年）以“森林管理”“农田管理”“牧场管理”“植被重建”活动作为其履行减排义务的方式；（4）规定了上述碳吸收活动的核算计量方法，并根据各国具体情况规定了各国在“森林管理”活动方面（含“联合履行活动”）碳汇使用总量的上限；（5）允许将碳汇项目作为清洁发展机制项目，但限于造林和再造林活动，其使用总量不能超过相应发达国家基准年排放量的1%乘以5。①

波恩会议后到2007年前共进行了6次气候谈判。在谈判中各方利益角逐，使谈判很难取得实质性的突破，但取得的一些自愿减排承诺很令人欣喜。表5-6为各国和地区在2006年做的短期、中长期减排承诺。

表5-6　　2006年各国温室气体减排现状及减排目标（相对于1990年）

国家/地区	排放现状（2006年与1990年比）	中期（2020年）目标	长期（2050年）目标
欧盟	-4.6%	-20%（各成员）或-30%（经国际协定）	-60%~-80%（经国际协定）
法国	-9.4%	—	-75%
德国	-19.3%	-40%	—
英国	-15.6%	-26%~-32%	-80%
挪威	-28.7%	2020：-30% 2030：实现碳中性	—

① 佚名．“波恩政治协议”［EB/OL］．［2020-10-09］．http://bfca.bjyl.gov.cn/clNews!detail.do?news_id=1967.

续表

国家/地区	排放现状（2006年与1990年比）	中期（2020年）目标	长期（2050年）目标
冰岛	98%	—	-50%~-70%，实现碳中性
加拿大	54.8%	-20%（比2006年）	-60~-70%（比2006年）
日本	58%	-14%（比2005年）	-60%~-70%
新西兰	33%	—	2040年能源部门碳中性
澳大利亚	66%	-5%~-15%	-60%（比2000年）
美国	14%	减至1990年水平	-80%
墨西哥	—	—	-50%（比2002年）
韩国	—	2009年为2020年排放设限	—

注：①负值代表减排，正值代表增排；②参见《框架公约》附属履行机构《1990—2006年期间国家温室气体清单数据》（http://unfccc.int/）；参考文献：邓梁春，吴昌华. 中国参与构建2012年后国际气候制度的战略思考［J］. 气候变化研究进展，2009（3）：156-162.

《京都议定书》的生效标志着全球气候变化谈判取得了建设性的进展，并由此可能会被证实为人类在20世纪末达成的最重要的及最有深远意义的世界条约。[2]《京都议定书》第一次设定了具有法律约束力的温室气体限排额度，是迄今为止国际社会承诺削减温室气体排放、遏制地球变暖的唯一一项国际公约，是人类历史上第一份具有法律约束力的环保国际文件，对人类可持续发展具有划时代的意义。这是国际环境与发展合作领域的重大突破，也标志着一个加强国际环境合作、共同应对全球变化的新时代来临。《京都议定书》所确定的规则可被称为“全球温室气体减排京都模式”，该模式的特点是：各国遵照“共同但有区别责任原则”承担减排义务；减排指标具有约束性；减排量可以通过市场进行交易。

被称为除了联合国规则、WTO规则之外的人类目前影响最广的第三大规则的“应对气候变化国际规则”指的就是《京都议定书》所规定的内容以及此后谈判取得的成果。此外，由于全球气候变化问题与能源、土地利用、森林等重要基础经济资源密切相关，全球气候问题将与国际能源、贸易、投资、科技等重大问题更加密切地互相渗透、交叉影响。《京都议定书》表面看是环境问题，实质是经济、能源、政治问题的集中反映。

小知识 5-2 碳泄漏

随着《京都议定书》的实施，可以预见，在经济全球化的背景下，发达国家的减排行动必将对整个世界经济格局和国际贸易关系产生复杂而深远的影响。其中碳泄漏（carbon leakage）是一个核心问题，也是备受关注且颇具争议的一个重要问题。

所谓碳泄漏，是指在只有部分成员参与的国际联盟下，承担减排义务的国家采取的减排行动导致不采取减排义务的国家增加排放的现象。《京都议定书》规定第一承诺期（2008—2012年）的减排目标只针对发达国家和经济转轨国家（即附件一所列缔约方），非附件一所列缔约方尚未承担具体的减排义务，这种规定目标必然会导致碳泄漏现象的发生。碳泄漏的流入对象主要是非附件一所列缔约方以及部分转轨经济体（因为这些经济体尽管是附件一所列缔约方，但由于经济衰退而且减排目标过于宽松，以致不需要采取减排行动）。另外，像美国、澳大利亚等拒不签署《京都议定书》的附件一所列缔约方，如果不采取有效的减排行动，则也会成为碳泄漏的流入国。

碳泄漏的产生主要是由于国际贸易和投资构成的经济传导作用。减排国家对碳密集型产品需求的减少或生产成本的增加，通过能源市场的波动以及能源产品的投资和贸易变化，会增加非减排国家生产和消费的碳密集度。具体来说，碳泄漏主要通过以下 3 种渠道：

1. 能源产品的国际贸易

减排国家在较大范围内采取减排行动，可能会减少这些国家对碳密集型化石燃料（如煤炭、石油和天然气等）的需求，导致这些燃料在世界市场上的价格下跌，从而使非减排国家有可能扩大对化石燃料的需求，增加其温室气体的排放量。当然，能源市场的结构是关键因素，其中主要的变量是化石燃料的供给弹性。碳密集型燃料的供给弹性越小，碳泄漏量越大。

2. 碳密集型产品的国际贸易

采取减排行动的国家的减排政策，可能会增加碳密集型产品（如钢铁）的生产成本，降低这些商品在国际贸易中的竞争力。这将导致不采取减排行动的国家所生产的同类商品具有相对优势。国际市场对碳密集型产品的需求就转向这些国家，国际产业发展格局和国际贸易的流向因而发生改变，同时增加了非减排国家的温室气体排放量。而在不同国家生产的能源密集型产品之间的贸易替代弹性系数（也被称为阿明顿弹性（Armington Elasticity）），将决定这种情况发生的可能性大小，系数越大，说明贸易替代越容易发生。从收入变化和消费的角度来看，非减排国家（如中国）由于能源密集型产品贸易条件的改善，也可能增加对碳产品的需求，从而增加排放；能源出口国，如石油输出国组织（OPEC）国家也会因为能源贸易条件恶化而减少消费和排放。

3. 能源密集型产业的国际转移

减排政策可能降低生产要素（如资本、技术）在钢铁、水泥、建材、化工等能源密集型产业中的生产力，从而影响减排国的经济收益。为了追求生产活动的利润最大化，减排国的企业以及跨国公司可能将投资转移到非减排国家，从而促进生产要素在全球范围内的重新配置。碳密集型产业向非减排国家的转移，必然导致更多不受控制的温室气体增排。这个过程取决于资本流动性的大小。

上述 3 个产生碳泄漏的渠道中，碳密集型产业的国际竞争力是核心。发达国家对碳泄漏问题非常关注，强调严重的碳泄漏将大大抵消发达国家减排行动的效果，对保护全球环境非常不利。

Babiker 认为，碳泄漏程度足以抵消附件一所列缔约方为减排所做出的努力。而美国学者 Paltsev 认为全球泄漏率比较温和，仅为 10.5% 左右。泄漏最多的国家和地区依次是欧盟（36%～51%）、美国（28%～34%）和日本（13%～18%）；最大的流入国则是中国（24%～32%），其次是墨西哥和中东地区（24%～30%）。

资料来源：

[1] 谢来辉，陈迎．碳泄漏问题评析 [J]．气候变化研究进展，2007（4）：214-219.

[2] BABIKER MUSTAFA H. Climate change policy, market structure, and carbon leakage [J]. Journal of International Economics, 2005 (65): 421-445.

[3] PALTSEV S V. The Kyoto Agreement: Regional and sectoral contributions to the carbon leakage [J]. Energy Journal, 2001, 22 (4): 53-79.

(二) 国际碳排放交易市场

在历次气候谈判的推动下，全球碳排放交易机制也应运而生。1968年，美国经济学家戴尔斯（Dales）首先提出了“排放权交易”，即建立合法的污染物排放的权利，将其通过排放许可证的形式进行买卖。《京都议定书》所确立的三大机制，为碳市场的发展打下了基础。在《京都议定书》的约束下，每个国家的碳排放权成为一种稀缺资源，满足基本需求之外的碳排放权具有了商品属性。由于温室气体对环境的影响是全球性的、长期性的，在世界上任何地方排放的温室气体具有相同的增温效果，因此温室气体的排放和减排就有了可替代性。同时，由于碳减排需要成本，而每个国家的减排成本存在明显差异，所以碳排放权就具有了价值，于是在减缓气候变化领域产生了以温室气体排放为商品的市场。2005年，随着《京都议定书》正式生效，碳排放权也成为交易商品在全球流通。

当前国际碳市场按照交易的依据可以分为两种类型：基于配额（排放许可证）的市场和基于项目的市场。前者以《京都议定书》所确立的排放权交易机制为主，后者以清洁发展机制和联合履行机制为主。

《京都议定书》生效之前国际碳交易就已存在，但主要发生在自愿市场或零售市场，交易数量呈不规则波动。自《京都议定书》生效和欧盟排放交易体系启动以来，无论是以项目为基础的减排量交易市场还是以配额为基础的碳配额交易市场，都做出了相应的反应，市场迅速成长。

目前，世界碳排放权交易市场可分为两类：一类是依据配额的交易。在“限量与贸易（Cap & Trade）”体制下，购买那些由管理者制定、分配（或拍卖）的减排配额，如《京都议定书》下的分配数量单位（AUS），或欧盟排放交易体系EUETS下的欧盟单位（EUAS）。另一类是基于项目的交易。发达国家通过联合履行机制向其他一些国家购买减排单位ERUs、经认证的减排单位CERs或碳汇产生的减排单位RMUs。其中，CERS是经过认证的减排额度，由发展中国家清洁发展机制项目产生。世界碳市场上的交易品种主要有AAUs、ERUs、CERs、RMUs等（见表5-7）。[12]

表5-7　**世界碳市场上的交易品种及其含义**

项目	名称及其内涵	使用范围或要求
AAUs	国家分配单位（配额）	《京都议定书》附件一所列缔约方之间使用
RMUs	森林吸收减少的排放量单位	由碳汇吸收形成的减排量
ERUs	联合履行机制减排单位	转型国家由监督委员会签发的项目减排量
CERs	经核实的减排单位	由清洁发展机制执行理事会签发
其中：ICERs	造林或砍伐产生的排放单位	由CDM执行理事会签发
EUAs	欧盟排放交易系统单位	欧盟成员国实现的强制减排指标
ERs	自愿减排交易的单位	芝加哥交易所、黄金标准交易等

资料来源：周宏春．世界碳交易市场的发展与启示［J］．中国软科学，2009（2）：39-48．

世界碳交易市场自产生以来发展迅速，参与主体并不限于有实际减排需求的各类企业，越来越多的投资银行、对冲基金、私募基金以及证券公司等金融机构也参与其中，金融创新产品层出不穷，因而碳市场的容量扩大，流动性加强，交易形式更加多样化。有关研究表明，到《京都议定书》生效前的2004年年底，在联合国注册的温室气体减排项目仅为1个，2008年二级市场交易规模为48多亿吨CO_2当量。2005—2008年，市场规模从近100亿美元迅速攀升至331亿美元，2008年达到1 263亿美元（见表5-8）。[13] 其中，欧洲排放交易市场是世界上最为活跃、交易规模最大的排放权交易市场。

表5-8　世界碳市场规模和市值

单　位	百万吨			百万美元		
年度	2006	2007	2008	2006	2007	2008
自愿OTC市场	14.3	43	263	58.5	258.4	397
CCX	10.3	23	69	38.3	72	309
自愿市场合计	24.6	66	332	96.8	330.4	706
一级CDM市场	537	552	389	5 804	7 433	6 519
欧盟碳排放权交易体系（EU ETS）	1 044	2 060	3 093	24 436	49 065	91 910
二级CDM市场	25	240	1 072	445	5 454	26 277
联合履行机制	16	41	20	141	499	294
西南威尔士	20	25	31	225	224	183
全球市场合计	1 667	2 984	4 811	31 148	63 007	126 345

资料来源：Ecosystem Markey，New Carbon Finance，World Bank.（据世界银行2009年碳市场之现状及趋势中公布的数据校正）

(三)《巴黎协定》主要内容及实施细则

《巴黎协定》是2015年12月12日在巴黎气候大会上通过，2016年4月22日在纽约联合国总部签署的气候变化协定，是接替《京都议定书》对2020年以后全球的气候变化行动做出安排的协议。其主要目标是将21世纪全球平均气温上升幅度控制在2℃以内，并将全球气温上升幅度控制在前工业化时期水平之上1.5℃以内。①

2015年11月30日至12月11日在巴黎举行的《框架公约》第21次缔约方大会暨《京都议定书》第11次缔约方大会上，184个国家提交了应对气候变化"国家自主贡献"文件，涵盖了全球碳排放量的97.9%。12月12日，近195个缔约方一致同意通过《巴黎协定》，并签署了该协定。这是人类发展史上的一个里程碑：世界各国第一次如此团结地应对气候变化。[14]

《巴黎协定》坚持了《框架公约》一直以来共同但有区别的原则，强调发达国家在应对气候变化的行动中承担主要责任，发展中国家在历史排放量和人均排放量上与发达国家具有差距，双方承担的责任也应有所不同。《巴黎协定》在减排方面涉及的缔约方更多，减排目标是把全球平均气温升幅控制在工业化前水平以上低于2℃之内，并努力将气温升幅限制在工业化前水平以上1.5℃之内，具有可行性。在减排方式上，《巴黎协定》强调自

① 孔庆玲．新一轮气候谈判开幕《巴黎协定》实施细则求突破［EB/OL］．［2019-03-31］．http://www.chinanews.com/gj/2018/05-01/8503499.shtml.

愿减排，各国提交国家自主贡献的标准来达到减排目的。《巴黎协定》建立了定期盘点机制，自2023年以后，对各国的国家自主贡献进行5年一次的盘点，缔约方至少每2年提交一次温室气体排放情况和实行国家自主贡献的进展。《巴黎协定》对发达国家和发展中国家都具有履行义务的约束力，援助资金、技术转让以及能力建设等方面由发达国家向发展中国家提供。[15]

2018年12月2日至16日在波兰卡托维兹举行了《框架公约》第24次缔约方大会（COP24），商议并通过《巴黎协定》实施细则。原定于12月14日结束的会议，经过艰难的谈判，延期两日于当地时间16日闭幕，全体一致通过了《巴黎协定》必要的细则。近200个缔约方一致通过一揽子协议，其中包括各国政府必须在2020年前更新国家自主贡献目标，各国将遵循通过的“实施手册”，按照同样的原则对自身应对气候变化的行动进行测算与报告。

此次会议在15日22点通过了156页的“实施手册”，主要涉及如何实施透明的报告和监督机制、2025年后的气候资金新目标、2023年全球盘点机制，以及评估技术发展和转移的进度。手册中最重要的部分就是确定了透明的报告和监督机制，各国将遵守这个机制来汇报碳排放量。与此同时，德国和挪威承诺分别拨出15亿欧元和5亿欧元，为“绿色气候基金”注入新的资金。此次大会由于没有对碳交易市场达成共识，所以未能建立新的碳交易市场。《巴黎协定》的目标是使21世纪末的全球平均温度比工业化前高出2℃以内，但按现有的碳削减目标，气温预计将升高3℃，而美国等国家不认可联合国政府间气候变化委员会在2018年10月发布的报告中气温提高1.5℃是临界点的警告，一定程度上导致此次会议没有对减少碳排放做出更高要求。①2019年12月2日至3日，《框架公约》第25次缔约方大会在西班牙马德里召开。大会主要任务是完成《巴黎协定》实施细则的制定工作，但在《巴黎协定》实施细则遗留问题“市场机制议题（《巴黎协定》第6条）”及资金等关键问题上仍缺乏共识。

第三节
各主要国家应对气候变化的重要措施

各国有关应对气候变化国际谈判不断取得成果，但是各国的矛盾斗争，一方面使得谈判成果在执行中大打折扣；另一方面导致谈判进程步履维艰。为此，世界各国也自主采取了许多应对气候变化的积极行动，主要有从立法、总量控制、成立专门机构、制定规划或国家行动方案等层面的行政管理措施，以及技术研发与创新、排放量交易等市场手段。

一、欧盟的应对措施

（一）欧盟的共同行动

多年来，欧盟作为全球减排的积极推动者，在其内部也确立了明确的减排目标和一系

① 李夏君．联合国气候大会顺利闭幕 开启《巴黎协定》新征程［EB/OL］．［2019-03-31］．http://www.chinanews.com/gj/2018/12-17/8704184.shtml.

列应对气候变化的法律制度，堪称区域性气候合作的典范。[16] 1991年，欧盟发布了第一个控制CO_2排放和提高能源效率战略。此后欧盟又制定了一系列的与控制气候变化相关的政策法规。2001年10月，欧盟批准了《京都议定书》，相关立法也走在了前头。2002年，欧盟15个成员国的环境部长们通过了一项事关CO_2排放权交易的空前计划，规定各大工业企业必须进入CO_2排放权交易市场进行交易。2003年6月，欧盟立法委员会通过排污交易计划指令，规定从2005年1月起，包括电力、炼油、冶金、水泥、陶瓷、玻璃与造纸等行业的12 000个设施，须获得许可才能排放CO_2等温室气体（其CO_2排放量占欧洲排放总量的46%）。此后，欧盟出台了许多相关法规，为国际排放权交易和制度建设积累了经验。[12] 2003年10月13日，欧洲议会和理事会通过了一项旨在建立欧盟温室气体排放交易机制（Scheme for Greenhouse Gas Emission Allowance Trading）的指令。[17] 2005年1月1日，欧盟温室气体排放交易机制（European Union Emissions Trading Scheme，EUETS）正式成立，该机制限制了境内温室气体排放企业的排放额度，并允许企业间进行排放配额的交易，从而实现其在《京都议定书》中所承诺的减排目标。根据该指令，欧盟委员会根据《京都议定书》为欧盟各成员规定减排目标和欧盟内部减排量分担协议，确定各成员的CO_2排放量，再由成员根据国家分配计划（National Allocation Plan，NAP）分配给该成员的企业。其中成员在第一实施阶段（2005年1月1日至2007年12月31日）将95%的排放配额免费分配给企业，在第二实施阶段（2008年1月1日至2012年12月31日）将90%的排放配额免费发放给企业。这样一来，采用环保技术以减少温室气体排放量的企业可以将剩余的排放配额出售给配额不足的企业，所得收益可以激励其开发和采用更先进的环保升级技术；那些超额排放的企业可以通过向其他企业购买剩余配额的方式来充抵其超额排放量，从而避免高额的罚款。①第三阶段从2013年1月1日延续至2020年12月31日，进一步对EUETS开展实质性的加强和扩张，实现继续减排30%的目标。[18] 经过十余年的发展，欧盟制定的碳交易制度体系在市场运行中不断得到完善，其中，欧盟的碳核查（MRV）制度作为欧盟碳市场建设的重要创新制度，在法律法规、运行、协调及监管处罚方面都日臻完善，是其他国家和地区碳市场建设的重要借鉴标杆。[19]

2019年12月，欧盟委员会发布《欧洲绿色协议》（简称“绿色新政”），提出到2050年在全球范围内率先实现碳中和。2021年4月21日凌晨，欧盟就《欧洲气候法》达成临时协议，2050年碳中和目标将被写入法律。正如欧洲理事会环境与气候行动部长若昂·佩德罗·马托斯·费尔南德斯所说，《欧洲气候法》将成为法律之上的法律，为未来30年欧盟与气候有关的立法设定框架。欧盟坚决致力于在2050年之前实现碳中和。在《欧洲气候法》指导下，欧盟将树立并实行更严格的温室气体排放目标，并将在未来几十年指导其他欧盟法规的制定。欧洲承诺，到2030年，欧洲净排放量将在1990年的水平上至少减少55%，最终在2050年实现净零排放。

欧盟温室气体排放交易机制目前已发展成为世界上最大的排放交易市场，对全球温室气体减排发挥着重要作用。

以下简单介绍一下欧盟其他一些应对气候变化的共同行动。

一是欧盟能源白皮书。欧盟于1997年通过了《未来的能源：可再生能源》的白皮书。

① 根据指令的规定，若排放实体超过了限额将受到惩罚。2005—2007年罚金是40欧元/吨，2008—2012年是100欧元/吨。

白皮书的目标为：将可再生能源在现行能源结构中所占的6%的份额到2010年提高到12%。为此，欧盟提出巩固共同的环保政策、为可再生能源的供应商提供公平的市场进入机会、发展可再生能源的扶持政策、开展可再生能源的开发活动等推动可再生能源发展的措施。例如，鼓励发展百万光伏发电系统、10 000兆瓦的大型风力农场、10 000百兆热能生物质能设施以及在100个社区进行可再生能源的整合等。

二是欧盟气候变化计划（ECCP）。2000年6月，欧盟委员会发布了欧盟气候变化计划。该计划覆盖了所有与温室气体排放控制有关的利害关系方。为实施该计划，欧盟委员会推出了涵盖能源供应、企业部门、运输等8个领域（32项）的一系列新政策和措施。为了实现对欧盟气候变化计划的全面管理和协调，欧盟还建立了指导委员会，指导委员会组建了7个工作组，涉及能源供应、能源消费、交通、工业、科研、《京都议定书》三机制、农业等领域。

三是欧盟政府采购绿色手册。欧盟委员会于2004年发布了《政府绿色采购手册》，指导成员国采购决策，并成立了欧洲绿色采购网络组织（EGPN），建立采购信息数据库，推动成立城镇绿色采购团，目标是到2010年政府采购总额的50%实现绿色公共采购。[20]

四是欧盟气候变化和能源计划。2007年3月，欧盟委员会批准了一项气候变化和能源计划，推动在欧盟建立低碳经济，主要内容包括：和1990年温室气体排放水平相比，到2020年为止，欧盟应该削减温室气体的排放量到30%，并且使公司做出独立的承诺削减温室气体排放量至少20%；实施欧盟能源效率行动计划，到2020年，使欧盟能源消耗减少20%，作为一个裙带目标，到2020年，整个欧盟可再生能源消耗20%，并且生物燃料最少消耗10%。[21]

五是欧盟的边境调节税。欧盟制定了边境调节税。边境调节税主要是对营业税、消费税和增值税的调节，允许出口国对国内生产的出口产品进行税收返还，而进口国可以对外国生产的进口产品征税，使税收标准达到与对本国产品同样的水平。[22]

六是欧盟的适应气候制度。一是设定“行动方案”，行动方案分两步：第一步是2009—2012年，为采取“适应”措施的基础工作阶段；第二步是2013年以后，“适应”措施正式实施。2013年发布“适应”行动的详细准则《欧盟适应气候变化战略》，涵盖农林渔业及海洋等多领域。二是制定“适应”相关立法及政策，通过立法和政策来指导“适应”行动。三是设立“适应”信息共享平台，2012年3月设立此平台，旨在分享“适应”行动的最新科学数据。四是建立“适应”评估和报告制度，该制度要求成员国每4年对自身“适应”需求进行评估，制定相应的“适应”制度和政策。五是提供“适应”援助资金，欧盟峰会在2013年通过的2014—2020“年度财政框架”计划将财政收入的20%用于气候变化，根据2020年计划要求将援助资金按需分配给成员国用于“适应”方面。[23]

（二）英国的应对措施

英国非常重视气候变化问题，近年来出台了一系列相关研究报告和减排政策，引起了较大的国际反响。英国因其经济实力及影响力因素，使其在相当程度上主导了欧盟的气候变化立场和观点。[24]

第一，立法应对。1992年至2008年，英国政府共颁布了73项政策以应对气候变化带来的挑战，取得了显著的减排效果。英国先后于1863年和1953年制定了《工业大气污染法》和《大气清洁法》，侧重废物处理和污染治理。2007年的《能源白皮书》规定的减排任务是：到2020年前英国应实现温室气体在1990年排放的基础上减排30%。[21] 2008年6月，英国政府制定了《可再生能源议定书》，提出到2015年可再生能源占到全社会总用能的15%。[25] 2007年3月13日，英国公布了《气候变化法案（草案）》（Draft Climate Change Bill），《气候变化法案》（Climate Change Act）于2009年3月生效。英国因此成为世界上首个以法律形式明确中长期减排目标的国家。《气候变化法案》要求政府专门制定“二氧化碳减排预算”，为二氧化碳排放量设定上限。[26] 2009年4月，英国在世界上第一个立法约束“碳预算”，确定了降低碳排放的宏伟目标：到2020年减少34%，到2050年减少80%。2009年7月，英国政府又正式发布了《英国低碳转换计划》，英国能源、商业和交通等部门还公布了《英国可再生能源战略》《英国低碳工业战略》《低碳交通战略》等一系列配套方案。[27]

第二，具体措施应对。一是征收气候变化税。气候变化税是对工业、商业、农业和公共部门使用能源征收的税款，将碳排放环境成本纳入产品成本和市场价格体系，动员和鼓励节能减排行动。该税收从2001年4月开始征收。根据这一政策，除居民用电外，所有用电都需上缴气候税。同时，英国财政部出台了气候税减征措施。企业如期完成减排目标，可减免80%的气候税。二是签订气候变化协议。能源密集型产业和英国环境、食品与农村事务部（DEFRA）之间达成的气候变化协议是一个为达到环境目标而建立的新的政策机制，也是“一揽子”气候变化税收的一个重要部分。截至2007年，已经与51个能源密集型部门签订气候变化协议。对于加入气候变化协议的公司，可以降低80%税率，对园艺产品降低50%的税率。加入气候变化协议的公司还能够使用新的排放交易计划，以帮助它们达到议定的目标。[28] 三是设立强有力的管理机构。英国能源和气候变化部作为负责气候政策的主要部门，分别于2000年和2006年两次推出“气候变化国家方案”，并自2007年起，每年向国会提交年度报告，评估和报告气候变化政策实施的情况和效果。英国成立了气候变化委员会（Climate Change Committee，CCC），负责向政府提供独立的专家建议和指导，为二氧化碳减排计划出谋划策。[26] 四是提高能源利用效率。2009年英国宣布在此后两年政府拟提供3.75亿英镑用于企业、公共建筑和家庭住房采用节能新技术。

二、美国的应对措施

美国作为二氧化碳排放量最大的国家之一，却成了唯一拒不加入《京都议定书》的发达国家。2002年2月，布什政府发布了美国气候变化政策，主要体现在以下几个方面：实质性的促进减排的注册登记、保护和供应减排的可转让信用、增加美国对气候变化承诺的资金、采取科学和技术评估行动、促进新的和具有拓展性的国际政策来补充国内计划等。但这只是希望性的政策。[29] 奥巴马政府上台后，在气候变化等问题方面的政策较上届政府发生了根本性的改变，对内通过推动相关立法来应对气候变化；对外积极参与国际谈判，同时拉中、印等发展中大国承担类似的减排责任。但是，特朗普上台后，认为《巴黎协定》给美国经济带来苛刻的财政和经济负担，在2017年6月1日宣布美国退出《巴黎协定》，并在两个多月后向联合国递交表达这一意愿的正式文书。按照规定，美国须等到协议生效后3年才能正式退出。美国国务院声明在这段时间内，美国仍会继续参加各项气候变化的磋商和会议，特朗普也表示对重回《巴黎协定》持开放态度。①最终美国于2020年11月正式退出《巴黎协定》，但是在2021年2月重返《巴黎协定》。这期间，美国的主要应对措施有：

一是确定减排目标。奥巴马政府明确提出温室气体控制目标，希望在2020年前将温室气体排放降至1990年的水平，并到2050年再减少80%。显然，这一目标与其他发达国家的减排目标有很大差距。2009年6月，美国通过了《美国清洁能源与安全法案》，表明美国的气候政策迈出了积极性的一步。根据此项计划，美国每年将逐渐减少发行的排放配额数量，以确保实现2012年排放量在2005年的水平上减少3%，2020年减少20%，2030年减少42%，2050年减少83%。[30] 美国的一些地方政府也已经提出并制定了温室气体减排目标。2003年，缅因州议会通过了《为应对气候变化威胁发挥领导作用的法令》，要求到2010年把温室气体排放控制在1990年的水平，到2020年在1990年的水平上再减少10%。2006年，加州通过了《全球温室效应治理法案》，规定到2020年，加州二氧化碳排放量要减少25%，控制在1990年的排放水平。也有不少州参加了区域减排协议或自愿减排计划。[31]

二是成立相关机构。美国成立跨部门的内阁机构"气候变化科技整合内阁委员会"，由商务部长和能源部长担任共同主席，负责协调并理顺联邦机构对全球气候变化的科学和先进能源技术的研究工作。[20]

三是重视相关科研。联邦和各州政府重点关注气候变化科学研究、可再生资源以及其他能源的科技开发利用，建立全球气候观测体系，强化资源管理等，并通过一系列财政措施予以推动。一方面，与气候变化相关的四类支出（科学、技术、国际行动以及税赋优惠）等在联邦预算拨款方面给予支持；另一方面，通过对节能产品减免部分税收，提高能源的利用效率，强化居民的节能意识，促进节能型产品和设备的规模化推广使用。[31]

四是对外实施"低碳保护"。2009年6月，美国通过的《美国清洁能源与安全法案》授权美国政府，对于出口到美国的产品，美国可以自由收取碳关税，1吨CO_2征收10～70美元。与此同时，众议院通过的《碳排放限额与贸易法案》也明确规定未来将对包括中国在内的广大发展中国家产品征收"碳关税"。

五是自愿减排活跃。虽然政府在应对气候变化方面行动迟缓，但美国国内的"自愿减排"活动很活跃。比较有代表性的就是芝加哥气候交易所。芝加哥气候交易所成立于2003年，是全球第一个也是北美地区唯一自愿性参与温室气体减排量交易，并对减排量承担法律约束力的先驱组织和市场交易平台。其现有会员近200个，来自航空、汽车、电力、环境等数十个不同行业，是全球唯一同时开展6种温室气体减排交易的市场，也是全球第二大碳汇市场。交易所制定了《芝加哥协定》，详细规定了建立芝加哥气候交易所的目标、覆盖范围、时间安排、包含气体、投资回收期、减排、注册、监测程序、交易方案等，可操作性非常强。[32]

六是政府推动节能产业发展。一方面，政府建立节能公益基金。节能公益基金来源于电价上调带来的额外收入，通常由各州的公用事业委员会负责管理，相关部门都可以申请

---

① 赵冰．美国正式向联合国递交文书退出《巴黎协定》[EB/OL]．[2019-04-03]．http://www.xinhuanet.com//world/2017-08/06/c_129673475.htm.

利用该基金开展节能活动。另一方面，政府采购促进节能产业发展。美国以联邦法令、环保局的“环境优先性采购”和“全面性采购指导纲要”、政府采购绿色产品清单、采购循环产品计划、“能源之星”计划、生态农产品法案等一系列绿色采购计划，要求政府优先采购绿色产品，使用再生物品。[33]

七是注重应对气候能力建设。2017年3月16日，特朗普向国会提交首个预算草案，联邦政府13个部门和机构涉及气候变化和环境研发经费的预算整体大幅削减，两位数削减的部门超过8个，整体预算与2016年执行数相比下降19.75%，比2017年预测数下降20.65%。[34]但是美国总统拜登于2021年4月9日公布了首个2022财年年度预算提案大纲，金额达1.5万亿美元。其中，拜登政府计划拨出140亿美元用于应对气候变化，尤其是加大环境监管和科学研究领域的投资。据路透社2021年4月9日援引美政府官员消息称，由于特朗普政府削减了对科学和监管机构的资助，拜登政府计划投入的这笔资金有助于恢复联邦政府应对气候变化的能力。①

三、日本的应对措施

日本作为1997年京都会议的东道主，积极推动应对气候变化人类共同行动，承诺减排6%。为落实《京都议定书》，日本构筑了比较完善的国内法律体系，推出了一系列行动计划。

第一，法律体系建设方面。日本自1997年以来，先后颁布了《关于促进新能源利用的特别措施法》《新能源利用的特别措施法实施令》《日本电力事业者新能源利用特别措施法》《日本电力事业者新能源利用特别措施法施行规则》《独立行政法人新能源、产业技术综合开发机构法》等法律来应对气候变化，尤其是于1998年10月通过了《地球温暖化对策推进法》，明确规定了中央政府、地方政府、企业和市民的责任，并制定了相应的惩罚原则。[34]

第二，相关行动计划。1998年日本制订“新千年计划”，把循环经济作为构建21世纪日本社会发展的目标。2007年6月，日本政府制定了“21世纪环境立国战略”。该战略指出，为了克服地球变暖等环境危机，实现可持续发展的目标，需要综合推进“低碳社会”“循环型社会”“与自然和谐共生的社会”的建设。该战略与先前的“贸易立国”“科技立国”等战略具有同等重要的地位。

2008年3月，日本经济产业省发布《凉爽地球能源创新技术计划》，提出可大幅度减排CO_2的21项技术②，使用这21项技术可实现日本CO_2排放减半目标的60%。2008年5月，日本发布《面向低碳社会的十二大行动》报告，提出建设低碳社会的十二大行动③及其可实现的减排量。2008年7月29日，日本内阁会议通过《建设低碳社会行动计划》，提出了具体行动目标。

第三，确立实施机构。日本政府设立了“防止地球温暖化总部指导委员会”，并下设

---

① 佚名．拜登计划为应对气候变化提供140亿美元资金［EB/OL］．［2021-05-07］．https://www.sohu.com/a/459960688_260616.

② 21项技术是：天然气高效发电；燃煤高效发电；CO_2捕获与封存；新型太阳能发电；先进核电；超导高效输配电；先进道路交通系统；燃料电池汽车；插电式混合动力汽车；生物质替代燃料制造；新型材料制造；制铁新工艺；节能住宅和高层建筑；新一代高效照明；固定燃料电池；超高效热力泵；节能信息设备和系统；家庭、楼房和一定地域中的能源管理系统；高性能电力存储；电力电子；氢的生成、运输和存储。

③ 十二大行动包括住宅、工业节能、紧凑城市、低碳电力、绿色消费和综合部门的能力建设方面。

“京都机制联络会”。这个联络会是跨部门组织，由内阁官房、环境省、经济产业省、外务省、农林水产省以及国土交通省组成。各成员单位都有权接受清洁发展机制项目的申请，但在接受项目申请后，必须向联络会汇报。[35]

第四，具体行动措施。一是日本提出单位产品能耗每年降低1个百分点的目标。二是日本政府根据欧美各国和地区的经验，通过征收碳税来实现对温室气体排放的间接控制，碳税既有利于控制企业和家庭的燃料消耗，又能够体现污染者付费的原则。三是加强预防、预测和研究工作。日本政府从中央到地方都建立了危机管理体制、防灾体系，预算费用约占国民收入的5%；气象厅等部门利用气象卫星、气象火箭观测等手段，加强气候变化的观测，为适应气候变化提供观测资料；重点研究气候变化的机制、高分辨率的气候模式和观测新仪器。[36] 四是评估气候变化对日本生态系统、农业、林业、水资源、身体健康、社会和经济的影响，评估灾区适应性及其受灾程度等。[37]

此外，日本于2008年启动了“环境模范城市”项目，命名了横滨等6个城市为“环境模范城市”，表彰其城市防治气候变化方面的贡献。日本内阁会议于2008年通过了“实现低碳社会行动计划”，将应对气候变化上升为国家战略；2009年还实施了太阳能鼓励政策，把发展太阳能正式列入经济刺激计划。2015年11月16日，日本首相安倍晋三举办地球温暖化对策推进总部会议，宣布2020年前对发展中国家的气候变化支援从一直以来的3 000亿日元（约合人民币156.3亿元）提升到1.3万亿日元（约合人民币677.3亿元）。①

此外，澳大利亚、德国也都非常重视应对气候变化工作。澳大利亚一直积极推动各项全国性温室气体减排的政策与措施，包括：1998年制定了《国家温室气体战略》；2004年制定了能源白皮书《澳大利亚未来能源安全》，重新确定气候变化战略；2007年制定了《澳大利亚气候变化政策》《2007年国家温室气体和能源报告法案》等。这一系列法律政策构成澳大利亚应对温室气体减排的政策基础，成为各部门、各地区拟定温室气体减排政策措施的法定依据。[38] 德国应对气候变化的一些重要措施主要有：一是征收生态税。德国从1999年4月起分阶段实行对油、气、电征收生态税。二是高技术战略。德国联邦教育与研究部从2007年起，在“高技术战略”框架下制定了气候保护高技术战略。根据这项战略，联邦教育与研究部在未来10年内额外投入10亿欧元用于研发气候保护技术。三是使用可再生能源。德国制定了《可再生能源供暖法》，促进可再生能源用于供暖，计划到2020年将可再生能源供暖的比例提高到14%（2006年为6%），沼气使用量占天然气使用量的比重提高到6%。

四、部分发展中国家的应对措施

印度政府应对气候变化的措施散见于中央和地方政府制定的某些法案和法规中，如《印度环境法》《印度能源法》《气候变化国家行动计划》等。[37] 这些相关法规的内容主要包括：在能源部门提高能源利用率，鼓励能源替代；在主要城市改善空气质量；保护现有的森林资源，鼓励农林区和私人林区的发展，扩大林区面积并防范火灾；在全国开展联合森林管理计划。另外，印度对实施清洁发展机制反应迅速，印度批准的清洁发展机制

① 夏毅敏，马丽．日本将出600余亿元支援发展中国家以应对气候变化［EB/OL］．［2019-04-03］．http://www.xinhuanet.com//world/2015-11/26/c_128472119.htm.

项目为1 226个，其中已经被EB批准的有398个，占全球总数量的27%（截至2009年3月17日），仅次于中国。[39]

全球气候模型研究预测，21世纪末，由于干旱和半干旱地区的水资源短缺、海平面升高和疾病的传播，巴西热带地区的生物多样性将会减少，农业将会减产。因此，巴西也积极行动起来应对气候变化。巴西于2007年发布的气候变化白皮书详细阐述了巴西应对气候变化的政策和措施，主要是在新能源开发、节约利用资源、防治森林砍伐等方面采取积极行动。此外，巴西于2005年启动了发展中国家建立的第一个碳交易市场。巴西被EB批准的CDM项目约占世界总数的13%。[40]

中国是最早制订实施应对气候变化国家方案的发展中国家。2007年6月，中国政府发布《中国应对气候变化国家方案》，全面阐述了中国在2010年前应对气候变化的对策。这不仅是中国第一部应对气候变化的综合政策性文件，也是发展中国家在该领域的第一部国家方案。2008年10月，中国政府发布《中国应对气候变化的政策与行动》白皮书，全面介绍中国减缓和适应气候变化的政策与行动，成为中国应对气候变化的纲领性文件。2015年6月，中国向《联合国气候变化框架公约》秘书处提交了应对气候变化国家自主贡献文件，提出到2030年单位国内生产总值二氧化碳排放比2005年下降60%~65%等目标。这不仅是中国作为公约缔约方的规定动作，也是为实现公约目标所能作出的最大努力。世界自然基金会等18个非政府组织发布的报告指出，中国的气候变化行动目标已超过其“公平份额”。①中国通过南南合作在应对气候变化方面为其他发展中国家提供技术和资金等方面的援助。埃塞俄比亚驻华大使塞尤姆表示，通过南南合作，埃塞俄比亚的绿色发展颇有成效，在可再生能源方面，水能、地热能和太阳能不仅能够满足国内需要，还做到了向邻国出口。[41] 2014年9月，中国宣布从2015年开始将在原有基础上把每年的“南南合作”资金支持翻一番，建立气候变化南南合作基金，并将提供600万美元支持联合国秘书长推动应对气候变化南南合作。2015年9月，中国宣布出资200亿元人民币建立“中国气候变化南南合作基金”，用于支持其他发展中国家应对气候变化。

2020年9月22日，国家主席习近平在第七十五届联合国大会上宣布，中国力争在2030年前二氧化碳排放达到峰值，努力争取2060年前实现碳中和目标，被称为中国未来发展的“双碳”目标。

国家主席习近平于2020年12月12日在气候雄心峰会上通过视频发表题为《继往开来，开启全球应对气候变化新征程》的重要讲话，宣布中国国家自主贡献一系列新举措。习主席提出3点倡议：第一，团结一心，开创合作共赢的气候治理新局面。在气候变化挑战面前，人类命运与共。中方欢迎各国支持《巴黎协定》，为应对气候变化作出更大贡献。第二，提振雄心，形成各尽所能的气候治理新体系。各国应该遵循共同但有区别的责任原则，根据国情和能力，最大程度强化行动。同时，发达国家要切实加大向发展中国家提供资金、技术、能力建设支持。第三，增强信心，坚持绿色复苏的气候治理新思路。大力倡导绿色低碳的生产生活方式，从绿色发展中寻找发展的机遇和动力。习主席进一步宣布：到2030年，中国单位国内生产总值二氧化碳排放将比2005年下降65%以上，非化石

① 王雪梅. 中国应对全球气候变化的主要举措［EB/OL］.［2021-06-04］. http://www.gov.cn/xinwen/2015-11/30/content_5018396.htm.

能源占一次能源消费比重将达到25%左右，森林蓄积量将比2005年增加60亿立方米，风电、太阳能发电总装机容量将达到12亿千瓦以上。中国历来重信守诺，将以新发展理念为引领，在推动高质量发展中促进经济社会发展全面绿色转型，脚踏实地落实上述目标，为全球应对气候变化作出更大贡献。①

2021年3月18日，全球能源互联网发展合作组织在北京举行了“中国碳达峰碳中和成果发布暨研讨会”，并重磅发布了3份高质量研究报告《中国2060年前碳中和研究报告》《中国2030年前碳达峰研究报告》《中国2030年能源电力发展规划研究及2060年展望》。系列成果提出了以特高压电网引领中国能源互联网建设，加快推进能源开发清洁替代和能源消费电能替代（“两个替代”），实现能源生产清洁主导、能源使用电能主导（“双主导”），能源电力发展与碳脱钩、经济社会发展与碳排放脱钩（“双脱钩”）的系统减排路径与方案。《中国2030年能源电力发展规划研究及2060年展望》中指出，到2025年清洁能源装机将成为主导电源，2025—2030年新增电力需求全部由清洁能源满足，2025年风、光装机将分别达到5.4亿、5.6亿千瓦，2030年风、光装机将分别达到8亿、10.25亿千瓦。

全球领导人气候峰会于2021年4月22日以视频方式举行，出席会议的发展中国家领导人呼吁发达国家在应对气候变化方面展现更大的决心和行动，切实履行气候变化融资承诺，为发展中国家提供更多资金、技术、能力建设等方面的支持。国家主席习近平在领导人气候峰会上强调：“中国将严控煤电项目，‘十四五’时期严控煤炭消费增长、‘十五五’时期逐步减少。此外，中国已决定接受《〈蒙特利尔议定书〉基加利修正案》，加强非二氧化碳温室气体管控，还将启动全国碳市场上线交易。”②

2021年5月，中央成立碳达峰碳中和工作领导小组；7月，全国碳市场正式开市；10月，《关于完整准确全面贯彻新发展理念做好碳达峰碳中和工作的意见》《2030年前碳达峰行动方案》两份重要文件的相继出台，共同构建了中国碳达峰碳中和“1+N”政策体系的顶层设计，而重点领域和行业的配套政策也将围绕以上意见及方案陆续出台。

第四节 全球“低碳贸易措施”③及对中国的影响

一、全球“低碳贸易措施”概述

在人类对全球气候变暖的原因及危害有了充分认识的基础上，发展观念也有了深刻变革，低碳经济这一新发展理念被广泛接受。低碳经济最早是美国著名学者莱斯特布朗在1999年的《生态经济革命》一书中提出来的。他指出：创建可持续发展经济的首要工

① 新华社．习近平在气候雄心峰会上发表重要讲话［EB/OL］．［2021-06-04］．http://www.gov.cn/xinwen/2020-12/13/content_5569136.htm.

② 孙秀艳，寇江泽．打好实现碳达峰碳中和这场硬仗［EB/OL］．［2021-06-04］．http://paper.people.com.cn/rmrb/html/2021-06/04/nbs.D110000renmrb_01.htm.

③ 低碳贸易措施指的国际贸易中采取的将贸易向低碳方向引导的一系列措施，目前包括碳关税、碳标签等。我们称其为“低碳贸易壁垒”。

作乃是能源经济的变革，并提出面对地球温室化的威胁，应尽快从以石化燃料（石油煤炭）为核心的经济，转变成为以太阳能、氢能源为核心的经济。2001年他出版了《生态经济有利于地球的经济构想》一书，2003年出版了《B模式拯救地球延续文明》一书，明确提出把碳排放量减少一半，以防地球气温加快上升；既要提高能源利用效率，又要向可再生能源转变，这些真知灼见为发展低碳经济奠定了理论基础，堪称低碳经济之父。

英国作为第一次工业革命的前驱，曾经制造了日不落大英帝国的辉煌，但也饱尝了高碳经济的苦果。进入21世纪之后，基于对上百年工业革命正反两方面经验教训的理性思考与选择，英国成为全球低碳经济的倡导者和先行者。英国于2003年3月发布《我们能源的未来——创建低碳经济》白皮书。至此，作为应对气候变化催生的产物“低碳经济”，逐步被全球熟知和接纳。低碳经济是以低能耗、低污染、低排放为基础的经济模式，是人类社会继农业文明、工业文明之后，进入生态文明阶段的又一次重大思想飞跃，被认为是继蒸汽机、电力和互联网之后低碳引导的第四次工业革命。低碳经济有两个基本特征：一是社会再生产全过程的经济活动低碳化，使排放量最小化乃至零排放，获得最大的生态经济效益；二是低碳经济倡导能源经济革命，形成低碳能源和无碳能源的国民经济体系，真正实现生态经济社会的清洁发展、绿化发展和可持续发展。

1.碳关税制度

在全球应对气候变化不断取得重大成就，全球发展理念有了重大变革的大背景下，碳关税贸易措施也应运而生。

最早在公开场合提出碳关税这一概念的是前法国总统希拉克。碳关税指进口国对进口的高能耗产品征收特别的CO_2排放关税。其提出的初衷是为了使欧盟的产品与《京都议定书》中规定的没有设置或完成减排目标的国家的产品能进行公平竞争。许多欧盟国家已经在国内对高碳产品征收碳税，这些国家包括芬兰、荷兰、丹麦、挪威、斯洛文尼亚、意大利、法国、德国、英国等。近些年来，为履行减排义务，日本、加拿大、瑞士等国也加入了征收碳税的行列，开始了征收碳税的尝试。[42] 发达国家对国内产品征收碳税为开征碳关税打下了基础。

目前，在全球范围内碳关税还没有开征的先例，碳关税率尚不确定。2009年6月26日，美国众议院通过两项法案，从2020年开始，对未达到其国内碳排放标准的进口排放密集型产品征收惩罚性碳关税[43]，涉及对象包括铝、钢铁、水泥和一些化工产品等。一时间，碳关税再次吸引全球视线。其实这种措施是一种边境税收调节，它不像一般关税那样对进口商施加一种额外的负担，而是为了保证国内外产品的同等税赋，因此是一种有别于一般关税的边境调节措施。法国紧随其后，于2009年11月提出计划从2010年开始对在环保立法方面不如欧盟严格的国家的产品实施进口碳关税。2011年5月，欧盟宣布自2012年1月起开始对欧盟机场起飞和降落的飞机征收碳关税，航空业被纳入碳排放交易系统。[44] 美国和欧盟实施碳关税必然会引起连锁反应，其他承担减排义务的附件一所列缔约方也会纷纷效仿，加入到征收碳关税的行列中。碳关税很容易在许多国家成为借助环境保护之名、行贸易保护之实的工具的新兴绿色贸易壁垒。[45] 就美国来说，主要从加拿大和欧盟国家进口高碳商品，而这些国家在环境保护、节能减排方面做得并不比美国差，其碳排放不论是从总量还是从人均看，都远低于美国。这些国家的出口产品可能会被免除碳关税，碳关税对它们的温室气体排放起不到明显的限制作用，美国高碳商品进口依然不会减少，以碳关税控制温室气体排放流于形式。[46]

日本在2005年碳税方案中提出对每吨CO_2排放征收655日元的碳税。自2005年以来，挪威对石油、轻油、重油燃烧产生的CO_2排放分别征收每吨41欧元、24欧元和21欧元的碳税。目前，各国对于能源征收的碳税率各不相同，但对每吨碳排放量所征收的碳税一般在10美元到70美元之间。[47]

小案例 5-1 边境调节税成功应用于环境问题的两个案例

20世纪90年代，美国在超级基金和臭氧层消耗物质税问题上成功应用边境调节措施，获得了非常好的效果。这成为边境调节税文献中被广泛引用的案例，无论是从WTO合法性的探讨还是对于实践的行政管理问题，都可以从中总结出应用调节政策的一些基本的条件。

在超级基金案中，美国根据1986年国内法案（US Superfund Amendments and Reauthourization Act）对一些国内生产的有害化学产品征税（Superfund Chemical Exercise），并对以此相关物质作为原料生产的进口产品征收调节税，征税的目的是筹集所谓的“超级基金”以根据环保计划及公共健康计划清除危险废弃物及其场所。进口商被要求提供清单所列化学物品在进口产品生产过程中被使用的信息，然后按照如果产品在美国生产所要缴纳的国内税进行纳税（5美元/吨）。如果进口商不能提供这些信息，税收将按在美国所使用的主流生产方法来计征。对于缺乏关于主流生产方法进行明确规定的物质，则按一个平滑税率计征（Biermann and Brohm，2005；Hoerner，1998）。

这种边境调节措施导致进口汽油与国内汽油价格存在差异，受到欧共体（现欧盟）、加拿大和墨西哥等国的质疑。1987年，GATT专家小组对汽油的征税进行审查后发现，所征的进口税经过折算，与美国对国内产品所征的税率相同，对某种特定物质的征税也是如此，因而判定美国并未违反GATT义务，并认为“是否为了环境和合理使用资源的动机，与边境调节行为的合法性没有关系”。

与此非常类似的是美国臭氧层消耗物质税（Ozone Depleting Chemicals Tax）。为了执行《蒙特利尔议定书》，美国对使用消耗臭氧层物质的进口产品征收一个与国内类似产品同样的消费税，对相关出口产品则进行税收返还。计征的方法同上述案例一样，也是基于进口商的申报或者是美国主流生产方法。这种税收同时基于产品生产过程中作为原材料直接构成最终产品一部分的，以及已经消耗掉的化学物质。当时发展中缔约方尤其是一些非缔约方在国内并没有实施类似的消费税。但是，这种做法并没有在国际社会引起冲突。该措施极大地促进了美国相关产业对臭氧层消耗物质的系统性消除，并开发出新的替代物质，获得了竞争力。所以，这也奠定了边境调节税作为税收措施对实现环境目标的重要地位。

资料来源：谢来辉. 应对气候变化的边境调节税研究［D］. 北京：中国社会科学院，2008.

2. 温室气体管理标准认证

目前，世界上发布的温室气体管理标准主要包括3个：温室气体排放报告标准（ISO14064）、温室气体认证要求标准（ISO14065）和《商品和服务生命周期温室气体排放评估规范》（PAS2050）。[48]

2006年3月1日，国际标准化组织首先发布了一个关于温室气体排放的新标准——ISO14064：2006。ISO14064主要由3个部分组成，而其核心内容是一套温室气体计算和验证准则。ISO14064就国际上最佳的温室气体资料和数据管理、汇报和验证模式等方面的模式进行了规定，从而使得组织可以通过对标准化方法的使用，计算和验证排放量，并取得精确数值，以确保同等计量单位的CO_2的测量方式在全球任何地方都是统一的。该标准旨在提供一套透明且可核查的要求，帮助组织量化、管理、报告及核查其温室气体排放或清除，并帮助组织寻求潜在的减排或增加清除的机会。首先，企业可以在量化自己的温室气体排放量的过程中，发现并获得潜在的节能降耗、节约成本的机会，并可通过交易碳减量来获得利益。其次，在以后的市场竞争中，企业是否愿意承诺更多的社会责任，也从某种角度决定着企业的竞争力与生命力。[49]

ISO14064还有一个补充标准——ISO14065。其主要作用是为采用ISO14064或者其他标准对温室气体进行确认和验证的机构提供一定的规范和指南。[50]

3.碳标签制度

碳足迹（Carbon Footprint）是指企业机构、活动、产品或个人通过交通运输、食品生产和消费以及各类生产过程等引起的温室气体排放的集合。它描述了一个人的能源意识和行为对自然界产生的影响，号召人们从自我做起。目前，已有部分企业开始践行减少碳足迹的环保理念。碳足迹的计算有两种方法：第一种是生命周期评估（LCA）法；第二种是通过所使用的能源矿物燃料排放量计算。

“碳足迹”主要是指人类在生产和消费活动中所排放的与气候变化相关的气体总量，这个概念缘起于“生态足迹”。一是指产品或服务在整个生命周期过程（从原材料的获取，到生产、分销、使用和废弃后的处理）中释放的二氧化碳和其他温室气体的总量，叫作产品碳足迹；二是仅指公司生产过程中导致的温室气体的排放，称为公司碳足迹。

“碳标签”（又称碳标识）也就是“碳足迹计算”，通过对产品全生命周期碳排放的计算分析，把产品在生产过程中所排放的温室气体总量以量化的数值形式在产品的标签上标识出来，向消费者公布该产品在制造过程中所带来的温室气体排放量，引导购买者和消费者选择更低碳排放的商品，从而达到减少温室气体的排放、缓解气候变化的目的。[52]所以说，碳标签就是产品碳足迹的量化标注，是一个产品从原料采购、运输、生产到销售过程中所消耗的二氧化碳量，在产品包装上用量化的指数标示出来，“碳”耗用得多，碳足迹就大，标注在产品上的碳标签也就越大；反之，碳标签就越小。碳标签方便消费者了解产品的碳信息，从而引导消费者选择低碳商品，最终达到减排的目的。

目前，使用最广泛、影响最深的是2013年5月由国际标准化组织（ISO）工作组编制的ISO14067国际标准和2008年10月英国标准协会（BSI）等部门联合发布的PAS2050标准（《产品与服务生命周期温室气体排放评估规范》）。PAS2050标准主要用于计算产品和服务在整个生命周期内温室气体排放量，其跨度从原材料的获得到生产、分销再到使用和废弃后的处理各个时期，企业除了测定和降低产品的碳足迹之外，还可以针对公众对环保产品的选择、使用和处理产品提供建议。PAS2050是世界上第一个衡量产品碳足迹的标准。该标准致力于帮助企业正确全面地认识自己的产品对环境和气候变化所带来的影响，促使它们在产品的设计、制造和改进中能够更多地考虑到环境因素，设计和生产出碳足迹更小、对气候变化影响小的产品，以适应低碳发展的大趋势。PAS2050标准对产品的碳足迹给予了较为严谨的定义，即碳足迹是指产品在其生命周期中，包括生产使用和弃置各个阶段所排放CO_2及其他温室气体的总量。[41] ISO14067国际标准由国际标准化组织工作组于2008年1月着手编制，2012年10月发布草案版，2013年作为技术标准正式发布，主要包括两部分：ISO14067-1（量化、计算）和ISO14067-2（沟通、标识）。该标准适用于商品或服务（统称产品），主要涉及的温室气体包括《京都议定书》规定的6种气体二氧化碳（CO_2）、甲烷（CH_4）、氧化亚氮（N_2O）、六氟化硫（SF_6）、全氟碳化物（PFCs）以及氢氟碳化物（HFCs）外，也包含《蒙特利尔议定书》中管制的气体等，共63种气体。

2007年，英国政府成立了碳基金，通过这样的方式鼓励英国企业尝试使用碳标签。包括百事可乐在内的多家企业约有75种产品在碳基金的鼓励下执行了PAS2050标准，并将碳足迹标识于产品之上，这也是世界范围内首批“碳标签”。[31] 2009年10月，首个碳标签制度正式实行的澳大利亚，则已经做出了在未来5年将5%~10%的连锁超市上架产品贴上碳标签的承诺。自2011年4月起，日本农林水产省开始实施碳标签制度，日本国内销售的农产品都加贴环保标签。日本从2011年2月16日起，碳标签制度涉及的产品种类已扩大至94类，广泛涉及农产品、轻工和部分机电产品。[51] 美国、加拿大、法国、瑞典、韩国也纷纷尝试在国内推广使用碳标签，碳标签已经成为全球性潮流。截至2010年已有14个国家与地区推出或即将推出碳标签，推广碳标签指日可待。表5-9是对主要国家和地区碳标签制度的简单介绍。

表5-9　　主要国家和地区碳标签制度一览表

国家和地区	碳标签名称	负责机构	机构性质	碳标签内容	碳标签标志
英国	Carbon Reduction Label	Carbon Trust	非营利组织	包括5个核心要素：足迹形象、碳足迹数值、Carbon Trust公司认可标注、制造商做出的减排承诺、碳标签网络地址；产品类别涉及B2B、B2C的所有产品与服务，主要有食品、服装、日用品等，目前已超过2 500种产品	reducing with the Carbon Trust 100g CO2 per pack carbon-label.com
欧盟	CO_2 Star	Intelligent Energy Europe Programme	非营利组织	数值基于生命周期评价基础上的温室气体计算器得出，并与在同等条件下使用传统能源的排放量进行比较	CO_2star care for climate!
德国	Assessed CO_2 Footprint	WWF	非营利组织	以ISO14040/44为基础，参考PAS2050；主要加贴于参加试点项目的企业网站之上	ASSESSED CO2 footprint www.pcf-project.de

续表

国家和地区	碳标签名称	负责机构	机构性质	碳标签内容	碳标签标志
日本	Carbon Footprint Label	日本经济产业省	政府组织	碳标签的数值依据2009年4月日本公布的产品碳足迹的技术规范TSQ0010；主要由日本经济产业省负责管理，第三方机构负责查验评价	
韩国	Cool Label	韩国环境部	政府组织	自愿性标签，分为两类：一类标识碳排放量；另一类强调减碳的节能商品，也可以说是碳标签认证的两个阶段	
泰国	Carbon Label Carbon Footprint Label	泰国温室气体管理办公室	政府组织	排量标识以减排10%、20%、30%、40%、50%进行分级，并以不同的颜色分别标识，并在圆形下方的箭头中标识减排量	
美国	Carbon Label For California	Carbon Label California	非营利组织	有3种主要碳标签形式：低碳封印、碳评分、碳评级	
	Carbon Free	Carbon Fund	非营利组织	以绿色和蓝色为背景色，寓意为宣告碳中和，可授权适用于任何地方；由Carbon Fund公司负责管理，并委托第三方机构进行评价	

资料来源：根据各国环境保护机构的资料整理。

碳标签制度其实也被称为低碳产品认证。通过碳标签制度的实施，可以促使碳排放来源透明化，也可以驱动企业进行节能减排。一些全球化的跨国企业也纷纷响应低碳产品认证。例如，沃尔玛在2008年宣布将可持续发展理念注入其运营环节与供应链管理中，并于2009年启动面向供应厂商的能效提升项目，以鼓励和帮助供应商参加到低碳产品认证的队伍中来。该项目帮助沃尔玛的供应厂商们在2012年之前将生产单位产品的能源利用率提高20 %，由此打造绿色节能环保供应链。[52] 表5-10是全球部分商家的碳标签尝试。

由此可见，碳标签制度也是通过自下而上的公众参与，让消费者根据温室气体排放量来选择产品，并且促成民众消费行为的改变，将可能产生更大的减碳效益。[6]

4.碳补贴制度

碳补贴是指政府对实施节能减排、促进低碳经济发展的企业或个人行为给予的补贴。在碳补贴的实施上，许多发达国家已经走在了前列。例如，在美国，经过示范验证的先进能源技术将得到政府补贴；在欧盟，碳捕捉和储存技术的开发和应用可以得到多种渠道的补贴和各种便利措施；在加拿大，自2007年起，购买新能源汽车可获得1 000~2 000加元的补贴。[43]

表 5-10　　全球部分商家碳标签尝试

商家名称	商家尝试
Tesco、Coop	在多种商品上试点碳标签，并表示要在所有上架商品上都加注碳标签
Casino	采用了自身的气候变化标签体系，在自有品牌的商品上同时标注环境友好和CO_2排放量两个标签。法国政府呼吁其国内所有零售商采用相似的碳足迹和碳标签体系
Timber Land	制定了要长期在所有商品上向消费者提供环境方面信息的目标，用0～10数字范围的绿色指数来代表商品的环保指数
Pepsico	其附属公司生产的Walkers奶酪洋葱薯片是最先加注碳标签的商品
GM、Dell、Home Depot、Wal-Mart	表示要在公司生产的商品上注入环保理念，引导消费者在做购买决策时像关注价格和品质一样关心商品的碳足迹指数，将碳标签的价值充分凸显出来

碳补贴的领域十分广泛，涉及各行各业，其中农业碳补贴将是重中之重。目前，各国对于农业的碳补贴并不多，但是农业是温室气体排放的大户。据IPCC的统计，农业生产所产生的温室气体排放量甚至大于交通运输业的排放量，占全球温室气体排放总量的14%左右。同时，农产品贸易一直是国际贸易中的重要领域，是各国的必争之地，在不久的将来，农业必将成为碳补贴的重灾区。[53] 2004年8月，多哈回合谈判对农业补贴中蓝箱政策做出了新的定义和划分。根据新的划分方式，蓝箱政策包含的范围更广，从原来的生产限制扩大到不对生产进行要求，碳补贴被纳入其中，得以免除减让。

二、低碳贸易措施对中国对外贸易的影响

在应对全球气候变化的全球行动中，中国采取了一些积极而有效的行动和措施。从2007年发布的《中国应对气候变化国家方案》《中国应对气候变化科技专项行动》到2008年《政府工作报告》《民用建筑节能条例》《中国应对气候变化的政策与行动》白皮书再到2009年的《循环经济促进法》《规划环境影响评价条例（草案）》，都彰显着中国应对气候变化的努力和国家意志。

2009年6月，中国标准化研究院和英国标准协会在北京共同主办了PAS2050中文版发布会，以此来推动建立碳标签制度在中国的试点工作。2009年11月，在江西南昌召开的首届世界低碳与生态经济大会高层论坛上，环保部（现生态环境部）表示将以中国环境标志为基础，探索开展低碳产品认证。

2010—2017年，国家发改委分3批开展了81个低碳城市试点。2023年，生态环境部开始对试点城市共分3组进行评估，旨在总结低碳试点城市建设的整体进展与成效，深挖试点城市在低碳发展模式、制度建设、体制机制创新、基础工作与能力建设等方面的经验做法，为城市推动绿色低碳发展提供参考。随着2020年“双碳”战略提出后，碳达峰、碳中和成为系统性、战略性和全局性的工作。

改革开放40多年来，中国经济社会发展取得了令人瞩目的成就，但仍未完全摆脱高投入、高污染、低效益的传统工业化模式。中国是名副其实的世界工厂，由于处于国际产业分工体系的低端位置，出口产品主要以高能耗、高碳密集型、低附加值产品为主，如中国化肥、钢铁、水泥生产占世界总量的比率分别由1980年的17%、8.2%、9%增至2009年的35%、46.6%和58.9%。1978年中国仅消耗5.7亿吨标煤①，到2009年能源消费总量达到30.66亿吨标煤。“十一五”期间（2006—2010年），中国能源消费总量为140多亿吨标煤，与“十五”期间相比，增长量超过50亿吨标煤。2010年，发改委预计中国人均一次能源消费水平约为2.38吨标煤，若按保守的13亿人口估算，全年的能源消费总量达到30.94亿吨标煤，创历史新高。中国现有能源资源探明储量中，96%是煤炭，油气资源仅占4%，致使中国目前的能源结构仍以煤炭为主。2009年，煤炭消费量为21.59亿吨标煤，占一次能源消费量的70.4%。[53] 2015—2019年，我国煤炭消费量占能源消费总量的比重由63.7%降至57.7%，降低了6个百分点。水电、核电、风电等非化石能源消费量占比由12.1%增至15.3%，增加了3.2个百分点。二是能源消费动力加快转换。“十三五”以来，我国能源消费驱动力由传统高耗能产业逐步转向第三产业和居民生活用能。三是能源终端消费中电能占比不断提升。电能终端占比已经由2015年的22.1%提升至2019年的26.0%。2015—2019年，我国一次能源生产总量从36.1亿吨标煤增至39.7亿吨标煤，发电装机从15.2亿千瓦增至20.1亿千瓦。我国原煤生产比重由72.2%降至68.9%；一次电力及其他非化石能源生产比重从14.5%增至18.5%。②在此情况下，各国实施碳关税等低碳贸易措施，将造成中国工业品出口所面临的成本增加，出口量减少，在一定程度上削弱出口竞争力。每吨碳30美元或60美元的关税率可能使中国工业部门的总产量下降0.62%～1.22%，使工业品出口量分别下降3.53%和6.95%，同时使工业部门的就业岗位减少1.22%和2.39%，而且以上冲击可能在5～7年甚至更长时期内产生持续影响。其中，碳排放强度高以及绝对碳排放量高的几个典型高碳产业所受冲击最大。[54]

与此同时，各国碳关税等低碳贸易措施的实施，将直接冲击中国资源密集型出口产业，必然导致工人失业率上升。而劳动密集型产业同样面临着产业升级的压力，要在国际市场进一步增强自身的竞争力，战略转型势在必行，在技术和工艺升级的过程中，劳动力的需求将急剧减少，就业率随之上升。更糟的情况是，一些无力进行产业升级的出口型小企业将在恶劣环境中面临倒闭的危机，这同样会带来大量的失业。[55]

目前，中国农业仍是以高能耗、高物耗、高排放、高污染为特征的高碳农业，碳关税等低碳贸易措施的实施必将对中国农产品出口产生重大影响。虽然从长期来看，碳关税等低碳贸易措施的实施有助于改善农业生产环境，夯实农产品出口的物质基础，促进中国农业生产的低碳转型，迎合消费者日益增强的环保需求，但在全球经济持续下滑的大背景下，在短期内势必成为一种新型绿色贸易壁垒，阻碍中国农产品的出口。一方面，碳关税等低碳贸易措施的实施会增加中国农产品出口的成本。如果考虑中国农产品生产碳排放的增加，农产品出口需要投入大量的资金，加之碳关税等低碳贸易措施对石油、化学、机械等农业周边相关产业的影响，可以预计碳关税等低碳贸易措施将导致中国农产品出口份额

① 标煤（或标准煤）的定义是凡能产生29.27MJ（相当于7 000千卡）热量的任何数量的燃料折合为1千克标准煤。

② 佚名. 我国能源电力“十三五”成就与“十四五”展望［J］. 中国电力企业管理，2020（28）：75-77.

进一步缩减。另一方面，与发达国家相比，中国财政能力有限，对2亿多农户进行大量碳补贴是很困难的。因此，中国农业受到的低碳壁垒的影响将不亚于工业。

章末案例 ◎ 欧盟征收航空业碳排放税遭到多国反对

航空碳排放税是指根据航空燃油燃烧排放二氧化碳征收的税，即通过对航空燃油碳含量的比例来征税。2005年1月1日，欧盟正式启动碳排放交易体系（ETS）。2008年，欧盟立法生效，规定从2012年1月1日起把航空业纳入碳排放交易体系。所有抵达或离开欧盟成员国境内机场的航班都被纳入欧盟ETS。只有少数的目视飞行、搜索、救灾、人道主义航班例外。

2011年3月，欧盟委员会公布了首个航空业年度碳排放限额，即2012年不超过2.13亿吨，2013年不超过2.09亿吨。按照欧盟的航空碳税法案，2004年到2006年全球航空公司飞往欧盟境内航班总量产生排放的平均值的97%被定为“免费额度”，再按照2010年全球各航空公司的市场份额进行分配，配额的时效长达8年。在8年中，任何一家航空公司的排放超出免费配额，都必须按吨来购买碳排配额。

由于欧盟碳排放体系免费配额计算公式采取的是“祖父原则”，体现在温室气体减排上就是“航空公司历史排放量越多，现在获得的免费配额也就越多”。有专家认为，这是一个严重失衡的配额机制，它将严重扭曲欧洲航空市场的竞争关系。

强制征收航空碳排放税措施一经推出，便遭到大多数与欧盟有航空服务贸易往来国家的抵制。包括美国、中国、俄罗斯、印度在内的多个国际民航组织（ICAO）成员明确表示反对欧盟的航空碳税。

美国国会参众两院在2012年9月和早些时候分别表决通过了议案，禁止美国的航空公司加入欧盟航空碳排放交易体系。

目前中国航空业的国际竞争力较弱，在未来相当长的时间内碳排放量只会增不会减，这也必将使中国成为受到影响最大的国家，国内航空公司运营成本增加，竞争力削弱。在欧盟公布的2 000多家征税航空公司的名单中，多家中国航空公司赫然在列。另据北京环境交易所的测算，考虑到中国民航市场的急速增长，2012—2020年，中国航空公司为欧洲航线付出的碳税成本，预计将高达176亿元。航空碳税的影响还可能触及商业贸易领域。由于碳税课征或将导致运输成本提升，中欧商贸领域的企业可能为此需要承担更多的开销。

中方主张在《联合国气候变化框架公约》等多边机制下，按照公约的原则和规定，通过国际合作，在国际民用航空组织的多边框架下，共同应对气候变化，反对单边行为。目前ICAO有4个待选方案，最终方案仍处于讨论之中，ICAO的中国代表会反映中国政府和航企的呼声。国际航空运输协会（IATA）表示，欧盟的航空碳税政策对全球性碳排放解决方案的制订是一个障碍。

2011年年初，中国航空协会发表声明，不承认欧盟碳排放交易限制，并指出其不合理之处在于：其一，非直接减排手段；其二，没有对发展中国家的航空运输业发展需要做出合理的安排，违背了国际社会在气候变化领域普遍遵循的“共同但有区别的责任”原则；其三，违背了《国际民用航空公约》和国际民航组织对航空减排的基本立场；其四，实施范围超越了欧盟的管辖权，违反了国际法，并触犯了国家主权等。

2012年2月，中国民航部门发布指令，禁止中国境内的航空公司加入欧盟这一排放交易体系。2012年3月，空中客车公司宣布，来自中国航空公司的35架A330客机订单已被推迟，香港航空有限公司的10架A380客机订单也被阻止，这些订单的总标价为120亿美元。空中客车公司认为，这些订单被推迟或阻止旨在抗议欧盟的碳排放交易体系。

由于遭到抵制，事实上目前只有欧洲国家的航空公司服从了欧盟这一规定。欧盟委员会不得不在2012年11月12日建议在2013年秋之前，暂停实施欧盟单方面采取对进出欧盟国家的民用航班征收碳排放税的措施。中国民用航空局的一位工作人员表示，若按照欧盟的规定估算，缓征航空碳税将为中国航企节省数亿元。

资料来源：

[1] 佚名. 航空碳排放税 [EB/OL]. [2022-08-06]. http://baike.baidu.com/view/8090422.htm.

[2] 李泓辉. 欧盟航空碳关税法律分析及我国应对措施研究 [D]. 上海：华东政法大学，2012：11-15.

[3] 杨洁茹. WTO体制下碳关税法律问题研究——兼评欧盟民航碳关税问题 [D]. 北京：外交学院，2012：29-30.

思考题：

（1）欧盟实施航空碳排放税的依据是什么？站在全球环境保护、国际环境公约和各国利益的角度，应该怎样理解这一措施的实施？

（2）中国反对的理由是什么？中国应怎样应对？

（3）欧盟又推出“船舶碳税”，你认为实施前景如何？为什么？

本章小结

1.全球气候变化是指在全球范围内，气候平均状态统计学意义上的巨大改变或者持续较长时间（典型的为10年或更长）的气候变动，包括气候变暖、气候变冷、酸雨、臭氧层破坏、灾害天气等。目前国际社会所讨论的气候变化问题，通常是指气候变暖问题。人类活动是导致全球气候变化的一个重要诱因。

2.联合国环境规划署和世界气象组织于1988年成立了政府间气候变化专门委员会（IPCC）。IPCC在1990年发布了第一份评估报告。

在政府间气候变化专门委员会的推动下，1992年6月在巴西里约热内卢召开的联合国环境与发展会议上通过了《联合国气候变化框架公约》，并于1994年3月21日正式生效。30多年来，从里约热内卢到京都，从巴厘岛到沙姆沙伊赫，国际社会为保护全球环境、应对气候变化共同努力，不断加深认知、凝聚共识、应对挑战。《联合国气候变化框架公约》《京都议定书》下的谈判进程已经成为国际社会合作应对气候变化的主渠道，“共同但有区别的责任”原则已经成为国际社会加强应对气候变化合作的基本准则。

3.回顾之前历次《框架公约》缔约方大会，有5次可被称为“里程碑”：第1个里程碑是1995年于德国柏林召开的第1次缔约方大会，正式启动了公约履约谈判进程；第2个里程碑是1997年于日本京都召开的第3次缔约方大会，《京都议定书》诞生，各国减排义务以法律形式被固定；第3个里程碑是2001年于马拉喀什召开的第7次缔约方大会，制定了《京都议定书》具体实施细则，使其从一个宽泛、抽象的议定书成为一份可操作、可执行的议定书。第4个里程碑是2007年12月在印度尼西亚巴厘岛召开的《框架公司》第13次缔约方大会和《京都议定书》第3次缔约方大会。第5个里程碑是2015年在法国巴黎举行的第21届联合国气候变化大会，达成《巴黎协定》。

4.《京都议定书》自1997年12月在日本京都通过，于1998年3月16日至1999年3月15日间开放签字，共有84个缔约方签署，议定书于2005年2月16日开始强制生效。《京都议定书》规定了工业国（附件一所列缔约方）的削减指标。《京都议定书》规定了总的目标是工业化国家在2008—2012年使它们的全部温室气体排放量比1990年至少减少5%，各参与议定书的工业化国家都分配到了一定数量的减少排放温室气体的配额。《京都议定书》的生效标志着全球气候变化谈判取得了建设性的进展，并由此可能会被证实为人类在20世纪末达成的最重要、最有深远意义的世界条约。《京都议定书》第一次设定了具有法律约束力的温室气体限排额度，是迄今为止国际社会承诺削减温室气体排放、遏制地球变暖的唯一一项国际公约，是人类历史上第一份具有法律约束力的环保国际文件，对人类可持续发展具有划时代的意义。《京都议定书》所确定的规则可被称为“全球温室气体减排京都模式”，该模式的特点是：各国遵照“共同但有区别责任”原则承担减排义务；减排指标具有约束性；减排量可以通过市场进行交易。

5.一些国家先后出台了应对气候变化的国际贸易措施，包括碳关税、国际温室气体管理标准、碳标签、低碳产品认证等。发达国家向发展中国家产品征收碳关税，违背了“共同但有区别的责任”原则。但是，国际贸易措施朝着低碳化方向调整已经成为一种必然的趋势，值得我们认真思考和积极应对。

专业词汇

全球气候变暖　温室气体　温室效应　《联合国气候变化框架公约》　《京都议定书》　排放权交易机制　欧盟碳排放交易体系　巴厘岛路线图　哥本哈根气候大会　低碳贸易措施　低碳产品认证　碳关税　碳标签

思考题

一、多项选择题

1.《京都议定书》所确定的规则可被称为“全球温室气体减排京都模式”，该模式的特点是（　　）。

A.各国遵照“共同但有区别责任”原则承担减排义务

B.减排指标具有约束性

C.减排量可以通过市场进行交易

D.减少费用

2.印度政府应对气候变化的法案有（　　）。

A.《印度环境法》　　B.《印度能源法》

C.《气候变化国家行动计划》　　D.以上都不是

3.碳泄漏的渠道主要有（　　）。

A.能源产品的国际贸易　　B.碳密集型产品的国际贸易

C.能源密集型产业的国际转移　　D.以上都不是

4.欧盟应对气候变化的共同行动有（ ）。

A.欧盟能源白皮书　　B.欧洲气候变化计划（SPCC）

C.欧盟政府采购绿色手册　　D.欧盟的边境调节税

5.英国应对气候变化的主要措施有（ ）。

A.立法应对　　B.具体措施应对

C.边境调节税　　D.重视相关科研

二、判断题

1.国际贸易措施朝着低碳化方向调整已经成为一种必然的趋势。（ ）

2.“共同但有区别的责任”原则已经成为国际社会加强应对气候变化合作的基本准则。（ ）

3.2015年12月1日至12日在利马召开《联合国气候变化框架公约》第20次缔约方大会（COP20）。（ ）

4.2015年在巴黎举行的《联合国气候变化框架公约》第21次缔约方大会达成一项普遍适用的协定——《巴黎协定》。（ ）

5.1992年6月4日在巴西里约热内卢召开的联合国环境与发展会议上通过了《联合国气候变化框架公约》。（ ）

三、简答题

1.试对《京都议定书》确立的3种灵活履行机制进行评价。

2.试分析全球气候变暖给国际贸易带来哪些方面的影响。

3.应对气候变化的“低碳贸易措施”包括哪些内容？中国应如何应对？

4.全球各经济体应该采取哪些措施，以协调气候变化与贸易发展之间的矛盾，使之共同走向良性发展的轨道？

四、论述题

2018年，党和国家机构改革，中国将应对气候变化职能调整至新组建的生态环境部，在体制机制上实现了应对气候变化与环境治理、生态保护修复等相关工作的协同管理。2021年1月，生态环境部印发的《关于统筹和加强应对气候变化与生态环境保护相关工作的指导意见》，明确了统筹和加强应对气候变化与生态环境保护的主要领域和重点任务，推进生态环境治理体系和治理能力稳步提升，为实现二氧化碳排放达峰目标与碳中和愿景提供支撑，助力美丽中国建设。

请谈谈你对中国将应对气候变化方案实施的意义及困难等方面的看法，并提出具体建议。

本章参考文献

[1] 李秀香．“气候智能型”城市建设研究［M］．南昌：江西人民出版社，2012：1-13.

[2] IPCC Fourth Assessment Report：Climate Change 2007（AR4）.

[3] 王丹．气候变化对中国粮食安全的影响与对策研究［D］．武汉：华中农业大学，2009：72.

[4] 陈立宏．美国应对气候变化的财税政策［J］．环球财经，2009（22）：69.

[5] 山本良一．2℃改变世界［M］．王天明，译．北京：科学出版社，2008：40.

［6］胡鞍钢．从黑猫到绿猫［J］．竞争力，2010（2）：15.

［7］IPCC. AR5 synthesis report：Climate change 2014［EB/OL］．［2022-08-05］．https://www.ipcc.ch/site/assets/uploads/2018/02/SYR_AR5_FINAL_full.pdf.

［8］王倩，翟盘茂，余荣．2018年7月北半球极端天气气候事件及环流特征分析［J］．大气科学学报，2019（1）：28-35.

［9］杨骏，郇公弟，刘石磊．气候谈判风雨二十年［EB/OL］．（2010-06-01）［2021-05-04］．http://www.bitcast.org.cn/showNewsDetail.asp?nsId=2989.

［10］王克，夏侯沁蕊．《巴黎协定》后全球气候谈判进展与展望［J］．环境经济研究，2017，2（4）：141-152.

［11］杜增华．《京都议定书》三机制对中国节能降耗的启示［J］．经济论坛，2011（5）：26-28.

［12］周宏春．应对气候变化的国际经验及其启示［J］．中国科技投资，2009（11）：78-79.

［13］CAPOOR K，AMBROSI P. State and trends of the carbon market 2008［EB/OL］．［2008-05-01］（2020-12-01）．https://openknowledge.worldbank.org/bitstream/handle/10986/13405/44607.pdf.

［14］吴乐斌．迎接绿色发展时代［N］．中国科学报，2019-02-26（7）.

［15］慈晓慧．《巴黎协定》的特点与影响［D］．青岛：青岛大学，2018.

［16］宋俊荣．应对气候变化的贸易措施与WTO规则：冲突与协调［M］．上海：上海社会科学院出版社，2011：1.

［17］OTTINGER R L，ROBINSON N，TAFUR V. Compendium of sustainable energy laws［M］．New York：Cambridge University Press，2005.

［18］杨洁茹．WTO体制下碳关税法律问题研究——兼评欧盟民航碳关税问题［D］．北京：外交学院，2012：3-4.

［19］刘学之，朱乾坤，孙鑫，等．欧盟碳市场MRV制度体系及其对中国的启示［J］．中国科技论坛，2018（8）：164-173.

［20］杨金林，陈立宏．国外应对气候变化的财政政策及其经验借鉴［J］．环境经济．2010（6）：32-43.

［21］COAFFEE J. Risk，resilience，and environmentally sustainable cities［J］．Energy Policy，2008，36（12）：4633-4638.

［22］谢来辉．欧盟应对气候变化的边境调节税：新的贸易壁垒［J］．国际贸易问题，2008（2）：65-71.

［23］许健，钱林．欧盟适应气候变化的措施及其启示［J］．天津行政学院学报，2018，20（4）：89-95.

［24］ZHU S，XU H. Energy policy and climate change strategy in UK-From energy white paper in 2003 to white paper on energy in 2007［J］．Advances in Climate Change Research，2008，4（5）：272.

［25］齐康．英国应对气候变化的节能减排政策措施［J］．节能法制，2010（4）：50-52.

［26］王文军．英国应对气候变化的政策及其借鉴意义［J］．现代国际关系，2009（9）：29-35.

［27］顾锦龙．英国多举措应对气候变化［J］．中国石化，2009（10）：66-67.

［28］杨兴．《气候变化框架公约》研究［M］．北京：中国法制出版社，2007.

［29］赵绘宇．美国国内气候变化法律与政策进展性研究［J］．东方法学，2008（6）：114.

［30］刘兰翠，甘霖，曹东，等．世界主要国家应对气候变化政策分析与启示［J］．中外能源，2009（9）：1-8.

［31］WIEDMANN T，MINX J. A definition of "carbon footprint"［J］．Ecological Economics Research Trends，2008（1）：1-11.

［32］何钢．芝加哥气候交易所［J］．世界环境，2007（2）：91-92.

［33］张换兆，秦媛．特朗普政府气候与环境预算变化及影响［J］．全球科技经济瞭望，2018，33（7）：1-4；27.

［34］刘莹，孙磊．日本应对气候变化的法律机制及其对我国的启示［J］．法制与社会，2008（23）：337-338.

［35］郑爽．日本执行清洁发展机制（CDM）的动向［J］．中国能源，2003（3）：18-19.

［36］黄云松，黄敏．浅析印度应对气候变化的政策［J］．南亚研究．2010（1）：65-77.

［37］张庆阳．日本如何应对气候变化［J］．气象知识，2010（3）：36-38.

［38］李伟，何建坤．澳大利亚气候变化政策的解读与评价［J］．当代亚太，2008（1）：108-123.

［39］张海滨．印度：一个国际气候变化谈判中有声有色的主角［J］．世界环境，2009（1）：30-33.

［40］于胜民．中印等发展中国家应对气候变化政策措施的初步分析［J］．中国能源，2008，30（6）：17-22；27.

［41］STIGLITZ，JOSEPH. A new agenda for global warming［J］．Economists' Voice，2006（7）.

［42］STERN N. The economics of climate change：The stern review ［M］．Cambridge：Cambridge University Press，2007.

［43］李秀香，赵越，程颖．农产品贸易的气候变化风险及其应对［J］．国际贸易，2011（11）：23-27.

［44］王玉婧．征收碳关税的经济效应分析［C］//天津市社会科学界联合会．学习贯彻党的十九大精神 推进"五个现代化天津"建设——天津市社会科学界第十三届学术年会优秀论文集（中）．天津：天津市社会科学界联合会，2017：7.

［45］詹晶．"碳关税"对农产品出口贸易的经济效应分析［J］．经济与管理，2011（3）：78-81.

［46］夏先良．碳关税、低碳经济和中美贸易再平衡［J］．国际贸易，2009（11）：37-45.

［47］王淳．国外碳税政策体系及基本经验［J］．宏观经济管理，2010（11）：70-72.

［48］ THORNTON R. Two new ISO standards address greenhouse gas emissions ［J］. Quality Digest，2007（4）.

［49］ 王沛，高晓欣. 低碳产品国际标准新动向［J］. 进出口经理人，2010（6）：40-41.

［50］ 冯相昭，赖晓涛，田春秀. 关注低碳标准发展新动向——英国PAS2050碳足迹标准［J］. 环境保护，2010（3）：74-76.

［51］ 蔡苏文. 日本碳标签制度对山东农产品出口的影响及对策［J］. 国际商贸，2012（3）：203-206.

［52］ STEINFELD H，GERBER P，WASSENAAR T，et al. Livestock's long shadow：Environmental issues and options［R］. FAO，2006.

［53］ 国家发改委能源研究所课题组. 中国2050年低碳之路：能源需求暨碳排放情景分析［M］. 北京：科学出版社，2009.

［54］ 沈可挺，李钢. 碳关税对中国工业品出口的影响——基于可计算一般均衡模型的评估［J］. 财贸经济，2010（1）：75-82.

［55］ 常昕，郭蕊，柴洪亮. 碳关税对中国经济的影响及对策［J］. 山东农业大学学报（社会科学版），2010（2）：80-83.

第六章 WTO环境规则及其与MEAs的协调①

导读

随着世界经济和国际贸易的发展，环境问题日渐凸显，并成为全人类面临的最紧迫的议题之一。从20世纪70年代起，环境问题开始为国际社会所重视。1995年，WTO设立了贸易与环境委员会，旨在明确环境贸易措施与多边贸易体制之间的关系。WTO主张环境与贸易协调发展，贸易不应以破坏和牺牲环境为代价，认为建立和维护一个公开无歧视和公正的多边贸易体制与维护环境和促进可持续发展不应该产生抵触；要求各成员根据自身需要和经济发展水平采取措施，按照可持续发展目标使世界资源得到最合理利用，维护和保护环境。虽然WTO规则中没有专门的文件或协议来规范有关环境与贸易的关系，但在许多相关协定中就环境问题都做出了具体规定。在《贸易与环境的决议》以及贸易与环境委员会的一系列工作报告和公告中多次指出：赞同和维护一个公平、公开、非歧视的多边贸易体制和为保护环境与促进可持续发展而采取的行动之间不应有也不需要有任何政策上的抵触；WTO愿意在不超越多边贸易体制的权限下，协调贸易与环境保护中的各项政策。可以说，这是WTO在贸易与环境问题上的基本立场和指导思想。[1]

① 李秀香. WTO规则解读与运用［M］. 大连：东北财经大学出版社，2012：168-197.

本章将对WTO规则中涉及环境的条款进行归纳，通过一系列的经典案例解析相关多边贸易协定中的环境与贸易规则。本章着重分析WTO环境与贸易规则的冲突以及协调，使读者能够全方位认识WTO环境与贸易规则的真谛，并掌握一些重要的运用技巧。

章首案例　墨美金枪鱼案

【案情介绍】

在太平洋东部热带区域，金枪鱼群常在海豚群下面游动，人们凭此用大拖网捕捞金枪鱼，为了把鱼赶拢还常动用摩托艇、直升机，乃至炸弹。20 世纪 70 年代，估计这种捕捞法每年造成 30 万头海豚死亡。面对这种残酷的捕捞行为，美国政府于 1972 年通过了《海洋哺乳动物保护法》，要求美国渔民遵守人为意外导致海豚死亡的数量限制，以求尽可能减少商业捕捞业中对哺乳动物（包括海豚）造成的意外伤亡。20 世纪 80 年代，美国两次修改《海洋哺乳动物保护法》，规定凡向美国出口金枪鱼的外国渔船必须达到美国的海豚人为死亡的允许水平。[1]

在《海洋哺乳动物保护法》管制下，美国捕捞活动造成的海豚死亡量急剧下降，其中部分原因是捕捞技术的改进，部分原因来自商业压力。1990 年，占美国金枪鱼市场份额达 80% 的一些金枪鱼罐装公司宣布，它们对不符合“海豚安全”标准的金枪鱼不予购买销售。同年通过的《关于海豚保护的消费者情报法》为“海豚安全”标签确定了标准，该标签仅适用于不使用大拖网围捕的方式捕获的金枪鱼及其产品。1992 年的《国际海豚保护法》禁止在美国销售、运输或装运不符合“海豚安全”要求的金枪鱼。

1991 年，墨西哥提起诉讼，反对美国禁止进口墨西哥渔船捕获的金枪鱼，认为美国的禁令违反了 GATT 第 11 条禁止数量限制的规定，GATT 专家组研究了这一案例后形成了《美国对金枪鱼进口进行限制》的专家组报告，即“金枪鱼争端报告Ⅰ”，判定美国败诉，该报告因美国阻挠未获通过，但在世界上引起了关于贸易与环保的激烈争论。由于美国的禁令涉及中介国金枪鱼制品的对美出口，于是 1992 年欧共体根据 GATT 又提起一次诉讼，因为其作为原料的金枪鱼来自或可能来自没有遵守美国《海洋哺乳动物保护法》规定的“海豚安全”标准的渔船。专家组于 1994 年对此作出裁决报告，即“金枪鱼争端报告Ⅱ”，指出美国是借保护海豚而“强迫这些国家改变属于它们管辖的人和事的政策”。该报告同样未获得通过。

【案情分析】

两起金枪鱼案的法律基础是 GATT 第 11 条和第 3 条：第 11 条第 1 款规定“任何缔约方均不得对任何其他缔约方境内产品设置或保持禁止或限制”，美国实施的禁令无疑与此相违背；第 3 条规定国民待遇原则，即各成员给予外方的贸易待遇应与本国的待遇相同。美国认为其禁令是针对所有在太平洋东部热带区域作业的渔船（包括美国本国在该区域作业的渔船）捕获的金枪鱼，因而是符合“国民待遇”原则的，但专家组认为美国的禁令是按生产方式方法的不同对国内外的同类产品进行区分，而不是仅按金枪鱼产品本身的质量来管理其进口，因而其实质是以贸易限制的方式来达到实现美国保护海豚的环境政策，这是违背 GATT 贸易精神的。

美国根据 GATT 第 20 条（b）款和（g）款进行辩护，认为其贸易限制措施是“保护人类、动物或植物的生命或健康所必需的”，是“与可耗尽自然资源保护相关的措施”，专家组则认为第 20 条（b）、（g）两款都没有规定允许一个国家采取在其本国利益之外用以保护环境的措施，各国不能为达到环保目标而采取单边贸易措施强迫别国接受未经双方同意的标准。

GATT 第 3 条第 4 款规定：“任何缔约方境内产品输入到另一缔约方境内时，在关于产品的国内销售、购买、运输、分配或利用的全部法令、条例或规定方面，所享受的待遇应不低于本国相同产品所享受的待遇。”美国认为它限制进口金枪鱼是对国内外金枪鱼适用同样的国内法规，使外国产品与本国产品享受同等的待遇。专家组则认为该款只允许对进口产品适用关于产品质量的国内法规，而不适用关于生产工艺或方法的国内法规，因此，美国限制进口金枪鱼的做法有违国际贸易的非歧视性原则。

GATT 第 20 条规定：“本协议的规定不得解释为禁止缔约方采用或加强以下措施，但对情况相同的各方实施的措施不得构成武断的或不合理的差别待遇，或构成对国际贸易的变相限制：（b）款为保障人民、动植物生命或健康采取必要的措施。（g）款与国内限制生产与消费的措施相结合，为有效保护可耗竭的自然资源采取相关措施。”关于（g）款“可耗竭的自然资源”在专家组报告中认为是指诸如矿产等有限的或无生命的资源，而不包括生物或可更新的资源。

值得强调的是，墨美金枪鱼案在 GATT/WTO 争端中正式引入了环境贸易措施问题。本案中确立的一系列原则成为 GATT/WTO 解决贸易与环境问题，以及实施环境贸易措施所采取基本原则。[2] 一是法律渊源完全局限在 GATT 之内。本案专家组拒绝采用相关的国际环境条约来解释 GATT 第 20 条，从而将据以裁判的法律渊源完全局限在 GATT 的法律范围之内。二是否认国内法律的域外保护效力。专家组报告认为第 20 条（b）、（g）两款仅指适用于进口国管辖范围之内的措施，各国不能为达到环保目标而采取单边贸易措施，强迫别国接受未经双方同意的标准，不承认符合第 20 条（b）、（g）两款规定的国内法律的域外效力。三是把产品与产品生产过程区别开来。专家组认为美国的禁令是按生产过程的不同对同类产品进行区分，而不是仅按产品本身的质量，因而实质上限制了自由贸易。在墨美金枪鱼案中，专家组这种把对金枪鱼捕捞过程（即产品的生产过程）与产品本身相区别的论点，实际上涉及环保法与贸易法相交叉中的一个法律难点——因为造成环境污染（或生态破坏）的，常常并不是产品本身，而是生产或加工产品方式。由此可见，本案的上述做法对环境贸易措施采取了苛刻的态度。

资料来源：

[1] 肖爱，文同爱. 积极应对国际贸易与环境新形势——两个案例的启示 [J]. 广西政法管理干部学院学报，2003，18（5）：56-59.

[2] 张磊. 论 WTO 对环境贸易措施的放松趋势——以五个典型案例为视角 [J]. 世界贸易组织动态与研究，2009（1）：8-13；7.

案例思考：

（1）如何正确处理作为 GATT/WTO 基本原则的国际贸易自由化与环境保护之间的关系？

（2）如何理解 GATT/WTO 第 20 条（g）款保护“可耗竭的自然资源”的含义？

（3）环境贸易措施与 WTO 环境与贸易规则的冲突体现在哪些方面？环保条约与 GATT/WTO 协定应如何协调？

（4）贸易与环境的矛盾冲突应如何解决？

第一节
WTO环境保护规则概述

一、GATT 1994的相关规定及实施条件

(一) GATT 1994的相关规定

1994年的《关税及贸易总协定》(GATT)是在对1947年GATT的基础上产生的，被称为“GATT 1994”。GATT 1994对环境保护问题的相关规定主要体现在以下条款中[2]：(1) GATT第2条关于对进口产品征收税费的规定。该条规定，缔约方可以在不违反国民待遇原则的前提下，按照计划自行决定对进口产品征收以保护环境为目的的环境税费。(2) GATT第11条关于取消进出口产品数量限制规定的3种例外也与环境保护有关。(3) GATT第20条“一般例外”中(b)款和(g)款在实践中通常被作为采取环境保护措施的基本条款。“本协定的规定不得解释为禁止缔约方采用或加强以下措施，但对情况相同的各国，实施的措施不得构成武断的或不合理的差别待遇，或构成对国际贸易的变相限制：(b)为保护人类、动植物的生命或健康所必需的措施；(g)与国内限制生产与消费的措施相配合，为有效保护可能用竭的自然资源的有关措施。”

对于第20条(b)款中保护人类生命和健康的规定，这一点不难理解，但对于保护动植物的生命和健康的规定，人们往往存在争议。

一种观点认为保护动植物生命与健康是合理和必要的，因为面对日益被污染恶化的环境，保持生物多样性对人类有至关重要的利益，国际货物贸易大规模物质流动，很容易造成国内的环境问题蔓延到其他国家，从而打破一个地区的生物平衡，从而危害人类。

另一种观点认为保护动植物的生命与健康缺乏合理的国际公认的标准，很难证明其依据的合理性和科学性，实质上为国际贸易保护主义提供了可以利用的工具。WTO的经济职能是其主要职责，WTO所设立的该例外条款其实就是最低限度地保护环境，使其最大限度地不影响和束缚自由贸易。为此人们更愿意称一些环境保护措施为“绿色壁垒”。所谓“绿色壁垒”，是指以保护自然资源、生态环境和人类健康为名，通过制定一系列复杂苛刻的环保标准，对来自其他国家的产品及服务设置障碍，以保护本国产业的一种新型的非关税壁垒。无数的国际贸易实践活动也证明了绿色壁垒正在泛滥。[3]

(二) GATT例外条款的实施条件

GATT第20条“一般例外”中(b)款的实施必须具备的条件：一是本国要具备为了保护人类、动植物的生命或健康的相应法律和法规，如果本国国内并没有规定相关的保护人类、动植物的生命或健康的法律和法规，那么当其要求别国在进出口贸易中实施保护环境的措施时，将不具备充足的理由，别国很有可能以国民待遇原则受到侵犯为由而不执行其单方面施加的政策。二是有充足的证据证明某进口货物对人类、动植物的生命或健康有害，其危害程度超出了人类、动植物的生命或健康所必需的底线，底线的设定将主要参照国际上通用的标准。这里，我们不排除设置更高的标准，但必须有充分的证据表明低于该

标准将产生危害结果。三是本国的禁止行为应当是既针对国外，又针对国内相关行业。这里主要涉及国民待遇原则。四是没有合理的替代办法。如果通过某种合适的方法能够避免危害结果的发生，将优先适用替代办法；只有在没有第二条路可走的情况下才能实行该政策。五是对情况相同的其他国家不得构成武断的或不合理的差别待遇，一成员的政策应对其他成员一视同仁，这也是WTO最惠国待遇原则的体现。

GATT第20条“一般例外”中（b）款的实施必须具备的条件：一是国内要有限制相关的生产和消费的措施，与其对其他国家实行的措施相配合，即不仅针对进口的产品，也针对国内的产品（体现了国民待遇原则）。这种配合一般认为是时间上的同时性，可以有合理范围的时间差，因为国内外政策并不能完全在时间上一致，合理的前后顺序应当是允许的。二是其目的是有效保护可能用竭的自然资源，既包括国内资源，也包括国外资源，可能本国没有该种资源，但为保护该种国外资源，也不能进口，譬如禁止进口鲸类制品。三是对情况相同的各国，实施的措施不得构成武断的或不合理的差别待遇或构成对国际贸易的变相限制。

在诉美国的海龟案中，我们可以看到以上几个条件同时具备的重要性。海龟是被《濒危野生动植物物种国际贸易公约》（CITES 1973）列入最高级别保护的濒危珍稀动物。以往海洋拖网捕虾作业中对海龟的误杀是对这一珍稀动物生存的最大威胁。

为了保护珍稀的海龟，美国国会在1973年通过的《濒危物种法案》将各种占有、加工、加害被海洋拖网捕虾所误害的海龟的行为视为非法。1989年，美国在这一法案的修正中又增加了推动其他国家使用既能够提升海虾捕获量，又能使误入捕虾网的海龟得以逃生（逃生率为97%）的海龟隔离器（Turtle Excluder Device，TED）的条款（609条款）。[4] 该条款的含义是，推动其他国家使用海龟隔离器增强对海龟的保护程度。在一定的海域内，如果某国的捕虾网上没有使用海龟隔离器，或没有达到美国保护海龟的标准，美国将禁止从该国进口捕获的野生虾及虾类制品。1996年，美国又将这一禁止扩大到一切国家，由此引发了贸易争议，20多个国家向世贸组织提出申诉或作为第三方介入。

小案例 6-1　美国海龟海虾案

一、案情简介

海龟作为“受到和可能受到贸易的影响而有灭绝危险的物种”被1973年的《濒危野生动植物物种国际贸易公约》列为最高级别的保护对象，不采取保护措施的话，每年将有逾12.5万只海龟因捕捞作业而死亡。[1] 1973年，美国制定了《濒危物种法案》，将在美国海域出现的海龟列为保护的对象。同时，美国科学家研制了海龟隔离器，1989年开始推广它。配有这种装置的捕虾网可有效地阻止海龟入网，同时能提高捕虾的效率。之后，美国通过修正《濒危物种法案》，即增加609条款，要求其他国家采用海龟隔离器技术。美国先后于1991年、1993年和1996年发布了几项指令，最终将609条款适用于所有外国，禁止进口没有安装海龟隔离器的渔船所捕获的虾及其制品。印度、马来西亚、巴基斯坦、泰国没有采用海龟隔离器，因此，美国禁止从上述4国进口虾及虾制品。1997年，4国随即将美国诉至WTO。

4国认为美国的609条款是非关税性质的贸易数量限制的规定，而且海龟隔离器的使用与否并不影响海虾及其产品的质量，美国的609条款是依据捕捞方式的不同对未使用该装置的产品出口进行限制，这显然违背了 GATT 第 1 条。而美国认为其实施 609 条款既是出于保障动植物生命的必要措施，又采取了平等适用于国际和国内的实施方式，没有对各国构成差别待遇，因而是符合 GATT 1994 第 20 条“一般例外”条款的。[2] 专家组裁定美国 609 条款限制了自由贸易，且不属于 GATT 第 20 条例外情形。美国提起上诉。上诉机构于 1998 年 10 月做出裁决，推翻了专家组的两项认定，肯定了美国 609 条款的效力，但仍然因为美国的措施具有武断性和不合理性，即不符合第 20 条序言的要求，裁定美国败诉。

在国内和国际环保组织的推动下，1998 年 7 月 13 日，美国提起上诉。1998 年 10 月 12 日，上诉机构做出终审报告，承认美国 609 条款具有合法性的一面，但仍裁定美国 609 条款不符合 WTO 规则的精神。美国对裁决报告表示支持，上诉机构的报告于 1998 年 11 月 6 日获得通过，11 月 25 日，美国正式承诺履行上诉机构的判决。

二、案件分析

海龟海虾案的意义重大，其一系列举措为环境贸易措施大大“松绑”：

（1）对“可用尽的自然资源”进一步扩大解释。印度等国认为，GATT 第 20 条（g）款所指的“可用尽的自然资源”不包含生物资源，因为它是可更新的。上诉机构明确表示这一观点是不可接受的，并指出：可用尽自然资源与可更新自然资源并不相互排斥，由此将其范围进一步扩大到了生物资源。

（2）将法律渊源扩展至相关的国际环境条约。本案中，为说明美国 609 条款不符合 GATT 第 20 条序言的要求，专家组援引了《环境与发展里约宣言》《生物多样性公约》的有关条款；上诉机构还引用了《濒危野生动植物种国际贸易公约》说明海龟属于可用尽自然资源。

（3）首次肯定了国内法律的域外保护效力。上诉机构在说明 609 条款属于 GATT 第 20 条（g）款的例外措施时，认为由于海龟出现的一些水域是在美国的管辖范围内，对于第 20 条（g）款来说，这个迁徙的濒危海洋生物与美国之间的联系就足够了。这就意味着 WTO 成员只要证明一种自然资源与它的管辖存在某种联系，就可以援引第 20 条（g）款证明其限制措施的合法性。由此，国内法律就可能具有域外保护效力。

（4）把产品与产品生产过程（PPM）联系起来。WTO 认为“如果某一产品因其 PPM 而与‘可用尽的自然资源’有关，即使该 PPM 对产品的最终特性或性能毫无影响，但基于该 PPM 标准而采取的贸易措施本身仍然能够获得 GATT 第 20 条（g）款的支持”。由此可见，WTO 开始不绝对禁止为保护环境而使用基于 PPM 的贸易限制手段。

（5）在裁决方法上更加理性和务实。WTO 上诉机构全面地考察了美国所要推行的海龟隔离器技术的特点，也考虑了美国对于虾的进口量（当时美国每年虾及虾制品进口量居世界第一位），进而接受了非政府组织的建议。这体现出 WTO 对环境贸易措施采取了更加开放和积极的态度。

美国的行为应当是符合 GATT 第 20 条“一般例外”中（b）款实施条件的第 1 条和第 2 条的，美国的国内法与其对外实行的政策是相互配合的，并且海龟作为一种可能用竭的自然资源是毫无疑问的，应当看到美国的政策的确也是从保护海龟的角度出发的，但美国对其他国家的要求是僵硬和不灵活的，即美国没有权力要求其他国家必须使用和美国同样的保护手段，只要有合理的并经充分证明的方法（替代办法）能够有效保护海龟即可，美国要求其他国家具备同样的技术构成了不合理的要求，争端解决机构据此认为其政策执行的僵硬和不灵活构成了武断的歧视，是不符合（b）款实施条件第3条的。

资料来源：

[1] 邢洪涛，班永陟. GATT第20条b、g款适用的限制及其发展趋势——对海龟案的分析 [J]. 烟台师范学院学报（哲学社会科学版），2003（1）：20-23；60.

[2] 肖爱，文同爱. 积极应对国际贸易与环境新形势——两个案例的启示 [J]. 广西政法管理干部学院学报，2003，18（5）：56-59.

案例思考：

（1）请结合GATT 1994中与环境有关的规定，谈一谈为什么上诉法庭肯定了美国609条款的效力，却判定其败诉。

（2）你认为章首案例的墨美金枪鱼案与本案上诉机构的判决有什么不同?

二、WTO其他协定中的环境规则

（一）《马拉喀什建立世界贸易组织协定》中的环境规则

《马拉喀什建立世界贸易组织协定》（简称WTO协定）前言明确将可持续发展列为新的多边贸易体制的基本原则和宗旨之一。“按照可持续发展目标使世界资源得到最合理利用，维护和保护环境并根据各成员不同需要和不同经济发展水平的情况，加强采取措施。”这充分体现了“可持续发展”的精神，制定了贸易自由化和环境保护的双重目标。

“可持续发展”是WTO的宗旨之一。WTO协定明确了世界贸易组织的宗旨：“本协定各成员，承认其贸易和经济关系的发展，应旨在提高生活水平，保证充分就业和大幅度稳步提高实际收入和有效需求，扩大货物与服务的生产和贸易，为可持续发展之目的最合理地利用世界资源，保护和维护环境，并以符合不同经济发展水平下各自需要的方式，加强采取相应的措施；进一步承认有必要做出积极的努力，以确保发展中国家，尤其是最不发达国家，在国际贸易增长中获得与其经济发展相应的份额。”

这一宗旨充分体现了“可持续发展”的精神，可进一步解释为[6]：①各国在实现其扩大贸易、发展生产、提高福利水平等目的的同时，应该以“可持续发展”为目的来进行资源的开发利用，并要求保护环境。②世贸组织谋求大幅度稳步增加实际收入和有效需求，扩大货物与服务的生产与贸易。③世贸组织认为在实现环境保护和合理利用资源的时候，应该顾及“不同经济发展水平”的国家和地区，不应该采取完全一致的措施和标准。保护环境与资源也不应该以牺牲发展中国家的发展为代价，满足发展中国家的发展需要是“可持续发展”的重要内容之一。

相对而言，GATT 1947并没有过多关注环境问题，主要是因为当时人们更为关注减少关税，取消贸易壁垒，而WTO协定不仅提到了要充分利用世界资源，而且是可持续发展地利用，从而为解决环境与贸易之间的问题提供了一个平衡的杠杆。

WTO协定总论中最重要的是提出了可持续发展的目标，即以可持续发展的方式利用世界资源和保护环境，这对于WTO在以后的经济贸易中针对涉及的环境问题具有概括和指导作用，是WTO在引领世界贸易潮流中迈出的非常重要的一步。总论是整个WTO法律文件中的纲领性文件，其对环境问题的规定相当于整个法律体系中的原则性论述，为我们分析具体附件中的环境条款和解决环境与贸易之间的纠纷和漏洞提供了广阔的空间。

(二)《技术性贸易壁垒协议》中的环境规则

在东京回合谈判中，“环境”一词第一次被写入GATT的有关条款中，具体体现在《技术性贸易壁垒协议》(Agreement on Technical Barriers to Trade，简称TBT协议）中。在该协议的前言中，与环境有关的具体内容为：(1）承认不应阻止任何国家在其认为适当的程度内采取必要的措施，来确保它的出口货物质量，或保护人类、动物或植物的生命或健康以及保护环境，或阻止欺诈行为，这些措施不致成为在具有同等条件的国家之间构成任意的或不合理的歧视的一种手段，或构成对国际贸易的一种隐蔽限制。(2）技术法规和标准，包括对包装、标志和标签的要求，以及对技术法规和标准的合格评定程序不要给国际贸易制造不必要的障碍；(3）发展中国家在制定和实施技术法规、标准以及对技术法规和标准的合格评定程序上可能遇到特殊困难，希望对它们给予协助。

TBT协议第2条包括12款，分别对中央政府对技术法规的目的、制定、采用和实施进行了规定。第2条第2款规定：“各成员应确保技术规章的制定、采用或实施不得对国际贸易造成不必要的障碍。为此目的，技术规章对贸易的限制不应超过为实现一合法目标所必需的程度，并考虑不实现这些合法目标所带来的风险。这些合法目标尤其指：国家安全要求；防止欺诈行为；保护人类健康或安全，保护动物或植物的生命或健康，或保护环境。”

TBT协议第5条第4款规定：环境保护可能构成成员方认为有关国际标准指南或建议不适用于有关成员方的理由。其内容为：“在要求以肯定方式保证产品符合技术规章或标准，且由国际标准化机构颁布的有关指南或建议已经存在或其制定工作即将完成时，各成员方应确保中央政府机构使用它们，或其有关部分作为制定其合格评定程序的基础，除非在接到有关请求时已经充分说明，出于国家安全要求、防止欺诈行为、保护人类健康或安全、保护动物或植物的生命或健康、保护环境，基本气候条件或其他地理因素，基本技术或基础设施问题等原因，此类指南或建议或其有关部分并不适用于有关成员方。”

TBT协议第2条第10款规定，环境保护问题可能构成紧急问题，成为成员方采取较为简便的程序以公开或通知其技术规章和标准的理由。

TBT协议进一步规定：当某缔约方在制定、采用或实施可能对其他缔约方贸易产生重大影响的技术法规时，应另一缔约方的要求，该缔约方应根据第2至4款解释其技术法规的合理性。当为实现第2条第2款所述某一正当目标，根据相应国际标准制定、采用和实施技术法规时，应确保该技术法规不会给国际贸易制造不必要的障碍等。同时，该协议还对技术标准的制定、采用和实施以及技术法规和标准的合格评定程序等进行了相应的规定。

小案例 6-2　汽油标准案

【案情回顾】

为防止和控制美国的空气污染，美国国会于1963年制定了《空气清洁法》(CAA)。根据美国国会1990年通过的《空气清洁法》修正案，美国环境保护署在1993年年末颁布了有关汽油成分与排放物的新条例——《燃料与燃料添加剂规则——改良汽油与普通汽油标准》(简称《汽油规则》)，该规则对在美国销售的汽油制定了较高的环境标准和严格的检测方法。

自1995年1月1日起，《汽油规则》只允许在美国污染严重的地区销售法定清洁汽油（即精炼汽油)，在其余地区，只能销售不比在基准年1990年所售汽油清洁度低的汽油（即传统汽油)。《汽油规则》适用于全美的汽油炼油厂、合成厂和进口商。根据《汽油规则》，任何在1990年营业6个月以上的美国炼油厂，必须确立代表其1990年所产汽油的质量的单独基准。同时，美国环境保护署确立了代表1990年美国汽油平均质量的法定基准，适用于任何在1990年营业不足6个月的美国炼油厂以及所有合成厂和进口商，根据年平均数衡量这些基准的执行情况，即依该规定，国内汽油生产企业以其各自1990年的生产质量标准为基线，而进口汽油必须符合美国环境保护署制定的固定标准。此外，如果进口汽油来自1990年产油量的75%出口至美国的外国炼油企业，则该企业汽油质量适用本身的1990年质量标准，简称75%规则。[1]

新的汽油质量标准对于南美产油国巴西和委内瑞拉来说是沉重的打击，这些国家有大量汽油出口至美国，而又无法达到严格的新标准；75%规则实际上是在为美国的老贸易伙伴加拿大开脱。巴西、委内瑞拉两国对此表示强烈反对，在与美国磋商不成后，于1995年分别诉至DSB。巴西和委内瑞拉指控美国《汽油规则》违反了GATT第1条，第3条第1、4款以及TBT协议第2条的规定；委内瑞拉还根据GATT第23条第1款b项指控该规则已经对其利益造成损害。美国反对，并以GATT第20条（b)、(d)、(g)款规定的各种例外为根据辩称《汽油规则》完全正当，也辩称其《汽油规则》不属于TBT协议第2条的范围。

专家组报告裁定该规则与GATT第3条第4款不一致，并且不能根据GATT第20条例外受益。美国于1996年2月21日提起上诉。4月22日，上诉机构发布报告，修正了专家组对GATT第20条（g）款的解释，但认为第20条（g）款在本案中不适用。DSB于1996年5月20日通过了上诉机构报告以及经上诉机构修正的专家组报告。

【案件分析】

这是WTO成立之后通过专家组程序处理的第一个案件，又是关于国民待遇及其例外的案件，因此格外引人注目。GATT第3条第4款要求WTO成员在有关影响进口产品国内销售、许诺销售、购买、运输、分销或使用的法律、法规和规定方面，所给予的待遇不得低于给予同类国内产品的待遇。

本案的关键是：一项不符合GATT国民待遇的措施能否享受GATT第20条之例外。GATT第20条规定了10种可以享受例外的情况，美国的基准设定规则涉及其中的3种：保护人类生命和健康、执行国内法、保护自然资源。对每一种情况，要想享受例外都有一定的条件，本案专家组和上诉机构主要分析了第7种［第20条（g）款］例外。综合来看，符合这一例外的条件主要是措施的目的（立法出发点)，采取的措施是否与要达到的目的相符，以及是否对国内产品采取了相同的措施［仅适用于第20条（g）款］。即使一项措施符合这些条件，属于第20条列举的具体情况，这一措施能不能享受豁免，还要看是否符合第20条的引言。本案最终美国“败诉”就是由于上诉机构认定美国的措施不符合GATT第20条的引言。

资料来源：百度百科. 美国汽油标准案［EB/OL］.［2021-10-30］. http://baike.baidu.com/view/1391961.htm.

案例思考：结合本节所学内容，思考并简述美国汽油标准案与技术性贸易壁垒规则存在哪些冲突。

（三）《农产品协议》中的环境规则

《农产品协议》有关环保的直接规定主要包括在其附件2中，该附件规定了“绿盒子政策”，其中涉及与环境规划项目有关的国内支持措施不在削减之列，包括：保护生态环境计划及农场主的直接绿色补贴等国内扶持措施，不在协议规定的削减之列；政府对与环境项目有关的研究和基础工程建设所给予的服务与支持，以及按照环境规划给予农业生产者的直接支付等与国内环境规划有关的国内支持措施，可免除国内补贴削减义务。

《农产品协议》第4条规定：“各减让表中所含的市场准入减让是指关税约束和减让及其他具体规定的市场准入承诺。”第4条（b）款规定：“除第5条和附件5另有规定外，各成员不得维持、诉诸或重新使用已被要求转换为一般关税之任何措施。”附件5为免除适用协议第4条（b）款作了专门规定，就任何初级农产品及其制成品而言，其免除适用协议第4条（b）款的条件之一便是：属于非贸易因素的产品，如食品安全和环境保护。

小资料 6-1　德国农业的环境保护补贴

德国政府特别注意农业环境的保护，对于在农业生产中采取一定方式保护环境的，主要给予一定的补贴，使得生产对环境的影响向着有利于环境保护的方向发展。环境保护补贴的基本原则是：自愿参加，至少5年，遵守有关环境保护的规定。有环境保护补贴的农业具体又分为三种不同类型[1]：（1）生态农业。（2）粗放型草场使用，包括将耕地变为粗放使用型草场。要求的条件是：草场载畜量不超过每公顷1.4大牲畜单位，至少不少于0.3大牲畜单位；大幅度减少肥料和农药的施用量；不转变为耕地。（3）对多年生作物放弃使用除草剂。多年生作物包括各种水果和蔬菜等。[1]

在德国从事生态农业，每公顷土地每年可以得到数百欧元的补助。德国近些年的生态农业发展迅速，除了生态农业协会，德国还有生物农业协会和有机运动联盟，生态农场、生物农场和有机农场，虽然名称有所不同，但实质上差异不大。目前，在德国从事生态农业的农场已占到全国农场总数的10%以上，市场食品销量占30%以上，品种多达3 000种。

在德国的一些州，如参与环保项目还可以得到另一份补助。州农业局的任务之一就是审查申请有机农业种植的面积，落实补助金。目前有些州环保型土地已达到2/3左右，农户可以从政府那里得到补助。农民得到的各项补助加起来，约占农业生产成本的70%。同时，德国还不断加大对农业环境措施的援助力度，原来没有明确支持办法的环境措施，如二氧化碳使用，也已经明确了支持补贴。

资料来源：朱立志，方静．德国绿箱政策及相关农业补贴［J］．世界农业，2004（1）：30-32.

思考题：

查阅相关资料，了解世界各国对绿色生态农业的支持和保护措施。这些措施对中国有着怎样的启示?

（四）《补贴与反补贴措施协议》中的环境规则

《补贴与反补贴措施协议》（SCM协议）第8条第2款（c）项将不可诉补贴分成两类：一类是不具有专向性的补贴，即具有普遍性的补贴，不会基于WTO的相关规定而引起任何反补贴措施；另一类是政府对科研、落后地区以及环保的补贴，包括研发补贴、落后地区发展补贴和环境保护补贴等。SCM协议规定：若有助于缓解严重的环境压力，且采取最合适的环境手段，可考虑接受环境补贴。如果这些补贴符合不可申诉补贴的标准，具体来说就是对于为改造现有设施（新的环境标准提出以前已经使用了2年以上的设施）使其适应由法律或规章所提出的新环境要求而提供的资助，可不受争端解决行为的约束。以上这种对环境保护的不可申诉补贴将对改善环境和增强企业环境意识产生有利的影响。

但是SCM协议有关环境补贴的规定仍然过于笼统，可操作性不强，也容易引起争议。例如，一成员方实行较低的环境标准，能否被视为补贴，并征收反补贴税？虽然有不少经济学者倾向于将环境补贴分为两类：一类是有预算效果的补贴，包括政府支出面的财务转移、政府收入面的税额减免、外部成本未内部化等补贴。另一类是没有预算效果的补贴，如有补贴效果的管制，即为“管理性补贴”。其中，在政府支出与收入方面有预算效果的补贴被称为狭义的环境补贴，狭义的补贴加上外部成本未内部化的补贴与没有预算效果的补贴称为广义的环境补贴。关于“管理性补贴”，在SCM协议中未列出相关补贴项目，不符合SCM协议，因此成为目前争论的焦点。这也是未来WTO谈判需要完成的一项重要任务。不过目前在美国国内法中把这类补贴列为可申诉性补贴。美国法认为缺少必要的控制工业污染的环境法规和不严格执行环境法规的行为是不可接受的。如果有证据证实存在以上两种补贴，且对美国的工业造成了损害，双方存在因果关系，美国就可以采取反补贴措施。

(五)《实施动植物卫生检疫措施的协议》中的环境规则

《实施动植物卫生检疫措施的协议》（Agreement on the Application of Sanitary and Phytosanitary Measures，简称SPS协议）的大部分内容与生态环境保护密切相关。SPS协议一开始即重申“不应阻止各成员方采纳或实施为保护人类、动植物的生命或健康所必需的措施”。但这些措施的实施不应该违反非歧视原则，也不能构成变相的限制。第2条2款规定，各成员方采取的措施应“以科学原理为依据，如无充分的科学依据则不再实施”，但可以实施预防措施，即在有关科学依据不足时，根据现有的相关信息，“临时采取某些动植物卫生检疫措施”。SPS协议同时规定：对动植物携带疾病的传播或者输入，对添加剂、污染物、毒素、食物、饮料、饲料中导致疾病的有害物的含量，成员方有权选择其认为是合适的程度来保护其管辖范围内的人民、动植物的生命或健康。这实际上重申了1947年《关税与贸易总协定》第20条一般例外（b）款的内容。

SPS协议对成员方实施环境保护措施进行了一些限制，以避免成为贸易保护工具。

一是要保证所实施的检疫措施仅限于为保护人类、动植物生命和健康所必需的范围之内，并应建立在科学原则的基础上，应当尽可能将自己的卫生与动植物检疫措施建立在现行的国际标准、指南或建议的基础上，因为实行统一的卫生与动植物检疫措施，将有助于国际贸易的顺利开展，避免造成不必要的贸易障碍。SPS协议没有禁止各成员方制定和实施比有关的国际标准、指南或建议更高水平的卫生与动植物检疫措施，但其制定和实施必须基于科学的理由，这种科学理由必须是充足和必需的。

二是保证所实施的检疫措施应无歧视地适用于本国产品和进口产品以及来源于不同成员方的进口产品，保证所实施的检疫措施不会对国际贸易构成变相的限制。

三是各成员方应平等地接受其他成员方的卫生与动植物检疫，并对进口方的检疫给予必要的配合，这是国家环境主权的体现，是WTO对国家在贸易中行使环境主权的正视。

此外，SPS协议还对发展中国家的特殊或差别待遇方面进行了原则性的规定。

小资料 6-2　SPS 协议中的主要内容及中国的相关规定

SPS 协议共有 14 条和 3 个附件，它规定了世界贸易组织成员在制定和实施 SPS 措施时应遵循的规则、发展中国家所享有的特殊和差别待遇、SPS 措施委员会的职能和成员之间争端的解决等内容。其主要目的是：

（1）保护成员领土内的动物或植物的生命或健康免受虫害、病害、带病有机体或致病有机体的传入、定居或传播所产生的风险；

（2）保护成员领土内的人类或动物的生命或健康免受食品、饮料或饲料中的添加剂、污染物、毒素或致病有机体所产生的风险；

（3）保护成员领土内的人类的生命或健康免受动物、植物或动植物产品携带的病害或虫害的传入、定居或传播所产生的风险；

（4）防止或控制成员领土内因虫害的传入、定居或传播所产生的其他损害。

2001 年 9 月 17 日，国家质检总局公布了《出入境检验检疫风险预警及快速反应管理规定》。这标志着我国已基本建立出入境检验检疫风险预警及快速反应机制。根据《中华人民共和国对外贸易法》，国家基于某些原因，可以限制或者禁止有关货物、技术的进口或者出口，或禁止有关的国际服务贸易。可以看出，我国已经建立起了货物进出口、技术进出口和国际服务贸易的应急预警机制，以应对外贸中的突发和异常情况，维护国家经济安全。

资料来源：郭璟坤. 国际贸易中《实施动植物卫生检疫措施的协议》与中国相关规定的比较分析[J]. 中国包装，2017，37（4）：77-78.

（六）《服务贸易总协定》中的环境规则

《服务贸易总协定》（General Agreement on Trade in Service，GATS）的第6、7条均与环境保护有关。GATS第14条一般例外基本上沿用了《关税与贸易总协定》一般例外的规定，（b）款规定成员方对国际服务贸易不得实行限制或歧视，但为了保护人类、动物和植物生命或健康，《服务贸易总协定》不妨碍成员在一定的情况下在服务贸易领域采取或强制执行各种措施。

此外，1993年12月15日GATT贸易谈判委员会通过了部长决定——“关于服务贸易与环境的决定”，规定：为确定是否需要为考虑此类措施而对该协定第14条进行任何修改，要求贸易与环境委员会就服务贸易与环境之间的关系，包括可持续发展问题进行审查并提出报告，同时提出建议（若有的话）。委员会还应审查关于环境问题的政府间协定的相关性及其与该协定的关系。

小案例 6-3　欧共体/欧盟石棉案

【案情回顾】

温石棉通常被认为是一种高毒性物质，在暴露情况下会对人的健康造成严重威胁。然而，因为其优秀的物理特性，很多工业行业都在广泛使用温石棉。为控制石棉对健康的风险，法国政府颁布了一项禁令，禁止石棉及含石棉产品的进口，而此前法国是石棉进口的大国。欧共体/欧盟对这项禁令的解释是，为了保护长期接触石棉的建筑工人，还有偶尔接触石棉的其他人。

加拿大针对这项禁令向 WTO 起诉，其并未否认石棉的危害性，而是要求就石棉纤维和包裹在水泥浆中的石棉明确区分，后者并不危害人体健康。加拿大也同时指出，法国所使用的替代石棉的物质并没有经过充分的研究，也可能是对人体有害的。加拿大诉称该禁令违反了 GATT 第 3 条 4 款和第 11 条，以及 TBT 协议的 2.1、2.2、2.4 和 2.8 条，同时损害了加拿大根据 GATT 第 22 条 1 款 b 项所能取得的利益。欧共体/欧盟主张该禁令不能适用于 TBT 协议，其符合 GATT 第 3 条 4 款，或者能够获得 GATT 第 20 条 b 款的豁免。

1998 年 5 月 28 日，加拿大请求与欧共体/欧盟磋商，争议措施为法国政府禁止石棉及石棉制品制造、加工、进口、销售的 96-1133 号法令（以下简称《法令》）。加拿大指控《法令》违反了 SPS 协议第 2 条、第 3 条、第 5 条，TBT 协议第 2 条，以及 GATT 1994 第 3 条、第 11 条、第 13 条的规定，使加拿大在上述协定下的利益丧失或减损。

1998 年 10 月 8 日，加拿大请求成立专家组。应加拿大的再次请求，1998 年 11 月 25 日，DSB 决定成立专家组。美国在本案中保留第三方权利。2000 年 9 月 18 日，专家组报告散发至各成员。在专家组程序中，专家组确认该项禁令违反了 GATT 第 3 条，因为石棉和石棉替代物应当认定为该条中的“相似产品”。专家组认为在考虑产品的相似性时，物质的健康危险并不是一个相关因素。不过，专家组确认该禁令满足了第 20 条 b 款的要求，是一种“必需的”措施，同时满足该条前言的要求，因此做出了有利于欧共体/欧盟的裁决。上诉程序中，上诉机构维持了对欧共体/欧盟的胜诉裁决，但推翻了专家小组的一些结论。上诉机构确认在考虑产品相似性时，石棉对人体健康的危害性应当作为一个相关因素进行考虑。另外，对本案应当适用 TBT 协议，而不是 GATT 的规则。但上诉机构并没有继续对 TBT 协议进行分析，因为它只审查法律问题，对 TBT 协议的适用应先经过专家组程序。

【案件分析】

本案是 TBT-SPS 争端解决案例中一起典型的涉及复杂技术问题的案件。由于案情复杂，本案审理程序相当漫长。案件申诉方加拿大在 1998 年 10 月 8 日提出成立专家组的请求，从 DSB 于 1998 年 11 月 25 日决定成立专家组到 1999 年 3 月 29 日专家组成员确定，经历了 167 天的时间，大大超过了《争端解决谅解》规定的 30 天期限。专家组成员确定后，又用了将近一年半的时间才拿出报告。上诉机构的报告也是在欧共体/欧盟提出上诉之后 177 天才做出，同样超过了《争端解决谅解》规定的 90 天期限。而本案专家组报告中有 160 页是关于向有关技术专家咨询的情况，由此也可以看出本案的复杂性。

除了就石棉的风险问题向有关技术专家和国际组织征询意见外，专家组和上诉机构的审理程序紧紧围绕着 TBT 协议和 GATT 1994 的有关条款而展开。

本案对 TBT 协议的讨论很重要的一点就是技术法规的构成要素。专家组结合 TBT 协议的相关定义、宗旨和目的，对何谓 TBT 协议意义上的“技术法规”，提出了三大构成要素：一是措施影响对象的明确性（影响一个或多个特定产品）；二是措施内容的技术性（规定了相关产品的技术特性）；三是措施执行的强制性。尽管 WTO 争端解决机制没有严格意义上的“遵循先例”原则，但这技术法规的三要素在此后与TBT协议相关的案例中还是被经常引用，并作为判定依据。

至于GATT 1994，本案争议的焦点集中在国民待遇原则和一般例外豁免。在国民待遇原则中，“同类产品”是一个相当重要的概念，它是判断国民待遇义务是否得到遵守的重要前提。一方面是同类产品判定的重要性，但另一方面，有关同类产品的含义在WTO的任何一个协议中都没有明确说明。然而，难以准确定义，不等于这个概念就可以随意解释。几十年来，“同类产品”这一概念的内涵和外延经由GATT和WTO争端解决过程的不断发展，已经形成了一些普遍接受的因素。这些因素包括：产品的自然特性、经济特性、关税分类、消费者习惯等。其中，产品的自然特性指产品的原料、物理和化学特性等；经济特性指产品的用途、价格、市场、可替代性等。

此外，本案对GATT 1994第20条的一般例外条款的分析也尤其值得关注。欧共体/欧盟作为被诉方能够最终获胜，一个重要原因就是援引第20条第1款b项有关公共健康的例外豁免。由于已经确认石棉产品的危害性，而且即使在严格受控使用的情况下也只能减少对工人危害的风险，而不能消除对工人的危害，因此，在追求贸易自由化和保护人类健康两种利益之间，本案专家组和上诉机构最终判定不能以牺牲公共健康为代价以谋取有害产品的贸易增长所带来的经济利益，欧共体/欧盟援引第20条第1款b项提出的抗辩最终得到支持。

资料来源：

[1] 成东辉. WTO框架下的贸易与环境问题研究[D]. 南宁：广西大学，2015.

[2] 湖南省技术性贸易措施信息网. 欧共体石棉案[EB/OL].（2011-12-13）[2021-06-28]. http://www.hntbt.org.cn/alzq/2011/1213377984.html.

（七）《与贸易有关的知识产权协定》中的环境规则

《与贸易有关的知识产权协定》（Agreement on Trade-Related Aspects of Intellectual Property Rights，TRIPs）第27条第2、3款规定，在下列情况下，可不授予专利权，并可阻止某项发明的商业性应用：（1）对人类或动物医学诊断、治疗和外科方法；（2）有关生产植物和动物（不包括微生物）的生物学方法，但对植物品种必须给予专利保护；（3）为保护国家的公共秩序或维护公共道德，包括保护人类、动植物的生命或健康，或防止对环境造成的严重污染。与此同时，该协定还鼓励各国更多地进行环境保护技术的研究、创新、转让和使用。

第二节 WTO贸易与环境规则解读

一、GATT /WTO解决贸易与环境问题的立场和原则

（一）GATT的立场与原则

1947年GATT成立的时候，环境问题还未被提上国际社会的议事日程。GATT规则对于环境保护问题的态度是比较谨慎的，特别是在GATT初期，环境保护问题在多边贸易体

制中并没有引起重视。[7]

20世纪60年代末70年代初，国际社会掀起了第一次环境保护浪潮。贸易对环境状况的影响以及环境措施对贸易的影响，也开始得到人们的重视。因此，自20世纪70年代，GATT开始逐步关注环境保护问题。1971年，GATT秘书处为1972年联合国人类环境会议准备的一个报告《工业污染控制与国际贸易》的主要内容是阐述环境保护政策对国际贸易的影响。在随后的讨论中，一些GATT缔约方建议，为了更全面和深入地研究环境保护政策对国际贸易的影响，应该成立一个专门的机构。当时在OECD内成立了一个环境委员会，贸易与环境问题是该委员会的工作内容之一。

1971年11月，GATT缔约方大会同意设立一个“环境措施与国际贸易（EMIT）工作组”，来具体研究环境保护与国际贸易的关系，小组的工作向所有的缔约方开放。但是，EMIT在成立时就规定，只有在GATT缔约方申请时，EMIT工作组才能开始工作。由于直到1991年都没有GATT缔约方提出过申请，因此，EMIT工作组成立后，有20年都没有工作过。1992年联合国环境与发展会议使公众开始关注国际贸易在消除贫困和治理环境污染方面的作用。大会制定的行动纲领《21世纪议程》强调了通过国际贸易和其他方式推进可持续发展的重要性。在为大会做准备工作的过程中，EMIT工作组关于贸易与环境的工作也取得了很大进展。其职责范围是考察环境保护政策对GATT执行的影响，即环境措施（如生态标签制度）对国际贸易的影响、多边贸易体制与多边环境协议的关系；各国国内对贸易具有影响的环境规章的透明度问题等。

GATT在解决争端的实践中，包括1982年加拿大诉美国金枪鱼案、1988年美国诉加拿大鲜鱼案、1990年美国诉泰国进口香烟案、1991年墨西哥诉美国金枪鱼-海豚案、1994年欧盟和荷兰诉美国金枪鱼-海豚案、1994年欧盟诉美国汽车税案等，体现了解决贸易与环境问题的立场和原则[8]：①有关环境保护问题多引用GATT第20条，又多以违反非歧视原则、最惠国待遇原则、国民待遇原则为结案理由。这说明在GATT贸易规则下环境保护规则显得软弱无力。②能用GATT第3条进行裁决，就不用GATT第20条。③比较强调一国的环境措施不具有域外效力。④对多边环境协议基本认同。

（二）WTO的立场与原则

从当今世界的发展趋势来看，实现生态、经济和社会的可持续发展已成为世界各国人民的共同愿望。WTO在环境保护问题上所持的基本立场，将直接决定WTO未来的发展方向。

在1994年GATT部长会议上，GATT缔约方通过了《关于贸易与环境的决议》，同意在WTO内成立“贸易与环境委员会”（CTE）取代EMIT工作组，继续对贸易与环境问题进行深入探讨。

WTO在《关于贸易与环境的决议》以及“贸易与环境委员会”一系列的工作报告和公告体现了解决贸易与环境问题的立场[9]：赞同和维护一个公平、公开、非歧视的多边贸易体制和为保护环境与促进可持续发展而采取的行动之间不应有也不需有任何政策上的抵触；WTO愿意在不超越多边贸易体制的权限下，协调贸易与环境领域中的各项政策。

在此基础上，WTO在解决贸易与环境问题时秉承的主要原则是：

（1）WTO框架内解决原则。WTO成员产生贸易与环境冲突，必须在多边贸易体制框架内解决，并要遵循成员之间的合作原则。WTO规则是多边贸易体制的法律基础，保护环境的目标只能在多边贸易体制的框架内实现。如果有对成员方产生重大贸易影响的环境政策存在，将进入世界贸易组织协调的范围。

（2）允许各成员采取环境保护措施的原则。WTO允许各成员方自主制定本国的环境政策，即环境被损害的国家可以采取适当措施保护国内环境，但必须遵循的原则是非歧视性的，包括国民待遇原则和最惠国待遇原则。

（3）解决贸易与环境冲突采取双轨制原则。涉及贸易与环境问题的冲突，如果冲突双方是WTO的成员，争端可以在WTO内部来解决。如果涉及的国家不是WTO成员，WTO应该怎么做，到目前为止还存在较大的分歧。但谈判制定多边环境协议来解决非成员在贸易与环境领域的矛盾是最有效的办法，这样既防止各国采取单边的行动或制裁措施，又防范有些国家搭便车行为，并可阻止有关贸易与环境措施形成伪装的贸易壁垒。

（4）向发展中国家开放市场及提供援助的原则。WTO认为，发展中国家的贫穷也是阻碍其环境保护进程的主要障碍，因此，对发展中国家开放市场以及提供资金和技术等方面的援助十分重要。

（5）不应该有加工方式和环境标准歧视的原则。根据WTO协定的规定，因环境保护问题而进行的贸易限制措施不能因生产方式和加工方式不同而受到歧视；同时，一国不能超越国界向他国强加本国的环境标准。

（6）开放性原则。在WTO框架下，所有因环境与贸易问题受到影响的各方都能准时、轻易地获得有关信息。

总的来看，WTO不是一个环保组织，主张遵循现行贸易体制的原则，即在公平、公开、非歧视等原则的基础上，允许成员自由采取国家环境保护政策和制定法律，并强调尽量进行双边、诸边、多边合作来保护环境。但是，WTO各类协议中有关环保问题的内容是经过各种国际力量的权衡斗争达成的一种妥协，具有较大的弹性和解释空间，容易产生矛盾。

二、WTO主要环境规则解读

（一）“环保例外权”规则

WTO框架内各法律文件规定了一系列基本规则，如非歧视待遇（包括最惠国待遇、国民待遇）、禁止数量限制、限制非关税壁垒、反对政府补贴等，但同时又设定了各种“例外”情形。由于环境保护采取的有关贸易的管理措施，只要符合WTO有关协议规定的条件，可以不受WTO基本贸易规则义务的约束，因此，环境保护措施就属于WTO框架下合法的例外情形，可以称为“环境例外”（Environmental Exception）措施。乌拉圭回合谈判最后文件中，WTO的许多协议都增加了环境保护的内容，但其中的规定要么只是原则性的宣言，内容过于简单；要么只是一般原则的例外规定，缺乏实体性规范；要么在规定“环保例外权”的同时，又规定了许多限制措施，而且对其援用条件、适用标准、实施程序等均未做出具体而明确的界定，这些都导致世界贸易组织的环境保护规则的可操作性不强。

（二）允许成员实施环境贸易措施规则

关于环境贸易措施的分类，如果细分是非常复杂的，每一类措施都有其特点，因此可简单将其分成三大类：一是基于国内环境立法的单边贸易措施；二是多边环境协议成员采取的单边环境保护措施；三是多边环境协议中直接规定的与贸易有关的环境保护措施。1991年墨西哥金枪鱼案中，美国基于其《海洋哺乳动物保护法》所作的禁止进口墨西哥的金枪鱼的决定，属于第一类；1989年《禁止使用长拖网捕鱼公约》关于各缔约方可采取措施禁止进口任何使用长拖网捕获的鱼或鱼产品的规定、1978年国际捕鲸委员会关于成员采取必要步骤防止成员进口鲸产品的规定均属于第二类；1973年《濒危野生动植物种国际贸易公约》对濒危野生动植物国际贸易严格禁止和控制措施的规定、1987年《蒙特利尔议定书》关于控制与非缔约方进行受控物质贸易的规定、1989年《巴塞尔公约》关于禁止和控制危险废物和其他废物的进出口规定等均属于第三类。

第一类措施有可能构成国际贸易扭曲，并损害别国的贸易利益。第二类措施依据多边环境协议有其合法性。第三类措施被用于贸易保护目的的可能性很小。

（三）放松环保条款约束条件原则

WTO成立后，其上诉机构对待环境措施明显宽松了许多，不再像GATT争端解决小组那样一味地强调环保措施的“必要性”和“最少贸易限制性”。在1995年DSB受理的汽油规则案中，一改往日争端解决小组回避环境目标的习惯做法，上诉机构对于美国所采取的提高汽油质量标准的环保措施给予了充分的肯定，虽然结果还是考虑到自由贸易规则。上诉机构指出，问题的关键是美国没有证明其给予本国汽油和外国汽油、不同的外国汽油之间不同的质量标准的合理性，即没有证明其不构成对国际贸易的歧视性待遇，而不是环境措施本身的问题。上诉机构强调：“事实上，WTO协定和《关于贸易与环境的协定》中，寻求贸易与环境协调政策的意义已得到明确的承认。在确定自己的环境政策（包括环境与贸易的关系）、环境目标、制定和实施环境法规时，世界贸易组织成员享有很大程度上的自主权。对世界贸易组织来说，这种自主权只是受到需要尊重总协定及其他有关协定的要求的限制。”上诉机构的态度无疑对WTO各成员制定今后的环境政策起到指导作用。

（四）发达国家和发展中国家环境标准一视同仁规则

从原则上讲，地球生态系统的整体性和环境问题的全球性决定了世界各国不分大小和贫富，均对保护环境负有共同的责任，发展中国家并不能因为经济落后而推托相关责任和义务。因此，WTO没有顾及发展中国家在环境保护方面和发达国家的差距，乌拉圭回合最后文件中的环境方面的内容，尤其是在环境标准上对发达国家和发展中国家一视同仁，如《技术性贸易壁垒协议》中规定如果国际标准不是一国想达到的国内环保水平，缔约方可以实施特殊的国内强制措施，但必须强化透明度和事先通知原则。这样很容易导致发达国家以国内环保要求为理由，实施比国际标准更严格的环境标准，对发展中国家的出口产品实施限制。

乌拉圭回合谈判后，世界贸易组织扩大了优惠待遇原则的适用范围，允许发展中国家在货物、服务、知识产权等相关领域承担非对等的义务，享受优惠的、非互惠的待遇，但这一原则未能在贸易与环境领域获得体现。人们担心，如果允许发展中国家继续实行宽松的环境保护法规和标准，就等于迁就发展中国家生产科技含量低、环境危害重的产品，就等于容忍发展中国家建立在对自然资源进行掠夺性开发基础上出口初级产品，那么这只能加剧全球环境质量的恶化。这也正是WTO规则中令人困惑并难以破解的难题。[10]

（五）由DSB解决与环境有关贸易的摩擦原则

WTO争端解决机构（DSB）被认为是协调环境与贸易关系的重要机构。有学者甚至认为，由于政治谈判进展不力，WTO贸易与环境委员会已经把在多边贸易体制内协调环境与贸易的政策以及支持可持续发展的任务留给了争端解决体系。

DSB处理涉及环境问题的国际贸易争端的确存在它独有的优势[11]：

一是运用严格的程序处理环境纠纷。DSB根据有关争端解决机制的协议，严格按照规定的诉讼程序处理案件，当事方必须在法律规定的时间内提供有利于实体权利实现的相应证据，否则就要承担不利的法律后果。

二是以贸易规则中环保措施为依据，减少了侧重贸易的传统偏见。在乌拉圭回合以后，WTO中涉及环境问题的法律规定明显增多。尽管还存在理解上的矛盾和法律的不确定性，但是毕竟已经可以找到裁判案件的法律依据。[12]相对于过去GATT的争端解决小组而言，WTO争端解决机构的裁判工作可以依据更多和更明确的法律规定，这在一定程度上降低了主观裁判和错判、误判的可能性。

三是争端解决机制允许DSB在技术科学性很强的环境保护方面向有关的环境专家及科学家咨询请教，收集有关的科学信息和资料。这些将有利于环境问题的公正解决。

四是DSB裁定有利于广大发展中国家在世界贸易组织内寻求“绿色贸易壁垒”问题的解决。在涉及环境保护措施的贸易争端中，如1987年墨西哥与美国石化产品边境调节税案，1995年委内瑞拉、巴西诉美国汽油规则案，1998年印度、巴基斯坦、马来西亚与美国海龟海虾案等，申诉国大都是发展中国家，这在一定程度上反映了国际贸易关系的现实，即发展中国家更易遭遇到以环保为目的而设置的贸易壁垒。一些发达国家采用隐蔽性强、透明度低、不易监督和预测的保护措施，对发展中国家的对外贸易造成了很大的障碍。建立在严格的规则基础上的DSB环保措施的合理性和合法性的判定，为发展中国家提供了必要的帮助。

但是自WTO成立以来，人们发现DSB特别是其上诉机构的一个对待环境措施的明显的变化，即不再像GATT争端解决小组那样一味地强调环保措施的“必要性”和“最少贸易限制性”，而是倾向于以更宽松的解释来对待WTO中的各类环保条款。

三、WTO环境规则与贸易规则的矛盾

（一）与自由贸易规则的矛盾

首先，多边环境协议下采取的环境贸易措施是全体缔约方的一致行为，各缔约方统一适用一致的贸易限制措施，这样就在全体缔约方之间形成了有利于环境保护的平等的国际经济秩序。这种贸易限制是合法的，多边贸易体制是依据GATT第20条的一般例外条款来纳入的。但是，为了推动非缔约方遵守协定的规定，避免非缔约方的行为抵消缔约方为实现协定目标所做的努力，多边环境协议特别针对缔约方与非缔约方的贸易规定了更为严厉的限制和禁止措施，如果非缔约方也是WTO的成员，那么这些措施有可能违反多边贸易体制的非歧视原则。

其次，各缔约方根据多边环境协议采取单边或统一的环境贸易措施也同样存在对国际贸易造成不合理限制及歧视的问题。[13]目前，在WTO争端解决机构已经裁决的案件中，绝大多数由各缔约方根据自己制定的环境法律采取单边的环境贸易措施被裁决为非法。

综上所述，无论哪一类的环境贸易措施都有可能因为限制贸易而违反自由贸易原则。一国或多国所实施的环境贸易措施在环境保护方面是合法的，而在国际贸易方面可能是非法的，容易导致其他成员方为了贸易利益而抵制，从而阻碍多边环境协议的环境保护目标难以实现。[14]

而从自由贸易的角度来看，这些环境贸易措施是设置了新的贸易壁垒，不仅不能遏止贸易保护主义的滥用，而且为其提供了堂而皇之的理由。这类壁垒是自20世纪90年代以来发达国家使用最频繁的一种主要贸易限制措施，也是当今国际贸易领域主要的贸易壁垒之一。所以，尽管乌拉圭回合注意到贸易和环境的问题，但没有解决根本性问题。

（二）与可预见性市场准入规则的矛盾

一是各国所实施的环境贸易措施不具有可预见性。在WTO的相关条款中关于环境保护问题很多只有原则性的规定，而没有相应的实体内容，因而很容易在实践中引发贸易争端。为此，WTO制定专门的环境保护条款，形成体现环境保护思想的原则、规则和制度的规范体系十分必要。

二是对于各协定中的环境保护例外，没有对其援用条件、适用标准、实施程序等做出具体而明确的界定。[15]尤其是当和其他贸易规则相抵触时如何协调的问题，这些规定都没有涉及，比较容易诱发新的贸易壁垒的产生，而且这些壁垒不具有可预见性。

（三）与非歧视原则的矛盾

非歧视原则是世贸组织最基本的原则之一，它以产品为适用对象，非歧视义务适用于缔约方国内和进口的“相同产品”，这里的“相同产品”只要求具有相同的最终用途和物理特性，而不考虑采用何种生产和加工方法。由于许多国家从环境保护的角度出发，制定了产品的生产和加工方法的环境标准，对一些会造成严重环境污染或生态破坏的生产和加工方法生产出的产品加以限制或禁止，并要求进口产品也要符合本国的环境标准，从而构成了对相同产品的差别待遇，这是非歧视原则面临的最主要的挑战。

此外，按照本国的环境标准，禁止低环境标准国家的产品进入，禁止低环境标准的国家企业进入，以及把生产垃圾、生活垃圾和污染密集型产业转移到低环境标准的国家，均是WTO环境规则的重要组成部分，体现在相关协定的例外条款中，但这些做法同时违背了国民待遇原则。

（四）与公平待遇原则的矛盾

为了维护公平竞争的国际贸易环境，WTO特别强调各成员不得实行补贴，出口商不得以倾销方式在他国销售其产品。[16]但是，很多发展中国家的企业无力承担治理环境污染的巨大费用，为了保护本国的生态环境，由政府对其产品提供环境补贴，将本应由企业承担的环境成本转由社会承担，因此，该国企业出口产品的成本中没有包含环境成本[17]；如果一国环境标准较低，企业不承担环境成本、资源成本，以较低的价格大量出口产品，这是否构成了“生态倾销”？这时如果进口国认定出口国提供了环境补贴、出口产品构成了生态倾销，进口国就可能为了维护本国利益而对其征收反补贴税和反倾销税。但这又不符世贸组织规则的要求，因为世贸组织规则禁止成员仅仅因为环境管制的宽松而对其征收反补贴税和反倾销税，显然，现有的世贸组织规则无法解决这个问题。此外，《补贴和反补贴协定》中对“补贴”的定义把政府的积极行为视作构成补贴的必要条件之一，而制定和实施相对宽松的环境标准实质上是政府对企业及产品提供“消极补贴”，政府的消极行为显然难以归入现行规则界定的“补贴”之列。

此外，还存在环境关税与关税减让原则的冲突，以及环境贸易措施和登记与透明度原则的冲突等。

四、WTO环境规则适用的新发展

（一）WTO争端解决机制对关于环境规则的新取向①

在贸易发展与环境保护的相互较量中，两种力量和利益此消彼长。在环境保护的浪潮推动下，环境保护的价值目标将会获得更多青睐，WTO环境规则将会发挥更大的作用。WTO争端解决机构在价值取向上似乎也更加向环境保护主义倾斜，主要表现在：

一是形成了贸易与环境共同可持续发展的价值观。WTO一直寻求协调贸易与环境有效发展途径，DSB在争端解决案例中也较大程度地落实了WTO环境规则，形成了贸易与环境同步发展的思想观念。[18] 但WTO个案倾向于支持被告成员方环保措施，并不代表把环境保护视为高于贸易自由化的价值趋向。

二是确立了新的两阶段审查顺序。两阶段审查顺序是指首先审查涉案措施是否符合第20条的“专项条款”，再审查是否符合序言部分。GATT体制下过去且较早的案例则采用了相反的审查顺序。审查顺序的调换充分说明DSB对待环境保护的态度发生了本质变化。如果先审查序言部分，一旦涉案措施不符合序言要求，DSB就不会继续审查是否符合“专项条款”。而如果先审查专项条款，当涉案措施符合专项条款时，不符合序言部分，DSB则会建议其调整涉案措施，修改涉案措施的适用方式，使其符合序言部分，符合WTO规则的要求，最终有利于涉案措施达到环境保护的效果。如美国、加拿大诉欧盟转基因农产品案，专家小组认定欧盟的涉案措施违反了SPS协议第8条及其附件C（1）的有关规定，但没有违反其他条款的规定，建议其进行调整、修改涉案措施，并要求其继续进行尚未结束的产品进口批准程序；同时，建议欧盟成员国根据SPS协议的风险预防原则提供证明证实其禁止进口和销售的合理性。这充分体现了WTO的环境保护倾向。

三是扩大了WTO环境规则的适用范围。从WTO环境规则中原则性概念的角度分析，DSB对“必需的”“武断的、不合理的”“可用竭的自然资源”等模糊性词语做了有利于环境保护的解释。[18] 如“必需”一词，从“不可选择的”到“贸易限制最小测试法”再到“权衡测试法”的发展，可以看出，DSB对“必需”的要求总体上呈递减趋势，宽泛的解释方法有利于涉案措施通过审查，更易符合GATT第20条（b）款要求。“可用竭的自然资源”的解释更能体现WTO的环境保护立场。从“石油”“煤炭”到“清洁空气”再到“海豚”“海龟”等生物资源的保护，这一变化充分证明DSB扩大了WTO环境例外条款的适用范围。

四是PPM标准在一定程度上被认可。在1998年海龟海虾案中，WTO争端解决机构对PPM标准②的态度发生了转变。美国《濒危物种法案》的609条款规定的内容主要为：对于凡未能在捕虾同时放海龟者，禁止该国的海虾向美国出口。这是一条含有PPM标准的

---

① [1] 朱敏．低碳时代WTO环境规则的问题与适用新发展研究［D］．南京：南京财经大学，2011：36-38．[2] 王海峰．贸易自由化与环境保护的平衡——世界贸易组织框架下的环境保护机制探析［J］．世界经济研究，2007（4）．

② 是指产品的生产方法或工艺方法。

条款。在海龟海虾案争端中，上诉机构承认美国的609条款是“与保护可用竭的自然资源相关的措施”，该条款规定禁止进口某些虾和虾制品是基于不同的捕虾方法，而不同的捕虾方法具有不同的环境保护效果。这就表明了WTO在使用PPM标准上的新立场，即它并不绝对禁止为保护环境而使用基于PPM标准的贸易限制手段。这是WTO首次对与环境有关的生产工艺与方法规则的认可，虽然这一认可是相当微弱的，并且暗含而不是明确地申明这一规则。

五是多边环境协议开始适用于案件的审理，作为以保护环境为宗旨的国际条约。WTO秘书处规定DSB应在WTO法律框架下解决争端，但未直接规定DSB解决争端时必须适用WTO规则，排除国际公法规则的适用。WTO秘书处的处理意见分为两种不同情况：一是争议双方都属多边环境协议成员方，且都是WTO成员方。二是一方为MEAs成员方，另一方不是MEAs成员方，但同是WTO成员方。前者可以适用MEAs框架，但是一方向WTO提出申诉的，也可以在WTO法律框架内解决争端；后者则应适用WTO法律框架。WTO司法实践也未局限在WTO规则内，DSB曾援引MEAs解释了WTO环境规则。从GATT到WTO的案件争端审理实践表明，WTO争端解决机构开始引用多边环境协议的条款对那些与案件处理结果有着至关重要的概念进行宽泛的解释，从而使案件的处理结果更有利于保护环境。例如，在1991年金枪鱼案的审理过程中，GATT专家组对多边环境协议是否在多边贸易体制中适用的问题基本上是持否定的态度。WTO上诉机构在审理第一个案件“委内瑞拉和巴西与美国关于汽油标准的纠纷”时，就发出了不能将WTO法律规则“与国际公法隔离开”的呼声，并在1998年海龟海虾案中，上诉机构为解释案件中的关键概念“可用竭的自然资源”，援引了多个多边环境协议和宣言。同时，上诉机构还在报告的注释中强调争端各方都是《濒危野生动植物种国际贸易公约》的缔约方，以说明保护濒危海龟是争端各方的共同政策。

六是国内环境保护措施开始被认可具有域外效力。环境法域外效力问题是指一国的环境法对该国管辖范围之外的损坏环境的行为能否发生法律效力的问题。WTO争端解决机构对国内环境措施的域外效力问题逐渐呈现出松动的迹象。[19] 在海龟海虾案中，WTO争端解决机构的态度明显发生变化，由原来的完全否认到认可。只要能证明对象与自己的管辖权存在某些联系，其国内措施即可具有域外效力。

七是非政府组织开始对案件审理的结果产生影响。GATT的专家组在运作和裁决过程中更多地处于一种与公众隔离、独立运作的“黑箱”状态，几乎不考虑非政府组织的意见。WTO争端解决机构在解决与贸易有关的环境争端时，开始注重非政府组织的意见。如在海龟海虾案的审理过程中，WTO专家组收到了环境保护非政府组织递交的两份支持美国禁令的“其他利益方的陈述”。专家组一开始拒绝把这些陈述当成独立的文件，而只是把来自美国的一个非政府组织的陈述视为美国的第二次书面请求。专家组报告一经做出，立即在国际环境保护领域引发了轩然大波和强烈反弹，诸多环境保护组织纷纷通过各种渠道对其忽视可持续发展的裁决措施强硬地提出批评。因此，在案件的上诉审理过程中，WTO上诉机构最终撤销了专家组关于对环境保护非政府组织递交的文件认定，并且认为允许非政府组织向争端解决机构提交事实材料和相关法律意见并不会削弱WTO的属性，反而有利于提高WTO争端解决的透明度。

小案例 6-4　欧盟诉巴西翻新轮胎案

2000 年，巴西颁布了《翻新轮胎进口禁制令》（简称《进口禁止令》），主要针对欧盟《废弃物焚化指令》《废弃车辆指令》等关于废弃物处置规定十分严格的法规而颁布，巴西认为欧盟的行为实为废物转移，为了保护本国民众的生命或健康，采取了涉案措施。但后来因乌拉圭将巴西诉至南方共同市场仲裁庭，最终该禁令效力不及南方共同市场，称为南方共同市场豁免（MERCOSUR 豁免），而且暂缓了废轮胎进口禁令。2005 年，欧盟认为巴西《进口禁止令》实质为贸易保护措施，违反了 GATT 第 1 条国民待遇原则、第 3 条最惠国待遇原则、第 11 条数量限制禁止及第 13 条非歧视数量限制等，将巴西诉至 WTO。巴西辩论称《进口禁止令》符合 GATT 第 20 条（b）款。DSB 于 2007 年 11 月认定巴西败诉，认定理由是符合第 20 条（b）款，但不符合序言规定。

本案是 WTO 首例发达国家成员诉发展中国家成员关于资源再生产品的争端，对贸易体制下环境保护具有重要意义，主要体现在：第一，关于“必要性”的解释。专家小组采用了“权衡测试法”（是 DSB 上诉机构在韩国牛肉案中提出的审查“必要性”的方法）重新解释了“必要性”，包括以下三要素：涉案措施所想要保护的公共利益的重要性、涉案措施对国际贸易的限制性影响及涉案措施对于政策目标的贡献，并确定不存在合理的可替代措施。这一方法较大程度地降低了必需的难度，有利于环境保护。第二，关于武断的、不合理的解释。这是涉案措施实施方式的要求。本案中，专家小组与上诉机构对 MERCOSUR 豁免的歧视措施做出了不同认定。专家小组以从南方共同市场的轮胎进口量不足以影响进口禁令效果为理由，认为巴西对 MERCOSUR 豁免是合理的，不存在武断的歧视。而上诉机构认为量化评估不应作为衡量影响涉案措施程度的唯一因素，因此，上诉机构推翻了专家组的该认定，认定涉案措施构成不合理的、武断的歧视。上诉机构的解释虽然造成巴西败诉，但 DSB 对原则性词语的解释更加清晰，强化了今后各国采取与环境有关的贸易措施的导向作用，降低涉案措施被 WTO 撤销的可能。

资料来源：朱敏. 低碳时代 WTO 环境规则的问题与适用新发展研究［D］. 南京：南京财经大学，2011：35-36.

（二）多哈回合谈判的环境规则争论

2001 年 11 月，世界贸易组织第四次部长会议在卡塔尔首都多哈举行，这次会议启动了“多哈发展议程”，简称“多哈回合”。在这次会议上，欧盟以承诺取消对农产品的补贴为交换条件，最终换取了发展中国家同意将贸易与环境列入新一轮多边贸易谈判的日程之中。《多哈会议部长宣言》授权贸易与环境特别委员会开始贸易与环境议题的谈判，这是 GATT/WTO 历史上首次将环境问题列为多边贸易谈判的内容。贸易与环境谈判主要关注的一些焦点问题有：

1. 关于 WTO 与多边环境协议的关系

有的主张先界定谈判授权所涉及的有关术语，如多边环境协议和具体贸易义务的含义，再讨论 WTO 与多边环境协议之间的关系问题；有的主张找出 WTO 与多边环境协议之间产生的实际问题和讨论解决问题的方法，并将多边环境协议范围缩小；有的主张先讨论 3 个已经生效多年的实施经验比较成熟的多边环境协议，即 CITES、《蒙特利尔议定书》、《巴塞尔公约》，然后兼顾其他。

2.关于环境产品和服务问题

主要讨论的问题是关于环境产品的定义和清单、环境产品关税和非关税壁垒的削减模式，以及环境服务分类和环境服务贸易自由化问题。如果环境产品与服务的范围界定得过广，可能因技术水平的差异，导致发达国家的产品均比发展中国家的产品更有利于环境保护，形成严重的环境贸易壁垒。

3.关于环境保护措施与市场准入问题

以欧盟为代表的一些发达成员认为，保护环境和卫生是合法的政策目标，各成员有权设定各自适当的环境保护水平以实现这一目标。以印度为代表的大多数发展中成员认为，保证发展中成员出口产品有更大的市场准入符合WTO协定所确定的目标；技术援助和能力建设有利于发展中成员的出口商满足环境要求；应给予发展中成员有更长的时间宽限及例外规定来适用这些新标准。

4.关于《与贸易有关的知识产权协定》和环境问题

发展中成员具有生物多样性、生物资源和传统知识丰富、生物技术较弱等特点，而发达成员往往具有技术领域的绝对优势地位。在TRIPs和环境问题的谈判中，发展中成员强调遗传资源和传统知识产权，主张在TRIPs框架下解决遗传资源、传统知识盗用和利益分享的问题。发达成员在淡化遗传资源和传统知识产权的同时，主张扩大对活生物体授予专利的范围，甚至可以将动物和植物纳入专利授予的范围，并认为TRIPs没有对环境保护、发展以及环境友好技术转让产生障碍。

5.关于生态标志问题

欧盟、瑞士、日本主张通过扩大《多哈会议部长宣言》对贸易与环境委员会在生态标志问题上的授权，力图将生态标志问题作为贸易与环境委员会讨论的核心问题。从实质上看，生态标志问题是一种变相的加工过程与生产方法（PPM）问题，对广大发展中成员无疑是一个严峻的挑战。

不可协调的核心利益和主要发达成员的不肯让步，致使多哈回合马拉松式的谈判最终无法达到终点。2006年7月24日，世界贸易组织秘书长拉米宣布全面中止多哈回合谈判。多哈回合的失败，使得贸易与环境议题的谈判陷入了僵局。贸易自由化与环境保护的平衡在WTO体制下显得步履艰难。

第三节 WTO框架下“低碳贸易措施”合法性判定[①]

一、基于GATT 1994的判定

（一）基于GATT 1994的非歧视条款

在第五章分析的各项低碳贸易措施与WTO协定的相符性主要涉及GATT 1994的国民

① 有关条款译文出自：世界贸易组织．世界贸易组织乌拉圭回合多边贸易谈判结果法律文本［M］．对外贸易经济合作部国际经贸关系司，译．北京：法律出版社，2000.

待遇条款和最惠国待遇条款。

从国民待遇的角度看，征收“碳关税”有违WTO的国民待遇原则，构成对贸易的不合理限制。GATT第2条第2款规定“对相同国产品或这一输入产品赖以全部或部分制造或生产的物品”可以征收与“国内税相当的费用”，同时第3条要求“一缔约方领土的产品输入到另一缔约方时，不能以任何直接或间接的方式对进口产品征收高于对本国相同产品所征收的国内税或其他费用”。这就是GATT关于国民待遇的规定，它要求对于“相同产品”不得区别对待。对于“相同产品”的认定，WTO争端解决实践已形成了相对稳固的原则，不得把生产过程的不同作为判断产品是否是“相同产品”的标准。因此，征收“碳关税”有违WTO的国民待遇原则。

从最惠国待遇的角度看，碳关税是一种歧视性做法。最惠国待遇要求“一缔约方对来自或运往其他国家的产品所给予的利益、优待、特权或豁免，应当立即无条件地给予来自或运往所有其他缔约方的相同产品”，相同产品的界定同国民待遇中的界定，不能以生产过程的不同而认为是“不相同”的产品，从而对来自不同国家的产品征收不同碳关税。欧洲发达国家的生产工艺和技术比发展中国家先进，并且大多使用清洁能源，那么发达国家生产的产品出口到美国，会因为能够满足美国的环境标准而得到碳关税的减免，而中国和印度等高能耗国家的产品将被征收重税，这就违反了最惠国待遇，对不同国家的产品实行歧视待遇，有违国际贸易自由、平等原则。同时，碳关税不考虑个案的不同情况，以来自一个国家的某种产品的CO_2平均排放量来确定该国所有产品的碳关税明显违反了WTO最惠国待遇，是一种歧视性做法。

（二）基于GATT第20条“一般例外”条款

既然已经证明了碳关税违反上述原则，那么基本可认定其违反WTO规则，除非能够证明GATT第20条“一般例外”可以作为其抗辩理由。[20] 该条（b）款要求该措施“是为保障人民、动植物的生命健康所必需的措施”。诚然，实行碳关税的目的在于减少温室气体排放，减缓气候变暖，符合所谓的“保护人民、动植物的生命健康”的条件，但是碳关税是否具有“必需性”需要个案分析。显然，征收碳关税不符合（b）款的规定，尽管碳关税有利于减少碳排放，以保护人民和动植物免遭气候变暖的危害，但是无法证明碳关税是“必需”的措施，仍有其他合理的可选择措施存在。征收碳关税也不符合第20条（g）款的例外规定，该款规定的环境例外措施必须是“与国内限制生产和消费的措施相配合的为有效保护可能用竭的自然资源有关的措施”。该措施要与“保护可用竭的自然资源”有关。虽然表面上碳关税与气候变化和碳减排有关，但美国法案条款的基本结构和内容表明，其根本的政策目标是保护国内容易受到贸易影响的能源和碳密集产业，竞争力是首要考虑因素，因此这一点也是不成立的。此外，第20条序言的设置很重要的目的就是防止对例外条款的滥用。也就是说，即使能够证明碳关税符合（b）或（g）款，如果想要获得WTO豁免，还需要进一步证明其是否符合第2条序言中的内容，即“未在情形相同的国家之间构成任意或不合理歧视的手段，或构成对国际贸易的变相限制”。因此，如果征收碳关税前没有履行谈判义务，就构成了对贸易的不合理歧视。此外，碳关税要求其他国家的碳排放达到与进口国相同的标准，可以认为这是对其他国家关于碳排放立法自由任意的不合理干涉。

再说国际温室气体管理标准、碳标签以及低碳产品认证等措施。GATT第20条“一般例外”中（b）款和（g）款在实践中通常被作为采取环境保护措施的基本条款。“本协定的规定不得解释为禁止缔约方采用或加强以下措施，但对情况相同的各国，实施的措施不得构成武断的或不合理的差别待遇，或构成对国际贸易的变相限制。”发达国家的环保意识整体较强，设置了广泛而严格的环保标准和要求。使用碳标签有利于推动节能降耗、减少温室气体排放量。如果发达国家要求发展中国家在出口商品时加注体现产品在整个生命周期温室气体排放量的碳标签，鉴于发展中国家本身技术水平较低，在商品生产和加工中往往排放更多的温室气体，碳足迹更大，从而在出口市场上缺乏竞争力，很容易被发达国家驱逐出市场。再者，环保清洁的生产技术需要较高的投入，发展中国家难以在短期内实现气候友好产品和技术的引进和采用。此外，碳足迹的认定和碳标签的加注会给发展中国家带来一定的时间成本和高额的申请费用。发展中国家本来就处于价值链的低端，靠着低廉的劳动力价格维持微薄的利润，这样的高成本恐怕会带来很大的打击。所以，碳标签等措施应该基于平等自愿的原则进行推广，如果强制实施也将构成对WTO规则的抵触。

二、基于其他协定的判定

除了以上分析之外，还可以援引WTO协定和《技术性贸易壁垒协议》等相关协定进行分析。

（一）WTO协定中的相关内容

协议前言明确将可持续发展列为新的多边贸易体制的基本原则和宗旨之一。“按照可持续发展目标使世界资源得到最合理利用，维护和保护环境，并根据各成员不同需要和不同经济发展水平的情况，加强采取措施。”[21]这充分体现了“可持续发展”的精神，制定了贸易自由化和环境保护的双重目标。为了使全球资源得到有效保护和合理利用，一些低碳贸易措施的存在是允许的。但是要注意到“根据成员的不同需要和不同经济发展水平的情况”这一关键点，防止西方发达国家借题发挥。

（二）《技术性贸易壁垒协议》中的相关规定

《技术性贸易壁垒协议》的前言中，相关具体内容为：“承认不应阻止任何国家在其认为适当的程度内采取必要的措施，来确保它的出口货物的质量，或保护人类、动物或植物的生命或健康以及保护环境，或阻止欺诈行为，要这些措施不致成为在具有同等条件的国家之间构成任意的或不合理的歧视的一种手段，或构成对国际贸易的一种隐蔽限制。”[21]

第2条第2款规定：“各成员应确保技术规章的制定、采用或实施不得对国际贸易造成不必要的障碍。为此目的，技术规章对贸易的限制不应超过为实现合法目标所必需的程度，并考虑不实现这些合法目标所带来的风险。[22]这些合法目标尤其指：国家安全要求；防止欺诈行为；保护人类健康或安全，保护动物或植物的生命或健康，或保护环境。”

第5条第4款规定，环境保护可能构成成员方认为有关国际标准指南或建议不适用于有关成员方的理由。其内容为：“在要求以肯定方式保证产品符合技术规章或标准，且由国际标准化机构颁布的有关指南或建议已经存在或其制定工作即将完成时，各成员方应确保中央政府机构使用它们，或其有关部分作为制定其合格评定程序的基础，除非在接到有关请求时已经充分说明，出于国家安全要求、防止欺诈行为、保护人类健康或安全、保护动物或植物的生命或健康、保护环境，基本气候条件或其他地理因素，基本技术或基础设施问题等原因，此类指南或建议或其有关部分并不适用于有关成员方。”

碳标签等制度并不存在不符之处，但是需要警惕如果碳标签像其他标签如生态标签一样普遍应用在国际贸易商品中，就很有可能被某些国家或商家滥用来设置技术贸易壁垒，从而使得碳标签成为贸易保护的有力工具。特别是发展中国家可能会受到来自发达国家强制加注碳标签的要求，引发更多的贸易摩擦。[21]

虽然有充分的理由证明碳关税在WTO框架下的违法性，但是国际社会对碳关税的支持从来没有间断过。而支持实施碳关税的理由主要可以归纳为以下三点：①碳关税可以使得各国产品得到统一的法律约束和达到相同的环境标准，这是基于公平性的考虑。②碳关税作为国际碳减排的谈判武器，可以使得发展中国家提高重视程度。③征收碳关税可以增进世界人民的福祉，所征收的税款可以用来资助发展中国家。当然，这只是时任欧洲政策研究中心经济政策室研究主任罗格的建议和希望。美国提出征收碳关税之后，并没有就预期所征税额的使用做任何安排。

为了给征收碳关税创造充分的理由，部分发达国家如英国、法国等已经开始在其国内征收碳关税。这样一来，这些国家就可以有理由认为其他那些没有征收碳关税的国家在变相地为高碳产业发放补贴。为了防止全球碳减排工作的不协调，就必须在进口高碳产品的时候收取边境调节关税，以平衡碳排放成本，形成公平竞争的态势。目前关于这种做法是否属于贸易保护主义的争论还在持续。但是美国等发达国家已经援引1998年美国应对印度尼西亚、马来西亚等国家的海龟海虾案例给出了合法性诠释。它们指出对于可耗竭的自然资源，只要它属于公共资源，不为某个国家所独有，就属于WTO条款允许保护的范畴。美国当时限制印度尼西亚、马来西亚等国家向美国出口小虾所提出的理由就是这些国家在捕捞小虾的过程中没有对海龟予以保护，而海龟并非美国资源，而是全人类共同的资源。当时这一案例引起了广泛纷争，并最终以美国胜诉而终结。由此可见，如果发达国家以保护气候这一全球性公共资源为借口征收碳关税，则是符合目前WTO法律框架的。中国即使对此提出抗诉，获胜的可能性也十分渺茫。

第四节
WTO环境规则与MEAs贸易规则的冲突与解决

在过去的几十年间，国际社会就生态保护、废弃物、臭氧层破坏、温室效应等环境问题，通过合作方式缔结条约，制定共同接受的环境保护规范与政策，以处理日益严重的全球性环境问题。

一、WTO与MEAs

据不完全统计，截至2009年11月，全球有200多项多边环境协议，其中20多项协议含有贸易条款。目前有很多WTO成员同时是MEAs的成员（见表6-1），因此处理环境与贸易问题情况比较复杂。

表6-1　MEAs和WTO成员重叠情况

名　称	生效时间	成员数（截至2009年11月）	其中WTO成员数
《保护大西洋金枪鱼国际公约》	1969年3月21日	48	40
《濒危野生动植物种国际贸易公约》	1975年7月1日	175	142
《保护南极海洋生物资源公约》	1982年4月7日	34	30
《蒙特利尔议定书》	1989年1月1日	196	150
《巴塞尔公约》	1992年5月5日	172	142
《生物多样性公约》	1993年12月29日	192	149
《联合国气候变化框架公约》	1994年3月27日	194	150
《国际热带木材协议》	1997年1月1日	59	58
《联合国渔业资源协议》	2001年12月11日	77	61
《卡塔赫纳生物安全议定书》	2003年9月11日	156	126
《官员在某些有害化学物质和沙虫剂的国际贸易中实施事先知情同意程序的鹿特丹公约》	2004年2月24日	130	111
《关于持久有机污染物质斯德哥尔摩公约》	2004年3月17日	168	136
《京都议定书》	2005年2月16日	190	149
《国际植物保护公约》	2005年10月2日	172	141

资料来源：郭红燕，刘民权. 贸易与环境［M］. 北京：科学出版社，2010：145-146.

总的来看，WTO环境贸易规则主要是通过防止对市场人为扭曲来实现经济资源的优化配置，而多边环境协议主要是通过环境成本的内在化来校正未能反映环境成本的市场机制造成的自然资源配置扭曲来实现自然资源的优化配置。它们的共同目标是以最高效的方式使用和分配社会可利用的资源，理论上讲是不应该有冲突的，但是环境保护国际公约是环境保护运动的产物，以环境保护为目的；WTO规则是经济全球化的产物，以贸易自由为目的，二者的轨迹并不相同，MEAs采取的措施主要是通过规范、限制贸易手段实现环境保护的目的，而WTO致力于不对贸易产生障碍的环境保护措施的实施。

此外，由于环境问题的多元性，大部分的MEAs只能处理某一特定类型的环境问题，因而迄今为止仍未有一个相当于WTO那样的国际环境组织来统筹管辖所有的环境问题，或整合MEAs的差异，解决涉及贸易公平议题的环境争端。因此，当MEAs不足以处理自由贸易与环境保护的冲突问题时，为追求贸易自由化的目标，并有能力处理有关争端的WTO自然就成为管辖并解决此类争议的最合适机构。虽然不少环境保护主义者反对这种处理方式，但WTO仍是目前国际社会解决贸易与环境争端最重要的机构。

虽然根据某一多边环境协议而采取与环境有关的贸易措施或激励性措施来处理跨国性或全球性环境问题已成为国际社会的共识，更为重要的是，国际贸易手段上的强制性在一定程度上可以弥补环境公约执行方面的缺陷，然而多边环境协议所规定的这些贸易措施，不论其在性质上具有惩罚性还是激励性，都与WTO贸易规则，如歧视性、非公平性、非透明性等存在显性及隐性的冲突，需要在实践中特别注意。

二、WTO与MEAs环境贸易措施的冲突

（一）WTO与MEAs限制性环境贸易措施的冲突

1.与非歧视原则的冲突

非歧视（Non-Discrimination）原则又称无差别待遇原则，是指一成员方在实施某种优惠和限制措施时，不得对其他成员方实施歧视待遇。非歧视原则是世界贸易组织法律体系的核心原则，它主要是通过最惠国待遇和国民待遇得以体现。

根据WTO的非歧视原则，一成员方对于来自其他各成员方的相同产品必须给予平等的待遇，不能存在歧视现象。为了使非缔约方参与MEAs，防止缔约方规避条约义务和非缔约方“搭便车”等问题，一些MEAs一方面规定了对缔约方和非缔约方在适用有关贸易措施方面的差别待遇；另一方面通过限制或禁止有害于环境的贸易活动，或采取第三国待遇措施迫使有关国家加强合作等，以实现保护国际环境的目标。这些贸易歧视性措施或贸易限制措施极有可能引发贸易公平性争议。如果两个国家都是WTO的成员，而其中一个国家是《蒙特利尔议定书》的缔约方，另一个国家不是，那么，前者根据《蒙特利尔议定书》的规定对后者采取贸易限制措施是否违背了WTO的非歧视原则？虽然到目前为止国际社会还没有发生类似的争端，但毕竟存在发生争端的可能性。如果发生了此类争端，是适用WTO的争端解决机制还是适用多边环境协议的争端解决机制？

联合国环境规划署签署的《保护臭氧层维也纳公约》和《蒙特利尔议定书》及其修正案与WTO的非歧视原则相冲突：（1）议定书没有立即禁止缔约方对受控物质的生产与消费，相反，基于工业合理化的目标，将缔约方受控物质的生产视作一项财产权，允许缔约方之间在生产总量控制的前提下相互转让这种权利。（2）为了防止缔约方与非缔约方之间就受控物质及含有受控物质的产品进行的贸易活动可能抵消议定书采取的控制措施，议定书及其修正案加强了对缔约方与非缔约方之间的贸易限制。（3）对包括与非缔约方的贸易限制在内的所有控制措施，缔约方不得做出任何保留。通过上述分析可以看出，当公约、议定书的缔约方与非缔约方同属WTO的成员方时，缔约方依据该议定书的规定对非缔约方采取的有关受控物质贸易限制措施显然违背了多边贸易体制中的最惠国待遇原则，构成了WTO一成员方对另一成员方的歧视，从而可能引发贸易与环境方面的争端。

第三国待遇的浓厚歧视性色彩与最惠国待遇、国民待遇不符，使其难以与WTO的精神相一致。所谓“第三国待遇”，就是对缔约方和非缔约方之间可能涉及环境的大部分相关贸易活动加以限制或禁止。第三国待遇设立的目的是防止第三国破坏MEAs的成员共同努力追求的环境保护目标，但从GATT第20条（b）款的必要性规定中的穷尽法则看，这种贸易限制是否就是唯一可行的必要措施可能会引发争议。早在1990年的“泰国香烟案”

中，争端解决小组就曾指出："假设还有任何不与GATT相抵触的替代措施存在，且为该成员方在合理情况下可被期待使用时，则该项与GATT相抵触的限制措施即不是第20条（b）款认可的必要措施。"更有甚者，第三国待遇的效果是看受贸易限制的第三国是否因此而改变其国内环境政策，不符合必要性原则，因而不能适用第20条（b）款的规定；同样，这种措施亦不能被视为第20条（g）款所规定的"主要为保护可能枯竭的自然资源的目的而设立的措施，或使得一国的国内生产或消费受到有效限制的措施"。由此可见，要使第三国待遇不受WTO的质疑和挑战，似乎不太容易。

小案例 6-5 美国诉泰国香烟案

1990 年，美国针对泰国提起一起诉讼。泰国按照 1966 年的《烟草法案》，禁止进口香烟及其他烟草配制品，却授权了国内香烟的销售，而且香烟适用消费税、营业税和地方税。美国诉称上述进口限制与 GATT 不相符。美国还提出上述国内税与 GATT 不相符。[1] 美国诉称香烟进口限制违反了 GATT 第 11 条，并不能根据 GATT 第 20 条（b）款获得正当性。泰国认为，除了其他理由之外，其进口措施合理，因为政府已采取了只有当香烟进口被禁止的时候才会有效的措施，也因为美国的香烟中所含的化学物质及其他附加物很可能使其比泰国香烟更加有害，认为其进口限制符合 GATT 第 20 条（b）款，具有正当性。

争端解决小组指出："假设还有任何不与 GATT 相抵触的替代措施存在，且为该成员在合理情况下可被期待使用时，则该项与 GATT 相抵触的限制措施即不是第 20 条（b）款认可的'必要'措施。"第三国待遇的效果是看受贸易限制的第三国是否因此而改变其国内环境政策。一项贸易措施是用来迫使其他国家改变其国内政策，或必须改变政策才能具有保护动物生命或健康的效力，那么这种贸易措施并不符合必要性原则，因而不能适用第 20 条（b）款的规定；同样，这种措施亦不能被视为第 20 条（g）款所规定的"主要为保护可能枯竭的自然资源的目的而设立的措施，或使得一国的国内生产或消费受到有效限制的措施"。

在 1990 年 11 月 7 日通过的专家组报告中，专家组裁定香烟进口限制违反了 GATT 第 11 条，并不属于 GATT 第 20 条（b）款的例外，泰国败诉。

资料来源：WTO. Thailand-Restrictions on Importation of Cigarettes and Internal Taxes on Cigarettes, BISD37S/200 [EB/OL]. [2022-08-03]. http://www.wto.org/english/tratop_e/dispu_e/90cigart.pdf.

案例思考：

（1）泰国的进口措施还违反了哪些 WTO 体系内关于环境与贸易的规则？

（2）你对专家组的裁决有何评价？

2.与数量限制原则的冲突

GATT 1994第11条有关数量限制原则的规定为："任何成员方除征收税捐或其他费用外，不得设立或维持配额、进出口许可证或其他措施以限制或禁止其他成员方领土的产品输入，或向其他成员方领土输出或销售出口产品。"然而，在多边环境协议中有大量规定涉及运用数量限制措施直接或间接地抵制有关破坏生物多样性的贸易活动。《蒙特利尔议定书》及其修正案规定了在成员之间进行消耗臭氧层物质的贸易限额；《濒危野生动植物种国际贸易公约》对所列举的受到保护的大约5 950种动物和32 800种植物规定了贸易措施①，包括出口许可证、进口许可证、再出口许可证和其他有关证明书，并对各种许可证或证明书发放规定了详细的条件。《国际捕鲸管制公约》对捕鲸数量的限制间接限制了有关鲸的国内和国际贸易活动。毋庸置疑，MEAs相关数量限制措施和WTO多边贸易体制中的一般数量限制原则是有冲突的。

3.关于PPM标准的冲突

PPM标准是对产品的加工和生产过程所制定的特定的环境标准，包括加工方法标准和生产方法标准。加工方法标准是一项要求生产者在加工过程中必须达到的技术规范标准，它主要包括在生产加工过程中采用什么物质，向大气和水中实施何种程度的灰尘、噪声、有害气体等污染排放的技术规范标准。[23] 例如，《蒙特利尔议定书》第4条第4款规定，缔约方可以禁止或限制从非缔约方进口在生产过程中使用附件A、B中所列的受控物质。生产方法标准主要是有关捕杀动物、砍伐或管理植物获取相关制成品的方法标准，它主要包括木材等森林资源在一国内的管理、砍伐办法，捕鱼所用的方式，屠宰或用以产奶的牲畜的饲养方法，捕杀动物获取食物的方法等。

经济合作与发展组织（OECD）根据PPM在产品消费期间导致的环境效果，将其分为与产品有关的PPM和与产品无关的PPM。WTO的TBT协议和SPS协议仅限于对与产品有关的PPM环境污染做出可以限制贸易的规定；《蒙特利尔议定书》《濒危野生动植物种国际贸易公约》《巴塞尔公约》等则将两种PPM都视为合法的贸易限制措施。[24] 1990年发生的美国与墨西哥关于金枪鱼之争，其实质上也是这类PPM标准问题。美国认为墨西哥在东太平洋地区捕捞金枪鱼的拖网方法导致海豚受损害的数量上升，没有符合美国在这方面的环境法律规定，因此对这种金枪鱼及其制品的进口加以限制。在这场争端中，美国依据了GATT中含义不确定的“一般例外”条款和《海洋哺乳动物保护法》。专家小组最终裁决墨西哥胜诉，其认为保护海豚和限制金枪鱼进口没有必然的联系，如果一国以出口国没有与其相同的环境标准为由限制他国产品的进口，就会破坏GATT体系所依赖的稳定的和可测的市场准入条件。

专栏 6-1　WTO 规则中的 PPM 标准

在现行的WTO规则中，PPM标准是一种真正意义上的产品标准，各国在决定制造什么产品以及这些产品的进出口方面有相当大的自由度。如果通过一定的生产加工方法制造出的产品在消费和使用过程中损害了进口国的环境，则进口国可依据相关的PPM标准来限制该项产品的贸易。这反映了各国的主权利益，是建立国际法的基石。

由于WTO只允许对进口产品的构成、含量等施加限制，即对与产品有关的PPM有所规定，而不允许对与产品性能和质量无关的PPM采取贸易限制，所以一国无权要求进口产品必须按本国工业的PPM标准来生产。[1] WTO中有关PPM的规定主要体现在1994年修改后的《技术性贸易壁垒协议》（TBT协议）和1993年签署的新的《实施动植物卫生检疫措施协议》（SPS协议）中。

（1）TBT协议。1979年，TBT协议被拟定为在GATT框架下澄清产品标准的技术

① CITES. The CITES species [EB/OL]. [2021-06-07]. https://cites.org/eng/disc/species.php.

规则手段，并以此保证这一规则手段不能成为不必要的贸易壁垒。TBT协议涵盖了农产品和工业品，其中的规定是所有缔约方都必须遵守的。[2] 除了产品标准和技术规则，与产品相关的生产和加工方法也被包括在GATT内，即如果进口的商品不符合技术规则，它将不被允许进入市场。TBT协议规定，进口国为了保护人类健康的安全、保护动植物生命和健康以及保护环境，有权限制不符合本国PPM标准的产品进口，只要这种PPM影响了产品的质量和性能。

（2）SPS协议。SPS协议是作为WTO农业协定的补充而签订的，它的目的是避免一种可能发生的情况，即以动植物检疫措施为遮盖的保护主义手段对减少农产品关税和非关税措施的阻碍。因为GATT第20条允许“保护人类和动植物健康”这样必要的贸易限制，所以说SPS协议试图去弥补在这方面可能被钻的空子。在SPS协议下，进口方认为有必要为保护健康或动植物卫生而采用PPM时，可以采用那些体现在产品上并改变产品性能或特征的PPM标准。SPS协议建议的动植物卫生措施包括设定具体产品和过程的标准、检疫规则、认证和检查的程序、对抽样和试验的要求或与健康相关的标签措施。自1995年以来，WTO内已接到很多有关动植物卫生检疫方面的投诉，比如对新鲜水果的检查程序、肉类加工品的保存期限、瓶装水的要求和家禽加工方法的限制等方面的投诉。

TBT协议和SPS协议中涉及的PPM标准都是与产品有关的PPM标准，两协议的规则都要求各成员保证相关的贸易限制不要给国际贸易制造不必要的障碍。由于WTO的最基本原则——非歧视原则是以“相似产品”作为适用对象的，因此WTO规则仅对产品具有的性能和物理特性加以限制，只要具有相同的物理特性即可认为是“相似产品”，而无法反映产品物理特性的PPM标准，不能用以区分产品。换言之，基于“相似产品”概念上的非歧视原则不能溯及进口产品的生产过程和加工方法。

但是实际中，对于那些依照对环境产生损害的PPM标准生产出来的而最终性能相同的产品实施非歧视待遇显然是与环境保护背道而驰的，WTO应当制定相应的规则来处理一国通过较低的PPM标准获得比较优势的行为，但在WTO的规则中没有这样的条款规定。此外，WTO下的PPM标准规定，仅以最终产品对环境不构成损害和危险为限，对于在制造加工过程中产生的污染问题搁置不问，WTO不允许进口方对此类产品适用以PPM标准为基础的贸易限制，这样就显然无法体现WTO所倡导的环保、贸易与持续增长三者之间相互促进的宗旨。

无论是执行MEAs中的PPM标准还是一国自有的PPM标准，都不可避免地与WTO对世界贸易自由化的价值追求相冲突。MEAs中的PPM标准及各国不同的PPM标准问题确实对WTO的多边自由贸易体制提出了严峻的挑战，如何协调这种冲突对于MEAs或世界各国渴望改善全球环境状况的目标及WTO发展国际贸易的宗旨影响重大。WTO应致力于环境保护行动的统一化和国际环境立法的趋同化，制定一套能为大多数国家所接受的PPM标准。

资料来源：

[1] 张旭菲．贸易与环境：PPM问题［J］．亚太经济，1998（Z2）：60-64．

[2] 秦鹏．环境保护下的贸易限制——国际贸易中PPMs标准的法律问题探析［J］．国际贸易，2005（6）：52-55；43．

（二）WTO与MEAs激励性环境贸易措施的冲突

MEAs中的激励性措施一般是指对参与国际合作处理环境问题的国家的一种补偿机制。当参与MEAs所需承担的义务过重导致其成本过高，且预期利益又不十分确定时，许多国家可能会因此而失去合作的积极性。激励性措施就是采取积极和正面的鼓励方式，以达到补偿或帮助成员的效果。激励性措施往往能将徘徊于MEAs之外的国家包括发达国家和发展中国家吸引加入MEAs，以使MEAs确立的目标能在最广泛的国际合作下实现。此外，当一个国家加入MEAs后，因其国内问题无法履行条约义务时，激励性措施在此种情况下可确保成员有足够能力贯彻MEAs所设立的目标。

常见的激励性措施一般有提供特别待遇或优惠、技术转让、资金援助、联合执行计划、市场开放及天然资源开放等形式。其中，资金援助机制最有效率，但也最容易引发贸易摩擦。[25] 就贸易自由化的观点而言，资金援助措施可被视为一种国际环境补贴。虽然WTO的现行规定将基于环境因素而给予补贴视为不可申述补贴，但只要资金援助措施损害国际贸易的自由竞争，它就有可能与WTO的《反补贴协议》的相关规定相冲突。尤其是WTO中的发展中成员，如果其也是《蒙特利尔议定书》的成员，若接受《蒙特利尔议定书》多边基金的补贴援助，这一激励性质的资金援助能否被视为《反补贴协议》第8条第2款（C）项的不可申述补贴，是有争议的。

三、WTO与MEAs冲突解决方案

如何解决WTO与MEAs相关规则的冲突，成为国际社会面临的一个难题。一方面，当某一成员既是WTO的成员，又是多边环境协议的成员时，如果上述两个体系中的具体规定出现矛盾冲突，如何处理它们之间的关系，解决贸易与环境之间的矛盾就成为极为重要的问题；另一方面，按照WTO《关于争端解决规则与程序谅解》的规定，WTO争端解决小组的专家应是国际贸易专家，这些专家有可能缺乏有关环境方面的专门知识，可能导致审理过程和结果的不公正性。而MEAs的争端解决机制缺乏执行效果，部分协议（如《濒危野生动植物种国际贸易公约》第18条）虽也规定“提出争议的成员应受仲裁裁决的约束”，但如何约束以及不受约束的后果如何，并没有相应的规定。

为此，众多有识之士对解决两者的矛盾冲突提出了如下建议：

一是特别法优于普通法。这一法则尽管未出现于《维也纳条约法公约》中，但它仍为国际社会最常用于比较条约优先适用的法则之一。据此，对于处理同一事项的数个条约或法规，具有相对特定性的条约或法规优先于仅具有一般性的条约或法规的适用，即使一般性条约或法规制定的时间较晚。这就需要根据具体情况界定MEAs或WTO为特定的条约或法规。例如，从保护臭氧层与濒临灭绝的野生动植物角度来看，《蒙特利尔议定书》与《华盛顿公约》中的有关规定远比WTO更为特定，应优先适用。

二是后法优于前法。这一法则的运用仅为相对的，而非绝对的。“后法优于前法”通常只适用于相同成员所缔结的新、旧条约之间的关系。在成员完全相同时，新条约才能优先于旧条约，故先后缔结于不同成员间的条约并不因时间关系而有绝对的优先适用关系。因此，WTO与某一MEAs之间的成员必须全部相同，才能援引这一法则。

三是在条约本身就明确表示它与相关条约的关系时，解决优先适用问题。运用这一法则可能是解决MEAs与WTO相关争议较为理想的方式，在这方面已有成功的先例。[26] 例如，《北美自由贸易协定》(NAFTA) 明示，当该协定中的义务与MEAs（《华盛顿公约》《巴塞尔公约》《蒙特利尔议定书》）的特别贸易条款不相容时，应以后者优先适用；《华盛顿公约》规定，在特定的情况下，其成员在部分关于海洋物种保护公约或协定下的权利与义务优先于其在《华盛顿公约》下的权利与义务。

尽管WTO协定第5条规定"总理事会应进行适当安排，以其权责与WTO有关的其他国际性政府间组织有效合作"，但这一规定仍然不足以明确表明WTO与MEAs的关系。理想的办法是，WTO参照《北美自由贸易协定》等的模式对MEAs设立特别除外规定，则两者间的潜在冲突有可能得以缓解或消失。

同时，各国站在不同的立场上，对WTO和MEAs的改进也提出了一些看法，主要有：

(1) 维持现状法。维持现状法是由印度、尼日利亚、埃及等成员提出的。大多数发展中成员持这一观点。这些成员认为WTO协定有许多条款允许为了环境的目的使用贸易措施，足够支持环境保护目标。[14] 它们认为对于国内环境而言，WTO协定并不排斥各国以国内立法规定非歧视性的有关环境贸易措施；对处于国家管辖范围之外的环境而言，WTO体制则希望通过多边贸易措施而不是单边贸易限制措施来达到保护环境的目的。维持现状的方法寻求在不修改WTO规则的情况下通过多种方式解决WTO与MEAs的关系问题。这些成员认为，现有WTO规则已足以涵盖以保护环境为目的而采取的贸易措施（如关于一般例外的GATT第20条），如果依照某些发达国家的主张修改WTO规则来适应MEAs，那么这将使发达国家单方面所采取的高环境标准在WTO内得到多边化，赋予发达国家侵害发展中国家的权利。

但实际上，WTO规则的内容并没有完全覆盖MEAs下环境贸易措施，而且到目前为止，WTO规则中关于环境的条款，内容并不十分明确，缺乏可操作性。[27] 尽管WTO争端解决机构在处理具体争端时，对某些规定进行了比较详细的解释，增加了这些规定的可操作性，但是争端解决机构的裁决并没有立法效果，它只对具体争端本身和争端当事各方具有法律约束力，因此这种提议并不十分理想。

(2) 微调法。这是某些发达国家包括新西兰、加拿大等国主张的。它们认为应制定某些"指南"或"谅解书"，并在其中设置相应的标准来判断一项MEAs及其所包含的贸易措施是否符合WTO规则，如环境目标是否具体明确、是否存在关于环境问题的科学证据、谈判过程是否开放透明等。

(3) 豁免义务法。豁免义务法又称事后解决方法，由埃及、东南亚国家联盟和中国香港首次提出，其具体内容是：当一成员在世界贸易组织法下的义务与多边环境协议项下的义务发生冲突时，运用GATT第5条"缔约方联合行动"和WTO协定第9条第3款、第9条第4款（决策）的规定，豁免有关成员在世界贸易组织法下的义务，允许其履行多边环境协议下的义务。这种方法的优点是可以保证所建议的贸易政策集中于有关的环境问题上，并且符合透明度的要求，不需要每个WTO成员的批准，能够得到多数成员的支持，避免以环境保护为借口滥用贸易措施实施贸易保护主义。然而，这种方法也有其弊端。第一，这种投票通过的义务豁免，实际上是把多边环境协议的效力置于WTO的豁免之下，暗示着自由贸易的目标高于包括环境在内的任何其他考虑，这很容易引起环保组织的激烈批判。值得注意的是，MEAs大多是由缔约方环保部门或渔业部门的代表谈判和签署的，这些专业人士自然不希望他们所讨论制定的MEAs的最终决定权落在由非环境方面的专业人士成立的WTO的手中，即不希望缔约方履行MEAs义务的能力取决于WTO成员的联合行动。因此，这种方法实施的可能性不容乐观。第二，第25条的豁免需要经过每年一度的审查，是否能够得到豁免，也是不确定的，而贸易与环境问题是一个愈来愈深刻的社会问题，用此种临时性的豁免来解决并不妥当。

（4）激进法。在GATT 1994第20条中增加适用于MEAs贸易措施的规定，这种方法又称事前解决法或增补修订法，是由欧盟率先提出的。然而修改GATT第20条，对依据MEAs所采取的贸易措施在WTO框架内明确给予承认，则会对那些非MEAs缔约方的WTO成员增加MEAs所规定的权利与义务，这有违“条约不得为第三方创设权利与义务”的国际法原则；大多数发展中国家认为，GATT 1994第20条用词的弹性已经为环境保护提供了足够的空间，因此完全没有必要对WTO规则尤其是第20条做出修正，这也是贸易与环境委员会的官方立场。但在此之前，还应当为MEAs设定一些条件：①平等地向所有对MEAs环境目的感兴趣的国家开放；②体现生产国、消费国、出口国和进口国等诸方面的利益；③使用贸易措施的情况应向世界贸易组织进行通知；④仅为合法的环境目的使用贸易限制。[28]

（5）解释术语法。解释术语法也称澄清WTO规则。鉴于成员之间因环境问题引发的贸易争端很大程度上是因为世界贸易组织法许多条款或术语含糊不清，以欧盟和瑞士等为代表的成员方提议在WTO内部通过一个关于WTO与MEAs规则关系的谅解或指南，或者是修订WTO规则（特别是第20条“一般例外”），这样可以依据程序的和实质性的标准来处理贸易与环境的关系。具体操作起来，方式有两种：一是在WTO总理事会主持下由各成员方通过一项专门的协定解释；二是利用世界贸易组织的争端解决机制，由总理事会统一包含有关条款或术语解释内容的专家组报告或上诉机构报告。如世界贸易组织争端解决第一案——委内瑞拉诉美国精炼石油案中，上诉机构就在其报告中利用《维也纳条约法公约》中的条约解释规则对GATT第20条的引言和有关术语作了有利于环境保护的宽泛解释。

（6）专门协定法。专门协定法也称机构合作。瑞士提议由WTO全体成员通过一项“解释性的决定”，在相互支持和相互区别的基础上采取综合的方法处理二者关系。这种方法的倡议者主张分析MEAs的环境影响，研究MEAs与WTO规则之间的矛盾与协调，努力达成一项贸易与环境的专门协定。这是在多边贸易体制的框架下对世界贸易组织法变革力度最大的一种方法。这种方法即在世界贸易组织的主持下，与联合国环境规划署、经济合作与发展组织等国际组织通力合作，发动新一轮多边贸易谈判——绿色回合，从以下三个方面评审世界贸易组织在贸易与环境问题上的法律与实践——各项贸易协定中规定的实体义务和原则、有关争端解决和相关决策的程序机制、主要参与方在实际和预计会发生冲突的领域所持的观点；同时，制定一份国际社会和各个国家现有的各种环境保护法规、政策和措施的清单，分析其对国际贸易产生的各种影响，研究其与世界贸易组织法有关规定的冲突与协调情况，然后努力达成一个贸易与环境的专门协定。采取这种方法的理由在于处理现有的WTO规则与MEAs之间的冲突，条约法上的冲突解决规则显得无能为力。另外，许多发展中国家反对对WTO规则作任何修改，以有利于

MEAs。所以，就立法而言，人们认为探讨现有条款的替代方案、订立专门协定是更为可取的办法。

（7）自愿协商机制。自愿协商机制是由新西兰提出的，其内容是：①在起草或开始一项依据某个MEAs的贸易措施时，应当确保成员之间充分的协商，以便找到经济上最有效的解决方法。这种协商具有自愿和非正式性质，可以是MEAs的成员之间协商，也可以与非成员协商。②促进WTO与UNEP、NGOs和MEAs的秘书处之间的对话；鼓励各成员在依据某个（既有的或将来的）MEAs制定贸易措施时，仔细界定措施，避免解释上的冲突。该提议的基本目标是在不改变WTO既有规则的前提下避免冲突的产生，这被视为以务实合作的方式来协调WTO与MEAs规则的关系。尽管这一提议并不能保证在所有情况下问题的解决，但是有助于WTO和MEAs内部贸易与环境政策的相互协调。

（8）建立专门的世界环境组织。随着全球治理的兴起，20世纪90年代有人提议建立世界环境组织（World Environment Organization，WEO）来解决环境问题。从理论上看，WEO是非常好的处理环境问题、协调贸易与环境问题的国际机构，但是在现实中，许多国家反对建立WEO，再加上建立新的全球性国际组织需要相当长和复杂的程序，还需要协调各国之间的各种利益和矛盾，因而在短期内该机构是不可能建立起来的。即使能够建立，也会因为诸多国家的反对而失去其权威性。在WEO无法在短期内建立起来，现有的处理环境问题的国际机构又不适宜成为协调环境与贸易问题的主要框架的情况下，环境与贸易问题的协调责无旁贷地落到了WTO体制上。因为，首先，WTO具有重要的国际影响力，并且已经积累了解决环境与贸易问题的一定经验。其次，WTO具有解决环境与贸易问题的足够的组织基础和政治支持。最后，现有的一些区域贸易机制（比如NAFTA）处理环境与贸易问题也具有一定的经验，可供WTO体制借鉴。所以，从现实性和可能性来看，环境贸易措施与WTO的关系和协调贸易与环境关系问题还是应该放在WTO框架下处理。

章末案例 ◎ 美国、加拿大、澳大利亚等国诉欧盟荷尔蒙（激素）牛肉案

一、案情介绍

从1981年开始，欧盟相继发布一系列指令，禁止进口使用荷尔蒙添加剂生产的牛肉。

美国、加拿大、澳大利亚和新西兰认为欧盟的措施违反SPS协议和GATT 1994的第1、3条等条款。在经过磋商未达成协议后，1996年美国和加拿大等国先后要求WTO成立专家组审查争端。

欧盟对荷尔蒙牛肉的限制起因于20世纪70年代法国在养殖小牛时使用了荷尔蒙，以及意大利使用荷尔蒙生产的牛肉被婴儿食用后引起伤害。

根据SPS协议，为了保护人、动物或植物的生命健康，一个国家有权采取卫生与检疫措施，但应遵守一定的条件[1]：一是要以国际标准为依据并保证透明度等；二是必须以科学原理为依据，不得对成员造成歧视和对国际贸易造成变相限制。由于该案涉及较强的技术问题，专家组向技术专家请求帮助。该案涉及6种荷尔蒙，其中5种存在国际标准，有两项指标，即每日可摄入量和最大残留量，必须以科学的风险评估为基础。专家组认为，欧盟没能做到这一点。欧盟没有证明荷尔蒙（如果使用恰当）会

对人类生命或健康造成危险。完全禁止使用激素生产的牛肉，是缺乏依据的。同时，专家组认为欧盟对3种天然荷尔蒙的态度和措施不同于人工荷尔蒙，这种差异是任意的和无理由的。

专家组裁定欧盟的措施没有以风险评估为依据，在实施中存在任意或不合理的歧视和变相限制，违反了SPS协议的第5.1、5.5和3.1款的规定。争端解决机构要求欧盟修改其措施，使之符合SPS协议的规定。

1997年9月，欧盟向WTO争端解决机构提出上诉。1998年年初，上诉机构提交了报告。该报告基本上维持了专家组的意见，但在某些问题上观点有不同。例如，关于举证责任，专家组认为实施检疫措施的一方负有举证责任。上诉机构认为，实施检疫措施的一方应保证"措施的实施只是为了保护人类、动物或植物生命健康"，是否遵守了国际标准，它没有义务举证，应当由申诉方提出初步证据证明实施方没有遵守国际标准，然后举证责任才转移到被申诉方。另外，上诉机构认为，专家组对待欧盟不应该以不同态度看待天然激素，这是错误的。天然的和合成的激素，应当区分其作用是治疗还是催长并加以区别对待，这是可以理解的。

最后，上诉机构亦确认欧盟违反SPS协议，建议争端解决机构要求欧盟修改。通过仲裁确定执行的合理期限为15个月，但欧盟表示不能达到要求。美国和加拿大要求争端解决机构授权其进行报复，停止对欧盟的关税减让。仲裁确定美国的受损金额为1.168亿美元，加拿大为1 130万加元。1999年7月26日，争端解决机构授权美国和加拿大就仲裁确定的受损额对欧盟产品暂停关税减让。

二、案情分析

本案例是WTO成立后，基于SPS协议处理的第一案，其特殊性在于荷尔蒙的危害性在科学上尚无定论，包括来自欧盟自身科学机构的研究都表明：尚未发现荷尔蒙危害人体健康的确凿证据。[2]

第一，是对"风险预防原则"进行严格控制。风险预防原则是指"为了保护环境，各国应按照本国的能力，广泛采用预防措施。遇有严重或者不可逆转损害的威胁时，不得以缺乏科学充分确实证据为由，延迟采取符合成本效益的措施以防止环境恶化"。它出现于众多国际条约中，被认为是国际环境法的基本原则之一。本案中欧盟主张其根据风险预防原则而采取的措施符合SPS协议。专家组和上诉机构拒绝就该原则是否已成为习惯国际法做出评论，但认定风险预防原则无法取代或优先适用于SPS协议关于风险评估的规定，成为独立抗辩的理由。

第二，是对"基于国际标准的含义"予以宽松解释。SPS协议第3条第1款规定：成员的SPS措施应"基于"现有的国际标准、指南或建议。本案专家组将"基于"一词解释为"遵循"。上诉机构推翻了专家组的意见，认为此处的"基于"不同于"遵循"，成员的措施只需"参照"国际标准的个别内容即为满足"基于"之要求，而不必完全遵循国际标准。

第三，是对风险评估和SPS措施之间的关系进行了宽松解释。SPS协议第5条第1款要求SPS措施必须以风险评估为基础。首先，专家组将风险评估和SPS措施之间的关系解释为：风险评估的结论与SPS措施所暗示的观点必须存在一致性。上诉机构推翻了该观点，认为二者之间只需要存在"合理关系"就满足了以风险评估为基础的要求。其次，专家组将风险评估和SPS措施之间的关系解释为一种“主观联系”，即在采取SPS措施以前，成员方已采取风险评估，并在主观上是基于对此风险的认识而采取SPS措施。上诉机构同样推翻了该观点，将二者关系理解为一种“客观关系”，即成员方只需争议发生后，能提供证明风险存在的证据即足以满足第5条第1款。

第四，是对风险评估中应当考虑的因素进行了开放式解释。SPS协议第5条第2款对风险评估时需考虑的因素加以罗列，但对该罗列是否穷尽罗列没有规定。上诉机构认为，此处并不是穷尽列举，风险评估中考虑的因素应当是开放性的，既不必局限于第5条所罗列的自然因素，也不必局限于实验结论。此外，指导风险评估的科学理论也不必是“通说”或“主流理论”。

第五，是对PPM措施继续坚持放松限制的基本立场。本案中欧盟完全禁止进口添加了荷尔蒙的牛肉，但对自身含有天然荷尔蒙的牛肉不加控制。这实际上是一种PPM措施，即要求牛肉生产过程中不得添加荷尔蒙。专家组认为：既然两种牛肉都有荷尔蒙，故欧盟构成了武断的、不合理的区别对待。上诉机构却推翻了此观点，否认存在区别对待。这样就继续坚持了海龟海虾案中对PPM措施放松限制的立场。

资料来源：

[1] 张爱娥，戈琳. WTO争端解决机制的若干问题评析［J］. 社会科学论坛，2006（11）：58-60.

[2] 张磊. 论WTO对环境贸易措施的放松趋势——以五个典型案例为视角［J］. 世界贸易组织动态与研究，2009（1）：8-13；7.

思考题：

（1）WTO贸易规则与环境规则有哪些需要协调之处？你对本案的处理是如何理解的？

（2）通过本案分析你是否对SPS协议有了深入的了解？这个协议与TBT协议有什么联系与区别？

（3）本案与海龟海虾案对PPM措施的理解和适用有什么不同？

本章小结

1.GATT第20条“一般例外”中（b）款和（g）款在实践中通常被作为采取环境保护措施的基本条款。“本协定的规定不得解释为禁止缔约方采用或加强以下措施，但对情况相同的各缔约方，实施的措施不得构成武断的或不合理的差别待遇，或构成对国际贸易的变相限制：（b）为保护人类、动植物的生命或健康所必需的措施；（g）与国内限制生产与消费的措施相配合，为有效保护可能用竭的自然资源的有关措施。”GATT第20条“一般例外”中（b）款的实施必须具备的条件：一是国内要有限制相关的生产和消费的措施，与其对其他国家实行的措施相配合，即不仅针对进口的产品，也针对国内的产品（体现了国民待遇原则）；二是其目的是有效保护可能用竭的自然资源，既包括国内资源，也包括国外资源；三是对情况相同的各国，实施的措施不得构成武断的或不合理的差别待遇或构成对国际贸易的变相限制。

2.WTO协定不仅提到了要充分利用世界资源，并且是可持续发展地利用，从而为解决环境问题与贸易之间的纠纷提供了一个可以进行平衡的杠杆。

3.《技术性贸易壁垒协议》与环境有关的规定包括：（1）承认不应阻止任何国家在其认为适当的程度内采取必要的措施，来确保它的出口货物的质量，或保护人类、动物或植物的生命或健康以及保护环境，或阻止欺诈行为，只要这些措施不致成为歧视或隐蔽限制措施。(2) 技术法规和标准，包括对包装、标志和标签的要求，以及对技术法规和标准的合格评定程序不要给国际贸易制造不必要的障碍；(3) 发展中国家在制定和实施技术法规、标准以及对技术法规和标准的合格评定程序上可能遇到特殊困难，希望对它们给予协助。

4.《农产品协议》中有关环保的直接规定涉及与环境规划项目有关的国内支持措施不在削减之列。

5.《补贴与反补贴措施协议》规定不可诉补贴分成两类：一类是不具有专向性的补贴，即具有普遍性的补贴，不会基于WTO的相关规定而引起任何反补贴措施；另一类是政府对科研、落后地区以及环保的补贴。

6.《实施动植物卫生检疫措施的协议》的大部分内容与生态环境保护密切相关。协议规定，不应阻止各成员方采纳或实施为保护人类、动植物的生命或健康所必需的措施。但这些措施的实施不应该违反非歧视原则，也不能构成变相的限制。

7.WTO环境规则与自由贸易、可预见性市场准入、非歧视和公平待遇等贸易规则之间存在矛盾，有待新一轮贸易谈判获得解决，而在多哈回合谈判中各成员观点和立场又各有不同。

8.WTO框架下“低碳贸易措施”既有合法性，又有壁垒性和歧视性。

9.WTO环境规则与MEAs贸易规则在非歧视原则、数量限制原则和PPM标准等方面均存在一定的矛盾和冲突。

专业词汇

SPS协议　GATT第20条　与环境有关的贸易措施　环境补贴　环境标准

思考题

一、多项选择题

1.世界贸易组织对贸易与环境问题的基本立场和原则包括（　　）。

A.允许各国采取环境保护措施

B.解决贸易与环境冲突采取双轨制

C.比较强调一国的环境措施不具有域外效力

D.对多边环境协议基本认同

2.环境贸易措施可简单地分成三大类，分别是（　　）。

A.基于国内环境立法的单边贸易措施

B.不应该有加工方式和环境标准歧视措施

C.MEAs成员采取的单边环境保护措施

D.MEAs中直接规定的与贸易有关的环境保护措施

3.DSB处理涉及环境问题的国际贸易争端具有独有的优势，包括（　　）。

A.运用严格的程序处理环境纠纷

B.以贸易规则中环保措施为依据，减少了侧重贸易的传统偏见

C.争端解决机制允许DSB向有关的环境专家及科学家咨询请教

D.DSB裁定有利于广大发展中国家在世界贸易组织内寻求“绿色贸易壁垒”问题的解决

4.以下贸易规则或原则与WTO环境规则有矛盾的是（ ）。

A.自由贸易规则

B.可预见性市场准入规则

C.公平待遇原则

D.非歧视原则

5.国际社会对碳关税支持的理由主要有（ ）。

A.碳关税可以使得各国产品得到统一的法律约束和达到相同的环境标准

B.碳关税可以促进新能源行业的发展

C.碳关税作为国际碳减排的谈判武器，可以使得发展中国家提高重视程度

D.可以增进世界人民的福祉

二、判断题

1.SCM协议第8条第2款（c）项将不可诉补贴分成两类：一类是不具有专向性的补贴；另一类是政府对科研、落后地区以及环保的补贴。（ ）

2.SPS协议的大部分内容与野生动植物保护密切相关。（ ）

3.WTO框架内各法律文件规定了一系列较为完备的基本规则，如非歧视待遇（包括最惠国待遇、国民待遇）、禁止数量限制、限制非关税壁垒、反对政府补贴等，并不需要特殊规则。（ ）

4.基于国内环境立法的单边贸易措施不可能构成国际贸易扭曲，并损害别国的贸易利益。（ ）

5.多哈回合谈判的环境规则最后获得了成功。（ ）

三、简答题

1.简述世界贸易组织对贸易与环境问题的基本立场和原则。

2.试对WTO协定中与环境有关的内容进行评价。

3.运用所学知识对案例进行分析、点评：

为保护国内的水产加工业，加拿大政府按照《1976年加拿大渔业法案》发布禁令，禁止未加工的鲱鱼和鲑鱼出口。美国的水产加工业提起诉讼，要求美国也禁止未加工的鱼类出口，美国政府驳回了这一要求，同时向GATT申述，要求加拿大取消禁令，称这些措施与GATT不相符。加拿大认为这些出口限制措施是旨在保护鱼类储量的渔业资源管理体系的一部分，因此按照GATT规定是正当的。GATT专家组认定加拿大所保留的措施违反了GATT规定。

本章参考文献

［1］朱永安. 环境视角下的国际贸易：对绿色壁垒的一项系统研究［D］. 上海：复旦大学，2003.

［2］刘惠荣. 论国际贸易与环境保护的法律协调［D］. 青岛：中国海洋大学，2004.

［3］章汉明. 我国维生素E出口面临的问题及对策［J］. 时代经贸（下旬刊），2008（6）：84-85.

［4］宗欣. 入世十年十大经典案例解析［J］. 中国对外贸易，2012（1）：74-77.

[5] 殷勇磊. 论WTO争端解决机制下的法庭之友制度 [D]. 上海：华东政法学院，2005.

[6] 张娟. 世界贸易组织中贸易与环境问题研究 [D]. 北京：对外经济贸易大学，2002.

[7] 董虹. 论贸易政策与环境政策之间的关系 [D]. 北京：对外经济贸易大学，2002.

[8] 李晖. WTO体系下贸易与环境的法律协调 [D]. 上海：复旦大学，2010.

[9] 张勇. 论国际贸易中的绿色壁垒 [D]. 兰州：兰州大学，2008.

[10] 彭溆. 论WTO发展中成员对待贸易与环境问题的立场 [J]. 政治与法律，2004 (6)：88-92.

[11] 王娜. 国际法对转基因产品国际贸易的管制 [D]. 北京：中国政法大学，2005.

[12] 赵绘宇. 试析WTO与生物多样性公约之关系及我国的法律应对 [C] //国家环境保护总局，中国法学会环境资源法学研究会，西北政法学院. 适应市场机制的环境法制建设问题研究——2002年中国环境资源法学研讨会论文集（下册）. 中国法学会环境资源法学研究会，2002：5.

[13] 田路. 多边环境协定与多边贸易体制的冲突与协调 [D]. 重庆：重庆大学，2005.

[14] 陶丹. 论环境贸易措施与GATT/WTO规则的法律冲突及协调 [D]. 泉州：华侨大学，2006.

[15] 叶剑. 环境对国际贸易的影响与我国的对策 [D]. 厦门：厦门大学，2000.

[16] 陈晓文. 区域经济一体化：贸易与环境 [D]. 青岛：青岛大学，2007.

[17] 张华平. WTO体制下贸易自由原则与环境保护的协调 [D]. 北京：中国政法大学，2004.

[18] 朱敏. 低碳时代WTO环境规则的问题与适用新发展研究 [D]. 南京：南京财经大学，2011.

[19] 王海峰. 世界贸易组织框架下的环境保护机制探析 [J]. 辽东学院学报（社会科学版)，2007 (1)：50-56.

[20] 张瑞芳. 碳关税的实施机制及其对我国出口贸易的影响 [D]. 合肥：安徽大学，2013.

[21] 熊雯. 中国工业品出口结构低碳转型问题研究 [D]. 南昌：江西财经大学，2010.

[22] 吴双全，胡晓红. 绿色壁垒之法律范畴研究 [J]. 兰州大学学报，2003 (6)：83-87.

[23] 曹萍. 循环经济视角下中国贸易发展模式转型研究 [D]. 青岛：青岛大学，2008.

[24] 韩宇鹏，钟筱红. WTO环境贸易规则与多边环境协议冲突及其解决 [J]. 江西社会科学，2004 (9)：180-185.

[25] 杨桔. 区域贸易协定框架中的国际环境合作研究 [D]. 武汉：武汉理工大学，2007.

［26］姚新超．世贸组织与国际多边环境协议的潜在冲突及解决方式［J］．国际贸易问题，2004（11）：83-86.

［27］朱安平．论WTO规则与多边环境条约之间的冲突及其解决［D］．郑州：郑州大学，2006.

［28］陈立虎．论WTO规则与MEAs贸易条款的协调［J］．国际经济法论丛，2002，5（1）：68-81.

第七章 环境贸易壁垒

导读

到目前为止，地球是人类唯一赖以生存的家园，珍爱和呵护地球是人类的唯一选择。党的二十大报告明确提出："促进世界和平与发展，推动构建人类命运共同体。"这一思想是对中华优秀传统文化的创造性转化和创新性发展，是对马克思列宁主义的继承、创新和发展，是对新中国成立以来我国外交经验的科学总结和理论提升。贸易与环境是新时期关乎国计民生的重大议题。党的二十大报告强调"发展数字贸易，加快建设贸易强国""深入推进环境污染防治"。

随着全球生态环境问题的日益严重，环境与贸易的冲突也越来越激烈，从而使贸易保护主义从传统的关税壁垒逐渐转向非关税壁垒，而环境贸易壁垒作为一种新型的非关税壁垒就应运而生了，发挥着越来越重要的作用，并成为发达国家以保护环境为名限制发展中国家进出口贸易的一种工具。

一方面，环境贸易壁垒措施涉及的领域越来越广泛，不仅对产品本身提出绿色环保要求，还对整个产品生命周期的各个环节均提出了绿色环保的要求；另一方面，环境贸易壁垒的使用频率越来越高，成为继反倾销措施以后的又一重要贸易措施。

作为环境保护和贸易保护结合的产物，环境贸易壁垒具有一定的合理性，但也有一定的危害性。

本章主要介绍全球环境贸易壁垒的产生及其原因，要求着重了解全球绿色贸易壁垒的种类以及特点，掌握绿色贸易壁垒对中国出口贸易的影响，了解绿色贸易壁垒对中国具体产业的影响以及中国应对绿色贸易壁垒的对策。

章首案例　警惕欧盟环境激素管理壁垒

人们对“激素”这个名词并不陌生，但对“环境激素”有可能还不是很了解。众所周知，在正常情况下，人和其他脊椎动物能根据自身各个生长阶段的需要合成各种代谢调节物质，即内分泌激素，如脑垂体、肾上腺、甲状腺、卵巢、睾丸等。虽然体内激素的含量极少，但正是因为有了它，自然界中的生物才得以进行正常的新陈代谢、生长发育。然而，近些年来人类不断发现一些存在于生物机体之外的、具有与生物内分泌激素作用类似，能扰乱生物正常内分泌的化学物质。当这些化学物质进入生物体后，会很容易与它们的“受体”相结合，诱使机体渐渐改变某些生物化学反应，这类物质被称为环境激素，又称环境荷尔蒙。

环境激素原本被称作内分泌干扰物质（Endocrine Disrupting Chemicals，EDCs），是一种外源性干扰内分泌系统的化学物质，指环境中存在的那些能干扰人类或动物内分泌系统诸环节并导致异常效应的外因性化学物质。常见的环境内分泌干扰素包括烷基酚、邻苯二甲酸盐、多溴联苯醚、六溴环十二烷、四溴双酚 A、双酚 A、多氯联苯、二甲苯麝香及多环麝香等物质。它们通过环境介质和食物链进入人体或野生动物体内，并不直接作为有毒物质给生物体带来异常影响，而是类似雌激素对生物体起作用，即使数量极少，引起内分泌系统和生殖功能系统紊乱，让生物体的内分泌失衡，出现种种异常现象，影响后代的生存和繁衍。

2012 年 2 月，欧盟委员会发布一篇报告，预备为环境内分泌干扰素设立一个单独的监管法案，使其纳入欧盟 REACH 法规或植物保护产品法规（PPP 法规）的框架体系之内。2012 年 4 月，在丹麦举行的欧盟环境部长会议上，各方达成协议寻求如何将环境激素监管工作纳入欧盟第七环境行动计划（7EAP），据悉 7EPA 制定了 2020 年欧盟计划完成的环境政策有限管理内容。2012 年 5 月，欧盟环境署（EEA）发布了 1996—2011 年环境激素对野生动物、人类及其所处环境影响的综述报告。2012 年 6 月，欧盟委员会举行围绕环境激素的邀请会，陈述和讨论环境激素对人类及环境的威胁、如何识别环境激素及预期达到的政策目标。会议成果被吸收进入委员会的环境激素相关活动方案中，并被引入物质的内分泌干扰特性识别判断标准中。

纺织服装中的环境激素问题一直为世界各国所关注，许多发达国家和地区很早就已开始限制环境激素——壬基酚聚氧乙烯醚的使用。欧盟 2006 年签发的 REACH 法规中，明确禁止壬基酚、壬基酚聚氧乙烯醚在纺织生产行业中使用。据了解，壬基酚聚氧乙烯醚是目前全球商用第二大类的非离子表面活性剂，在纺织品生产中常被用作表面活性剂，经洗涤被排放到环境中会迅速分解成壬基酚，对环境和人类健康造成威胁。壬基酚是一种公认的环境激素，干扰水生生物、哺乳动物、人类内分泌及生殖系统，与人类生殖能力下降、不育症、生殖功能障碍以及癌症有关。

其实，不仅仅是欧盟在逐步强化环境激素管理，世界各国，尤其是发达国家对内分泌干扰物的管理都在逐步加强。一些国际著名服装公司被曝光因产品含有环境激素类物质而引起舆论哗然，这也说明了公众对该类物质的关注。2011 年年初，国家环保部（现生态环境部）和海关总署发布的《中国严格限制进出口的有毒化学品目录》中首次将壬基酚和壬基酚聚氧乙烯醚列为禁止进出口物质，但尚未对国内有关产品的壬基酚聚氧乙烯醚含量做出相应限制规定。

中国是纺织服装生产大国，并且已成为全球国际品牌的重要生产基地之一，其中有 1/5 是出口到欧盟。如欧盟全面禁止市场上出售含有壬基酚聚氧乙烯醚的纺织品，势必会对中国纺织品出口造成巨大冲击。

资料来源：朱其太，薛庆波. 警惕欧盟环境激素管理新壁垒 积极应对促出口 [J]. 中国检验检疫，2012（10）：49-50.

案例思考：

（1）欧盟对环境激素的管理是否属于环境贸易壁垒？此类环境管理措施是否非常必要？为什么？

（2）根据欧盟的规定，中国纺织业会受到怎样的冲击？应如何应对？

（3）若因欧盟的环境激素管理而产生贸易摩擦，双方应援引哪些法律条款进行攻防？

第一节
全面认识环境贸易壁垒

一、环境贸易壁垒的特点、分类及产生的背景

环境贸易壁垒又被称为绿色壁垒、绿色贸易壁垒、环保壁垒等，是指在国际贸易中一些国家以保护生态资源、生物多样性、环境和人类健康为借口，设置一系列苛刻的高于国际公认的环保法规和标准，对外国商品进口采取的准入限制或禁止措施。环境贸易壁垒产生于20世纪80年代后期，90年代开始兴起于各国。例如，美国拒绝进口委内瑞拉的汽油，因为其含铅（Pb）量超过了本国规定；欧盟禁止进口加拿大的皮革制品，因为加拿大猎人使用的捕猎器捕获了大量的野生动物；从20世纪90年代开始，欧洲国家严禁进口含氟利昂冰箱，导致中国的冰箱出口下降了59%等，都是一些典型的环境贸易壁垒。

（一）环境贸易壁垒的特点

环境贸易壁垒与其他贸易壁垒比较，具有以下一些特点：

一是广泛性。环境贸易壁垒保护的范围极其广泛，它涉及资源环境与人类健康有关商品的生产、销售方面的规定，凡是与自然资源、生态环境、人类健康有关的商品贸易均在保护之列。

二是合理性。环境贸易壁垒抓住了保护世界资源、生态环境和人类健康这一当今世界共同面临的严峻问题，在环境污染日益严重、生态环境遭到极大破坏的大背景下，人们对生存环境和生活质量的要求越来越高，环境保护理念越来越被认同。因此，以保护环境为目的的贸易保护措施在合理性方面往往占有比较大的优势。

三是合法性。很多环境贸易壁垒都是以一系列国际和国内公开立法作为依据的，尤其是发达国家往往先通过环保立法，再设定环境贸易壁垒，因此具有形式上的合法性。实际中，多数国家在制定、实施这类措施时都倾向于援引WTO的“一般例外”条款以及国际环境公约，作为其法律依据。比如，WTO的例外条款的“为保护人类和动植物的生命和健康所必需的措施”（第2条）和“与国内限制生产与消费的措施相配合为有效保护可能用竭的自然资源的有关措施”（第7条），均是最常被引用的。同时，一些贸易规则含义较宽，语言模糊，也为缔约方以环境保护为名行贸易保护之实提供了借口。

四是隐蔽性。环境贸易壁垒一般不设限专门针对哪个国家，表面上是一视同仁，在贸易法规和国际公约的具体执行过程中，各种检验标准往往依据进口国自身与其他国的具体情况而设置，环境保护措施的负责性和严密性往往掩盖了它的歧视性。因此，环境贸易壁垒具有一定的隐蔽性，不易引起贸易摩擦。

五是主观性。由于多种原因，WTO国际环境保护规则都带有一定的倾斜性，即对发展中国家很少做出差别或优惠安排。而事实上，一般的技术和环境标准都由发达国家做出，也就是说，绿色壁垒标准的主观性为发达国家自由行使贸易保护开了方便之门。[1]

正因为有这些特征，环境贸易壁垒成为很多发展中国家进行对外贸易的最大障碍。

（二）环境贸易壁垒的分类

从严格意义上讲，环境贸易壁垒就是贸易限制措施的一种，即以环境保护为由的贸易限制措施。贸易限制措施包括出口限制措施和进口限制措施，一般来说，贸易壁垒指的就是进口限制措施。因此，环境贸易壁垒确切地讲就是以环境保护为目的的进口限制措施。

环境贸易壁垒措施具有广义与狭义之分。所谓广义的环境贸易壁垒，除了各国以保护环境为目的而采取的进口贸易限制措施之外，还包括国际和区域性的环保公约、国别环保法规和标准、检验和检疫要求、包装与标签要求、ISO14000环境管理体系和环境标志等自愿性措施，以及生产和加工方法及环境成本内在化要求等。但在未加特殊说明时，环境贸易壁垒指的是狭义概念。

目前，一些研究者将狭义和广义环境贸易壁垒作出以下定义：狭义的环境贸易是指一国以保护生态环境和人类健康为名，以限制进口、保护贸易为目的，对外国产品进口专门设置的带有歧视性或正常环保并无必要的贸易障碍。广义的环境贸易壁垒是指商品进口国以保护人类健康和环境为名，通过颁布、实施严格的环保法规和苛刻的环保技术标准，以限制国外产品进口的贸易保护主义措施。因此，环境贸易限制措施有单边和多边之分，狭义的就是单边的，广义的就是多边的，同时有合理与非合理、常规与非常规之分。

环境贸易壁垒实施的目的不尽相同，有的是以环境保护为目的而采取的贸易限制措施，也有的是以贸易限制为目的而采取的环境管理措施，但是环境保护与贸易保护的界限微妙而模糊，正当的环境例外措施与变相的贸易保护主义往往真假难辨。这也正是国际环境与贸易领域不断产生争端的主要原因。一国政府以环境保护为由采取的贸易限制措施，或以贸易保护为目的而采取的环境管理措施，能否经受其他国家的挑战和WTO机构的审查，能否满足WTO环境例外条款和有关国际环境公约是问题的关键。所以，环境贸易壁垒是一个游荡在合法与非法、合规与非合规之间的“幽灵”，在国际贸易活动中只有扼住它的咽喉，才能有不断取胜的可能。

小知识 7-1 关于环境贸易措施

让我们来了解两个容易混淆的概念：与环境有关的贸易措施（Environment Related Trade Measures，ERTMs）和与贸易有关的环境措施（Trade Related Environmental Measures，TREMs）。

各国学者以及国际组织至今都没有对以上两个术语给出较为一致的界定，但是目前为止有两种观点比较流行：一种认为不管是与环境有关的贸易措施还是与贸易有关的环境措施，二者只是用语上的侧重点不同，其概念的内涵是一致的。另一种则是亚太经合组织（APEC）在一份考察报告中对 TREMs 所做的区分。APEC 按照这些措施是否直接调整或限制贸易，将 TREMs 定义为“为环境保护之目的而作为国内政策或根据区域及多边协定采行的具有重大的附带贸易效果的法律、法规以及行政措施”。根据该定义，TREMs 既适用于国内，又适用于国际货物和服务贸易，而且在概念及外延上包括环境税、环境标准、环境标志等一些不直接限制贸易，但对贸易产生重大影响的措施。APEC 将 ERTMs 定义为“为环境保护之目的而作为国内政策或根据区域及多边协定采行的直接调整或限制货物贸易和服务贸易的法律、法规及行政措施”。ERTMs 仅适用于国际货物和服务贸易，其外延相对 TREMs 就非常清楚，仅限于贸易法的范畴之内。

因此，把 TREMs 界定为国内措施、把 ERTMs 界定为贸易措施是有其合理性的。以上是基于理论上对两个术语所做的区分，但在实践中二者有时是很难区分的。有些 ERTMs 恰恰是规定在环境法当中，有些 ERTMs 则是实施 TREMs 的结果。在 APEC 的区分基础上，有的国外学者也将与环境有关的贸易措施称为环境贸易措施（Environmental Trade Measures，ETMs）。

资料来源：庄宁．单边 PPM 环境贸易措施法律问题研究［J］．重庆：西南政法大学，2009：2.

（三）环境贸易壁垒产生的背景

环境贸易壁垒是从20世纪80年代后期开始，在90年代全面盛行的。纵观其产生及泛滥，有许多国际大背景不容忽视。

1.全球环保意识不断增强

当今社会，全球环境问题不断恶化，如全球气候变化、臭氧空洞、水体污染、森林破坏、水土流失、沙漠化现象等。这些环境问题也越来越成为全球性问题而受到全世界的关注。人类开始发现，工业革命之后的经济发展有形、无形地给我们的生存环境带来了一些毁灭性的灾害，并对自身的发展方式进行检讨，保护全球环境的呼声空前高涨。以1972年斯德哥尔摩环境大会与1992年里约热内卢环境与发展大会为标志，人类共同推进环境保护的浪潮持续高涨，可持续发展战略已成为共识。为了保护人类环境，国际社会制定了许多具有法律约束力的环境条约。如果违背这些条约规定，就要受到谴责甚至制裁，特别是在国际贸易中会遇到各种各样的环境管理措施的限制。

1995年，世贸组织也专门成立了贸易与环境委员会。1998年11月30日，在美国西雅图召开的世贸组织第三届部长会议上，环境问题被提上了议程。各成员就环境与贸易问题展开了激烈的讨论。与此同时，科学知识的普及和生活水平的提高使人们开始关注生活的质量，对各种绿色食品、生态能源、无污染产品等绿色产品的消费比例不断增加。与这种变化相一致，发达国家出现了许多绿色环保组织，要求政府在经济发展和贸易谈判中更加注重环境保护，它们经常采取激烈措施向WTO、IMF等国际经济组织施压，要求制定全球统一的、人道的绿色贸易规则。

2016年是全球环境与发展治理具有里程碑意义的一年：从1月1日《2030年可持续发展议程》正式启动，到11月4日《巴黎协定》正式生效，世界各国携手努力，全球环境治理与合作进一步深化。[2]

2.环境成本内在化理论的指引

自20世纪90年代起，伴随着节能减排、低碳环保等国际绿色贸易理念不断深入人心，国内外学者对生态倾销（Ecological Dumping）相关问题展开了较为深入的研究，并将生态倾销表述为：出口国未将环境成本计入出口产品成本当中，或以降低环保标准的生产方式使得本国的出口产品具有不公平的比较优势，从而对进口国相关产业造成严重损害的行为。生态倾销的实质是出口企业以损害本国生态环境为代价，而且没有将对环境的修复和补偿成本考虑在内，故出口产品价格较低；发达国家在生产同类产品时因执行了较严格的环境保护标准而增加了成本，故发达国家一般要求对发展中国家的进口产品征收一定的反倾销税来实现公平竞争的目的。面对近年来很多国家尤其是来自发达国家反生态倾销所带来的挑战，很多学者建议，各国应积极推进企业环境成本内部化，这既是应对反生态倾销的紧迫需要，也是践行国际绿色贸易理念以及实现社会、经济与环境可持续协调发展目标的重要举措。

环境成本内在化理论是指通过一定的措施，将环境成本纳入生产成本，从而体现资源的稀缺性，消除其外部不经济性。环境成本内在化措施的实施，在一定程度上为解决贸易壁垒问题提供了可行性，它通过采用征收环境税、费及押金的退还等措施，为解决关税壁垒问题提供了有效手段。但是，各国经济发展水平存在差异，环境技术水平及工艺又有很大不同，要求各国环境成本内在化标准达到一致，显然与现实相违背，并在一定程度上为发达国家向发展中国家实施新的环境贸易壁垒提供了依据。可见，环境成本内在化要求的一致性，体现出环境贸易壁垒的不公平性，为发达国家转嫁其生产成本、提高其产品竞争力提供了内驱力。[1]

2010—2020年，在全球对我国发起的贸易救济案件中，反倾销有718起，占比67.29%。①国外对华反倾销给中国相关产业及经济发展所造成的负面影响不言而喻。因此，提升企业环境成本内部化水平，有助于出口企业规避国外对华反生态倾销风险。

3.国家间在技术、标准方面的巨大差距

不同国家的技术水平、经济实力和国家利益是环境贸易壁垒产生的客观原因。不同的经济发展水平，有着不同的技术力量和生产成本，而发达国家在一些低技术的产品生产中，由于生产成本高，与一些发展中国家相比具有劣势，为了维护自身的利益而采取种种限制性措施，尤其是在第一产业领域。发达国家利用这种经济水平差距造成的不同环境标准，加紧掠夺发展中国家的资源初级产品，同时把环境问题作为新的贸易壁垒，从而抵消发展中国家的资源与廉价劳动力方面的比较优势，限制发展中国家的经济发展，以保持其

① 数据来源于中国贸易救济信息网（http://cacs.mofcom.gov.cn/cacscms/view/statistics/ckajtj）。

在国际多边经济贸易领域的主导地位。这种以环境保护名义在国际贸易中引入所谓的环境条款，借以歧视乃至限制发展中国家的经济发展及产品市场准入的做法使环境壁垒迅速发展。

4.国际法规存在漏洞和不完善之处

在新一轮贸易保护主义运动中，发达国家利用自身的技术优势，先后出台了各种环保法规标准、绿色标志等创新制度安排，以期达到抑制负外部性的输入和保护国内经济的目的。

由于世界贸易组织关于贸易壁垒的条款缺乏具体规定，原则性的规定较多，所以化解争端时常常无法可依，许多案件的解决要依靠专家组的解释，使得环境贸易壁垒能够大行其道，并且披着合法的外衣，被一些国家广泛利用。一方面，发达国家大力倡导自由贸易理论，在世界贸易组织框架内打开其他国家的服务贸易市场，统一全球知识产权保护法规，严格执法程序，为其具有优势的服务贸易和知识经济提供发展空间；另一方面，发达国家在其不具有优势的领域，采取新贸易保护主义措施。由于世界贸易组织有关绿色贸易的条款，主要体现在《技术性贸易壁垒协议》《实施动植物卫生检疫措施的协议》《农产品协议》《补贴与反补贴协议》《服务贸易总协定》等协定中，而且这些协定对于绿色贸易的规定比较模糊，使争端常常无法可依，许多案件需要依靠专家组的解释，这些法律漏洞使环境贸易壁垒大行其道。

现行国际贸易规则与协定不完善，缺乏约束力。贸易和环境问题是一个极其复杂且十分敏感的问题。长期以来，各国从各自的经济利益出发，以求在与贸易有关的环境标准方面取得有利的地位。因此，虽经过多次探讨和谈判，但难以达成一致意见。由此产生的有关贸易规则含义较宽、较模糊，甚至处于模棱两可之间。此外，部分规则弹性很大，其中一些重要术语的含义不明确，如“武断”“不合理”“变相限制”“所必需的措施”等，均没有做出明确的规定，这就为缔约方以环境保护为名实施环境贸易壁垒提供了合法的借口。

5.传统贸易保护措施失效

在经济全球化的背景下，全球贸易自由化力度不断加大，传统贸易壁垒受到强烈的冲击，促使绿色贸易这一新的贸易壁垒成为一种需要并迅速盛行。

第二次世界大战后，西方资本主义国家总结了欧洲第一次贸易自由化的正面经验，并汇集20世纪30年代“以邻为壑”酿成大祸的教训，达成了要逐步实现贸易自由化的共识，并为此做出了不懈的努力，成绩斐然。世界各国作为保护本国市场的有效传统贸易壁垒方式的影响力逐渐减弱，关税水平大幅度削减，非关税壁垒普遍得到削弱或约束。与此同时，伴随全球贸易自由化的迅速发展和世界经济一体化进程的加速，各国经济对世界市场的依存度逐步增强，国与国之间的经济竞争形势也日趋严峻。全球经济繁荣的时候，这种竞争形势可能会因为整体的景气而有所缓解；若国际市场出现波动，世界贸易出现下降，各国则容易寻求贸易保护措施。在限制进口保护的今天，继续奉行传统的贸易保护措施无异于与世界经济的整体潮流背道而驰，必将得不偿失。这就迫使一些发达国家寻求新的贸易保护措施，环境贸易壁垒也就应运而生。一方面，与传统关税和非关税壁垒不同，环境贸易壁垒是以保护环境及人类的身体健康为基础，在某种程度上，其目的是保护环境，而不是限制贸易；另一方面，一些发达国家具有经济和技术上的优势，制定更高层次的环境保护标准相对容易，以有效地保护本国市场，形成对广大发展中国家不平等的贸易关系。正因如此，环境贸易壁垒成为日益受到发达国家广泛青睐的贸易保护措施。

二、环境贸易壁垒的主要形式

环境贸易壁垒形式多样，各个国家的规定不尽相同，但一般都是对产品从生产、储运到使用的全过程规定标准并进行限制。简单进行分类对于全面认识环境贸易壁垒很有帮助。

（一）环境质量标准管理

环境质量标准管理主要有两类：

一类是产品品质环境标准，指的是在国际贸易中进出口的产品本身的品质要满足环境保护的标准，包括性能、质量等，使该产品进口以后，在存放、使用、消费、废弃时不会给进口国的环境带来不利的影响。产品标准试图控制产品在其被消费的地方所造成的影响，假如一种产品在国际范围内交易，这些影响就会在进口国国内产生。此外，比如产品在使用过程中不得释放有毒气体，产品中所含有对人体有害的物质必须低于一定水平，不得对进口国的环境造成威胁。20世纪的牛肉荷尔蒙案，虽然以目前的科技水平仍无法证明注射激素生长的牛肉是否会对消费者产生危害，但欧洲仍拒绝进口加拿大的牛肉。

另一类是产品生产环境标准，则规定了产品应该怎样被生产和如何被生产，也就是产品生产过程和生产方法的PPM标准。[3]

1.产品质量环境管理标准

环境管理标准是通行的国际标准，主要解决是否符合环保法规，是否与承诺一致等问题。可见，该标准对任何国家和任何企业都是可行的。它的实施对于消除贸易壁垒、保障多边贸易自由发展在理论上具有一定的积极意义。

由于环境问题的全球化，国家或区域性标准难以应付多边贸易的发展，国际环境标准统一问题便应运而生。环境管理系列标准是国家或组织出台的以减少环境污染为目的的相关标准。20世纪90年代以来，国际标准化组织的环境管理技术委员会实施了《国际环境监察标准制度》，1995年开始又推行了ISO14000环境管理系统，要求产品从生产前到制造、销售、使用以及最后的处理都达到规定的技术标准，包括原材料的选用、产品的设计、生产的过程、废弃物的排放以及服务活动等各个环节都符合环保要求。该标准由ISO/TC207的环境管理技术委员会制定，有14001到14100共100个号，统称为ISO14000系列标准。

目前ISO14000存在的对贸易的负面影响包括无明确的生态环境标准的要求、与WTO条款的衔接问题、国与国之间相互认证问题等。从客观上来说，ISO14000系列标准使国际环境管理体系的基本要求得到了有效统一，也使得以此制定贸易壁垒的一些国家有所收敛；这套国际标准对各国的环境体系、产品标准和认证方法提出了明确的要求，有助于更大程度地消除贸易壁垒。从另一个角度来讲，ISO14000系列标准的实施对那些信息不通畅、反应相对缓慢的国家将造成一定的贸易障碍。[4]

此外，其他的国际性组织如IEC、ITU等亦在大力推行产品品质方面的统一规范；一些发达国家也纷纷以保护环境为名义，制定苛刻的环保标准，限制国外产品进入本国市场。所有这些环境管理标准，包括后文所提到了自愿环境标志都需要进行认证工作。因此，环境管理标准又被称为环境管理认证。

2.产品生产方法、加工过程环境管理标准

目前，许多国家认识到，单纯对最终产品进行检验已经不够，应对加工、原料等全过程进行监控。PPM标准是指加工过程和方法必须符合特定环境要求，即产品工艺与生产方法应符合特定的环境要求。环境污染既有产品直接导致的，也有加工和生产产品方法所导致的，但多数是在产品的生产加工过程中产生的。PPM标准就是对产品的加工和生产过程所制定的特定环境标准，它是在产品投入市场前，对该项产品生产加工过程中环境保护状况的技术规范要求。

PPM标准，从广义上讲，是指产品的生产过程和生产方法符合特定的技术要求或标准，如中国规定的产品标准、企业标准，以及国际上的150900、1501400标准；从狭义上讲，则指产品的生产过程和生产方法应符合一定的环境保护要求，包括进口产品的尺寸、形状、样式、作用和性能或者产品在出卖前的标记和包装的方式在内的产品本身的品质，要满足环境保护的要求，其关注点在产品投入市场前，比如产品在生产过程中必须采用清洁生产技术，不得释放过多有毒气体，水污染、空气污染必须控制在一定水平以下。对于进口产品不符合其PPM环境标准的，通常进口国会采取诸如贸易禁令或限制、贸易制裁、边境调节税、对“隐性的环境性补贴”征收反补贴税及强制性生态标志制度等进口限制措施，均构成环境贸易壁垒。此外，自动生态标志要求产品符合特定的PPM环境标准要求，但进口时并无限制，只是制造者自己选择是否采用生态标志。[3] 不过，所使用的这些贸易限制手段还有一些更为宽泛的含义，在下文将进行详细介绍。

基于生产过程与生产方法对最终产品性能和特征的影响程度，经济合作与发展组织于1994年提出把产品的生产和加工方法分为“产品生产和加工方法”“非产品生产和加工方法”。与产品相关的PPM（Product Related PPM，PR-PPM）和与产品不相关的PPM（Non Product Related PPM，NPR-PPM），前者指的是产品的生产过程与生产方法能够影响产品的特征，从而使产品本身在被消费或使用时可能会污染或危害到环境，而后者是指产品的生产过程与生产方法会对环境产生消极影响，例如通过在生产过程中释放污染物到空气或水中的方式来污染环境，而最终产品本身并无危害性。与此相对应，PPM环境贸易措施就可以分为PR-PPM环境贸易措施与NPR-PPM环境贸易措施。[5]

WTO允许进口方使用与产品有关的PPM标准实施贸易限制，只要这种限制不违背WTO的原则。为了便于理解，我们引用以下的例子来说明。例如，A国因B国在药品的生产过程中没有遵循A国关于药品生产必须应用的清洁工艺标准，而这种PPM标准会对药品的性能和质量产生影响，A国可以限制B国的该种药品进口；反之，若B国钢铁生产过程中的污染超过A国的PPM标准，但是这种PPM标准对产品的性能和质量并无影响，则A国不得限制B国的钢铁进口。由于此类PPM标准不对产品的性能发生影响，不属于WTO的管制范围，这种PPM标准的使用主要通过多边环境协议或一国自己的环境政策法规来协调。出口方如果达不到MEAs或进口方的PPM标准，进口方将对出口方的产品进行贸易限制。PPM是造成环境损害和污染的主要途径，在一国国内或国际范围内运用环境法规来指导产品的生产和加工方法是十分必要的。当前，无论是WTO还是多边环境协议以及部分发达国家的国内环保法规，都有涉及PPM的法律规定，并通过设置PPM标准不同程度地采取一些贸易措施来保证环保目标的实现。WTO规则之外的PPM标准就是指与产品无关的PPM标准，即只要产品的加工生产过程产生了环境污染，给生产国或其他国带来了环境损害，即使这一加工生产的过程不会影响产品的性能和特征，进口方也可以对出口方的产品进行贸易限制。该类PPM标准主要体现在众多的MEAs及一些发达国家国内的环境法规中，此类MEAs主要有《维也纳保护臭氧层公约》及其《蒙特利尔议定书》、《联合国气候变化框架公约》、《国际捕鲸管制公约》、《巴塞尔公约》等。通常，与产品无关的PPM标准被称为环境贸易壁垒中的PPM标准。[6]

PPM环境标准旨在控制产品的生产过程和生产方法，使之必须符合特定的环境标准，具有重要的意义。不过，因各国的环境法规标准不一，环境条件与资源禀赋不同，用统一的PPM标准来衡量，显然是不客观的，实施起来有一定的歧视性。因此，为使PPM标准成为不必要的贸易壁垒，应促进国际环境协调发展，通过国际合作，才能实现既定的环保目标和任务。

（二）环境税收管理

1.绿色税收制度

绿色税收也叫生态税收，是指进口国对其认定的污染环境、危害健康以及违反有关的国际环境公约或国内环境法律、规章而采取的对进口产品除了缴纳正常的关税外，格外加征的环境进口附加税，或者限制、禁止进口，甚至实行贸易制裁。例如，美国对原油和某些进口石油化工制品课征的进口附加税的税率比国内同类产品高出3.5美分/桶。1994年，美国环保署（EPA）规定在美国九大城市出售的汽油中含有的硫、苯等有害物质必须低于一定水平，国内生产商可逐步达到有关标准，而进口汽油必须在1995年1月1日生效起立即达到，否则禁止进口。

在国际贸易中，发达国家对发展中国家商品征收一定的生态税，对于全球环境平衡发展及资源价值的合理补偿有一定的现实意义。但是如果以贸易保护为其真正目的而征收生态税，就存在不合理性和不经济性，最终形成环境贸易壁垒，阻碍多边贸易体制的顺畅发展。

2.绿色补贴及反补贴制度

绿色补贴是指一些国家尤其是发展中国家在财税上补贴出口企业，或在出口产品成本中未将环境与资源消耗成本计算在内，或在对外贸易中实施较低的环境标准，以致产品价格明显低于进口国同类产品的价格，造成产品大量进入进口国市场的现象。在现实中，发达国家将严重污染环境的产业转移到发展中国家，以降低环境成本，发展中国家的环境成本却因此提高。而发展中国家绝大部分企业本身无力承担治理环境污染的费用，政府有时为此而给予一定的环境补贴。例如，和传统农业补贴相比，农业领域的绿色补贴可以调节农业生产的外部效应，使农业生产所产生的污染这一外部负效应得以内在化，在一定程度上使农业生产的成本与收益接近相应的社会成本与收益，有效地解决以往大量存在的农田结合部的土地污染问题。同时，可以兼顾公平与效率，克服单纯以条例对农业进行环保管理的缺陷，使农民能在市场的作用力下自发保护耕地，提高农民的劳动积极性。表7-1比较准确地概括了绿色农业补贴的优势。

表7-1　　传统农业补贴与绿色农业补贴的比较

项　目	传统农业补贴	绿色农业补贴
外部效应调节作用	难以调节	可以较好地调节
农业补贴的流向	2/3流向富裕、地多的农民，补贴欠公平	与农民环保努力成正比，较为公平
农业补贴收入风险	作为农民一项额外无风险的固定收入	需做出环保行动
农民环保行动	有环保意识，但难以主动付诸行动	在一定程度上能主动采取环保行动
农业污染情况	大量使用农药、化肥，严重污染土地与自然环境	有助于改善土地污染，保护环境
纳税人负担	负担固定	无变化，不会引起纳税人不满
财政补贴支出	无变化	将大大节省

资料来源：徐晓雯. 农业环境污染问题的经济学分析——兼论农业绿色补贴效应［J］. 山东财政学院学报，2007（4）：69-73.

但是按世贸组织修改后的国际补贴与反补贴规则，这类补贴属于不可申诉补贴范围，因而为越来越多的国家所采用，当然也有补贴过度的现象。一些国家以这种“补贴”违反世界贸易组织的规定为由，限制进行了绿色补贴的国家产品进口，被称为反绿色补贴措施。

（三）有关产品成分、性能及使用的限制措施

1.绿色检验检疫制度

绿色检验检疫制度是指为了保证人类健康免遭进口动植物携带疾病而造成损害，从而对进口的农副产品和食品制定的安全卫生标准和检疫制度。WTO绿色检验检疫制度是根据SPS协议而制定并推广开来的。该协定指出，成员方为确保人类健康免遭动植物携带疾病的伤害，免受污染物、毒素、添加剂影响，有权采取相应的管制措施。据此，各国有关部门可以为了保护国内消费者、保证商品安全，利用海关及商检机构对产品是否含有毒素、污染物及添加剂等进行全面的卫生检查，防止超标产品进入国内市场。发达国家往往把海关的检验检疫制度作为控制从发展中国家进口的重要工具。它们对食品、药品的卫生指标十分敏感，如食品的安全卫生指标、农药残留、放射性残留、重金属含量、细菌含量等指标的要求极为苛刻。例如，自2011年10月起，欧盟对中国输欧盟茶叶采取新的进境口岸检验措施，必须通过欧盟指定口岸进入。同时，欧盟还对10%的货物进行农药检测，如果该批货物被抽中检测，则要实施100%抽样检测。再如，日本、英国、加拿大等国要求进口花生中黄曲霉素含量不得超过20%，法国禁止进口含有红霉素的糖果。[7]

2.绿色包装制度

绿色包装制度是指规范商品包装（物），尤其是规定包装材料要符合节约资源、减少废弃物、易于回收使用或自然分解、不违反环境要求的有关包装方面的法律和规章，包括对包装物的成分、可再装性、环境标志的图案以及运输中有关危险品不得靠岸甚至不得运输等方面的规定。例如，1998年9月11日，美国农业部颁布了专门针对中国的《临时法令》，要求从1998年12月27日起，离开中国港口、目的地为美国的中国货物的木质包装

和木质铺垫材料必须经过热处理、熏蒸处理或防腐剂处理。这一规定影响到中国对外贸易近180亿美元的成本增加。此外，美国还规定了包装废弃物处理的减量、重复使用、再生、焚化、填埋等标准；丹麦要求所有进口的啤酒、矿泉水、软性饮料一律使用可回收利用的容器。一些国家为推行绿色包装，还利用税收优惠或处罚等经济手段鼓励回收使用再生包装材料。

（四）绿色环境标志制度（自愿约束管理）[8]

环境标志最早诞生于20世纪70年代。作为世界上最大的非政府性标准化专门机构——国际标准化组织（ISO）于1996年10月发布了包括环境管理体系、环境审核、环境绩效评价、环境标志、产品生命周期评估5个标准在内的环境管理体系国际标准。其中，环境标志（EL）标准规定在ISO14020至ISO14029之内。自始至终，国际标准化组织并未给环境标志做出一个明确的定义，它只是将环境标志按照计划的推行方式分为了三类：

第一类：Ⅰ型环境标志。这是一种自愿的、基于多准则独立的第三方认证计划。其准则是基于产品生命周期各阶段输入输出矩阵确定的评价依据，该类型标志的授权实体可以是政府组织，也可以是民间的非营利组织，即生命周期标志。这种标志利用第三方制定的标准评价产品在整个生命周期中的环境特性，并且是自愿性的。由于第一类环境标志需由独立的第三方给予认证，并且标志的申请认证需要一定的程序和时间，其公正性和可信度能够得到保证，获得该类型的产品在消费者心目中的认可度相对于其他两类而言较高。德国的“蓝色天使”标志、加拿大的“环境选择”标志和中国的“十环”标志均属于第一类型的环境标志。

1977年，德国实施了世界上第一个环境标志计划——“蓝色天使”计划，并于1978年颁布了第一个环境标志标准。德国作为Ⅰ型环境标志的开创者，为世界范围内环境标志计划提供了一个好的模式。此后陆续出现了诸如加拿大的“环境选择”、日本的“生态标签”、挪威的“白天鹅”等环境标志计划，世界上也开始出现一些旨在进行环境标志计划国际合作的国际组织，其中最有代表性的是全球生态标志网（Global Ecolabelling Network，GEN）。该组织建于1994年，其宗旨是发展、促进和改善产品和服务中的环境标志，作为世界范围内关于生态标志（主要是Ⅰ型环境标志）发展工作的一个非营利性组织。GEN规定，能够与其目标一致，达到一定的标准，并且与标志计划无利益冲突的世界范围内的组织都可成为其成员，组织成员可以自己设定标准，并据此确认在具有相同功能的产品中对环境影响较小的产品和服务。实际上，GEN可以被看作各成员相互之间交流信息、向公众宣传、协调各环境标志计划的长期合作的一个渠道，并为发展中的标志计划提供信息和技术支持。目前，澳大利亚、巴西、加拿大、克罗地亚、捷克、斯洛伐克、丹麦、欧盟、德国、希腊、中国香港、印度、日本、韩国、卢森堡、新西兰、挪威、菲律宾、中国台湾、新加坡、西班牙、瑞典、泰国、英国、美国等国家和地区已加入该组织。

第二类：Ⅱ型环境标志——生产者自我声明标志，即生产者基于对产品的个别环境特性进行自我认证而做出的声明，是由产品的制造商、进口商、销售商或其他任何能从中获益的一方通过贴在商品上的标签来表明该商品的某种环境特性。例如，在商品上加贴“节约资源、可重复使用、可再循环”等环境声明。

Ⅱ型环境标志标准ISO14021于1999年9月颁布，并在同年11月正式成为国际标准。此后，许多国家将该标准视为一种对厂商广告行为的约束和规范，纳入国家性公平交易相关办法中，成为最通用的约束企业广告用语的手段。目前，瑞典、加拿大、日本、英国、德国等国先后根据ISO14021制定了相应的国家标准或对厂商的规范。此外，阿根廷、澳大利亚、捷克、马来西亚、蒙古、泰国、土耳其、津巴布韦、中国等国家和地区将其作为国家和地区标准并予以公告。

第三类：Ⅲ型环境标志。这是基于特殊种类产品的标准进行独立的科学评价，从而提供环境信息的一种标志，它并不暗示对产品的偏好选择，而由消费者基于列举的环境信息来选择产品。Ⅲ型环境标志仅仅为消费者提供一种量化的环境信息，由消费者在购买产品时根据列出的环境信息自行选择，如美国的“科学认证系统”。

Ⅲ型环境标志于1994年由美国提出。该标志计划起初是希望通过提供产品的生命周期清单而向最终消费者提供产品的环境信息，最终却出现了两种形式的Ⅲ型环境标志，分别是供应商对消费者提供的环境信息和供应商对购买商提供的环境信息。实施Ⅲ型环境标志较早且比较具有代表性的国家是瑞典和日本。此外，关于Ⅲ型环境标志的国际组织有全球Ⅲ型环境标志声明网和东南亚合作组织等。

ISO14025国际标准给出了组织开展Ⅲ型环境标志计划应遵循的8项基本原则。应该说，Ⅲ型环境标志是量化的产品性能和环境信息的数据清单，也是产品生命周期信息的简介。它由企业提供，经由有资格的独立第三方依据ISO14025环境标志国际标准进行严格的检测、评估，证明产品和服务的信息公告符合实际情况后，向消费者提供量化的环境信息。[9]

总之，环境标志是由产品或服务的提供者附加于其产品或服务之上的以表明其产品或服务的环境友好性的有关信息图形、说明或标签等印记。

有环境标志就可以进口，没有就禁止，这就构成环境贸易壁垒。环境标志制度在环境意识较高的发达国家认可度非常高。调查显示，50%以上的消费者会自愿选择绿色产品，因而取得绿色环境标志，也就取得了通向国际市场的通行证。

专栏 7-1 各国的环境标志解读

目前国际有几十个国家和地区先后开展了环境标志计划，绝大多数环境标志工作由各国政府的环境保护行政主管部门负责管理。以下是各主要国家的环境标志图。

德国蓝天使

德国蓝天使：德国于1977年提出蓝色天使计划，是第一个实行环保标章的国家。在图中，由洁白橄榄枝围绕的圆圈里是一个张开双臂的女性身体的轮廓。此后成立的联合国环境规划署（UNEP）也使用了这一徽标。蓝色天使计划的主要目标为：（1）引导消费者购买对环境冲击小的商品；（2）鼓励制造者发展和供应不会破坏环境的产品；（3）将环保标章当作一个环境政策的市场导向工具。

北欧白天鹅
环保标章

北欧白天鹅环保标章：图样为一只白色天鹅翱翔于绿色背景中，这是由北欧委员会（Nordic Council）标志衍生而得的。该标章于 1989 年由北欧部长会议决议发起，统合北欧国家，发展出一套独立公正的标章制度。该标章为全球第一个跨国性的环保标章系统，是统一由厂商自愿申请及具正面鼓励性质的产品环境标章制度，参与的国家包括挪威、瑞典、冰岛及芬兰 4 个国家，并组成北欧合作小组共同主管。

中国十环标识

中国十环标识：图形由青山、绿水、太阳及 10 个环组成。环境标志图形的中心结构表示人类赖以生存的环境，外围的 10 个环紧密结合，环环相扣，表示公众参与，共同保护环境；同时 10 个环的“环”字与环境的“环”同字，其寓意为“全民联合起来，共同保护人类赖以生存的环境”。中国于 1993 年发布了环境标志图形，即“十环标识”。这是中国唯一由政府颁布的环保产品证明性商标。

エコマークです。
日本生态标章

日本生态标章：以双手拥抱着地球，象征“用我们的手来保护地球和环境”，以两只手拼出一个英文字母“e”，代表“Environment”“Earth”“Ecology”。标章的颜色，原则上使用蓝色单色印刷，但可因包装色系的不同而改用其他颜色单色印刷。另在标章的上方书写“爱护地球”，下方则标明该产品环境保护的效用。日本环境厅于 1989 年开始推动环保标章制度。

加拿大“环境选择”

加拿大“环境选择”：图形上一片枫叶代表加拿大的环境，由 3 只鸽子组成，象征 3 个主要的环境保护参加者：政府、产业、商业。商标伴随着一个简短的解释性说明，解释商标为什么被认证。

美国环保标章

美国环保标章：由两个民间非营利性组织所建立，在东岸盛行绿标签（Green Seal），西岸则盛行绿十字（Green Cross）。绿标签创立于 1993 年，项目仅有消费性产品与办公室产品两大项，如省水器材、影印机、家用空调系统等，发展已相当成熟。

泰国绿色标签

泰国绿色标签：1993 年由泰国永续发展会发动，共有 9 种 41 项产品得到认证。

荷兰环保标章

荷兰环保标章：除农产品及食品外，其余均以民生消费品、工业产品为主。

欧盟花卉标志

欧盟花卉标志：欧盟环境标志自 1992 年 4 月开始正式公布实施，为自愿性参与方式，推行单一标志亦可减少消费者及行政管理者的困扰。各会员国设有一主管机关来管理、审查环境标志申请案。

法国环保标章

法国环保标章：其有两种功能：一是产品有可信赖的环境性质；二是承认和奖励在制造过程中考虑环境性质的公司。标章始于1989年，但因工业界的反对，环保计划到1992年都无法完全实行。目前有6种300项产品得到环保标章，大多数是涂料、油漆、垃圾袋等。

全球环境标志网络

全球环境标志网络：是一个国际性组织，由第一类环保标章执行单位所组成。其创始于1994年，标志设计是以红色卫星线形成的网络，环绕着一个绿色的地球，结合地球外围之文字，说明GEN是来自全球各地的环保标章。

瑞典Ⅲ型标志

瑞典Ⅲ型标志：由SSNC（瑞典的验证单位）于1990年创立。1989年，瑞典的一家零售商KP开始标志计划，以手册鼓励购买。1989年年底，两家零售商ICA和Dagab加入瑞典消费合作社（KF），发起环保标章计划。

荷兰生态标签

荷兰生态标签：荷兰住宅、自然规划和环境部以及经济事务部于1992年创立了环境基金会，并由其负责创建了荷兰生态标签。荷兰生态标签计划涵盖食品类、植物类、汽车用品、化学品、建筑材料、办公用品、机械等。

奥地利环境标志（始于1991年）

捷克环保标章（始于1994年）

新加坡环保标章（始于1992年）

资料来源：刘西国．各国的环境标志解读［EB/OL］．（2010-08-26）［2021-05-04］．http://www.pep.com.cn/czdl/xszx/rwdl/201008/t20100826_747470.htm.

（五）低碳贸易壁垒

1.碳标签

碳标签制度是一些发达国家为了控制碳排放量，要求在商品包装上加贴碳标签，将产品生命周期（即从原料、制造、储运、废弃到回收的全过程）内温室气体排放的隐含碳含量用可量化的指数标示出来，便于民众了解和掌握产品的碳排放情况。这种方式一方面可以督促企业在产品的生产过程中重视二氧化碳的减排，同时可以引导消费者尽量选择低碳产品，以达到节能减排的目的。英国是最早实践碳标签的国家，早在2007年就推出了第一批标示碳标签的产品。近年来，法国、日本、美国等部分发达国家也陆续开始推行碳标签制度。作为农产品出口大国，碳标签制度的实施对于像中国这样还没有形成碳标签体系的发展中国家来讲，无疑设置了新的出口障碍，增加了农产品出口难度。但是可喜的是，中国企业已经开始尝试实施碳标签制度。大连獐子岛渔业集团股份有限公司自2011年起在其虾夷扇贝产品上注明“1千克虾夷扇贝总排放量为0.8克二氧化碳当量”，成为中国食品行业首个碳标识认证食品。

2.食物里程

食物里程的概念首先是由英国的Tim Lang于20世纪90年代中期提出的。食物里程是指农产品从产地到最终消费者餐桌的总里程，强调了农产品从原产地到消费地的地理距离。在农产品运送过程中，企业会选择汽车、火车、轮船和飞机等运输工具，其所依赖的石化产品作为动力产生的碳排放量，会随地理距离的增加而增大。农产品在运输途中需要能源支持的制冷、供暖、湿度控制等贮藏要求也会增加相应的碳排放量。因此，食物里程理念的提出对需要长途运输的进口农产品形成了难以克服的障碍。发达国家提出的食物里程概念的实质是鼓励消费者在选购农产品时更加倾向于本地生产的产品，从而实现对本国农产品的贸易保护。但有研究表明，发展中国家适宜的气候条件和低耗源密度的生产方式会抵消长途运输工具的能源消耗所带来的碳排放。例如，由于肯尼亚良好的气候条件，鲜切花在整个环境生命周期温室气体的排放量较小，会抵消空运过程中化石能源产生的碳排放量。

3.碳关税

在全球应对气候变化不断取得重大成就、全球发展理念有了重大变革的大背景下，碳关税贸易措施也应运而生。碳关税（Carbon Tariff）这一概念于2007年出现在公众视野，时任法国总统的希拉克曾在其发言中倡议“欧盟各国对于未遵守《京都议定书》的国家征收碳关税”。最早提出碳关税制度具体设想的是欧盟。为应对欧盟这一举措，美国为此展开了数次立法动议。除欧盟与美国外，日本与加拿大也曾提出过碳关税的有关设想。2008年，加拿大政府有官员提出对从中国、印度等发展中国家进口的商品征收碳关税。日本政府曾表示，日方会考虑在2011年之后尽快开征全球变暖对策税。但是日本和加拿大仅简单表明了在此问题上的态度，尚未形成包含碳关税计划的法律草案和立法动议。

实践中还没有国家正式启动征收碳关税。欧盟在此前的相关法令中使用了“碳排放税”“排放配额”等概念。美国使用的是“国际储备配额项目”的表述，在国际条约以及法律文件中，也没有正式使用“碳关税”这一概念。目前学界多将其理解为一种对于产品的生产、服务提供过程中超额排放的二氧化碳量进行规制的边境调节措施。

（六）生物技术壁垒

转基因食品是指利用基因工程技术改变基因组构成，用于农业生产或者农产品加工的动植物、微生物及其产品。自20世纪80年代转基因技术诞生以来，转基因食品因其显著的收益性和不确定的潜在风险性引起世界各国的高度关注。进入21世纪以来，全球粮食短缺问题依然成为困扰众多国家发展的世界性难题，转基因粮食以其种植成活率高和产量大的优势成为众多粮食短缺国家的首要选择，并在近此年来的国际贸易中，转基因食品交易总量持续增加。但由于转基因农产品是否会对人体健康及环境产生危害目前尚不确定，各国对转基因农产品持有不同的看法，导致其制定的相关法律规定也有较大差异，这些差异使得转基因农产品国际贸易争端频发。

转基因技术的发展与环保主义者之间出现矛盾。以欧洲“绿色和平组织”为代表的环保主义者认为转基因食品会对人体健康和生态环境产生潜在威胁，国家应禁止转基因食品贸易，导致部分国家在进出口转基因食品时面临严苛的检查制度。2003年5月，美国、加拿大和阿根廷分别要求与欧盟在世贸组织框架下，就欧盟和它的成员有关阻碍或停止美国农作物产品及农产品的进口问题进行协商。美国认为，从1998年以来欧盟延缓两国转基因农产品的审查和批准，阻碍了农产品引入。同年6月，双方磋商未果。2003年8月，美国、加拿大、阿根廷分别要求成立专家小组处理纠纷，它们作为申诉方认为欧盟及其成员国违反了《实施动植物卫生检疫措施的协议》《技术性贸易壁垒协议》中的相关条款，最终裁决美国胜诉。此案中虽然美国胜诉，但也暴露出关于生物技术壁垒监管薄弱的问题。目前，WTO体系中尚不存在专门针对转基因农产品的规则，其项下涉及转基因农产品安全规定的，主要包括GATT 1994、SPS协议以及TBT协议的相关条款。

（七）动物福利保护制度

动物福利是指饲养农场中的动物处于与其环境协调一致的精神和生理完全健康的状态，让那些为人类做出贡献和牺牲的动物享有最基本的权利。它要求人们在动物饲养、运输和屠宰过程中，尽可能地减少其痛苦和保证不受虐待。这种新制度的出现使得环境贸易壁垒的手段更加丰富。欧盟、日本、美国等均在20世纪完成了有关动物养殖和保护方面的立法。2008年全球金融危机之后，环境贸易壁垒已经开始涉及并利用动物福利问题来达到贸易保护的目的。例如《欧盟化妆品规程》决定："自2009年起，欧盟各成员国不准从外国进口和销售用动物进行检验的化妆品，同时禁止使用动物进行化妆品毒性和过敏实验（欧盟指令2000/41/EC）。"这就使得各国，尤其是发展中国家出口到欧盟的化妆品将会面临由动物福利问题所引发的贸易纠纷。动物福利涉及动物保护、道德、伦理等严肃问题，既合情合理，又被贸易保护主义所利用。[7]

专栏7-2　动物福利与自由贸易之辩

动物福利保护长期以来主要属于国内法的管辖范畴，并且通常典型地体现了当地的价值观念和传统习俗，而并没有在国际上达成普遍共识。就各国国内而言，动物福利保护立法层次主要由经济发达程度决定。生活在食物安全和供给得到保障地区的居民更愿意设定动物福利标准，并支持政府关于提高动物福利的立法。

欧洲在人道主义对待动物方面有着较为普遍的共识和深厚的历史文化背景，并且在超国家和国内法层面拥有最广泛和最先进的动物福利保护立法。由于动物被明确定义为"有感知的生物"（Sentient Beings），这就意味着它们能够感受到愉悦与痛苦，而不仅仅作为一种供使用或交易的纯粹物品。2009年，欧洲议会和欧洲理事会通过了一项全面禁止海豹产品在欧盟国家销售的1007/2009号规则。根据该项规则，包含海豹成分的产品一律禁止在欧盟国家销售，除非产品符合3项例外，即产品来自土著居民的传统捕猎行为（简称"IC例外"）、产品符合海洋资源管理计划（简称"MRM例外"）、产品仅用于旅行者及其家庭的个人使用（简称"旅行者例外"）。通过采取这一强制性的单边贸易措施，欧盟试图强迫其贸易伙伴遵循欧盟的动物福利标准。由于该项措施对于欧盟以外的特定国家出口产品造成不利影响，遭到多国的反对。其中，受不利影响最大的国家——加拿大和挪威分别就此提起WTO争端解决程序（欧盟——禁止海豹产品进口及销售措施案，DS400、DS401）。加拿大和挪威声称欧盟海豹产品禁令违反了GATT 1994第1条、第3条和第14条，并且GATT 1994第2条一般例外条款不能适用于本案。欧盟对加拿大和挪威的主张质疑，认为该禁令并非歧视性措施，因而没有违反WTO规则，而且其依据是合法的动物福利关切，而并非国内市场保护。2011年3月25

日，WTO 成立专家组审理本案。阿根廷、纳米比亚、中国、哥伦比亚、厄瓜多尔、冰岛、日本、墨西哥、美国和俄罗斯在本案中保留了第三方权利。

经过两年多的审理，WTO 争端解决机构于 2013 年 11 月 25 日发布本案专家组报告。专家组认为，欧盟海豹禁令是一项技术法规，而其项下的 IC 例外和 MRM 例外规定违反了 TBT 协议第 2.1 条，因为这些例外条款并未给予进口海豹产品不低于国内同类产品或来自任何其他国家同类产品的待遇。但专家组并不认为欧盟的该项措施违反了 TBT 协议第 2.2 条，因为该技术法规未超过为实现欧盟关于海豹福利这一公共道德的合法目标所必需的限度。此外，专家组认为欧盟海豹禁令中关于 IC 例外的规定违反了 GATT 1994 第 1.1 条，而关于 MRM 例外的规定违反了 GATT 1994 第 3.4 条，因为欧盟给予来自格陵兰岛（尤其是因纽特人）海豹产品的利益并未立即无条件地给予来自加拿大和挪威的同类产品，而且进口海豹产品所享受的待遇也较同类国产品所享受的待遇低。专家组还认为，IC 例外和 MRM 例外规定不符合 GATT 1994 第 20 条（a）款“为保护公共道德所必需”的例外情形，因为该措施不能满足第 20 条前言中有关“不得构成武断的或不合理的差别待遇，或构成对国际贸易的变相限制”的要求。此外，专家组还认为，欧盟的该项措施违反了 TBT 协议第 5.1.2 条，同时驳回了加拿大基于 GATT 1994 第 11.1 条以及挪威基于 GATT 1994 和《农产品协议》第 4.2 条所提出的主张。本案专家组的裁决从整体上表明，即便是为了保护动物福利这类重要的公共道德目标，WTO 成员仍应当保证非歧视性的市场准入环境，并避免采取“不公正”的贸易措施。不过，专家组在本案中所做部分法律推理及结论仍有质疑空间。

资料来源：漆彤．动物福利与自由贸易之辩——评加拿大、挪威诉欧盟禁止海豹产品进口措施案［J］．厦门大学学报（哲学社会科学版），2014（2）：82-89．

此外，环境贸易制裁也是一种环境贸易壁垒，该壁垒是指对违反国际环保公约《濒危野生动植物种国际贸易公约》等，而导致环境污染、野生动植物多样性缺失的行为所采取的一种贸易制裁措施。

第二节 主要国家和地区及行业存在的环境贸易壁垒

一、主要发达国家和地区实施的环境贸易壁垒

（一）美国实施的部分环境贸易壁垒

美国在环境立法的“黄金年代”（1964—1980 年）一共通过了 20 多项环境法律，涵盖了污染防治、土地管理、野生生物管理、环境政策等，基本在国家层面构建起了系统的环境法律体系。但自 1990 年以来，美国环境立法进入僵局，至今仅通过或更新了少数几部环境法，一些亟须立法解决的新环境问题和需更新的环境法（如温室气体管理、在阿拉斯加地区开采油气、公共土地的开发与保护等），都因为激烈的矛盾争论而没有进展。而

这一时期非政府的环境政策在美国发展很快，如通过土地信托基金来保护土地、通过消费者购买来改变商业模式、推动企业采纳环境友好的运行模式等。此外，消费者购买模式也有较为广泛的市场，这一模式主要是通过非政府的第三方认证完成的，包括有机食品认证、森林认证、绿色建筑认证、绿色标签等，其中有机食品认证在美国较为成功，大约能占到美国食品消费的2%（2003年）。企业也为了提高自身形象、更好地与消费者沟通、满足国际环保要求等，自愿进行ISO（国际标准化组织）认证。[10]

1.产品质量认证管理

美国的认证活动比较分散，市场化程度很高，包括政府机构认证和民间的产品质量认证两类。美国没有统一的认证管理机构，联邦政府、地方政府机构和民间组织都可以开展认证工作，国家标准化协会（ANSI）是认证工作的协调组织。美国的第三方认证机构很发达，主要任务是为国内外供应商、制造商开展产品认证，是重要的政府质量监督执法保障机构。美国拥有180家左右民间认证机构从事不同产品的认证，比较著名的是美国保险商实验室（UL）公司的安全评定体系。UL是国际上公认的权威性安全检验与认证机构，有近30个州政府认可UL，有关的安全产品必须取得UL标志方可在这些州销售。

美国的技术标准与法规体系名目繁多且非常分散，广泛涉及检验检疫、技术标准、认证程序等各项内容，涉及的农产品范围日趋扩大。这些标准一方面起到保护环境和国内消费者利益的作用，另一方面提高了产品的进口门槛，达到限制进口、保护本国产业与市场的目的，对包括中国在内的广大发展中国家农产品出口形成制约。

2.食品药品安全管理[11]

（1）“危害分析及关键点控制（HACCP）”体系。

1973年，美国食品药品管理局首次将“危害分析及关键点控制”体系应用于罐头食品加工中，旨在确保从食品原料至最后消费整个过程的安全卫生。

1995年12月，美国食品药品管理局根据“危害分析及关键点控制”基本原则颁布的《加工和进口水产品安全卫生程序》规定，凡出口美国的水产品，其生产加工企业都必须实施“危害分析及关键点控制”体系，并在美国官方机构注册，以确保鱼和鱼制品的安全加工和进口。1996年7月，美国农业部食品安全检察署发布公告，详细规定了肉、禽类屠宰和加工企业建立“危害分析及关键点控制”体系的要求和用于屠宰企业对加工控制验证的大肠杆菌测试的准则内容。2001年1月，美国食品药品管理局又颁布新法规，对果蔬汁产品实施“危害分析及关键点控制”管理，这是美国继水产、肉类和乳制品后又一强制实施“危害分析及关键点控制”体系管理的产品。

（2）美国食品药品管理局的严格检验管理制度。

除多数肉类、家禽由农业部负责检验外，美国进口的食品均需接受美国食品药品管理局的检验。通常，接受美国食品药品管理局监管的货物到达美国时，既要向海关申报，也要向美国食品药品管理局申报。如海关不需检查，可先予放行，允许货物到达进口商的仓库，维持原状等待美国食品药品管理局的决定。若美国食品药品管理局认为不需要检验，予以放行，发出准予放行的通知，商品即可进入市场销售。若美国食品药品管理局认为有必要检验，则发出抽样通知，按程序前往进口商仓库取样，然后送往美国食品药品管理局化验室按标准规程化验，结果合格就发出放货通知，结果不合格或标记不实则发出扣留通知。

（二）欧盟实施的部分环境贸易壁垒

1.环境规制指令[12]

在环境贸易壁垒日益突出的国际大环境下，欧盟以WTO环保法规为由，出台并实施众多环境规制指令。这些指令成为当今社会环境壁垒的典型代表。

（1）WEEE指令。其是报废电子电气设备指令（Directive on Waste of Electrical and Electronic Equipment）的简称。欧盟于2003年1月27日出台WEEE指令2002/96/EC，目的在于以3R（Reuse，Recycling，Recovery（再利用、再循环、回收再利用））原则为核心，提高报废电子电气设备的回收及再循环率，减少最终处理的电子废料数量，从而减少对环境的污染。

2012年7月24日，欧盟公布WEEE修订指令2012/19/EU，于2012年8月13日生效。

在2012年8月13日至2018年8月14日的过渡期内，WEEE修订指令适用于附件Ⅰ中规定的十大类产品，附件Ⅱ对这十大类产品做了详细的产品说明（见表7-2）。相比WEEE指令2002/96/EC，产品类别中的第四大类“消费类设备”中增加了光伏电池板。从2018年8月15日起，WEEE修订指令覆盖几乎所有的电子电气设备，适用于附件Ⅲ列出的重新分类的六大类的电子电气设备，并采取开放式范围，即未列入的产品亦属规范范围，除非列于指令第二条（3）及（4）项目中之排外应用。附件Ⅳ对附件Ⅲ的产品类别做了详细的说明。

表7-2 WEEE修订指令2012/19/EU简介

第一阶段 2012年8月13日至2018年8月14日	第二阶段 2018年8月15日以后
附件Ⅰ	附件Ⅲ
1.大型家用电器 2.小型家用电器 3.信息技术和通信设备 4.消费类设备和光伏电池板 5.照明设备 6.电子电气工具（大型固定工业用具除外） 7.玩具、休闲和运动设备 8.医用设备（植入式及可感染的产品除外） 9.监测和控制设备 10.自动售卖机1.大型家用电器 2.小型家用电器 3.信息技术和通信设备 4.消费类设备和光伏电池板 5.照明设备 6.电子电气工具（大型固定工业用具除外） 7.玩具、休闲和运动设备 8.医用设备（植入式及可感染的产品除外） 9.监测和控制设备 10.自动售卖机	1.温度交换设备 2.屏幕、监控器和屏幕表面积大于100平方厘米的设备 3.灯 4.大型设备（任何外部尺寸大于50厘米），此类别不包括第一至三类中所包含的设备 5.小型设备（任何外部尺寸都小于50厘米），此类别不包括第一、二、三、六类中所包含的设备 6.小型信息技术和通信设备（任何外部尺寸都小于50厘米）

关于产品回收系统的建立方面，经销商应于零售商店（卖场面积大于400平方米）或其邻近的区域，提供尺寸小于25厘米的小型报废电子电气设备的免费回收服务。

关于收集率，各成员应确保实施“生产者责任”，并设定每年最低收集达标率。从2016年开始，每年收集的电子电气设备的平均重量必须占到各自国内市场上投放的电子电气设备的45%；自2019年起，每年的收集率必须达到65%。

关于再生目标，WEEE修订指令将每个产品类别均设定其回收率、再利用和再循环率目标，一共分为3个时段，各产品类别之设定目标值列于附录V：2012年8月13日至2015年8月14日、2015年8月15日至2018年8月14日、2018年8月15日以后。

（2）RoHS指令。其是在电子电气设备中限制使用某些有害物质指令（Directive on the Restriction of the Use of Certain Hazardous Substances in Electrical and Electronic Equipment）的简称，也称2002/95/EC指令。欧盟认为，即使对报废电子电气设备进行了回收，有害物质对人类健康和安全的威胁依然存在。为此，欧盟在2003年1月23日补充出台了与WEEE指令并行实施的RoHS指令。2005年，欧盟又以2005/618/EC决议的形式对2002/95/EC进行了补充，明确规定了投放欧盟市场的电子电气设备中的铅、汞、镉、六价铬、聚溴联苯和聚溴二苯醚等6种有害物质含量不得超过规定限值，从源头上控制对有害物质的使用，欧盟从2006年7月1日起禁止进口。该指令对于镉的限量以单一均一材料计算要求达到100ppm，而对于其他有害物质的限量以单一均一材料计算要求达到1 000ppm。由于考虑到技术因素，欧盟委员会还颁布了一些豁免项目，并且每4年更新一次。

2011年7月1日，欧盟发布了新版RoHS指令2011/65/EU，也称RoHS 2.0。其较原RoHS指令的不同之处主要在：（1）扩大了产品范围；（2）厘清了部分定义；（3）对包括DEHP等在内的物质优先进行考察，为指令今后扩大管控物质的范围铺路；（4）删除了其中的生产者（producer）规定，而添入了“制造商”（manufacturer）、“授权代表”（authorised representative）、“进口商”（importer）、“经销商”（distributor）的定义，并对其职责进行了明确的界定；（5）规定了产品需贴附CE标志及CE标志的相关事宜。

2015年6月4日，欧盟发布RoHS 2.0修订指令（EU）2015/863，对部分管控物质进行了更新，主要修订了RoHS 2.0附件Ⅱ中的管控物质，新增了DEHP、BBP、DBP、DIBP 4项邻苯二甲酸酯。（EU）2015/863是在2011/65/EU 6项的基础上新增了4项邻苯，其限值均是0.1%。

（3）EuP指令。其全称是建立耗能产品生态设计要求框架（Establishing a Framework for the Setting of Eco-design Requirements for Energy-using Products）指令（2005/32/EC指令）。该指令于2005年7月22日颁布，并规定成员必须在2007年8月11日前完成指令的立法转换。该指令对产品的设计、生产、维护以及回收处理的整个周期提出环保要求，以激励生产者采用生态设计[①]技术生产耗能产品，以实现减少对环境的破坏及保护资源的目的。EuP指令是一个框架性指令，而非针对具体产品要求的指令。按照该指令的相关规定，欧盟将进一步制定针对一种或一类耗能产品生态设计要求的法规，称“实施措施”。

（4）ErP指令。其全称是能源相关产品生态设计要求框架（Establishing a Framework for the Setting of Eco-design Requirements for Energy-related Products）指令（2009/125/EC指令）。该指令于2009年11月20日生效，生效后取代EuP指令。同样，ErP指令是一个框架性指令，沿用了EuP指令的主要条款，如实施措施的确立方法、合格评定程序要求等；但在EuP指令的基础上将产品范围从直接用能产品扩展到间接用能产品，适用范围的大幅延伸将进一步加深中国产品出口欧盟的受挫程度。ErP指令各阶段的实施措施于2010年及之

① 生态设计也称绿色设计或生命周期设计或环境设计，是指将环境因素纳入设计之中，从而帮助确定设计的决策方向。生态设计要求在产品开发的所有阶段均考虑环境因素，从产品的整个生命周期减少对环境的影响，最终引导产生一个更具有可持续性的生产和消费系统。生态设计活动主要包含两方面的含义：一是从保护环境角度考虑，减少资源消耗，实现可持续发展战略；二是从商业角度考虑，降低成本，减少潜在的责任风险，以提升竞争能力。

后的两三年内陆续出台。

以上指令表现出以下一些特点：

一是产品范围广泛化。WEEE、RoHS两项指令涵盖几乎所有的电子电气设备。ErP指令在EuP指令的基础上将产品范围从直接用能产品进一步延伸到间接用能产品，如窗户、淋浴喷头等产品。

二是生命周期完整化。WEEE、RoHS两项指令分别只针对产品生命周期的一个环节——废弃物回收处理和原材料成分控制。随后出台的EuP、ErP指令，则涉及产品的设计、制造、使用、维护、回收、后期处理等环节，目的是鼓励制造商采用先进的环境化设计技术来生产耗能产品，并使有害物的使用量最小化。

三是环保要求严格化。WEEE指令出台的目的在于废弃物的回收和处理，但只有对原材料的有毒成分进行严格控制，才能从根本上解决问题，因此，欧盟又补充出台了RoHS指令。EuP指令要求企业从原材料供应体系、生产管理到质量控制等多环节进行调整，全方位监控整个产业链对环境的影响。ErP指令更是在EuP指令的基础上对企业积极探索节能环保新技术提出了更大的挑战。

2.产品质量认证

CE（Conformite Europeenne，欧洲统一）认证是欧盟安全认证标志，是欧盟法律对产品提出的一种强制性安全合格标志。CE认证适用于欧盟有关标准与技术协调的新方法指令，即《技术协调与标准化新方法》，用以证明产品符合欧盟理事会新指令的基本要求。凡是符合欧盟新方法指令，通过欧盟理事会批准的《全球合格评定方法》欧洲合格评定程序的产品可以加贴CE认证标志，成为产品获准进入欧洲市场的通行证。

欧盟的农药MRLS标准是世界上最严格的农残标准之一。从2005年8月起，欧盟将茶叶中硫丹的残留限量提高了3 000倍，从30mg/kg调整为0.01mg/kg，而欧洲的大部分国家都执行欧盟的MRLS标准。此后，日本、美国等其他发达国家也纷纷效仿，提高茶叶农药残留的控制标准。

（三）日本实施的部分环境贸易壁垒

1.环境管理制度

自20世纪70年代起，日本在普及环保意识、推进环境保护的同时，不断地进行开拓创新，使得一系列的环保法规及制度逐渐成形。目前从世界范围来看，环境保护法规最完善的国家当属日本和德国。1967年，日本颁布了《公害对策基本法》，到2000年又推行了《推进形成循环经济社会基本法》《资源有效利用促进法》等，还有21世纪颁布的《关于推进有机农业的法规》《关于有机农业推进的基本方针》。除了各种法律和法规的相继出台，目前日本的环境标准、环境达标检验等措施都在不断加强。[13]

2.严格的技术与检验检疫标准

日本环境市场上的技术法规和标准可谓名目繁多，而且其中大部分与国际标准有很大区别，有些甚至比国际标准更严格。外国产品要进入日本市场，除了要符合国际标准，还要满足日本的进口条件和标准。日本严格的技术标准、法规及评定程序，促进了企业提高产品质量，保护了消费者的合法权益，也从一定程度上阻止了外国商品的进口。日本依据各种法规，如《消费生活用品安全法》《电器使用与材料控制法》以及检验检疫要求等对进口商品进行严格的管制，并且对很多商品的技术标准进行强制性要求，通常要求在合同中体现进口货物入境时全部要求被检验是否符合各种技术性标准。[13]

3.农产品的肯定列表制度

2006年5月29日，日本实施食品中农业化学品肯定列表制度。该制度是日本为加强食品中农业化学品（农药、兽药、饲料添加剂）残留管理而制定的一项新制度，规定了食品中农业化学品含量不得超过最大残留限量标准。该制度涉及全部农产品、全部农兽药和饲料添加剂，几乎对所有农业化学品在食品中的残留做出了规定，涵盖了肉类、水产品、蔬菜、水果等几乎所有日本从中国直接进口的农产品，设限数量之广、检测数目之多、限量标准之严格，前所未有。

肯定列表制度实施前，日本只对255种兽药和饲料添加剂在186种食品、农产品中设立9 321个限量标准。而肯定列表制度实施后，分为暂定标准（又称暂定最大残留限量标准）和一律标准。暂定标准对734种农药、兽药和饲料添加剂在264种食品、农产品中设立53 862个限量标准，分别是过去全部规定的3倍、1.4倍和5.6倍。一律标准则对尚不属于具体暂定标准的农药、兽药及饲料添加剂，设定0.01ppm（即对于未制定最大残留限量标准的农业化学品，其在食品中的含量不得超过一律标准，即0.01mg/kg），一旦输往日本的食品中残留物含量超过这一标准，就被禁止进口或流通。因此，一律标准堪称世界上最苛刻的农残比，它是肯定列表制度的核心所在。[14]

表7-3列出了几种主要农产品在实施肯定列表制度前后的残留限量标准。

表7-3 **肯定列表制度实施前后部分产品残留限量标准比较**

产品名称	实施前残留限量标准（项）	实施后残留限量标准（项）
鳗鱼	25	112
猪肉	45	428
鸡肉	36	803
牛肉	60	455
大米	129	579
茶叶	89	276

资料来源：郭江，储伶丽，朱玉春. 中国农产品出口日本的技术性贸易壁垒分析［J］. 生态经济，2009（1）：125-127.

二、环境贸易壁垒的特别实施领域

（一）纺织品贸易中环境贸易壁垒

发达国家对纺织品和服装的要求正逐渐由传统的实用性、美观性和耐用性趋向于产品的安全性和卫生性，并通过制定各种环保法律强化环境安全，使环境贸易壁垒成为纺织品和服装贸易的重要保护伞。

目前在世界纺织品服装贸易中，环境贸易壁垒主要有两大类：一类是针对纺织品服装从设计、生产到报废、回收的全过程，对环境影响所设置的壁垒，主要是要求企业建立实施“环境管理体系”及对产品实施“环境标志和声明”；另一类是针对产品本身对消费者的安全和健康影响，要求产品不能对消费者的健康产生影响，绝大部分体现在对进口产品是否含有对人体或环境有害的化学物质以及某些被限制使用的化学物质的含量是否超标的监控上。

生态纺织品是指采用对环境无害或少害的原料和生产过程所生产的对人体健康无害的纺织品。目前国际上有十几种“绿色”生态纺织品标准，其中较有影响、使用最广泛、最具权威性、最严格的标准是生态纺织品标准100。这是国际环保纺织协会在对产品生态学研究的基础上制定并颁布的，主要是针对纺织品和服装的有害物质数量进行检测，同时规定产品不得有发霉、高沸点汽油、鱼腥和香水等特殊气味。该标准的测试对象涉及游离甲醛残留量、多福联苯酸碱度、可溶性重金属的残留物、杀虫剂残留量、防腐防霉剂、有机氟载体等有毒有害物质。生态纺织品标准100自问世以来，得到欧美消费者的广泛认可，目前已成为鉴定生态纺织品的重要国际标准。除此之外，生态纺织品美国认证（USCC）也成为纺织品进入美国市场的一道门槛，它要求按照美国相关的法律、法规，对纺织品进行检测认证，以获得美国专业实验室的检测报告和美国官方机构的认可。

其他一些发达国家和地区对其进口的纺织品和服装也存在相应的特殊环保要求。欧盟禁止进口纺织品使用含镍在0.5mg/cm^{2}以上的与人体接触的辅料，如纽扣、拉链、装饰品等金属物，尤其是禁止在棉花种植过程中使用含有毒金属化合物的杀虫剂。德国自1999年起禁止9种使用含致癌芳香胺的118种偶氮染料的成衣、皮革、服装、床上用品、家具、布料在市场上销售。2002年2月5日，欧洲议会首次通过了欧洲委员会提出的禁止致癌、诱发及损害生育功能的25种有害物质的建议。正如章首案例提到的2012年欧盟第七环境行动计划（7EAP）制定了2020年欧盟计划完成的环境政策有限管理内容，欧盟环境署（EEA）发布了1996—2011年环境激素对野生动物、人类及其所处环境影响的综述报告，可见欧盟欲将环境激素逐步列为纺织品进口的受限物质。日本《产品责任法》规定：对皮肤伤害、异物混入、燃烧事故、染色不良造成的特殊事故等服装成品缺陷，受害者可申请赔偿。日本、美国、欧盟等进口方对羽绒制品要求残脂率检测结果控制在0.3%~0.5%。有些国家还要求不得检出沙门氏菌，这是以往所没有规定的。

值得强调的是，目前发达国家普遍采用高新技术、高灵敏的检测设备进行精密分析，从而大大提高了检测标准。如在对十大类重金属的检测中，对砷、钼直接皮肤接触的限值分别为0.2ppm和0.8ppm，在纤维聚合过程中要求有机化合物的释放量不能超过1.2克。欧盟国家利用高压液相色谱仪分离绝大多数有机化合物，禁止在纺织品和服装中使用所有可能致癌的印染物质。

（二）包装与标签的环境贸易壁垒

绿色包装制度是环境贸易壁垒的一种，要求包装材料节约资源、减少废弃物，用后易于回收再利用或易于自然分解、不污染环境、保护环境资源和消费者健康。也就是说，包装制品从原材料选择、材料加工、产品制造与使用、废弃物的回收再生，直到最终处理的整个过程均应不对人体及环境造成公害。发达国家就此提出了“4R1D”原则：①实行减量化（Reduce），即在满足包装的保护、方便、销售等各项功能的条件下，尽量减少包装材料的使用；②可重复使用（Reuse），即包装在完成某项使用功能后，经过适当处理，能够重复使用；③能回收再利用（Recycle），即通过生产再生制品、焚烧利用热能、堆肥化改善土壤等措施，达到再利用的目的；④能再装罐使用（Refill），即罐、瓶等包装物在回收之后，可以再装罐使用；⑤可降解（Degradable），即包装废弃物可以分解，不产生环境污染，进而达到改善土壤的目的。在此基础上，随着科学的进步，绿色包装可能会有更多的内涵。

专栏 7-3 发达国家典型的绿色包装壁垒

各国制定的绿色包装制度很多，典型的有欧盟关于包装和包装废弃物处理的欧洲议会和理事会指令 94/62/EC 与欧盟和美国的食品包装安全法规。

一、欧盟 94/62/EC 指令的主要内容

1. 严格限制包装和包装材料中有毒有害重金属和最大元素含量

（1）在所有包装材料、包装和包装组件中，铅、镉、汞和六价铬的浓度总量最大允许极限为 100mg/kg（即 100ppm），其目的是保护地下水源和土壤。

（2）包装和包装材料中允许最大元素含量见表 7–4。

表 7–4 包装和包装材料中允许最大元素含量

元　素	在干燥物质中（mg/kg）	元　素	在干燥物质中（mg/kg）
Zn	150	Cr	50
Cu	50	Mo	1
Ni	25	Se	0.75
Cd	0.5	As	5
Pb	50	F	100
Hg	0.5		

（3）对有害的其他物质，制造商也须确保减到最小限度。

2. 用安全的材料替代受限制或可疑的材料

（1）用 PET（涤纶树脂）替代 PVC（聚氯乙烯）。PVC 的氯乙烯单体被列为食品、医药以及与儿童接触的产品包装中限制使用的材料。78/142/EEC 曾规定用于食品包装材料的氯乙烯单体限制在 0.701mg/kg 以下。

（2）用 PP（聚丙烯）替代 PS（聚苯乙烯）。聚苯乙烯的单体也是有害的，且在常温或需加温状态下容易产生异味，故在某些应用上也被视为不受欢迎的产品，故也常以 PP 取代 PS。

（3）包装用纸以氧化法漂白替代含氯物质漂白。包装用纸相当大的数量是属于一次性的，为避免多氯联苯这种极毒物质对水源的污染，欧盟已普遍采用氧化法制造漂白浆，其产量已超过 60％。

（4）用水溶剂型取代有机溶剂型的黏合剂和印刷油墨。有机溶剂型的黏合剂与印刷油墨中含有易挥发和可溶的甲醛、苯、甲苯、二甲苯、甲醇等有害物质，影响操作者的身体健康，故必须慎重使用，以无毒害的水溶剂型取代之。为避免油墨中有害重金属（如锌铬黄）超过限定的量，切忌过分印刷装潢。

（5）禁用偶氮染料。

（6）可降解塑料应标明降解条件、时间、能否最终分解成二氧化碳和水。

3. 限制使用不易回收和不具有商业回收利用价值的包装材料（制品）

（1）限制使用不易回收利用的热固型塑料包装材料。

（2）复合材料不易回收，故应尽量使用单层薄膜的包装。

（3）发泡塑料缓冲垫由于其收集、分类、运输成本高于回收利用（资源或能源）价值，故被视为不能商业化回收利用的产品，已逐渐退出市场，而以植物纤维缓冲垫、蜂窝纸板或瓦楞纸板（折叠后）加工成型的缓冲垫，或用收缩薄膜或捆扎材将产品固定在纸托盘上代替之。

4. 禁止或限制使用某些原始包装材料

对木质包装须实行强制性措施，以防止包装材料上的病毒虫害对生态环境的破坏。欧盟指令禁止或限制使用原始包装材料，如木材、稻草、竹片、柳条、麻和以此为基础的包装制品，如木箱、草袋、竹篓、柳条筐篓、麻袋和布袋等；在包装辅料方面，也禁止或限制以纸屑、木丝作为填充料；对上述包装材料及辅料均应先进行消毒、除虫和其他必要的卫生处理。欧美对进口的木质包装（包括木质铺垫材料、支撑材料、托盘等）规定均须有出口国出入境检验检疫机构出具的已经过热处理、熏蒸处理、防腐剂处理或其他为进口国所认可的处理措施的证明。木质包装容器不应有树皮和 3 毫米以上的虫眼。

5. 对玻璃、金属包装容器内壁层的规定

玻璃包装容器应按使用范围（食品、医药、化工）控制可溶性碱性氧化物及砷的溶出量。金属包装容器的内壁和内壁镀膜涂层在保质期内不应与内装物发生化学反应。

6. 要求包装减量化、可重复使用、可回收再利用

二、欧盟食品包装安全法规

欧盟对于食品接触材料（塑料、纸、陶瓷、橡胶等）的规定如下：

1. 材料的“惰性”和食品的“纯度”原则

该原则要求包装材料及制品中的成分向食品的迁移量一定不能危及人体健康，使食品组成发生不可接受的改变，或者使食物感官特征恶化。

2.“许可标记”原则

欧盟规定与食物接触的材料和制品必须附有“用于食品”的词句。材料包括塑料、纸、陶瓷、橡胶等。

3. 关于再生纤维素膜（从纤维素制得玻璃纸塑料）的条令

认可再生纤维膜由 72 种化合物和 42 组物质组成的 114 种物质，其在成品中最大量的比迁移极限为 30μg/g 。

4. 关于陶瓷的条令

对陶瓷表面的高毒性金属：铅和镉的释放做了限制，规定了在不同用途下的铅和镉的特定迁移极限。对不可充装的制品或内部深度不超过 25mm 的可充装制品，铅的比迁移极限为 0.8mg/dm^2，镉为 0.07mg/dm^2；对其他所有可充装制品，铅的比迁移极限为 4.0mg/L，镉为 0.3mg/L。

5. 关于塑料材料的条令

塑料是包装安全法规中最重要也最复杂的，欧盟在以下三方面对欧洲各国进行了协调。协调的条令适用于全部由一层或多层塑料构成的包装材料及制品，而不适用大表面的涂料。

（1）共同体认可的物质目录。该目录包含在条令 90/128/EEC、92/39/EEC、93/9/EEC、95/3/EEC 和 96/11/EEC 中。包含的物质有完备的单体和大部分添加剂。

（2）使用限制。条令对所有与食品接触的材料的总体迁移限制为 60mg/kg 或

10mg/dm²；对于不可能设立日摄入量或容忍日摄入量的某种物质，其特定迁移限制为0.01mg/kg；对有毒性怀疑、怀疑有致癌性的物质，则特定迁移限制为0.05mg/kg。

（3）关于迁移检验系统的条令。欧共体委员会条令82/711/EEC制定了检验特定迁移和/或总体迁移的系统的准确标准结构，它设定了在标准化的条件下进行迁移测试所用的模拟液体（即能够模拟食物提取能力的液体）、接触时间和温度。欧共体委员会条令93/8/EEC使迁移测试的条件更有弹性，允许采用更多的时间温度组合，在不可能使用模拟液体时，准许使用其他模拟物进行“脂肪测试”。条令97/48/EEC进一步制定了在“脂肪测试”中作为测试液体的挥发性溶剂（如异辛烷和乙醇）的使用条件。

6. 与个别物质有关的条令

（1）关于PVC中氯乙烯单体的条令。条令78/142/EEC规定，材料和制品中允许氯乙烯的最大单体含量为1mg/kg，且这种材料及制品向食品释放的氯乙烯一定不能以检测极限为0.01mg/kg的分析方法检测出。

（2）关于在再生纤维素膜中一缩乙二醇和二甘醇的条令。条令86/388/EC规定一缩乙二醇和二甘醇在食物中迁移极限为50mg/kg，以后在条令93/10/EEC中减少为30mg/kg。

（3）关于在橡皮奶头中的亚硝胺的条令。条令93/11/EEC规定：用能够检测0.01mg/kg全亚硝胺和0.1mg/kg可硝化物质的已有方法，不能检测出弹性体或橡皮奶头中有亚硝胺和可亚硝化的物质。

三、美国食品包装安全法规

2004年10月，美国官方正式公布修订的公示法案《包装中的毒物》。该法案持有与欧盟相同的观点，规定了与欧盟94/62/EC和其修正案2004/12/EC相同的技术指标。而美国联邦法规中的第21章（CFR）也严格规定了食品的包装。

1. 食品接触材料的测试方法

与食品接触材料须符合美国食品药品监督管理局（FDA）的规定，并通过以下两种方法的测试：

（1）化学成分组成：包装使用的材料必须符合法规的规定，包装商还必须遵照法规要求的方法条件处理这些材料。

（2）迁移测试：包装材料需要经过检验，通过复杂的迁移测试并被认定是安全可靠的材料。迁移测试是用于评测从包装材料中流失出来的食品残留物的含量水平。通常，这个方法是新型包装材料的必选测试。

2. 食品标签法规

FDA规定的警示标签大体有3种：

一是针对未加工的肉禽产品因储存、解冻、烹饪方法不当可能滋生致病微生物，FSIS要求未经加工的肉禽产品加贴的“强制性安全操作说明”标签。

二是FDA要求含铁膳食增补剂除在营养标签中明示铁的来源和含量以外，还应有警示性说明，即含铁产品的意外过量服用是6岁以下儿童致命性中毒的重要因素。

三是FDA建议将消费者购买后应冷藏保存的食品分为3组，加附不同的警示性标签，且标签用语要区分食品冷藏是为了保证安全还是质量，以特别引起消费者对食品安全问题的重视。

所有警示标签均应放置于专门的边框内，以黑体“警告”打头，字体大小及用语须符合相应要求。

资料来源：

[1] 戴宏民，戴佩华．论“绿色包装制度”[J]．中国包装，2009（1）：19-23．

[2] 陶海东．发达国家绿色包装对中国对外贸易的影响机制分析 [J]．湖北行政学院学报，2016（1）：82-88．

第三节 中国遭遇环境贸易壁垒的情况

一、中国遭遇环境贸易壁垒的特点及类型

（一）中国遭遇环境贸易壁垒的特点

1.歧视性明显

日本对中国农产品、食品出口方面所设置的环境贸易壁垒比较多。中国农产品种类齐全，产量丰富，从而深受日本消费者喜爱。然而，日本政府对中国农产品设置了越来越多的环境贸易壁垒，严重阻碍了中国主要农产品出口日本市场。日本政府对于中国输日食品要求出入境检验检疫机构出具卫生证书，货抵日本港口后，需要再接受日方抽查检验，有的产品甚至是批批检验。肯定列表制度增加的大量检验项目，既增加了产品检测费用，又使得产品检验周期延长，通关速度减慢，不确定风险增加。2009年2月，日本农林水产省修改了进口肉类的检查方法，加强对进口鸡肉和猪肉的检查，将进口肉类统一为0.5%的抽查比率调整为国外有疫情发生时提高检查比例，没有疫情时则相对降低检查比例这样灵活的、有弹性的做法。对从中国、泰国等国进口的鸡肉制品，将根据疫情发生情况，提高检查比例，以确认这些制品是否被充分加热。这无疑给中国肉类产品出口日本市场增加了难度。日本对待中国产品、他国产品和日本产品，采取不同的政策，更把矛头指向在日本市场占有较大份额的中国农产品。如日本对中国菠菜的农药“毒死蜱”残留限量为0.01ppm，这项规定大大超出美国、欧盟及国际组织0.05ppm的最严限量标准。一般来说，某种产品的人均日摄入量越大，其残留标准规定就越严。日本国民对萝卜的日摄取量为47.3克，对菠菜的日摄取量仅为22.8克。但日本对大量生产、国民大量消费的萝卜规定的“毒死蜱”限量标准只有3ppm，与菠菜相差300倍之多，这显然是不合常理的。[15] 可见，日本对中国农产品所设的限制是非常严格而苛刻的，缺乏科学依据，带有明显的歧视性和针对性，违反了WTO有关协议规定的必要限度。日本对中国进口农产品采取的超出正常范围的不公正的、歧视性的技术性措施，其实质是借食品安全为名，行贸易保护之实，从而达到限制中国农产品进口的目的。

2.金融危机掩护下的绿色保护

2008年以来，全球金融危机蔓延，在经济增长乏力的背景下，为保护本国产业和就业的需要，一些国家的贸易保护主义不断抬头。当前，环境贸易壁垒有增无减。例如，美

国制定《气候变化法案》，拟对未采取温室气体减排措施的国家征收碳关税；欧盟因担心区内企业向环境限制宽松的国家进行产业转移而引发所谓“碳流出”，要求对发展中国家征收碳关税的呼声日益高涨，欧盟理事会2009年通过了《环境-能源一揽子法案》，并自当年10月7日开始禁止销售低能效的家电产品。在全球金融危机的背景下，西方各国的新贸易保护主义有了加剧的倾向。而环境贸易壁垒作为新的政策和法律工具，由于其具有表面上的合理性，西方国家在贸易保护中运用得更加广泛。据《中国青年报》报道，2009年2月1日瑞典TV-4报道了中国16家羽绒企业销售“活拔毛”的羽绒制品，导致部分欧洲消费者开始抵制中国企业生产的羽绒制品。这使得占世界羽绒及其制品供应量70%的中国企业的羽绒及其制品销售受到很大的影响，原料价格更跌至历史最低点。本案例中有关进口国政府并未通过法律途径提出正式交涉，而是通过媒体报道这样隐蔽的手段达到了同样目的，这种“民间壁垒”方式无疑为中国企业出口设置了很大的障碍。[16]

（二）中国遭遇环境贸易壁垒的主要类型

1.农产品生产和加工技术标准的限制

为了维护本国消费者的利益，满足对相关商品健康和安全等隐性需求，一些发达国家制定了严格的农产品生产和加工技术标准。这些技术标准的限制应该说对人体和环境是有利的，但发展中国家由于受到生产水平的限制，许多产品都达不到发达国家制定的这些标准，无法通过发达国家的检查，不能进入发达国家的市场。如美国与欧盟等发达国家和地区都已在食品加工中引入HACCP（危害分析关键控制点）管理体系，该体系对产品整个生产过程中的卫生和质量要求都很严格，加大了中国农产品出口难度。正是因为受到农产品生产和加工技术标准的限制，中国牛肉无法进入欧盟市场，龙眼、柑橘、苹果、香梨等产品也无法出口美国。

2.农药及有毒物质残留量的限制

发达国家依其较高的科技水平和经济发展水平对一些农产品制定严格的农药及有毒物质残留量技术标准，其他发展中国家很难达到，这就为技术处于领先地位的进口国设置环境贸易壁垒提供了依据，对于技术落后的出口国，只能望“标”兴叹。如日本对克球粉残留超过0.01ppm的冻鸡拒绝进口，使一些商品因未达到要求而遭退货；中国冷冻菠菜也因“毒死蜱”含量超标而被禁止进口；2002年1月，欧盟以中国出口的小龙虾所含氯霉素超标为由，宣布全面禁止中国动物源产品进口。

3.绿色包装的限制

发达国家已纷纷制定各种法规规范包装材料市场，广泛流行简化包装、可回收再利用和再循环包装、多功能包装、以纸代塑料包装。而中国的包装材料落后，不易处理，可回收率低，对进口国环境污染严重，造成了许多产品因为包装问题而无法出口，出口的农产品由于包装不合要求而被退货时有发生。1998年，中国输美木质包装因含有天牛而受到限制，随后加拿大、英国也迅速对中国木质包装进行限制。中国每年都有大量产品因达不到环保包装要求而受到影响。

4.烦琐的认证和检验程序

农产品直接影响消费者的身体健康，因此一直是各进口国卫生检疫的重点。一些发达国家利用烦琐的认证、检测程序来限制农产品进口。如日本1999年1月出台的《家畜传染病预防实施细则》规定中国等9个国家的猪牛羊肉及其制品要经过指定设备加热消毒处理后才可进口，增加了中国猪牛羊肉的出口成本。再如，按照韩国规定，向韩国出口的水果等农产品，其认证至少要经过4道手续，这一般需4～5年甚至更长时间。长期而烦琐的检验程序使得一些外贸出口企业望而却步，无法等待长期的检验程序而放弃出口这种商品。

二、中国遭遇环境壁垒的主要产业

环境贸易壁垒主要是相关国家以保护本国的国民健康、自然资源、环境为由，借助掌握的高科技技术制定其他国家难以达到的技术标准来限制出口国的产品的措施。当前，中国由于技术发展水平还达不到发达国家所制定的苛刻标准，产品出口不断受到环境壁垒，即“绿色技术壁垒”的限制。据WTO统计，近年来，技术性贸易壁垒的通报呈上升趋势，涉及各行业，但重点还集中于机电产品、农产品及食品、化工产品等领域。

欧美等发达国家和地区严格的环保标准要求阻碍了中国机电产品出口，影响较大的环保法规主要有防止空气污染法规、噪声污染防治法规、电磁污染防治法规等，涉及机电产品的性能、排污量限制、兼容性、可回收性、节能性等，这些条款对中国的机电产品的出口造成了不少限制和困难，使中国的许多家电产品无法进入这些国家，对中国的家电行业造成了重大经济损失。

美国、日本、德国等发达国家和地区以保护环境和国民的健康、安全为由，对纺织品和服装做了许多规定，主要涉及对纺织品有害的化学品的限制和禁止的规定，对中国纺织品出口造成了很大的影响。2011年1—8月，欧盟委员会非食品类快速预警系统（RAPEX）共公布严重危险消费品通报782项。其中，对华（不包括中国台湾和香港地区）输欧产品通报共42项，同比增长44.72%，而对华的纺织品和服装产品通报数量激增，共有87项，同比增长了10.82倍。受通报的纺织品和服装产品仍以儿童服装和鞋为主，通报最多的原因是衣服上的抽绳长度，存在可窒息危险。这些被通报的产品除限令改造外，其他都或主动或被动地撤出了市场，尚未进入欧盟市场的产品则直接被海关拒绝进口。

以下将重点分析一下农业及纺织业遭遇环境壁垒的情况。

（一）农产品出口遭遇的环境贸易壁垒

农产品的生产、使用、消费和处理与环境之间存在直接的、极为密切的关系，而中国农产品生产和加工的过程和方法、包装贮运、组成成分及性能等存在诸多不利于环保的因素。正因为如此，中国农产品成为环境贸易壁垒的主要打击对象。

中国农产品出口遭遇环境贸易壁垒主要体现以下一些特点：

（1）出口明显下降，损失巨大。据统计，2003年技术性贸易壁垒尤其是“绿色壁垒”给中国农产品出口造成的直接和间接损失在100亿美元左右。[17]日本是中国农产品的第一大出口市场，日本政府实施的“肯定列表制度”涵盖了大部分中国的输日农产品。“肯定列表制度”实施后，蜂王浆作为最早遭受这一制度影响的中国商品，立即开始遭遇退货。2006年，日本的“肯定列表制度”出台后，当年中国出口额损失了80亿美元，导致中国农产品出口严重受挫。福建省对日农产品出口额占比由42%下降到23%。同年9月，浙江省蜂产品对日出口量和出口额分别下降75.41%和39.78%，茶叶出口量和出口额分别下降47.04%和59.62%，蔬菜出口量和出口额分别下降24.04%和16.67%。2008年前10个月，河南省农产品出口额为2.77亿美元，同比下降了1.8%。[18]

近年来，中俄贸易持续增长，两国农产品贸易往来不断加深。但是，中俄两国贸易关系始终呈波动性，2017年俄罗斯对中国商品征收关税的平均税率达到15%~20%，比同期中国对俄商品征收的关税税率要高出两倍。为缩小农产品贸易逆差，俄方采取的具体措施有不断完善相关法律条款限制农产品与食品领域的外贸进口，并且辅之以提高具体的农产品类型的检验标准，进一步对原有的一些类型商品的进口禁令扩大适用范围。俄罗斯涉及农产品和食品领域进口的法律条款十分繁杂，如《食品质量与安全法》《消费者权益保护法》《联邦居民卫生防疫安全法》《植物检疫法》《植物检疫法条例》等法律条款中带有明显绿色贸易壁垒色彩的条款主要有进口禁令、许可证管理、关税配额制、海关估价制度、质量安全认证制度、俄文说明及防伪标记、反倾销措施与通关环节壁垒等。[19]

（2）农产品环境贸易壁垒主要集中在中国的出口市场。中国农产品出口市场主要集中在发达国家与部分新兴工业化国家和地区，这些国家和地区的进口量约占中国农产品出口总量的80%。由于这些国家和地区的技术要求比较高，中国一些产品在环境、卫生和安全技术标准上不符合进口国的要求被限制进口的情况屡见不鲜。例如，欧盟是中国水产品出口的第三大市场，市场潜力可观。然而，2002年1月31日，欧盟以中国药残监控体系不健全为由，全面禁止包括水产品在内的中国所有动物源性产品进口。再如，近年来，中国对日出口蒸青绿茶不断增长，触及日本茶农的经济利益，自2002年以来，日本政府为了保护本国产品，加强对进口茶叶的质量检验，采取原产地标准等限制措施。"肯定列表制度"中涉及茶叶的农残限量指标从原有的83项增加到276项，部分农残项目改"茶汤检测法"为"全茶溶剂检测法"。按照饮茶的习惯，消费者只饮用茶汤（水），而农药在水中的溶解度极小，约10%，而"全茶溶剂检测法"可以完全检测出茶叶中农残，新规定极大地提高了茶叶农残被检出的概率，这严重影响到中国茶叶对日的出口。

（3）受检范围不断扩大，难以应对。随着环境贸易壁垒的频繁使用，中国农产品的进口国纷纷扩大产品检测范围，并从抽检扩大到批检，导致中国一些农产品的出口量下降。例如，20世纪90年代初期，日本对中国大米只实行几个农药残留指标检测，20世纪90年代中期增加至数十个，2001年达123个，到了2005年，"肯定列表制度"实施后，大米的检测项目从原有的120多项增加到366项，从而使得中国大米出口日本受到很大的限制。

（4）多引发贸易摩擦。以中美农产品贸易为例，环境贸易壁垒已经成为两国农产品贸易摩擦的最主要原因。其中，以防止病虫害传播为目的的环境贸易壁垒阻碍贸易的情况表现得尤为突出，成为两国农产品贸易摩擦的最主要原因。如2003年美国FDA以食品安全为由拒绝我国625批次的农产品入境。美国还以两国法规体系不等效为借口，拒绝进口我国熟制禽肉制品。2004年，美国以平衡贸易、增加向中国出口为由要求我国取消对美国疯牛病和禽流感的禁令，为此副部长级以上的交涉就达6次之多。另外，在转基因农产品安全问题和向中国出口大豆检疫问题上，美国甚至联合巴西、阿根廷协调一致对中国施压，要求开放市场，增加进口。

（二）纺织产品出口遭遇的环境贸易壁垒

纺织服装工业是中国出口创汇的支柱性产业，也是外向依存度较高的行业。中国加入WTO后，该行业受惠较大，但受环境贸易壁垒的影响，中国纺织行业也受到不同程度的限制。据了解，因服装没有达到生态纺织品标准而被处以罚款或被迫回销等情况常有发生。例如，欧盟有关国家通过的生态纺织品标准100，就对进口服装的甲醛、重金属、防腐剂等100多种有害物质含量进行限制，这些规定对中国服装出口形成了技术性环境贸易壁垒。[17]

纺织业是中国具有比较竞争优势的传统制造产业，为中国解决就业问题发挥了巨大的作用。但是中国纺织服装品属于劳动密集型产品，主要出口市场集中在欧、美、日等发达国家和地区，这些国家和地区往往出于保护本国就业的考虑，在产品的安全、环保、卫生等方面制定严格的标准，严重阻碍了中国纺织品出口。环境贸易壁垒对中国纺织服装出口造成的影响主要表现在以下方面：

（1）环境贸易壁垒导致中国的一些纺织服装出口产品或遭遇退货，或被迫取消订单，蒙受了巨大的经济损失。

（2）降低了纺织服装产品的市场占有率。日本、美国、欧盟等发达国家和地区是中国纺织服装产品出口的主要市场，也是对纺织服装产品设置环境贸易壁垒数量最多、壁垒要求最严格的国家和地区。近年来，由于环境贸易壁垒的影响，中国纺织服装产品对上述国家和地区的出口增长速度趋缓，市场份额呈萎缩趋势。如果不尽快采取对策，中国很多纺织服装产品将有可能因达不到这些国家或地区的市场准入条件而被拒之门外，从而影响中国纺织服装产品在国际市场上的占有率。

（3）增加中国纺织服装产品的出口成本。取得绿色认证或标志是纺织服装企业规避环境贸易壁垒的有效办法之一。而要想取得绿色认证或标志，首先，必须了解环境贸易壁垒中的标准。由于国际上尚未有统一的法规、规章，不同国家的标准纷繁复杂，要想获得准确的信息须付出大量的人力、资金和时间成本。其次，取得绿色认证或标志的高额费用和复杂手续也会使产品的成本增加。最后，环境管理体系的建立要求企业不断改进生产工艺，加大技术改造的投入，变传统生产方式为清洁生产方式；要满足环境贸易壁垒在检验、测试、认证、评估、审计等方面的要求，必须实施绿色营销计划，从产品包装标志、标签到广告宣传，都要符合进口国的规定，而所有这一切要求或规定都会增加纺织服装产品的成本。例如，厦门某丝绸进出口公司的产品主要销往欧洲，主营丝绸印花制品。根据公司介绍，其丝绸印花制品一般要染20~40种颜色，为确保产品中不含偶氮染料，公司一般将样品送往德国代理检测公司进行检测，收费标准为每色样190美元。一单15 000米丝绸印花订单，检测费用就要4 000多美元，折合人民币3万多元。公司平均每年要向欧洲出口印花丝绸80多万米，检测费用累计高达180多万元人民币。[20]

此外，中国包装、家电和化学行业也都受到环境贸易壁垒的严重影响。2006年1月欧美开始执行的“环境包装制品的回收率要达到85%以上”这条标准，对发展中国家的包装行业冲击很大。中国的一次性餐具因没有“绿色标准”而被禁止出口欧美市场，许多商品出口欧美还要支付高额的包装废弃物处理费用等。中国家电产品出口贸易受环境贸易壁垒的影响也很大。2006年8月，在欧盟实施《废旧电子电气设备回收指令》后，上海小家电出口量降到当年的最低水平。又如，欧盟实施的《生态设计指令》对电气电子产品从设计、原材料采购到回收利用的整个产品生命周期都突出了严格的环保要求，这也对中国相关产品出口产生了较大的影响。国际贸易中，对化学工业中化学与医药产品的出口有较严格的规定，此类产品的出口主要受到对危险化学品分类管理、严格的化学品管理、对进口新化学品的管理、对农药的管理、对合成洗涤剂的管理等规定的影响。例如，美国很早就开始限制和禁止中草药的进口，进口药品到美国必须经过美国食品药品监督管理局的检查，而中国国内单项品种能通过美国食品药品监督管理局的检查的生产厂家仅有20多个，直接影响了该行业产品出口。[17]

（三）中药出口遭遇的环境贸易壁垒

中医中药浓缩了我国传统文化的精华，代表了古代劳动人民的伟大智慧和人类社会与自然的和谐理念。随着世界贸易的扩展，我国中药作为贸易商品也逐步进入国际市场，但是，以药品身份进入国际市场并被认可，仍然十分艰难，国际市场份额与我国中草药的生产大国地位很不相称。[21]

2011年欧盟颁布实施《传统植物药注册程序指令》，根据这项法令，中草药要进入欧洲市场需要在欧盟地区使用15年以上，在国内市场需要使用30年以上，还必须对中药的每一个成分进行检测方可提出申请许可；许可的前提条件是对中药成分中的每一个成分进行检测。中药出口企业不得不按照西药进行药理、病理、临床等一系列检测，往往因为资金短缺、无法承担相应的研究和检测费用不得不退出市场。[22] 2008年，日本实施了《汉方及生药制剂农药残留质量的行业标准》和“肯定列表制度”，受其中的技术壁垒的影响，中国中成药对日本出口出现下降。2012年10月，韩国相关部门相继发布了《关于草药中重金属的规范和测试方法修订版》《关于草药中二氧化硫残留物的规范和测试方法修正案》，涉及中国对韩出口中药材的大部分品种。2011年，美国农业部动植物卫生检验局（APHIS）设立野生动物保护法，该法对其原野生动植物保护法中可以免除进口申报的三类植物液做了限定，进一步增加了中国中药产品的出口难度。[21]

三、环境贸易壁垒对中国的影响及应对

（一）环境贸易壁垒对中国的影响

1.消极影响

发达国家对中国的贸易产品设置诸多障碍，其中最有效的就是环境贸易壁垒，目前已经取代关税壁垒成为中国出口面临的第一大贸易壁垒。发达国家凭借其较高的管理水平和先进的技术优势，在环境保护、资源节约等方面对中国的出口产品设置标准较高的绿色技术障碍，增加我国企业的出口成本，提升我国产品价格，降低国际竞争力，使我国的产品出口受到限制。

一是增加我国企业的出口成本，降低国际竞争力。环境贸易壁垒的核心是质量安全，要求将生态环境科学的原理运用到产品的生产、加工、运输、销售乃至报废、回收的过程当中，迫使企业履行生产中环境保护的义务以及相关的检验、测试、认证等手续，导致企业出口成本上升、出口利润和国际竞争力降低。产品出口成本的上升还表现为企业要承担在进口国与检验检疫相关的风险成本以及与绿色环境标志相关的认证费用和增加的绿色包装费用。复杂苛刻的检验、检测手续，耗费出口企业大量的时间与精力；期间产生的检验检疫成本，以及货柜租赁、仓储等一系列派生费用将由企业承担；如果检验检疫的指标不符合进口国标准，其产生的一切费用损失将由出口商自行承担。例如，绿色环境标志属于自愿式计划，但它对市场关系的供需影响极大，消费者更青睐购买拥有绿色环境标志的产品，企业想借助环境标志赢得市场优势，势必将增加直接或间接费用；绿色包装要求包装材料生态化，能遵循可回收、可循环、可降解、再利用的标准，绿色生态化包装材料价格

不菲，用绿色包装替代普通包装，势必会使产品的出口成本上升，削弱产品的国际竞争力。

二是加剧我国与发达国家的贸易矛盾。绿色贸易壁垒本意上是保护生态环境系统安全，但其涉及的环保、卫生、安全、节能等方面的技术指标在当前只有发达国家才能达到，发展中国家由于经济实力薄弱、技术发展水平低下，在很多方面都无法达到发达国家制定的标准。因此，发展中国家与发达国家在绿色技术标准上的认同并不一致。对绿色技术标准的不同认可，容易造成双方的贸易摩擦 。虽然世界贸易组织为了缓和贸易摩擦做出了诸多努力，但发达国家以保护生命健康、生态环境安全为由，依旧坚持自身的环境技术标准。我国是农产品出口大国，出口的农产品相当一部分是劳动密集型农产品，如蔬菜、蜂蜜、茶叶、中药材等。这些产品在生产过程中存在生产者缺乏健康环保意识、生产观念落后的情况。例如，蜂农在防治蜂病过程中，用药不当，使得蜂蜜受到污染，农残超标，日本“肯定列表制度”中涉及蜂蜜的农兽残限量指标有78种，其中72项我国尚无限量要求，这些苛刻的要求使得我国的蜂蜜产品很难通过发达国家设置的绿色贸易壁垒，进入国际市场；中药及中成药是我国的特色产品，但中药的安全性遭到质疑，欧盟限制中药企业及产品进入欧洲市场。对技术标准及安全性的不同认可，导致我国同发达国家的贸易摩擦频发。

2.积极影响

环境贸易壁垒是在全球生态危机背景下，发达国家推行贸易保护主义的产物，对发展中国家的出口贸易造成许多不利的影响。但是，环境贸易壁垒也有积极的一面，它有助于推广绿色思想观念与促进生态环境保护，有助于我国绿色技术的进步，有助于我国加快完善环保法律、法规。

一是有利于我国的绿色思想观念推广及促进生态环境的保护。联合国统计机构（1999）的统计数据表明，84%的荷兰人、89%的美国人、90%的德国人在购物时会考虑选择环境友好型产品，意味着人们愿意花更多的钱购买那些产品生命周期不会损害环境的产品。环境贸易壁垒也并不是发达国家的专有物，发展中国家也可有效使用以防止污染转移嫁接。当前我国的经济建设需要大量的投资，以弥补我国经济建设资金的不足。但是，在外商的投资过程中，我国缺乏对投资项目的环境保护与资源节约的评估。发达国家的一些企业为了逃避本国严格的环境保护管理并追求最大利润，将一些污染程度比较高的企业转移到发展中国家生产，这在农药、化工、造纸等行业特别明显。发达国家出口的产品并非都是绿色产品，也存在各种安全隐患，尤其是携带生物病虫害的产品，对我国的生态安全影响极大。针对这种情况，我国也可以仿照发达国家的技术参数标准，设置环境贸易壁垒，阻止污染性企业、产品的进入，从而有效防止国际污染嫁接，以避免我国的生态环境遭受外来破坏。

二是促进我国绿色技术的进步。环境贸易壁垒的制定与实施是以环境保护技术为支撑的，环境贸易壁垒需要相关技术来解决。在政府的主导下，中国的环境保护技术发展获得了强有力的支持。例如，中国的“科技攻关项目”“863项目”“973计划”均涉及高新的绿色技术开发，主要内容有能源技术、材料技术、生物技术、知识体系技术等。同时，节约能源、节约材料使用量的材料技术也有较好的发展，如在世界印刷领域领先的纳米印刷技术，它具有分辨率高、节能环保和成本低等优势，我国已经研制成功。相关的生物技术在农业上发展应用得比较成功，如以超级水稻、特种玉米、抗病小麦为代表的技术，在这方面取得了许多世界领先的成果。

三是有助于我国加快完善环保法律和法规。环境贸易壁垒对推动完善环保法律和法规有一定的积极作用。我国现行的环境与资源保护法体系由以下部分组成：（1）宪法中关于环境与资源保护的第 9 、26条分别规定：“国家保障自然资源的合理利用，保护珍贵的动物和植物。禁止任何组织或者个人利用任何手段侵占或者破坏自然资源。”“国家保护和改善生活环境和生态环境，防止污染和其他公害。”（2）环境与资源保护基本法。《中华人民共和国民法典》明确了违反国家保护环境、防止污染的规定，造成环境污染或他人损害的，应依法承担环境侵权的民事责任的规定。《中华人民共和国刑法》增加了“破坏环境资源保护罪”。（3）环境与资源保护单行法规。在专门立法方面制定和修订了《固体废物污染环境防治法》《水污染防治法》《环境保护法》等 28 部相关法律以及 30 多件行政法规、国家标准800多项。（4）缔结环境与资源保护国际公约、议定书，参加了《联合国气候变化框架条约》《京都议定书》《生物多样性公约》《世界文化和自然遗产保护公约》等 30 多项国际环境与资源保护条约，并积极履行所承担的条约义务。法律是最重要、最有效的外部强制力量，通过制定一系列的法律和法规，并加以严格贯彻执行，为我国的生态环境保护提供法律保障，具有中国特色的生态文明法律体系已经基本形成。

（二）中国应对环境贸易壁垒的原则

习近平“人类命运共同体”思想作为一个全新的发展理念，有着自身独特的内涵，其核心就是党的十九大报告所指出的，“建设持久和平、普遍安全、共同繁荣、开放包容、清洁美丽的世界”。

“人类命运共同体”思想在生态方面主要体现在：要坚持环境友好，合作应对气候变化，保护好人类赖以生存的地球家园。建设生态文明关乎人类未来。要解决好工业文明带来的矛盾，以人与自然和谐相处为目的，实现世界的可持续发展和人的全面发展。要牢固树立尊重自然、顺应自然、保护自然的意识，绿水青山就是金山银山。要坚持走绿色、低碳、循环、可持续发展之路，平衡推进2030年可持续发展议程，采取行动应对气候变化等新挑战，不断开拓生产发展、生活富裕、生态良好的文明发展道路，构筑尊崇自然、绿色发展的全球生态体系。我们只有一个地球，如果它被破坏了，我们别无去处。如果地球上的各种资源都枯竭了，我们很难从别的地方得到补充。我们要精心地保护地球，保护地球的生态环境，让地球更好地造福于子孙后代。

推进贸易强国与防治环境污染是新时期党和政府推动高质量发展的战略举措。伴随改革开放以来的经济增长奇迹，特别是加入WTO后，中国进出口贸易呈现井喷式发展态势。2013年中国已经超越美国成为世界第一大贸易国。面对当前世界贸易格局的不稳定性、不确定性，中国坚定不移地扩大高水平对外开放。特别是十九大报告将推进贸易强国建设列为建设现代化经济体系的重要组成部分。《中共中央关于制定国民经济和社会发展第十四个五年规划和二〇三五年远景目标的建议》进一步明确指出，要促进国内国际双循环，协同推进强大国内市场和贸易强国建设，充分利用国内国际两个市场两种资源。与此同时，随着生活水平不断提高，人民群众对环境质量提出了更高的要求，这与经济发展过程中环境污染问题的矛盾日益凸显。为满足人民日益增长的美好生活需要，我们在通过推动经济增长提升人民收入水平的同时，还需要提供良好的生态环境。在此背景下，党和国家已经将环境治理工作提升至前所未有的高度。继十八大将生态文明建设摆到了中国特色社会主义“五位一体”总体布局的战略位置后，十九大报告进一步将污染防治列为决胜全面建成小康社会的三大攻坚战之一。二十大报告指出，中国全方位、全地域、全过程加强生态环境保护，生态文明制度体系更加安全，污染防治攻坚向纵深推进，绿色、循环、低碳发展迈出坚实步伐，生态环境保护发生历史性、转折性、全局性变化。

（三）中国应对环境贸易壁垒的具体对策

1.完善环保立法，提升人民的环保意识

当前我国环保有关的立法还不是十分完善，其中还存在诸多缺陷和漏洞，难以对企业日常运行活动进行约束，导致环境保护、产品质量等问题难以解决。对此，我国政府应当对环保法律规范进行健全和完善，构建科学的绿色标准体系，规范企业行为，并提升人民的环保意识。

一是可以对发达国家环保方面的立法进行参考和借鉴，并结合我国国情、经济发展情况等构建与之相符合的环境保护法律规范以及标准体系。当然，这离不开环保部门、技术监督部门等诸多部门之间的配合。要构建对应的互联网沟通平台，将完善过的环保法律体系共享给各级政府，并推动环保部门以及技术监督部门的沟通，共同对企业行为进行管控。

二是不断提升环保执法的力度，坚决做到有法可依、有法必依。现有情况下，我国检验检测技术较为滞后，难以对企业产品质量进行全面检测，导致环保有关的法律规范流于形式，难以有效落实。对此，政府应当不断提升执法领域的技术、资金支持力度，鼓励相关人员引入国外先进设备、技术等，构建高技能、高素质的检验检疫队伍，不断提升环保执法力度。

三是提升宣传力度，使全民树立绿色生产、绿色消费的理念。政府可以通过互联网、广播、电视等多种途径宣传有关环保的内容，并对国际贸易中绿色贸易壁垒有关的知识进行介绍，使居民认识到绿色化发展的重要性，提升对绿色贸易壁垒的紧迫感和危机感，自觉树立绿色化理念。

2.加强技术创新，推动绿色产业发展

应对绿色贸易壁垒的关键在于技术创新，我国企业只有加强技术创新，提升技术水平，才能够生产出更符合绿色环保规定的产品，才能够在国际市场中“横行”。

我国政府应当不断提升对企业绿色技术支持的力度，从税收、补贴等多方面为绿色技术企业提供便利，使其提升发展速度；还要引导社会资金逐步流向绿色创新产业中，鼓励各个地区构建专项资金，并构建奖励措施，推动创新产业的持续发展。此外，企业也应当对自身的产品进行全面研究，明确产品的缺陷和不足，并制订系统的绿色升级计划，积极引进技术人才，不断提升污染治理、清洁生产等技术水平，构建高新技术研发基地，走自主研发之路，促进绿色产品技术的创新，更好地应对绿色贸易壁垒。

3.构建有关绿色贸易壁垒的预警机制

绿色贸易壁垒对我国对外贸易发展带来了较大的影响，且因为绿色贸易壁垒涉及的内容较多、范围较广，在很多时候会存在细节变化、信息不够公开等问题，导致我国很多出口企业难以全面掌握有关信息，因此面临着出口产品被退回的风险。为了降低这一影响，我国政府应当构建预警机制，提升对绿色贸易壁垒的跟踪与研究水平，并全面搜集有关的信息，对信息进行综合性评估与研究，以便为企业生产经营提供参考。

具体可以构建有关绿色贸易壁垒的数据库，安排专门的部门负责有关绿色贸易壁垒的工作，工作者对国际市场中绿色贸易壁垒信息进行搜集，并将其分类存放至数据库中，定期对数据信息进行更新，并在数据库中建立企业登录入口，便于企业了解信息；还要及时将数据库与我国企业对接起来，针对可能会存在绿色贸易壁垒问题的企业及时进行预警，提供咨询措施等。此外，我国政府还要积极参与国际多边协定和有关国际环境公约的谈判，构建争端解决机制，以更好地对我国利益进行维护。

章末案例 ◎ 加拿大诉法国限制进口石棉产品案

石棉产品因其性能优异而在建材、化工、冶金等领域应用广泛，然而石棉也含有可致癌的有害物质。为了维护工人和消费者的健康和安全，法国政府颁布了第96-1133号法令。该法令于1997年1月1日生效，其主要内容是禁止生产、加工、进口、销售、运输石棉产品，而不管石棉纤维是否植入有关材料、产品或设备中。同时，对缺乏可替代品，但能够证明有安全技术保障的含有石棉的材料、产品、设备作出了例外规定。

法国此举影响了其他一些欧盟国家，由此给世界第二大石棉生产国加拿大的石棉出口造成压力。加拿大认为法国的石棉禁令违背了WTO SPS协议第2条及第5条、TBT协议第2条和GATT 1994第3条及第11条的规定，同时认为它的利益受到了损失或损害。欧盟则认为，一项措施或者属于国内法规，受GATT 1994第3条第4款约束，或者涉及产品进口，受GATT 1994第11条第1款约束，加拿大混淆了两个条款的关系。专家组认为，争议措施受GATT 1994第3条第4款约束，双方对此并无异议。同时，根据GATT 1994第3条注释的规定，GATT 1994第3条第4款适用于对进口石棉产品的禁令。专家组认为没有必要审查加拿大关于第11条第1款的主张。

在与欧盟协商未果的情况下，加拿大将该争端提交WTO争端解决机构裁决。1998年11月25日，争端解决机构成立专家组调查此案。巴西和美国等保留了第三方的权利。专家组于2000年7月25日提交了最终报告。经过上诉，2001年4月5日，争端解决机构通过了上诉机构报告和修改后的专家组报告。

专家组裁定：（1）法国禁令中禁止石棉产品使用的部分不是技术法规，不受TBT协议调整；（2）法国禁止使用的石棉产品和允许在其国内使用的替代产品是相同产品，因此法国禁止加拿大石棉产品的销售违反了GATT国民待遇原则，但法国仍可基于GATT 1994第20条（b）项证明该措施的正当性。

不过上诉机构推翻了专家组的裁决，认为：（1）法国禁令作为一个整体，是一项技术法规，受TBT协议的调整，但没有对加拿大对法国违反TBT协议的请求进行裁定；（2）法国禁止使用的石棉产品和允许在国内使用的替代产品对健康的危害是不同的，所以不是相同产品，因此法国法令没有违反国民待遇原则。上诉机构最终支持了法国，裁定加拿大败诉。

资料来源：

[1] 焦洪宝．加拿大诉欧盟限制石棉产品进口案评析及启示［EB/OL］．［2004-01-23］．https://article.chinalawinfo.com/Space/SpaceArticleDetail.aspx?AID=24688&AuthorId=88862&Type=1.

[2] 陈永钊．从加拿大诉欧盟石棉案看同类产品的认定［J］．今日南国（理论创新版），2008（10）：128-129.

思考题：

（1）GATT 1994中的例外条款及TBT协议相关规定在本案例中的主要作用体现在何处？

（2）GATT 1994第3条第4款规定："一成员领土的产品输入到另一成员领土时，在关于产品国内销售、许诺销售、购买、运输、分配或使用的全部法律、条例和规章方面，所享受的待遇应不低于国内生产的同类产品所享受的待遇。"该案例中，欧盟是否违反这一规定？

（3）该案例是否属于利用贸易中的环境例外条款来设置贸易壁垒？对中国有何启示？

本章小结

1.环境贸易壁垒，属于非关税壁垒的一种。环境贸易壁垒盛行的主要原因包括：一是发达国家与发展中国在技术、标准、基础设施方面的巨大差距；二是贸易保护主义抬头以及国际法规中的漏洞；三是传统贸易壁垒的失效，以及贸易摩擦爆发频繁。

2.环境贸易壁垒是指在国际贸易中一些国家以保护生态资源、生物多样性、环境和人类健康为借口，设置一系列苛刻的高于国际公认的环保法规和标准，对外国商品进口采取的准入限制或禁止措施。而广义的环境贸易壁垒除了各国以保护环境为目的而采取的进口贸易限制措施之外，还包括国际和区域性的环保公约、国别环保法规和标准、检验和检疫要求、包装与标签要求，ISO14000环境管理体系和环境标志等自愿性措施，以及生产和加工方法及环境成本内在化要求等，在未加特殊说明时环境贸易壁垒指的是狭义概念。

3.环境贸易壁垒形式多样，各个国家的规定不尽相同，但一般都是对产品从生产、储运到使用的全过程规定标准并进行限制。环境贸易壁垒主要分为：(1）环境质量标准管理。其主要有两类：一类是产品品质环境标准，指的是在国际贸易中进出口的产品本身的品质要满足环境保护的标准，包括性能、质量等，是该产品进口以后，在存放、使用、消费、废弃时不会给进口国的环境带来不利的影响；另一类是产品生产环境标准，规定了产品应该怎样被生产和如何被生产，也就是产品生产过程和生产方法的PPM标准。(2）环境税收管理，包括绿色税收制度和绿色补贴及反补贴制度。(3）有关产品成分、性能及使用的限制措施，包括绿色检验检疫制度和绿色包装制度等。(4）绿色环境标志制度（自愿约束管理)。(5）动物福利保护制度。

4.发达国家的环境贸易壁垒各有特点。美国以食品药品安全管理最为严格，包括"危害分析及关键点控制（HACCP）"体系和食品药品监督管理局的严格检验管理制度。欧盟的环境规制指令名目繁多，以WEEE、RoHS指令、EuP指令和ErP指令最具代表性。日本针对食品中的农业化学品的肯定列表制度严格而苛刻。

5.生态纺织品认证标准成为发展中国家纺织品出口的重要环境壁垒。目前国际上有十几种绿色生态纺织品标准，其中较有影响、使用最广泛、最具权威性、最严格的标准是生态纺织品标准100。这是国际环保纺织协会在对产品生态学研究的基础上制定并颁布的，主要是针对纺织品和服装的有害物质数量进行检测，同时规定产品不得有发霉、高沸点汽油、鱼腥和香水等特殊气味。该标准的测试对象涉及游离甲醛残留量、多福联苯酸碱度、可溶性重金属的残留物、杀虫剂残留量、防腐防霉剂、有机氟载体等有毒有害物质。

6.绿色包装制度是环境贸易壁垒的一种，要求包装材料节约资源、减少废弃物，用后易于回收再利用或易于自然分解、不污染环境、保护环境资源和消费者健康。发达国家就此提出了“4R1D”原则：①实行减量化（Reduce），即在满足包装的保护、方便、销售等各项功能的条件下，尽量减少包装材料的使用；②可重复使用（Reuse），即包装在完成某项使用功能后，经过适当处理，能够重复使用；③能回收再利用（ReCycle），即通过生产再生制品、焚烧利用热能、堆肥化改善土壤等措施，达到再利用的目的；④能再装罐使用（Refill），即罐、瓶等包装物在回收之后，可以再装罐使用；⑤可降解（Degradable），即包装废弃物可以分解，不产生环境污染，进而达到改善土壤的目的。

7.中国遭遇环境贸易壁垒的主要类型包括农产品生产和加工技术标准的限制、农药及有毒物质残留量的限制、绿色包装的限制，以及烦琐的认证和检验程序等，因此农业与纺织行业受到的影响最大。

专业词汇

环境贸易壁垒　环保例外权　ISO14000　绿色环境标志　绿色包装制度　绿色补贴

思考题

一、多项选择题

1.环境贸易壁垒与其他贸易壁垒相比，具有（　　）特点。

A.广泛性　　B.合理性　　C.合法性

D.隐蔽性　　E.客观性　　F.主观性

2.环境贸易壁垒产生的背景包括（　　）。

A.全球环保意识不断增强　　B.环境成本内在化理论的指导

C.国家间在技术、标准方面的巨大差距　　D.国际法规存在漏洞和不完善之处

E.传统贸易保护措施失效

二、判断题

1.环境贸易壁垒产生于20世纪90年代后期。（　　）

2.WTO不允许进口国使用与产品有关的PPM标准实施贸易限制。（　　）

3.绿色检验检疫制度是指为了保证人类健康免遭进口动植物携带疾病而造成损害，从而对进口的农副产品和食品制定的安全卫生标准和检疫制度。（　　）

4.1977年德国实施了世界上第一个环境标志计划——“白天鹅”计划。（　　）

5.随着环境贸易壁垒的频繁使用，中国农产品的进口国纷纷扩大对产品检测范围，并从抽检扩大到批检，促使中国一些农产品的出口量上涨。（　　）

三、简答题

1.除了本章所提到的环境贸易壁垒之外，你还关注到一些其他环境贸易壁垒了吗？能不能举出一些隐性环境贸易壁垒的案例？

2.在如此多的环境贸易壁垒形式中，你认为有哪些是合理的？有哪些是合法的？可以援引什么国际法来证明其合法性？

3.你怎样理解环境贸易壁垒对中国出口贸易的影响？应怎样应对？

四、论述题

《中华人民共和国民法典》于2021年1月1日起施行。值得注意的是，其1 260条条款

中有18条直接与生态环境保护相关，并且在开篇就明确规定民事主体从事民事活动，应当有利于节约资源、保护生态环境，“绿色原则”及“绿色条款”的加入无疑是世界上民法典编撰的创举。不论是民法典“绿色原则”的创制，还是“绿色条款”的体系化设计，都凸显了绿色发展理念、生态文明建设在社会经济建设及法律体系构建中的重要地位。

我国的“绿色”税收制度体系正在逐步建立及完善，《中华人民共和国环境保护税法》已经颁布施行，但主要规制的是域内及管辖海域的污染排放问题。关税作为调节产业结构和对外贸易结构的重要一环，却并未发挥应有的生态环境保护的“绿色”职能作用，保护生态环境及绿色发展理念尚未融入现行的关税法律制度，具有环保效果的税收条款散见于各种法律规定中，不成系统，这无疑会成为我国“绿色”税收制度体系的一块短板，会对我国生态环境和资源保护产生直接的损害与威胁。当今中国环境问题突出，资源消耗和环境污染已然成为社会经济发展的瓶颈，在推进生态文明建设、实现绿色发展的进程中，必须深刻认识绿色发展在新发展理念中的重要地位，掌握绿色发展同税收法律制度的融合。因此，将“绿色环保”思想融入海关税收法律制度，将关税“绿色化”成为一个亟待解决的命题。

请在此基础上，结合本章内容阐述关税“绿色化”问题的必要性与可行性。

本章参考文献

[1] 秦玉娈，胡延玲．多边贸易环境下绿色壁垒问题［J］．河北学刊，2005，25（5）：206-208.

[2] 温源远，李宏涛，杜譞，等．2016年全球环境发展动态及启示［J］．环境保护，2017，45（14）：62-65.

[3] 刘洋．国际贸易中PPM标准的法律规制研究［D］．沈阳：东北大学，2009：6-7.

[4] 曾九明．我国环境保护产业发展现状及基本取向［J］．经济问题探索，2001（10）：20-23.

[5] 庄宁．单边PPM环境贸易措施法律问题研究［D］．重庆：西南政法大学，2009：4.

[6] 秦鹏．环境保护下的贸易限制——国际贸易中PPMs标准的法律问题探析［J］．国际贸易，2005（6）：52-55；43.

[7] 赵辰．后危机时期我国面临的绿色贸易壁垒及应对措施研究［D］．北京：外交学院，2012：17.

[8] 张立媛．环境标志制度研究［D］．青岛：山东科技大学，2008：2-6.

[9] 黄进．《ISO14025：2006 Ⅲ型环境标志原则和程序》国际标准解析［J］．世界标准化与质量管理，2008（12）：37-40.

[10] 朱源．近年来美国环境政策制定的趋势及对我国的启示［J］．环境保护科学，2013（5）：46-50.

[11] 中国食品土畜进出口商会．我国对美国农产品出口面临的主要贸易壁垒（一）［N］．新农村商报，2011-03-16（A13）.

[12] 陆艳．欧盟环境规制指令对中国出口的绿色壁垒效应及对策研究——以家电产品的实证分析为例［D］．苏州：苏州大学，2012：14-16.

［13］于晶．基于环境产业发展的中日环境贸易政策比较研究［D］．青岛：中国海洋大学，2011：25.

［14］周理盛，蔡珍贵．绿色贸易壁垒对中国农产品出口影响及对策——以日本的《肯定列表制度》为例［J］．商场现代化，2008（31）：24-25.

［15］郭江，储伶丽，朱玉春．中国农产品出口日本的技术性贸易壁垒分析［J］．生态经济，2009（1）：125-127.

［16］梁宇．金融危机下新贸易保护主义的绿色壁垒［J］．科技信息，2009（24）：426-427.

［17］曹仁江，康莉．国际贸易中环境贸易壁垒问题及其对策探析［J］．环境保护与循环经济，2011（6）：66-69.

［18］林玉洁．绿色贸易壁垒对中国农产品出口的影响与对策分析［J］．对外经贸，2012（11）：57-61.

［19］孙红雨，佟光霁．绿色贸易壁垒对中俄农产品出口贸易的影响研究［J］．改革，2019（2）：149-157.

［20］叶甫荣．实现由纺织品大市向纺织品强市转变的战略思考［J］．丝绸，2004（8）：8-9.

［21］李银杰．我国中药出口遭遇的壁垒及对策分析［J］．时代金融，2014（36）：193-198；200.

［22］胡楚芳．江西省中药出口绿色贸易壁垒破解对策［J］．合作经济与科技，2018（21）：78-79.

第八章 贸易与投资中的跨境污染问题

导读

随着以国际贸易和跨国投资为典型代表的经济全球化迅速发展，日益凸显的环境问题日益跨国化发展，并逐渐成为国际社会关注的焦点。大到英国石油公司在美国墨西哥湾的海上钻井平台石油泄漏污染大片海洋、日本地震引起的核辐射影响中国部分地区，小到中国固体废弃物以及洋垃圾的进口，频频发生的跨境污染事件不断警醒着人类。

本章学习需要了解并掌握跨境污染转移的相关理论，认识并理解跨境污染转移的形式，分析并探讨跨境污染转移与投资及贸易的关系，以及国际社会对跨境污染转移的管辖情况，从而深入了解跨境污染转移对中国的危害，并能理智探讨多途径的解决方案。

章首案例　欧盟环境规制升级，化工产业大量迁至中国

2004 年欧盟计划实施《未来化学品政策战略白皮书》，其核心内容就是要建立一个统一的化学品监控系统（简称 REACH），把欧盟成员国全部的化工生产厂商和进口厂商的化学品进行严格的检测、登记、评估以及授权。

根据欧盟有关机构的估算，每一种化学物质的基本检测费用大概需要 8.5 万欧元，而对于每一种新物质的检测费用约需 57 万欧元，这将大大增加各化工生产厂商的成本。于是大量的欧洲化工厂商在本土如鸟兽散，纷纷向外迁移到环境规制相对宽松的发展中国家，主要是以中国为首的亚洲地区。在欧洲这边，主要生产染料与化学品原料的化工巨头科莱恩（Clariant）减少瑞典的生产线，另一巨头巴斯夫（Basf）也在德国等欧洲生产地裁员；在中国这边，科莱恩先后在上海、广州以及镇江等地建立工厂并逐渐加大生产投资，巴斯夫投资 29 亿欧元在南京建造一座年产 70 万吨乙烯的生产设备。

早在欧盟委员会批准了《未来化学品政策战略白皮书》的 2003 年，就有 723 家外资化工生产企业分公司、工厂或办事处在北京注册，428 家在上海注册。其中，拜耳（Bayer）公司在中国建立了 11 家生产性企业，且其最大的投资项目落户上海。中国化工市场总量达 9 702 亿元（人民币），约为国内 GDP 总量的 10%，晋升为国内第一大产业。而在 2011 年，中国的化学工业总产值已达 5.23 万亿元人民币，按当时汇率计算已经突破 7 700 亿美元，超越美国（7 340 亿美元），化工经济总量跃居世界第一。

这充分说明环境规制较为宽松的发展中国家或地区将大量生产和出口污染密集型的化工产品，环境规制较为严格的欧盟国家将淡出该类产品的生产，发展中国家成为欧洲化工生产厂商的污染避难所（Pollution Haven）。顺便提一下，当时欧洲的各大化工厂商集团成立了一个强大的反《未来化学品政策战略白皮书》联盟，与欧盟就白皮书的实施进行专门的沟通和交涉，使得欧盟国家确实承受了一定的政治压力，但最终白皮书在 2007 年 6 月 1 日开始实施。

资料来源：王强．规模经济下“污染避难所”假说的研究［D］．昆明：云南财经大学，2011：31-33.

案例思考：

（1）你是否相信污染避难所假说是成立的？还有能提供的佐证吗？

（2）你是否认为环境规制严格程度与收入水平相关联有着一定的合理性？

（3）你怎么看待政府环境规制政策“向着底线竞赛”的利益得失？对中国有什么更好的建议吗？

第一节 跨境污染转移的相关理论

一、对相关概念的理解

（一）污染转移及跨境污染转移

污染转移属于环境科学范畴，可分为自然因素污染转移和人为因素污染转移两类。自然因素污染转移是指污染物质通过水、空气等自然因素的自然流动而迁移和扩散，这种在自然状态下的污染物质的移动，被称为污染迁移或者越界污染。[1] 而人为因素污染转移又称污染转嫁，主要是指人为控制下完成的污染转移，即以人工运输的方式，用船舶、火车、汽车和飞机等运输工具将污染物质从某一地区转移到另一地区，也包括从一个国家转移到另一个国家。[2]

跨境污染（Trans-boundary Pollution）转移，在没有特殊说明的情况下，就是发生在国与国之间通过贸易、投资或走私等形式实现的人为因素的污染跨境转移。具体而言，该行为导致污染性的设备、工艺、技术、产品及其他污染物质和污染后果被有意识地人为跨国界转移。[3] 在责任关系上，跨境污染转移是一定区域内的人类行为（作为或不作为）直接或间接地对该区域外的环境造成污染损害或将自己造成的环境污染的治理责任推给他人，而使自己不承担或少承担污染损害治理责任的社会行为，其研究对象是两个或两个以上主体之间关于环境污染的产生、损害治理责任以及其他相互关系。[4] 因而，跨境污染转移自然就成为国际贸易与投资领域需要研究的一个重点问题。

跨境污染转移在方向上主要是由经济比较发达的国家或地区通过贸易和投资将污染转移给落后国家或地区。目前，通过贸易方式的跨境污染转移在进口和出口两种形式上都能够体现出来，前者通过向他国输出在本国禁止生产和流通的有害产品或直接输出污染废物（“洋垃圾”）达到目的；后者则通过全球产业分工和转移完成污染产业转移。相对发达国家而言，跨境污染转移给发展中国家带来更多的环境问题，如森林面积急剧缩小、土地退化、生物多样性受损等，其结果是使不可持续性从发达国家转移到发展中国家，也使全球整体环境状况恶化。[5]

（二）污染密集型产业

污染密集型产业（Pollution Intensive Industries，PIIs）又称环境敏感产业（Environmental Sensitive Industries，ESIs），是指在进行生产制造过程中会直接或者间接产生很多污染物的产业。污染密集型产业有很多相同特点，主要包括：这些产业进行生产时会排放大量的污染物，从而会对人类和动植物生存环境造成很大危害；产品的生产制造工艺比较繁杂，如果不实施一定的防护措施，便会对工人的健康和安全产生威胁；对这些产业产生的污染的防治需要较大的资金投入，而且治理的技术含量偏高、治理难度较大，有必要搭建污染治理系统；政府需要借助一定的环境保护法律和法规对这些产业进行强化管理。

根据世界银行所采用的定义方法，直接或间接用于消除污染的成本占总成本的1.85%或更多的产品被认定为污染密集型产品。其涉及SITC中5个大类的产品，其中包括金属采矿、初级有色金属、纸浆及造纸、初级钢铁制造业和化学工业。[6] 而根据美国环保署提供的美国工厂实际污染排放和消除成本的数据，将产品按照污染密集度的高低分为四大类，其中包括高污染密集度产品、中污染密集度产品、低污染密集度产品和清洁产品。

赵细康（2003）按照Mani和Wheeler（1998）的方法，利用1991—1999年中国工业产业3种污染物（即废水、废气与固体废物）的有关数据，计算出每种排放物的单位产值的排放量，再对这3个值等权加总平均，得到各工业产业污染排放强度系数，根据该系数把工业行业划分为轻度污染密集型产业（Less Pollution Intensive Industry，LPII）、中度污染密集型产业（Middle Pollution Intensive Industry，MPII）和重度污染密集型产业（Heavy Pollution Intensive Industry，HPII）。

二、污染避难所假说

（一）污染避难所假说的内容

污染避难所假说（Pollution Haven Hypothesis，PHH）也称产业区位重置假说（Hypothesis of Industrial Relocation）或产业漂移假说（Industrial Flight Hypothesis）或污染天堂假说。这个理论最早由Walter和Ugelow（1979）提出，Baumol和Oates（1988）[7] 则从理论上进行了系统的论述，认为如果发展中国家自愿实施较低的环境标准，这些国家将会变成世界污染的集中地，即污染避难所。Chichilnisky（1994）[8] 认为实行贸易自由化，发达国家的环境状况会得到改善，而发展中国家的环境恶化将会加剧。Copeland和Taylor（1995）在研究南北贸易和环境的关系时明确提出污染避难所假说。

该理论的主要观点是：在开放经济条件下，污染密集型产业的企业倾向于在环境标准相对较低的国家或地区建立并组织生产，如果发展中国家自愿实施较低的环境标准，那么会变成世界污染的集中地。也就是说，该理论阐述了一个现象：发达国家实施严格的环境政策，会使企业的生产成本增加，由于发展中国家的环境标准相对发达国家来说较低，会使污染企业从发达国家转移到发展中国家，从而导致发展中国家环境恶化。

就污染避难所假说与跨境污染转移关系问题，诸多国外学者对其进行了深入研究，从不同角度论证了其存在的可能性，以及探讨与污染密集产业直接相关的FDI对东道国环境社会福利的影响。代表性研究成果主要有：Xing和Kolstad（1996）[9] 认为，污染避难所假说有3个前提条件：一是实施环境保护将增加污染密集型产业的生产成本；二是严厉的环境政策和某些投资限制将驱使新的投资从本地区污染工业中离去，转移到低环境标准的地区；三是由于一些环境政策直接限制了生产的范围和生产投入品的种类，从而使得这类生产者不得不考虑到其他地区进行生产。由此可知，污染密集型产业转移的重要原因有3个：成本-利润差异、投资限制、生产限制。

（二）支持污染避难所假说的研究

Merrifield（1988）较早构造了一个两国模型，研究了两个国家间存在资本流动以及跨境环境污染的情景，并分析了若干污染减排策略的福利效应。[10] 此后的研究主要有两种代表性观点：一是FDI流动对环境福利会造成负面效应。代表人物和组织主要有Low（1992，2010）[11]、Daly（1993）[12]、Jensen（1996）[13] 及世界银行（2000）[14]。二是FDI

流动有利于环境质量的改善。以Grossman和Krueger（1991）[15]、Stevens（1993）[16]、Runge（1994）[17]为代表，他们认为，随着时间的推移，FDI对环境的影响主要归结于3个方面：规模效应、结构效应、技术效应。Panayotou（2000）[18]、Antweiler等（2001）[19]则进一步将贸易的环境影响总结为6种，分别为经济活动的结构、收入增长、经济规模、产品组成、技术扩散及贸易法规。虽然诸多学者针对贸易环境影响内容的研究不尽相同，但基本上都以规模效应、结构效应和技术效应为核心。规模效应会加剧环境退化，而结构效应以及技术效应会大大改善全球环境状况。

Ludema和Wooton（1997）[20]在研究了环境政策与贸易政策相互间的作用及其福利含义之后又拓展了其研究，将管理费用和污染减排方面的不对称信息纳入一个分析框架中，以分析合作与非合作贸易和环境政策的福利含义。Copeland和Taylor（1995）[21]证明，有关国家联合起来所进行的污染减排可以是一种帕累托改进，而与减少污染相联系的收入转移可提高福利水平，并提出一个"污染内容关税"（Pollution Content Tariff）的概念，这种进口关税的多少由进口物品在生产过程中产生的污染物数量决定。Hatzipanayotou等（2002）[22]证明，通过北方对南方提供的资金和技术援助等，跨境外部性效应的存在不仅不会影响到北方的福利状况，而且能降低实际的净污染水平从而使福利得以增进。

Levinson和Taylor（2001）[23]的研究与其他人的研究不同，他们的论文控制了行业间未观测到的差异（通过考虑随时间的变化）和工业区位对环境政策的影响（通过把行业控制在美国一国范围内），发现如果在一个行业污染削减成本上升1%，美国对该行业产品的净进口上升0.5%。这足以证明污染避难所在统计上是显著的。

近些年，国外学者主要从贸易内涵排放（Embedded Carbon in Trade）上对污染跨境转移进行了实证研究。Peters和Hertwich（2005）[24]研究发现，挪威72%的CO_2排放量是由出口贸易引起的。Ackerman等（2007）[25]分析了美日贸易对CO_2排放的影响，研究显示美日贸易使得一部分满足美国消费需求的CO_2排放转移到了日本。Mongelli等（2006）[26]研究发现意大利贸易中隐含碳进口约占国内总排放的18%，污染避难所假说在意大利成立，意大利向国外转移了排放。Christopher L. Weber等（2008）对1987—2005年中国出口产品的内涵CO_2排放量进行了测算。[27] Shui和Harriss（2006）建立了贸易额与碳排放的投入产出关系，发现1997—2003年中国约有7%~14%的碳排放是由出口到美国的商品导致的。[28] Li和Hewitt（2008）研究发现2004年通过进口中国商品，英国的国内碳排放总量降低了近11%。[29] Peters和Hertwich（2008）研究发现，贸易内涵排放已占世界碳排放总量的1/4，其中中国出口碳排放占其国内实际碳排放的24%，进口碳排放则占7%。[30]

（三）否定污染避难所假说的研究

目前国际学术界对污染避难所假说尚未形成一致的观点，其中有的观点和研究结论甚至截然相反，无怪乎有学者指出，污染避难所假说是整个国际经济学领域中最容易引起争论的问题之一。值得注意的是，在对污染避难所假说的实证研究方面，有很多对污染避难所假说提供了一定的支持。例如，Quiroga等（2007）选取了2000年72个国家的数据，认为环境管制宽松的国家在污染行业中拥有比较优势，即污染避难所假说是成立的。再如，Akbostanci等（2007）以土耳其为例，采用面板数据的分析方法，考察了1994—1997年污染避难所的贸易流动，发现随着土耳其污染产业/肮脏程度的增加，该国的出口也在增加。这就为污染避难所假说在土耳其的成立提供了证据，并警告土耳其有可能成为发达国家污染产业的避难所。[31]

但实证方面的研究显然支持力度不够，甚至有部分学者指出没能发现环境标准对产业区位选择有显著影响。这类研究有时被当作拒绝污染避难所假说的证据，尽管其可靠性受到一定的质疑。例如，Lucas（1992）、UN（2011）、Eskeland和Harrison（2003）等的研究表明，FDI的流出量（主要考察的是跨国公司的对外投资）与东道国污染密集产业转移之间并未有直接联系。[32][33][34] Birdsall和Wheeler（1999）对拉丁美洲国家开放度提高与环境这两者之间的关系进行了研究。他们假设，如果自由贸易使得污染天堂假说存在，那么发展中国家经济对外越开放，其污染密集型产业也应该增长得越快。但是，事实上他们发现，在20世纪七八十年代，处于开放经济环境中的拉丁美洲国家，其产业清洁度是比较高的，这一结论与污染避难所假说刚好相反。[35]

2000年后的研究成果很多对此有一定的佐证。Wheeler（2001）[36] 提供了与污染避难所假说完全相反的证据。他指出那些吸收了世界对外直接投资最多的国家（比如巴西、墨西哥和中国）的城市空气污染水平都呈现出下降的趋势。

Atweiler、Copeland和Taylor提出要素禀赋假说（Factor Endowment Hypothesis，FEH），即一国出口产品的比较优势主要取决于该国的要素禀赋和生产技术，通常污染密集型产品也同时具有资本密集型的特点，因此资本相对丰富的发达国家应该出口资本密集型产品，污染排放增加；相反，资本相对稀缺的发展中国家在污染密集型产品出口上不具备比较优势，反而会选择进口此类产品，其污染排放量会下降。他们认为由于要素禀赋差异和环境管制差异对一国污染密集型产品的比较优势将产生截然不同的影响，所以在考虑自由贸易对一国环境质量的影响时，应同时从上述两个因素的角度进行分析，才能更加准确地制定相应的环境政策和贸易政策。该理论认为，环境规制宽松的国家将专业化生产和出口污染产品；而环境规制严格的国家将专业生产和出口清洁产品。[37] WTO也认为，实际上，劳动成本、原材料成本、透明的制度以及对产权的保护可能更重要，即使对污染工业也是如此。一个国家不可能成为永久的污染避难所，因为随着收入的增加，对环境质量的需求也会增加，从而可以拥有更好地提供环境管制的制度能力。[38]

中国学者王强认为，在规模经济以及环境规制因素等其他因素条件相同的情况下，污染产业的生产将集中于拥有丰裕生产要素（用于污染产品生产）的国家，即污染产业集中到资本要素相对丰裕的国家。可以更进一步挖掘，要素禀赋、环境规制和规模经济程度的差异都存在的时候，污染产业的集中将会由要素禀赋、环境规制和规模经济程度的差异来决定。同样，只要污染产业集中到环境规制较为严格的国家，全球的污染将会减少。[39] Grether和Melo（2003）对1981—1998年52个国家的5个重污染产业的贸易和污染情况进行了研究，发现在国际贸易中污染行业的贸易壁垒比较高，而且有关的计量分析也不支持发达国家将污染密集型产业转移到欠发达国家的说法。[40]

也有学者认为这种假说是建立在严格假设条件基础之上的。这类环境标准较低的国家往往缺乏现代工业所需的技术熟练的劳动力、资本与制度（如不受政府掠夺的安全的产权）。这些因素会增加生产成本，很可能会高于基于工资或环境标准差异所带来的生产成本的下降，所以污染避难所假说未必能够成立。[41] 一些学者对不同工业化模式国家的FDI的流动进行检验，发现相关证据也无法支持污染避难所假设（Eskeland和Harrison，2003；Dijkstra、Mathew和Mukherjee，2006）[42]。Javorcik和Wei（2004）分析了一些跨国企业在东欧和苏联的一些国家所进行的投资选择，他们发现尽管非常严格的环境标准会限制FDI的进入，但是一般的环境标准与FDI之间并没有必然的关系。Cole和Elliott（2005）考察了美国对外投资与巴西和墨西哥两个发展中国家要素禀赋的关系，并认为污染避难所最有可能出现在那些比较优势由环境管制松弛程度决定的国家。然而在现实中，拥有松弛环境管制制度的国家并不一定有足够的资本积累来吸引国外污染密集型产业的迁移和投资。[43]因此，现实中的污染避难所并不容易被观察到，松弛的环境管制制度并不是污染避难所形成的充分条件。

综上所述，污染避难所假说涉及诸多因素，其中的逻辑关联错综复杂。Taylor的研究把污染避难所假说细分为五类情形：一是国家的特征决定环境管制；二是环境管制影响生产成本；三是生产成本影响贸易或外国直接投资的流动；四是这些流动会影响到污染、价格以及收入等变量；五是污染、价格以及收入的结果又会反过来对环境管制施加影响。但总的来说，大多数研究污染产业转移的文献表明，初期的研究不支持污染避难所假说，但后期的研究有接受污染产业转移的趋势。[41]

三、环境竞次理论

（一）环境竞次理论的观点

环境竞次（Race to the Bottom）理论也称“向底线赛跑”或“竞赛到底线”假说。该理论的提出来源于美国各州对资本和就业机会的竞争问题。各州政府都担心其他地方政府采用较低的环境标准吸引投资，为避免损害，结果是各州竞相降低自己的标准，而最终平均达到的标准更低。[44]

环境竞次理论认为，不同国家或地区间对待环境保护强度和实施环境标准的行为类似“公地悲剧”的发生过程，每个国家都担心他国采取比本国更低的环境标准而使本国的工业处于竞争劣势，为避免遭受竞争损害，国家间会竞相采取比他国更低的环境标准。[45]严格说来，环境竞次理论的部分前提假设基于污染避难所假说的推论。

如果每个地区都担心其他地区采取更低的环境标准，使本地工业处于不利竞争地位而向外迁移，可能就会竞相采取更低的环境标准，形成环境管制的“竞次”现象，出现类似“囚徒困境”的集体非理性行为（Daly，2000[46]；Wheeler，2001[47]）。以此类推，如果所有的国家都这样做，那么各国的环境标准会越来越低。尤其是在发展中国家，为了在短期内扩大贸易和取得快速的经济增长，往往低估自然资源的价值和不计环境成本，盲目出口资源密集型和污染密集型产品。由于许多资源开发和环境污染造成的负面后果是不可逆转的，即使发展中国家新增的贸易收益被用于环境保护，许多环境和生态后果也无法补救。[47]

正由于多数发展中国家采取类似的次级的环境标准，出口资源密集型产品、污染型产品或者引进污染型产业的建设，在很大程度上造成了“积极主动”的跨境污染转移。虽然国际学术界对国际和地区间的向底线赛跑的假说存在争议，或者用数据分析来证明这一假说的不准确性，但是在跨境污染转移这个问题上，环境竞次理论总是能够在一定程度上对其加以合理的解释，并解释为“积极主动型”的跨境污染转移。

（二）关于环境竞次的争议

从实证研究来看，目前国际学术界对国际和地区间是否存在明显的“向底线赛跑”现象还有争议。Eliste和Fredriksson（1998）考察了出口竞争国家的贸易自由化和策略性贸易政策对环境管制标准的影响。他们对各国农业部门的经验分析表明，没有发现充分的证据支持“向底线赛跑”策略的存在。Wheeler认为“向底线赛跑”假说可能没有准确地反映出发展中国家污染控制的政治经济状况。[36]

对环境竞次理论也有不同观点。Porter（1995）[49]认为，环境标准竞次假说不适用于那些已经有较高标准和较强体制的国家。然而，在标准较低和体制较差的国家，由于竞争压力的重要影响，产生所谓的“陷入低环境标准”（Stuck at the Bottom Standard）效应，这可能导致国际环境条件的两极化。Wheeler（2001）[36]反对环境标准竞次假说，他指出吸引了世界上大多数投资的国家（如巴西、墨西哥和中国），其污染水平是下降的，大型跨国公司在发展中国家运营，最起码也会遵守OECD环境标准。Bhagwati（2002）认为，虽然环境标准竞次的观点可能在理论上是有效的，但从经验性立场来看并不成立。没有证据显示政府实际上通过削减标准来玩竞争游戏，也没有证据显示多国合作是由这种让步所引起的。Frankel和Rose（2002）[50]采用包含增长方程和污染方程的联立方程，对3种空气污染物进行了研究，结果发现贸易对一些空气污染物是有益的，尤其是对SO_2而言。他们认为没有证据表明环境标准竞次假说成立。

第二节 跨境污染转移的主要形式

跨境污染转移主要有两种类型：第一类是直接跨境污染转移，包括跨境投资型和贸易传输型。这是跨境污染转移的最主要形式，在未加说明时跨境污染转移就是指这一类。跨境投资型污染转移具体体现在国际产业投资转移或污染行业转移。贸易传输型污染转移具体体现在：一是污染型产品转移。发达国家将本国禁止销售和使用的产品出口到落后国家和地区。二是废弃物转移。废弃物被放置或丢弃在发展中国家。三是掠夺性进口别国资源造成的污染“隐性转移”，如大量进口矿石导致出口国在矿石开采过程中的环境污染和生态破坏。[3]第二类是间接跨境污染转移，包括隐性污染传播型和生物入侵型污染转移。隐性污染传播型是指因跨国界的贸易或生产要素流动，包括人流、物流等形成的有意无意的污染转移，具体表现在空气污染跨界漂移和水污染跨界转移等。生物入侵型是指经济全球化带来的生物入侵对环境造成的破坏，如细菌污染和基因污染转移。

一、直接跨境污染转移

（一）跨境投资型污染转移

一些发达国家一方面在国内积极调整产业结构和产品结构，大力发展高科技、高附加值的新兴产业；另一方面通过国际经济合作、国际投资或跨国公司经营的途径，将一些夕阳产业转移到发展中国家，从而实现环境污染转移。[39]被转移的产业集中在化学、能源、橡胶塑料、纺织印染、造纸等方面。这些产业具有高能耗、高物耗、高污染、劳动密集等特点，对欠发达国家的土地、劳动力和自然资源具有很强的掠夺性，对空气和水源的洁净度也有极强的危害性。以石棉这种较强的致癌物质为例，在欧美属于控制使用产品，然而在世界范围内消费量并未减少。如欧洲最大的石棉制造公司等，转移到印度合资、投资办厂，并将产品出口到东南亚。这样的例子不胜枚举。有关统计表明：20世纪60年代以来，日本已将60%以上的高污染产业转移到东南亚国家和拉美国家；美国也将39%以上的高污染、高消耗的产业转移到其他国家。[51]

国际投资理论强调，一个地区的地理位置、政策优惠、劳动力供给等区位优势是吸引外来投资的重要动力之一。按照产业转移理论的解释和污染避难所假说的推理，一般认为污染产业转移的原因应当归于成本-利润差异。假设其他条件不变，地区之间环境成本的差异使得产品产生价差，高环境标准的国家价格偏高，国际市场竞争力较弱。为了克服这种不利的影响，相关产业不得不转移，即较高的环境标准和较严厉的环境管制措施会损害国内相关产业在国际市场上的竞争力，那些实施较为松弛环境标准的国家就会吸引更多对环境敏感的外国直接投资，从而推动其污染密集型产业的发展，并最终成为污染避难所。

进入21世纪，随着环保呼声的高涨以及生产要素流动日益国际化、全球化和自由化，企业会更有能力选择到环境管制标准较低的地区落脚。一些发达国家在其国内从能耗、环保、税收等方面对高耗能、高污染项目进行限制，许多高耗能、高污染型企业在其本国渐无立足之地。《京都议定书》生效后，一些发达国家为完成减排二氧化碳等温室效应气体的任务，越来越多地将高耗能、高污染产业向发展中国家转移。

Mani和Wheeler（1998）通过对1960—1995年包括北美、欧洲和日本等在内的OECD国家，以及以亚洲（不包括日本）和拉丁美洲国家为代表的发展中国家的污染与非污染产业产出比例进行计算，发现OECD国家的污染产业和非污染产业的产出比重连续下降，同时污染产业的进出口比逐年上升。与之相对应的是，拉美、亚洲等的发展中国家的污染和非污染产业的产出比逐渐上升。[35]

（二）贸易传输型污染转移

贸易理论强调，在完全自由贸易条件下，产品价格与产地无关。但在现实中，总会存在运输成本与贸易壁垒，不过贸易自由化长期运行会通过套利机制使产品价格趋于一致。当产品有统一的价格时，生产区位的选择取决于生产成本。[41]如果在实行不同环境保护强度或环境标准的国家间存在自由贸易，而各个国家除了环境标准外，其他方面的条件都相同，那些实行低环境标准的国家，由于其外部成本内部化的差异，将导致该国的企业所承受的环境成本要低，甚至形成一定的国际竞争力。[52]

小资料 8-1　西方把废气排放“出口”到中国

2007年，英国一研究机构的报告指出，西方国家对中国产品的依赖，变相地把废气排放量转嫁到中国。该机构认为，气候变化的讨论焦点应从商品生产国转移到商品消费国。

2007年，据BBC报道，英国“新经济基金会”（New Economic Foundation）的报告说，每一件在中国生产出口到英国的商品，其废气排放量比在英国生产要多1/3。报告指出，过去一年英国从中国进口商品上升了10%。如果全世界每个人都像美国那样消耗资源，人类需要5.3个地球才能承担全人类的消耗量；如果按照法国和英国的消耗水平，人类需要3.1个地球来承担消耗量。这一数字相对于西班牙的水平是3，德国是2.5，日本是2.4，而中国为0.9。

这是新经济基金会连续第二年发表这类报告，重点探讨了英国对进口商品的依赖程度，以及由此对发展中国家造成的影响。

2005年美国研究人员也指出，14%的中国废气是由生产出口到美国的商品所造成的。

资料来源：佚名. 英研究机构认为西方国家把废气排放“出口”到中国［J］. 节能与环保，2008（1）：7-8.

Robinson（1988）利用美国的相关数据，测算了1973—1982年美国进出口商品中的污染含量。计算结果表明，美国进口商品中污染含量的增长率要高于出口产品，也就意味着美国趋向于进口污染密集型产品。[53] Low和Yeats（1992）利用显示性比较优势（RCA）指数，并结合1967—1968年和1987—1988年包括钢铁、非铁金属、精炼石油、冶金制造和造纸在内的5个美国最具污染性的行业的相关数据，对污染密集型产业向发展中国家的转移情况进行了研究，得出污染产业确实存在迁移现象的结论。[54]

固体废物（Solid Waste）即垃圾，是指在生产建设、日常生活和其他活动中产生的污染环境的固态、半固态废弃物质。固体废物问题较之其他形式的环境问题有其独特之处，可以简单概括为“四最”，即最难得到处置、最具综合性、最晚得到重视、最贴近的环境问题。

全世界每年产生的危险有毒固体废物有5亿多吨，大部分产生于工业发达国家。据调查，电子垃圾中含有超过1 000种的高危害物质，这些物质在处理过程中很容易危害环境和人体健康。据有关资料统计，1997—2007年，美国有5亿多台废弃电脑。在5亿多台电脑中包含很多有毒物质，其中，铅71.7万吨、塑料287万吨、铬863吨、镉1 362吨、汞（水银）287吨。[55] 这些物质不仅对拆解工人身体有危害，还严重污染当地环境和儿童身体。在美国估计有80%的电脑垃圾回收后被出口到亚洲，其中90%被运往中国，然后在危险条件下被再加工处理或扔弃。[56]

小案例8-1 科特迪瓦毒垃圾事件

科特迪瓦毒垃圾事件的始末是：2006年8月下旬，一艘外国货轮通过代理公司在科特迪瓦经济首都阿比让十多处地点倾倒了数百吨含硫量极高的有毒工业垃圾，引起严重环境污染，导致7人死亡，因呼吸障碍或者其他不良反应而就医的超过3.65万人次。这艘悬挂巴拿马国旗的希腊货轮为一家荷兰公司所租用，用来运送石油工业垃圾。货轮在塞内加尔和尼日利亚等一些西非国家遭拒绝后，最终“落脚”科特迪瓦的阿比让。8月19日夜间，货轮通过科特迪瓦代理公司，在阿比让多处倾倒了这些毒垃圾。由于该事件，总理班尼领导的过渡政府于9月6日集体辞职。此后，阿比让地区行政长官、港务和海关部门负责人均被停职。科特迪瓦司法部门还拘捕了涉嫌在污染事件中负有重大责任的8人。

资料来源：陈娜. 谈危险废物跨境转移——以科特迪瓦毒垃圾事件为例［J］. 科技创新导报，2008（5）：165-166.

促使固体废弃物跨境输出的原因归纳起来主要有以下几个：

第一，污染废物发生量的膨胀。全世界每年产生的危险废弃物约有3亿吨，其中90%产生于发达国家。这还只是平均水平。对于发达国家，由于其环境标准往往高于发展中国家，因此在发生同样经济收益量的前提下，其被列为有害废物的副产品的相对数量偏高。这在客观上也促使发达国家通过废物的跨境输出来缓解其国内的环境压力。

第二，发展中国家由于受经济文化发展水平的制约，满足于进口废物带来的短期资金收入，而发达国家通过输出有害废物，可以节约大量用于环境治理的资金，还会取得国际贸易利益。据统计，危险废物在非洲处置大约需40美元/吨，而在欧洲需要4~25倍的费用，在美国为12~36倍的费用。

第三，发展中国家国民环境保护的行政和法律体制不健全，主要体现在有害废物管理体制不完备，有的环保部门甚至没有专门的废物处置管理机构；用简单粗糙的方法处置有环境危险的废物；有害废物市场处理和管理机制不健全等方面。而在一些发达国家，废物的分类、收集、回收、再利用已形成一个专门的行业。如美国的Laid Law环境服务公司是一家国际性的环境产业公司，在工业和有害废物管理、处理和处置方面都有很大的业务量。[57]

二、间接跨境污染转移

(一) 隐性污染传播型污染转移

随着经济全球化迅速发展，跨国投资与贸易活动频繁进行，一些环境污染现象在无意识的状态下被转移，如大气污染、沙尘暴的飘移、污水顺河流的跨境流动等都是各国容易遇到的防不胜防的跨境污染转移。其中，流动性污染是贸易与投资的副产品。所谓的流动性污染，是指通过贸易运输对环境资源的影响，如因跨境贸易而产生的交通能源消耗、化石燃料发电和贸易运输工具对环境产生的跨境污染释放，因贸易而兴建公路、铁路和发展其他交通运输设备制造业对资源的开发与使用对环境的消耗、破坏及潜在破坏，因油品国际贸易运输在公共水域的泄漏等均是环境污染转移隐性状态。此外，化石燃料的开采与加工，导致空气和水质环境污染跨国界流动；噪声排放到空气中或在运输中的跨境转移，以及因贸易对非再生资源的消耗或对国土资源与土壤深层结构的破坏，均构成隐性污染传播型污染转移。

(二) 生物入侵型污染转移

值得一提的是生物入侵型污染转移。生物入侵是指某种生物从外地自然传入或人为引种后成为野生状态，并对本地生态系统造成一定危害的现象。如果入侵生物在本国就是一种有危害性的，其实质就构成一种污染转移。如美洲斑潜蝇、松材线虫入侵中国，疯牛病细菌在欧洲的传播等构成了跨境污染转移。跨境污染转移的渠道有：

(1) 自然入侵，即不是人为原因引起的，而是通过风媒、水体流动或由昆虫、鸟类的传带，植物种子或动物幼虫、卵或微生物发生自然迁移而造成生物危害所引起的外来物种的入侵。如美洲斑潜蝇的入侵就属于这一类。

(2) 无意引进。这种引进方式虽然是人为引进的，但在主观上并没有引进的意图，而是伴随着进出口贸易，海轮或入境旅游在无意间被引入的。如松材线虫的入侵就是中国贸易商在进口设备时随着木材制的包装箱带进来的。

(3) 有意引进。很多生物入侵是有意引进造成的，即世界各国出于发展农业、林业和渔业的需要，往往会有意识地引进优良的动植物品种，但引入后造成了生物入侵危害。因为这些生物物质的贸易越来越频繁，疯牛病、二恶英从英国、法国“流窜”到了欧洲、北美洲、拉丁美洲和亚洲。越来越多的恶性病菌、毒性物质等传播到了世界每个角落。[43]

值得强调的是，虽然生物入侵现象对于输出国而言并不是一种污染的存在，但是对于输入国来说，是一种生物污染和环境污染，这种污染因跨国形成，因此仍被看作一种污染转移。

小案例 8-2　英法由疯牛病而引发的贸易摩擦

自从英伦三岛传出疯牛病爆炸性的新闻，全世界恐慌了，引发大量的国际贸易摩擦，搅得世界不得安宁。

疯牛病是一种极其危险的疾病，牛一旦染上，脑神经会逐渐变成海绵状，随后大脑功能退化，神经错乱，行动失控，最终死亡。疯牛病有 3 种传播途径：一是通过母牛传染给子牛；二是牛食用了染病动物尸体加工成的饲料被传染；三是病牛粪传染。人如果吃了得疯牛病的牛的肉、脑髓、血等，可能染上致命的克雅氏症（引发疯牛病的毒性物质被称为“变异普里昂”蛋白质，它能够在人身上引发克雅氏病），人脑也会像牛脑那样，变成海绵状，最终神经错乱、死亡。

2000 年 1 月 17 日，法国宣布，在菲尼斯泰尔省发现本年度首例疯牛病案例。这是自 1991 年以来法国发现的第 81 例疯牛病。与这头病牛有接触的 178 头牛全部被屠宰后火化，以免病毒扩散。继瑞士、瑞典开展疯牛病普查后，法国也开始全国性的疯牛病普查，并要求欧盟委员会在全欧开展普查。尽管已经禁止使用可能引起疯牛病的肉、骨饲料，但是法国的疯牛病情仍在恶化，在 1997 年发现 6 例，1998 年 18 例，1999 年 30 例。

2000 年 2 月 29 日，丹麦宣布，停止出口牛肉，停止销售牛羊肉、奶制品。在此之前，丹麦食品局在日德兰半岛的一座牧场里发现了一头牛患有疯牛病，送到英国的实验室化验证实后，丹麦立即采取了措施，将病牛所在牧场的 70 头牛全部宰杀，并销毁了这个牧场的所有牛制品。

由于怀疑疯牛病可通过血液传染，美国宣布，禁止符合后面 3 种条件的人士在美国献血：一是所有英国人；二是 1980 年至 1996 年间在英国疯牛病发病期间在英国居住 6 个月以上的所有人士；三是使用过英国牛胰岛素的人士。几乎同时，加拿大也作出相同的决定。

1999 年 8 月，欧盟专家考察后认为，英国牛肉已经“没问题”，正式决定要求各国取消对英国牛肉的销售禁令。然后，法国等国仍然坚持“我们必须优先考虑公众的健康和消费者的安全”，继续坚持对英国牛肉的进口禁令，从而引发了两国之间的贸易大战。1999 年 11 月 3 日，欧盟委员会作出最后裁决，同意再次给法国最后宽限期，要求法国在 8 天内立即取消对英国牛肉的进口限制；否则，欧盟委员会将采取法律行动解决这个国际贸易纠纷问题。但是法国态度更加强硬，两国贸易摩擦更加剧烈。

在法国看来，禁止进口英国牛肉理由充分。首先，英国疯牛病发病率仍然很高，远没有达到预期的安全指标，危险性依然存在。其次，美国以及英联邦的大多数国家至今都没有解除对进口英国牛肉的禁令，即使在欧盟禁令解除之后，大多数国家也没有实际恢复对英国牛肉的进口，那么英国为什么死咬住法国不放呢？这是一个复杂的问题，既有历史缘故，也有现实原因：法国是英国牛肉国际贸易的第一大户。在疯牛病暴发前的1995年，法国进口英国牛肉大约13万吨，占英国全年牛肉出口量的48%。而法国为什么又死活不解除进口英国牛肉的禁令呢？除了考虑保护本国贸易利益外，更有深刻的政治原因。一场"毒鸡危机"，比利时首相被赶下了台，给世界政坛带来了巨大的冲击。面对日益严重的民众食品安全危机，法国政府岂敢掉以轻心，这场牛肉贸易大战不仅人命关天，而且事关政府的信誉乃至命运。

资料来源：陈中原．邻居的"馈赠"［M］．天津：天津教育出版社，2000：2．

生物入侵也被称为生物性产品的跨境转移。近年来，因科学技术得到迅速发展，污染密集型产品的跨境转移基本上被控制在稳定范围内。相比之下，一些生物性产品的跨境转移，控制力度不够，造成了不小的国际环境污染。这种污染难以控制，主要因为这些生物性产品中，有的产品本身并不具备污染性质，只是由于环境的变化而产生生物性污染或者毁灭，如食人鱼的引进；有的生物性产品本身就具备一些隐性的生物污染因素，虽然这种隐性的污染因素比赤裸裸的固体废弃物所产生的对人类健康和环境的影响更为严重，如转基因大米、小麦、土豆、玉米等，但因其危害性仍没有定论，防控措施也就很难制定和实施。大量的转基因生物进入自然界后可能会与野生物种杂交，造成基因污染，从而影响生物多样性的保护和持续利用，且这种污染对环境及生态系统造成的危害，比其他任何因素对环境造成的污染都更难以消除。

小资料 8-2　转基因食品存在的问题

基因是遗传物质的基本单位，是DNA双螺旋结构片段。无数特定的基因相互联结，构成生命遗传的物质基础。转基因是指利用分子生物学手段将外源性基因转移至某种特定生物体中，使其生物性状或机能发生部分改变的过程。以转基因生物体直接作为食品或以其为原料加工生产的食品就被叫作转基因食品。

科学家研究发现，有些转基因生物产品可能含有有毒物质和过敏源，会对人体健康产生不利影响，严重的甚至可以致癌或导致某些遗传疾病。尽管到目前为止还没有有说服力的研究报告表明这些改良品种有毒，但一些研究学者认为，对于基因的人工提炼和添加，可能在达到某些人们想达到的效果的同时，也增加和积聚了食物中原有的微量毒素。这种毒素的积累是个相当长的过程，但它确实可能正在进行中。因此，目前谁也不能确保这些改良品种没有毒。英国科学家普斯陶教授的研究报告说，经过基因改造的马铃薯对实验老鼠的肝、胃和免疫系统都会造成伤害。虽然他的实验结果有待于进一步证实，但仍可提示人们转基因食品可能有损于人类的健康。其次是过敏反应问题，对于一种食物过敏的人有时还会对一种以前他们不过敏的食物产生过敏，原因就在于这种食品中含有了导致过敏的蛋白质。例如，科学家将玉米的某一段基因加入到核桃、小麦和贝类动物的基因中，以前吃玉米过敏的人就可能对核桃、小麦和贝类食品过敏。

还有研究者认为外来基因会以一种人们目前还不甚了解的方式破坏食物中的营养成分。美国伦理和毒性中心的实验报告则说，与一般大豆相比，在耐除草剂的转基因大豆中，防癌的成分异黄酮减少了。

此外，大量的转基因生物进入自然界后很可能会与野生物种杂交，造成基因污染，从而影响到生物多样性的保护和持续利用，这种污染对环境及生态系统造成的危害，比其他任何因素对环境造成的污染都更难以消除。例如，抵抗除莠剂的转基因油菜会使野生芥菜受到传染，从而使野生芥菜对除杂草措施不敏感。

更为严重的是，有些作物植入抗虫或抗真菌的基因可能对其他非目标生物起到作用，从而杀死了环境中有益的昆虫和真菌。有科学家在实验室里做了这样一组对照实验，用抗虫转基因的玉米分别饲喂玉米钻心虫和草蛉。实验结果表明，在钻心虫的死亡率高达 60% 的同时，草蛉的成熟期也比正常时间晚了 3 天。草蛉是一种益虫，被农民大量繁殖以防治棉铃虫和蚜虫等农业虫害。这个实验证明，抗虫转基因玉米没有识别益虫和害虫的能力，它在毒杀害虫的同时，也损害了益虫，若大规模地种植抗虫作物，可能意味着减少有益昆虫的种群。英国的《自然》杂志 1999 年 5 月刊登了美国康奈尔大学副教授约翰·罗西的一篇论文，引起世界关注。该文说，抗虫害转基因“BT 玉米”的花粉含有毒素。蝴蝶幼虫啃食撒有这种花粉的菜叶后会发育不良，死亡率特别高。科学家认为，植入 BT 基因使玉米能够产生杀伤害虫的物质，从而具有抗虫害能力，但也因此而有了毒性，可能对生态环境造成不利影响。

资料来源：蔡佑民. 转基因食品国际贸易存在的问题与对策分析［J］. 经济与社会发展，2003，1（12）：68-70.

第三节 跨境污染转移的国际治理

一、污染转移的域外管辖

域外管辖是指一国将本国法律的适用范围或法院的管辖范围扩展到本国领域以外。国际法明确规定，各国均应在其领域内行使管辖权，一国的法律管辖权不能超出其领域之外，即属地管辖。第二次世界大战后，美国由“阿尔科案”开创了域外适用美国反垄断法的先例。域外管辖最初用在商业上，有干涉别国事务之嫌，但所达到的效果确实有目共睹。后来，域外管辖相继被许多国家援引，用以保护本国利益。

环境污染有别于其他国际问题，一般造成的危害大，持续时间长，所花费的人力、物力多，借鉴难度大，尤其是跨越国境的环境污染问题，更不容易解决。自 1972 年人类环境大会以来，国际社会的环境意识逐渐增强，跨境污染问题也日益成为影响国际政治、经济关系的重要因素，最终使各国认识到必须依靠全球通力合作，采取切实行动来解决由跨境污染而产生的纠纷。以美国为首的一些国家提出了跨境污染域外管辖的概念，即当环境污染源于境外，仅靠外交渠道、国际诉讼等途径难以解决或难以起到根本作用的情况下，可以对不负责任或破坏地球环境的国家实施经济制裁等特别措施，以促使污染来源地所属国加强对环境污染的治理。[58]

（一）国内法中的环境域外管辖

不少国家有关环境保护的国内立法都具有域外效力。如中国环境保护法的某些单行法规不但适用于中国领域内的中国人、外国人和无国籍人，而且适用于居住在国外的中国公民和外国人。《中华人民共和国海洋环境保护法》第二条第3款就规定："在中华人民共和国管辖海域以外，造成中华人民共和国管辖海域污染的，也适用于本法。"这种国内法调整跨境污染法律关系的特殊情况是由跨境污染所具有的流动性、广泛性等特点决定的。这类国内立法经国际社会认可也可作为国际环境法的特殊渊源。[44] 此外，中国《水污染防治法》《环境保护法》等法律规定，对于跨行政区域的水污染纠纷，由有关地方政府协商解决，或由其共同的上级政府部门协调解决。这就赋予了地方政府通过域外管辖的手段来治理有关跨境水污染案件。

专栏 8-1　中国地区间存在污染转移吗？

在理论上，环境管制强度提高会增加企业的生产成本，由于污染密集型产业受环境管制的影响较大，这些行业的企业可能利用区域间的环境管制强度差异而向环境管制强度弱的地区转移。目前中国不仅在经济发展水平上存在地区不平衡，在环境管理的严格程度和环境标准的高低上也存在地区间不平衡。这种差距的存在是否会成为产业跨地区转移的影响因素呢？

一些调查发现，在中国环境标准和环境管理严格程度存在梯度差异的背景下，一些东部沿海地区的污染密集型企业开始以产业梯度转移的名义向中西部地区迁移（李扬，2006）。研究这种迁移是否具有普遍性？

侯伟丽、方浪和刘硕利用中国 1996—2010 年省级面板数据研究了环境管制和污染密集型产业区际转移之间的关系，在一定程度上反映了环境管制对中国污染密集型产业区际转移的影响。该项研究获得的主要结论是：

从总体上看，中国区域间环境管制力度差异已成为引导污染密集型产业转移的重要因素。环境管制因素对污染密集型产业区际转移的作用存在一定的滞后效应。分阶段来看，随着整体上各省环境管制力度的加强，环境管制力度差异对污染密集型产业区际转移的促进作用趋于增强，"污染避难所"效应加大。同时，区内原有污染密集型产业基础较好的地区，区域市场规模小、经济发展水平较低的地区对污染密集型产业的吸引力也增强了。

究其原因有二：其一，中国污染密集型产业企业的技术创新能力不足，不能在企业内有效吸收环境管制带来的成本压力，成本竞争是其竞争的主要形式；其二，部分地方政府在经济增长目标的压力下，可能以放松环境管制为代价招商引资。所以形成一些污染的"热点"地区，这些"热点"地区集中在经济发展水平不高的省区。

资料来源：侯伟丽，方浪，刘硕．"污染避难所"在中国是否存在？——环境管制与污染密集型产业区际转移的实证研究［J］．经济评论，2013，182（4）：65-72.

当自然人和法人作为国际环境污染的受害者向肇事者进行追索时，其适用法律与国家行使追索权不一样，只能依照国际私法的有关制度，通过国际民事诉讼程序解决因国际环境污染赔偿而产生的争议。处理这类争议的关键是如何确定管辖权和适用哪个国家的法律。

在环境法领域，美国法律的特定管辖不仅允许美国法院对外国被告实施管辖，而且被特许接受在他国领域发生的有关环境危害行为的诉讼。这种新制度吸引了许多外国原告，就美国子公司在国外的危害环境行为向美国法院起诉。例如，哥斯达黎加的农场工人曾就美国出口给其杀虫剂造成的损害向美国法院提起过诉讼。这桩在美国提起的诉讼显而易见对原告更有利，因为美国律师愿意为受害的、贫困的农场工人提供应急费用。环境学家确信此类案件的诉讼将导致美国不再无所顾忌地出口对环境有害的杀虫剂。

(二) 国际法规及协议中的环境域外管辖

1982年，联合国海洋法会议通过的《联合国海洋法公约》第235条"责任"规定：各国对于其管辖下的自然人或法人污染海洋环境所造成的损害，应确保按照其法律制度，可以提起申诉以获得迅速和适当的补偿或其他救济。特别值得注意的是，"在其管辖下的自然人或法人"污染海洋造成损害，不管其是否在本国境内做出一系列污染环境的行为，都应做出赔偿。1992年生效的《巴塞尔公约》，确认任何国家均享有禁止来自外国的危险废物和其他废物进入其领土内处置的主权权利，同时对缔约国之间转移危险废物和其他废物的控制程序和要求作了规定。1995年，修订后的《巴塞尔公约》规定禁止以"循环再生产"的名义出口有毒垃圾。

以签署协议的方式解决跨境污染问题应是积极可行的。1974年北欧4国签署的《丹麦、芬兰、挪威、瑞典环境保护公约》第3条规定："缔约国中任何已遭受有害于环境活动的受害者，有权向活动所在国的适当法院或行政机关提出是否容许并且有权以活动所在国法律实体的同等资格，就该法院或行政机关的决定提出上诉。"该条款包含两层意思：一是要求污染起源地法院承认受害外国人在该国法院起诉的权利；二是不排除污染受害人在受害发生地法院提出诉讼的可能性。目前，该条款得到了国际社会的普遍支持，人们认为，这种允许污染受害人对法院地做出选择的方式应付诸司法和立法实践。[58]

小案例 8-3　莱茵河污染问题的有效治理

莱茵河是一条著名的国际河流，它发源于瑞士阿尔卑斯山，自南向北流经瑞士、列支敦士登、奥地利、德国、法国和荷兰等国，于鹿特丹港附近注入北海，全长 1 360 千米，流域面积 22.4 万平方千米。自古以来莱茵河就是欧洲最繁忙的水上通道，也是沿途几个国家的饮用水源。

巴塞尔位于莱茵河湾和德法两国交界处，是瑞士第二大城市，也是瑞士的化学工业中心，大化工集团都集中在巴塞尔。1986 年 11 月 1 日深夜，位于瑞士巴塞尔市的桑多兹（Sandoz）化学公司的一个化学品仓库发生火灾，装有约 1 250 吨剧毒农药的钢罐爆炸，硫、磷、汞等有毒物质随着大量的灭火用水流入下水道，排入莱茵河。桑多兹公司事后承认，共有 1 246 吨各种化学品被扑火用水冲入莱茵河，其中包括 824 吨杀虫剂、71 吨除草剂、39 吨除菌剂、4 吨溶剂和 12 吨有机汞等。有毒物质形成 70 千米长的微红色飘带向下游流去。翌日，化工厂用塑料堵塞下水道。8 天后，塞子在水的压力下脱落，几十吨有毒物质流入莱茵河后，再一次造成污染。11 月 21 日，德国巴登市的巴斯夫化学公司冷却系统故障，又使 2 吨农药流入莱茵河，使河水含毒量超标准 200 倍。这次污染使莱茵河的生态受到了严重破坏。

事故造成约 160 千米范围内多数鱼类死亡，约 480 千米范围内的井水受到污染影响不能饮用。污染事故警报传向下游的瑞士、德国、法国、荷兰 4 国沿岸城市，沿河自来水厂全部关闭，改用汽车向居民定量供水。由于莱茵河在德国境内长达 865 千米，是德国最重要的河流，因而遭受损失最大。事故使德国几十年为治理莱茵河投资的210亿美元付诸东流。接近海口的荷兰，将与莱茵河相通的河闸全部关闭。莱茵河水污染事故被列为“六大污染事故”之六。

该事件发生后，法国环境部长于12月19日要求瑞士政府赔偿3 800万美元，以补偿渔业和航运业所遭受的短期损失、用于恢复遭受破坏的生态系统的中期损失以及在莱茵河上修建水坝的开支等潜在损失。瑞士政府和桑多兹公司表示愿意解决损害赔偿问题，最后由桑多兹公司向法国渔民和法国政府支付了赔偿金。该公司还采取了一系列相关的改进措施，成立了一个“桑多兹-莱茵河基金会”以帮助恢复因这次事件而受到破坏的生态系统，向世界野生生物基金会捐款730万美元用于资助一项历时3年的恢复莱茵河动植物计划。

通过这次事件，有关国家加强了多边合作。法国、瑞士、德国共同成立了一个工作组，以改进和完善信息交换系统和紧急联系机制，并就防止莱茵河污染事故和减轻污染损害需要采取的必要措施达成了一项协议。

莱茵河沿岸各国迅速召开了3次会议，最终于1987年制订了《莱茵河行动计划》(RAP)，试图用先进的技术手段和严格的生态指标促进莱茵河生态系统的恢复，并制定莱茵预警系统以防止突发污染事故发生，为ICPR提供及时准确的水质数据，为其管理行动提供便利，也便于莱茵河环境法令和治理行动的更新。这标志着欧洲生态系统化保护时代的到来。《莱茵河行动计划》于2000年结束，其结果表明大部分的目标已经完满甚至超额完成。1985—2000年，大部分点源污染物的处理率达70%～100%，生活废水和工业污水的处理率也达到85%～95%。但氮污染依然严重，重金属污染及杀虫剂污染的处理措施还有待改进。有毒物质污染事故发生率大大降低，莱茵河沿岸的污水处理厂都制定了针对突发污染事故的应急措施。莱茵河的大部分物种已经开始恢复，部分鱼类已经可以食用。莱茵河原有的63种生物，除鲟鱼外几乎全部回到莱茵河。鲑鱼和鳟鱼等洄游鱼类也已经沿莱茵河从北海洄游到阿尔萨斯和黑森林附近的产卵地。1986—2000年的治理成果说明，以生态环境的整体改善为前提、以高等生物作为生态恢复指标的做法取得成功。

从莱茵河污染事故，包括后来国际上发生的一些重大水污染事故诸如多瑙河污染等，我们可以看出国际上对此类事件惯常的处理方法：一是尽快提出应急处理措施，为降低损害、损失赢得主动。二是对赔偿持谨慎态度，同时又积极地致力于防治污染长期机制的建立。

资料来源：

[1] 佚名. 莱茵河污染事故 [J]. 世界环境，2009 (6)：7.

[2] 高琼洁，王东，赵越，等. 化冲突为合作——欧洲莱茵河流域管理机制与启示 [J]. 环境保护，2011 (7)：60-62.

二、关于污染转移的国际立法及区域法规

(一) 关于污染转移问题的国际立法

关于污染转移的国际立法所要重点考虑的并不是跨国转移的废物数量，而是这些废物中危险和有害物质的含量。有关国际组织的注意力尤其集中于后者，因为正是这些危险和有害废物可能导致对环境、人身以及财产的损害。

在较早的一些关于危险品国际运输的国际法律规范中，就含有限制危险和有害废物跨国转移的内容，如1944年的《国际铁路运输公约》及其附件《国际危险品铁路运输规则》、1944年的《国际民用航空公约》及其附件《危险品空运安全技术指南》、1957年的《欧洲危险品公路运输协定》、1970年的《莱茵河危险物质运输规定》、1973年的《国际防止船舶污染公约》、1974年的《国际海洋安全公约》等。

而防止倾倒废物及其他物质污染海洋也是人类面临的防止污染转移的一项重大使命。在人类走向海洋以来，对海洋的索取和破坏，尤其是倾倒的垃圾，已经达到触目惊心的程度。1972年12月29日，《防止倾倒废物及其他物质污染海洋的公约》于伦敦、墨西哥城、莫斯科及华盛顿签署。该公约通常简称《1972年伦敦倾废公约》或《伦敦公约》，于1975年8月30日生效，1985年12月15日对中国生效。该公约注意到海洋污染有许多来源，诸如通过大气、河流、河口、出海口及管道的倾倒和排放，各国应采取最切实可行的办法防止这类污染，确保国际社会能够并且必须刻不容缓地采取行动，以控制海洋由于倾倒废物而受污染。为此，公约规定了大量限制向海洋倾倒垃圾的国际共同性具体措施。

专栏8-2 关于太平洋垃圾岛

"太平洋垃圾岛"位于加利福尼亚州与夏威夷间海域，这个巨型"塑料漩涡"面积相当于两个得克萨斯州，形成了东太平洋上的垃圾场。

2009年9月10日，据美国国家地理网站报道，SEAPLEX（斯克里普斯环境塑料积聚远征的英文缩写）成为第一次专门研究加利福尼亚州与夏威夷间海域"塑料漩涡"的科考之旅。他们在1 700英里（约合2 700千米）的航行中发现了大量塑料垃圾。海洋学家查尔斯·摩尔（Charles Moore）在1997年驾船穿过北太平洋环流系统（North Pacific Gyre）时发现了这个垃圾岛。

科学家们现在已确定了这座超级垃圾堆的形成原因。那些被废弃的空塑料袋通过下水道进入了海洋，而不断运动的洋流又使它们聚集在了一起，并最终形成了现在看到的"垃圾岛"。由于洋流呈循环式运动，原本分散的小块垃圾会被逐渐地汇聚在一起。而海洋专家说，这座漂浮在海面上的巨大垃圾岛飘荡在加利福尼亚州与夏威夷之间的广阔水域，主要由生活垃圾构成，其中80%都是废弃的塑料制品，主要来自陆地，重达350万吨。

更为严重的是，东太平洋垃圾场并不是世界上唯一一个面积巨大的海洋垃圾场，同时也不是其中面积最大的。斯克里普斯海洋研究所的科学家希望在不久后造访位于南美洲沿岸的一个大垃圾场。他们对这个垃圾场仍知之甚少。

资料来源：百度百科. 太平洋垃圾岛［EB/OL］.［2022-08-05］. http://baike.baidu.com/view/2424062.htm.

到了1987年以后，鉴于危险和有害废物跨国转移数量的急剧增加和污染转移问题的日益严重化，国际社会开始了限制污染转移的专门立法行动。1987年，联合国环境规划署的环境规划理事会通过了《关于对危险废物进行环境无害管理的开罗准则和原则》的决定。该决定授权环境规划署秘书处执行主任召集一个法律和技术专家特别工作组，为制定一个关于控制有害废物越界转移的全球性公约进行准备工作。经过反复的协商和谈判，关于危险和有害废物越界转移的全球性公约全权代表会议于1989年3月20日在瑞士的巴塞尔举行，与会的116个国家缔结了《巴塞尔公约》，其中105个国家和欧洲经济共同体签署了公约的最后文件。[59] 污染转移问题不是一个公约就能够解决的，在《巴塞尔公约》生效后，污染转移事件仍层出不穷，但该公约的制定和实施毕竟为污染转移的国际控制行动提供了国际法上的依据。该公约的具体内容在第四章中有较为详细的阐述，这里从略。

(二) 欧盟关于污染转移问题的立法

由于欧洲是世界上危险废物产生量和跨国转移量最多、最集中的区域，所以欧洲共同体率先采取了行动。在经济合作与发展组织的影响下，欧洲共同体理事会于1984年通过了《关于危险废物越境转移的监督管理指南》，并在1986年增订了该指南，其内容主要包括：欧洲共同体国家之间以及与非共同体国家之间，废物所有者在计划将废物转运至其他国家时，无论其是否是欧洲共同体成员，必须通知有关国家的主管部门，并在适当时间向进口国提供废物的样品。通知内容应包括废物的来源和成分、关于废物运输和保险的规定、确保废物安全运输的措施、与废物接受人的合同等。接受人必须证明有充分的技术能力处理将要接受的废物，不致对人类健康和环境造成损害。[59] 指南对于欧洲共同体成员向非成员的废物转运还特别规定：在成员将危险废物向非成员转移时，首先必须得到后者的明示同意，在得到同意后，再适用正式的通知程序。废物进口国的主管部门在收到通知后，可以认可或明示地拒绝废物进口。拒绝必须以有关环境保护、公共秩序、公共安全或者保护健康的法律、法规为依据。对收到通知的认可文件副本应送交有关国家。但是，如果在不足一年的时间内有几次废物转移，并且其性质一样，一份总的认可文件可以用于所有的转移，不过每次转移都必须具备一份运单。通知和监督管理的费用由废物的所有人或者产生者承担。指南中还包括了一些对危险废物转移条件的规定，如废物的包装和容器等。

第四节
中国承受的跨境污染转移

在20世纪末，中国由于缺乏严格的产业准入限制，再加上某些地区的政府盲目引资、盲目出口，忽视可能造成的环境影响，从而导致大量的污染产业转入，随后逐渐成为世界高耗能、高污染产业转移的目的地之一、集聚地之一。但是近些年来，我国持续攻坚蓝天保卫战，深入开展水、气、土壤、固废各领域的整治，跨境污染已大幅改善。

一、污染避难所假说在中国的总体判断

一些外商通过投资污染产业，将本国落后甚至是淘汰的技术、设备和生产工艺等转移到中国，再通过出口的方式，将产品输入到本国，却把污染留在了中国。从20世纪80年代开始，西方发达国家重点发展高新技术化工，传统化工则转向发展中国家。例如，美国、日本等发达国家将化工、冶金、漂染等严重污染企业，相继转移到中国的珠

三角和长三角地区。此外，韩国等新兴工业化国家和地区也纷纷加入产业转移大军，纷纷致力于发展技术密集型化工产品，而将劳动密集型的加工产品逐步向相对落后的国家和地区转移，甚至养殖业也成为污染产业转移的重点。例如，欧盟各国、日本等对农业环境要求非常严格，政府甚至采用补贴方式鼓励畜牧业公司把一些养殖场和屠宰厂迁到发展中国家，中国就曾是日本黑山羊的养殖基地。

王家庭（2013）基于中国31个省（自治区、直辖市）面板数据的实证研究结果显示，外商投资的流入对中国环境影响的“污染避难所”假说在一定程度上成立。[60] 应瑞瑶和周力在进行了时间序列和面板数据分析后认为，中国外资与环境问题基本符合国际学术界的“污染避难所”假说，随着外商直接投资的增加，中国的工业污染已呈现上升趋势。[61]

但也有反对的观点。傅京燕（2008）通过计算和比较中国制造业1980—1998年产出和出口中的污染含量、污染密集度和RCA指数，针对中国对外贸易中的污染避难所效应进行了分析研究，认为一国的环境政策会影响其出口竞争力的污染避难所假说在中国是不成立的。[62] 李小平和卢现祥（2010）利用中国20个工业行业与G7和OECD等发达经济体的贸易数据，对污染避难所假说进行检验，得出3个结论：第一，对于中国出口产品中所隐含的CO_2，国内生产部分的占比在逐步降低；第二，中国在承接发达国家转移的污染产业的同时也向发达国家转移了污染产业；第三，国际贸易有利于环境的改善，因为其能够减少CO_2的排放。[63] 唐雪丹和俞海山（2009）以浙江省为例，从FDI的角度探讨了该省污染密集型产业转移的情况。研究表明，外商直接投资不存在明显的污染密集型产业转移的倾向。[64] 李小平等（2012）以中国工业的数据为样本进行分析，结果表明，环境规制强度提升了中国工业的贸易比较优势，传统的要素禀赋以及环境规制等因素促使中国工业的贸易比较优势没有如污染避难所假说所预测的那样。[65] 林季红和刘莹（2013）选取中国工业的36个面板数据，采用面板固定效应模型和随机效应模型进行估计，经验分析的结果表明，在将环境规制视为严格外生变量时，污染避难所假说在中国不成立。[66]

总的来看，早期是存在污染产业向中国转移情况的，但随着中国发展理念的改变以及环境标准的提高，情况逐步好转，甚至现在吸引更多的是清洁外资，“三高”产业逐步被淘汰。究其原因，主要有以下几点：一是我国防治污染转移的法律体系逐渐完善。明确禁止跨国贸易中污染转移的相关法律规定，将国际贸易中污染转移列入到禁止性法律条款之中，使防治国际贸易污染转移通过法律的方式固定下来，通过完善责任赔偿机制，优化危险废物产生、利用、处置数据采集系统等，提升法律和法规体系的针对性和实效性。二是不断提高我国环境标准。我国环境标准的制定、发布和实施程序不断规范化，考虑不同地区经济发展的差异性，依循以环境基准为基础、区别对待、可操作性的原则，避免环境标准制定的“一刀切”现象，采用不定期、不定时抽查的方式，对排污企业的排污浓度、排污量进行检查。三是强化外资准入中的污染转移控制。部分外资企业在进入中国的时候存在对我国环境的破坏现象，对此加强对外资准入企业的污染转移控制。例如，特别关注造纸业、初级有色金属业、金属采矿业的污染转移，并加强对化学工业品的进口管制，强化了环保审批程序。

二、中国引进外资与国际污染产业转移

20世纪90年代初期，污染密集型产业，特别是严重污染密集型产业是外商对中国投资的重要产业。

杨海生等（2005）对1990—2002年中国30个省（自治区、直辖市）贸易、外商直接投资、经济和环境相关数据的定性和定量分析显示，外商直接投资在某些方面对中国环境造成了一定的负面影响。[67] 吴玉鸣（2006）进行了1998—2001年中国30个省（自治区、直辖市）连续4年共120个面板数据进行回归分析，结果发现环境规制确实对中国各地区引进外资具有一定负面影响，而且在短期内外商直接投资是环境规制的原因。[68]

专栏 8-3　污染密集型产业向中国转移的整体情况

中国引进外商直接投资的很大一个比重是流向了采矿、纺织、造纸、化工等重污染的行业，并且部分重污染行业引进外资出现明显上升的趋势。2008 年，煤炭开采业实际使用外资金额为 1.4436 亿美元，同比上升 40.39%；化学工业实际使用外资金额为 41.2326 亿美元，同比上升 42.85%；造纸业实际使用外资金额为 15.7433 亿美元，同比上升 9.25%。2009 年，石油天然气开采业实际使用外资金额为 1.8875 亿美元，同比上升 253.73%；造纸业实际使用外资金额为 18.4940 亿美元，同比上升 17.47%。

黄涛利用 2001—2010 年中国 20 个工业产业的产业数据和环境数据，通过对各产业污染排放强度进行计算，得到排放强度前 10 位的产业，并定义为污染密集型产业，即食品生产、饮料和烟草业；纺织、服装和皮革业；造纸和印刷业；石油加工、炼焦及核燃料加工业；化学工业；医药制造业；非金属矿物制品业；黑色金属冶炼及压延加工业；金属制品业；电力、燃气的生产供应业。

表 8-1、表 8-2 分别给出了 2001 年和 2010 年外商对华投资企业中，投资于污染密集型产业企业的各项指标所占比重的对比情况，以此分析了污染密集型产业向中国转移的整体情况。

表 8-1　**2001 年外商投资企业中相关指标及比重**

指　标	企业个数	工业生产总值（亿元）	工业增加值（亿元）	销售收入（亿元）	固定资产原价（亿元）
总量	31 423	27 220.91	7 128.11	26 022.08	16 700.3
污染密集型产业	15 531	11 262.97	3 106.57	10 303.34	8 851.61
污染密集型产业占比	49.43%	41.38%	43.58%	39.59%	53.00%

资料来源：根据《2002 年中国工业经济统计年鉴》数据整理得到。

表 8-2　**2010 年外商投资企业中相关指标及比重**

指　标	企业个数	工业生产总值（亿元）	销售收入（亿元）	固定资产原价（亿元）
总量	74 045	189 917.11	188 729.41	51 558.66
污染密集型产业	31 983	68 704.87	67 987.73	24 719.27
污染密集型产业占比	43.19%	36.18%	36.02%	47.94%

资料来源：根据《2011 年中国工业经济统计年鉴》数据整理得到。

从表 8-1、表 8-2 中可以看到，外商投资这 10 个污染密集型产业所占比重都比较大，但总体上是随着时间的推进而减小的。对于企业个数、工业生产总值、销售收入、固定资产原价 4 个指标，外商投资污染密集型企业所占比重都比较大。例如，在企业个数与固定资产原价方面，污染密集型产业所占比重已经接近或者超过整体的一半；在工业生产总值与销售收入方面，污染密集型产业也达到 2/5 左右。但是，通过 2001 年与 2010 年数据的对比，可以发现污染密集型产业所占比重均呈现下降的趋势。相比 2001 年，2010 年污染密集型产业各指标所占比重平均下降了 5 个百分点。因此，从整体上看，虽然外商对华投资还是主要集中在污染密集型产业，但并没有出现大规模转移的倾向。

表 8-3、表 8-4 分别给出了 2001 年与 2010 年外商投资的各污染密集型产业的相关指标的详细情况。

表 8-3　　2001 年外商投资企业中 10 个污染密集型产业相关指标比重（%）

产　业	企业个数比重	工业生产总值比重	工业增加值比重	销售收入比重
食品生产、饮料和烟草业	8.32	7.85	8.31	8.13
纺织、服装和皮革业	17.98	8.91	8.81	8.70
造纸和印刷业	2.35	2.13	2.07	2.07
石油加工、炼焦及核燃料加工业	0.34	1.54	1.32	1.84
化学工业	6.04	5.87	6.09	6.03
医药制造业	1.81	1.67	2.41	1.62
非金属矿物制品业	4.94	2.82	3.25	2.73
黑色金属冶炼及压延加工业	0.68	1.71	1.35	1.71
金属制品业	6.05	5.57	3.52	3.73
电力、燃气的生产供应业	0.91	3.31	6.44	3.03

资料来源：根据《2002 年中国工业经济统计年鉴》数据计算得到。

表 8-4　　2010 年外商投资企业中 10 个污染密集型产业相关指标比重（%）

产　业	企业个数比重	工业生产总值比重	固定资产原价比重	销售收入比重
食品生产、饮料和烟草业	6.56	7.56	6.39	7.73
纺织、服装和皮革业	15.62	5.63	4.83	5.49
造纸和印刷业	2.01	1.68	3.47	1.65
石油加工、炼焦及核燃料加工业	0.30	2.08	1.95	2.07
化学工业	6.24	7.45	10.12	7.40
医药制造业	1.54	1.67	1.74	1.61
非金属矿物制品业	4.15	2.40	4.48	2.37
黑色金属冶炼及压延加工业	0.78	3.60	4.17	3.63
金属制品业	5.32	2.69	2.46	2.65
电力、燃气的生产供应业	0.67	1.42	8.33	1.43

资料来源：根据《2011 年中国工业经济统计年鉴》数据计算得到。

从表 8-3、表 8-4 中可见，大部分产业的企业个数比重、工业生产总值比重、工业增加值比重、固定资产原价比重以及销售收入比重均呈现不同程度的下降趋势，只有化学工业与黑色金属冶炼及压延加工业两个污染密集型产业的各指标有所上升，其中，黑色金属冶炼及压延加工业的各指标上升幅度最大，分别从 0.68%、1.71%、1.35%、1.71% 增加到 0.78%、3.60%、4.17%、3.63%。除此之外，医药制造业与石油加工、炼焦及核燃料加工业都只有两项指标的比重略微上升。因此，从外商投资企业构成的变化趋势来看，在外商投资的过程中并没有将污染密集型产业大量向华转移，只是有少数几个产业存在污染转移的现象。

俞涔运用 1997—2007 年全国和浙江、江苏等沿海省份的三资、国有、私营企业工业增加值的数据进行计量分析的结果是：工业增加值每增加 1 亿元，工业废水排放，外商及中国港澳台投资企业为 46.15 万吨，国有企业为 59.72 万吨，私营企业为 53.77 万吨。也就是说，在生产过程中，外商投资企业运用环保技术的努力程度和效果较好，因此，中国 1997—2007 年的 FDI 并未明显呈现“污染转移”现象。

资料来源：

[1] 黄涛．污染密集型产业向中国转移的影响因素研究［J］．山西财经大学学报，2013，35（8）：55-65.

[2] 俞涔．“污染转移理论”与科学发展观指导下的绿色 FDI 构想［J］．改革与战略，2011，27（6）：44-46.

三、中国对外贸易与国际污染产业转移

（一）从中国进出口贸易总体情况看污染转移问题

中国的出口产品绝大部分属于资源密集型产品，在生产过程中常伴随着环境污染和破坏，同时，作为生产投入品的有原油、化工原料、铁矿砂、羊毛、合成纤维等，进口量比较大，在投入使用过程中能耗高，产生环境污染，使得中国原本已经很严重的污染问题更加严重。此外，进口的原料性产品中，也有一部分是跨国公司进口的，它们从国外进口铁矿砂、原油等，生产成钢和铁以及提纯成成品油之后再出口到其母公司所在的国家。这一进一出的净效果除了利用了廉价的劳动力与优惠的税收之外，还将生产过程中的环境成本转移到中国境内。[69]

专栏 8-4　原料药产品出口，污染却留在国内

中国农药企业数目与产能的快速增长主要来自国际市场需求，很大比例的原药产量用于出口，每年为 40 万～50 万吨。原料药（Active Pharmaceutical Ingredient，API）又称活性药物成分，指的是用于生产各类医药制剂的原料药物，是医药制剂中的有效成分，是病人无法直接服用的，但可以用来作为不同药用的各种粉末、结晶、浸膏等状态的物质。生产原料中只有一小部分成为原料药结构的组成部分，一小部分在化学反应中成为水等无害物质，大部分都成为污水、废渣、废气等“三废”。在污染的同时，原料药的生产对资源的消耗也是惊人的。比如，生产青霉素工业盐 1 吨，就得用水 500 吨左右；生产 1 吨维生素 C，就得用水 200 多吨。特别是生物发酵类原料药的生产，还要消耗大量的化工原料、粮食、电能等资源和能源。因此，原料药行业是公认的“高污染、高耗能”行业。

高收入水平的发达国家对该行业的环境规制日益严格，使得污染治理的费用已经

超过了其生产的成本。多年以前，这些发达国家就将这些高污染、低附加值的原料药产业的生产转移到发展中国家，包括中国。中国与发达国家相比，环境规制还存在很大的差距，使得中国厂商生产原料药所支付的污染成本较低。比如，据行业内人士的测算，原料药 7-ACA（抗生素中间体）价格低于每千克 110 美元，全世界其他工厂都要亏损，然而近些年中国同类产品价格最低的供应价才每千克 70 多美元，这中间的差价恰恰就是治污成本。正是这一治污成本的差别，使得中国在原料药行业具有较大的比较优势。中国生产和出口污染密集的原料药产品，成为原料药产业的“污染避难所”。原料药产业在中国发展得非常迅猛，中国已成为世界上最大的原料药生产国和出口国，但同时制药行业成为中国六大污染行业之一。一方面，中国生产的原料药产品大部分出口了；另一方面，污染却 100% 留在了国内。据调查统计，目前中国原料药的生产主要采用的就是“高污染、高耗能”的生物发酵类工艺，在加重了中国环境的负担的同时，还加速了中国人均本就不多的自然资源的耗竭。这类产品出口往往得不偿失。例如，草甘膦出口价格仅每吨 2.9 万～3.2 万元，而仅处理高浓度废液就需要 3.6 万元左右，如果加上其他“三废”的处理费用，每吨草甘膦环保成本在 4 万元左右，目前草甘膦的出口价格还不够处理“三废”成本。企业间无序、恶性竞争激烈。更加不可思议的是，往往“精品出口，垃圾自用”。95% 草甘膦出口，含大量“三废”的 10% 草甘膦国内自用；阿维菌素原粉出口，含大量“三废”的 0.2%～0.5% 阿维菌素乳油国内自用等。

值得注意的是，有资料显示，这些高污染的原料药制造行业在近些年大有要向“中、西、源（黄河、长江源头）”集中生产的趋势，因为这些地方和区域的水资源丰富充足，劳动力成本低，环境规制程度（污染排放标准）相对较低。

所幸，为了应对原料药产业产能过剩以及环境污染的难题，中国在 2010 年 7 月 1 日在全行业强制实施了新的《制药工业水污染物排放标准》。新标准规定的水污染物排放指标均严于美国标准，发酵类企业的 COD（化学需氧量）、BOD（生化需氧量）和总氰化物排放要求与最严格的欧盟标准接近。据专家核算，新标准的实行，将提高原料药厂商 20% 左右的生产成本。这将有效地缓解中国原料药产能和环境污染问题的恶化。

资料来源：

[1] 王强. 规模经济下“污染避难所”假说的研究 [D]. 昆明：云南财经大学，2011：33-35.

[2] 刘巧玲，王奇. 中日韩跨界大气污染中的中国责任识别研究 [J]. 东北亚论坛，2017，26（6）：77-91；126.

国内从实证角度来研究对外贸易对中国环境污染影响的成果较多，如陈建国等（2005）利用1981—2000年中国对外贸易数据研究发现，在中国改革开放的近20年的时间里，中国对外贸易中确实存在污染的跨境转移，尤其是纸浆和造纸业、金属采矿业以及初级有色金属业这3个污染行业的净进口呈现出逐年递增的趋势。[70]

不过很多研究在选取环境污染指标时，多数采用CO_2排放量进行量化分析。宁学敏（2009）认为中国碳排放与出口贸易之间具有长期双向因果关系。[71] 朱启荣（2010）测算了2002年和2007年中国出口贸易中的CO_2排放量，分别为76 513.5万吨和240 066.1万吨。[72] 齐晔等（2008）对进口产品采用日本的碳效率计算，发现2006年中国净出口产品的碳排放量已占国内碳排放总量的29.3%。[73] 陈迎等（2008）也发现2006年中国出口碳排放约为31.4亿吨，净出口内涵碳排放达12.5亿吨。[74] 但是，高大伟等（2010）测度了1996—2007年中国28个省份CO_2排放情况，认为对外贸易对CO_2排放绩效影响不明显。[75] 除了从国家总量层面研究国际贸易对中国CO_2排放的影响，兰天（2004）选用中国30个省（自治区、直辖市）的面板数据，将CO_2排放量作为污染指标，认为贸易自由化有利于环境保护。[76] 王有鑫（2011）利用投入产出法计算了各省（自治区、直辖市）内涵CO_2排放量，认为贸易规模扩大使国内排放增加，加重了环境负担。[77]

小资料 8-3　国际贸易是否使中国成为国外的“污染避难所”?

王有鑫通过利用拓展的H-O模型、国际贸易对CO_2排放的静态和动态影响指数，分别从理论和实证角度检验了国际贸易是否使中国成为国外的“污染避难所”，主要得到了以下几个结论：

（1）通过拓展的H-O模型发现，在考虑环境要素后，发达国家通过出口非环境密集型商品、进口环境密集型商品将排放转移到发展中国家，使排放跨境转移，发展中国家成为发达国家的“污染避难所”。

（2）2000年，中国净出口内涵排放为4.417亿吨，占国内总排放量的12.32%；2004年，净出口内涵排放量为8.698亿吨，占国内总排放量的15.73%；2008年，净出口内涵排放量为11.875亿吨，占国内总排放量的14.84%。除了2008年受全球金融危机影响，总的来说，净出口内涵排放量不仅绝对数量逐年增加，而且占国内排放比例也是逐渐增加的，说明中国通过国际贸易成为CO_2的净出口国。

（3）污染避难所假说在中国成立，中国成为污染输入地，且一省平均对外依存度高于20%就有极大可能沦为污染避难所。具体来说，吸收国外排放的省（自治区、直辖市）有广东、福建、山东、江苏、上海、天津、浙江、湖南、河南、重庆、四川、新疆、宁夏、陕西、黑龙江、山西、湖北、辽宁和河北；向国外转移排放的省（自治区、直辖市）有北京、海南、安徽、甘肃、贵州、江西、云南、内蒙古、青海、吉林和广西。

资料来源：王有鑫. 国际贸易、地区CO_2排放与“污染避难所”假说——基于全国30个省区数据分析［J］. 现代管理科学，2013（3）：55-58.

中国进出口贸易造成的大量环境污染，也表现在双边贸易的具体数据上。以1992—2006年中国-东盟双边贸易中的污染产品转移为例。第一，在贸易额方面，中国与东盟的双边贸易中污染品的进口额高于出口额。更多的污染品从东盟流向中国市场，即污染品从东盟向中国的转移多于从中国向东盟的转移。中国每向东盟出口1单位的污染品，同时就有约1.1单位的污染品流入中国。第二，就分产业而言，中国更集中于生产污染程度处于中低层次的污染产业，而东盟更集中生产的产业同时涉及高、中、低污染程度。第三，从分国家来看，1992—2006年，中国在东盟最重要的污染品进口伙伴国是马来西亚，这与马来西亚在2002年成为中国在东盟最大贸易伙伴的事实相符。而污染品的进口在全部进口中所占份额最大的国家是新加坡，即中国来自新加坡的污染品进口商品结构相对较不环保，次之是泰国，马来西亚和印度尼西亚程度一致，相对较环保的是来自菲律宾的污染品进口。而污染品出口商品结构相对较不环保的是印度尼西亚，次之是泰国及新加坡，中国对菲律宾的污染品出口商品结构较为环保。总体而言，中国和菲律宾的污染品进出口商品结构相对最环保，而中国与泰国的污染品进出口商品结构相对最不环保。[78]

在中美污染产品贸易中，从总体上看，高、中、低3种程度的污染密集型产品的贸易份额（指经标准化的）基本维持在16%～23%的范围内，但是对于低污染密集度产品，在20世纪80年代中前期，贸易份额一般维持在6%～8%；在80年代后期有一个快速增长期；从90年代开始回落，并于1994年开始维持在4%左右。对于中污染密集度产品，从80年代起至90年代初期，贸易份额一直处于平稳态势，基本维持在4%～6%的水平；从90年代中后期开始，贸易份额逐年递增，到2000年，达到了9.87%，与80年代初相比提高了1倍左右。对于高污染密集度产品的贸易，从80年代至20世纪末，贸易份额变化不大，基本维持在6%～8%的水平。[79]

专栏 8-5　中美贸易中的污染转移问题

中国经济高速增长的一个显著特征是对外贸易的比重不断增长，但与此同时，污染通过贸易和投资等形式进入中国。美国是中国最大的出口伙伴国，也是最大的贸易顺差来源地。随着中国对美国贸易额的持续增长，贸易顺差也大幅扩大。据海关统计，2008年中国对美国出口 2 523 亿美元，自美国进口 814.4 亿美元，对美贸易实现顺差 1 708.6 亿美元，增长 4.6%。外贸顺差过大已经成为中美贸易摩擦的突出问题，但目前的研究较多地关注外贸顺差对经济、政治和社会的影响，而较少注意中美贸易顺差对环境的影响。

傅京燕和张珊珊的研究发现，1992 年之后，美国来自中国的进口污染强度要高于中国来自美国的进口污染强度，中美双边贸易中，中国环境受损，美国环境获利，污染避难所假说成立。从部门结构上看，中国出口内含污染主要来源于塑料制品、机械设备和工业化学这 3 个部门，进口内含污染主要来源于工业化学、机械设备和交通设备这 3 个部门，其中工业化学的比例很大（40% 以上）。

长期以来，中国以资源环境密集型产品出口为导向的、以量取胜的粗放型外贸增长模式在中国对外贸易中占有很高的比例，而这一外贸增长模式成为中国目前粗放式的、不可持续生产和消费方式的加速器，加剧了中国资源环境压力。这一结果的原因是中国外向型产业在国际产业链分工中处于低端位置，形成了进口多为高附加值产品和服务、出口多为一般制造业产品的国际贸易结构，单位价值的进口与单位价值的出口消耗环境资源的不同，事实上造成了国际能源需求和环境成本的转移。

资料来源：傅京燕，张珊珊．中美贸易与污染避难所假说的实证研究——基于内含污染的视角［J］．中国人口·资源与环境，2011，21（2）：11-17.

（二）固体废弃物向中国的进口转移

据绿色和平组织的调查报告，发达国家每年正以5 000万吨的规模向发展中国家转移危险废物。中国是危险废物转移的重要目标国，一些企业通过参与国外危险废物对中国的出口来获利，这使中国废物入境数量巨大，增势迅猛。据海关统计年报的不完全统计，1990—1997年，中国进口了大量的废弃物：1990年，废物进口量为99万吨，进口额为2.6亿美元，占当年进口总额的0.49%；1993年，废物进口量猛增至828.5万吨（占发达国家危险废物年转移的1/5还多），进口额为15.75亿美元，占全国进口总额的1.5%；1997年，废物进口量创历史最高水平，达1 078万吨，进口额猛增至29.5亿美元，占全国进口总额的

2.07%。[80]另外，乡镇企业是危险废物的主要使用者。这使得中国城乡都由于洋垃圾的大量进口，对生态环境造成了严重危害，一些地区的水质、大气、耕地被严重污染。例如，2006年1至7月，宁波海关直接退运的各类“洋垃圾”达2 700多吨，其中废塑料类1 044吨，废五金、废电机类786吨，废纸类880吨。这些违规进口的废物大部分来自美国、欧盟和日本，存在较大的环境污染隐患。一旦流入国境，将对国内环境造成很大污染。[81]天津海关在2006年1至7月共查获72.16吨国家禁止进口的固体废物，包括橡胶制品切碎颗粒、废塑料等。[82]

专栏8-6　中国在努力成为“世界工厂”的同时也可能成为“世界垃圾场”

2003年上半年，仅青岛海关就查获3起分别来自美国和韩国的垃圾进口案。2003年前10个月，福建马尾检验检疫局共发现4批次来自日本的有毒有害的塑料类废物。2005年2月，荷兰鹿特丹港截获了一艘前往中国的英国货船，上面有超过1 000吨被贴上“废纸”标签的生活垃圾。随后，荷兰和英国环境部门进行的联合调查显示，英国每年都有数量惊人的家庭垃圾被非法运至中国。

发达国家对中国的污染物输入与年俱增。据美国商务部统计，美国2002年向中国出口的垃圾和废料的价值估计有12亿美元，而5年前这个数字还只有1.94亿美元；日本每年向海外出口的垃圾高达1 000万吨，其中90%倾销给了中国；全世界80%的电子垃圾被运到亚洲，而其中90%进入了中国；有关报道显示，全世界废弃触媒的1/5流入了中国。以上事实表明中国面临的污染转移问题日趋严重，也反映了中国在禁止污染物入境管理上的松懈。有关人士呼吁，若不严厉打击污染物的非法入境，中国在努力成为“世界工厂”的同时也可能成为“世界垃圾场”。

资料来源：刘倩，陈祖海．国际污染转移的成因与对策［J］．科技创业月刊，2007，20（4）：98-99.

更应该注意的是，中国很多地方政府以发展循环经济为借口大量引进垃圾处理项目，而这些项目很多都是发达国家淘汰的落后技术。例如，一些外商在中国东部沿海地区投资建设危险废物处置工程项目，将危险废物转移到这些地区处置，这也就相当于直接把处理废物的垃圾场建在了中国的东部沿海，对当地的环境和生态具有严重的破坏作用。[3]

小案例8-4　垃圾焚烧：国外夕阳产业成中国朝阳产业

2009年3月11日的“两会”记者招待会上，就北京六里屯垃圾焚烧厂环境争议，国家环保部环评管理司司长表示“未经核准不得开工建设”。4月11日，上海数百市民“散步”抗议居民区附近的江桥垃圾焚烧厂扩建。10月21日，江苏吴江平望镇，绿洲环保热电有限公司的垃圾焚烧厂外，数千当地居民聚集抵制工厂点火，两天后，当地政府最终作出让步：停建。

世界银行2005年就告诫中国，如果中国迅速建造垃圾焚烧厂，而不限制自身的气体排放量，全球大气中的二恶英含量都可能会加倍。二恶英是二恶英类（Dioxins）的一个简称，它包括210种化合物，毒性十分大，是氰化物的130倍、氰化钾的300倍、砒霜的900倍、氰化钾的1 000多倍。万分之一克甚至亿分之一克的二恶英就会给健康带来严重的危害，0.1克的二恶英可导致数十人死亡，导致上千只禽类死亡。

《纽约时报》认为：“根据卫星监测，二恶英能够随着空气流动越过太平洋，飘到美国海岸。”但殊不知，中国垃圾焚烧厂很多来自发达国家，甚至美国。美国最大的垃圾能源化公司卡万塔（Covanta）在发达国家的路越走越窄，开始打起中国的主意。2007 年，该公司在重庆成功落地，更投入前期运作资金 5 000 万元，开发珠三角垃圾市场。

梳理中国的垃圾焚烧厂（2009 年前建成或开建），不难发现，大量设备、技术均来自国外，关键设备或技术来自国外的总投资约为 100 亿元人民币。全球垃圾发电“大腕”法国威立雅环境集团在中国耕耘多年，实施项目包括广州李坑垃圾焚烧厂、上海江桥垃圾焚烧厂。比利时公司 Keppel Seghers，自称占中国垃圾能源化设备的 60%。

垃圾焚烧技术最早起源于 19 世纪末的西欧和美国，但首先大规模采用这项技术的是日本。人多地少的特性，决定了日本不能像其他国家一样采用填埋的方式来处理垃圾。20 世纪 70 年代起，日本在全国大力推广垃圾焚烧，焚烧厂的数量一度占到全球的 70%，60% 的城市固体废弃物通过焚烧处理，这导致大气中的二恶英含量严重超标。20 世纪 90 年代，日本大气中测得的二恶英水平竟然是其他工业国家的 10 倍。据日本环境保护部统计，仅 1995—2005 年，就有 500 座垃圾焚烧厂被迫关闭。2008 年，东京的垃圾年产量相比 20 年前减少了一半，而这也导致东京的 25 座垃圾焚烧厂中有 10 座因无垃圾可烧被迫关闭。

因此，中国政府在组织环评、推行焚烧项目时，一定要邀请受影响的公众参与，使得垃圾焚烧这一环境问题不至于演变为一场中国社会公共危机。

资料来源：陈龙. 垃圾焚烧：国外夕阳产业成中国朝阳产业［N］. 国际先驱导报，2009-11-30.

近些年来，拒绝“洋垃圾”的呼声越来越高。禁止“洋垃圾”入境是生态文明建设的标志性举措，我国环境的承载力已为负值，必须加快整治这场“内忧外患”。2018年政府工作报告提出，要持续攻坚蓝天保卫战，深入开展水、气、土壤、固废各领域的整治。其中，严禁“洋垃圾”入境首次被写进了政府工作报告。

2018年伊始发布的《进口可用作原料的固体废物环境保护控制标准——冶炼渣》等11项国家环境保护标准于3月1日正式实施。根据规定，将严禁“洋垃圾”入境从政策层面落实在执行层面，全国海关已行动在前线。同年的3月至12月，全国海关组织开展打击“洋垃圾”走私“蓝天2018”专项行动。海关总署将重点打击以伪报瞒报品名、夹藏等方式，以及通过海上、陆路边境非设关地偷运走私“洋垃圾”违法活动。为从严从实从快全面落实《禁止洋垃圾入境推进固体废物进口管理制度改革实施方案》，专项行动突出打击走私国家禁止进口的废物，主要是《禁止进口固体废物目录》列名的废物，新调整列入《禁止进口固体废物目录》的4类24种固体废物。不仅是海关总署，我国外交部针对固体废弃物进口管理制度的改革也作出了回应：中方将坚定不移地推进固体废物进口管理制度改革，打击“洋垃圾”走私。此外，固体废物处理处置是世界各国面临的共同环境问题。

中国“洋垃圾”禁令对垃圾出口国也是一记警钟。中国颁布的新政策是一个风向标，这会倒逼垃圾出口国提升自身的垃圾处理能力，加快资源再生技术的研发和利用，完善本国循环经济体系。

中国固体废物进口法规一览表见表8-5。

表 8-5　　　　　　　　　　　中国固体废物进口法规一览表

年份	立　法	有关固体废物进口的立法内容
1991	《巴塞尔公约》的缔约方	从立法角度最早认识到固废存在的环境危害以及跨境转移对进口国带来的环境风险
1995	《中华人民共和国固体废物污染环境防治法》	“谁污染谁负责”是这部法提出的主要原则，明确了行政管理是对防治固废污染违法情况的主要监督手段
2004	《中华人民共和国固定废物污染环境防治法》第一次修订	弥补了《中华人民共和国固体废物污染环境防治法》（1995）在固废回收利用、二次制造等方面的法规漏洞，更为有效地查处一些规避报关手续等违法固废进口的行为
2006	《固体废物鉴别导则》（试行）	通过对固废的定义和范围的界定，明确规定了如何有效区别出《中华人民共和国固体废物污染环境防治法》监管范围内的固废
2011	《固体废物进口管理办法》	对固废的进口方式、相关许可证、国内处理固废进口规范、罚则等详细规定，对固废进口整个流程提供法律依据。
2011	《进口可用作原料的固体废弃物环境保护管理规定》	规定了固废进口的加工利用，从制度上保障了拥有许可证的加工企业在日常经营活动中对环境保护措施是否正常运作
2015	《限制进口类可用作原料的固体废物环境保护管理规定》	主要涉及固废进口许可证申请方式的改变，省级环境保护主管部门和环境保护部对许可证申请审核分工形式的改变
2016	《中华人民共和国固体废物污染环境防治法》第三次修正	进口者必须在国务院经济综合宏观调控部门会同国务院有关部门规定的期限内停止进口列入前款规定的名录中的设备
2017	修正《固体废物进口管理办法（修订草案）》	删除加工利用进口废五金电器、废电线电缆、废电机等环境风险较大的固体废物的企业，实行定点企业资质认定管理的条款
2017	《禁止洋垃圾入境推进固体废物进口管理制度改革实施方案》	对禁止洋垃圾入境、推进固体废物进口管理制度改革作出全面部署
2018	《进口可用作原料的固体废物检验检疫监督管理办法》	适用于进口可用作原料的固体废物（以下简称废物原料）的检验检疫和监督管理，对于供货商、收货人实行注册登记制度，对进口废物原料实行装运前检验制度、到货后监督管理
2021	《关于废止固体废物进口相关规章和规范性文件的决定》	决定予以废止的规章：《固体废物进口管理办法》 决定予以废止的规范性文件：关于加强从日本进口固体废物环境管理的通知；关于印发《进口可用作原料的固体废物风险监管指南》的通知；关于开展固体废物进口许可证申请网络试报工作的通知；关于开展固体废物进口许可证申请网上审批试运行工作的通知；关于发布《进口废纸环境保护管理规定》的公告；关于发布《限制进口类可用作原料的固体废物环境保护管理规定》的公告

资料来源：历年国务院公报。

(三) 出口贸易带来的资源损耗和环境污染（或称进口国隐性的污染转移）

出口贸易在污染产业转移的隐蔽性更强，危害性更大。能源、资源性初级产品的出口一直在中国的对外贸易中占重要比例。在某些地区，为了扩大出口、发展经济，资源的开发和消耗已超出了环境的承载力，导致环境资源出现超常规衰减现象，背离了绿色贸易的发展模式。以甘草、麻黄草等药用植物的出口为例，为了满足国际市场不断增长的需求，新疆地区出现了滥挖乱采这些药用植物的现象，导致近年来该地区的草原以0.2平方千米/年的速度被破坏。资源性矿产品的出口也会带来开采过程中的环境污染，在煤炭开采业中，每开采出1吨煤，就要破坏相当数量的地下水。[3]

小资料 8-4 中国中药材资源的可持续发展

中国从 1975 年开始，历时 10 年的时间进行了全国中药资源的普查，确认中国有中药资源 12 807 种，其中药用植物 11 146 种，野生药材总储藏量为 850 万吨，家种药材年产量为 30 多万吨。但是，现在中国中成药、保健品、中药提取物、中药饮片等每年要消耗药材 70 万吨，其中出口达 30 万吨左右。

天然药物在国际上备受重视。据不完全统计，每年仅在国内 10 多个合法的药材交易市场进行交易的药材，即以千万吨计。植物提取物仍为中药产品出口的主力军，出口额约为 2.5 亿美元。

但是令人痛心的是日本、韩国等国的所谓"汉方药"，一方面利用的是中国的中药原料，另一方面成药却逐步占领着中国和世界市场。据统计，中国中药市场的 30% 已经被"洋中药"占领。在国际市场，韩国和日本占领了中草药市场份额的 90% 以上，其所用的中药材 80% 都是从中国进口的。

由于中药材需求远大于产出，过度开采，使很多中药材已经灭绝，严重破坏生态平衡。目前列入中国珍稀濒危保护植物名录的药用植物已达 168 种，过度采挖已经导致冬虫夏草、雪莲等中药材濒危，野山参等名贵中药品种消失。中药材过度开发还造成严重的生态危机，比如甘肃、青海等地对甘草的过度开采就造成大片的土地沙漠化。

中国政府采取了许多措施，以避免中药资源的枯竭，促进中药材可持续发展。据不完全统计，目前中国已建有 448 个中药材规范化种植基地，种植面积已达 1 万多平方千米。

但是，由于环境、地域、技术、生长周期等原因，至今还有大部分常用药材未能解决野生变人工种植的问题，如雪莲、冬虫夏草、石斛、阿魏、肉苁蓉等。另外，人工栽培药材由于缺少成熟的种植管理经验，质量有待提高，药效也有待研究。药农为了追求高产，滥施农药和化肥，使农药残留量或重金属含量超标。

资料来源：

[1] 裘影萍. 我国中药药材资源正在"透支"[N]. 健康报，2007-10-31.

[2] 刘奕湛，朱立毅. 李振江：警惕过度"中为洋用"耗竭中药材资源 [EB/OL]. (2010-03-07) [2019-12-20]. http://news.xinhuanet.com/politics/2010-03/07/content_13115478.htm.

此外，在外来生物入侵这一隐性污染转移方面，中国的情况也比较严重。从第二届国际生物入侵大会获悉，进入21世纪以来，随着全球经济一体化进程加速，中国确认的外来入侵物种已达544种，其中大面积发生、危害严重的达100多种。在国际自然保护联盟公布的全球100种最具威胁的外来物种中，入侵中国的就有50余种。中国目前成为世界上遭受生物入侵最严重的国家之一。生物入侵涉及农田、森林、水域、湿地、草地等几乎所有的生态系统。同时，新的生物入侵疫情不断突发。2003—2013年，中国相继发现了西花蓟马、Q型烟粉虱、三叶草斑潜蝇等20余种世界危险性与爆发性物种的入侵，平均每年增加1～2种。此外，近年来，中国潜在入侵物种截获频次急剧增加，危险性外来物种频临国门。周常勇认为，生物入侵给中国的农业生产、国际贸易、生态系统甚至人畜健康造成了严重影响。据初步估计，松材线虫等13种主要农林入侵物种每年对中国造成500多亿元的直接经济损失。更为重要的是，生物入侵严重破坏生态环境，导致生态退化和生物多样性丧失。[83]

章末案例 ◎ 中国空气严重污染，谁之过？

北京空气污染前些年比较严重，甚至“北京咳”在国外的旅游攻略中频繁出现，这严重影响了北京和中国的国际形象。据了解，北京大气污染是中国五大中心城市中最严重的，在2011年世界1 085个大城市排名中，北京排倒数42位。

当外国人埋怨中国糟糕的城市空气质量、严重的环境污染现状，中国人羡慕国外城市可以呼吸到清新洁净的空气、享受到绿色健康的环境时，我们是否想过，今天的中国不仅在为自身经济发展带来的环境问题埋单，还在为发达国家造成的环境问题埋单。

20世纪80年代以来，发达国家相继制定了较高的环境标准，逐渐将污染行业转移到发展中国家。1984年12月3日，美国联合碳化物公司在印度博帕尔市郊开办的农药厂发生爆炸，剧毒化学物泄漏，仅几天就导致近两万人死亡，对生态环境造成严重破坏，成为世界环保史上国际污染转移的典型案例。浙江大学钱水苗曾撰文介绍，日本污染产业在外国投资中有2/3在东南亚和拉丁美洲；美国仅20世纪80年代初在发展中国家的投资就有35%危害生态。20世纪80年代初，美、日等国以及中国港澳地区的化工、电镀、冶金、制革、漂染等污染严重行业，相继落户内地珠三角和长三角地区。

发达国家在把某些重污染行业和企业未经治理就转移到发展中国家，以牺牲环境资源为代价谋取高额利润的同时，也向发展中国家输出生产与消费过程中产生的大量垃圾。美国每年出口各种垃圾达2亿吨，如把载运这些垃圾的汽车连起来可绕地球8周。

《法国世界报》曾刊文批评发达国家为追求低成本向发展中国家转移生产，不仅转移了就业，同时转移了我们自己的污染。从2005年到2007年，中国对法国出口的食品增加了44%。2008年，法国进口了总值4.11亿欧元的中国食品。法国市场上出售的芦笋，有一半是“中国制造”，因为在深圳附近生产的芦笋价格仅相当于地中海海滨地区生产成本的1/4。近两年，法国进口的中国制造家具数量增长了54%。

2007年英国新经济基金会发布了一份题为《依赖中国》的报告。报告指出，中国排放的废气归根结底是发达国家转移制造业重心，把高污染行业“输出”到发展中国家。报告指出，2006年，英国从中国进口的产品数量就增长了18%。该报告主笔、新经济基金会政策总裁安德鲁·西蒙斯表示：“英国对中国的依赖已经达到了空前的程度。我们听音乐、和孩子们玩游戏、装修新家，所有活动用到的物品大多数都来自中国。”

中国改革开放后通过承接产业转移创造了巨大财富，解决了几亿人口的贫困问题，但同时，“世界工厂”带来了严重环境污染和生存条件严重恶化：江河湖泊的严重污染导致城市供水屡受威胁，空气质量不断下降，食品安全问题频发……这些问题谁之过？应由谁来埋单？

资料来源：蓝颖春. 污染转移　谁来“买单”[J]. 地球，2013（2）：42-44.

思考题：

（1）中国近几年大规模爆发空气污染事件的综合影响因素有哪些？

（2）中国周边国家纷纷觉得中国的空气污染已跨界影响到了本国，你怎么认识这类事件？

（3）你觉得中国解决空气污染问题的综合措施应该包括哪些？能不能在近期找到最快捷的解决方法？

本章小结

1.跨境污染转移可分为自然因素污染转移和人为因素污染转移两类。其中自然因素污染转移是指污染物质通过水、空气等自然因素的自然流动而迁移和扩散，这种在自然状态下的污染物质的移动，被称为污染迁移或者越界污染；人为因素污染转移，主要是指以人工运输的方式，用船舶、火车、汽车和飞机等运输工具将污染物质从一个国家运入另一个国家。

2.跨境污染转移在方向上主要是由经济比较发达的国家或地区通过贸易和投资将污染转移给落后国家或地区。目前，通过贸易方式的跨境污染转移在进口和出口两种形式上都能够体现出来：前者主要通过向他国输出在本国禁止生产和流通的有害产品或直接输出污染物，后者则主要通过全球产业分工和转移实现。

3.跨境污染转移的相关理论主要有：（1）污染避难所假说：在开放经济条件下，污染密集型产业的企业倾向于建立在环境标准相对较低的国家或地区，如果发展中国家自愿实施较低环境标准，那么会变成世界污染的集中地。（2）环境竞次理论假说：不同国家或地区间对待环境保护强度和实施环境标准的行为类似“公地悲剧”的发生过程，为避免遭受竞争损害，国家间会竞相采取比其他国家更低的环境标准，结果每个国家都采取次优的环境标准，导致全球环境恶化。

4.跨境污染转移主要有两类四种形式。第一类直接跨境污染转移，包括跨境投资型和贸易传输型。这是跨境污染转移的最主要形式，在未加说明时跨境污染转移就是指这一类。跨境投资型污染转移，具体体现为国际产业投资转移，或称污染行业的转移。贸易传输型具体体现为：一是污染型产品转移，发达国家将本国禁止销售和使用的产品出口到落后国家和地区；二是废弃物转移，废弃物被放置或扔在发展中国家。三是掠夺性进口别国资源造成的污染“隐性转移”，如大量进口矿石导致出口国在矿石开采过程中的环境污染和生态破坏。第二类是间接跨境污染转移，包括隐性污染传播型和生物入侵型污染转移。隐性污染传播型，即因跨国界的贸易或生产要素流动，包括人流、物流等形成的有意无意的污染转移，具体表现为空气污染跨界漂移和水污染跨界转移等。生物入侵型，即经济全球化带来的生物入侵对环境造成的破坏，如细菌污染和基因污染转移。

5.跨境污染的域外管辖主要指一国将本国法律的适用范围或法院的管辖范围扩展到本国领域以外。国际法明确规定，各国均应在其领域内行使管辖权，一国的法律管辖权不能超出其领域之外。在污染转移的国际立法方面，重要成果有《控制危险废物越境转移及其处置巴塞尔公约》。

6.在20世纪末，由于中国缺乏严格的产业准入限制，某些地区盲目引资、出口，忽视经济发展对环境的负面影响，从而导致大量的污染产业转入，使其在21世纪初成为世界高耗能、高污染产业转移的目的地之一、集聚地之一。因此，中国应该加强东北亚区域政府间合作，积极进行磋商。同时，建立跨界流域污染应急机制和机构，在污染发生的第一时间对其进行有力恰当的控制。总之，积极走可持续发展的道路，才是防治跨境污染的治本之策，也是人与自然和谐相处的治本之策。

专业词汇

污染产业　污染产业转移　跨境污染转移　域外管辖　隐性污染转移　污染避难所假说　环境竞次理论

思考题

一、选择题

1.跨境污染转移的两大主要类型是（　　）。

A.直接跨境污染转移　　B.间接跨境污染转移

C.跨境投资型转移　　D.贸易传输型转移

2.贸易传输型污染转移具体体现在（　　）。

A.污染型产品转移

B.废弃物转移

C.掠夺性进口别国资源造成的污染“隐性转移”

D.其他

3.固体废物问题较之其他形式的环境问题有其独特之处，可以简单概括为“四最”，即（　　）的环境问题。

A.最难得到处置　　B.最具综合性

C.最晚得到重视　　D.最贴近

4.生物入侵型污染转移的渠道有（　　）。

A.自然入侵　　B.无意引进　　C.有意引进　　D.以上都不是

5.环境污染有别于其他国际问题，其特点体现在（　　）。

A.造成的危害大　　B.持续时间长

C.所花费的人力、物力多　　D.借鉴难度大

二、判断题

1.跨境污染转移的最主要形式，在未加说明时是指直接跨境污染转移。（　　）

2.流动性污染是指通过贸易运输对环境资源的影响。（　　）

3.美洲斑潜蝇、松材线虫入侵中国，疯牛病细菌在欧洲传播属于生物入侵型污染转移。（　　）

4.域外管辖是指一国将本国法律的使用范围或法院的管辖范围扩展到本国领域以外。（　　）

5.1990年，修订后的《巴塞尔公约》规定禁止以“循环再生产”的名义出口有毒垃圾。（　　）

三、简答题

1.污染产业跨境转移的动因有哪些？从理论上如何解释？

2.从经济角度上谈谈为何跨境污染转移至今越来越成为国际社会发展的难题？

3.国际贸易中的隐性污染转移是否可以寻求国际合作的方式来解决？为什么？

4.中国贸易政策法规如何与跨境污染的国际立法相结合应用？在域外管辖方面中国应如何与别国协调，共同解决跨境污染转移问题？

5.中国承受了哪些跨境污染转移？从可持续发展理论角度怎么设计一个较好的解决方案？

本章参考文献

［1］钟筱红，陈彬．论污染转移的内涵与本质［J］．生产力研究，2008（14）：19-20.

［2］李耀芳．污染转移和相关国际立法［J］．世界环境，2000（2）：24-29.

［3］刘倩，陈祖海．国际污染转移的成因与对策［J］．科技创业月刊，2007，20（4）：98-99.

［4］罗丽敏．论我国面临的跨国污染转移问题及其对策［D］．天津：天津财经大学，2005.

［5］黄蕙萍，肖俊．国际贸易中跨境污染转移的一种实证检验分析［J］．武汉理工大学学报，2007（6）：780-783.

［6］李慕菡，陈建国，张连众．我国国际贸易中污染产品的跨境转移［J］．国际贸易问题，2005（10）：102-106.

［7］BAUMOL W J，OATES W. The theory of environmental policy［M］．Cambridge，England：Cambridge University Press，1988.

［8］CHICHILNISKY G. North - south trade and the global environment［J］．American Economic Association，1994，84（4）：851-874.

［9］XING Y，KOLSTAD C D. Environment and trade：A review of theory and issued［Z］．Working Papers in Economics，University of California，1996.

［10］MERRIFIELD J. The impact of selected abatement strategies un transnational pollution，the terms of trade，and factor rewards：A general equilibrium approach［J］．Journal of Environmental Economics and Management，1988（15）：259-284.

［11］LOW P. International trade and the environment［J］．Economic Affairs，2010，16（5）：4-7.

［12］DALY H E. The perils of free trade［J］．Scientific American，1993，269（5）：50-57.

［13］JENSEN V. The pollution haven hypothesis and the industrial flight hypothesis：Some perspectives on theory and empirics［Z］．Working Paper，Centre for Development and the Environment，University of Oslo，1996.

［14］WORD BANK. Is globalization causing a “race to the bottom” in environmental standard?［R］．PREM Economic Policy Group and Development Economics Group，2000.

［15］GROSSMAN G M，KRUEGER A B. Environmental impacts of a North American Free Trade Agreement［Z］．National Bureau of Economic Research Working Paper 3914，NBER，Cambridge，MA，1991.

[16] STEVENS K C. Harmonization, trade, and environment [J]. International Environment Affairs, 1993, 5 (1): 42-49.

[17] RUNGE C F, et al. Freer trade, protected environment: Balancing trade liberalization and environmental interests [M]. New York: Council on Foreign Relations Press, 1994.

[18] PANAYOTOU T. Globalizaiton and environment [Z]. CID Working Paper No.53, 2000.

[19] ANTWEILER W, COPELAND B, TAYLOR M S. Is free trade good for the environment? [J]. American Economic Review, 2001, 91 (4): 877-908.

[20] LUDEMA R D, WOOTON I. International trade rules and environmental cooperation under asymmetric information [J]. International Economic Review, 1997, 38 (3): 605-625.

[21] COPELAND B R, TAYLOR M S. Trade and transboundary pollution [J]. American Economic Review, 1995, 85 (4): 716-737.

[22] HATZIPANAYOTOU P, MICHAEL M S. Foreign aid and public goods [J]. Journal of Development Economics, 1995 (47): 455-467.

[23] TAYLOR M S, LEVINSON A. Unmasking the pollution haven effect [Z]. NBER Working Papers Number 10629, 2001.

[24] PETERS G P, HERTWICH E G. Pollution embodied in trade: The Norwegian case [J]. Global Environmental Change, 2006, 16 (4): 379-387.

[25] ACKERMAN F, ISHIKAWA M, SUGA M. The carbon content of Japan-US Trade [J]. Energy Policy, 2007 (35): 4455-4462.

[26] MONGELLI I, TASSIELLI G, NOTARNICOLA B. Global warming agreements, international trade and energy/carbon embodiments: An input-output approach to the Italian case [J]. Energy Policy, 2006 (34): 88-100.

[27] MATTHEWS H S, HENDRICKSON C T, WEBER C L. The importance of carbon footprint estimation boundaries [J]. Environmental Science & Technology, 2008, 42 (16): 5839-5842.

[28] SHUI B, HARRISS R C. The role of CO_2 embodiment in US-China trade [J]. Energy Policy, 2006, 34 (18): 4063-4068.

[29] LI Y, HEWITT C N. The effect of trade between China and the UK on national and global carbon dioxide emission [J]. Energy Policy, 2008 (36): 1907-1914.

[30] PETERS G P, HERTWICH E G. CO_2 embodied in international trade with implications for global climate policy [J]. Environmental Science and Technology, 2008 (42): 1401-1407.

[31] 王军. 理解污染避难所假说 [J]. 世界经济研究, 2008 (1): 59-65; 86.

[32] LUCAS R. On the mechanics of economic development [J]. Journal of Monetary Economics, 1992, 22 (1): 3-42.

[33] UNCTAD. World investment report 2011: Non - equity modes of international production and development [R]. New York and Geneva : United Nations , 2011.

[34] ESKELAND G A, HARRISON A E. Moving to greener pastures? Multinationals and the Pollution - haven Hypothesi [J]. Journal of Development Economics, 2003, 70 (1): 1-23.

[35] MANI M, WHEELER D. In search of pollution havens? Dirty industry in the world economy, 1960 to 1995 [J]. Journal of Environment and Development, 1998, 7 (3): 215-223.

[36] WHEELER D M. Racing to the bottom? Foreign investment and air pollution in developing countries [J]. Journal of Environment and Development, 2001, 10 (3): 225-245.

[37] 王文治，陆建明. 要素禀赋、污染转移与中国制造业的贸易竞争力——对污染天堂与要素禀赋假说的检验 [J]. 中国人口·资源与环境，2012，22（12）：73-78.

[38] MARIN D, SCHNITZER M. Economic incentives and international trade [J]. European Economic Review, 1998 (42): 705-716.

[39] 王强. 规模经济下“污染避难所”假说的研究 [D]. 昆明：云南财经大学，2011：38-39.

[40] GRETHER J M, DE MELO J. Globalization and dirty industries: Do pollution havens matter [R]. National Bureau of Economic Research, 2003.

[41] 张志辉. “污染避难所假说”的研究进展 [J]. 学海，2005（2）：187-191.

[42] DIJKSTRA B R, MATHEW A J, MUKHERJEE A. Environment regulation: An incentive for foreign direct investment [Z]. NBER Working Paper, 2006: 39-42.

[43] COLE M A, ELLIOTT R J R. FDI and the capital intensity of dirty sectors: A missing piece of the pollution haven puzzle [J]. Review of Development Economics, 2005 (9): 530-548.

[44] REPPELIN-HILL V. Trade and environment: An empirical analysis of the technology effect in the steel industry [J]. Journal of Environmental Economics & Management, 1999, 38 (3): 283-301.

[45] 贺文华. FDI是“清洁”的吗？——中国东部和中部省际面板数据 [J]. 辽东学院学报（社会科学版），2010（4）：51-59.

[46] DALY H. Globalization [Z]. Paper Presented at the 50th Anniversary Conference of the Aspen Institute, 2000.

[47] HETTIGE H, LUCAS R E B, WHEELER D. The toxic intensity of industrial production: Global patterns, trends, and trade policy [J]. American Economic Review, 1992, 82 (2): 478 - 481.

[48] 刘民权，俞建拖. 环境与人类发展：一个文献述评 [J]. 北京大学学报（哲学社会科学版），2010，47（2）：144-151.

[49] PORTER M E, VAN DER LINDE C. Toward a new conception of the environment-competitiveness relationship [J]. Journal of Economic Perspectives, 1995, 9 (4): 97-118.

[50] FRANKEL J, ROSE A. Is trade good or bad for the environment? Sorting out the causality [R]. NBER Working Paper Number 9021, 2002.

［51］余源．污染密集产业转移原因及对策［J］．北方经贸，2007（3）：106-109.
［52］俞涔．“污染转移理论”与科学发展观指导下的绿色FDI构想［J］．改革与战略，2011，27（6）：44-46.
［53］ROBINSON P M. Root-n-consistent semiparametric regression［J］. Econometrica，1988，56（4）：931-954.
［54］LOW P，YEATS A. Do “dirty” industries migrate?［Z］. International Trade and Environment World Bank Discussion Paper，1992.
［55］帕克夫．流向亚洲的高科技废物［J］．世界环境，2004（6）：10-23.
［56］SMITH T，SONNENFELD D A，PELLOW D N. Challenging the chip：Labor rights and environmental justice in the global electronics industry［M］. Philadelphia：Temple University Press，2006：65.
［57］邬仲奇．固体废弃物越境转移的危害与对策探讨［J］．现代商贸工业，2010（1）：109-110.
［58］向弘剑．论跨境污染的域外管辖［J］．环境保护，1992（7）：20；10.
［59］李耀芳．污染转移和相关国际立法［J］．世界环境，2000（2）：24-29.
［60］王家庭．外商直接投资、环境规制与“污染避难所”假说的实证研究［J］．中共南京市委党校学报，2013（2）：22-25；50.
［61］应瑞瑶，周力．外商直接投资、工业污染与环境规制——基于中国数据的计量经济学分析［J］．财贸经济，2006（1）：76-81.
［62］傅京燕．我国对外贸易中污染产业转移的实证分析——以制造业为例［J］．财贸经济，2008（5）：97-102；129.
［63］李小平，卢现祥．国际贸易、污染产业转移和中国工业CO_2排放［J］．经济研究，2010，45（1）：15-26.
［64］唐雪丹，俞海山．关于FDI与污染密集型产业转移的探讨——以浙江省为例［J］．经济论坛，2009（5）：61-63.
［65］李小平，卢现祥，陶小琴．环境规制强度是否影响了中国工业行业的贸易比较优势［J］．世界经济，2012，35（4）：62-78.
［66］林季红，刘莹．内生的环境规制：“污染天堂假说”在中国的再检验［J］．中国人口·资源与环境，2013，23（1）：13-18.
［67］杨海生，贾佳，周永章，等．贸易、外商直接投资、经济增长与环境污染［J］．中国人口·资源与环境，2005，15（3）：99-103.
［68］吴玉鸣．外商直接投资对环境规制的影响［J］．国际贸易问题，2006（4）：111-116.
［69］夏艳清．中国对外贸易中的污染转移分析［J］．内蒙古科技与经济，2007（4）：12-13；16.
［70］陈建国，张连众，李慕菡．世贸组织中的国际贸易与环境保护：问题与展望［J］．国际贸易问题，2005（3）：56-58；82.
［71］宁学敏．我国碳排放与出口贸易的相关关系研究［J］．生态经济，2009（11）：51-54；96.

［72］朱启荣. 中国出口贸易中的CO_2排放问题研究［J］. 中国工业经济，2010（1）：55-64.

［73］齐晔，李惠民，徐明. 中国进出口贸易中的隐含碳估算［J］. 中国人口·资源与环境，2008（3）：8-13.

［74］陈迎，潘家华，谢来辉. 中国外贸进出口商品中的内涵能源及其政策含义［J］. 经济研究，2008（7）：11-25.

［75］高大伟，周德群，王群伟. 国际贸易、R&D技术溢出及其对中国全要素能源效率的影响［J］. 管理评论，2010，22（8）：122-128.

［76］兰天. 贸易自由化在不同需求结构下的环境效果研究［J］. 经济问题探索，2004（3）：45-47.

［77］王有鑫. 中国出口贸易中的内涵CO_2排放及其影响因素研究［D］. 南京：南京财经大学，2011.

［78］黄惠萍，杨桔. 中国与东盟双边贸易中的污染产品进出口研究［J］. 理论月刊，2008（3）：137-139.

［79］李慕菡，张连众. 中美贸易中污染产品的动态变迁［J］. 商场现代化，2008（12）：7.

［80］刘淑琪. 我国引进外资过程中的污染转移问题研究［J］. 山东财政学院学报，2001（1）：46-50.

［81］柴骥程. 宁波口岸“洋垃圾”退运激增［N］. 经济参考报，2006-09-19.

［82］陈杰，关海萱. 天津海关查获70余吨禁进固体废物［N］. 中国化工报，2006-08-04.

［83］苏万明. 中国确认544种外来生物入侵 已成最严重国家之一［EB/OL］.（2013-10-23）［2021-05-04］. http://politics.people.com.cn/n/2013/1023/c70731-23305506.html.